사회과학조사 방법론

4판

채서일 · 김주영

비앤엠북스

4판 머리말

본서를 처음 쓴 것이 1990년으로, 벌써 25년이 넘었다. 그동안 연구조사방법은 많은 발전을 해왔다. 기본적인 과학적 조사방법의 정신은 변하지 않았지만, 전통적인 조사방법이 다루고 있지 못하는 사회현상을 연구하는 질적인 방법론이 개발되었고 활용되고 있다. 본서는 이러한 정신을 살려서, 다양한 사회현상을 연구하는데 기본이 되는 연구방법론을 공부하는데 도움이 되고자 한다.

4판은 전반적인 개정이라기보다는 기존의 방법들을 현시대에 맞추어, 보다 이해하기 쉽도록 수정하는 데 중점을 두었다. 특히 연습문제와 각 chapter의 예, 수식, 표 등을 쉽게 이해할 수 있도록 수정하였으며, 변화되는 통계프로그램에 맞추어 다시 수정한 부분들도 있다.

4판이 나오기까지 많은 분들이 노력을 해주었다. 새로운 공저자로 서강대학교의 김주영교수가 참여해주었으며, 책이 완성되는 데 필요한 사항을 꼼꼼하게 정리해준 전진아 박사과정생과 박재현 석사과정생이 큰 수고를 하였다. 또한 흔쾌히 4판 출판을 맡아준 비앤엠북스의 정광식대표께도 감사하다는 말씀을 드리고 싶다.

항상 따뜻한 보금자리가 되어주는 가족들이 있기에, 또 우리를 어여삐 여겨주시는 하느님이 계시기에 이러한 모든 일이 가능하게 됨을 알고, 그분의 뜻을 잘 따르게 되기를 기도합니다.

2016년 1월

채서일, 김주영

3판 머리말

사회현상을 설명하고 예측하려는 사회과학의 목적은 인류의 복지를 향상시키는 데 있다. '이 지상의 모든 것이 끊임없이 변하고 단 한 가지도 불변이 고정된 형태를 유지하는 것은 없다'는 루소의 말처럼 끊임없이 변화하는 시대적 상황은 기존 이론들의 진화를 요구하기 때문에 기존 이론을 수정·보완하거나 새로운 이론을 만들기 위한 좋은 사회과학조사방법론을 필요로 한다. 본서의 목적은 사회과학에 입문하는 사회과학도들이나 실무에서 사회과학이론을 필요로 하는 실무자들에게 조사방법론의 기초를 제공하는 데 있다.

본서가 1990년 처음 발간되고 2판이 나온 이래 많은 분들의 건설적인 비평과 사회가 요구하는 분석기법의 변화 그리고 IT 발달로 인한 인프라의 변화에 따라 독자들이 방법론을 좀 더 쉽게 이해하고 현실에 적용할 수 있도록 3판을 개정하려 했다.

3판이 나오기까지 일일이 열거할 수 없을 만큼 많은 분들이 조언을 주었고 그분들께 이 지면을 빌려 감사의 말씀을 전한다. 특히 이 책의 정리를 도와준 고려대학교 박사과정의 김성진, 김철 군에게 감사의 뜻을 전한다. 그리고 본서의 표지 도안을 맡아준 MAPS의 박철우 대표와 본서의 출판을 위해 힘써준 비앤엠북스의 정광식 대표에게 감사의 뜻을 전한다.

마지막으로 언제나 끊임없는 성원을 보내주는 가족들께 변함없는 사랑을 보내며, 이 모든 것을 이루게 해주신 하느님께 감사를 드립니다.

2003년 8월

채서일

본서의 개관 및 사용 지침

본서는 학부 3~4학년이나 대학원에서 기초 과정을 준비하는 학생들에게 적합한 내용을 담고 있으므로, 본서를 읽는 독자들은 기초통계학과 자기 전공 분야에 대한 지식을 어느 정도 갖고 있는 것으로 가정했다. 그러나 기초통계학에 대한 지식이 부족하더라도 이에 대한 설명이 포함되어 있으므로 크게 어려움이 없으리라고 생각한다.

본서의 구성은 사회과학조사방법 과정을 따라서 이루어졌으며, 모두 4부 17장으로 구성되어 있다. 다음의 그림은 본서의 구성을 그림으로 나타낸 것이다. 그림에서 직선

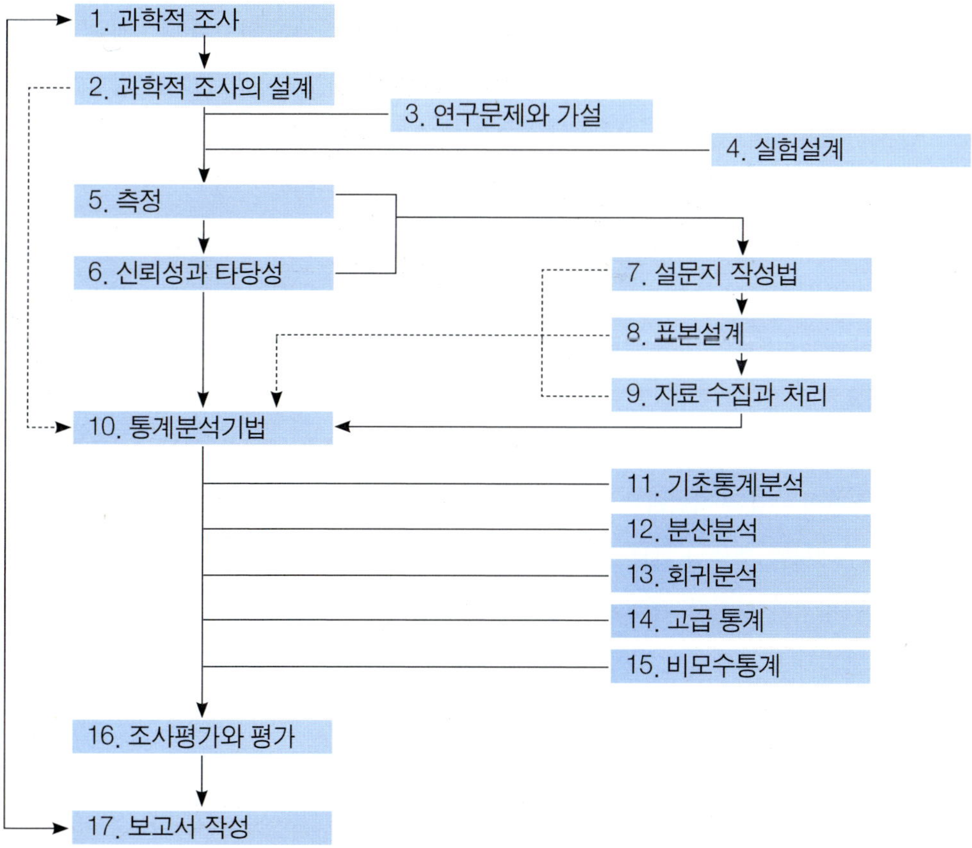

으로 표시된 것은 직접적인 관련이 있는 내용이며, 점선으로 표시된 것은 간접적인 관련이 있는 내용이다.

제1부에서는 과학적 조사에 대한 기본 개념을 정리하고 본 조사 실시를 위한 사전 단계에 대해 설명하고 있다. 제1장에서는 과학의 정의, 개념, 특성 등을 설명했고, 제2장에서는 과학적 조사의 밑그림을 그리기 위해 조사의 방법과 절차에 대해 설명하고 있다. 그리고 제3장에서는 연구의 시작 단계인 연구문제를 제기하는 방법과 바람직한 가설을 설정하는 기준을 제시하고 있다.

제2부에서는 본격적인 조사의 실행 과정 및 방법에 대해 설명하고 있다. 제4장에서는 실험설계의 개념과 더불어 원시실험설계와 순수실험설계, 유사실험설계, 사후실험설계에 대해 설명하고 있으며, 제6장에서는 측정의 신뢰성과 타당성에 대해 설명하고 있으며, 제7장에서는 설문지 작성 시 고려해야 할 사항을 설명하고 있다. 제8장에서는 표본설계의 개념과 표본추출 방법의 종류에 대해 설명하고 표본의 크기를 결정하고 방법을 설명했으며, 제9장에서는 자료수집을 위해 사용할 수 있는 다양한 방법과 더불어 수집된 자료를 처리하는 과정을 설명하고 있다.

제3부에서는 조사를 통해 얻은 자료를 분석하는 방법에 대한 내용으로, 제10장에서는 통계분석기법의 분류 방법을 설명했으며, 제11장에서는 분석의 기본이 되는 상관관계분석과 t-테스트에 대해 설명하고 있다. 제12장과 제13장에서는 자료분석 시 가장 많이 사용하는 분산분석과 회귀분석에 대해 설명하고 있으며, 제14장에서는 판별분석, 요인분석 그리고 군집분석에 대해 설명하고 있다. 그리고 제15장에서는 명목측정 및 서열측정의 자료를 처리하는 데 유용한 비모수 통계기법에 대해 설명했다.

제4부에서는 분석된 자료를 활용하는 방법과 관련된 부분으로, 제16장에서는 조사의 평가방법과 평가를 위한 조사방법을 설명했으며, 제17장에서는 정보 혹은 보고서 작성 방법과 보고서 작성 시에 주의해야 할 윤리적인 측면에 대해 설명하고 있다.

본서를 이용하는 데 있어, 학부에서 조사방법론을 한 학기에 이수하려는 학생들은 고급통계와 비모수통계는 생략해도 좋으나, 대학원생은 조사방법론의 기초 과정으로서 전 부분을 학습하는 것이 바람직할 것이다.

차례

CONTENTS

제1부 과학적 조사

제1장 과학적 조사란 무엇인가

제2장 과학적 조사의 설계

차례

CONTENTS

제2부 조사의 실행

제4장 실험설계

제5장 측정

차례

CONTENTS

제8장 표본설계

제9장 자료 수집과 처리

차례

CONTENTS

제12장 분산분석

제13장 회귀분석

차례

CONTENTS

제14장 고급 통계

제15장 비모수통계

제4부 조사의 이용

제16장 조사평가와 평가조사

차례

CONTENTS

제 1 부

과학적 조사

제1장
과학적 조사란 무엇인가

제2장
과학적 조사의 설계

제3장
연구문제와 가설

제 1 장

과학적 조사란 무엇인가

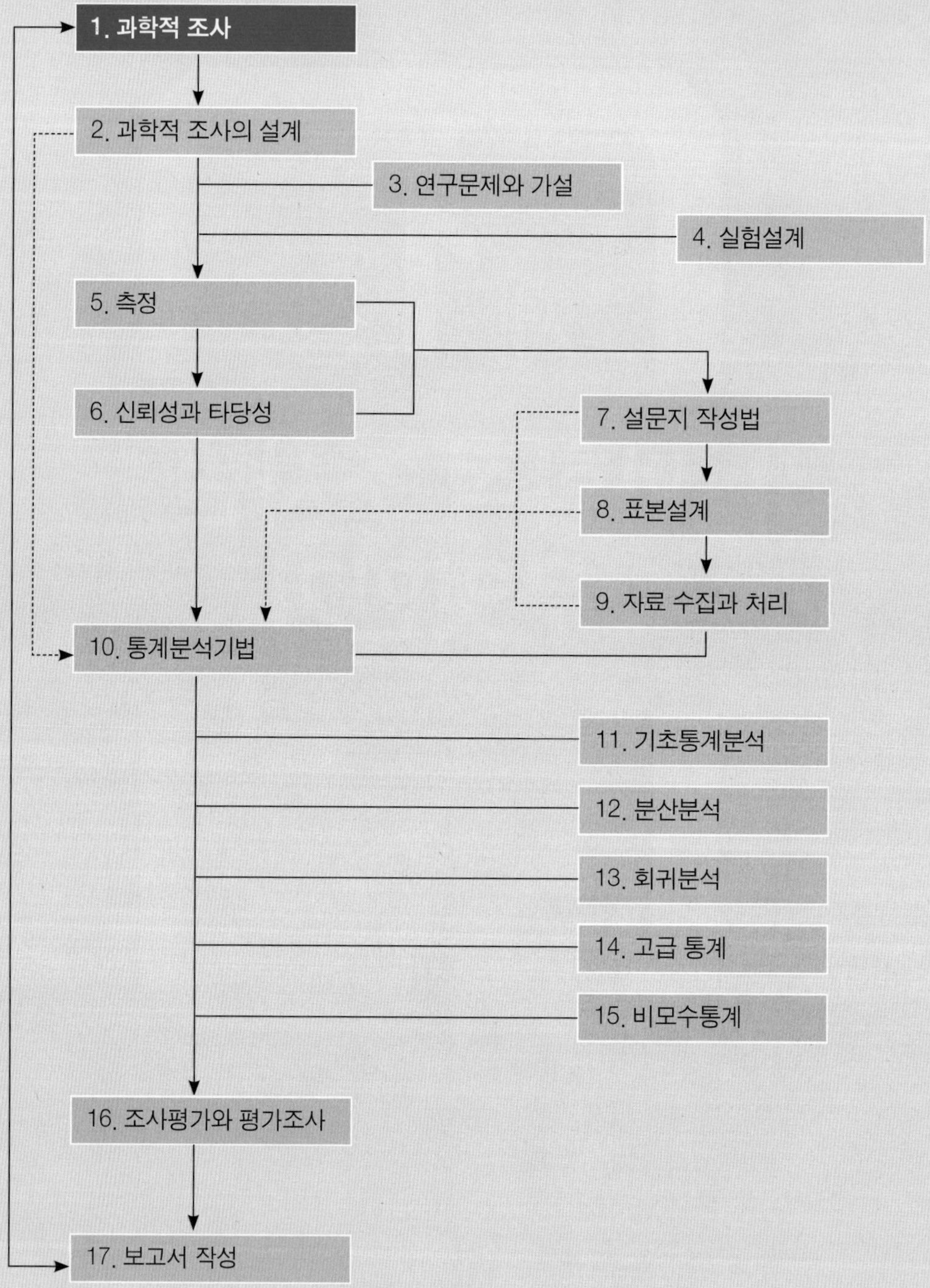
1. 과학적 조사
2. 과학적 조사의 설계
3. 연구문제와 가설
4. 실험설계
5. 측정
6. 신뢰성과 타당성
7. 설문지 작성법
8. 표본설계
9. 자료 수집과 처리
10. 통계분석기법
11. 기초통계분석
12. 분산분석
13. 회귀분석
14. 고급 통계
15. 비모수통계
16. 조사평가와 평가조사
17. 보고서 작성

우리는 과학이란 단어를 일상생활에서 자주 접한다. 예를 들어, 부모가 아이에게 커서 어떤 사람이 되겠느냐고 물으면 과학자가 되겠다고 답한다. 여기서 말하는 과학은 우주선을 개발하거나 기계를 만들고 실험을 하는 자연과학을 의미한다. 그러나 사회학이나 심리학을 하는 사람은 인간의 본성을 파악하고 사람의 심리를 알아내는 사회과학을 떠올리며 과학이라는 단어를 사용한다. 이처럼 과학이라는 단어는 말하는 사람과 듣는 사람에 따라 다르게 해석될 수 있다. 그렇다면 과학이란 단어의 정확한 의미는 무엇인가?

'과학'이라는 단어에 해당하는 영어 단어는 'science'이며, 이 단어는 '알다'라는 뜻을 가진 라틴어 'scientia'에서 나왔다. 단어의 어원에서도 나타나듯이 '과학이란 아는 것 또는 아는 방법, 더 나아가서는 우리를 둘러싼 여러 현상에 대한 지식을 습득하고 탐구하는 방법(a method of inquiry)을 의미한다'고 볼 수 있다.

01 과학의 의의

1. 과학의 정의

과학이란 무엇인가? 과학에 대한 정의를 내리기 전에 여러 학문 분야의 공통적인 특성을 가지고 각각의 학문 분야를 구분해보고자 한다. 일반적으로 우리가 말하는 학문 분야는 다음의 [그림 1-1]과 같이 세가지로 분류할 수 있다.

내부에 있는 원은 우리가 흔히 과학이라고 부르는 학문 분야이며, 외부의 원은 과학이라고 부르기보다는 예술이라고 부르는 분야다. 그리고 원의 외부는 아직 학문으로 보기에는 어려운 부분으로, 형이상학 분야라고 불린다. 과학, 예술 그리고 형이상학 분야에는 서로를 구분 지을 수 있는 기준이 존재한다.

예를 들어, 과학의 경우 문제를 해결해 나가는 과정에서 '과학적 방법(scientific method)'을 사용하지만, 예술이나 형이상학 분야는 그렇지 않다. 또한 과학과 예술의 경우 인간의 일반적인 능력으로 관찰에 의해 '해결 가능한 문제(solvable problem)'를 다루지만, 형이상학의 경우는 그렇지 않다. 형이상학의 경우 종교나 심령, 점성술 등과 같이

【그림 1-1】

학문의 분류

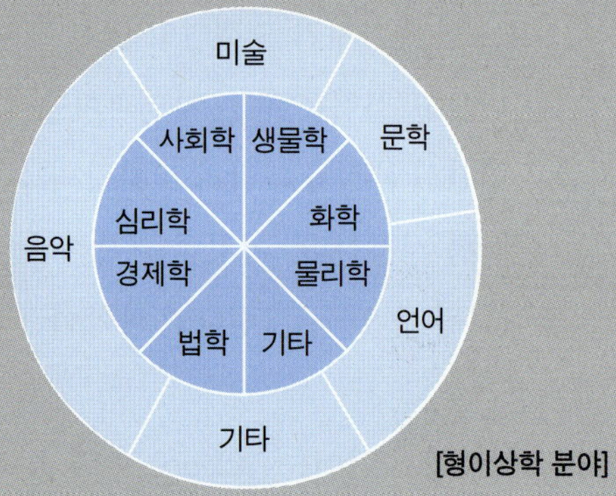

인간의 일반적인 능력으로는 참과 거짓을 밝혀내기 불가능한 초자연적인 현상에 대해 연구한다. 이처럼 과학, 예술, 그리고 형이상학 분야는 해결 가능한 문제를 다루는지와 문제 해결을 위해 과학적 방법을 사용하는지에 따라 구분된다.

이러한 분류 기준을 바탕으로 '과학은 해결 가능한 문제를 과학적 방법을 사용해 이론을 도출하는 과정'이라고 정의 내릴 수 있다.

2. 과학의 목적

과학의 기본적인 목적은 사회현상 및 자연현상을 비롯해 모든 현상을 설명하는 이론을 제시하고 증명하는 것이다. '이론'이란 현상을 설명하고 예측할 목적으로 변수 간의 관계를 자세히 기술함으로써 현상에 대한 체계적인 견해를 제시하는 것이다. 예를 들면, 물리학자들은 온도와 공기의 관계를 알아내고자 했다고 하자. 이를 위해 "온도가 올라갈수록 공기는 팽창한다"라는 견해를 제시했다면 이것이 이론이 된다. 이러한 이론을 제시하고 증명하는 것이 과학이다.

이러한 과학의 목적을 좀 더 구체적으로 제시하면 다음과 같다.

(1) 과학은 이론을 연구 대상으로 한다.

과학의 연구 대상은 '존재(what is)하는 것'이지, '가치관이 포함된 당위(what should be)'를 대상으로 하지 않는다. 과학자는 어떤 현상이 있으며, 왜 그러한 현상이 발생하는지에만 관심을 가진다. 그러나 철학자의 경우 주변에서 관찰된 사실에 추측이나 바람직한 상태에 대한 자신의 생각을 섞어서 지식을 형성한다. 이들의 차이는 모든 사람이 동의하는 기준의 존재 여부다. 즉 철학자는 특정한 행동이나 가치관이 옳으며 그렇게 해야 한다는 당위를 중심으로 얘기하지만, 이러한 당위에는 모든 사람이 동의하는 기준이 존재하지 않는다. 이에 비해 과학자가 제시하는 현상과 원인에는 모두가 동의하는 기준이 존재한다.

(2) 과학은 규칙성을 알리는 데 목적이 있다.

과학적 이론은 자연현상 및 사회현상 속에 존재하는 논리적이고 지속적인 패턴을 알아내는 데 그 목적이 있다. 즉 과학이 연구 대상으로 하는 것에는 규칙성이 존재한다는 것이다. 그러나 이에 대해 몇 가지 반론이 존재한다.

첫째, 관찰 가능한 규칙성은 대개 연구 대상으로서의 가치가 없다는 것이다. 그러나 뉴턴이 발견한 '만유인력 법칙'의 경우 단순히 사과가 나무에서 땅으로 떨어지는 보잘것없는 규칙적인 현상에서 출발한 이론임을 생각해본다면, 겉으로 보기에 상대적으로 가치가 떨어져 보이는 규칙성이라 할지라도 연구 대상으로서 가치가 없다고 할 수는 없다.

둘째, 모든 규칙성에는 반드시 예외가 있다는 것이다. 흔히 '예외 없는 법칙은 없다'는 이야기를 많이 한다. 예를 들어, 남자가 여자보다 힘이 세다는 규칙성에는 많은 예외가 있다. 그러나 이러한 예외 사항을 들면서 남자가 여자보다 힘이 세다는 것을 거짓이라고 할 수는 없다. 즉 과학에서 말하는 규칙성은 약간의 예외도 용납하지 않는 절대적인 규칙성을 말하는 것이 아니라 확률적 규칙성, 발생의 개연성이 높은 규칙성을 의미한다.

(3) 과학은 변수들 사이의 관계를 기술하고 설명하는 데 목적이 있다.

과학에는 연구 대상이 되는 변수가 있다. 변수란 동일한 기준으로 분류된 연구 객체(research object)의 속성을 집단화한 개념을 의미한다. 이러한 변수들 사이의 관계를 기술하거나 설명한 것을 이론이라고 하며, 이러한 이론을 제시하고 증명하는 것이 과학의 목적이다. 예를 들어, 직업과 수입 사이의 관계에 대해서 생각해보자. '직업'은 농부, 어부, 회사원 등의 연구 객체를 속성별로 집단화한 것으로, '직업'이라는 것은 변수가 된다. 그리고 '수입' 역시 또 하나의 변수다. 그리고 두 변수의 관계를 설명하는 '직업에 따라 수입에 차이가 있다'라는 진술문(statement)은 이론이 된다. 이처럼 이론을 제시하고 뒷받침하는 증거를 보여주는 것이 과학의 목적이다.

(4) 과학은 이론을 바탕으로 현상을 예측하는 데 목적이 있다.

예측은 이론의 한 측면으로, 이론의 기초적인 명제로부터 보다 복잡한 명제를 추론하는 것을 뜻한다. 예를 들어, 심리학과 조직행동론에서 많이 사용되는 강화이론(reinforcement theory)을 보자. 강화이론은 어떤 반응이 일어날 때 보상을 받는다면 그 반응은 반복되는 경향이 있다는 것이다. 만약 자녀가 공부를 할 때 부모가 그에 대한 보상으로 용돈을 준다면, 자녀는 용돈을 위해 공부를 반복할 것으로 예측할 수 있다. 이처럼 어떤 이론을 가지고 특정 현상을 성공적으로 예측할 수 있다면 그 이론의 가치는 높다고 할 수 있다.

많은 과학적 연구는 변수들 사이의 명확한 관계를 찾기 위해 좁은 범위의 관계 정립에 몰두하고 있으나, 단순히 관계를 밝혀내는 것은 과학의 일부분에 지나지 않는다. 궁극적으로는 많은 현상과 다양한 분야에 적용할 수 있는 유용한 이론을 찾아내는 것이 과학의 목적이라고 할 수 있다. 앞서 언급한 강화이론의 경우 자녀가 공부를 얼마나 열심히 하는지와 부모가 주는 용돈 사이에 관계가 있다는 이론은 기업 환경에도 적용이 가능하다. 왜냐하면 직원들이 얼마나 열심히 일하는지는 직원들에게 주어지는 임금과 관련이 있다고 볼 수 있기 때문이다. 그러나 이처럼 다양한 상황에서 적용 가능한 이론은 그리 많지 않다. 그러므로 연구 주제는 연구자가 관리 가능한 범위로 한정해 구체적으로 설정하는 것이 바람직하다.

02 지식 형성의 방법

앞서 언급한 바와 같이 과학(science)이란 단어는 '알다'라는 뜻을 가진 'scientia'라는 단어에서 나왔다. 과학은 알아가는 과정, 즉 지식을 형성하는 과정이다. 이러한 지식을 형성하는 방법에는 여러 가지가 있다.

첫 번째는 제3자를 통해 알 수 있는 방법이 있다. 여기에는 우리가 학교에서 배우거나 책을 읽는 것 등이 포함된다.

두 번째는 합의와 신념에 의해 저절로 알게 되는 것이다. 예를 들어, 사람이 살기 위해서는 숨을 쉬어야 하고, 물건을 하늘로 던지면 다시 땅으로 떨어진다는 등의 사실은 별다른 노력 없이 저절로 알게 되는 것이다.

세 번째로 관찰과 같은 직접 경험을 통해 알게 되는 방법이 있다. 예를 들어, 어린아이가 뜨거운 물에 손을 넣었다가 놀란 후에는 다시 뜨거운 물에 손을 넣지 않게 되는 것과 같은 것이다.

일반적으로 우리는 대부분 간접적으로 지식을 습득하게 된다. 모든 사실을 개인적인 경험과 발견에 의해 알 수 없기 때문에, 다른 사람이 발견한 사실을 본인의 지식으로 받아들이게 되는 것이다. 이와 같은 지식 형성의 방법을 설명하면 다음과 같다.

1. 비과학적 지식 형성 방법

(1) 전통에 의한 방법

이 방법은 사회적으로 이미 형성된 선례나 관습 또는 습성 등을 비판 없이 그대로 수용해 자신의 지식으로 형성하는 것이다. 전통에 의한 방법은 보통 관습과 인습으로 구분되며, 이 방법에 의한 지식이 반드시 옳은 것은 아니다. 이러한 전통에 의한 방법이 그대로 받아들여지는 이유는 현실에 안주하고자 하는 인간의 보수성과 이를 받아들이지 않았을 경우 따르게 되는 불편과 고통 때문이다. 그러나 이러한 전통에 의한 방법이 반드시 사람의 마음을 안정시켜주지는 못한다. 이는 시대에 따라 전통은 변하며, 모든 사람의 사회에 대한 관심도가 동일하지 않기 때문이다. 또한 대립되는 견해가 생겼을 경우 전통에 의한 방법은 어떻게 바뀌어야 하는지에 대한 해답을 제시하지 못한다. 이러한 전통에 의한 지식 형성은 개인적인 경험에 의한 지식 형성이라는 탐구욕을 제한하며, 모든 사람이 알고 있는 사실만을 자신의 지식으로 받아들이게 하여 지식의 발전을 불가능하게 만든다.

(2) 권위에 의한 방법

이 방법은 자기주장의 타당성과 설득력을 높이기 위해 인품이 뛰어나거나, 전문 기술을 갖고 있거나, 사회적 지위가 높은 사람을 이용하는 방법이다. 또한 믿을 만한 정보 출처를 이용한다든가 신뢰도가 높은 공공기관의 유권해석을 이용하는 경우도 이에 해당하는데, 이 경우 자기 지식의 원천을 타인 또는 타 조직의 권위에 둔다는 특징이 있다. 이러한 방법은 지식의 진리성 여부를 권위에 대한 복종심에 두고 있다.

예를 들면, "지구는 우주의 중심이 아니다"라고 주장한 갈릴레이는 "우주의 중심은 지구다"라고 주장하던 종교의 권위에 도전했다고 하여 박해를 받았다. 또한 조선 말 흥선대원군의 쇄국정책 등도 정치적 권위의 예라고 할 수 있다. 이러한 권위적 방법의 한계는 그것이 합리적이든 비합리적이든 다음과 같은 경우 해당 명제의 진위 여부를 판단하기 힘들다는 것이다. 첫째, 권위의 원천이 서로 다른 경우 견해의 일치를 볼 수 없게 된다. 예를 들어, 한의학과 양의학처럼 서로 상대의 권위를 인정하지 않으면 해당 명제의 진위 여부를 가리기 힘들게 된다. 둘째, 권위의 원천이 같다 할지라도 사회현상에 관한 문제에 대해 전문가들 간에도 의견 일치가 이루어지지 않는 경우가 많다. 셋째, 모든 신념이나 주장에 대한 조정 수단으로서 권위적 방법만이 만능일 수 없으며, 다른 방법에 의한 해결의 여지도 있을 수 있다. 이처럼 전문가나 지도자의 권위에 의한 지식 형성은 전통적 방법과 마찬가지로 개인적 탐구력에 제약을 가져오게 된다. 그러나 이러한 권위나 전통에 대한 의심이 개인적 탐구의 출발점이 되기도 한다.

(3) 직관에 의한 방법

직관에 의한 방법은 지식을 얻기 위한 또 하나의 방법으로, 비판의 여지가 없는 분명한 명제에서 출발해 지식을 개발해 나가는 것이다. 예를 들어, '전체는 부분보다 크다', '원인 없는 결과는 없다'와 같은 명제는 많은 사람들이 의심 없이 받아들인다. 그러나 직관에 의한 방법으로 인정되었거나 인정되고 있는 명제가 반드시 자명성(self-evidence)을 지니는 것은 아니다. 과거에 많은 사람들은 지평선이 평평한 것을 보고 직관적으로 '지구는 평평하다'는 명제를 받아들였으나, 이는 사실이 아님이 밝혀졌다. 따라서 직관에 의해 형성된 지식은 반드시 검증돼야 하며, 이러한 절차가 과학의 출발이 될 수 있다.

직관에 의한 지식 형성에는 다음과 같은 몇 가지 오류가 생길 수 있으며, 이를 극복하기 위해 과학에 의한 지식 형성 방법이 필요하게 된다.

① 부정확한 관찰

개인적 탐구의 핵심은 발생하는 현상에 대해 정확한 관찰을 바탕으로 전통과 권위에 의한 지식의 모순성과 한계성을 발견하고, 더 나아가 현상 속에 존재하는 진정한 규칙성을 발견하는 데 있다. 그러나 직관에 의한 지식 탐구는 탐구 활동 자체에 개인의 편견이 개입되어 이로 인해 객관성을 상실하고, 관찰 과정 또는 탐구 과정 자체가 주관적 편견에 의해 이루어질 가능성이 높다. 예를 들어, 과거 사람들은 관찰을 통해 '지평선이 일직선'이라고 생각했다. 그러나 과학적이고 정확한 관찰을 통해 보면 지평선은 일직선이 아니라 둥근 형태임을 알 수 있다. 이는 착시 현상으로 인한 부정확한 관찰이라 할 수 있다.

② 지나친 일반화

개인적 경험과 직관에 의한 지식 탐구는 개인이 우연히 관찰한 몇 가지 예외적인 현상을 마치 전체 현상 속에서 볼 수 있는 규칙적 특성으로 일반화하는 오류를 범하기 쉽다. 예를 들어, 개인이 만난 몇몇 중국인이 영어를 잘한다고 하여 모든 중국인이 영어를 잘한다고 판단하는 것은 지나친 일반화에 속한다.

③ 선택적 관찰

개인적 경험이나 직관에 의해 어떠한 현상에 규칙성이 존재한다고 생각할 때, 그 규칙성을 옹호하는 사실이나 사상, 현상에 대해서는 필요 이상의 주의를 기울이면서, 이러한 규칙성과 관계가 없거나 규칙성을 벗어나는 사실 및 현상에 대해서는 의도적으로 무시해버리는 경우가 많다. 예를 들면, 싫어하는 사람에 대해서는 장점과 단점이 공존하는데도 단점만을 보고자 하는 경우를 들 수 있다.

④ 자기중심적 현상 이해

개인적 경험이나 직관에 의한 지식 탐구는 현상을 이해할 때 자기중심적으로 해석을 하게 하는 경향이 있다. 예를 들어, 본인이 승진하지 못했을 경우 그 이유를 자신의 문제보다는 상사가 공정한 기준에 따라 인사고과를 하지 않았다고 자기중심적으로 생각하는 것이다.

2. 과학적 지식 형성 방법

우리가 지식에 대해 좀 더 정확성을 찾고자 한다면 관습, 상식, 직관, 권위 등으로부터 벗어날 필요가 있다. 이른바 과학적 지식 습득 방법이라는 것은 가능한 한 많은 의문을 제기하고, 과학적으로 증명한다는 점에서 다른 방법들과는 다르다.

그러나 단순히 의문을 제기하는 것 자체가 반드시 문제 해결에 도움을 주는 것은 아니며, 의심하는 것 자체가 과학적 지식 습득 방법이라고 할 수는 없다. 필요한 것은 명확한 논리 또는 진리라고 생각되는 각 명제에 대해 가능한 대안(alternative)을 발견하는 기술이다. 즉 발생할 수 있는 여러 가지 가설을 논리적으로 기술하고, 이를 관찰 가능한 현상과 비교한다. 이러한 비교를 통해 기각되어야 할 가설이 무엇이며, 채택 가능한 가설이 무엇인지를 판별하게 된다. 이러한 과정을 거쳐야 과학적 방법에 의해 증명된 지식이라고 할 수 있다.

이러한 과학적 지식 습득 방법은 논리적이고 경험적이어야 한다. 즉 논리적 탐구를 통해 유추된 현상에 대한 지식이 경험적으로 관찰된 사실과 일치할 때에만 과학적 지식으로 인정받을 수 있다. 특히 과학적 이론이 합리적인 논리성을 강조하는 것이라면, 과학적 방법은 과학적 이론이 현실적으로 어떻게 존재하는지를 보여주는 수단이 될 수 있다.

자연과학의 경우 현상의 특성을 반영하는 변수의 개념 정립, 변수가 실제로 변화하는 상태를 측정하기 위한 조작화, 조작화된 개념의 측정 과정, 변수들 사이의 관계 정립 등이 용이해 과학적 조사 방법론에는 큰 비중을 두지 않아도 무방하다.

그러나 사회과학의 경우 자연과학과 달리 변수의 파악이나 조작화를 통한 계량화 및 그 변수에 대한 측정에서 모든 사람이 동의하는 객관적인 방법을 도출하기 쉽지 않고, 또한 측정된 결과의 분석을 통해 변수들 사이의 관계를 정형화해가는 것도 쉽지 않다. 그러므로 사회과학에서는 과학적 조사 방법론을 이해하고 적합하게 방법론을 적용하는 것이 중요하다 하겠다.

과학적 방법을 이용해 지식을 탐구한다고 얘기할 때 사람들은 몇 가지 오해를 한다. 첫째, 과학적 방법은 복잡한 장비를 사용해 수많은 실험을 하는 것만으로 오해하는 경우가 많다. 둘째, 대학이나 연구소에서 복잡한 이론과 심오한 사상을 공부하는 것만이 과학적 방법을 이용한 지식 탐구라고 잘못 인식하는 경우가 많다. 마지막으로, 과학이라고 할 때 누구나 흔히 머릿속에 떠올리는 기술 개발, 전자기기, 컴퓨터, 미사일 등 자연과학적이거나 공학적 특성만을 과학이라고 오해하는 경우가 있다.

이러한 오해를 가진 과학을 제대로 이해하기 위해서는 정적인 측면과 동적인 측면을 함께 고려해볼 필요가 있다. 정적인 측면에서 과학은 경험 세계에 체계화된 정보를 제공하는 활동을 의미한다. 이러한 관점에서 과학은 관찰된 현상에 설명의 체계를 부여하는 것이며, 과학의 관심은 기존의 법칙, 이론, 가설, 원칙을 이해하고 기존의 지식 세계에 보다 새로운 지식을 추가하는 것에 있다고 본다. 동적인 관점에서 과학은 과학자가 행하는 기능이라고 할 수 있으며, 앞으로의 문제 해결 방안을 제시하는 활동이라고 볼 수 있다.

이러한 정적인 관점과 동적인 관점을 종합하면 과학은 이론의 개발과 설명에 그 목적이 있다고 간단히 말할 수 있다.

03 과학적 조사

1. 과학적 조사의 의의

과학적 조사(scientific research)는 과학에 비하면 매우 분명하고 간단하게 정의를 내릴 수 있다. 컬린저(Fred N. Kerlinger)는 과학적 조사를 “일반 현상 가운데서 관계가 있으리라고 생각되는 가설적인 명제들을 체계적, 통계적, 비판적으로 탐구하는 활동”이라고 정의했다. 과학적 조사는 조사자가 조사 결과에 대한 확신을 가질 수 있도록 철저히 통제되고 체계적이어야 하며, 이러한 탐구 과정은 동일한 통제 상황하에서 타인에 의해 조사되어도 동일한 결과가 발생할 수 있도록 객관적이어야 한다. 이러한 과학적 조사와 이론은 다음의 [그림 1-2]에서 보는 바와 같이 끝없는 수레바퀴형 연결 관계를 갖게 된다.

결국 과학적 조사란 기존의 이론을 통해서 개발되거나 관찰된 변수들 사이의 관계를

【그림 1-2】

과학적 조사의 과정

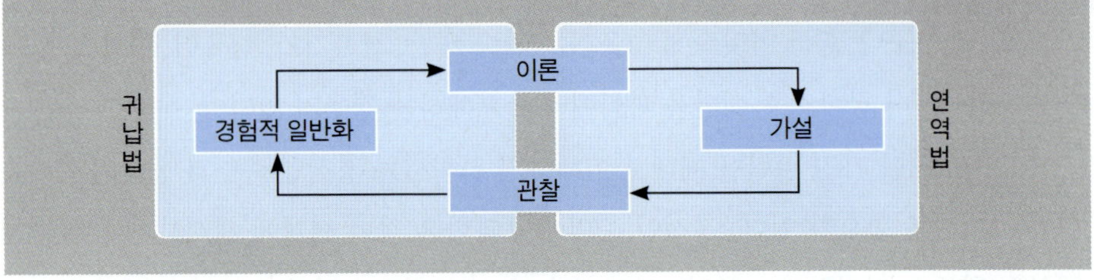

경험적으로 검증하는 과정을 말하며, 이때 조사를 통해 새로운 이론이 개발되거나 기초 이론이 확인되었을 때 이론 설정이 일어났다고 이야기할 수 있다. 그런데 변수들 간의 가정된 관계를 경험적으로 관찰하는 데는 외생변수, 통제불능변수 등 여러 가지 요인 때문에 방법론의 문제가 생길 수 있으며, 이러한 요인을 제거하기 위해서는 조사 과정이 철저히 통제되고 체계적인 흐름 아래 수행되어야 하며, 특히 변수들 사이의 관계를 설명하고 이들 사이의 규칙성을 밝혀서 인과관계를 설명하려는 조사일수록 정교한 조사 방법론이 적용되도록 유의해야 한다.

2. 과학적 조사의 목적

과학적 조사는 문제 해결에 관심 있는 연구자에게 어떠한 것을 제공해주는가? 과학적 조사 방법은 연구자가 관심을 가진 실제 현상에 대한 설명, 예측 그리고 이해를 제공한다. 그렇다면 과학적 설명, 과학적 이해 그리고 과학적 예측이란 무엇을 의미하는가?

(1) 설명

연구자는 '왜'라는 질문에 대한 일반적인 설명을 찾고자 연구를 한다. 연구자가 주어진 사건이나 행동이 발생한 원인이 무엇인지 설명해야 한다는 것은, 그 사건이나 행동을 일으킨 선행 요소에 대한 실증적이고 체계적인 분석이 필요하다는 것을 의미한다.

흄(David Hume)은 과학적 사고에 대한 그의 이론을 설명할 때 '설명'이라는 단어를 하나의 현상이 일반적인 법칙을 통해 다른 현상과 관련되는 과정에 적용해왔다. 일반적인 법칙은 구체적인 설명으로 이루어진다. 이러한 설명은 연역적 설명과 귀납적 설명으로 나눌 수 있다.

연역적 설명과 귀납적 설명은 이후 과학적 방법에서 좀 더 자세히 설명하도록 하겠다.

(2) 예측

사람은 누구나 미래에 대해 관심을 가진다. 그래서 심령술사를 찾아가기도 하고 무당을 찾아가 점을 보기도 한다. 그러나 이러한 방법은 과학적인 방법이 아니다. 우선 과학적인 방법은 과거에 존재했던 다양한 현상의 원인과 결과를 바탕으로 일반적인 이론을 찾아낸다. 그리고 과거에 원인으로 작용했던 현상이 현재에 동일하게 발생한다면 과거와 동일한 결과가 나타날 것이라고 예측을 하는 것이다.

예를 들어, 서울 지역 기온이 매년 겨울이면 영하로 떨어져 눈이 오는 것을 과거 10년간 보았다고 가정하자. 그러면 과거 10년간의 현상을 바탕으로 올해에도 기온이 영하로 떨어져 눈이 올 것이라고 예측이 가능해지는 것이다.

그러나 과거 10년과 달리 올해는 기온이 영하로 떨어지더라도 눈이 오지 않는 경우가 발생할 수 있다. 이렇게 예측이 잘못되는 이유는 크게 두 가지로 나눌 수 있다. 첫 번째, 법칙이나 일반성이 사실이 아닌 경우가 있을 수 있다. 두 번째, 과거의 상황이 부정확하게 확인되었을 수 있다. 앞의 예에서, 대기 중에 습도가 낮을 경우 서울 지역 기온이 영하로 떨어지더라도 눈이 오지 않을 수 있는 것이다.

(3) 이해

과학적 연구의 목적 가운데 세 번째는 '이해'다. 이해를 위해서는 특정 사건과 관련된 원인과 결과가 어떠한 과정을 통해 발생하는지를 정확히 기술할 필요가 있다. 예를 들어, 온도가 높아질수록 공기의 부피가 증가한다는 이론을 생각해보자. 이를 좀 더 정확히 이해하기 위해서는, 두 현상 사이에 존재하는 일련의 과정을 이해할 필요가 있다. 즉 온도가 올라갈수록 운동에너지는 증가하고, 이로 인해 분자의 움직임이 활발해져 공기의 부피가 증가하는 것이다. 이러한 일련의 과정에 대한 논리적 기술이 있을 때 정확한 이해가 가능해진다.

이해를 위해서 감정이입을 통한 상호 주관적 접근과 예측을 통한 논리적 접근이라는 두 가지 상이한 접근법이 요구된다.

감정이입을 통한 상호 주관적 접근법이란, 연구자가 어느 개인이나 그룹 행동을 이해하고자 할 때 연구 대상자들이 가지는 생각과 태도, 가치 그리고 관점을 이해해야 한다는 것을 의미한다. 그래야 연구자는 연구 대상에 대해 진정한 이해를 할 수 있다.

예측을 통한 논리적 접근은 앞의 방법과 달리 사회현상을 연구하는 연구자가 객관적인 지식을 바탕으로 연구를 진행할 수 있는 위치에 있어야 함을 의미한다. 즉 연구자가 연구를 할 때 조사를 설계하고 자료를 수집, 분석하는 등의 과정이 객관적으로 이루어져야 함을 의미한다. 이러한 객관적인 과정을 바탕으로 해야 정확한 이해가 가능해진다.

04 과학적 방법

1. 과학적 방법의 의의

방법론이라는 영어 단어는 'methodology'다. 이 단어는 '……로부터'라는 뜻을 가진 'meta'와 '여행'을 의미하는 'hodos' 그리고 '논리, 이해 능력'이라는 뜻을 지닌 'logos'가 합쳐진 것이다. 이 단어를 직역하면 '지식을 얻기 위해 사용되는 계획에 대한 연구'라는 뜻이다. 즉 과학적 조사를 할 때 사용되는 방법에 대한 연구를 말한다.

과학적 방법론에는 체계적인 법칙과 조사 과정이 존재하며, 이는 연구를 진행하고 지식에 대한 주장을 평가하는 기준을 제시한다. 그리고 체계적인 법칙과 조사 과정은 연구자가 새로운 방법을 추구함에 따라 지속적으로 발전하고 있다. 이러한 과학적 방법은 다음과 같은 기본적인 기준에 적합해야 한다.

(1) 의사소통(communication)의 원칙

앞서 잠시 언급한 바와 같이 연구자가 연구에서 사용하는 개념은 받아들이는 사람에 따라 여러 의미로 해석될 수 있다. 이솝 우화에서 장님들이 코끼리를 설명하는 이야기를 예로 들어보자. 코끼리를 본 적이 없는 사람에게 코끼리의 개념을 설명하기 위해 코끼리 다리를 만지게 하면 그들은 코끼리가 커다란 기둥이라고 생각할 것이다. 그러나 코를 만지게 하면 길고 두꺼운 구렁이를 떠올릴 것이고, 꼬리를 만지게 한다면 길고 가는 다른 무언가를 떠올릴 것이다. 이처럼 하나의 개념이 어떻게 주어지느냐에 따라서 사람마다 다르게 받아들이게 된다.

방법론의 주된 목적은 연구자가 알고 있는 일반적인 경험을 의사소통을 통해 다른 연구자에게 정확하게 설명하고 이해할 수 있도록 돕는 것이다. 이를 위해서 연구자가 제시한 방법을 동일 연구자나 다른 연구자가 동일 방법으로 반복해 연구함으로써 의도하지 않은 오류가 발생할 가능성을 줄일 수 있다. 즉 코끼리의 모습을 가장 잘 설명할 수 있는 방법은 사람들에게 코끼리를 보여주는 것이다. 그리고 반복하여 코끼리를 여러 각도에서 보여줌으로써 코끼리를 잘못 이해할 가능성을 줄일 수 있다.

또한 이에 대해 건설적인 비평(constructive criticism)이 뒤따라야 한다. 연구자가 주장하는 것에 대해 관찰이 정확한 것인지, 어떠한 관찰 방법이 사용되었는지, 테스트 과정은 타당한지 등의 질문을 해보아야 하며, 이러한 질문을 통해 연구자가 제시하는 주장을 평가할 수 있다. 즉 과학적 방법론은 사회현상을 연구할 때 모든 사람이 이해할 수 있도록 도와주는 질문을 제공한다.

(2) 추론(reasoning)의 원칙

과학적 방법론에서 가장 기본적인 도구는 논리성이다. 논리성은 연구자가 관찰한 현상에서 신뢰할 만한 새로운 추론을 가능하도록 해준다. 또한 과학적 사고의 기본 요소로서 논리성을 사용한다면, 과학적 방법론은 연구자가 하는 주장에 대한 내적 일관성을 확보해준다. 앞서 언급한 삼단논법은 기존에 나타난 현상을 바탕으로 새로운 사실을 논리적으로 추론할 수 있도록 해준다. 이렇게 추론된 결과는 내적 일관성도 어느 정도 확보할 수 있다.

(3) 상호주관성(intersubjectivity)의 원칙

과학적 방법론은 실증적 객관성을 결정하고 적절한 방법과 타당한 도구를 선택하는 기준을 제공한다. 객관성과 타당성은 매우 높은 상호의존성을 지닌다. 연구자는 자신의 발견이 다른 연구자에 의해 진실임이 증명될 때까지 자신의 연구가 객관적이라고 주장할 수 없기 때문에, 객관성은 타당성에 의존할 수밖에 없다. 이러한 타당성은 곧 상호주관성과 연결된다. 앞서 언급한 바와 같이 상호주관성은 다른 연구자가 동일한 대상에 대해 동일한 방법으로 동일한 과정을 거쳐 연구했을 경우 동일한 결과가 나와야 함을 의미한다. 이는 타당성의 개념과 어느 정도 일치한다고 볼 수 있다. 그러므로 과학적 방법론이 연구 결과에 대해 객관성을 제공하기 위해서는 상호주관성을 가져야 한다.

2. 과학적 방법의 특징

(1) 논리성

과학은 합리적(rational)인 사고 활동이며, 과학적 설명은 이치에 맞아야 한다. 종교는 계시, 관습 및 전통에 의존하지만, 과학은 논리적(logical) 사고에 의존한다. 과학의 논리성이란 원인과 결과가 있을 때 결과가 원인에 대해 시간적으로 앞설 수 없음을 말한다. 또한 사건과 사건의 연결이 우리가 알고 있는 지식체계 내에서 객관적 사실에 의해 뒷받침돼야 한다.

또한 과학의 논리에는 모순이 없어야 한다. 즉 두 개의 서로 배타적인 상태가 동시에 일어날 수 없어야 한다는 것이다. 예를 들어, 동전을 던질 경우 앞과 뒤가 동시에 나올 가능성이 없어야 하는 것이다.

일반적으로 논리성을 지니기 위해서 연역(deduction)과 귀납(induction)이라는 두 가지 방법에 의해 논리를 전개해 나간다. 연역은 일반적인 사실로부터 개별 현상에 대한 이론을 도출해 나가는 과정을 거치지만, 귀납은 개별 현상으로부터 일반적인 사실을 추론해내는 과정을 거친다.

(2) 인과성

과학에서 모든 현상은 '자연 발생적인'것이 아니라 어떠한 원인에 의해 나타난 결과이며, 이러한 원인과 결과는 논리적으로 설명할 수 있어야 한다. 예를 들어, 선거에서 어느 유권자가 특정 후보자에게 표를 던진 경우 연구자는 그 투표 행위가 아무런 이유 없이 일어난 행동이 아니라 후보자의 공약, 지연, 학연 등 다양한 원인으로 인해 행동이 일어났다고 결론을 내리는 것이다.

그러나 연구자가 과학적 방법을 사용한다고 해서 모든 현상의 원인을 안다는 것은 불가능하며, 안다고 하지 않는다. 그리고 한 가지 현상에 여러 원인이 존재할 수 있다는 것을 인정한다. 즉 유권자가 특정 후보를 선택할 때 공약이나 지연, 학연 가운데 하나만 원인으로 작용한 것이 아니라, 여러 원인이 함께 작용할 수 있다는 것이다. 또한 서로 다른 원인에 의해서도 동일한 결과가 나타날 수 있다고 본다. A라는 유권자는 공약과 지연을 중시하고 B라는 유권자는 학연과 후보의 품성을 중시한다고 하더라도 동일한 후보를 선택할 수 있다는 것이다. 과학적 방법은 확률적(probabilistic) 결정론을 포함한다. 즉 원인으로 인해 결과가 나타날 수 있는 가능성을 확률로 표현하는 것을 말한다. 예를 들면, 특정 유권자가 C라는 후보자를 선택할 확률이 70%라고 표현하는 것이다.

(3) 일반성

일반성이란 경험을 통해 얻은 구체적인 사실을 바탕으로 보편적인 원리를 추구하는 것을 말한다. 즉 개별적인 현상 하나하나를 설명하기보다는 여러 현상을 함께 설명할 수 있는 일반적인 원리를 추구하는 것이다. 예를 들어, 연구자는 A라는 사람이 선거에서 C후보를 선택하는 이유를 설명하기보다는 선거구 내에 있는 유권자가 C후보를 선택하는 이유를 설명하고자 한다. 여기서 일반적이라는 개념은 앞의 확률적 결정론과 관련된다. 물론 연구 목적에 따라 아닌 경우도 있지만, 일반적으로 연구자는 A라는 유권자가 C후보를 선택한 이유를 100% 정확하게 설명하기보다는 정확도가 떨어지더라도 그 지역 유권자가 C후보를 선택한 이유를 설명하고자 한다. 이는 A라는 유권자의 선택 이유를 100% 정확하게 설명하는 것보다는 그 지역 유권자의 선택 이유를 70% 정도 정확하게 설명하는 것이 사회현상을 이해하는 데 효과적이기 때문이다.

그러므로 과학자는 어떠한 현상을 보다 일반적으로 예측할 수 있다면 개별 상황에 대한 연구보다는 정확도가 떨어지더라도 일반적인 현상에 대한 이해를 보다 더 추구하게 된다. 따라서 어느 연구 결과가 다른 연구 결과에 비해 더 많은 현상을 설명하거나 예측할 수 있다면 더 좋은 과학적 연구 결과라고 할 수 있다. 이러한 일반성은 모든 상황을 통제할 수 있는 자연과학에 비해, 실험에 완벽한 통제가 불가능한 사회과학에서 추구하기 더욱 어렵다.

(4) 간결성

과학자는 현상의 유형별로 공통 요소를 찾아내고 이를 일반적으로 이해하려고 함과 동시에, 현상의 유형을 구분하는 데 도움이 되지 않는 요소를 찾아내고 그러한 요소를 일반화된 이론에서 배제하려 한다. 즉 유권자가 후보를 선택하는 데는 후보자의 신발 색깔이 중요한 요소가 아니라는 것을 발견해내고 후보자 선택 요소에서 그것을 제거하는 것이다.

과학자는 어떤 현상을 이해할 때 필요한 최소한의 설명변수만을 사용해 가능한 한 최대의 설명력을 얻으려고 한다. 앞서 일반화에서 얘기했던 것처럼 일반화한 이론이 다양한 현실 상황에서 많이 적용될수록 설명력이 높다고 할 수 있다. 예를 들어, K라는 연구자는 유권자가 후보를 선택할 때 중요한 요인으로 후보자의 정당, 사회계층을 사용했고, J라는 연구자는 유권자의 나이, 학력, 출신 지역을 사용했다고 하자. 그렇다면 이 경우 어떤 연구자의 연구 결과를 선택해야 하는가? 이럴 경우 두 연구자의 연구 중 설명력이 더 높은 연구를 선택해야 한다.

그러나 연구자는 종종 간결성과 설명력 사이에서 선택을 강요받는다. 왜냐하면 대부분의 연구에서 간결성을 높이면 설명력이 떨어지고, 설명력을 높이면 간결성이 떨어지기 때문이다.

(5) 구체성

대부분 과학적 방법에서 사용되는 개념은 다양한 해석이 가능하다. 예를 들어, 경제력이라는 단어를 들었을 때 그 단어를 들은 사람의 신분에 따라서 다양한 해석이 가능해진다. 직장인의 경우 자신이 벌어들이는 수입을 생각할 수 있고, 경제 부처의 공무원은 국가의 GDP와 같은 변수를 연상하게 되고, 전업주부의 경우 남편이 벌어오는 수입을 떠올릴 것이다.

따라서 좋은 과학적 연구를 위해서는 연구자가 사용하고자 하는 개념이 무엇인지를 정확히 정의해야 하고, 이러한 정의를 다른 연구자가 이해할 수 있도록 구체적으로 표현해야 한다. 이러한 개념에 정의를 부여하는 과정을 개념의 조작화(operationalization)라고 한다. 하나의 개념에 여러 가지 조작화가 가능하다. 조작화 과정을 통해 연구자는 개념을 어떻게 측정했는가를 정확히 밝힐 수 있게 된다. 연구자가 알고자 하는 것이 전업주부의 소비 행태라면, 경제력이라는 개념은 남편이 벌어오는 수입이라고 정의할 수도 있고, 주부 본인의 부수입일 수도 있으며, 집안 식구 전체가 벌어오는 수입이 될 수도 있다. 이러한 조작화 과정은 연구자가 본인의 연구 결과를 발표할 때 정확히 밝혀주어야 한다.

또한 다른 조작화를 통해 측정한 개념을 이용한 연구 결과가 동일할 경우 일반화의 가능성이 더욱 높아진다. 전업주부의 경제력을 남편의 수입으로 측정한 경우와 전업주부의 부수입을 대상으로 측정한 경우, 그리고 집안 식구 전체의 수입으로 측정한 경우의 결과가 동일하다면 그 연구는 일반화 가능성이 높다고 할 수 있다.

(6) 경험적 검증 가능성

다양한 전제를 바탕으로 나온 상황은 현실 세계에서도 경험이 가능한 것이어야 한다. 즉 연구자가 제시한 이론이 현실 세계에서 경험을 통해 검증될 수 있어야 하는 것이다.

과학에서 어떤 결과의 표현은 일반적인 법칙이나 방정식의 형태로 많이 표현된다. 그러나 이러한 법칙이나 방정식이 실제로 자료 수집 조사나 분석을 통해 얻은 결론이 아니라면 과학적 이론이라 부르기에 부족하다. '소크라테스도 죽는다'라는 법칙은 소크라테스의 사망을 관찰함으로써 확인이 가능하다.

그러나 이러한 관찰만으로 '모든 사람은 죽는다'라는 법칙이 완전히 증명된 것은 아니며, 단지 그 법칙이 부정되지는 않은 것으로 보아야 한다. 연구자가 경험적으로 검증하기 위해서는 이론이 반증되는 조건을 지적할 수 있어야 한다. 즉 연구자가 주장하는 이론과 반대되는 이론이 잘못되었다는 것을 보여줌으로써 자신의 이론이나 주장을 더욱 확고히 할 수 있다.

(7) 상호주관성

과학적 방법은 경험을 통해 검증되어야 할 뿐만 아니라, 객관적인 수준에서도 인정을 받아야 한다. 여기서 '객관적'이라는 단어에는 많은 의견이 존재한다. 이는 연구자마다 가진 판단 기준이 다르기 때문이다. 그러므로 객관성을 논할 때는 어느 정도의 관련자가 동의해야 '객관적이다'라고 얘기할 수 있는지 고려해야 한다. 엄밀히 말하자면 모든 연구자로부터 동의를 얻기란 거의 불가능하다. 여기서 말하는 상호주관성은 다른 연구자가 서로 다른 동기를 가지고 연구를 하더라도 동일한 방법과 과정을 통해 검증할 경우 동일한 결론에 도달할 수 있어야 한다는 것을 의미한다.

예를 들어, 선거에서 각각의 정당은 조사 결과가 자기 당에 유리하다는 것을 확인하기 위해 조사를 실시하더라도 조사설계와 자료를 수집, 분석하는 과정이 객관적이라면 결과는 동일해야 한다는 것이다. 그러나 과학자들 간의 견해는 같은 현상, 같은 주제를 연구해도 항상 같은 결과가 나오는 것만은 아니다. 왜냐하면 변수를 조작화하고 측정하는 데는 모두 혹은 부분적으로 차이가 있기 때문이다. 그러므로 연구를 할 때 개념에 대해 동일한 조작화를 통해 실시된 다양한 연구의 결과는 동일하게 나타나야 한다.

(8) 수정 가능성

과거 과학적이라고 인정받던 이론이 시간이 흐름에 따라 잘못된 것으로 확인되거나 다른 이론으로 대체되는 경우가 많다. 예를 들어, 과거에는 '천동설'이 올바른 이론으로 인정되었으나 지금은 그 이론이 잘못된 것으로 확인됐다. 마찬가지로 현재 존재하는 다양한 이론 역시 이후 새로운 이론에 의해 대체될 수 있다. 궁극적인 진리를 찾는다는 것은 거의 불가능한 일이다. 어느 철학자는 이에 대해 "변하지 않는 진리는 '변하지 않는 것은 없다'라는 사실뿐이다"라고 표현했다. 그러므로 연구자는 모든 이론도 새로운 이론으로 대체될 수 있음을 인정해야 한다.

(9) 효용성

과학은 기본적으로 궁극적인 진리를 추구하는 것이기도 하지만, 효용성(utility)도 추구한다. 효용성을 추구한다는 것은 과학적 이론이 진리인지, 아닌지를 따지기보다는 과학적 이론이 우리의 주변 세계를 이해하는 데 얼마나 유용한지를 가지고 평가되어야 한다는 것이다. 즉 A라는 한 명의 유권자가 C라는 후보를 선택한 이유를 100% 정확하게 설명하는 것보다는 그 지역 유권자가 C라는 후보를 선택한 이유를 70%의 정확도로 설명하는 것이 더 유용하다는 것이다.

3. 과학적 방법의 논리 체계

(1) 연역법

전통적인 과학적 접근법은 가설 → 조작화 → 관찰 → 검증을 거치는 연역적인 접근 방법이었다. 연역법으로 가장 흔히 사용되는 예는 다음과 같은 것이다.

'모든 사람은 죽는다.'

'소크라테스는 사람이다.'

'그러므로 소크라테스는 죽는다.'

이와 같은 연역적인 논리를 과학적인 논리를 통해 분석해보면, 당초 분석의 세계와

【그림 1-3】

연역법

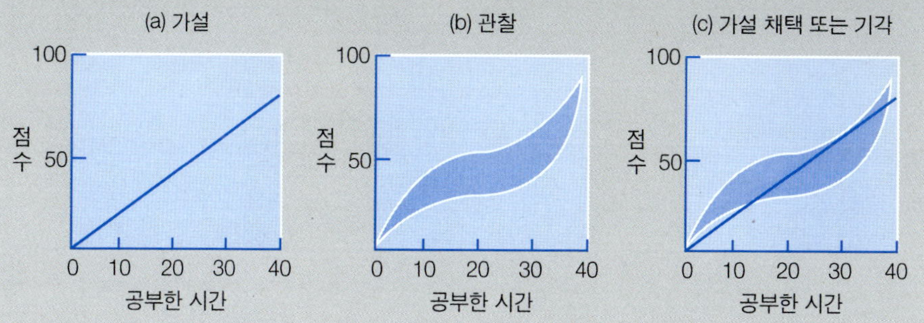

경험의 세계를 규정하고 공리(axiom)에서 출발해 정리(theorem), 가설(hypothesis)로 연결되는 과정인 이른바 삼단논법과 같은 논리 전개 방식으로 진행시켜 경험적 사실과 일치하게 될 때 과학적 법칙을 발견하게 된다.

예를 들어, 공부 시간과 성적 사이의 관계에 대해서 연역적인 추론을 하는 과정은 [그림 1-3]과 같이 나타낼 수 있다. 그림 (a)에서 공부 시간이 증가할수록 성적이 높아진다는 가설을 도출했다. 그림 (b)에서 수백 명의 학생을 대상으로 공부 시간과 성적을 조사했고, 그림 (c)에서는 (a)에서의 가설과 (b)에서의 관찰 결과를 비교하게 된다. 이 그림에서는 가설과 관찰의 결과가 완벽히 일치하지 않으므로 공부를 많이 한다고 해서 반드시 성적이 향상된다고는 할 수 없다는 결론을 얻게 된다. 결국 연역법은 사건(event)과 사건 사이의 필연적 관련성을 그 형식적 구조를 통해 밝히는 추론을 통한 방법으로, 이 방법은 '전체에 대해서 참인 것은 부분에 관해서도 참이다'라는 법칙에 의거해 보편적 원리로부터 부분에 대한 지식을 이끌어낸다. 즉 일반적인(general) 것으로부터 특수한(specific) 것을 추론해내는 방법이다.

(2) 귀납법

연역법에서 사용한 소크라테스에 대한 예를 귀납법(induction)에 적용해 설명하면, '소크라테스의 죽음'을 발견하고 다른 많은 사람도 죽은 것을 관찰하게 된다. 이를 바탕으로 조사자는 모든 관찰한 사람이 죽는 것을 알고 '모든 사람이 죽는다'는 임시적인 결론(tentative conclusion)에 이르게 된다.

【그림 1-4】

귀납법

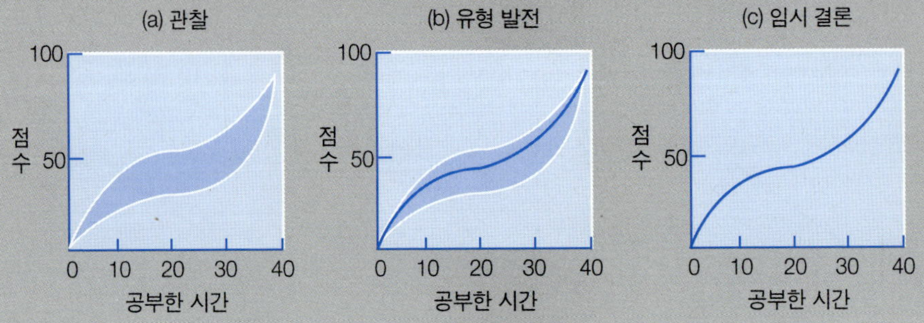

이와 같이 귀납법은 경험의 세계에서 관찰된 많은 사실이 모두 공통적인 유형으로 전개되는 것을 발견하고, 이들의 유형을 객관적인 수준에서 증명을 하게 되는 것이다. 따라서 객관적이기 위해서는 현상의 분석 절차와 방법이 계량적이어야 하며, 이를 위해 수학적·통계학적 분석이 필요하게 된다. 이와 같은 귀납적인 추론 과정이 공부하는 시간과 성적 간의 관계를 알기 위한 예를 통해 어떻게 적용되는지를 살펴보자.

[그림 1-4] (a)에서는 여러 개의 관찰을 통해 공부 시간과 성적에 관한 자료를 정리한 후, 그림 (b)에서 이들 자료의 공통된 유형(규칙성)을 요약하게 된다. 이 그림에서는 3차 함수곡선 유형을 보여준다. 이 유형을 이용해 두 변수 간의 관계에 대한 임시적인(tentative) 결론을 얻게 된다. 여기서 '임시적인'의 의미는 이 유형이 검증된 것이 아니고 단지 관찰에 의해 만들어낸 유형임을 뜻한다.

이와 같이 귀납법은 특수한(specific) 사실을 통해 일반적(general) 진리 또는 원리를 찾아내는 방법으로, 과학자가 관찰한 사실을 설명하기 위해 이론을 형성해가는 과정을 말한다.

(3) 연역법과 귀납법의 관계

앞에서 설명한 연역법과 귀납법은 상호 대립적인 관계가 아니라 상호 보완적 관계에 있는 과학적 접근 방법이다. 앞의 [그림 1-2]를 이용해 과학의 수레바퀴형 연결 관계에서 연역법과 귀납법이 어떻게 보완적으로 상호작용하는지를 살펴보자.

[그림 1-2]에서 과학의 수레바퀴형 연결 관계는 크게 보면 연역적 추론과 귀납적 추론

이 서로 교대로 이루어지는 과정임을 알 수 있을 것이다.

결론적으로 지식에 대한 이해는 분석적인 연역적 방법과 경험적인 귀납적 방법에 의해 이루어지는데, 과학에서 필요한 논리는 이 중 어느 한쪽만을 취해서는 안 된다. 즉 연역적 추론이 논리적 필연성을 갖는다는 의미에서 그 중요성을 인정하고, 내용의 공허성을 피하고 예측적 지식의 가치를 인정함으로써 귀납적 논리의 중요성도 함께 인정해야 한다.

4. 과학철학

과학이 과학적 방법을 이용하는 학문이라는 데는 학자들 간에 어느 정도 합의를 본 상태이나, 과학적 방법이 무엇인지에 대해서는 의견이 분분하다. 이로 인해 과학적 방법에 대해 어떠한 시각으로 바라보는지에 따라 이론을 찾아내고 문제를 해결해 나가는 과정이 다를 뿐만 아니라, 동일한 현상을 정반대로 해석할 수도 있다. 그러므로 어떠한 과학철학을 기반으로 하느냐는 사회과학 연구의 가장 기본적이고 중요한 부분으로서 연구자가 직접 선택해야 할 사항이다.[1]

과학철학은 1960년 이후 활발히 연구되고 있으며, 그 분야가 아주 다양해 이 책에서 모든 분야를 다루기는 불가능하므로 현대 과학철학 이론 몇 가지를 중심으로 간결하게 설명하고자 한다. 과학철학은 실증주의, 경험주의, 반증주의와 같이 관찰을 중요하게 여기며, 지식의 객관성을 추구하는 절대론적 입장과 지식 문제에 주관의 개입은 필연적이므로 구조적으로 지식을 파악해야 한다는 상대론적 입장이 있다.

(1) 논리적 실증주의

논리적 실증주의를 발전시킨 빈 학파(Wiener Kreis)는 과학을 '객관적 경험에 기초한 이론의 검증'이라고 정의하면서 형이상학과 같은 경험에 기반을 두지 않은 것은 과학이 아니라고 본다. 이들은 모든 학문을 자연과학, 특히 물리학의 방법론을 바탕으로 하여 하나로 통합하려는 시도를 했다. 특히 이론이 되기 위해서는 형식 면에서 논리적으

1) 어떠한 과학철학을 바탕으로 한 시각이 옳은지에 대한 의견은 아직도 분분하며, 개별 연구자마다 본인이 옳다고 생각하는 과학철학의 시각을 바탕으로 연구를 진행해 나가고 있다. 본서에서는 논리적 경험주의를 기본적인 시각으로 하였으며, 몇몇 특수한 경우에는 논리적 실증주의 등과 같은 다른 과학철학의 시각을 사용했다.

로 진위 여부를 확인할 수 있어야 하며, 내용 면에서는 경험적으로 참인지 거짓인지 검증이 가능해야 한다고 주장했다.

논리적 실증주의의 문제점은 일반적인 문장의 유의미성 문제에 있다. 즉 이들은 모든 과학적 명제는 경험적으로 증명이 될 때에만 의미가 있다고 주장하지만, 한정된 경험으로 모든 일반적인 문장 혹은 명제를 증명해내는 것은 불가능하다.

(2) 논리적 경험주의

논리적 경험주의는 거의 20여 년 동안 '받아들여진 견해(accepted view)'로 취급됐다. 카르나프(Rudolf Carnap)는 '이론의 증명'을 완벽하고 명확한 진리를 설정하는 것이 아니라 '점진적으로 확정되어가는 것'이라고 보았다. 즉 경험적으로 증명이 가능한지 아닌지에 따라 참과 거짓의 이분법적으로 나누는 것이 아니라, 확률이 '높다' 혹은 '낮다'의 개념으로 보는 것이다. 그래서 논리적 경험주의의 특성을 귀납적 통계학의 사용에 의한 것으로 볼 수 있다.

하지만 논리적 실증주의와 마찬가지로 적은 경험을 가지고 많은 일반적인 문장의 참 혹은 거짓이라는 결론을 내리기에는 문제가 따른다. 또한 관찰 시 관찰자의 주관이 개입되어 측정 오차가 존재할 뿐 아니라, 관찰 자체가 이론에 의존함으로써 기존의 틀을 벗어나는 새로운 이론은 검증이 어렵다는 단점이 있다.

(3) 반증주의

포퍼(Karl Popper)는 논리적 경험주의에 내재된 문제점을 극복하기 위해 반증주의(falsificationism)를 제시했다. 반증주의는 문제 해결을 위해 제시된 이론에 대해 엄격한 경험적 검증을 요구하며, 이러한 검증의 목적은 가설의 논박에 있고, 이론에 의한 결과가 반박되면 이론을 기각하는 반증 과정을 거쳐 남게 되는 이론이 채택되게 된다는 주장이다. 이러한 반증주의는 몇 가지 문제점을 내포하고 있다. 첫째, 실제 검증 상황이 검증하고자 하는 이론 자체에 의존하게 되므로 이론을 논박하는 것이 쉽지 않다는 것이다. 둘째, 실제 과학 발전의 역사가 포퍼의 견해와는 일치하지 않는다는 점이다. 코페르니쿠스의 지동설, 다윈의 진화론, 아인슈타인의 상대성 이론 등을 포함한 대부분의 과학 이론이 한때 상당한 반증이 있었는데도 과학적 이론으로 계속 발전되어왔다는 점이 이러한 반론을 뒷받침해준다. 셋째, 하나의 새로운 이론을 찾아내고 형성한다기보다는 기존의 이론을 검증하는 데 더 큰 비중을 두기 때문에 새로운 이론을 발견하기 보다는 이론의 검증 이상의 역할을 하지 못한다는 점이다.

(4) 과학적 혁명

쿤(Thomas S. Kuhn)이 제시한 과학적 혁명에서 가장 중심이 되는 개념은 '패러다임(Paradigm)'이다. 패러다임이란 사회의 세계관을 구성하는 것으로, 형이상학적인 몇 개의 특정한 이론을 포함하며, 이에 더해 이론 평가를 위한 기준 및 문제 해결책까지 포함하고 있다. 이러한 패러다임의 예로는 다윈의 진화론, 프로이트의 정신분석학, 마르크스의 과학적 사회주의 등을 들 수 있다. 쿤은 이러한 패러다임이 과학적 혁명 기간 동안 이동(shift)한다고 주장했다. 즉 패러다임은 점진적으로 변하는 것이 아니라, 과학적 혁명 기간 동안 기존의 패러다임과는 다른 새로운 패러다임이 혁신적으로 등장한다는 것이다.

이러한 쿤의 견해는 크게 두 가지 점에서 비판을 받는다. 첫 번째는 쿤의 견해가 역사적으로 일치하지 않는다는 점이다. 자연과학은 물론 사회과학 분야에서도 단일의 패러다임이 각 이론을 지배하는 경우는 극히 드물고, 여러 개의 경쟁적인 패러다임이 공존하는 것이 일반적이다. 두 번째는 많은 과학자들은 개인적인 신념에 따라 이론을 선택한다는 점을 비판한다. 이렇게 신념에 따라 이론을 선택할 경우 이성에 의한 합리적인 선택이 불가능해진다는 것이다.

(5) 기타 과학철학

로던(Larry Laudan)은 자연현상 또는 사회현상에 대해 기존의 사람들이 갖던 관념을 깨는 중요한 경험적 문제를 설명할 수 있느냐, 없느냐에 따라 이론을 평가해야 한다고 주장한다. 그는 연구 전통(research tradition)이라는 개념을 통해 과학은 문제를 해결해 준다고 주장하면서, 이론의 참·거짓 여부가 중요한 것이 아니라 중요한 경험적 문제에 대한 설명이 가능한지가 중요하다고 주장했다.

이 연구 전통은 같은 전통을 추종하는 과학이 공유하는 형이상학적, 개념적인 가정과 함께 몇 개의 특정한 이론으로 구성되는 것으로, 미래의 연구 전통에 대한 방법론적·과학적 기초를 제공한다. 즉 과거의 성공보다는 미래의 발전을 더욱 중요하게 여기는 철학이다. 하지만 로던은 어떤 이론을 선택해야 하는지 합리적인 선택 방법을 제시하지 못한다.

파이어아벤트(Paul Karl Feyerabend)는 과학자는 연구를 하는 과정에서 부분적으로 새로운 평가 기준을 개발하게 되고, 이것이 과거의 기준을 대체할 때까지 인식론적 혼란(epistemological anarchy)이 존재한다고 했다. 그는 과학적 발전을 위해 널리 받아들이는 기존의 과학적 규범(norm)을 깰 수 있는 것이 필요하다고 주장했다.

블루어와 반스(David Bloor and Barry Barnes)는 과학이란 필연적으로 의견 일치를 이루어가는 과정으로, 이론은 전통적인 기준뿐만 아니라 사회학적 기준에 따라서 평가되어야 하며, 과학은 궁극적으로 사회적 활동의 일부로 이해되어야 한다고 주장했다. 이를 인지적 과학사회학(cognitive sociology of science)이라고 한다.

이 장의 요약

과학이라는 말은 널리 사용되고 있으며, 그 의미 또한 다양하게 사용된다. 과학이라는 단어인 science는 지식을 습득하는 방법이라는 뜻을 가지고 있다. 과학에 대해서 학자들 간에 일치된 정의는 없지만 '해결 가능한 문제를 과학적 방법을 사용하여 이론을 도출하는 과정'이라고 이 책에서는 정의하기로 한다. 이러한 과학의 목적은 크게 네 가지로 설명할 수 있다. 첫째, 과학은 이론을 연구 대상으로 해야 한다. 즉 존재하는 것을 대상으로 한다. 둘째, 규칙성을 알리는 데 목적이 있다. 즉 과학의 연구 대상에는 규칙성이 존재한다는 것이다. 셋째, 변수들 사이의 관계를 기술하고 설명하는 데 목적이 있다. 넷째, 이론을 바탕으로 현상을 예측하는 데 목적이 있다.

지식 형성 방법에는 비과학적 지식 형성 방법과 과학적 지식 형성 방법이 있다. 비과학적 지식 형성 방법에는 전통에 의한 방법, 권위에 의한 방법, 직관에 의한 방법이 있다. 전통에 의한 방법은 사회적으로 이미 형성된 선례나 관습 또는 습성을 비판 없이 그대로 수용하는 방법이다. 권위에 의한 방법은 자기주장의 타당성과 설득력을 높이기 위해 인품이 뛰어나거나 전문 기술을 갖고 있고, 사회적 지위가 높은 사람을 이용하는 방법이다. 직관에 의한 방법은 비판의 여지가 없는 분명한 명제에서 출발하여 지식을 개발해 나가는 방법이다. 과학적 지식 형성 방법은 명확한 논리 또는 진리라고 생각되는 각 명제에 대해 가능한 대안을 발견하고 이러한 대안을 비교하여 입증 가능한 가설이 무엇인지를 판별하는 과정을 통해 지식을 형성하게 된다. 이러한 과학적 지식 형성 방법은 논리적이고 경험적이어야 한다.

과학적 조사는 일반 현상 가운데 관계가 있으리라고 생각되는 가설적인 명제를 체계적, 통계적, 비판적으로 탐구하는 활동이라고 정의 내릴 수 있다. 과학적 조사는 조사자가 조사 결과에 대한 확신을 가질 수 있도록 철저히 통제되고 체계적이어야 하며, 이러한 탐구 과정은 동일한 통제 상황하에서 타인에 의해 조사되어도 동일한 결과가 발생할 수 있도록 객관적이어야 한다.

과학적 조사는 실제 현상에 대한 설명, 예측 그리고 이해를 위해 실시한다. 설명이란 주어진 사건이나 행동이 발생한 원인이 무엇인지를 실증적이고 체계적인 분석을 통해 밝혀내는 것이다. 예측이란 과거에 존재했던 다양한 현상의 원인과 결과를 바탕으로 과거와 동일한 현상이 발생한다면 결과 역시 과거와 동일할 것이라는 것을 증명하는 것이다. 이해는 특정 사건과 관련된 원인과 결과가 어떠한 과정을 통해 발생하는지를 정확히 기술하는 것이다.

과학적 방법은 '지식을 얻기 위해 사용되는 계획에 의한' 연구라고 이야기할 수 있다. 과학적 방법에는 체계적인 법칙과 조사 과정이 존재한다. 그것은 연구를 진행하고 지식에 대한 주장을 평가하는 데 기준을 제시하며 이러한 과학적 조사는 연구자들이 지속적으로 새로운 방법을 추구함에 따라 발전해 나가게 된다. 이러한 발전은 기본적인 기준에 적합해야 한다. 첫째, 의사소통의 원칙에 적합해야 한다. 즉 방법론의 주된 목적은 연구자들이 알고 있는 일반적인 경험을 의사소통을 통해 다른 연구자들에게 정확하게 설명하고 이해할 수 있도록 돕는 것이다. 이를 위해 연구자가 제시한 방법을 통해 동일 연구자나 다른 연구자가 동일 방법으로 반복하여 연구함으로써 의도하지 않은 오류가 발생할 가능성을 줄일 수 있다. 다음으로는 추론의 원칙에 적합해야 한다. 즉 논리성을 통해 연구자가 하는 주장에 대한 내적 일관성을 확보해야 한다는 것이다. 마지막으로 상호주관성의 원칙을 준수해야 한다. 이는 다른 연구자들이 동일한 대상에 대해 동일한 방법으로 동일한 과정을 거쳐 연구했을 경우 동일한 결과가 나와야 한다는 것이다.

과학적 방법의 특징으로는 논리성, 인과성, 일반성, 간결성, 구체성, 경험적 검증 가능성, 상호주관성, 수정 가능성, 효용성이 있다.

과학적 방법의 논리 체계로는 연역법과 귀납법이 있다. 연역법은 가설을 먼저 설정하고 그 가설이 맞는지를 경험 세계에서 관찰을 통해 증명해 나가는 방법이다. 반면 귀납법은 경험 세계에서 관찰된 많은 사실이 모두 공통적인 유형으로 전개되는 것을 발견하고 이들의 유형을 객관적인 수준에서 증명하는 방법이다. 연역법과 귀납법은 상호 대립적인 관계가 아니라 상호 보완적인 관계이므로 과학적 방법을 위해서는 두 가지 방법 중 어느 한쪽만을 취해서는 안 된다.

무엇이 '과학적인 방법인가'에 대한 연구가 최근에 과학철학 분야에서 활발히 전개되고 있다. 논리적 실증주의는 모든 이론은 경험적으로 증명이 되어야 의미가 있다는 증명 이론을 가장 중요한 원칙으로 삼는 학파이며, 논리적 경험주의는 증명 이론보다는 경험적으로 이론이 참으로 받아들여지는 확률이 증가되는 과정을 원칙으로 받아들이는 학파로, 두 학파는 모두 경험에 의거한 검증 과정을 거치는 귀납법의 근본 문제를 해결하지 못했으며, 또한 관찰이 선험적인 지식에 근거해서 해석하게 된다는 단점을 가지고 있다. 이러한 문제를 해결하기 위해서 포터는 반증주의를 제시했다. 반증주의의 입장은 경험적인 검증을 통하여 반박되지 않고 남는 이론이 임시적으로 채택이 된다는 것으로, 이들은 실제 과학 진보의 역사와는 일치하지 않는다는 문제점을 가지고 있다. 그에 대해 쿤은 새로운 개념적인 틀로 '과학적 혁명'의 개념을 도입했다. 즉 사회에서 세계관을 구성하는 패러다임이 과학적 혁명 기간 동안 새로운 패러다임으로 이동하게 된다는 것이다.

주요용어

과학, 과학적 방법, 과학의 목적, 당위, 규칙성, 변수, 예측, 이론, 지식, 지식 형성 방법, 비과학적 지식 형성 방법, 과학적 지식 형성 방법, 전통, 권위, 직관, 일반화 설명, 이해, 의사소통의 원칙, 추론의 원칙, 상호주관성의 원칙, 논리성, 인과성, 일반성, 간결성, 구체성, 경험적 검증 가능성, 상호주관성, 수정 가능성, 효용성, 연역법, 귀납법, 논리적 실증주의, 증명 이론, 논리적 경험주의, 선험적인 지식, 반증주의, 추측, 반박, 과학적 혁명, 인지적 혼란, 인지적 과학사회학

참고문헌

AcKermann, R. (1970), *The Philosophy of Science*, Pegasus, New York.

Anderson, Paul (1982), "Marketing, Scientific Progress, and Scientific Method," *Journal of Marketing*.

Babbie, Earl (2001), *The Practice of Social Science*, 9th edition, Wadsworth Inc., California.

Chalmers, A. F. (1982), *What is this thing called Science: An assessment of the nature and status of science and its methods*, 2nd edition, University of Queensland Press.

Frankfort-Nachmias, Chava and David Nachmias (2000), *Research Methods in the Social Sicence*, Sixth Edition, Worth Publishers.

Kaplan, A. (1964), *The Conduct of Inquiry*, San Francisco, Chandler Publishing Co.

Kerlinger (1986), *Foundations of Behavioral Science*, 3rd edition.

Kuhn, T. S. (1962), *The Structure of Scientific Revolution*, the University of Chicago Press, Chicago.

Laudan, L. (1978), *Progress and It's Problems Toward a theory of scientific growth*, University of California Press, Ca.

McGuigan, F. J. (1968), *Experimental Psychology: A Methodological Approach*, 2nd edition, Prentice.

Wallace, W. (1971), *The Logic of Science in Sociology*, Aldine-Atherton Inc., Chicago.

연습문제

1. 과학을 정의하고, 과학의 목적에 대해 논하시오.
2. 지식 형성 방법에 대해 설명하시오.
3. 과학적 조사의 의의와 목적에 대해 설명하시오.
4. 과학적 방법의 특징에 대해 설명하시오.
5. 연역적 연구 방법과 귀납적 연구 방법을 예를 들어 비교 설명하시오.
6. 패러다임에 대해서 논하시오.
7. 과학적 이론의 평가 기준을 각 과학철학 학파의 입장에서 설명하시오.

제2장

과학적 조사의 설계

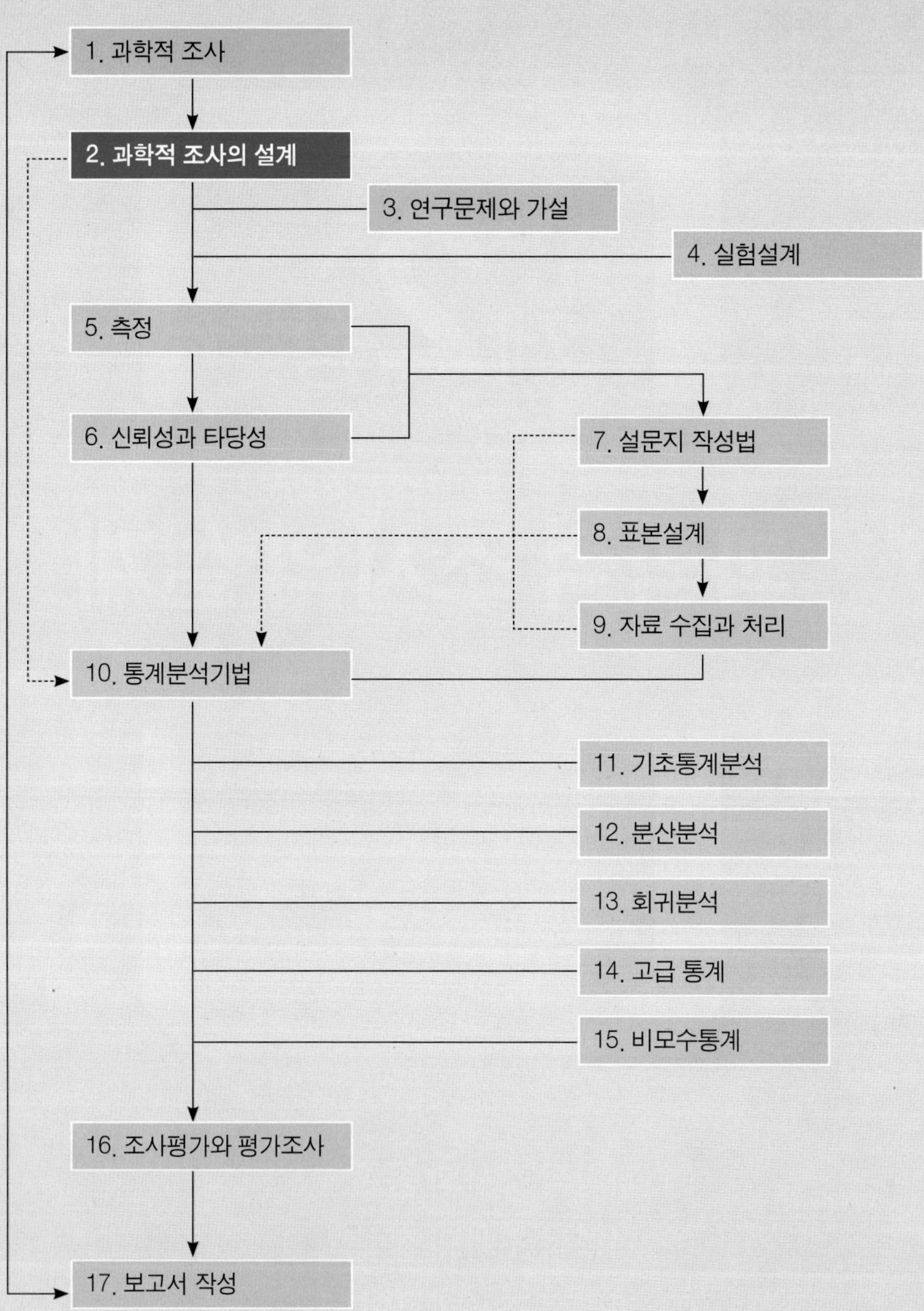
1. 과학적 조사
2. 과학적 조사의 설계
3. 연구문제와 가설
4. 실험설계
5. 측정
6. 신뢰성과 타당성
7. 설문지 작성법
8. 표본설계
9. 자료 수집과 처리
10. 통계분석기법
11. 기초통계분석
12. 분산분석
13. 회귀분석
14. 고급 통계
15. 비모수통계
16. 조사평가와 평가조사
17. 보고서 작성

지금까지 과학이란 무엇이며, 과학적 조사란 어떤 것인지를 알아보았다. 본 장에서는 이러한 과학적 문제를 해결하기 위한 조사를 할 때 고려해야 할 사항에 대해 알아보고자 한다. 즉 과학적 조사에는 어떠한 종류가 있으며, 이 조사를 행하는 절차는 어떻게 되는지에 대해 알아보기로 하자.

01 과학적 조사의 종류

과학적 조사의 종류는 연구하고자 하는 문제가 어떤 것인가, 즉 조사의 목적과 내용에 따라 결정되고, 이에 따라 필요한 자료의 성격을 결정하고 자료 수집 방법과 분석 방법을 정하게 된다. 조사의 종류에 따라 조사 목적을 달성하기 위해 어떠한 자료가 필요하고 어떠한 절차를 통해서 자료를 얻을 것이며 분석을 위해서는 어떤 기법이 사용되는지 결정되므로, 해결해야 하는 문제의 특성에 따라 올바른 조사 목적과 조사 조건을 규명하고, 이에 맞는 조사 방식을 선택해야만 효과적인 조사를 실시할 수 있다.

【그림 2-1】

조사 방법의 종류

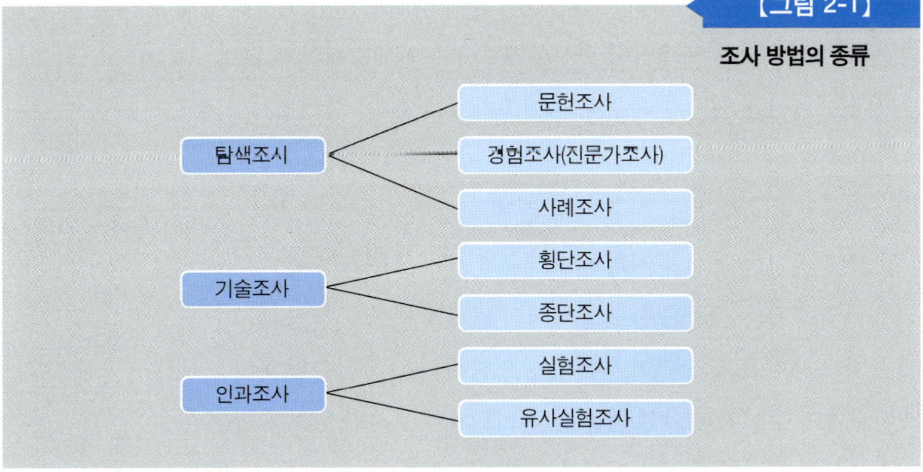

[그림 2-1]은 여러 가지 조사 방법을 몇 가지 기준에 따라 분류해 요약한 것이다. [그림 2-1]에 기술된 방법 외에도 다른 방법이 있을 수 있으며, 또한 실제 연구에서는 한 가지

조사 방법만을 이용하기보다 몇 가지 방법을 적절히 병행해 조사를 실시하는 경우가 많다.

과학적 연구 조사는 목적에 따라 크게 문제의 규명을 위한 탐색조사, 현상의 기술과 설명을 위한 기술조사, 인과관계의 규명을 위한 인과조사 세 가지로 나누어볼 수 있다.

1. 탐색조사

탐색조사(exploratory research)의 주된 목적은 문제의 규명이다. 문제의 규명을 정확히 할수록 '어떠한 연구 방법을 사용하는 것이 적합한가'와 '과학적 조사를 통해 얻은 결과를 어떻게 효과적으로 이용할 수 있는가'에 대한 계획을 잘 수립할 수 있다. 따라서 문제가 정확히 어떤 것인지를 알지 못할 때는 탐색조사를 통해 연구문제와 관련된 변수가 어떤 것인지를 밝히고, 이들이 서로 어떠한 연관성을 가지고 있는지를 개괄적으로 파악하고, 다음 연구를 위한 가설을 설정하게 된다.

또한 연구 조사하려는 문제에 대해 사전 지식이 부족할 경우, 주어진 문제에 대한 예비지식을 넓히고 문제에 익숙해지기 위한 목적으로 탐색조사를 하기도 한다. 탐색조사는 연구 주제를 확정하기 전에 예비적으로 시행하는 성격을 띠므로 탄력성 있는 조사설계가 바람직하며, 필요에 따라 연구 중에 그 내용이나 절차를 변경·수정할 수도 있다. 탐색조사에서는 체계적인 조사설계보다는 연구문제의 해결에 도움이 되는 단초를 찾아내는 예리한 시각과 독창적인 사고가 요구된다. 탐색조사의 특징은 다음과 같이 요약할 수 있다.

① 연구문제의 도출 및 연구 가치 추정

② 보다 정교한 문제와 기회의 파악

③ 연구 주제와 관련된 변수들 사이의 관계에 대한 통찰력 제고

④ 여러 가지 문제와 기회 사이의 중요도에 따른 우선순위 파악

⑤ 문제가 주어진 상황에 대한 조사 의뢰자와 조사자의 이해 증진

⑥ 조사를 시행하기 위한 절차나 행위의 구체화

⑦ 최종적인 조사의 시행과 관련된 정보의 입수

다음의 예를 통해 탐색조사의 특징을 알아보자.

게임 개발 업체인 고려 소프트웨어는 청소년을 대상으로 하는 새로운 게임을 제작하고자 한다. 고려 소프트웨어는 이 게임이 청소년에게 얼마나 호응을 얻을 수 있는지 조사하기 전, 청소년이 많이 하는 게임의 종류와 게임 소프트웨어 판매량, 게임 시간 등을 탐색조사를 통해 알아보아야 한다. 조사 결과 청소년이 선호하는 게임은 MMORPG(Massively Multiplayer Online Role-Playing Game, 대규모 다중 사용자 온라인 롤플레잉 게임)이며, 하루 평균 세 시간 이상 게임을 했다. 이렇게 결과가 나왔다면 후속 조사를 통해 기존 게임에 대한 청소년의 불만이나 추가로 요구하는 사항 등을 조사해야 한다. 또한 이러한 조사 경험은 후속 조사의 조사설계에도 도움을 줄 수 있다.

위와 같은 특징을 지닌 탐색조사 방법에는 문헌조사, 전문가 의견 조사, 사례조사 등이 있다. 앞의 예를 위한 탐색조사로는 기존 게임 산업에 대한 문헌조사나 특정 게임 업체에 대한 사례조사가 적절할 것이다.

(1) 문헌조사(literature review)

문제가 무엇인지를 확인하고 가설을 정립하기 위한 가장 경제적이고 빠른 방법은 기존에 발간된 문헌을 이용하는 방법이다. 문헌이라 함은 연구지, 각종 상업 잡지와 통계 자료집 등을 말하는데, 자신의 학문 영역에 관한 서적뿐만 아니라 일반 사회과학 및 관련된 자연과학에 이르기까지 다양한 분야에서 출판된 자료를 포함한다. 앞의 예에서는 기존 게임 산업의 규모 등과 같은 자료가 포함될 수 있을 것이다. 최근에는 인터넷을 통한 자료 문헌조사나 자료 수집이 쉬워짐과 동시에 수집 가능한 자료의 양도 많아졌다.

(2) 전문가 의견 조사(expert survey)

이는 주어진 문제에 대해서 깊이 있는 견해와 경험을 가진 전문가로부터 정보를 얻어내는 방법으로, 문헌조사와 병행해 이용하면 효과적이다. 이 방법은 경험조사 또는 파일럿(pilot) 조사라고도 하는데, 전문가로부터 일치된 견해나 문제의 해결책을 찾기보다는 문제의 성격에 대한 보다 명확한 이해와 관련된 변수들 사이의 관계에 대한 여러 사람의 견해를 듣고 참조해 새로운 아이디어를 찾고 문제 해결 과정에서 조언을 구하기 위해 실시되는 조사다. 조사 대상은 조사자의 판단과 편의에 따라 연구문제에 관한 전문가거나 비전문가라도 현상 파악과 문제 해결에 도움을 줄 수 있는 사람으로 선정한다. 앞의 예의 경우 전문 프로게이머, 게임 관련 서클, 기존 게임 소프트웨어 개발업자, 컴퓨터 관련학과 교수 등을 조사 대상으로 선정할 수 있다.

조사 대상 선정 시 유의할 점은 조사를 위해서 투입되는 비용과 얻을 수 있을 것으로 기대되는 정보의 질을 비교해 시간과 비용의 낭비가 없도록 해야 한다는 것이다. 또한 전문가 조사는 틀이 짜인 양식이나 절차에 의해 이루어지는 것이 아니므로 문제와 관련된 내용이면 아무런 제한 없이 그들의 의견을 피력할 수 있도록 해야 한다. 비록 명칭이 전문가 의견 조사이긴 하나 전문가의 범위는 해당 주제와 관련해 도움을 줄 수 있는 모든 사람을 포함한다. 앞의 예에서는 청소년을 대상으로 한 게임이므로 전문 프로게이머나 컴퓨터 관련학과 교수 혹은 게임 관련 서클이 전문가로 선택되는 것이다. 이들에 대한 조사는 일대일 대인면접을 하거나 여러 명을 동시에 면접하여 자료를 구하는 심층면접법(in-depth interview)을 실시해 정보를 얻어내며, 조사 대상으로부터 필요한 정보를 얻었다고 판단되면 전문가 조사는 끝을 맺게 된다.

(3) 사례조사(case study)

이는 조사 의뢰자가 당면한 상황과 유사한 사례를 찾아내 깊이 있는 분석을 하는 조사 방법으로, 분석하는 사례와 주어진 문제 사이의 유사점과 차이점을 찾아내 현 상황에 대한 논리적인 유추를 하는 데 도움을 얻는 방법이다. 사례 분석이란 실제 일어났던 사건의 기록이나 목격한 사실을 분석하는 경우도 있고, 시뮬레이션과 같은 가상현실을 통해 분석하는 방법도 있다.

사례조사는 문제의 규명과 관련된 변수들의 관계를 명확히 하고자 할 때는 효과적이나, 사후적인 조사 방법이기 때문에 그 결과가 결정적인 의미를 지니지는 못하며, 단지 시사적인 의미를 가질 뿐이다. 앞의 예에서 기존 게임 업체들 중에서 청소년을 주 대상으로 하는 업체가 있다면 그 업체에 대해 면밀히 조사해봄으로써 조사자가 원하는 정보를 얻어낼 수 있다. 그러나 조사 결과는 임시적인 결론에 불과하므로 추가 조사를 하여 가설을 검증하는 절차를 밟아야 한다.

2. 기술조사

대부분의 사회과학 조사는 관심 있는 변수들의 특성에 대한 조사가 대부분이다. 그렇기 때문에 이러한 조사 특성을 가장 잘 만족시키는 기술조사(descriptive research)가 사회과학 조사에서 많이 사용된다. 기술조사는 다음의 세 가지 목적을 갖는다.

첫째, 조사자가 관심을 가진 상황에 대한 특성 파악과 특정 상황의 발생 빈도를 조사하는 것이다. 예를 들어, 신문 구독률이 얼마나 되며, 구독자의 연령대가 어떻게 되는지를 조사하는 경우가 이에 속한다. 둘째, 관련 변수들 간 상호 관계의 정도를 파악하는 것이다. 신문 구독률과 구독자의 소득이나 직업 사이의 관련성을 조사하는 경우가 이에 속한다. 셋째, 관련 상황에 대한 예측이다. 계절별로 신문 구독률이 어떻게 변화하는지를 조사해 월별 수요를 예측하는 경우가 이에 해당한다. 이 경우는 과거에 나타난 변수들 간의 연관성으로 미래의 상황을 예측하는 것인데, 이는 시간과 수요 사이에 인과관계가 있다는 의미가 아니라 그 예측이 맞을 확률이 높다는 것이다. 실제로 각각의 연구문제와 관련된 예측은 기술조사를 통해 이루어지는 경우가 많으며, 반드시 인과조사에 의해서만 예측을 해야 하는 것은 아니다. 그러나 기술조사는 예측할 필요성이 있는 변수와 관련성이 있는 측정 가능한 변수를 찾아내고 그들 사이의 관련성 여부를 개괄적으로 파악하는 것이므로 보다 정확한 예측을 위해서는 인과조사가 필요하다. 이러한 기술조사는 탐색조사와 상이한 목적과 특성을 가진다.

효율적인 기술조사는 의사 결정과 관련된 문제를 명확히 하고 확실한 조사 목적을 결정하고 난 후 실시되어야 한다. 따라서 탐색조사보다 많은 사전 지식을 가지고 있어야 하며, 사전에 철저한 계획과 체계적인 절차에 따라서 실시된다는 점이 기술조사가 탐색조사와 다른 점이다. 즉 특정 문제를 해결하거나 가설 검증에 필요한 정확한 정보를 획득해야 하기 때문에 보다 정교한 조사 계획이 필요하다. 정확한 정보란 수집된 자료가 믿을 만하고 오차가 적은 것을 의미하며, 이는 자료의 타당성과 신뢰성에 관련된 것으로, 그 개념과 수행 방법에 대한 상세한 설명은 6장에서 하기로 한다.

기술조사에는 여러 가지 형태가 있는데, 크게 종단조사와 횡단조사로 구분할 수 있다. 종단조사는 일정한 시간 간격을 두고 반복적으로 측정해 자료를 얻어내는 조사 방법이다. 반면에 횡단조사는 가장 보편적이고 널리 사용되는 조사 방법으로, 연구 대상이 되는 모집단에서 표본조사를 위해 추출된 표본을 대상으로 한 시점에서의 측정을 통해 자료를 얻어내는 조사다. 이러한 조사 방법은 각기 장단점을 지니므로 이를 고려해 조사 목적에 적합한 조사 방법을 선택해야 한다.

(1) 종단조사

종단조사(longitudinal study)는 동일한 현상을 동일한 대상에 대해 반복적으로 측정을 하는 조사 방법이다. 따라서 각 기간 동안 일어난 변화에 대한 측정이 목적이다. 엄격한 의미에서 동일한 대상이라 함은 동일한 사람 혹은 사물을 말하나 조사 종류에 따라서는 동일한 특성을 가진 사람이나 사물의 대상을 의미하기도 한다. 이러한 종단조사에는 패널 조사(panel study), 추세조사(trend study) 그리고 코호트 조사(cohort study)가 있다.

패널 조사는 특정 조사 대상을 사전에 선정하고 이들을 대상으로 반복해 조사를 실시하는 방법이다. 예를 들어, 서울시 성북구민의 소비성향 변화를 조사한다고 가정해보자. 이를 위해 우선 성북구민 가운데 일부를 사전에 패널로 선정하게 된다. 그리고 이들을 대상으로 6개월 혹은 1년 단위로 소비성향을 조사하고, 각 조사 결과를 비교 분석함으로써 성북구민의 소비성향 변화를 조사하는 것이다. 그러나 패널을 이용한 조사의 경우 측정 기간 동안 패널이 탈락할 수 있다는 단점이 있다. 즉 앞의 예에서 서울시 성북구민 가운데 선택된 패널 구성원 중에 일부가 성북구를 떠나게 되면 패널에서 탈락하게 되는 것이다. 패널 구성원의 탈락률이 높아지면 조사의 의미가 없어지므로 패널 구성원의 유지가 정확한 조사의 필요조건이 된다.

추세조사는 다른 시점의 반복 측정을 통해 얻은 시계열 자료를 이용하는 조사다. 추세조사는 패널 조사와 달리 사전에 조사 대상자를 선정하지 않는다. 예를 들면, 시대에 따른 대한민국 20대 남성의 이상형을 조사한다고 가정해보자. 이를 위해서 1980년, 1990년, 2000년 그리고 2010년의 대한민국 20대 남성의 이상형을 조사하고, 각 조사 결과를 비교 분석하는 것이다. 이 경우 2000년에 20대 남성이었던 사람들이 2010년에도 20대일 수 없기 때문에 엄격한 의미에서의 동일 대상은 아니나 조사자가 원하는 동일한 특성을 가진 대상으로 본다.

마지막으로 코호트 조사가 있다. 코호트란 특정한 시기에 태어났거나 동일 시점에 특정한 사건을 경험한 사람들을 일컫는 말이다. 즉 625세대, 베이비붐 세대, X세대, 386세대라고 불리는 집단이 여기에 해당한다. 조사 대상이 되는 집단 구성원의 모집단이 변화하는 추세조사와 달리 코호트 조사는 집단 구성원의 모집단이 변하지 않는다. 또한 패널 조사는 패널이라 불리는 조사 샘플로 선정된 동일한 사람만을 대상으로 하지만, 코호트 조사는 집단 구성원의 모집단은 동일하지만 조사 시점마다 샘플로 선정된 조사 대상은 변할 수 있다는 차이점이 있다.

(2) 횡단조사

횡단조사(cross-sectional study)는 특정 시점에서의 집단 간 차이를 연구하는 방법이다. 즉 종단조사는 시간의 흐름에 따른 조사 대상의 특성 변화를 측정하지만, 횡단조사는 특정 시점에 다른 특성을 지닌 집단들 사이의 차이를 측정하는 것이다. 이러한 조사 성격으로 인해, 종단조사는 동태적인 성격이라 하며 횡단조사는 정태적인 성격이라 한다. 횡단조사는 조사 대상의 특성에 따라 집단을 나누어 비교 분석하기 때문에 종단조사에 비해 표본의 크기가 상대적으로 크다. 예를 들면 서울시 성북구민과 강남구민의 소비성향 차이 조사를 보자. 이를 위해 성북구민과 강남구민을 대상으로 소비성향에 대한 설문조사를 실시하게 된다. 이렇게 실시되는 조사는 시간이 흐름에 따라 구민들의 성향이 어떻게 바뀌는지를 보는 것이 아니라, 특정 시점에 두 구민의 소비성향이 어떻게 다른지를 비교하게 되므로 종단조사가 아니라 횡단조사에 해당된다.

3. 인과조사

과학적 문제 해결을 위해서는 특정 사회현상이 야기된 원인과 그 결과 사이의 관계를 밝혀내야만 근본적으로 문제를 해결하고 올바르게 의사 결정을 할 수 있다. 이러한 특정 사회현상이 야기된 원인과 결과 사이의 관계를 인과관계(causation)라고 한다. 사회과학에서 인과관계의 파악은 매우 중요하다. 예를 들어, '광고가 구매 행동에 미치는 영향에 대한 조사'나 '교사의 수업 능력이 학생의 성적 향상에 미치는 영향' 등과 같은 연구가 인과조사의 예라고 할 수 있다. 이러한 인과관계는 사회현상에 대한 이해, 상황의 변화와 그 영향을 파악하는 데 중요한 역할을 한다.

(1) 인과관계의 의의

사람들은 원인(cause)이란 말을 과학적인 탐구 생활에서만이 아니라 일상생활에서도 많이 쓰고 있다. 인류가 생긴 이후 수많은 철학자는 어떠한 현상이 나타났을 때 그 원인이나 이유를 알고자 끊임없이 연구해왔다. 일례로 그리스의 고대 철학자들이 우주 형성의 기본 요인을 찾으려 했다는 사실을 대부분의 독자는 알고 있을 것이다. 이들은 모두 우주 형성의 궁극적인 원인(ultimate cause)을 찾으려고 했던 것이다. 또한 현대의 자연과학, 사회과학 분야에서도 어떤 현상의 원인을 찾아서 이를 설명하고 인과관계를 이용해 미래를 예측하려는 활동을 하는 예를 쉽게 찾아볼 수 있다.

유전공학도 간단히 생각하면, 생물의 특성을 결정하는 원인을 찾아서 이를 조작해 전혀 다른 특성을 가진 생물체를 만들려고 하는 노력이며, 또한 사회과학에서 많이 사용하는 여론조사도 사회구성원의 의식 구조의 원인을 찾으려고 하는 활동이라고 할 수 있다. 그러므로 '과학의 역사 자체가 원인과 결과 간의 관계를 규명하는 활동'이라고 해도 무리는 아닐 것이다. 이러한 인과관계의 추론은 인류의 역사와 더불어 많은 철학자에 의해 논쟁이 되어왔으며, 현재도 그 논쟁이 계속되고 있다.

일상생활에서도 사람들이 인과관계를 추론하는 수많은 사례를 발견할 수 있다. 일상생활에서 흔히 벌어질 수 있는 다음과 같은 몇 가지 대화를 통해서 인과관계의 사례를 살펴보기로 하자.

[사례 1] A: "발을 왜 다쳤느냐?"
B: "길에서 돌에 걸려 넘어졌어요."
[사례 2] A: "서현이는 왜 결석했느냐?"
B: "맹장염에 걸렸어요."
[사례 3] A: "공중에 있는 물체가 왜 땅에 떨어지느냐?"
B: "중력 때문입니다."

위와 같은 사례에서 나타난 결과의 원인은 비교적 쉽게 찾아낼 수 있다. 그러나 일반적으로 어떤 현상의 원인을 찾는 것이 그리 단순하지만은 않다. 예를 들어, 서준의 기말고사 성적이 아주 저조하게 나왔는데 그 원인을 알기 위해서는 우선 서준의 평소 학업 성적을 알아야 한다. 만약 평소에 공부를 잘하는 학생이라면 시험 성적이 나빠지게 된 어떤 특수한 원인을 밝혀내는 것이 당연하다. 이를테면 시험 보기 전에 아팠다든가, 집안에 일이 있어 공부를 못 했다든가, 답안지를 잘못 썼다든가 하는 등의 원인을 찾아낼 수 있을 것이다. 그러나 평소에도 학업 성적이 낮은 학생이라면 시험 성적이 저조한 것은 별로 이상하지 않을 것이다. 그러므로 이 경우에 시험 성적이 저조한 원인을 찾으려면 평소에 왜 공부를 못하는지의 원인을 찾아야 하는 것이다. 따라서 같은 결과에 대해서도 그 조건에 따라 원인을 찾는 접근 방법이 달라져야 한다.

(2) 인과관계에 대한 시각

과학에서 인과관계가 중요한 이유는 과학의 목적이 일반 현상에서의 인과관계를 찾는 것이기 때문이기도 하지만, 인과관계가 과학뿐만 아니라 지식이나 이론 등의 발전에 크게 기여를 하기 때문이기도 하다. 지식이나 이론은 현상을 구성하는 변수들 간의 관계를 밝히는 것이므로 이러한 변수들 간의 관계는 과학적인 인과관계를 근거로 했을 때 지식과 이론으로서 더욱 가치가 있다.

앞 장에서 언급한 연역법과 귀납법의 경우처럼 인과관계를 파악하는 방법에 따라 이론 형성을 위한 접근 방법이 달라진다. 즉 귀납법은 인과관계를 경험적으로 증명하는 것이고, 연역법은 비록 인과관계가 경험적으로 증명되지는 않더라도 논리적으로 추론될 수 있다고 보는 방법이다. 인과관계에 대한 추론이란 가설적인 원인인 독립변수가 종속변수에 어떻게 영향을 미쳤으며, 그 강도는 얼마나 되는지 밝히는 것이라고 할 수 있다.

그렇다면 인과관계에서 말하는 원인이란 무엇인지 알아보자. 붕헤(Mario Bunge)는 과학자가 쓰는 원인이라는 단어의 가장 핵심적인 요소는 '발생하는 것(producting)'이라는 개념이며, 이는 '일으키는 것(forcing)'이라는 개념과 유사하다고 주장했다. 그러나 사회과학에서 인과관계가 있다고 말할 때는 결정적인(deterministic) 문장을 사용하지 않고 확률적인 표현을 사용한다. 즉 'X라는 원인이 Y라는 결과를 발생시킨다'가 아니라 'X라는 원인이 Y라는 결과를 발생시킬 수 있다'는 식으로 인과관계를 표현하는 것이다. 그 이유는 특정한 현상에 영향을 미치는 변수가 매우 많고 특정 독립변수 이외의 기타 변수의 영향을 완벽하게 통제할 수 없으므로 인과관계를 명확하고도 결론적(conclusive)으로 밝히기 어렵기 때문이다. 따라서 인과관계가 있을 것이라는 추론을 할 수밖에 없는 것이다. 또한 인과관계의 추론은 과학적인 조사 방법에 의해 입수된 정보를 바탕으로 이루어져야 한다. 그러나 많은 경우에 인과관계가 있다고 말하기는 쉽지 않다.

[그림 2-2]는 인과관계가 가지는 특징을 잘 묘사하고 있다. 그림의 왼쪽 위부터 보면, 페인트칠을 하던 지원이가 실수로 사다리를 쳐서 사다리 위에 있던 페인트 통이 떨어지게 된다. 그 페인트를 뒤집어쓴 고양이가 놀라 "야옹" 하고 갑자기 울자 유모가 깜짝 놀라 유모차를 놓쳤다. 유모차는 굴러가서 이삿짐 센터 직원이 내려놓은 탁자에 부딪치고, 탁자에 있던 컵이 떨어지면서 호수의 발에 떨어져 호수는 손에 들고 있던 축구

【그림 2-2】

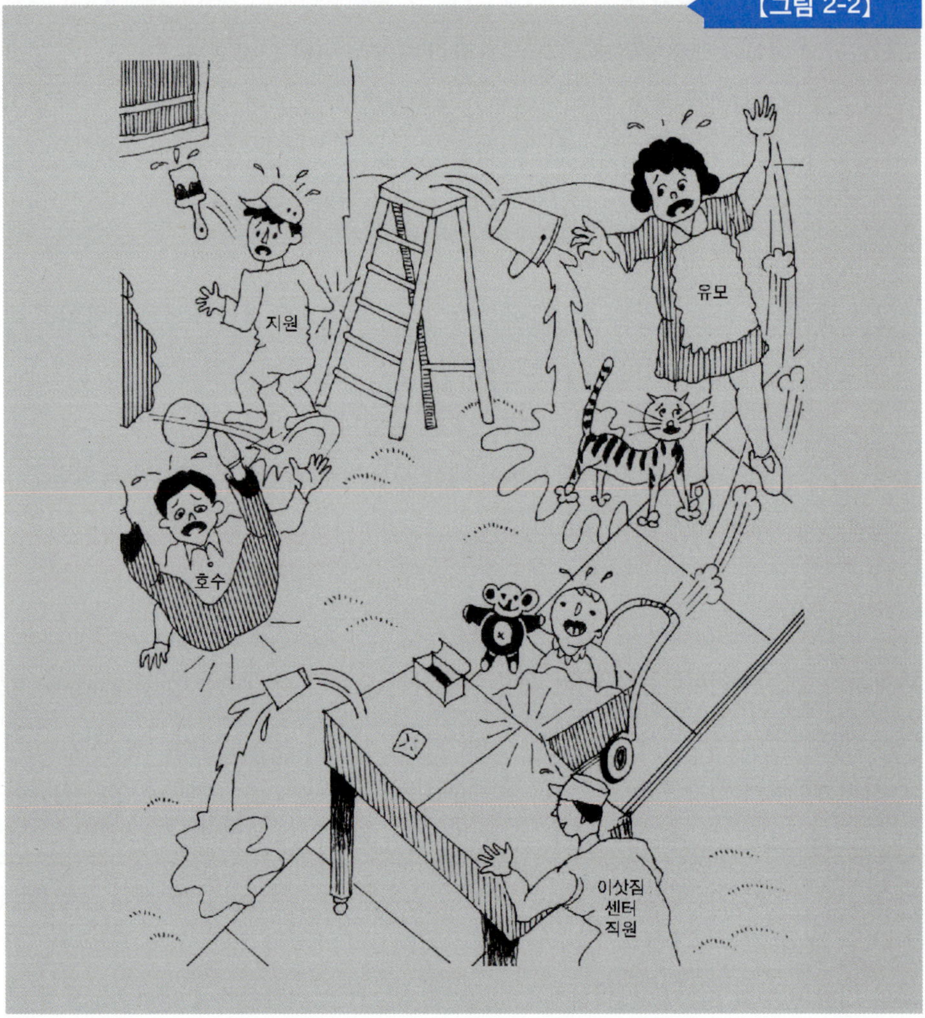

공을 놓치고, 그 공이 페인트칠을 하던 지원이의 다리에 맞았다. 지원이는 놀라 사다리를 쳐서 사다리 위에 있던 페인트 통을 넘어뜨렸다. 어떤 것이 사건의 시작이고 어떤 것이 마지막인지 알 수 없다.

확실한 것은 어느 사건이든 바로 전 사건이 원인이 되어 일어났다는 것이다. 사회과학의 많은 현상이 이렇게 서로 연관되어 끊임없이 돌고 도는 순환 체계(ecosystem)를 이루는 것으로 볼 수 있다. 그러므로 사회과학에서는 전체 현상을 어떤 이론 하나가 모두 설명한다기보다 전체 현상의 작은 부분만을 설명하는 경우가 대부분이다. 또한 사회과학에서는 이와 같은 순환 체계 중에서 어느 한 시점에서부터 사건이 시작하는 것으로 가정해 분석을 시작하는 것이 일반적인 접근 방법이다. 예를 들어 '소비자의 상표 인지도가 높아지면 매출액이 증가한다'와 같이 현상의 인과관계 여부에 대한 연구를 하는 것이 보통이다.

(3) 인과관계의 제견해

인과관계의 인식(epistemology)에 대해서는 거의 혼란에 가까울 정도로 많은 철학자들의 견해가 제시되어왔다. 인과관계는 과학철학 분야에서 주요 대상으로 활발하게 연구되고 있다. 인과관계에 대한 문제를 모두 언급하는 것은 이 책의 범위를 넘어서는 일이므로 여기서는 여러 인과관계에 관한 견해 중 조사 방법론에서 필요하다고 생각되는 부분만 언급할 것이다. 또한 인과관계에 대한 철학자들의 일치된 체계적인 분류가 없으므로 인과관계에 대한 철학적인 견해를 재검토해 과거부터 현재까지 어떻게 인과관계에 대한 추론을 해왔는지 가능한 한 시대순으로 설명하려고 한다.

1) 초기의 연구

인과관계에 대한 기원은 고대 그리스까지 거슬러 올라가는데, 대다수의 학자는 아리스토텔레스를 원인에 대해 최초로 자세한 연구를 한 사람으로 인정한다. 아리스토텔레스는 원인을 한정적(definable) 원인, 선행적(antecedent) 원인, 효과적(efficient) 원인, 최종적(final) 원인의 네 가지로 구분했다.

원인에 대한 이러한 견해는 동일한 상황이라 하더라도 원인을 다르게 볼 수 있다는 것을 의미한다. 한정적 원인은 어떤 대상의 모양, 형상, 특질, 구조 등이 원인으로 작용한다는 것을 말한다. 예를 들어, '모난 돌이 정 맞는다'라는 속담에서 돌의 모양이 모났다는 것이 정을 맞는 원인이므로 이를 한정적 원인이라 할 수 있다. 선행적 원인은 어떤 현상이 일어나기 전에 발생해 그 현상을 이끌어내는 것을 말한다. 예를 들어, '특정 정치집단에 대해 긍정적인 태도를 가지려면 그 정당에 대해 알고 있어야 한다'라는 문장에서 태도를 가지기 전에 정당을 알고 있어야 하므로 알고 있다는 것이 선행적 원인이 된다. 효과적 원인은 사회적 또는 물리적인 행동에서 어떤 대상의 상태가 변하거나 움직임을 멈추는 원인으로 작용하는 것을 말한다. '연료가 떨어지면 차는 가지 않는다'라는 예를 생각해보면 차가 가지 않는 것은 연료가 있다가 모두 없어졌기 때문이므로 이는 효과적 원인이라 할 수 있다. 마지막으로 최종적 원인은 어떤 행동이 있게 한 목적을 말한다. '대학에 합격하기 위해 공부를 한다'면 공부를 하는 것의 목적은 대학에 합격하는 것이므로 이것이 최종적 원인에 해당한다.

아리스토텔레스는 현상을 설명하기 위해서는 반드시 '왜?'라는 질문에 답해야 하며, 이 질문에 제대로 답하기 위해서는 앞의 네 가지 형태의 원인을 이용해야 한다고 했다. 또한 과학적인 답을 하기 위해 지식이 필요한 것이며, 중요한 것은 원인의 특성을 이해하는 것이라고 했다. 이러한 아리스토텔레스의 네 가지 형태의 원인은 후에 많은 학자에 의해 수정되고 더 많은 발전을 하게 됐다.

중세 후기의 대표적인 학자는 갈릴레이라고 할 수 있다. 갈릴레이는 어떤 현상에 대한 진실한 인과관계를 찾기 위해 노력했으며, 진실한 인과관계는 어떤 사건이 일어나게 된 필요충분조건이라고 했다. 그는 과학 분야에서 수학을 중요시했으며, 원인과 결과를 연결하는 논리적이고 경험적인 분석을 했다. 이는 결과를 만들어내는 원인에 대해 다른 입장을 보여준다. 갈릴레이는 인과적인 관계는 원인과 결과 간에 인접적(contiguity)이고 불변적(constant)인 결합이 이루어져야 하며, 만약 원인을 없애면 결과도 없어져야 한다고 했다. 이러한 갈릴레이의 입장은 후에 경험주의자(empiricist)나 실증주의자(positivist)가 주장하는 관찰할 수 있는 현상만을 인과관계의 개념에 포함해야 한다는 논리의 근거가 됐다.

2) 실증주의자 관점의 인과 개념

아마도 인과관계에 대한 분석에서 가장 탁월한 실증주의자(positivist)는 흄일 것이며, 그는 현대의 인과관계 개념 발전에 가장 크게 공헌한 사람이다. 그는 인과관계를 구성하기 위한 세 가지 조건을 제시했는데, 이는 ① 가정한 원인과 결과 간의 인접성(contiguity)이고, ② 가정한 원인이 결과보다 시간적으로 우선(temporal precedence)해야 한다는 것이며, ③ 원인이 있으면 반드시 결과도 나타나야 한다는 불변적 결합(constant conjunction)이다.

흄은 이 세 가지 조건을 두 개의 당구공이 충돌하는 과정을 이용해 다음과 같이 설명했다. 정지해 있는 당구공에 다른 당구공이 빠르게 굴러 와서 충돌하면 정지해 있던 당구공은 충돌 후에 움직이게 된다. 여기서 앞의 인과관계를 구성하는 세 가지 조건을 살펴보면 당구공 두 개가 충돌하는 바로 그 순간에 정지해 있던 당구공이 움직이게 되므로 '시간과 공간의 인접성'을 발견할 수 있고, 원인이 되는 당구공의 움직임이 정지해 있던 당구공의 움직임보다는 '시간적으로 우선'하는 것을 볼 수 있으며, 이 두 개의 당구공 이외에 다른 당구공을 가지고 동일한 실험을 해봐도 동일한 현상이 나타나므로 '불변적 결합'을 관찰할 수 있다.

흄은 원인 자체가 원인으로서의 내재적인 특성 또는 힘을 갖고 있는 것이 아니라, 어떤 상태나 과정의 변화가 원인이라고 주장한다. 그러나 앞의 예에서는 그러한 현상이 발생한 원인을 직접적으로 관찰할 수가 없다. 즉 그 원인이 당구공의 충돌인지, 당구공의 움직임인지, 아니면 큐대의 힘인지, 큐대를 움직인 사람의 힘인지, 사람에게 힘을 주는 음식인지 그 원인을 정확히 규명할 수가 없다. 오직 관찰할 수 있는 것은 정지해 있던 당구공이 움직인다는 사실과 정지해 있는 당구공은 충돌하면 항상 움직이게 된다는 사실뿐이다. 그러므로 흄은 논리적인 근거는 미약하지만, 관찰이 가능한 당구공의 움직임을 원인으로 생각해야 한다고 주장한다. 즉 인과관계의 필연적 관계(necessary connection)는 자연적인 필연성이라기보다는 관찰자의 인지(cognition)에 의해 설명된다는 것이다. 흄은 인과관계의 요소를 규정한 후 원인과 결과를 판단할 수 있는 법칙을 제시했는데, 이러한 법칙은 밀(John Stuart Mill) 등 다른 학자들의 연구에 많은 영향을 끼쳤다. 첫째, 같은 원인은 같은 결과를 일으키며, 같은 결과는 같은 원인 이외에서는 절대로 일어나지 않는다는 것으로, 이 법칙은 실험을 통해서 특정한 인과관계를 발견한 경우 같은 실험을 반복하지 않아도 이를 같은 종류의 모든 현상으로 확장할 수 있음을 함축하고 있다. 둘째, 서로 다른 원인이 같은 결과를 발생시키는 경우에 원인들 간에는 공통적인 요소가 있다는 것이다. 셋째, 서로 다른 원인은 서로 다른 결과를 일으킨다는 것으로, 비록 비슷하게 보이는 원인이라도 같은 결과를 일으키지 못하는 경우가 있는데, 이 경우에는 원인들 간에 어떤 차이가 존재한다는 것이다.

결국 흄은 당구공의 예에서와 같이 관찰에 근거하지 않은 현상(unobserved phenomena)에 대한 개념적 상태(conceptual status)를 부정하고, 모든 원인은 변수들 간의 관찰된 상관관계를 이용해 이해해야 한다고 주장했다. 그러나 이러한 높은 상관관계가 인과관계를 의미한다는 흄의 견해는 후에 많은 학자에 의해 반박된다.

한편 러셀(Bertrand Russell)은 물리학 등에서는 폐쇄된 실험실 상황일 경우 변수 간에 거의 완벽에 가까운 상관관계가 존재하므로 원인이라는 개념을 중요시할 필요가 없다고 주장했다. 즉 $E=mc^2$ 같은 함수관계에서는 무엇이 원인인가의 개념이 필요 없다는 것이다. 관찰 불가능한 원인을 부정한 러셀의 견해는 실증주의에 가깝다.

수피스(Patrick Suppes)는 이러한 러셀의 견해를 반박한다. 예를 들어, 물리학의 중요한 논문에서 '원인'이라는 단어가 많이 발견되는 것을 볼 수 있다. 즉 모든 함수관계가 인과관계를 함축하지는 않지만 많은 경우가 인과관계에 근거한다는 것이다. 비록 러셀의 견해처럼 물리학자들이 원인이라는 개념을 사용하지 않는다는 주장은 틀리지만, 물리학에서의 원인이 사회과학을 포함한 다른 분야에서보다 덜 중요시된다는 사실을 규명한 것은 인과관계의 설명에 많은 도움을 주었다. 왜냐하면 폐쇄된 실험실 상황에서 인과관계는 아주 명확하므로 인과관계의 추론이 그렇게 중요하지 않지만, 실제 사회과학을 연구하게 되는 현장(field)에서는 인과관계가 복잡하게 얽히고 불명확하여 인과관계의 추론이 쉽지 않으므로 인과관계의 추론을 위한 조건이 중요한 역할을 한다.

3) 본질주의자 관점의 인과 개념

본질주의자(essentialist)란 어떤 원인이 효과의 필요충분조건이 되는 변수가 이 현상을 설명하는 '원인'이라고 주장하는 철학자들을 말한다. 이들은 효과에 필수적이고(necessary), 불가피하고(inevitable), 틀림없는(infallible) 결과들의 집합체로서 원인을 보았다. 이들은 관찰 가능한 필요충분조건만을 원인으로 제한했으며, 효과에 영향을 항상 주지 않고 가끔 주는 것은 원인으로 보지 않는다. 그러므로 본질주의자는 변수들 간의 인과관계를 외적인 힘이 제거된 폐쇄된 시스템에서 연구해야 필요충분조건으로서의 원인이 잘 규명되므로 폐쇄된 시스템(closed system)을 중요시한다.

그러나 대부분의 사회과학 이론은 폐쇄된 시스템을 중요시하는 자연과학 이론과는 다르며, 폐쇄된 시스템하에서 증명된 인과관계라도 현장연구(field research)를 통해서 검증되지 않으면 이론으로서 가치가 감소된다. 또한 현장연구에서는 외생변수가 항상 종속변수에 영향을 주어, 이론적인 체계 내에 포함된 변수 이외의 요소에 의해 그 결과가 민감하게 반응한다. 그러므로 사회과학에서 인과관계란 불가피한 관계라기보다는 틀릴 수 있는(fallible) 관계다. 즉 원인과 결과의 관계가 확률적인 것이다. 그러므로 변수들 간의 불가피한 관계를 찾아 명확한 함수 법칙을 찾으려는 본질주의자에게는 변수들 간의 확률적인 관계는 골치 아픈 문제일 뿐이다.

본질주의자가 원인을 찾아가는 방법을 축소주의(reductionism)라고 한다. 즉 필수불가결한 인과관계를 찾기 위해서는 인과관계에서 매개체의 수준이 명확히 드러나는 수준까지 낮추어야 한다는 것이다. 예를 들어, 전기 스위치를 올리면 형광등이 켜지는 현상에서 원인을 찾기 위해서는 전기 자체의 근본적인 전자의 흐름을 이해해야 하는 것이다. 대개 미시 매개체 수준(micro-mediational level)인 궁극적인 원인을 찾기 위해서 본질주의자는 원인이 효과 결과보다 시간적으로 우선해야 한다는 조건을 요구하지 않는다. 즉 원인과 효과가 동시에(simultaneously) 관련되어야 한다는 것이다.

또한 미시 매개체 수준에서는 원인이 효과보다 시간적으로 앞서야 할 필요는 없지만, 인과관계를 검증하기 위해서는 원인의 변화가 효과의 변화보다 시간적으로 앞서야 한다. 본질주의자의 확실한 인과관계에 대한 주장은 원인인 필요충분조건이 효과보다는 시간적으로 앞서야 한다는 주장에 혼란을 줄 수 있으며, 동시에 발생하는 원인과 결과가 왜 항상 원인 → 결과의 한쪽 방향으로만 영향을 주어야 하는지에 대한 의문이 들 수 있다. 예를 들면, 온도를 높이면 압력이 증가하고 또한 압력을 증가시키면 온도가 올라가는 역인과관계(reversible causation)도 있다. 그러나 원인과 효과가 서로 바뀔 수 있다는 것은 단기적으로 문제점을 갖는다. 변수 간 상관관계만을 연구할 때 원인과 효과를 구분하는 것에 문제가 있다는 것은 이미 알려져 있으며, 한 실험에서 독립변수인 것이 다른 실험에서는 바로 종속변수가 되므로 이를 조작하는 것은 불가능하다. 그러나 대부분의 연구에서는 원인을 조작하는 것이 가능하다. 또한 이전 실험에서 결과였던 것을 조작하면 이제는 그것이 원인이 되고, 앞에서 원인이었던 것이 이제는 종속변수가 된다. 현대의 인과관계 개념에서 보면 비현실적인 면을 가지고 있지만 각자의 방법을 통해 실증주의자와 본질주의자가 명확한 인과관계를 찾으려 한 것은 확실하다. 실증주의자는 지식 형성의 불명확한 관련을 완벽한 관찰로부터의 명확한 연역(deduction)으로 대체하려고 했으며, 본질수의자는 특정한 효과에 대해 원인을 결정하는 요인을 여러 방법을 통해 완전히 이해하여 효과를 발생시키는 데 필요충분한 요인을 명백히 하려 했다. 이러한 명확성과 귀납론에 쿡(Thomas D. Cook)과 캠벨(Donald T. Campbell)은 반대 입장을 취한다. 즉 그들은 모든 실험은 증명되지 않은 전제에서 시작되고 실험이 완벽할 수 없기 때문에 실험은 인과적인 가설을 보여주는(probe) 것이지, 증명하는(prove) 것은 아니라고 주장했다.

4) 밀의 인과 개념

밀은 흄의 영향을 크게 받았고 비실증주의자 입장으로서 콩트(Auguste Comte)를 공격했으므로 그가 원인에 대해 가진 생각은 비실증주의적이며 비본질주의적으로 보는 것이 바람직하다. 밀은 원인을 추론하기 위해 필요한 세 가지 조건을 다음과 같이 제시했다. 첫째, 원인은 결과보다 시간적으로 앞서야 한다. 둘째, 원인과 결과는 관련되어야 한다. 셋째, 결과는 원인이 되는 변수들만으로 설명돼야 하고 다른 변수들에 의한 설명은 제거되어야 한다. 처음의 두 가지는 이미 흄에 의해 설명된 것이고, 세 번째 조건은 외생변수의 통제에 관한 것으로, 밀이 인과 개념을 설명하는 데 가장 크게 공헌한 것이다. 여기에는 일치(agreement)의 방법, 차이(difference)의 방법, 동시 변화(concomitant variation)의 방법이 있다. 일치의 방법이란 여러 개의 현상에서 오직 하나의 공통적인 특성이 있다면 이것이 이 여러 현상들의 원인이 된다는 것이며, 차이의 방법이란 한 가지 원인을 제외하고 다른 원인들이 모두 같은 두 현상이 차이가 난다면 두 원인 중 공통되지 않은 하나가 원인이 된다는 것이다. 동시 변화의 방법은 여러 현상에서 위의 두 가지 관계가 관찰된다면 원인과 결과를 설명해주는 다른 해석을 할 여지가 없으므로 인과적 추론이 강해질 수 있다는 것이다.

예를 들어, 소금·고추장을 넣어서 만든 음식과 소금·된장을 넣어서 만든 음식의 맛이 똑같이 짠맛이 있다면 소금이 짜게 하는 원인이라는 것은 일치에 의한 방법이다. 된장·고추장을 넣은 음식과 소금·된장·고추장을 넣어 만든 음식의 맛이 차이가 많이 난다면 이 경우는 차이를 발생하게 한 원인이 소금이라는 것이 차이에 의한 방법이다. 이 예에서 동시 변화의 방법은 소금 이외에는 아무것도 그런 맛을 내지 못한다는 것을 증명해야 하는 것이다. 여기서 주목해야 하는 것은 소금을 넣은 음식과 소금을 넣지 않은 음식을 비교해서 묵시적으로 통제집단(control group)의 개념을 사용하고 있고, 이러한 점이 밀의 인과관계에서 가장 핵심이 되는 것이다.

밀은 원인을 추론하는 가장 기본적인 것이 공통 변화(covariation)와 시간적 우선(temporal precedence)이라는 입장을 명확히 했다. 즉 밤이 낮의 원인이고, 낮이 밤의 원인이라는 것이다. 시간적 우선을 명백히 알 수 있으며 공통 변화를 알 수 있기 때문이다. 그러나 밀은 여기서 만족하지 않았다. 제3의 원인이 원인과 효과라고 생각되었던 두 변수에 영향을 준다면 두 변수가 비록 인과적으로 관련이 되어 있지 않더라도 시간적 우선과 공통 변화를 발견할 수 있기 때문이다. 예로 낮과 밤은 지구의 자전을, 체중과 키는 함께 변화하지만 서로가 원인이기 때문이 아니라, 유전적 성질이나 영양 섭취 등이 동시에 영향을 주기 때문인 것을 들 수 있다. 그러므로 밀의 동시 변화의 방법과 제3의 변수가 독립변수와 종속변수에 영향을 주는 것을 최대한으로 통제하는 것이 원인을 추론하는 데 가장 신뢰성 있는 방법이다. 즉 원인의 변화 후에 결과가 나타난 경우에 이를 원인의 변화 이외에 다른 해석으로 설명하는 것이 불가능하도록 해야 한다는 것이다.

5) 포퍼의 반증주의

현대의 과학철학자들 중에서 현상을 체계적이고 명확하게 파악하려면 대체적 설명(alternative explanation)이 통제되어야 한다는 것을 인식한 학자는 포퍼다. 이러한 이론은 모든 학문 연구에 방향성을 제시할 수 있는데, 여기서는 인과적 가설의 다른 해석(alternative interpretation)을 통제하는 것에 대해서 언급하고자 한다.

포퍼는 특정한 관찰로부터 일반화된, 과학적 명제로서 일반화(generalization)에 근거한 귀납 논리에 따른 이론 성립의 가능성을 부정한다. 그에 반해 연역적인 지식은 논리적으로 가능하며, 일반화된 과학적 명제로부터 연역된 것은 얻어진 자료와 비교해서 검증이 가능하다고 주장했다. 만약 자료들이 특정한 명제와 일치(fit)한다면 다른 이론은 이러한 유형(pattern)을 설명할 수 없을 것이다. 그러나 자료의 유형이 명제와 일치한다고 해서 그 명제가 옳다고 확증할 수는 없다. 이제 어느 연구든지 다음의 세 가지 중 한 가지에 속한다고 가정해보자. 즉 ① 확증된 예측(confirmed prediction), ② 애매한 결과(ambiguous outcome), ③ 반증된 예측(falsified prediction)이 그것이다.

확증된 예측은 비록 이론이 현재와 과거의 자료와 일치해 미래를 예측하는 데 유용하더라도, 이는 '이론이 부정되지 않았다'는 안도감만을 줄 뿐이라는 것이다. 애매한 결과란, 서로 틀린 가정하에서 도출된 결론의 경우에는 검증되었더라도 그것의 신뢰성을 의심하지 않을 수 없으며, 표본으로부터 검증된 결론이라 하더라도 표본 수, 유의수준 등에 따라 이론의 타당성을 측정하는 기준이 달라진다는 것이다.

반증된 예측이란, 이론이 모든 현상을 100% 정확히 설명을 할 수 없다는 것으로, 이론에 근거한 예측이 예외를 통해 틀렸다고 반증되는 경우 어느 정도의 예외를 찾아야 이론이 반증되는가에 대한 결정이 쉽지 않다는 것이다. 예를 들어, 뉴턴의 이론은 대립되는 이론이 존재하지 않아 거의 200년 동안 믿어져왔다. 그러나 뉴턴의 이론이 아인슈타인의 이론에 의해 대체된 것을 보면 완벽한 이론이란 존재할 수 없음을 알 수 있다. 이와 같이 과학적 이론의 정립을 위해 필요한 것은 인과를 다른 방법으로 설명할 수 있는 경쟁 가설(rival hypothesis)을 제거하는 것이고, 이것이 흄에서부터 포퍼에 이르는 과학자들이 해온 가장 최선의 방법이었다.

반증주의에 대한 지금까지의 설명만으로는 마치 이론에 대해 하나의 예외라도 발견되면 현재의 이론 자체가 틀렸다고 생각할 수 있다. 그러나 이론에 대한 하나의 예외가 현재의 이론을 부정하지는 못한다. 오직 그러한 예외가 다른 이론(alternative theory)에 의해 잘 합치되는 경우에는 가능하다. 또한 현재의 이론에 대한 예외 없이 다른 이론만으로 기존 이론을 부정(falsify)할 수도 없는 것이다. 이 경우에도 반드시 이론과 예외와의 조합(combination)이 필요하게 된다. 결국 합치하지 않는 사실이 이론을 부정할 수 있다는 것은 포퍼의 견해를 지나치게 단순화한 결과로 보는 것이 타당할 것이다. 포퍼 자신은 어느 이론이 다른 이론보다 선호되는 여러 가지 타당화(validation) 기준을 검증하는 것을 강조했지, 단 하나의 검증만으로 경쟁 이론을 기각하는 것에 대해서는 강조하지 않았다.

포퍼의 반증주의에 대한 견해에 따르면, 이론은 서로 비교 가능하다는 가정에 의존하게 된다. 후기 실증주의자(Post-positivist)는 이에 대해 사람들이 알고 있는 이론이나 패러다임이 영향을 미치게 되므로 서로 다른 이론을 바탕으로 검증한 결과를 서로 비교한다는 것이 불가능하다고 주장했다. 물론 그 이후의 학자들(특히 쿡, 캠벨 등)은 하나의 패러다임이나 이론에 의해서만 관찰이나 연구가 이루어진다는 견해에 반대한다.

지금까지의 포퍼에 대한 견해를 종합해보면 포퍼는 특별히 인과관계에 공헌했다기보다는 일반적인 과학적 방법에 대한 공헌을 했다고 볼 수 있다. 그러나 그의 논문들은 인과적 추론을 하는 데 다음과 같은 중요한 논리를 제공한다. 첫째, 인과적 명제에 대한 반증의 논리를 제시했다. 즉 이론이 어떤 관찰치들과 일치한다고 해서 그 이론이 확증된 것이 아니고 단지 '부정(disprove)되지 않은 것'이라는 것과 그것이 확증되기 위해서는 모든 경쟁 가설을 제거할 수 있어야 한다는 것이다. 둘째, 인과적 명제가 기각되었다 하더라도 이것은 여러 가지 원인에 의해 발생하고 그것이 또 객관적으로 틀린다고 볼 수 없으므로 보다 많은 자료 수집이 필요하다는 것이다. 셋째, 인과적 명제와 상충되는 자료를 수집해 이를 다른 인과적 명제와 경쟁을 시켜 타당하지 않은 이론을 보다 강력한 이론으로 대체하는 과정이 필요하다는 것이다.

6) 인과관계의 행동이론

콜링우드(Robin George Collingwood), 개스킹(Elizabeth B. Gasking), 수피스 등 많

은 과학철학자는 일상 언어(everyday language)에서 쓰이는 원인이라는 개념은 조작(manipulation)의 개념을 함축한 것이라고 보았다. 예를 들어, 전기 스위치를 올리면 불이 들어오고, 중앙은행이 화폐 공급을 늘리면 인플레이션이 일어나며, 자동차가 신호를 위반하면 경찰이 스티커를 발부하는 것과 같이 원인이란 어떤 무엇이 일어나도록(something to happen) 만들기 위해 연구자가 조작할 수 있어야 한다는 것이다. 그러나 앞의 예들에서 의도한 결과가 항상 일어나지는 않는다. 결과를 얻을 수 있는 확률은 자연과학보다 사회과학이 낮으며, 또한 원인과 결과 사이의 시간 간격이 길수록 낮아진다. 이러한 일상 언어에서의 원인이 오늘날 인과관계의 행동이론(Activity Theory of Causation)의 출발점이 됐다.

콜링우드가 이들의 선구자로 손꼽히는데, 그는 원인이라는 용어가 사용되는 세 가지 의미를 구분했다. 첫째, 원인에 의해 발생한 것은 의식 있고(conscious) 책임 있는(responsible) 매개체의 자유롭고 사려 깊은 행위이며, 또한 원인이 효과가 발생하도록 동기(motive)를 부여했다는 것이다. 둘째, 원인에 의해 발생한 효과의 본질은 하나의 사건(event)이며, 원인은 효과를 발생시키거나 방지할 수 있는 하나의 사건이나 물건의 상태(state of things)다. 셋째, 본질주의자와 거의 흡사한 개념으로 원인으로부터 발생한 것은 사건이나 상태이며, 그 원인은 효과보다는 선행하는 일대일 관계인 사건이나 상태다.

이러한 관계는 A) 원인이 있으면 더 이상의 조건이 충족되지 않아도 효과가 일어나며, B) 효과는 원인이 없으면 존재하지 않으며, C) 원인은 효과보다 앞서야 하는 것으로, 이 조건이 없으면 원인과 효과를 구별할 수 없게 된다. 콜링우드는 원인 조작을 통한 효과 통제 능력이 인과관계의 존재를 완전히 설명하는 것이 아님을 지적한다. 즉 왜 전기 스위치를 올리면 형광등이 켜지는지를 아는 어린이는 거의 없다. 그들이 유일하게 아는 것은 스위치를 올리면 형광등이 켜진다는 사실뿐이라는 것이다.

형광등이 켜지는 원인은 철학자가 조건이라고 부르는 여러 가지 요인의 복잡한 배열(arrangement)이기 때문에 개인의 지식 배경에 따라 다른 수준에서 다른 요인으로 원인을 파악하게 되는 것이다. 형광등이 켜지는 경우와 같이 복잡한 여러 가지 원인을 개인마다 다르게 인식하는 경우 어떻게 인과관계의 모든 조건을 설명할 수 있을까? 콜링우드는 조작 가능한 필수적인 원인을 가장 중요시했다. 예를 들어, 어떤 의학자가 새로운 암 치료제를 개발했는데 치료제가 마음대로 생산할 수 없는 성질의 것이라면 이러한 개발은 무의미하다는 것이다. 어떤 것을 변화시켜 발생하는 상황에 대한 지식은 인간의 생활 향상을 위해 매우 가치 있는 것이다. 콜링우드의 원인에 대한 견해를 돌이켜 생각해보면 암을 치료하거나 발병을 줄일 수 없는 원인은 별로 유용하지 못한 것이다. 즉 암을 치료하기 위해서는 어떻게 음식 조절을 하고, 환경을 어떻게 꾸며야 하는지 알아야 한다. 비록 임시적, 확률적인 인과관계에 대한 지식이지만 인간의 생활 향상에 도움이 되어야 하는 것이다. 이러한 견해는 사회과학의 목적이 사회현상을 설명하고 예측하는 과정을 통해 인류의 복지를 향상시키는 것이라는 개념에 잘 부합하는 것이라 할 수 있다.

앞에서 언급한 바와 같이 형광등이 켜지는 원인을 개인이 보는 시각에 따라 여러 가지로 볼 수 있듯이, 특히 사회현상에 대한 인과관계를 추론하는 데는 같은 결과에 대해서도 많은 원인이 존재할 수 있으므로, 신뢰할 만한 인과관계에 대한 지식을 얻는다는 것은 매우 어려운 일이며, 인과적 관계가 단순히 하나의 예에서 다음 것으로의 반복을 의미하는 것도 아니다. 모든 복잡한 관계를 이해하는 것은 불가능하므로 보다 많은 연구와 다른 경험을 통해 인과적 관계에 대해서 영향을 주는 상황변수를 규정하고, 인과관계 지식의 신뢰성을 증진해야 할 것이다.

(4) 인과관계란 무엇인가

앞에서는 인과관계에 대한 개념의 변천을 통해 그 개념이 어떻게 변화했는가를 살펴보았다. 이러한 여러 견해 중에는 인과의 개념을 광범위하게 보는 것도 있으며, 또 다른 개념은 아주 미시적인 인과관계를 주장한다. 이러한 인과관계에 대한 모든 견해를 동시에 충족시킬 수 있는 이론을 만든다는 것은 불가능하며, 바람직하지도 않으므로 본서에서는 사회과학을 연구하는 입장에서 필요한 인과관계의 개념으로 한정하여 살펴보고자 한다.

첫째, 원인으로 추정되는 변수와 결과로 추정되는 변수가 동시에 존재하며, 상호 연관성을 가지고 변화해야 한다. 예를 들어, '고학력이면 소득이 높다'라는 가설을 검증하기 위해서는 교육 수준의 변화가 있는 경우 반드시 소득수준의 변화도 일어나야 한다는 것이다. 이런 경우 두 현상 간의 인과관계가 있다고 주장할 수 있는 조건의 한 가지가 성립했다고 볼 수 있다.

둘째, 원인과 결과를 추정하기 위해서는 원인이 결과보다 시간적으로 우선해야 한다. 예를 들면, '날씨가 더워지면 아이스크림이 잘 팔린다'라는 명제에서 날씨가 더워지는 것이 원인이라면 이것은 아이스크림이 잘 팔리는 것인 결과보다 시간적으로 앞서야 하는 것이다. 반대로 아이스크림이 잘 팔리니 날씨가 더워진다는 경우도 존재한다면 인과관계의 추론이 불가능하다. 이는 본질주의자의 견해와는 다른데, 그 이유는 사회과학은 일반적으로 미시 매개체 수준을 전제로 하지 않기 때문이다.

셋째, 사회과학에서 인과관계는 미시 매개체 수준을 전제로 하지 않는다. 예를 들어, '광고가 기업의 판매에 영향을 주는가'에 대한 연구에서는 어떤 내용의 광고가 판매에 영향을 준다는 식으로 어느 정도의 연구 범위를 설정할 수밖에 없다는 것이다. 즉 아주 미시적인 변수 간의 관계 연구는 사회과학에서 그리 중요한 문제가 아닌 것이다.

넷째, 사회현상을 연구하는 것은 통제된 조건하의 폐쇄 시스템보다는 개방 시스템(open system)을 전제로 할 수밖에 없다. 물리나 화학 같은 자연과학 연구는 폐쇄된 실험실에서 이루어지지만, 사회과학에서는 어떤 원인에 노출된 실험 대상이 계속해서 다른 사회현상과도 접촉해 결과에 영향을 미치게 되기 때문이다.

다섯째, 사회현상 연구는 개방 시스템을 전제로 하므로 인과관계에서 결과를 발생시키는 원인이 여러 가지가 있을 수 있다. 예를 들어, 어떤 학생의 학업 성적이 향상된 원인을 연구하는 경우 학생 스스로 공부를 평소보다 열심히 했다거나, 수업 분위기가 좋아졌다거나, 학교 선생님이 바뀌었다거나 하는 등의 여러 원인이 있을 수 있다.

여섯째, 사회과학 연구는 개방된 시스템에서 이루어지고 여러 원인이 작용하므로 이론이 완벽할 수 없고, 확률적일 수밖에 없다. 예를 들어, '머리가 좋으면 공부를 잘한다'라는 가설이 있는 경우 이러한 이론이 통계적으로 검증되었다 하더라도 이 이론이 100% 정확히 들어맞는다고 볼 수는 없다. 특히 사회과학 연구는 자연과학과 달리 변수 간의 확률적인 관계만을 이야기하는 것이 일반적이다.

일곱째, 사회과학에는 많은 외생변수가 존재해 이론이 100% 정확히 맞을 수는 없으므로 가능하면 원인과 결과 간에 작용하는 외생변수를 통제해야 한다. 앞의 예에서와 같이 성적이 향상된 원인이 여러 가지 있을 수 있는 경우 다른 원인은 모두 일정하게 하고 한 가지만 변화시킨 후 결과의 변화를 관찰해야 한다.

여덟째, 사회과학에서 인과관계의 원인이 조작 가능하면 보다 바람직한 것으로 본다. 즉 추정된 원인이 조작이 불가능한 경우 이 사회현상 연구는 문제 해결에 도움을 줄 수 없으므로 이론의 가치가 떨어진다. 예를 들어, 암을 치료할 수 있는 방법이 이론적으로 존재해도, 이에 대한 조작이 불가능하다면 이러한 치료 방법은 인간의 생명을 구하는 데 전혀 도움이 되지 않는 것이다.

본서에서 의미하는 인과관계란 위와 같은 조건들을 전제로 하여 성립하며, 이를 바탕으로 변수들 간의 관계를 파악해 이론을 도출하거나 가설을 만들고 검증을 하는 등의 과학적인 연구 활동을 하게 된다.

02 과학적 조사의 절차

과학적 조사의 절차는 문제 유형, 조사 종류에 따라 조금씩 차이가 나기는 하지만, 일반적으로 [그림 2-3]의 과정을 거친다. 과학적 조사는 문제 제기, 조사설계, 자료 수집, 자료 분석과 해석 및 이용, 보고서 작성의 다섯 부분으로 이루어지며, 조사가 효율적으로 수행되기 위해서는 조사 단계별로 효과적인 관리가 이루어져야 한다.

【그림 2-3】
조사의 절차

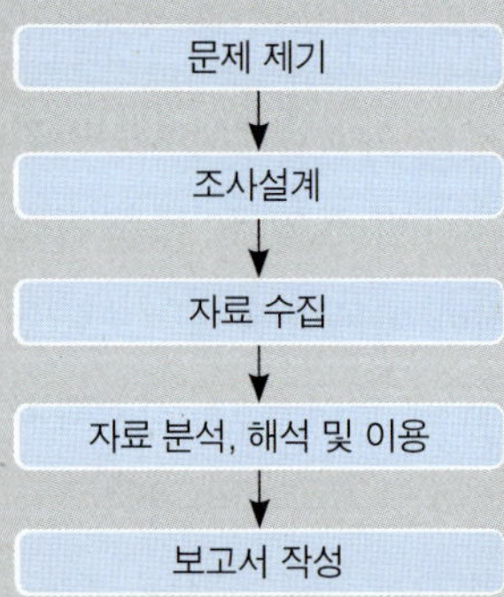

1. 문제 제기

문제 제기는 전체적인 과학적 조사의 방향을 설정하기 위한 단계로, 사회활동을 수행하는 데 발생하는 문제점을 해결하고 기회를 포착하기 위해 가장 중요한 단계다. 만약 조사 문제가 정확히 규정되지 못한다면 아무리 완벽한 조사를 수행해도 조사 결과는 사회현상 파악에 아무런 도움을 주지 못하거나 새로운 문제를 야기하게 된다. 올바른 조사 문제를 설정하고 문제를 해결하기 위해서는 조사를 통해 해결해야 할 문제 자체와 그러한 문제가 야기된 배경에 대한 분석이 병행되어야 한다.

배경 분석을 위해 주로 상황 분석, 문헌조서, 전문가 의견 조사, 사례 연구 등이 사용된다. 조사 문제가 설정되고 나면 이러한 문제를 해결하기 위해 구체적인 조사에 이용될 각종 변수의 규명뿐 아니라, 필요할 경우 이들 변수 사이의 관련성을 나타내는 가설의 설정이나 이론적인 체계에 대한 고찰이 동시에 이루어지기도 한다.

2. 조사설계

조사설계는 조사 전체를 수행하고 통제하기 위한 청사진이라고 할 수 있다. 그러므로 시간과 비용을 절약하고 조사의 효율성을 높이는 데 주안점을 두고 짜야 한다. 조사설계는 네 가지 주요 활동 과제를 통해 이루어진다. 첫 번째 과제는 규정된 문제에 대한 종합적인 검토다. 문제의 검토란 조사 목적, 연구문제, 가설 검토를 의미한다. 두 번째 과제는 사용할 조사 방법의 제시, 조사 시 따라야 할 전반적인 조사 틀(research framework)의 설정, 자료 수집 절차와 자료 분석기법 결정을 포함한다. 세 번째 과제는 예산의 편성과 조사 일정 계획이다. 예산과 조사 일정 계획은 인원, 시간 및 비용을 고려해 효율적으로 이루어져야 한다. 마지막 과제는 조사설계의 평가 과정 수행이다. 평가란 조사설계의 신뢰성, 타당성, 결과의 일반화 가능성 등의 기준을 통해 이루어지는데, 이는 조사 절차와 기법을 실제 상황이나 모의 상황에 적용해봄으로써 평가하게 된다. 특정한 조사 문제를 해결하기 위한 조사설계는 여러 대체안이 있을 수 있으며, 경제성·객관성 등을 고려해 선택하게 된다.

3. 자료 수집

조사 자료는 크게 1차 자료와 2차 자료로 구분된다. 1차 자료는 조사자가 조사를 시행하는 가운데 직접 수집해야 할 자료이며, 2차 자료는 조사를 수행하는 조사자가 아닌 다른 사람에 의해 이미 정리된 자료를 의미한다. 2차 자료는 1차 자료에 비해 손쉽고 저렴하게 획득할 수 있기 때문에 2차 자료를 얼마나 효과적으로 획득해 이용하는지가 조사의 성공 여부에 중요한 변수로 작용하기도 한다. 비록 2차 자료가 조사자가 다루고자 하는 문제의 해결에 직접적으로 관련되어 있지 않다고 하더라도 조사를 평가하고 분석하는 데 지침을 제공해주는 경우가 많다. 일반적으로 2차 자료는 연구기관이나 공공기관 등 여러 원천으로부터 구할 수 있다. 그러나 2차 자료만으로는 문제 해결이 불가능한 경우가 많다. 이 경우 조사자는 문제 해결을 위해 1차 자료를 수집하게 되는데, 대부분의 의사 결정은 1차 자료에 의존하는 경우가 많다. 이는 1차 자료가 2차 자료에 비해 조사 목적과 직결된 자료를 제공해주기 때문이다.

1차 자료 수집은 일반적으로 직접적인 방법과 간접적인 방법으로 구분된다. 직접적인 방법은 조사 대상자에게 직접 질문을 하여 얻어내는 방법으로 면접·전화·우편·인터넷 등을 이용하며, 간접적인 방법은 관찰에 의한 방법을 포함해 흔적조사법, 내용분석법 등의 방법이 있다. 어느 방법이든 조사 대상자로부터 협조와 승낙이 선행되어야만 한다. 자료 수집 방법이 결정되고 나면 의사 결정에 도움이 되는 정보를 획득하기 위해 설문지를 작성하게 된다. 설문지는 조사 대상자와 자료 수집 방법을 고려해 그 분량과 질문 방법을 달리해야 하며, 최대한 측정 오류를 줄일 수 있도록 작성해야 한다. 설문지 작성과 관련된 보다 자세한 내용은 7장에서 다루기로 한다.

자료 수집 방법이 정해지고 설문지가 작성되면 구체적인 조사 대상자를 선정해야 한다. 조사 대상자를 선정하는 방법에는 크게 조사 대상자가 속한 집단 전체를 조사하는 전수조사와 그중에서 일부분을 뽑아서 조사하는 표본조사가 있다. 이 두 가지 방법 가운데 어느 것을 선택할지는 조사를 시행하는 데 드는 시간과 비용, 조사 결과에서 얻게 되는 정보의 정확성 등을 고려해 결정한다. 그러나 전수조사가 꼭 필요한 경우를 제외하고는 대부분 표본조사를 하는 것이 효과적이다. 표본조사를 위해서는 적절한 표본을 선정해야 하는데, 이는 조사 내용과 지역적인 범위, 조사 대상자의 특성에 따라서 달라진다. 적절한 표본을 선정하는 방법인 표본추출 방법은 8장 표본설계에서 자세히 다루기로 한다.

설문지가 완성되고 조사 목적에 맞는 표본이 추출된 다음에는 실제 자료를 얻는 과정인 자료 수집이 실시된다. 2차 자료만 활용할 경우 이 과정이 생략될 수도 있으나, 대부분의 조사는 1차 자료를 수집하므로 이 과정을 거치게 된다. 자료 수집은 의미 있는 분석 결과를 얻을 수 있는 자료를 수집하는 과정이므로 전체 조사 과정에서 차지하는 비중이 높다. 조사 목적에 적합한 자료를 수집하기 위해서는 실사를 담당할 조사원을 통제하고 조사 과정에서 발생할 수 있는 문제점을 해결하는 담당자를 선발해야 한다.

자료 수집을 감독하는 임무를 담당하기 위해서는 조사의 목적과 내용을 명확히 알고 있어야 하므로 대개는 처음부터 조사와 관련된 사람이 이를 담당하게 된다. 자료 수집 담당자는 매일 수집된 자료를 확인·정리해야 하며, 조사 지역을 사전 답사해 문제 파악과 해결을 위한 협조를 구해야 한다. 또한 유능한 조사원을 모집하고 철저한 교육을 실시해야 조사 과정에서 발생할 수 있는 오류를 최소화할 수 있다.

4. 자료 분석, 해석 및 이용

자료 분석은 수집된 자료의 편집, 코딩 과정이 끝난 뒤에 통계적 기법을 이용해 이루어진다. 편집은 조사설계에 따른 분석을 행하기 위해 완전하고 일관성 있는 자료를 확보하기 위한 작업이다. 이 과정에서 주로 자료의 정정, 보완, 삭제 등을 한다. 코딩은 자료 분석을 용이하게 하기 위해서 관찰된 내용에 일정한 숫자를 부여하는 과정이다. 자료의 편집과 코딩에 대해서는 이후 9장 자료 수집과 처리에서 자세히 다루기로 한다.

자료 처리가 끝나면 통계기법을 이용한 분석이 실시된다. 통계분석을 실시할 때는 조사 목적과 자료를 얻기 위해 사용한 표본추출 방법, 자료 수집 방법 및 측정 방법을 고려해 적합한 분석기법을 선택한다. 통계적 분석 방법은 그에 맞는 자료의 형태를 갖추어야 하므로 조사설계를 계획할 때부터 수집할 자료의 성격과 분석을 일관성 있게 구상해야 한다.

수집된 자료에 대한 분석이 끝난 후에는 그 결과에 대한 의미 있는 해석이 이루어져야 한다. 동일한 과정을 통해 얻은 분석 결과도 분석자의 통계기법에 대한 이해의 차이나 분석 관점에 따라 달라질 수 있으므로 분석자는 통계기법과 사회과학 전반에 대한 명확한 이해를 갖추어야 한다.

5. 보고서 작성

조사보고서는 조사 결과와 결론을 조사 의뢰자(정보 이용자)에게 그들의 조사 목적에 도움이 되도록 문자나 도표로 정리해놓은 것이다. 여기서 주의해야 할 사항은 조사 의뢰자와 조사 담당자 사이에 의사소통이 원활히 이루어져야 한다는 점이다. 조사 의뢰자와 조사 담당자가 동일한 사람일 경우 이러한 문제가 없으나, 다를 경우 조사 내용과 결과가 아무리 좋아도 조사 의뢰자가 이를 이해하지 못한다면 아무런 효과가 없는 것이므로 보고서는 조사 의뢰자의 이해도와 조사에 관한 지식의 정도에 맞추어 작성해야 한다.

이상에서 과학적 조사를 위해 시행해야 할 각 단계에 대해 간단히 살펴보았으나, 이상의 단계가 항상 순차적으로 이루어지는 것은 아니며, 어느 단계는 거치지 않고 조사가 진행되기도 한다.

03 과학적 조사 계획의 예

여기서는 앞서 언급한 조사 절차에 따라 실제 조사 계획을 세우는 사례를 보여주고자 한다.

조사 계획에 들어가기 위해서는 우선 조사로 얻게 될 정보의 가치가 인정되어야 한다. 즉 조사로 얻는 정보가 조사 의뢰자의 의사 결정에 도움이 되는지 아닌지를 판단해야 한다. 조사를 실시하기로 결정했다면, 조사를 전문 기관에 의뢰할 것인지, 아니면 직접 조사를 실시할 것인지를 결정해야 한다. 전문 조사기관에 의뢰할 경우 조사기관은 조사의 수행과 관련된 제반 사항에 대해 조사 의뢰자와 조사 담당자(조사자) 사이의 이견을 조정하고, 최종적으로 양자의 합의에 따라 조사의 시행 여부를 결정하게 된다. 이때 조사자는 조사 의뢰자에게 조사 전반에 대한 내용을 기록한 조사계획서를 제출하게 되는데, 그 내용은 크게 조사설계도와 조사계약서로 이루어진다. 물론 조사자가 직접 조사를 수행할 때도 조사설계도는 필요하다.

조사의 청사진이라 할 수 있는 조사설계도는 조사계획서에 의거해 작성되며, 조사계획서에는 조사의 목적과 의사 결정에 필요한 정보, 자료의 원천, 조사 일정 그리고 조사비용 등에 관한 내용이 명확히 기록되어 있어야 한다. 이를 위해서는 조사 의뢰자와 조사자 간에 여러 차례 토의를 거치거나 조사자들끼리 숙고해 상호 의견을 조정하게 되며, 이를 바탕으로 조사계획서에 조사 목적, 조사 내용, 조사 방법, 일정 계획 및 예산 등을 기술한다.

1. 조사 목적

(1) 조사 타당성의 인식

실시하고자 하는 조사가 연구 목적상 중요한 문제를 다루고 있고 조사로 얻을 수 있는 정보가 문제 해결에 꼭 필요한 것임을 조사자들이 인식해야 한다.

(2) 연구 목적의 규명

문제의 규명 과정에서 확정된 조사 문제(research problem)의 해결이 바로 연구 목적이 되며, 이것이 연구 결과로 얻어내야 할 최종 해답이 된다. 연구 목적은 조사 자체의 목적이며, 이를 달성하지 못하면 조사의 효용이 거의 없을 뿐 아니라 조사자의 신뢰도도 상실하게 된다.

조사계획서에서 조사 목적의 서술 형태는 문제의 형태나 조사 종류에 따라 다음의 예와 같이 기술적 또는 설명적인 것이 될 수도 있고, 검증을 위한 임시적 가정의 형태를 취할 수도 있다.

[예 1] 인터넷을 통한 청소년 탈선이 늘어남에 따라 인터넷상에서의 청소년 선도 방침을 세우고자 한다. 이때 '인터넷이 청소년 탈선에 미치는 요인의 규정'을 조사 목적으로 선정할 수 있다.

[예 2] 고등학교 반 편성에 따른 학력수준 평가를 위해 '우열반 편성 방식이 학력 증진에 더 효과적이다'와 같은 가설 형태로 조사 목적을 표현할 수 있다.

이상의 예에서는 하나의 조사 목적만을 제시했지만, 실제로 문제 해결을 위해서는 하나의 연구에 여러 개의 목적이 설정되는 것이 보통이다.

2. 조사 내용

조사 내용은 조사 목적을 달성하기 위해서 얻어내야 할 정보를 말하며, 이러한 정보는 조사자나 전문 조사기관의 내부 자료를 분석해 얻을 수 있다.

앞에서 언급한 조사 목적의 설정과 더불어 획득해야 할 정보의 내용을 정확히 규명하는 것이 매우 중요한데, 이는 문제 해결에 필수 불가결한 정보를 획득해야 시간과 비용의 효율성을 높일 수 있기 때문이다. 따라서 조사에 앞서 획득해야 할 정보를 명확히 기술해야 한다. [예 2]의 경우에 필요한 정보를 나열하면 다음과 같은 것이 있을 수 있다.

① 우열반 구분 기준

② 우열반을 채택한 경우와 그렇지 않은 경우의 학력 증진도

③ 우열반 학생들과 그렇지 않은 학생들의 기본적 특성

3. 조사 방법

(1) 자료 수집 방법

동일한 조사 목적을 위한 조사라 하더라도 조사자에 따라 조사 방법에 차이가 있을 수 있다. 조사 방법은 주로 얻어야 할 정보의 특성과 자료의 획득 가능성에 따라 결정되며, 조사자의 조사 기술과 경험 및 시간과 비용의 한계에 의해서도 영향을 받는다. 다른 조건이 비슷할 경우에는 조사자가 가장 잘 알고 있는 조사 방법을 택하게 된다. 자료 수집 방법은 1차 자료와 2차 자료로 구분해 정확하게 써야 한다.

(2) 자료 분석 방법

일반적으로 자료 수집으로 얻은 자료 자체에서 실제 의사 결정에 도움이 되는 정보를 추출하기는 매우 어렵다. 이는 기초 자료를 조사 의뢰자가 그대로 이용하기 어려울 뿐만 아니라, 조사자도 추가로 분석을 하지 않고는 기초 자료의 의미 있는 해석을 할 수 없기 때문이다. 따라서 기초 자료를 조사 목적에 맞게 분석해야 할 필요가 있는데, 그전에 우선 자료를 컴퓨터로 처리 가능한 형태로 변환하는 과정을 거쳐야 한다.

분석 과정을 통해 체계가 잡히지 않은 여러 자료에서 의미를 이끌어내기 위해서는 조사자의 상당한 지식과 뛰어난 상상력이 필요하며, 분석기법에 대한 지식과 경험도 풍부해야 한다.

문제 해결에 필요한 정보를 얻기 위해서 조사자가 선택할 수 있는 분석기법은 다양하다. 분석기법의 선택은 자료의 양과 질에 따라 달라질 수 있으며, 이러한 점을 충분

히 고려해 조사설계를 해야 한다. 즉 자료의 양과 질은 그 자료를 수집하는 데 드는 비용과 밀접한 관계가 있기 때문에 조사 예산을 고려해 자료의 양과 질 및 분석 방법의 결정이 이루어져야 한다.

조사자가 분석 방법을 선택할 때 특히 주의해야 할 사항은 자신이 어떤 분석기법을 선택했을 경우 이에 대한 지식이 없을 수도 있는 조사 의뢰자에게 특정 분석 방법을 선택하게 된 이유를 설명하고 그 타당성을 이해시켜야 한다.

자료 분석의 경우 여러 가지 분석 프로그램이 개발되어 있어 쉽게 이용할 수 있을 뿐만 아니라, 시간과 비용도 많이 절약할 수 있다. 사회과학에서 많이 이용하는 분석 프로그램 패키지로는 SAS, SPSS 등이 있다. 이 책에서는 그중 SPSS를 이용해 분석 방법을 서술했다.

4. 일정 계획 및 예산

(1) 조사 일정

조사 의뢰자가 요구하는 정보의 필요 시기는 조사자의 전반적인 조사 계획에 영향을 미친다. 요구하는 정보를 획득할 수 있는 시기가 그 정보를 사용하고자 하는 시기보다 늦을 경우 조사의 가치가 떨어지기 때문이다. 따라서 조사자는 조사 의뢰자가 요구하는 기간 내에 조사를 완료할 수 있는지 판단해야 한다. 이를 위해 획득해야 할 정보의 양과 질 그리고 분석과 보고서 작성에 소요되는 시간을 정확히 추정하고 의사 결정 시기에 늦지 않도록 치밀한 조사 일정을 사전에 작성해야 한다. 이와 같은 조사 일정이 필요한 이유는 연구를 진행하는 데 필요한 시간 산정, 정보 이용자가 조사에서 얻은 정보를 사용하려고 하는 시기에 조사가 완료될 수 있는지 아닌지 확인, 조사 활동에 따른 일정 관리를 위해서다.

조사 일정을 계획하는 방법은 조사를 완성하기 위해 필요한 각각의 세부 활동에 대해 조사자가 임의로 적당한 시간을 배정하는 방법부터 PERT/CPM과 같은 네트워크 기법까지 여러 가지 방법이 있다. [그림 2-4]는 8주 이내에 조사 결과를 인쇄물로 보고함으로써 조사가 완료되는 조사 일정표의 예다.

조사가 수락되면 가장 먼저 조사에 필요한 자료 수집을 하게 된다. 이때 자료는 1차 자료와 2차 자료로 나누어 수집되는데, 이미 존재하는 2차 자료 수집은 새로 생성해야

【그림 2-4】

조사 일정도(PERT)의 예

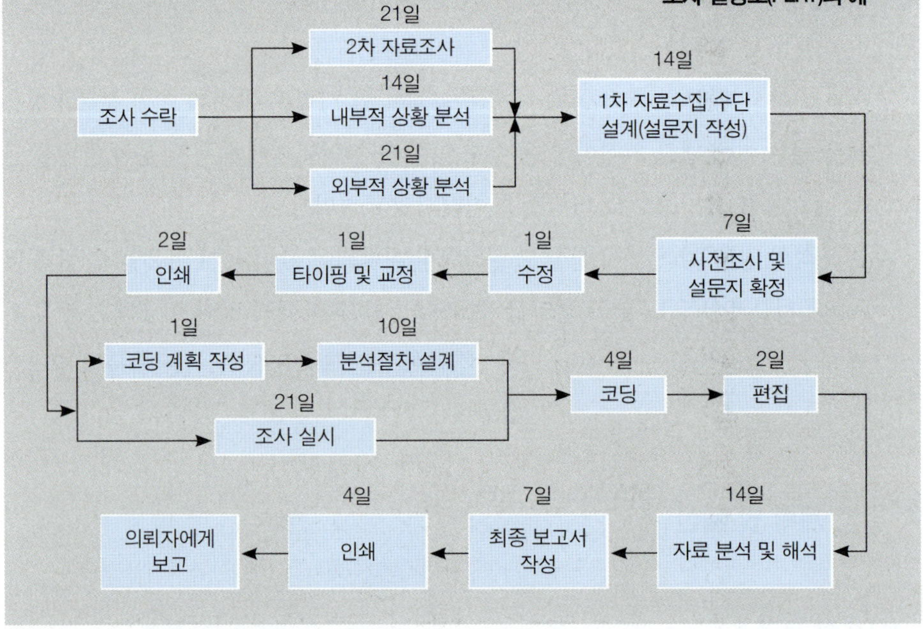

하는 1차 자료 수집보다 경제적이고 신속하게 이루어질 수 있으므로 가능한 한 많은 자료를 2차 자료원으로부터 얻도록 해야 한다. 이와 동시에 조사 의뢰자가 제공할 수 있는 내부 정보의 탐색과 수집 그리고 조사 상황과 관련된 외부 상황에 대한 분석을 실시하게 된다. 이때 상황 분석이 잘 이루어져야만 조사 문제의 규명 및 분석을 명확히 할 수 있고 1차 자료 수집 과정에서 얻어야 할 자료를 정확히 파악할 수 있다. 따라서 본 일정에서는 이를 고려해 충분한 기간이 할당됐다. 그러나 인터넷을 이용해 충분한 자료 수집이 가능하다면 2차 자료 수집 기간은 이보다 짧아질 수 있다.

추가로 얻어야 할 1차 자료 내용이 확정되면 이를 획득하기 위한 구체적인 자료 수집 방법을 정하고 자료 수집을 위한 준비 과정에 들어가게 된다. 위의 예의 경우 설문조사 방법을 택했으므로 설문지 작성 기간을 1주일로 잡았다. 설문 기간은 설문의 내용과 분량에 따라 변동될 수 있으며, 문제 규명과 얻어내야 할 정보가 명확하다면 더 짧은 기간 내에 이루어질 수도 있다. 그러나 설문지가 완전하지 못하면 원하는 정보 획득에 큰 차질을 가져오므로 충분한 기간을 할애하는 것이 바람직하다.

설문지가 완성되면 본 조사에 들어가게 되는데, 이때 본 조사를 실시하는 동시에 조사가 끝난 후 하게 될 분석을 위한 준비 작업도 같이 하게 된다. 조사원의 수와 조사 대상자의 수에 따라 그 기간도 조정할 수 있다. 여기서는 본 조사 기간을 2주일로 잡았지만 인터넷을 이용한 조사의 경우 기간이 상당히 단축되는 효과가 있다. 자료 수집이 완료되면 설문지를 취합해 컴퓨터 분석을 위한 자료 정리를 하게 된다. 자료를 정리할 때 코딩 작업도 같이 이루어진다.

자료가 정리되면 분석 과정으로 들어가는데, 분석 기간은 조사의 성격에 따라 상당히 차이가 난다. 단순한 조사일 경우 분석 기간은 비교적 짧으나, 인과 조사를 위한 각종 복잡한 통계기법을 사용해야 할 경우 상대적으로 기간이 더 길어진다.

끝으로 결과의 요약과 보고서의 인쇄 및 교정 작업을 하게 된다. 이때 보고해야 할 자료의 분량과 유형에 따라 적절히 조정할 수 있다. 앞의 예는 각 과정의 기간보다는 순서에 중점을 두고 설명했으며, 각 과정에 필요한 기간에 대한 절대적인 기준은 없다. 따라서 조사의 성격과 기간 그리고 조사자의 경험에 따라 각 과정에 소요되는 기간을 조정해야 한다. [표 2-1]은 갠트 차트(Gantt Chart)에 의한 일정 계획표의 예다.

【표 2-1】 갠트 차트에 의한 예

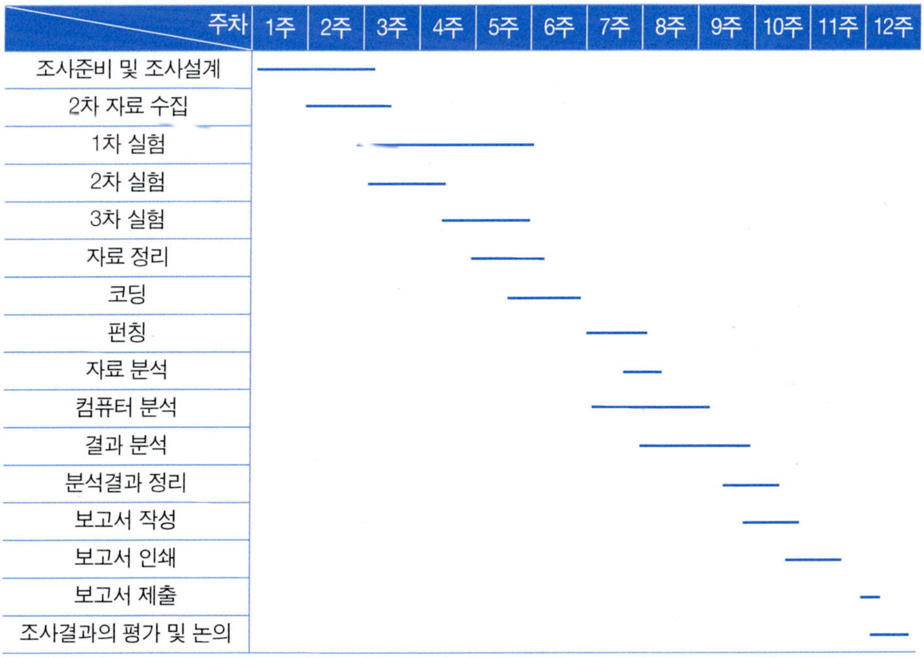

(2) 예산

모든 조직은 활동을 위해 사용할 수 있는 비용의 제약을 받는다. 조사 활동 역시 마찬가지다. 특히 조사 활동의 결과가 조사 활동 완료와 동시에 나타나는 경우는 드물기 때문에 조사 의뢰자는 비용에 매우 민감한 반응을 보일 수 있다. 또한 조사비용과 조사를 통해 얻게 되는 정보의 가치를 비교하는 과정을 거쳐 조사의 시행 여부를 결정하게 되므로 조사비용의 결정은 조사 계획에서 매우 큰 비중을 차지한다.

조사비용은 정보의 정확성에 따라 좌우되며, 비용은 약 ±10%의 오차를 두고 추정하게 된다. 조사비용을 구성하는 주된 범주는 인건비, 자료비용, 서비스 비용이다. 인건비란 조사 관리자, 자료 분석자, 통계 처리자, 편집자, 컴퓨터 프로그래머 등 조사기관 내외에서 조사를 위해 직접 활동하는 사람들에게 지급되는 보수이며, 자료비용은 자료 수집을 위한 출장비, 설문지 작성비, 전화비, 우편료, 컴퓨터 자료 처리와 저장에 관련된 재료비 등이다. 서비스 비용은 조사의 수행을 보조해주는 장비나 인원에 대한 비용이다. 그 외에 비용의 원천을 추적하기 곤란한 간접비의 경우 조사의 각 단계에 배분해 계산해야 한다. 주요 배분 방법으로는 시간당 일정액을 배분하는 방법과 직접비의 비율에 맞추어 간접비를 산출한 후 각 조사 단계에 배분하는 방법이 있다.

이 장의 요약

과학적 조사는 그 목적에 따라 탐색조사, 기술조사, 인과조사로 나눌 수 있다. 탐색조사(exploratory research)의 주된 목적은 문제의 규명이다. 문제의 규명을 정확히 할수록 어떠한 연구 방법을 사용하는 것이 적합한지와 과학적 조사에서 얻은 결과를 어떻게 효과적으로 이용할 수 있는지에 대한 계획을 잘 수립할 수 있다. 탐색조사 방법에는 문헌조사, 전문가 의견 조사, 사례조사 등이 있다. 문헌조사는 문제가 무엇인지 확인하고 가설을 정립하기 위한 가장 경제적이고 빠른 방법으로, 기존에 발간되어 있는 문헌을 이용하는 것이다. 전문가 의견 조사는 주어진 문제에 대해서 전문적인 견해와 경험을 가지고 있는 전문가들로부터 정보를 얻어내는 방법으로, 문헌조사와 함께 이용한다. 사례조사는 조사 의뢰자가 당면한 상황과 유사한 사례를 찾아내 깊이 분석하는 조사 방법으로, 분석하는 사례와 주어진 문제 사이의 유사점과 차이점을 찾아내 현 상황에 대한 논리적인 유추를 하는 데 도움을 얻을 수 있다. 기술조사는 관련 사항의 특성과 변수 간의 상호관계 파악 및 상황 변화에 대한 각 변수들의 반응을 예측하기 위해 이용하는 조사 방법이다. 이 방법은 조사 목적이 설정되고 관련 변수들의 관계가 어느 정도 파악된 후에 주로 이용된다. 기술조사는 대개 단 한 번으로 조사가 끝나므로 인과관계를 파악하는 데는 다소 무리가 있다. 기술조사에는 종단조사와 횡단조사가 있는데, 종단조사(longitudinal study)는 동일한 현상에 대해 반복적으로 측정을 하는 조사방법이다. 따라서 각 기간 동안에 일어난 변화를 측정하는 것이 목적이다. 이러한 종단조사에는 패널 조사(panel study), 추세조사(trend study) 그리고 코호트 조사(cohort study)가 있다. 횡단조사(cross-sectional study)는 특정 시점에서의 집단 간 차이를 연구하는 방법이다. 즉 종단조사는 시간의 흐름에 따른 조사 대상의 특성 변화를 측정하지만, 횡단조사는 특정 시점에 다른 특성을 지니고 있는 집단 사이의 차이를 측정하고자 하는 것이다. 인과조사는 특정 사회현상이 야기된 원인과 결과 사이의 관계를 정확히 밝혀내기 위해 실시하는 조사다.

과학의 목적은 일반 현상에서 인과관계를 찾는 것이다. 즉 과학적 이론은 현상을 구성하는 변수들 간의 관계를 밝히는 것이므로 이러한 변수들 간의 관계는 과학적인 인과관계를 근거로 했을 때 그 가치가 높아진다. 그러므로 '과학의 역사는 인과관계를 규명하려는 역사'라는 표현이 그리 과장된 표현은 아닐 것이다. 인과관계에서 원인은 '발생하는 것', '일으키는 것'이라는 개념과 유사하며, 특히 사회과학에서는 확률적인 표현을 사용하게 된다. 이러한 인과관계에 대한 연구는 많은 철학자에 의해 연구되어왔다.

이 책에서는 철학자들의 견해를 과거부터 현재까지 시대순으로 정리했다.

사회과학에서는 원인과 결과의 동시 존재, 원인의 결과에 대한 시간적 우선을 인과관계의 기본으로 본다. 이 때 미시 매개체 수준의 분석이 아니라, 여러가지 원인이 작용할 수 있는 개방시스템 하에서의 분석을 기본으로 하며, 이 경우 인과관계는 외생변수를 적절히 통제한 확률적 관계로 원인이 조작 가능할 때 더욱 바람직한 것으로 본다.

사회적 조사의 절차는 크게 5단계를 거치게 된다. 첫 번째 단계는 문제 제기다. 문제 제기는 전체적인 과학적 조사의 방향을 설정하기 위한 단계로, 사회활동을 수행하는 데 발생하는 문제점을 해결하고 기회를 포착하기 위해 가장 중요한 단계다. 두 번째 단계는 조사 전체를 수행하고 통제하기 위한 청사진이라 할 수 있는 조사설계다. 세 번째 단계는 자료 수집이다. 조사설계를 통해 연구에 필요한 자료를 수집하게 되는데, 조사자가 직접 수집하는 1차 자료와 다른 사람이 기존에 수집해 놓은 2차 자료로 구분할 수 있다. 네 번째 단계에서는 수집된 자료를 분석, 해석 및 이용하며, 마지막 단계로 보고서를 작성한다.

주요용어

과학적 조사, 조사계획, 탐색조사, 문헌조사, 전문가 의견 조사, 사례조사, 경험조사, 코호트 조사, 심층면접법, 종단조사, 횡단조사, 패널, 변화분석, 추세분석, 인과조사, 문제 제기, 조사설계, 자료 수집, 1차 자료, 2차 자료, 표본추출, 표본조사, 전수조사, 설문지, 보고서 작성, 조사 목적, 일정 계획, 조사 비용, 인과관계, 순환체계, 인접성, 불변적 결합, 시간적 우선, 필연적 관계, 축소주의, 미시 매개체 수준, 역인과관계, 동시 변화, 확정된 예측, 애매한 결과, 반증된 예측, 경쟁 가설, 타당화, 인식론, 조작, 행동이론, 개방 시스템

참고문헌

Ackoff, R.L. (1978), *The Art of Problem Solving*, Wiley, N. Y.

Blaikie, Norman (2000), *Designing Social Research*, Polity Press.

Blalock, H. M., Jr. (1971), *Causals Models in the Social Sciences*, Chicago : Aldine.

Blalock, H. M. Jr. (1982), "Conceptualization and Measurement," in the *Social Sciences*, Sage Publications, California.

Brand, M. (1976), *The Nature of Causation*, Urban, Ill.: University of Illinois Press.

Bunge, M. (1959), *Causality*, Cambridge, Mass.: Harvard University Press.

Churchill, G. A. (1983), *Marketing Research: Methodological Foundation*, 3rd ed., The Dryden Press.

Collingwood, R. G. (1940), *An Essay on Metaphysics*, Oxford, England : Clarendon Press.

Cook, T. D. and D. T. Campbell (1979), *Quasi-Experimentation*, Rand McNally.

Huck, S. and H. Sandler (1979), *Rival Hypothesis: Alternative Interpretations of Data Based Conclusions*, Harper and Row, N. Y.

Kilmann, R. H. and I. I. Mitroff (1979), "Problem Defining and the Consult-ing/Intervention Process," *California Management Review*, Vol. 21.

Mitroff, I. I. and T. R. Featheringham (1973), "On Systematic Problem Solving and the Error of the Third Kind," *Behavioral Sciences*, Vol. 19.

Popper, K. R. (1959), *The Logic of Scientific Discovery*, New York : Basic Books.

Suppes, P. (1970), *A Probability Theory of Causality*, Amsterdam : North Holland.

Wallace, W. (1974), *Causality and Scientific Explanation* (2 vols.), Ann Arbor, Mich.: The University of Michigan Press.

연습문제

1. 인과조사, 기술조사, 탐색조사의 이용상 차이점에 대해 설명하시오.
2. 탐색조사의 특징을 설명하고, 방법에 대하여 설명하시오.
3. 과학적 조사 절차를 설명하시오.
4. 흄이 제시한 인과관계 구성의 조건을 설명하시오.
5. 밀이 설명한 인과관계의 개념이 사회과학에 공헌한 바는 무엇인가?
6. 포퍼의 반증주의가 인과관계에 공헌한 바는 무엇인가?
7. 행동주의자들이 설명한 인과관계의 개념에서 특히 강조되는 점은 무엇인가?
8. 사회과학 분야에서 정의되는 인과관계의 개념을 설명하시오.

제 3 장

연구문제와 가설

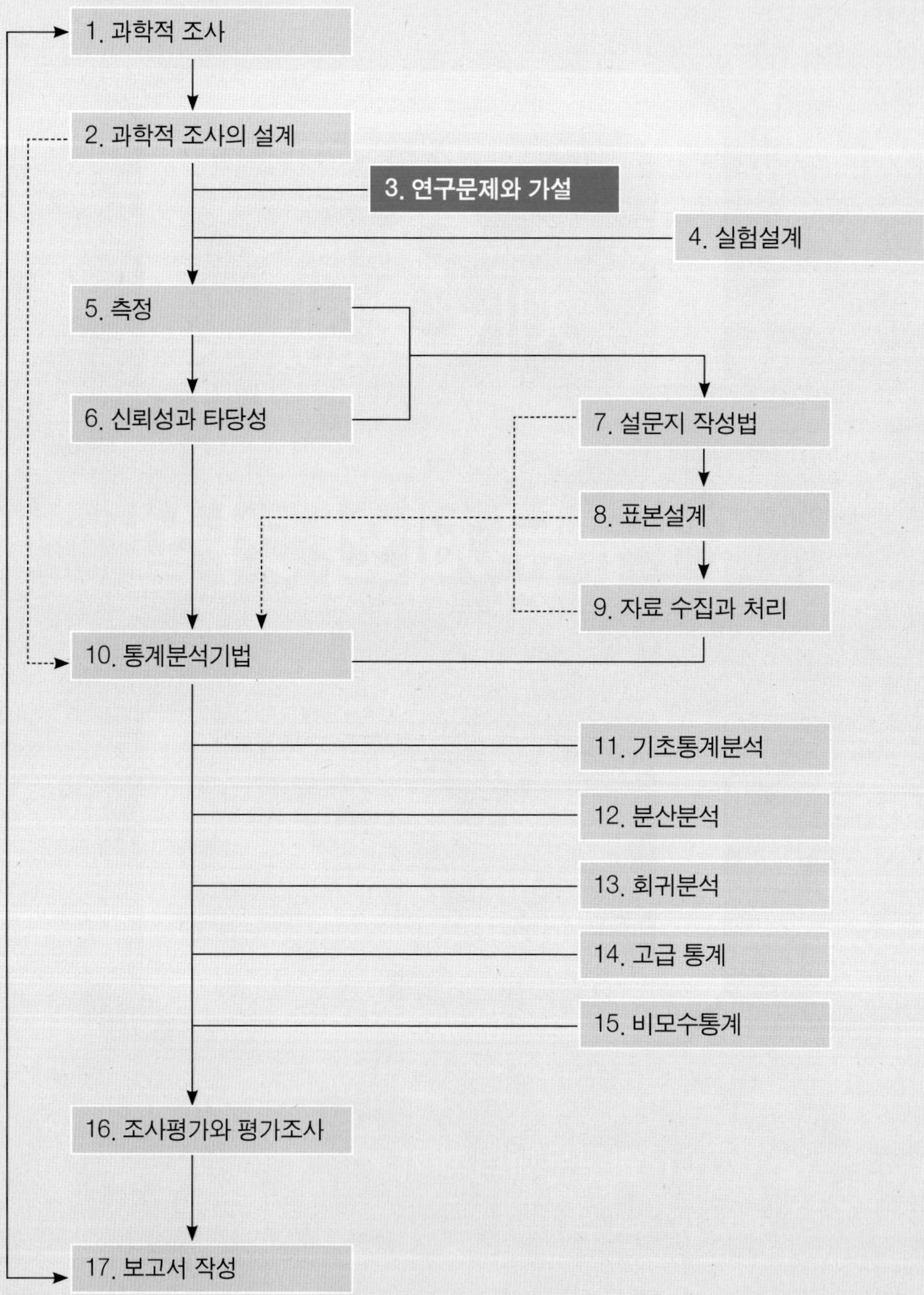
1. 과학적 조사
2. 과학적 조사의 설계
3. 연구문제와 가설
4. 실험설계
5. 측정
6. 신뢰성과 타당성
7. 설문지 작성법
8. 표본설계
9. 자료 수집과 처리
10. 통계분석기법
11. 기초통계분석
12. 분산분석
13. 회귀분석
14. 고급 통계
15. 비모수통계
16. 조사평가와 평가조사
17. 보고서 작성

01 연구문제의 제기

일반적으로 사회과학 연구에서 어떤 사회현상에 대한 연구를 진행하기 위해 제기한 연구문제는 모든 연구의 출발점이라고 할 수 있다. 연구문제의 제기는 한마디로 일련의 사회현상들 간의 관계에 대해 적절한 의문을 제기하는 것이고, 이러한 문제는 경험적으로 검증이 가능해야 한다. 사회과학 연구에서 제기된 연구문제는 연구하려고 하는 문제의 중요성 또는 필요성에서 출발하는 것으로서 이를 연구의 목적 또는 동기라고도 한다.

【그림 3-1】

연구문제의 제기 절차

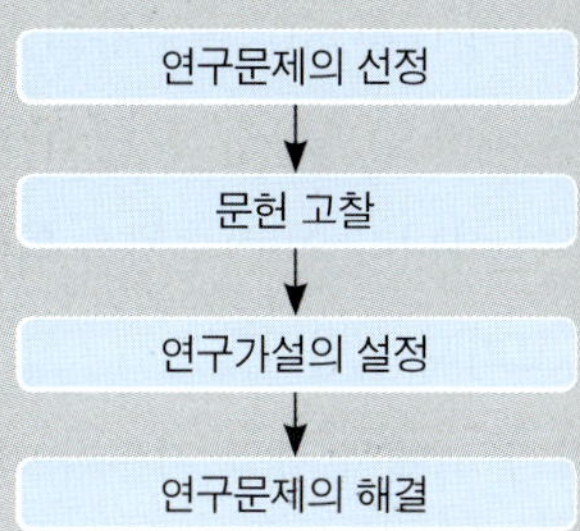

1. 연구문제의 선정

연구문제의 선정은 사회과학 연구에서 과학적이고 효과적인 연구를 수행하기 위한 첫 단계다. 따라서 연구문제의 선정 작업은 연구 수행 전반에서 가장 중요한 부분이라고 할 수 있다. 그런 만큼 명료하고 정확한 연구문제를 선정하기 위해서는 연구자가 평상시 연구 분야에 관한 광범위한 인식을 가지고 있어야 한다. 연구문제의 선정이란 무엇을(what), 왜(why), 얼마만큼(how much) 수행할 것인지를 결정하는 것으로, 연구의 방향과 한계 또는 범위 등을 결정하는 것이다. 구체적인 연구문제를 선정해 연구를 수행하는 데는 꼭 필요한 조건이 있다. 즉 연구자의 연구 수행 능력에 대한 내적 조건과 연구문제 자체에 대한 외적 조건이 그것이다. 연구 수행 시 구체적으로 고려해야 하는 것은 다음과 같다. 첫째는 새로운 문제인가 하는 것이다. 다시 말해 연구문제를 선정할 때는 참신성이 요구된다. 이전에 수행되었던 연구문제를 재검토하거나 상황이 변화된 조건에서 새로운 결과를 얻기를 바라는 연구가 아니라면, 연구문제는 일반적으로 새로운 분야를 탐구의 대상으로 한다. 즉 이전에 수행한 연구를 반복해 수행할 필요는 없다.

둘째는 중요한 문제인가 하는 것이다. 즉 연구할 가치가 있는 주제를 선정해야 한다. 수행된 연구가 이론적으로 학문의 발전에 가치가 있는지, 실용적으로 가치가 있는지 그리고 연구의 방법론적인 면에서도 가치가 있는지 등을 고려해야 한다. 연구할 가치가 없는 연구를 하는 것은 낭비다.

셋째는 해결 가능한 문제인가 하는 것이다. 이것은 연구 수행을 위한 내적 조건으로, 선정한 연구문제를 실질적으로 연구자가 수행할 능력이 있느냐 하는 것이다. 즉 아무리 중요한 연구문제를 선정하고 학문적으로나 실용적으로 가치가 있다고 해도 연구자가 감당할 수 없을 정도로 영역이 방대하거나 연구자의 능력 자체가 미칠 수 없는 분야나 영역의 주제라면 좋은 연구문제라고 판단할 수 없고, 연구 수행 가능성 자체에 대해서도 의문을 가지게 된다. 그뿐만 아니라 연구 수행을 위한 자료 수집의 가능성이나 분석 방법의 적절성 등도 충분히 고려해야 한다.

연구문제의 선정은 사회과학 연구에서 가장 기본적이고 중요한 절차이므로 신중하게 결정해야 하며, 선정 시 연구자의 관심과 연구 결과의 실현 가능성을 고려해야 한다.

2. 문헌 고찰(기존 선행 연구의 고찰)

사회과학 연구에서 기존의 선행 연구에 대한 문헌 고찰은 연구자가 자신의 연구를 수행하기에 앞서 이미 관련 분야에서 진행된 연구를 탐색하는 과정이다. 따라서 연구자는 선정한 연구문제를 해결하기 위해 기존 이론과 연구 결과를 탐색해 전반적으로 검토하고, 이를 본인의 연구 수행에 반영해야 한다. 즉 선정한 연구문제에 대해 기존에 어떠한 연구들이 수행되었으며, 해결된 문제와 해결되지 않은 문제점은 무엇인지, 그리고 연구 수행을 위해 사용된 연구 방법은 어떤 것인지 등에 관해 구체적으로 분석해야 한다.

문헌 고찰의 1차적인 목적은 해당 분야의 연구 현황을 파악하는 것이고, 2차적인 목적은 문제 해결을 위한 접근 방법을 탐색하는 것이다. 이러한 문헌 고찰을 기반으로 하여 연구의 이론적 기초와 가설 설정의 근거를 마련하게 된다.

문헌 고찰 과정에 정해진 규칙은 없으나 자료 수집에서부터 시작된다. 즉 관련 자료의 목록을 작성하고 작성된 목록에 따라 자료를 수집하는 것이다. 자료 목록 또는 서지목록(bibliography)은 관련 자료에 대한 구체적인 정보를 포함하고 있어야 한다. 다음은 수집된 자료를 읽고 요약하며 중요한 부분을 기록하는 단계다. 자료를 읽을 때는 단순히 내용만을 파악할 것이 아니라, 내용에 대한 비판적인 사고를 하면서 읽어야 한다. 문헌 고찰의 마지막 단계는 내용의 분석과 종합 및 정리다. 수집된 자료에 대해 연구자는 내용을 충분히 분석하여 파악한 다음 연구보고서의 한 장(章)으로 기술하게 된다. 이때 연구자는 분석한 내용을 체계적으로 연구문제와 관련해 제시해야 한다. 문헌 고찰에서 연구문제를 지지하는 내용뿐만 아니라 반대하는 내용의 선행 연구가 있었다면 반드시 그 원인과 문제점을 구체적으로 분석해 제시해야 한다.

3. 연구가설의 설정

사회과학 연구에서 연구문제를 선정하고 선행 연구를 분석한 다음에는 구체적인 연구문제를 진술하고 가설을 설정한다. 일부에서는 연구문제의 진술을 연구문제 탐색단계에서 제시하기도 하나 연구문제 탐색은 연구자가 해당 관심 분야에 대한 분석에 주된 관심을 가지는 것이며, 구체적인 연구문제의 진술은 관련 문헌의 분석이 종료된 후 선행 연구를 토대로 하여 진술하는 것이 보다 체계적이다. 연구문제는 변수들 간의 관계를 중심으로 진술하며, 경험적으로 검증 가능해야 한다. 그리고 간결하고 명료하게 진술해야 하며, 연구문제가 복합적일 때는 몇 개의 하위 범주로 나누어 진술할 수도 있다. 그리고 연구문제의 진술이 끝나면 이에 관련된 간단한 근거의 제시가 요구된다. 즉 연구문제의 선정 근거를 간략하게 제시해 연구문제의 선정 배경과 범위를 밝혀야 한다.

다음으로 연구가설을 설정한다. 가설은 변수들 간의 관계에 대해 잠정적으로 내린 결론 또는 추측이라고 할 수 있다. 따라서 가설은 예측되는 결과를 중심으로 설정해야 하며, 구체적인 내용이 포함되어야 한다. 그러나 모든 연구에 반드시 가설의 설정이 요구되는 것은 아니다. 즉 연구의 목적과 성격 그리고 연구 방법에 따라 명백히 가설을 설정하는 경우도 있으며, 설정하지 않는 경우도 있다.

4. 연구문제의 해결

연구문제가 실제로 연구되기 위해서는 학문적 공헌도와 실질적 효용성이 있어야 한다. 궁극적으로 연구라는 것은 현상에 대한 이해와 설명 및 미래 예측을 위한 지식의 축적에 도움을 줄 수 있는 것이어야 하며, 도움을 줄 수 없는 연구는 가치를 상실하게 되는 것이다. 따라서 연구문제의 해결이 학문적으로 중요한 의미를 갖거나, 연구 결과에 의해 얻은 정보가 실질적으로 활용될 수 있는 효용성이 있어야 한다. 또한 연구문제는 기존의 연구 결과와 연관성이 있거나, 아직 검증되지 못한 주장이나 가설에 대한 평가에 도움이 되거나, 많은 사람의 관심이 집중되어야 한다. 이 중의 어느 한 조건이라도 갖추어진다면 그 연구의 의의는 충분하다고 판단할 수 있다.

우리 사회는 사회과학에서 연구할 무궁무진한 소재를 가지고 있다고 할 수 있다. 왜냐하면 지식의 축적이 거듭될수록 사회과학 연구자에게 새로운 사실이 발견될 가능성은 높아지며, 이들의 상호 관련을 연구해야 하는 필요성 때문에 보다 많은 문제를 제기할 수 있기 때문이다. 일반적으로 거의 모든 연구문제는 해결의 가능성을 전제로 하지만, 모든 문제가 과학적 연구에 의해 해결되는 것은 아니다. 해결 가능성의 여부는 다음과 같은 세 가지 기준에 따라 평가해볼 수 있다.

첫째, 연구문제가 구조화되지 못하고 모호하게 표현되어 있다. 둘째, 문제에 내포된 특정 용어나 개념의 정의가 잘못되어 명확하지 않다. 셋째, 문제는 정확하고 용어도 잘 정의되어 있으나, 연구문제를 현실적으로 수행할 가능성이 없을 때는 해결 가능성이 없거나 낮다고 판단할 수 있다.

(1) 연구문제의 명확한 구조화

연구문제가 명확히 구조화되지 못하는 것은 문제가 관찰 가능한 현상과 밀접히 연결되지 못했을 때 일어난다. 예를 들어, '인간의 본성은 변화하는가?'라는 문제는 이러한 문제를 제기한 정확한 의도가 무엇이며, 문제의 범위가 어디까지인지 규정하기가 힘들다. 이 경우 인간의 본성 중에서도 '소유욕'에 국한된 문제를 제기한다면 '인간의 소유욕을 변화시킬 수 있는가?'라는 문장으로 수정되며, 그러면 이 문제는 구체화되고 관찰 가능성이 높아진다. 이를 다시 '인간의 돈에 대한 소유욕을 변화시킬 수 있는가?'라는 문제로 수정한다면 보다 문제가 구체화되어 관찰 가능성이 더욱 높아진다. 따라서 문제의 해결 가능성은 보다 높아지게 되는 것이다.

(2) 용어의 명확화

연구문제에 포함된 용어의 정의가 명확히 규정되어 있지 않을 경우에는 문제의 모호성을 증대시켜 문제 해결 가능성을 저해하게 된다. 일반적으로 우리가 사용하는 일상용어도 사람마다 그 의미를 다르게 해석하기 때문에 많은 오해가 발생할 수 있다. 그러므로 용어 정의가 명확히 이루어지지 않는다면 문제의 해결 가능성이 낮아지게 된다. 용어에 대한 명확한 정의는 연구 대상이 되는 현상에 대한 명확한 규정과 이를 이용하는 의사소통의 정확성을 위해서 필수적이다. 이는 연구자가 사용하는 여러 가지 경험적 용어에 대한 명확한 조작적 정의를 통해 정의를 내리는 것이므로 조작적 정의를 정확히 내릴 수 있느냐 없느냐가 문제 해결의 가능성을 좌우하는 기준이 될 수 있다. 앞에서 설명한 연구문제의 명확한 구조화는 문제의 범위와 체계에 관한 것이며, 용어의 명확화는 관찰 가능성과 관련된 것이라고 할 수 있다.

(3) 연구 가능성

사회과학 연구에서 새로운 현상을 발견하고 여러 가지 가능한 연구문제를 선정해 연구문제를 구조화하고 용어를 명확히 정의했다고 해서 모든 문제가 다 연구 가능한 것은 아니며, 연구문제로서 일정한 요건을 갖추어야만 연구 대상이 될 수 있다. 일반적으로 적절한 연구 대상이 되기 위해서는 두 가지 조건이 필수적으로 충족되어야 한다.

첫째, 연구의 검증 가능성이 있어야 한다. 연구문제가 지식의 축적에 공헌할 수 있을지라도 연구 자체가 불가능하다면 연구 가치는 없다고 할 수 있다. 여기서 말하는 연구 가능성은 연구의 실증적 검증 가능성을 말하는 것이며, 연구문제는 이러한 실증적 검증 과정을 거쳐서 해결되는데 만약 실증적 검증 과정이 수행될 수 없다면 연구문제는 의미가 없다고 할 수 있다.

둘째, 연구의 실행 가능성이 있어야 한다. 이 측면은 연구를 위한 자료 획득이나 구체적인 연구설계와 관련된 연구의 실행상 문제로, 시간과 비용의 제약성, 연구 대상자의 확보 가능성, 연구의 협조자, 연구에 필요한 시설과 기구 등 제반 조건의 구비 문제다. 이러한 문제는 연구문제와는 별개의 문제로 생각될 수 있으나 실제 연구를 진행할 때 제기되는 문제이므로 이를 고려하지 못한 연구문제의 선정은 비현실적이 될 수 있다.

02 변수

사회과학 연구자는 현상에 대한 관찰을 통해 가설에 설정된 내용을 실증적으로 검증하는 과정을 거치는데, 이를 위해서는 연구하고자 하는 개념에 대한 정확한 정의를 내려야 하고 해당 개념을 관찰 가능한 현상으로 변환하는 것이 필요하다. 만약 개념에 대한 명확한 정의를 내릴 수 없고, 가능한 현상과의 연결이 불명확하다면 실증적 검증 가능성이 없어 과학적인 접근이 불가능해진다. 따라서 여기서는 실증적 검증을 전제로 가설을 구성하는 변수에 대한 개념적 정의와 이를 관찰 가능한 실제 현상으로 표현하는 조작적 정의에 대해 알아보고자 한다.

연구자가 연구하는 구성 개념이나 속성을 변수라고 하는데, 변수는 측정값이 변한다는 점에서 통상적으로 말하는 상수(constant)와 구별된다. 그뿐만 아니라 변수는 일반적으로 각기 서로 다른 값을 취할 수 있으며, 두 개 이상의 값을 취할 수도 있다. 이는 변수가 일정한 경험적 특성을 대표하고, 이들 특성은 각기 서로 다른 속성을 가지며, 속성을 나타내는 변수는 일정한 측정단위에 의해 측정이 가능하기 때문이다. 또한 변수가 의미하는 내용의 범위에 대한 정의는 연구자마다 달라 연구 결과에 대한 이해에 혼란이 발생할 수 있으므로 연구자 자신이 생각한 변수의 개념이 무엇인지를 다른 연구자도 알 수 있도록 객관적이고 구체적으로 기술해야 한다. 변수의 예로는 사람들의 태도, 주가지수, 시험 성적 등을 들 수 있다.

1. 개념적 정의와 조작적 정의

사회과학에서 실증 연구를 하기 위해서는 현상에 대한 계량적인 측정이 필요하며, 이러한 측정을 통해서만 현상 속에 내재된 특정 변수의 상태와 변수들 간의 관계를 분석할 수 있다. 이를 위해 측정에 앞서 먼저 밝혀야 할 것이 개념적 정의(conceptual definition)다. 개념적 정의를 정확히 하지 않으면 측정하려는 개념을 정확하게 측정하지 못하는 오류를 범하게 된다. 이와 같이 측정하고자 하는 변수에 대한 개념적 정의는 측정에 앞서 연구자가 연구의 틀 속에서 의도하는 변수의 의미를 명확히 한다는 데 가장 중요한 의미를 갖는다.

한편 조작적 정의(operational definition)는 측정에 앞서 정의된 변수의 개념적 정의를 보다 구체적인 형태로 표현한 것으로, 실증 검증에 전제되는 관찰 가능성, 즉 측정 가능성과 직결된 정의다. 관찰 가능성과 관련된 조작적 정의는 사회과학 분야처럼 관찰이 불가능한 개념을 다루는 경우 매우 중요한 문제로 대두된다. 사회과학 연구에서는 [그림 3-2]와 같이 개념적 세계와 경험적 세계를 연결하기 위한 실증적 검증 과정이 필수적으로 요구되는데, 만약 조작적 정의를 내릴 수 없거나 잘못 내리면 실증적 연구가 불가능해지거나 실증적 연구의 측정상 오류가 발생하게 된다.

(1) 개념적 정의

개념적 정의를 고찰하기 위해서는 먼저 개념이 무엇인지를 검토해볼 필요가 있다. 일반적으로 사회과학에서 개념(concept)이란 특수한 현상들이 갖는 특징을 일반화해 추상적으로 표현한 것을 말한다. 개념적 정의는 어떤 변수의 개념을 설명할 때, 다른 개념을 사용해 설명하고 여러 가지 방법을 이용해 다른 개념들과 연결함으로써 이루어지는 것이다. 예를 들어, 학업 성취도라는 개념은 듣기, 읽기, 말하기 등의 합의 개념으로 개념적 정의를 내릴 수 있다.

(2) 조작적 정의

사회과학에서 가설을 실증적으로 검증하기 위해서는 실제 현상에 대한 관찰이 이루어져야 하며, 구체적인 실제 현상과 연결하기 위해서는 개념적 정의가 이루어져야 한다. 이러한 개념적 정의를 측정이 가능한 형태로 변환해야 하는데, 이를 조작적 정의라고 한다. 연구자는 조작적 정의 과정을 통해 변수를 측정 가능(measurable)하고 조작 가능(manipulatable)한 형태로 변환시킨다. 이러한 측면에서 조작적 정의는 측정을 위한 조작적 정의(measured operational definition)와 실험적·조작적 정의(experimental operational definition)로 구분된다. 여기서 측정을 위한 조작적 정의는 어떻게 변수를 측정할 것인가에 대한 방법을 제시해주는 조작적 정의이며, 실험적·조작적 정의는 연구자가 어떻게 실험변수를 조작할 것인가를 규정해주는 조작적 정의다.

측정을 위한 조작적 정의의 예로, 상표 애호도(brand loyalty)를 고객이 선택 가능한 제품의 브랜드 중에서 특정 브랜드를 일관성 있고 지속적으로 구매하는 정도로 개념적 정의를 할 때, 측정을 위해 이것을 구체적인 관찰이 가능한 현상으로 표현하면 조작적

【그림 3-2】
개념적 정의와 조작적 정의

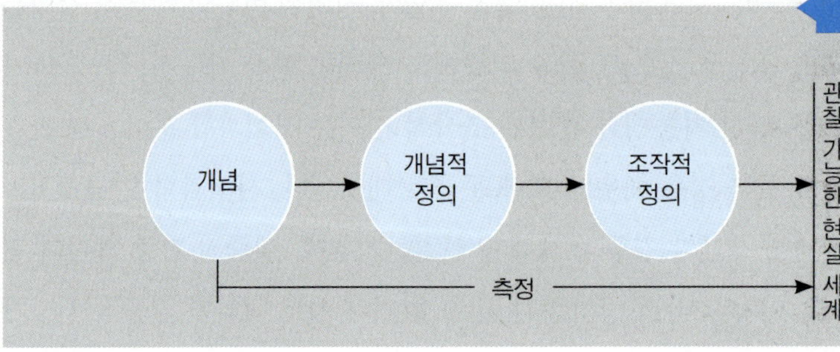

정의가 된다. 즉 20회의 동일 제품 구매 중에서 같은 브랜드의 구매 횟수로 상표 애호도의 강도를 측정할 수 있다. 이와 같이 추상적이고 사전적인 표현을 구체적인 구매행위로 연결해 측정 가능하도록 한 것이 '측정을 위한 조작적 정의'다.

한편 실험적·조작적 정의를 예로 들어 설명하면, 학생들의 성적 향상을 실험변수로 했을 때 어떻게 학생들의 성적을 향상시킬 것인가에 대한 구체적인 방법을 규정함으로써 향상에 대한 조작화가 이루어질 수 있다. 즉 칭찬하기, 벌주기, 장려하기, 꾸짖기 등을 들 수 있는데, 모두 성적 향상이라는 변수를 조작(manipulation)하기 위한 구체적인 지침으로 작용할 수 있는 것이다. 이와 같이 조작적 정의는 개념적 정의를 현실 세계의 현상과 연결해주는 다리와 같은 역할을 하는 것이라고 할 수 있다.

문제는 개념적 정의를 현상과 연결하는 방법은 무수히 많을 수 있다는 점과 어떠한 조작적 정의가 가장 정확하게 측정 개념을 현상적으로 표현하는지에 대한 평가가 쉽지 않다는 점이다. 그 이유는 일반적으로 사회과학에서 다루는 개념은 매우 복잡하고 포괄적인 면을 포함하므로 특정한 조작적 정의가 이를 완벽하게 표현할 수는 없기 때문이다. 따라서 특정 개념에 대한 측정은 어느 정도 제한된 측면에서 다루어지게 되고, 여러 가지 방식으로 표현될 수 있으며, 하나의 개념에 대해 여러 가지 조작적 정의로 구성된 측정도구를 사용할 수도 있다.

2. 변수의 종류

사회과학 연구에서 다루는 변수는 다음과 같은 네 가지 유형으로 분류할 수 있다. 첫 번째는 종속변수이고, 두 번째는 독립변수이며, 세 번째는 조절변수이고, 네 번째는 매개변수다.

(1) 종속변수

종속변수(dependent variable)는 연구자의 주된 관심이 되는 변수를 말하는데, 연구자는 연구 결과를 통해 종속변수의 변화를 설명하고 예측하려고 한다. 다시 말하면, 사회과학에서 연구자의 주 연구 대상은 종속변수다. 그러나 연구자는 종속변수뿐만 아니라 종속변수에 영향을 미치는 여러 변수를 계량화하고 측정하는 데도 관심을 가진다.

[예] 어떤 영어 교육 수강생이 여러 가지 영어 학습 프로그램에 따른 영어 학습효과에 관심을 가지고 있다면, 이 경우 종속변수는 영어 학습효과가 된다.

【그림 3-3】

독립변수와 종속변수 간의 관계

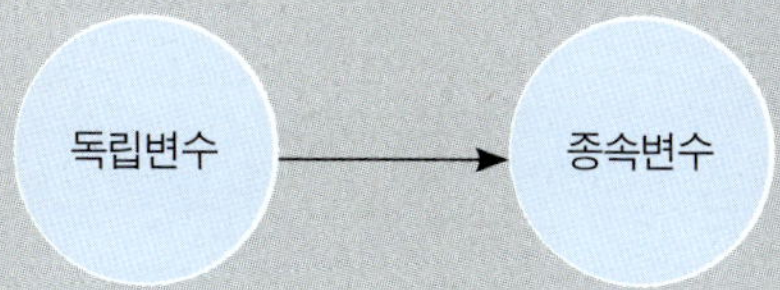

(2) 독립변수

독립변수(independent variable)란 종속변수에 영향을 미치고, 종속변수의 분산을 설명해주는 변수를 말한다. 만약 연구자가 변수 사이의 인과관계를 설정하는 데 관심을 가지고 있다면 독립변수는 앞에서 설명했던 방법으로 조작(manipulation)되어야 한다.

[예] 효과적인 영어 학습 프로그램이 영어 수강생들의 영어 학습효과를 높여준다. 여기에서 효과적인 영어 학습 프로그램은 영어 학습효과에 영향을 미칠 뿐만 아니라, 영어 수강생들의 영어 학습효과의 분산을 설명해주는 독립변수다.

(3) 조절변수

조절변수(moderating variable)란 독립변수와 종속변수 사이에 강하면서도 불확정적인 영향(contingent effect)을 미치는 변수다. 즉 이 변수가 존재할 때만 독립변수와 종속변수 사이의 이론적 관계(theorized relationship)가 성립된다.

[예 1] 영어 수강생들의 영역에 대한 관심은 영어 학습효과와 관계가 있다는 것이 많은 연구에서 밝혀졌다. 즉 모 영어 프로그램에서 영어를 배우고 있는 수강생들의 영어에 대한 관심이 높으면 높을수록 영어 학습효과는 더 높아진다는 것이다. 따라서 독립변수인 효과적인 영어 학습 프로그램과 종속변수인 영어 학습효과 사이의 관련성에 제3의 변수인 영어 관심도가 조절적 영향을 미친다.

[예 2] 서울 소재 A영어학원 수강생들의 영어 학습효과는 영어 강사의 영어 수준과 효과적인 영어 학습 프로그램이라는 두 독립변수에 의해 설명된다는 연구 결과가 있다. 그러나 실제로 이러한 관계가 모든 영어학원에서 유효한 것은 아니라는 것이 밝혀졌다. 또 다른 연구에 따르면 강남에 소재한 영어학원의 영어 학습효과는 높은 것으로 나타났으나, 강북에 소재한 영어학원의 경우 그러한 관계가 성립되지 않는 것으로 나타났다. 이때 영어학원의 위치는 조절변수로 작용한다.

【그림 3-4】

독립변수와 종속변수 및 조절변수 (1)

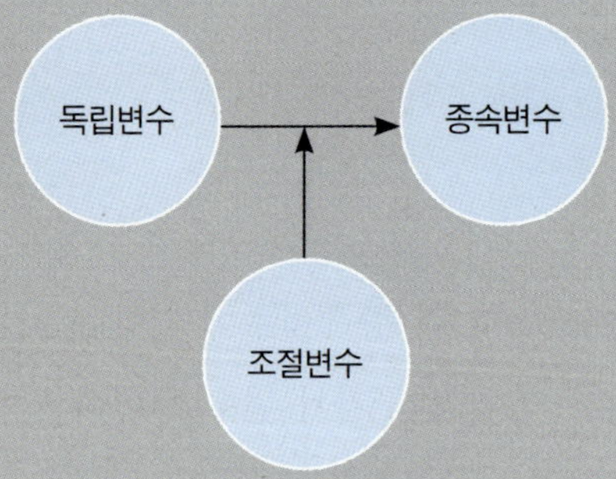

【그림 3-5】

독립변수와 종속변수 및 조절변수 (2)

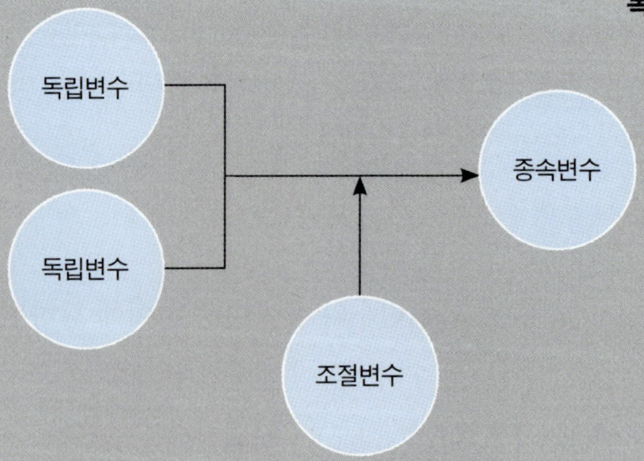

(4) 매개변수

매개변수(mediating variable)란 종속변수에 영향을 미치기 위해 독립변수가 작용하는 시점과 독립변수가 종속변수에 영향을 미치는 시점의 중간에 나타나는 변수다. 따라서 매개변수에는 시간적 차원이 내재되어 있다. [그림 3-6]을 보면 독립변수와 매개변수의 관계에서 매개변수는 종속변수의 역할을 하지만, 종속변수와의 관계에서는 독립변수 역할을 한다. 즉 매개변수는 독립변수와 종속변수의 중간 다리 역할을 하는 변수다. 매개변수가 조절변수와 다른 점은 독립변수 및 종속변수와 직접적인 영향을 주고받는다는 점이다. 즉 조절변수는 독립변수가 종속변수에 미치는 영향의 강도에 영향을 미치는 반면, 매개변수는 독립변수의 영향을 종속변수에게로 전달하는 역할을 한다.

[그림 3-6]

독립변수, 매개변수 및 종속변수 간의 관계

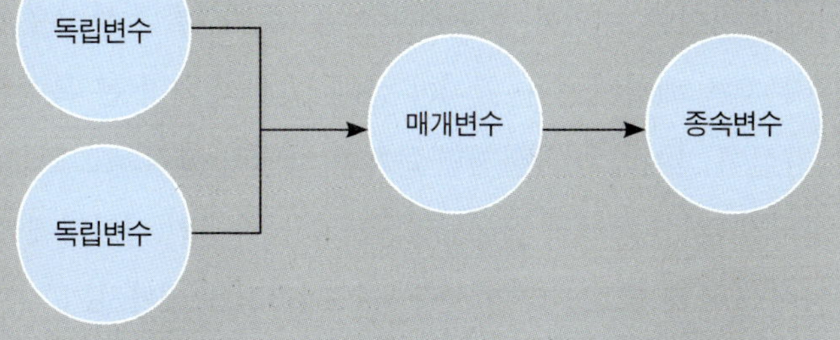

[예] A영어학원의 예로 설명하면 다음과 같다.

독립변수인 영어 강사의 영어 수준, 효과적인 영어 학습 프로그램은 영어 수강생들의 학습 성취도에 영향을 주고 수강생들의 영어 학습 성취도는 영어 학습효과에 영향을 준다는 연구들이 있다. 즉 두 독립변수(영어 강사의 영어 수준, 효과적인 영어 학습 프로그램)에 의해 학습 성취도가 높아짐으로써 영어 학습효과가 커지므로 학습 성취도는 독립변수와 종속변수 사이에서 매개적인 작용을 한다.

03 가설

가설은 사회과학 문제의 해결책을 학문적·논리적으로 추론한 것으로, 문제를 실제로 해결할 수 있는 검증 가능한 문장을 말하는 것이며, 참인지 거짓인지를 판단할 수 있어야 한다. 즉 가설은 연구문제를 해결하는 판단의 대상이 되는 '사실'이며, 이러한 사실의 진위를 확인해봄으로써 문제에 대한 해답을 내리게 되는 것이다. 가설은 실증적으로 확인해야 할 대상이고 구체적인 현상과 밀접한 관련성이 있지만, 아직까지 진실 여부가 확인되지 않은 사실이라고 할 수 있다.

1. 가설의 특징

가설은 일반적으로 두 개 이상 변수들 간의 관계를 검증 가능한 형태로 서술해놓은 하나의 문장이라고 정의할 수 있다. 이러한 가설은 다음과 같은 특성을 가진다.

첫째, 가설은 문제를 해결해줄 수 있어야 한다. 가설의 가장 큰 목적은 문제를 해결하는 데 있다. 가설이 참이라고 밝혀지면 문제는 자연히 해결되고 거짓이라고 밝혀지면 문제가 해결되지 않는다. 예를 들어, '비만도가 높아지면 성인병에 걸릴 확률이 높아진다'는 가설이 참으로 밝혀진다면 사람들은 성인병을 예방하기 위해 비만도를 낮추려고 노력할 것이다.

둘째, 가설은 변수로 구성되며, 그것들 간의 관계를 나타내야 한다. 연구문제는 주로 어떤 사건을 중심으로 이루어지나, 가설은 이러한 사건들을 숫자로 표시할 수 있는 변수들 간의 관계로 구성되며, 이러한 관계는 '특정 변수의 조건이 어떠할 때, 다른 특정 변수의 조건이 어떠하다'라는 형태로 표현된다.

셋째, 가설은 검증될 수 있어야 한다. 가설은 우리가 실제로 현상을 관찰해 얻은 자료를 이용해 검증할 수 있어야 한다. 따라서 가설에 포함된 변수들이 실제로 관찰·측정될 수 있도록 조작적으로 정의할 수 있어야 한다.

2. 가설이 될 수 있는 문장

가설은 표현 방식과 내포하고 있는 변수들의 관계에 따라서 여러 가지 형태를 가진다. 어떤 문장이든 진실한 값(truth value)을 갖는데, 이 진실한 값은 참일 수도 있고 거짓일 수도 있다. '모든 사람은 죽는다'와 같이 문장의 진실한 값이 항상 참인 문장을 분석적인(analytic) 문장이라고 한다. 반대로 '사람은 먹지 않고도 살 수 있다'와 같이 항상 거짓인 문장은 모순적인(contradictory) 문장이라고 한다. 또한 '학습량이 많을수록 학습효과는 좋다'와 같이 참일 수도 있고 거짓일 수도 있는 문장을 종합적인(synthetic) 문장이라고 한다.

이를 확률로 표현해보면, 분석적인 문장이 참일 확률은 항상 '1'이고, 모순적인 문장이 참일 확률은 항상 '0'이다. 반면 종합적인 문장은 경우에 따라 참일 수도 있고 거짓일 수도 있으므로, 참일 확률은 '0'에서 '1' 사이의 값을 가진다. 사회과학에서 가설로 사용되는 문장은 종합적인 문장으로, 가설로 설정된 문장이 참인지 거짓인지를 밝혀내어 현실 세계에 대한 이해를 돕고 문제를 해결할 수 있어야 한다.

3. 가설의 구조

가설은 두 변수 간에 실증적으로 일어날 수 있는 관계를 서술한 문장이라고 했는데, 일반적으로 가설의 문장 구성은 '만약 ~하면 ~할 것이다'의 형태를 띤다. 즉 어떤 조건하에서 어떤 결과가 나타난다는 방식으로 두 변수 간의 관계를 서술하게 된다. 쉬운 모형으로 표현하면 'if A, then B'가 되는데, 여기서 A를 선행조건이라 하고 B를 결과조건이라 하며, 일반적으로 A가 진실이면 B도 진실이라는 관계로 가설이 구성된다.

4. 가설의 형태

가설이 적용되는 범위의 크기에 따라 일반가설과 지엽적 가설로 분류한다. 일반가설은 모든 장소와 시간에 관계없이 가설에 내포된 변수들 간의 관계가 적용되는 경우이며, 지엽적 가설은 특별한 경우에만 적용되는 가설이다. 사회과학 연구자는 자신의 가설이 보다 적용 범위가 넓어져서 궁극적으로 일반가설로 인정받고자 노력하는데, 그 이유는 일반가설에 가까워질수록 사회현상에 대해 가설의 설명력과 예측력이 우수할 뿐만 아니라 가설에 내포된 변수들 간의 관계가 시간과 공간의 제약 없이 진실일 가능성이 높기 때문에 선행조건에 따른 결과조건도 진실일 가능성이 높아지기 때문이다. 그러나 최종 가설을 유도해내는 데 일정한 법칙이 있는 것은 아니며, 가설의 유도는 연구자의 창의력에 의해 좌우된다. 즉 연구자의 사고력, 상상력, 개념 형성력 등의 능력에 따라서 달라진다.

5. 가설의 평가 기준

사회과학 연구에서 일단 가설이 도출되면 가설의 적절성 여부에 대한 평가를 내릴 필요가 있다. 궁극적으로 좋은 가설이란 검증되어 지지됨으로써 문제에 대한 해답을 찾게 되고, 그 결과 기존 지식체계에 추가적인 지식의 축적을 가져올 수 있는 것을 말한다. 따라서 지지된 가설이 기각된 가설보다 사회과학 발전에 더 많은 기여를 하기 때문에 좋은 가설이라고 할 수 있다. 연구에 사용할 가설이 좋은 가설인지 아닌지를 판단하려면 다음과 같은 기준에 따라 평가하면 된다.

(1) 가설은 경험적으로 검증할 수 있어야 한다. 즉 실증조사를 하여 가설의 옳고 그름을 판단할 수 있어야 한다.

(2) 동일 연구 분야의 다른 가설이나 이론과 연관이 있어야 한다. 예를 들어, '재소자의 힘이 세면 재범 확률이 높다'와 같은 가설은 기존 연구가설과는 전혀 상관없는 내용이므로 부적절하다.

(3) 가설의 표현은 간단명료해야 한다. 누구나 쉽게 이해할 수 있도록 필요한 용어만 사용해야 한다.

(4) 연구문제를 해결할 수 있어야 한다. 가설의 옳고 그름을 판정하는 것이 곧 연구문제를 해결하는 것이다. 예를 들어, '상품 인지도가 매출액에 영향을 준다'는 가설이 참으로 밝혀지면 연구문제는 해결이 되며, 그다음에는 상품 인지도를 높이기 위한 전략 개발이나 다른 연구가 시작되는 것이다.

(5) 가설은 논리적으로 간결해야 한다. 가설은 표현뿐만 아니라 실질적으로 간결한 논리로 이루어져야 한다. 가설은 일정한 체계 안에서 두 개 정도 변수들 간의 관계를 간단한 논리로 설명해야 한다.

(6) 가설은 계량화할 수 있어야 한다. 사회과학에서 계량적인 형태의 가설은 그리 많지 않으나 가설 검증을 위해서는 계량화가 필요하다. 계량화라는 것은 수식이나 숫자로 모두 바꿀 수 있어야 한다는 의미보다는 통계적인 분석을 할 수 있어야 한다는 뜻이다.

(7) 가설 검증 결과는 가능한 한 광범위하게 적용할 수 있어야 한다. 가설이 적용되는 범위가 매우 작은 영역에 국한되면 연구 결과가 지식의 발전에 공헌하는 정도도 작아지기 때문이다.

(8) 너무나 당연한 관계는 가설로 세울 수 없다. 즉 경험적 검증이 필요없는 것은 가설로 적합하지 않다.

(9) 가설은 동의반복(tautological)이어서는 안 된다. 가설은 서로 다른 두 개념이나 변수의 관계를 표시해야 한다.

6. 가설의 유용성

앞에서 열거한 특성을 가지는 가설은 수많은 경험적 검증을 거치면서 이론으로 인정을 받게 된다. 가설은 이론의 정립과 학문의 발전에 다음과 같은 기능을 수행한다.

(1) 사회현상의 잠재적 의미를 찾아내고 현상에 패턴을 부여할 수 있다. 즉 가설은 현상에 규칙적인 질서를 도출할 수 있는 계기를 부여한다.

(2) 연구에 대한 자극으로 새로운 연구문제를 도출해낸다. 즉 간단명료한 가설을 설정해 다른 변수와의 관계를 생각해보면 새로운 연구문제를 도출할 수 있다.

(3) 경험적 검증 절차를 시사해준다. 가설을 세우는 과정에서 필요한 체계적인 사고를 통해 검증 절차를 생각할 수 있다.

(4) 문제 해결에 필요한 관찰과 실험의 적정성을 판단하게 된다.

(5) 관련 지식을 서로 연결해준다. 즉 가설을 세우기 전에 이론을 체계화해야 하므로 관련된 많은 지식을 연결하게 된다.

이상과 같이 구체적인 정의를 내리고 적절한 가설을 세웠다면 이를 검증하기 위해 구체적인 개념의 측정을 해야 한다. 측정을 하기 위해서는 가설을 이루는 각 용어의 개념적 정의를 계량화할 수 있도록 조작적 정의를 내려야 한다.

7. 가설의 방향성

사회과학 연구에서 사용되는 연구가설에는 방향성 가설과 무방향성 가설이 있다. 이는 사회과학 연구에서 두 변수 간에 존재하는 관계의 방향을 이미 알고 있는지 아닌지에 따라 결정되는데, 연구자의 의도와 주장에 근거한 연구가설을 방향성 연구가설(directional hypothesis)이라고 한다. 이는 연구자가 연구가설을 결정하기 위해 기존의 선행 연구를 바탕으로 타당한 근거를 제시할 때만 성립한다. 그러나 연구 자체는 기존 연구에서 이미 알려진 사실을 확인하는 것이기 때문에 특별한 새로운 지식을 제공하지는 않으므로 연구 가치는 상대적으로 떨어진다.

사회과학 연구에서 두 변수 간 관계의 방향이 정의되어 있지 않거나 알려지지 않은 경우도 가끔 있다. 즉 어떤 연구에서는 긍정적인 관계로 나타나고 어떤 연구에서는 부정적인 관계로 나타난다. 이와 같이 연구자가 기존 연구와 비교 분석해 연구 결과의 차이에 영향을 미치는 요인을 발견하지 못했다면, 이를 무방향성 가설(nondirectional hypothesis)이라고 한다.

8. 연구문제와 가설의 관계

가설은 연구문제를 해결하는 핵심으로서 만약 가설이 실증적 검증 과정을 거쳐 진실이라고 받아들여진다면 그 가설은 연구문제에 해답을 제공해줄 수 있으나, 가설이 진실이 아닌 것으로 판명 난다면 그 연구문제에 해답을 제공해줄 수 없게 된다.

예를 들어, '대학입학수능시험에서 뛰어난 성적을 얻은 수험자는 어떤 특성을 가질까?'라는 문제를 생각해보자. 이 문제 제기에 해답을 얻기 위해 처음에 연구자는 학습 성적이 뛰어난 학생이 갖는 여러 가지 특성을 찾을 것이다. 그다음에는 특정한 학생의 특성과 수능시험에서 뛰어난 성적을 얻은 수험자의 특성이 동일하지 않을까 하고 생각할 것이다.

만약 '수업 시간에 집중력이 뛰어난 학생일 것이다'라는 잠정적인 결론을 내렸다고 해보자. 이 가설이 문제에 대한 해답이 될 수 있을지 없을지는 아직 모르나, 실증적인 검증 과정을 통해 참인지 거짓인지 확인할 수는 있다. 참일 경우에는 앞서 제기된 문제가 해결될 수 있지만, 거짓일 경우 해답을 얻을 수 없으며 다른 가설을 찾아야 한다. 가설이 거짓으로 판명될 경우 그 반대가 하나의 대안적인 가설로 고려될 수는 있으나, 하나의 가설이 거짓으로 판명되었다고 해서 그 반대가 반드시 참이 되는 것은 아니다. 따라서 수능시험에서 뛰어난 성적을 거둔 수험생이 집중력이 뛰어나지 않았다면, 그 반대의 경우와 더불어 또 다른 특성을 찾아 새로운 가설을 설정하고 검증해보아야 할 것이다.

이상과 같이 가설은 하나의 사실과 다른 사실 간의 관계를 잠정적으로 나타내는 것으로, 가설 검증을 통해 특정 현상에 대한 설명이 가능하게 되어 연구자가 제기한 문제에 해답을 내리게 된다.

이 장의 요약

어떠한 현상에 대한 사고나 과학적 탐구는 현상에 대한 지식 없이는 불가능하며, 현상에 대한 지식의 축적을 통할 때 과학적 탐구가 가능하다. 현상에 대한 지식의 축적이 되어 있지 못한 이유는 기존의 지식이 미비하고 기존의 연구 결과들이 서로 상충하며, 새로운 현상을 기존의 지식체계로 충분히 설명할 수 없기 때문이라고 볼 수 있다. 이러한 문제점을 극복하여 연구문제를 해결하기 위해서는 연구문제의 명확한 구조화가 이루어지고, 문제에 포함된 용어의 정의가 확실히 내려져야 하며, 연구문제로서의 연구 가능성이 존재해야 한다. 연구문제를 발견한 다음에는 문제를 해결해야 하는데, 문제의 실증적 검증에 앞서서 가설이 전제되어야 한다. 가설은 참인지 거짓인지를 판단할 수 있어야 하며, 가설의 참, 거짓 여부가 밝혀지면 문제가 해결될 수 있다는 것을 의미한다.

이러한 가설을 검증하기 위해서는 현상에 대한 계량적인 측정이 요구되며, 측정을 통해서만 현상 속에 내재한 특정변수의 상태와 변수들 간의 관계를 분석할 수 있다. 이를 위해 거쳐야 하는 것이 개념적 정의와 조작적 정의를 내리는 과정이다. 여기서 개념이란 특수한 현상이 갖는 특징을 일반화해 추상적으로 표현한 것을 말한다. 조작적 정의란 개념적 정의를 측정 가능한 형태로 변환한 것으로, 수치화할 수 있는 형태로 바꾸는 것을 말한다.

가설은 변수들로 구성된다. 변수란 어떤 개념에 값을 부여한 것을 말한다. 구체적으로 실험자가 관심이 있으며 조정 가능하고 실험 결과의 원인이 되는 변수인 독립변수, 독립변수의 영향으로 나온 실험의 결과를 측정한 종속변수, 독립변수와 종속변수 사이의 연결고리 역할을 하는 매개변수, 마지막으로 독립변수와 종속변수 사이에 강하면서도 불확정적인 영향을 미치는 조절변수가 있다.

가설이란 연구문제의 해결에 핵심이 되는 것으로 분석적인 문장, 모순적인 문장, 종합적인 문장의 형태로 나타나며, 가설이 적용되는 범위의 크기에 따라 일반가설과 지엽적 가설로 분류된다. 좋은 가설이 되기 위해서는 경험적 검증 가능성, 타 가설이나 이론과의 높은 연관성, 표현의 간단 명료성, 연구문제의 해결 가능성, 논리적 간결성, 계량화 가능성, 결과의 광범위한 적용 가능성을 가져야 하며 동의반복적이 아니어야 한다.

주요용어

연구문제, 과학적 탐구, 연구문제의 가치, 연구문제의 해결 가능성, 명확한 구조화, 용어의 명확화, 연구의 검증 가능성, 가설, 가설의 검증, 분석적인 문장, 모순적인 문장, 종합적인 문장, 동의반복, 일반가설, 지엽적 가설, 논리적 간결성, 변수, 개념적 정의, 조작적 정의, 종속변수, 독립변수, 조절변수, 매개변수, 방향성, 연구가설

참고문헌

Abell, Peter (1971), *Model Building in Sociology*, London: Weidenfeld & Nicholson.

Adler, Emily Stier and Roger Clark (1999), *How it's done; An Invitation to Social Research*, Wadsworth Publishing Company.

Babbie, Earl (2001), *The Practice Social Research*, 9th Edition, Wadsworth Publishing Company.

Dubin, Robert (1969), *Theory Building*, New York: Free Press.

Glazer, Myron (1972), *The Research Adventure*, New York: Random House.

Graham, George J. (1971), *Methodological Foundations for Political Analysis*, Waltham, Mass.: Xerox College Publishing.

Greer, Scott (1969), *The Logic of Social Inquiry*, Chicago: Aldine.

Hannan, Michael T. (1971), *Aggregation and Disaggregation in Sociology*, Lexington, Mass.: Lexington Books.

Kaplan, Abraham (1964), *The Conduct of Inquiry*, San Francisco: Chandler.

Merton, Robert K. (1956), "Problem-Finding in Sociology," in *Sociology Today*, ed. by Robert K. Merton, Leonard Broom, and Leonard Cottrell, New York: Basic Books.

Polanyi, Michael (1962), *Personal Knowledge*, New York: Harper & Row.

Reynolds, Paul D. (1971), *A Primer in Theory Construction*, New York: Bobbs-Merrill.

Smith, Mapheus (1945), "Hypothesis vs. Problem is Scientific Investigation," *Philosophy of Science*.

연습문제

1. 연구문제를 도출하게 되는 원인에 대해 설명하시오.
2. 좋은 연구문제가 갖추어야 할 조건에는 어떠한 것들이 있는지 설명하시오.
3. 연구문제와 가설의 관계에 대해 논하시오.
4. 가설의 특성에 대해 설명하시오.
5. 좋은 가설이 갖추어야 할 조건에 대해 설명하시오.
6. 개념적 정의와 조작적 정의를 예를 들어 설명하시오.
7. 변수의 개념을 설명하고 변수들의 종류를 구분하여 설명하시오.

제2부

조사의 실행

제4장 실험설계

제5장 측정

제6장 신뢰성과 타당성

제7장 설문지 작성법

제8장 표본설계

제9장 자료 수집과 처리

제4장

실험설계

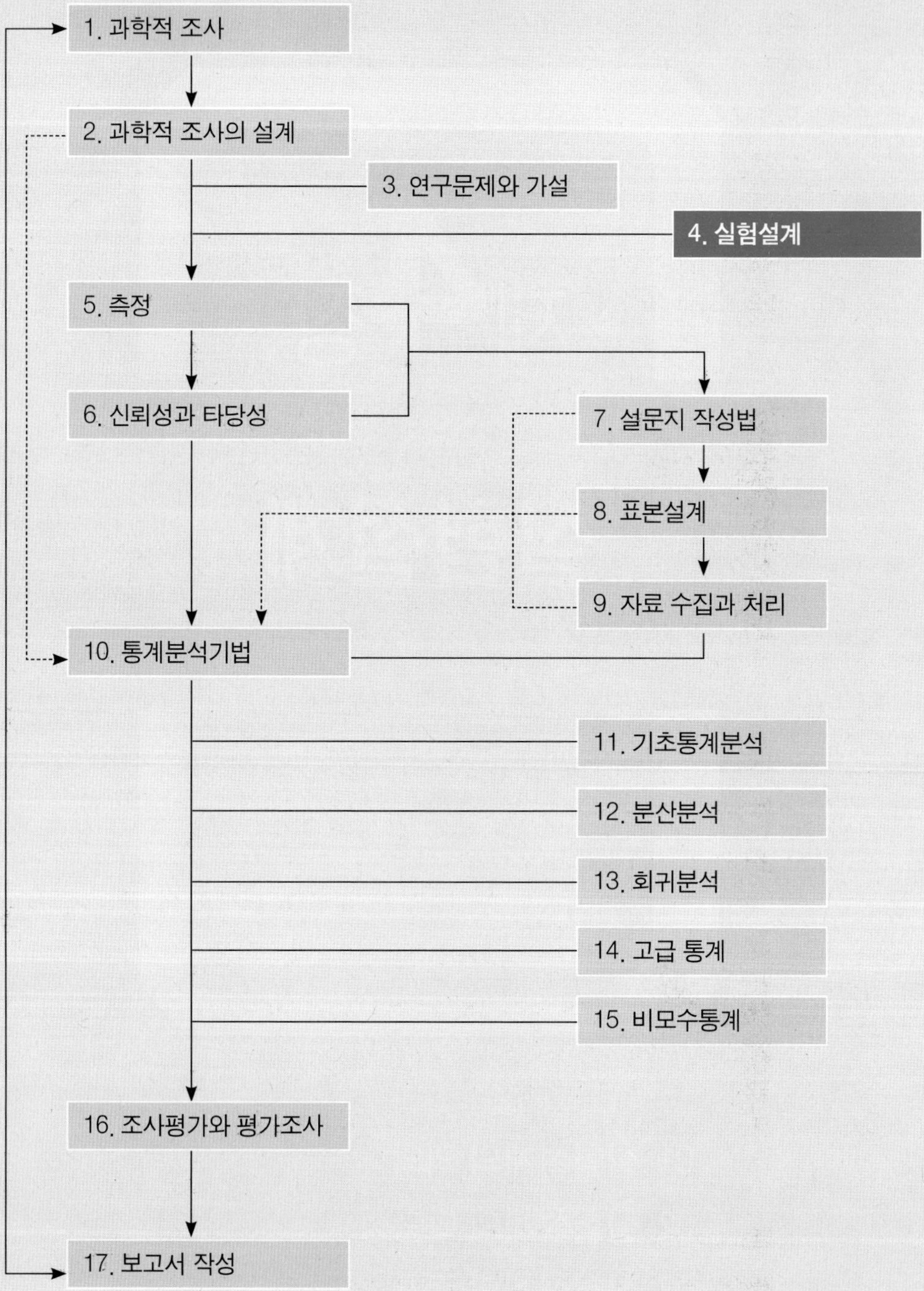
1. 과학적 조사
2. 과학적 조사의 설계
3. 연구문제와 가설
4. 실험설계
5. 측정
6. 신뢰성과 타당성
7. 설문지 작성법
8. 표본설계
9. 자료 수집과 처리
10. 통계분석기법
11. 기초통계분석
12. 분산분석
13. 회귀분석
14. 고급 통계
15. 비모수통계
16. 조사평가와 평가조사
17. 보고서 작성

01 실험설계의 의의

자연과학과 마찬가지로 사회과학 분야에서도 인과관계의 규명은 매우 중요한 의미를 가진다. 과학적 문제 해결을 위해서는 특정 사회현상이 야기된 원인과 결과 사이의 관계를 정확히 밝혀야 하고, 이를 통해 현상에 대한 근본적 이해와 올바른 의사 결정을 할 수 있다. 이러한 인과관계의 규명을 위해 주로 사용하는 방법이 실험설계(experimental design)다. 즉 실험설계는 현상들 간의 원인과 결과를 구분하고 그것들 간의 상호 관계를 보다 정확하게 이해하고 예측하기 위한 정보를 얻기 위해 실시된다.

1. 실험설계의 개념

실험설계는 복잡한 사회현상 중에서 연구 목적상 관심이 있는 요소(변수)만을 선별해 그것들 간의 인과관계를 집중적으로 관찰, 분석하는 방법이다. 즉 엄격하게 상황을 통제한 상태에서 원인변수(독립변수)를 의도적으로 조작해 나타나는 결과변수(종속변수)의 변화를 관찰하는 방법을 말한다. 이러한 실험설계는 외생변수의 영향을 통제하기가 용이하고, 변수들 간의 명확한 인과관계 검증이 가능한 반면, 조사상의 복잡성과 실험 상황의 인위성으로 인한 일반화의 한계 등이 단점으로 지적된다.

2. 실험설계의 기본 조건

실험설계는 변수들 간의 인과관계를 규명하기 위한 가장 과학적인 조사 방법이라 할 수 있는데, 완벽한 실험을 위해서는 다음과 같은 세 가지 조건이 충족되어야 한다.

(1) 독립변수의 조작

연구자는 관찰하고자 하는 현상이 일어나는 조건을 인위적으로 조작(manipulation)함으로써 연구에 보다 적합한 현상을 선별해 관찰할 수 있다. 즉 인위적으로 독립변수의 종류와 변화의 강도를 조절한 후 실험 대상에 가하여 독립변수의 변화가 종속변수에 미치는 영향을 관찰한다. 예를 들어, A와 B의 두 가지 강의 방법이 고등학생의 학업 성적에 각각 어떠한 영향을 미치는지를 알아보고자 할 때, 연구자는 고등학생을 두 집단으로 나누어 한 집단에는 A 강의 방법을 적용하고 다른 집단에는 B 강의 방법을 적용해 각 집단의 학업 성적을 비교한다. 이때 강의 방법이 독립변수가 되며, 연구자가 집단별로 강의 방법을 다르게 하는 것이 바로 독립변수의 조작이 된다. 이 경우에는 독립변수인 강의 방법을 연구자가 통제하고 변화시킬 수 있었으나, 실제로는 독립변수의 통제가 불가능한 경우가 더 많다. 따라서 독립변수의 통제가 불가능할 경우에는 각 현상의 특성에 맞는 다른 조사 방법을 선택해야 한다.

(2) 외생변수의 통제

외생변수란 독립변수 이외에 종속변수에 영향을 미칠 수 있는 모든 변수로, 외생변수의 영향을 제거하지 못하면 독립변수와 종속변수 사이의 인과관계를 정확히 파악하는 데 문제가 생긴다. 따라서 독립변수만의 순수한 영향력을 조사하기 위해서는 외생변수가 통제되어야 한다. 앞에서 언급한 강의 방법에 따른 학업 성적의 차이를 조사하는 경우 조사자는 집단별로 각각의 강의 방법을 실시한 후에 시험을 통해 학생들의 학업 성과를 측정해 이를 비교할 수 있을 것이다. 그러나 만약 A 집단 시험장 주변에서만 소음이 크게 발생해 시험 진행에 지장이 있었다면 두 집단의 성적 차이는 순수한 강의 방법의 영향이라고는 할 수 없다. 왜냐하면 성적의 차이에는 주변 소음의 발생이라는 외생변수의 영향이 포함되기 때문이다. 만일 이러한 외생변수의 영향을 제거할 수 없다면 독립변수인 강의 방법과 종속변수인 학업 성적 사이의 정확한 인과관계를 규명할 수 없을 것이다. 따라서 과학적이고 정밀한 조사 방법을 위해서는 이러한 외생변수의 영향을 체계적으로 방지 또는 제거할 수 있도록 실험을 설계해야 한다.

(3) 실험 대상의 무작위화

변수들 간의 인과관계를 연구해 얻은 실험 결과를 일반화하기 위해서는 실험 대상을 무작위로 추출해야 한다. 실험 대상의 무작위화(randomization)란, 전체 집단에서 각 대상이 실험 대상으로 선택될 확률이 모두 동일하도록 하는 것을 말한다. 또한 실험 대상을 각각의 집단에 배분하는 과정 역시 무작위로 이루어져야 하며, 각 집단 중에서 실험집단과 통제집단을 결정하는 과정 역시 무작위로 이루어져야 한다. 이러한 무작위화가 이루어진 상태에서 얻은 실험 결과만을 집단 전체에 대해서 일반화할 수 있다.

3. 실험설계의 기본 모형

실험설계는 관련된 변수들 간의 인과관계를 밝히기 위한 것으로, 이때 변수는 연구 목적이나 내용에 따라서 독립변수, 종속변수, 외생변수(통제변수)로 나눌 수 있다. 독립변수는 연구자에 의해 조작되는 변수로서 관찰하고자 하는 현상의 원인이 되는 변수이며, 종속변수는 독립변수의 영향을 받아 변화하는 변수를 말한다. 그러나 실험설계에서는 종속변수에 영향을 미칠 수 있는 모든 변수를 다 고려하는 것은 아니고, 특히 관심이 있는 변수만을 선택해 고려하게 된다. 이는 특정한 변수의 효과만을 파악하기 위한 목적도 있지만, 변수의 수를 줄임으로써 설계상의 복잡성을 덜어내려는 목적도 있다. 한편 원인변수로 작용해 결과변수에 영향을 미칠 수는 있지만 실험설계의 독립변수에 포함되지 않는 변수는 외생변수라 하며, 이들의 영향이 통제되지 않으면 연구자가 알아내고자 하는 특정 변수들 간의 관계를 명확히 파악할 수 없기 때문에 이에 대한 대책을 강구해야 한다.

실험설계는 실험변수(독립변수)와 실험 대상의 선정 및 실험효과의 측정으로 이루어진다. 이를 기호로 간단히 나타내면 다음과 같다.

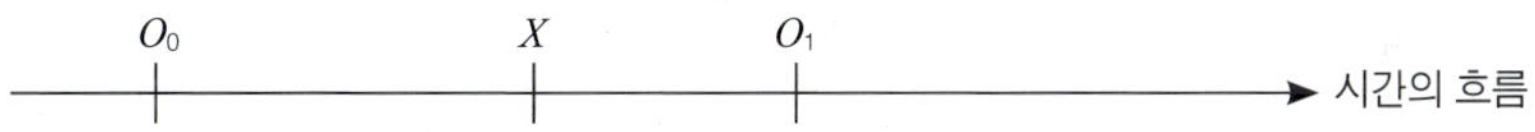

X : 독립변수의 적용(experimental treatment)
O_i : 종속변수의 측정(observation)

여기서 O_0에서 O_1은 횡으로 시간의 경과를 의미한다. 즉 O_0, X, O_1 등은 시간의 간격을 두고 일어나는 실험 과정을 표시한다. 앞의 설계에서 O_0은 독립변수를 가하기 전의 종속변수에 대한 측정이며, O_1은 독립변수를 가한 뒤의 측정이다.

실험집단이 다수거나 독립변수가 다수라도 각 집단과 독립변수마다 이와 같은 모형의 집합에 의해 나타낼 수 있다. 만약 두 개의 집단에 대해 두 개의 독립변수를 가하고 각각 그 효과를 측정하려는 경우 그 실험설계의 기본 모형은 다음과 같이 나타낼 수 있을 것이다.

O_0	X_1	O_1
O_2	X_2	O_3

02 실험설계의 타당성

타당성(validity)이란 측정하고자 하는 바를 정확히 측정했는가에 대한 개념이다. 따라서 실험설계의 타당성이란 주어진 실험설계를 통해 해당 가설이나 연구문제를 얼마나 정확하게 검증할 수 있는가를 말하는 것으로, 실험 과정에서 외생변수의 영향이 통제되어 변수 간의 관계가 정확히 검증되고 또한 실험 결과가 일반화될 수 있을 때 그 실험설계는 타당성이 있다고 할 수 있다.

1. 내적 타당성과 외적 타당성

실험설계의 타당성은 다음과 같이 크게 내적 타당성과 외적 타당성으로 나눌 수 있다. 실험설계는 이 두 가지 타당성을 모두 높게 확보하는 것이 바람직하나, 내적 타당성과 외적 타당성은 서로 상충된 면을 지니고 있다. 즉 내적 타당성을 높이기 위해서는 외적 타당성을 어느 정도 희생해야 하는 경우가 생기는 것이다. 실험이 과학적 조사 결과로 받아들여지기 위해서는 우선 내적 타당성이 높아야 하나, 실제로 사회과학 문제를 해결하기 위해서는 내적 타당성과 외적 타당성이 균형을 유지할 수 있는 실험설계가 필요하다.

(1) 내적 타당성

내적 타당성(internal validity)은 측정된 결과가 과연 실험변수의 변화 때문에 일어난 것인가에 관한 문제다. 만약 독립변수 이외의 다른 외생변수가 종속변수의 변화에 의미 있는 영향을 미쳤다면, 이 실험은 내적 타당성이 높다고 할 수 없을 것이다. 그러므로 내적 타당성을 높이려면 가능한 한 순수한 독립변수에 의한 효과만을 정확히 추출해낼 수 있는 실험설계가 필요할 것이다. 이를 위해서는 외생변수를 철저히 통제해야 한다.

(2) 외적 타당성

외적 타당성(external validity)은 실험 결과의 일반화와 관련된 문제로서 결과의 적용 대상, 시점, 상황의 확장과 관련이 있다. 만약 내적 타당성을 높이기 위해서 실험 조건을 엄격히 통제한다면 실험 상황이 현실과 동떨어질 수 있기 때문에 그 실험 결과를 현실 상황에 일반화하는 데 문제가 발생할 수 있다. 따라서 외적 타당성을 높이기 위해서는 최대한 현실과 맞는 조건에서 실험이 이루어져야 한다.

2. 타당성의 저해 요인 : 외생변수

실험설계를 통해 변수들 간의 인과관계를 정확히 검증하기 위해서는 실험의 내적 타당성과 외적 타당성을 저해할 수 있는 요인을 파악해 가급적 그 효과를 제거 또는 최소화해 외생변수가 결과에 영향을 미치는 것을 방지해야 한다. 실험설계의 타당성을 저해하는 외생변수로는 다음과 같은 것이 있다.

(1) 우연적 사건(history)

연구자의 의도와 관계없이 어떤 사건이 우연히 발생해 이로 인해 종속변수에 영향을 미치는 경우가 있다. 예를 들어, 신용카드 광고에 대한 소비자의 반응을 조사하기 위한 실험설계를 했는데, 실험 기간 동안 우연히 신용카드의 오·남용으로 인한 사회적 문제가 크게 부각되었다고 하자. 이 경우 연구자의 의도와 상관없이 일어난 신용카드의 사회적 문제가 신용카드 광고에 대한 소비자의 반응에 영향을 미칠 가능성이 있다. 이때 종속변수인 소비자의 반응에는 순수한 독립변수(신용카드 광고)에 의한 영향과 외생변수인 우연적 사건(신용카드 오·남용 문제의 부각)에 의한 영향이 혼합되어 있을 것이므로 실험의 내적 타당성을 해치게 된다.

(2) 성숙효과(maturation effect)

실험 기간 중에 실험집단의 육체적·심리적 특성이 자연적으로 변화해 종속변수에 영향을 미칠 수 있다. 예를 들어, 어린이용 영양제가 성장에 어떠한 영향을 미치는지 알아보기 위한 실험을 한다고 하자. 1년 동안 어린이들에게 이 영양제를 복용시킨 후 성장한 정도를 측정했을 때, 그 성장에는 영양제의 효과뿐만 아니라 자연 성장이라는 성숙효과도 포함되어 있다. 이때 자연 성장이라는 요인이 영양제의 효능과 어린이의 성장 사이의 인과관계를 왜곡할 수 있는 외생변수가 되는 것이다.

(3) 시험효과(testing effect)

시험효과란 측정이 반복됨으로써 얻어지는 학습효과로 인해 실험 대상자의 반응에 영향을 미치는 것으로, 주시험효과(main testing effect)와 상호작용시험효과(interaction testing effect)로 나눌 수 있다.

주시험효과는 독립변수와 관계없이 동일한 측정을 반복하게 됨으로써 생기는 현상으로, 첫 번째 측정으로 인한 학습효과가 두 번째 측정에 영향을 주는 경우를 말한다. 예를 들어, 토익 시험을 보고(O_0) 공부(X)를 전혀 하지 않은 경우에도 두 번째 시험을 볼 때는(O_1) 첫 번째 시험을 통해 시험 요령을 터득하고 익숙해져서 더 높은 점수가 나오는 경우가 이에 해당한다. 이를 그림으로 나타내면 다음과 같다.

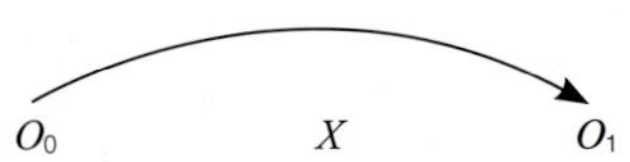

이에 반해 상호작용시험효과는 독립변수의 조작을 가하기 전에 실시한 측정이 독립변수 자체에 영향을 미치게 되어 일어나는 현상이다. 독립변수에 영향을 미친다는 것은 사전 측정을 하지 않은 경우보다 독립변수의 효과가 강하게 작용하는 것이다. 예를 들어, 광고가 인지도에 미치는 영향을 측정하는 경우 광고를 노출하기 전에 해당 상품에 대한 인지도를 측정하면 나중에 그 광고에 노출될 때보다 주의를 기울여 광고효과가 더욱 커질 수 있다. 이를 그림으로 나타내면 다음과 같다.

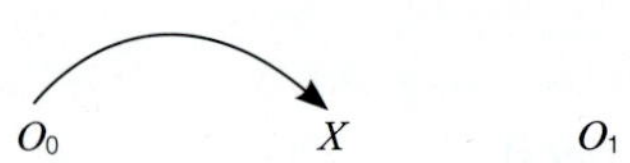

주시험효과는 독립변수 이외의 요인에 의해 종속변수가 영향을 받기 때문에 내적 타

당성을 해치게 되는 반면, 상호작용시험효과는 실험집단과 모집단 간의 독립변수에 대한 반응의 차이를 유발하므로 실험 결과를 모집단에 적용해 일반화하는 데 한계가 생겨 외적 타당성을 저해하게 된다.

(4) 측정 수단의 변화(instrumentation)

측정자나 측정 방법이 달라지는 경우에도 측정 결과에 영향을 미칠 수 있다. 예를 들어, 서로 다른 면접원이 질문을 하는 경우나 같은 면접원이라도 질문을 하는 화술이나 태도, 측정 기술 등이 달라지면 측정 결과에 상당한 차이가 생길 수 있다. 또한 설문지를 바꾼다거나 직접면접에서 간접관찰로 측정 방법을 바꾸는 경우에도 이로 인한 결과의 차이가 발생할 수 있다. 이러한 측정 수단의 변화는 내적 타당성을 저해할 수 있다.

(5) 통계적 회귀(statistical regression)

실험 대상으로 선정된 집단이 잘못 선정되어 측정하고자 하는 종속변수의 수준이 아주 낮거나 아주 높은 상태에 있다면, 독립변수를 가한 후에 측정 결과가 독립변수의 영향을 정확히 반영하지 못해 외적 타당성을 저해할 수 있다.

예를 들어, 양궁 선수들의 슈팅 정확도를 조사한 뒤(O_0), 특별훈련을 실시하고 나서(X) 다시 정확도를 조사한 경우(O_1)를 생각해보자. 이때 어떤 양궁 선수가 사전 측정에서는 바람의 영향으로 부진한 성적을 보였으나 사후 측정에서는 정상적인 성적을 보였다면, 이것이 특별훈련에 의한 효과라고 볼 수 있을까? 반대로, 사전 측정에서 우연히 높은 성적을 기록했으나 사후 측정에서는 평소의 실력을 보인 경우도 마찬가지다. 이러한 현상은 같은 현상을 몇 번 측정하면 그 값들이 평균치로 수렴하려는 특성인 평균의 법칙(law of average)으로 설명할 수 있다. 이와 같이 사전 측정에서 극단적인 점수를 얻은 경우에 사후 측정에서 독립변수의 효과에 관계없이 평균치로 값이 근접하려는 경향을 보이는 것을 통계적 회귀라 한다.

(6) 표본의 편중(selection bias)

독립변수의 조작을 가한 후에 두 집단의 종속변수 수준을 측정해본 결과 차이가 발견된 경우 그 차이는 독립변수의 영향에 의한 것일 수도 있으나, 어떤 경우에는 독립변수의 조작을 가하기 전부터 집단이 이질적이었기 때문일 수도 있다. 즉 각 집단의 최초 상태가 상이해 독립변수에 의한 효과가 왜곡돼 외적 타당성을 저해할 수 있다.

예를 들어, 인터넷 쇼핑몰의 안전성에 대한 소비자 의식을 측정하기 위한 실험에서 실험집단을 주로 인터넷 쇼핑몰 회원 가입자로 구성한 경우와 비회원 가입자로 구성한 경우에는 상이한 결과가 나타날 수 있다. 즉 이미 쇼핑몰 회원으로 가입한 소비자가 비회원보다 긍정적인 답변을 할 가능성이 크다. 이때 두 집단은 인터넷 쇼핑몰에 대한 인식의 정도가 다른 상태에 있으므로 어느 한 집단의 측정 결과를 가지고 일반화하는 것은 문제가 있다고 할 수 있다. 이러한 표본의 편중에 의한 외적 타당성의 저해를 방지하기 위해서는 무엇보다도 무작위적인 표본추출과 집단 배정이 이루어져야 한다. 한편 앞에서 설명한 통계적 회귀는 한 개인 또는 실험단위 내에서 발생하는 상황인 반면, 표본의 편중은 독립변수의 조작을 가하기 전부터 존재하는 실험집단 간의 상대적 차이에서 발생하는 현상이라 할 수 있다.

(7) 실험 대상의 소멸(mortality)

실험 대상으로 선정되었던 사람들이 실험 기간 중에 실험 대상에서 이탈하여 독립변수의 효과가 왜곡될 수 있다. 즉 사전 측정을 한 실험 대상이 독립변수를 가한 후 사후 측정을 하기 전에 실험 대상에서 제외된 경우에는 그 실험의 결과가 달라질 수 있다. 예를 들어, 한 지역의 주민들을 대상으로 사전 측정을 했는데 그들 중 일부가 이사를 가서 나머지 주민을 대상으로 사후 측정을 하거나, 대학생을 대상으로 사전 측정을 했는데 그중 상당수가 졸업을 한 경우에는 실험 대상자 전체를 사후 측정한 결과와 상당한 차이가 나타날 수 있다.

(8) 인과 방향의 모호성(causal time-order)

실험을 할 때 모든 가능한 외생변수가 통제되었다 할지라도 변수 중 어느 것이 원인이고 어느 것이 결과인지 모르는 경우가 발생할 수 있다. 즉 '닭이 먼저냐 달걀이 먼저냐' 하는 문제와 유사한 경우로, 변수 간의 시간 순서가 모호하기 때문에 인과 방향을 확신할 수 없는 경우를 말한다.

예를 들어, 월급이 올랐기 때문에 일을 열심히 하는 것인지 또는 일을 열심히 했기 때문에 월급이 오른 것인지가 명확하지 않으며, 기업의 경우 광고를 많이 해서 매출액이 증대한 것인지 또는 매출액이 증대해서 광고비가 증액된 것인지 확실하지 않은 경우를 들 수 있다. 이 경우 단순한 상관관계만을 보는 연구에서는 크게 문제가 되지 않으나, 시간의 우선순위가 확실한 실험설계에서는 큰 문제점으로 지적된다.

(9) 실험변수의 확산 또는 모방(diffusion or imitation of treatments)

실험변수가 정보적인 내용을 포함하는 특성을 가지고 있고 많은 실험집단 간에 서로 의사소통이 가능한 경우 응답자는 다른 실험집단 또는 통제집단으로부터 사전에 정보를 얻을 수 있다. 예를 들어, 실험집단의 구성원이 통제집단의 구성원에게 독립변수인 정보의 내용을 미리 알려주면, 통제집단은 이러한 정보의 영향을 받아 진정한 통제집단의 역할을 하지 못하는 것이다. 이 경우 내적 타당성이 저해된다.

(10) 실험변수의 효과를 상쇄하는 보상(compensation)

실제로 실험을 하는 경우에 통제집단으로 분류되어 손해가 발생하는 일이 있다. 이런 경우 그러한 손해에 대한 보상을 다른 방법으로 주게 되면 순수한 통제집단으로서의 효과를 잃게 된다. 예를 들어, 병원에서 특정 약에 대한 효과를 실험하는 경우 통제집단이 된 환자들은 치료 혜택을 받지 못하게 된다. 이 경우에 병원에서는 통제집단의 환자들에게 독립변수와 관련된 치료를 받지 못하는 것에 대한 보상으로 특별히 다른 치료를 하기도 한다. 이러한 상황이 발생하면 통제집단이 진정한 통제집단으로서의 의미를 상실하게 되는 것이다. 이 경우 다른 치료라는 외생변수로 인해 내적 타당성이 저해된다.

(11) 실험 목적에 대한 예상(demand artifact)

이는 실험 대상이 실험 과정에서 실험의 목적을 파악하고 조사자가 의도하는 방향으로 행동하는 것을 말한다. 예를 들어, 기업의 사회적 책임 활동이 기업의 이미지 제고에 어느 정도 효과가 있는지를 조사하는 과정에서 조사자가 특정 기업명을 언급하게 되면, 실험 대상은 실제 본인이 생각하는 기업 이미지보다 의도적으로 이 기업에 대한 이미지를 높게 평가할 가능성이 있다. 이 경우 실험의 내적 타당성이 저해된다.

(12) 보상적인 대항(rivalry) 혹은 사기 저하(demoralization)

통제집단에 속하게 되어 독립변수에 노출되지 않은 실험 대상의 경우 실험집단에 경쟁의식을 느껴 열심히 노력해 그에 대한 보충을 하려는 경우가 있다. 예를 들어, 실험집단에 새로운 체력 훈련 프로그램을 독립변수로 가하는 경우 이에 노출되지 않은 통제집단의 구성원은 특별한 취급을 받는 실험집단에 대항하기 위해 보다 열심히 제 나름의 체력 훈련을 하는 경우가 생긴다. 이를 보상적 대항이라 하며, 이러한 상황이 되면 순수한 독립변수의 효과를 측정하는 데 어려움이 발생한다.

한편 보상적 대항과 반대로, 실험집단에서 제외되었다는 실망감으로 인해 통제집단의 구성원들 안에서 자포자기해버리는 현상이 나타날 수도 있는데, 이를 사기 저하라고 한다. 즉 실험집단에서 소외되었다는 느낌에 구성원들이 평상시보다 체력 훈련을 게을리 하게 되어 독립변수의 순수한 효과를 측정하는 것이 어려워지는 것이다.

3. 외생변수의 통제 방법

실험설계를 통해 변수 간의 인과관계를 검증하고 타당성을 확보하기 위해서는 어떤 외생변수가 종속변수에 영향을 미치는지 파악하고, 이를 통제 또는 제거할 수 있어야 한다. 외생변수를 통제하기 위한 방안은 다음과 같다.

(1) 제거

외생변수가 될 가능성이 있는 변수를 제거해 외생변수의 영향이 실험 상황에 미치지 못하게 하는 방법이다. 예를 들면, 강의 방식에 따른 학생들의 학습 태도 차이를 알아보고자 하는 경우 군복무 경험에 따라 학습 태도가 달라질 수 있다고 판단된다면, 사전조사(pretest)를 하여 군복무 경험이 있는 사람을 제외하고 나머지 사람만을 실험 대상으로 선정하는 것이다.

(2) 균형화

균형화는 실험집단과 통제집단의 동질성을 확보하기 위한 방법이다. 즉 외생변수로 작용할 수 있는 요인을 알 경우 독립변수를 가하는 실험집단과 독립변수를 가하지 않는 통제집단을 선정할 때 해당 외생변수의 영향을 동일하게 받을 수 있도록 균형을 맞춰주는 방법이다. 이렇게 균형화가 이루어진 후 두 집단 사이에 종속변수의 수준 차이가 나타난다면 그것은 독립변수에 의한 순수한 효과로 간주할 수 있다.

(3) 상쇄

하나의 실험집단에 두 개 이상의 실험변수가 가해질 때 사용하는 방법이다. 예를 들어, 두 가지 정책 대안에 대한 사람들의 선호도를 조사한다고 생각해보자. 만약 두 가지 정책 대안의 제시 순서나 조사 지역에 따라 정책 대안에 대한 선호도에 차이가 발생할 수 있다고 판단된다면, 제시 순서를 달리하거나 지역을 바꾸어서 재실험하는 경우가 이에 해당한다. 즉 외생변수가 작용하는 강도가 다른 상황에서는 다른 실험을 실시해 비교함으로써 외생변수의 영향을 통제하는 방법이다.

(4) 무작위화

외생변수를 제거하기 위한 다양한 노력을 기울였다고 해도 여전히 오류의 가능성은 존재한다. 더욱이 어떠한 외생변수가 작용할지 모르는 경우에는 실험집단과 통제집단을 조사 대상 모집단에서 무작위로 추출함으로써 연구자가 조작하는 독립변수 이외의 모든 변수에 대한 영향력을 동일하게 하여, 동질적인 집단으로 만들 수 있다. 이러한 실험 대상의 무작위화는 외생변수의 통제를 통해 내적 타당성을 높여줄 뿐만 아니라, 실험 결과의 일반화 가능성을 높여주어 외적 타당성을 유지시키는 데도 도움이 된다.

03 실험설계의 종류

변수들 간의 인과관계를 조사하기 위해서는 연구 목적이나 측정 대상, 조사 상황 등을 종합적으로 고려해 이에 맞는 실험설계 방법을 선택해야 한다. 실험설계는 앞에서 논의한 실험설계의 기본 요소를 얼마나 갖추었느냐에 따라 크게 네 가지로 구분된다. 즉 대상 선정의 무작위화와 독립변수의 조작 가능성, 외생변수의 통제 등 실험의 통제 정도에 따라 사전실험설계, 순수실험설계, 유사실험설계, 사후실험설계로 구분되는데, 이를 구체적으로 비교해보면 [표 4-1]과 같다.

【표 4-1】 실험설계의 구분

	사전실험설계	순수실험설계	유사실험설계	사후실험설계
대상의 무작위화	×	○	×	×
독립변수의 조작 가능성	×	○	△	×
외생변수의 통제 정도	×	○	△	×
측정(시기 및 대상) 통제	×	○	○	×

× : 불가능　△ : 일부 가능　○ : 가능

1. 사전실험설계

사전실험설계(pre-experimental design)는 독립변수를 조작하기 어렵고 실험 대상을 무작위화할 수 없는 등 실험적 통제가 거의 불가능하기 때문에 인과관계를 규명하는 데는 취약한 방법이다. 따라서 가설의 검증보다는 순수실험설계를 하기 전에 문제의 도출을 위해 시험적으로 실시하는 탐색조사의 성격을 지닐 때가 많다.

(1) 단일집단 사후측정설계(one group posttest-only design)

단일사례연구(one-shot case study)라고도 하며, 연구자가 임의로 선정한 단일집단을 대상으로 독립변수를 조작해 이에 노출하고, 사후에 결과를 측정하는 실험설계다. 이를 그림으로 나타내면 다음과 같다.

X	O_1

예를 들어, 선거 기간 중 임의로 조사 대상자를 선정해 후보자 TV 연설 방송을 시청하도록 한 후 투표 의사에 변화가 있는지를 측정하는 경우가 이에 해당한다. 그러나 만약 방송 시청 후 '투표를 하겠다'는 대답이 70%가 나왔다 하더라도 이것이 후보자 연설 방송에 의한 효과인지는 판단할 수 없다. 왜냐하면 방송 효과 이외에 표본의 편중, 우연적 사건, 실험 대상의 소멸 등 각종 외생변수가 개입했을 가능성이 있을 뿐 아니라, 방송 시청 전의 투표 의사율(%)을 모르므로 비교가 불가능하기 때문이다. 이 방법은 독립변수의 조작 이전 상태에 대한 사전 측정을 할 수 없으므로 독립변수의 순수한

효과를 알 수 없으며, 외생변수의 통제가 거의 이루어질 수 없으므로 내적·외적 타당성이 모두 결여된 설계 방법이다.

(2) 단일집단 사전사후측정설계(one group pretest-posttest design)

이 방법은 독립변수의 조작이 가해지기 전에 종속변수에 대한 사전 측정을 하고, 독립변수의 조작이 이루어진 뒤에 종속변수의 수준을 다시 측정해 두 결과의 차이로 독립변수의 효과를 측정하는 실험설계다. 이를 그림으로 나타내면 다음과 같다.

O_0	X	O_1

앞의 예에서 후보자 TV 연설 방송을 보여주기 전에 투표 의사를 측정하고, 방송을 보여준 후에 다시 투표 의사를 측정해 그 차이를 방송의 효과로 측정하는 경우가 이에 해당한다. 이 방법은 단일집단 사후측정설계에 비해 독립변수의 효과를 측정하는 데는 좋은 방법이나, 여전히 우연적 사건, 성숙효과, 실험 대상의 소멸, 시험효과, 측정 수단의 변화 등 외생변수의 영향이 통제되지 않기 때문에 내적 타당성의 문제가 있다.

(3) 집단비교설계(static-group comparison)

이 방법은 두 집단의 사후 측정 방법으로서, 독립변수를 가하는 실험집단(EG : experimental group)과 독립변수를 가하지 않는 통제집단(CG : control group)으로 구분해 두 집단을 비교하는 실험설계다.

실험집단(EG)	X	O_1
통제집단(CG)		O_2

독립변수의 효과(E) : O_1-O_2

예를 들어, 독립변수를 후보자 TV 연설 방송이라고 할 때 실험집단은 방송을 시청하게 한 후 측정을 하고, 통제집단은 방송을 시청하지 않은 상태에서 측정을 하여 방송에 의한 투표 의사 제고효과(E)를 두 집단 간 측정치의 차이인 O_1-O_2로 얻게 된다. 이 실험설계는 실험 대상을 두 집단으로 나누어 측정했기 때문에 외생변수의 일부를 제거할 수 있지만 대상과 집단의 선정에서 무작위 추출을 하지 않아 집단 자체의 차이가 통제되지 않는 등의 외생변수가 개입될 수 있다. 그러나 이 방법은 실험의 간편성과 시간 및 비용의 절감효과가 있기 때문에 실제로 사회과학 조사에서 많이 활용되고 있다.

2. 순수실험설계

순수실험설계(true experimental design)의 가장 큰 특징은 실험 대상을 선정할 때 무작위화를 거친다는 것이다. 또한 독립변수의 조작, 측정 시기와 측정 대상에 대한 통제 등이 연구자의 의도에 따라 가능한 실험설계로, 외생변수의 영향을 효율적으로 제거할 수 있는 설계방법이다. 순수실험설계는 외생변수를 철저히 통제해 명확한 인과관계를 검증할 수 있다는 장점이 있는 반면, 엄격히 통제된 실험 상황의 인위성으로 인해 실험 결과를 일반화하는 데 한계가 있을 수 있다.

(1) 통제집단 사전사후측정설계(pretest-posttest control group design)

실험 대상을 무작위로 두 집단으로 할당해 실험집단은 독립변수의 노출 전·후에 각각 종속변수를 측정하고, 통제집단은 독립변수를 가하지 않은 채 종속변수를 두 번 측정하는 방법이다. 이를 그림으로 나타내면 다음과 같다. 두 집단의 표본을 무작위로 선정한 과정은 (*R*)로 표시되어 있다.

실험집단(EG) : (*R*)	O_0	X	O_1
통제집단(CG) : (*R*)	O_2		O_3

독립변수의 효과(*E*) : $(O_1-O_0)-(O_3-O_2)$

독립변수의 효과는 실험집단과 통제집단의 사전 측정치와 사후 측정치의 차이를 계산하고 실험집단의 차이에서 통제집단의 차이를 계산하면 순수한 독립변수에 의한 실험효과를 구할 수 있다. 이 경우는 두 집단의 무작위화를 통해 외생변수의 영향이 두 집단에 동일하게 작용할 것이라는 가정하에서 이루어지기 때문에 대부분의 외생변수는 통제가 가능하다. 그러나 실험집단에는 사전 측정을 하여 실험자가 받아들이는 독립변수의 강도에 영향을 미치는 상호작용시험효과가 발생할 가능성이 있다.

(2) 통제집단 사후측정설계(posttest-only control group design)

이 설계 방법은 앞의 통제집단 사전사후측정설계에서 사전 측정을 하지 않은 형태다. 사전 측정을 하지 않음으로써 두 집단 모두 외생변수의 영향을 동일하게 받는다는 것을 가정할 수 있다.

실험집단(EG) : (R)	X	O_1
통제집단(CG) : (R)		O_2

독립변수의 효과(E) : $O_1 - O_2$

실험집단의 경우에는 독립변수의 효과와 외생변수의 효과가 작용하며, 통제집단의 경우에는 외생변수의 효과만이 작용하므로 두 집단의 차이를 계산하면 순수한 독립변수의 효과를 측정할 수 있다. 사전 측정을 하지 않기 때문에 시험효과 등 외생변수의 개입을 방지할 수 있는 반면, 실험 대상의 반응이 변화하는 과정을 파악할 수 없고, 두 집단의 최초 상태가 동질적임을 보장하기 어렵다는 단점이 있다. 그러나 실제 사회현상에서는 사전 측정이 불가능한 경우가 많으며, 상대적으로 적은 수의 실험 대상으로도 실험이 가능하고 집단 간의 격리도 쉽게 할 수 있다는 점에서 널리 활용되는 실험설계다. 이 설계에서 실험 대상을 무작위로 선택하지 않은 경우는 앞에서 설명한 사전실험설계 중 집단비교설계와 동일한데, 실제 사용되는 통제집단 사후측정설계에서 실험집단과 통제집단이 무작위화되지 않은 경우가 대부분이므로 실제로는 집단비교설계인 경우가 많다.

(3) 솔로몬 4집단설계(Solomon four-group design)

이 방법은 앞에서 설명한 통제집단 사전사후측정설계와 통제집단 사후측정설계를 합친 형태로서, 가능한 모든 외생변수를 통제하기 위한 설계 방법이다. 우선 A, B, C, D 네 집단을 무작위로 선정하고 A, B 집단은 사전 측정을 하며 C, D 집단은 사전 측정을 하지 않는다. 또한 A, C 집단은 독립변수를 가하고 B, D 집단은 통제집단의 성격으로 실험변수를 가하지 않는다.

집단 A : (*R*)	O_0	X	O_1
집단 B : (*R*)	O_2		O_3
집단 C : (*R*)		X	O_4
집단 D : (*R*)			O_5

독립변수의 효과(E)

실험효과	$E_1 = [O_4 - \frac{1}{2}(O_0 + O_2)] - [O_5 - \frac{1}{2}(O_0 + O_2)]$
상호작용효과	$E_2 = (O_1 - O_0) - [O_4 - \frac{1}{2}(O_0 + O_2)]$
무작위효과	$(O_2 - O_0)$
주시험효과	$(O_5 - O_2)$
상호작용시험효과	$(O_4 - O_1)$

이 설계 방법의 가장 큰 장점은 다른 설계방법에서는 불가능한 각종 외생변수의 영향을 완벽히 분리해낼 수 있다는 것이다. 특히 통제집단 사전사후측정설계에서 문제가 되는 상호작용효과와 기타 외생변수의 효과를 분리해낼 수 있다. 이 방법으로 연구자는 사후 측정에서의 차이점이 독립변수에 의한 것인지 사전 측정에 의한 것인지를 검사할 수 있게 된다.

이 설계는 외생변수의 영향력을 가장 철저히 제거할 수 있기 때문에 내적·외적 타당성의 확보가 좋은 방법이다. 그러나 정밀하고 많은 정보를 얻어낼 수 있는 장점이 있는 반면, 설계가 복잡하고 집단의 수가 많음으로써 많은 시간과 비용이 필요하며, 집단 간 격리에 어려움이 있다는 단점이 있어 실제 상황에서는 많이 쓰이지 않는다.

3. 유사실험설계

유사실험설계(quasi-experimental design)는 실험실 상황이 아닌 실제 상황에서 독립변수를 조작해 연구하는 설계를 말하는 것으로, 현장실험설계(field experimental design)라고도 한다.

유사실험설계의 장·단점은 다음과 같다. 우선 장점으로는 첫째, 실제 상황에서 이루어지므로 다른 상황에 대한 일반화 가능성(외적 타당성)이 높다. 둘째, 일상생활과 동일한 상황에서 수행되므로 이론 검증과 현실 문제 해결에 유용하며, 복잡한 사회적·심리적 영향과 과정 변화 연구에 적절하다.

단점으로는 첫째, 현장 상황에서는 대상의 무작위화와 독립변수의 조작화가 어려운 경우가 많다. 둘째, 실제 상황에서의 실험이므로 독립변수의 효과와 외생변수의 효과를 분리해서 파악하기 힘들다. 셋째, 측정과 외생변수의 통제가 어려우므로 연구 결과의 정밀도가 떨어진다. 따라서 유사실험설계는 순수실험설계보다 현실성과 일반화 능력은 좋으나 통제력이 훨씬 약하기 때문에 인과관계의 명확한 규명은 다소 뒤떨어진다고 할 수 있다.

유사실험설계는 측정 시기와 측정 대상만이 통제 가능한 실험설계로서 그 구성 방법에 따라 다음과 같이 나뉜다.

(1) 비동질 통제집단설계(nonequivalent control group design)

이 설계는 실험 대상을 실험집단과 통제집단으로 나눌 수는 있으나, 무작위화를 통한 동질화가 이루어지지 않은 경우를 말하는 것으로, 외생변수의 영향이 순수실험설계보다 크고 이를 통제하기도 어렵다. 이 설계는 측정의 성격과 횟수, 집단 구분, 실험변수의 특성에 따라 다음과 같이 다섯 가지 모델로 나눌 수 있다.

1) 비동질 통제집단 사전사후측정설계(nonequivalent control group design with pretest-posttest)

이 설계는 사회과학에서 가장 빈번히 사용하는 유사 실험 방법으로, 일반적으로 더 바람직한 다른 조사설계 방법이 존재하지 않는다고 판단될 때는 이 방법을 사용하는 것이 무난하다. 이 설계를 그림으로 나타내면 다음과 같다.

O_0	X	O_1
O_2		O_3

독립변수의 효과는 실험집단과 통제집단의 사전 측정치와 사후 측정치 사이의 차이를 계산하고 실험집단의 차이에서 통제집단의 차이를 계산하면 순수한 실험효과를 구할 수 있다. 이 방법은 실험 조건상 조사 대상을 실험집단과 통제집단으로 나눌 수는 있으나 실험자가 무작위로 대상자를 배정할 수 없는 경우에 행하는 실험설계다. 즉 순수실험설계 중 통제집단 사전사후측정설계에서 대상의 무작위화만이 되지 않는 실험설계다. 이 설계 유형의 문제점은 내적 타당성을 저해하는 외생변수의 영향이 순수실

험설계보다 크며, 이를 통제하거나 제거하기도 어렵다는 것이다.

2) 비동질 통제집단 유사사전측정설계(nonequivalent control group design with proxy measures)

이 방법은 사전조사가 불가능한 경우에 주로 사용된다. 예를 들어, 영어를 전혀 모르는 아동들에게 영어를 가르치기 위한 영어 교육 프로그램(X)의 효과를 측정한다고 하자. 이 경우 측정 대상이 되는 아동들이 영어를 전혀 모르므로 사전조사는 할 수가 없다. 따라서 사전조사 대신에 아동들의 언어 적성검사(O_A)를 실시해 이를 사전조사의 측정값으로 사용하고, 독립변수 노출 후의 영어 성적(O_B)을 측정해 두 집단의 성적 차이를 영어 교육 프로그램의 효과로 간주하려는 실험설계다. 이를 그림으로 나타내면 다음과 같다.

O_{A0}	X	O_{B0}
O_{A1}	O_{B1}	

이 경우 실험 대상의 무작위화를 통한 동질화가 이루어지지 않아 내적 타당성의 문제가 있을 뿐만 아니라, 사전조사(O_A)와 사후조사(O_B)의 측정 방법이 달라 신뢰도가 문제될 수 있다. 또한 사전·사후 측정 집단이 달라 각 집단의 특성에 차이가 날 수도 있으므로 이에 따른 문제가 생길 수 있다.

3) 비동질 통제집단 사전사후분리설계(nonequivalent control group design with separate pretest-posttest sample)

이 방법은 사전 측정이 사후 측정에 특히 커다란 영향을 미치는 경우, 즉 주시험효과가 확실하게 나타날 것으로 예상되는 경우에 사용한다. 달걀 세우기 등과 같이 문제 해결의 실마리를 일단 인지하게 되면 나중에는 언제라도 달걀을 세울 수 있게 되는 것과 같이, 사전·사후 측정 간에 시간의 간격을 두는 것으로는 그 영향을 제거하기 힘들 때 사용한다. 이 설계는 다음 그림과 같이 사전 측정 집단과 사후 측정 집단이 수평의 점선으로 나뉘어 있으며, 이는 사전·사후 측정 집단을 동일한 모집단에서 서로 독립적으로 뽑는 것을 의미한다. 따라서 이 설계가 사용되는 가장 대표적인 상황은 동일한 모집단을 대표할 수 있도록 각각의 실험 상황에서 사전 측정 집단과 사후 측정 집단을 무작위로 추출할 수 있는 경우다.

O_0	X	O_1
O_2	O_3	

이 경우에도 비동질 통제집단설계에서 야기될 수 있는 내적 타당성의 문제는 그대로 존재할 뿐만 아니라, 사전·사후 측정 집단을 다르게 선택하기 때문에 각각의 세부 집단 특성이 차이가 날 수 있으므로 이에 따른 문제가 생길 수도 있다.

4) 비동질 통제집단 반복사전측정설계(nonequivalent control group design with pretest measures at more than one time interval)

이 설계는 사전 측정을 2회 이상 수행함으로써 두 집단을 사용하는 실험설계에서 내적 타당성을 저해하는 가장 큰 외생변수인 편중성숙효과를 어느 정도까지는 배제할 수 있는 실험설계 방법이다. 이를 그림으로 나타내면 다음과 같다.

O_0	O_1	X	O_2
O_3	O_4		O_5

사전 측정을 2회 이상 수행함으로써 독립변수가 영향을 미치지 못할 때 두 집단의 사전 측정치의 차이, 즉 (O_1-O_0)과 (O_4-O_3)을 비교해봄으로써 편중성숙효과에 의한 오류가 있는지 확인할 수 있다. 또한 이 설계는 2회 이상 실시된 사전 측정치를 서로 비교함으로써 통계적 회귀효과의 제거가 비교적 용이하다고 할 수 있다. 독립변수의 효과는 실험집단의 차이(O_2-O_1)과 통제집단의 차이(O_5-O_4)를 통해 파악할 수 있다. 그러나 이 실험은 이러한 장점에도 시간과 비용의 제약 때문에 널리 이용되지 않는다.

5) 비동질 통제집단 역실험 사전사후측정설계(reversed-treatment nonequivalent control group design with pretest-posttest)

이 방법은 서로 반대의 효과를 가진 두 독립변수의 영향력을 알아보기 위한 실험설계다. 실험집단에 독립변수 X^{+}를 노출하고, 통제집단에는 이와 반대의 효과를 가진 X^{-}를 노출해 측정치를 비교한다. 이를 그림으로 나타내면 다음과 같다.

O_0	X^{+}	O_1
O_2	X^{-}	O_3

예를 들어, 조직의 민주적 의사 결정 시스템이 구성원의 만족도에 미치는 영향을 알아보고자 하는 경우 실험집단에는 민주적 의사 결정 시스템을 적용하고 통제집단에는 권위적 의사 결정 시스템을 적용한 후, 두 집단 구성원의 만족도를 비교하면 독립변수의 효과를 파악할 수 있다.

(2) 동류집단설계(cohort design)

시간이 경과해도 비슷한 특성을 보이는 실험 대상 집단들이 서로 다른 경험으로 인해 차이를 보일 경우 이 차이를 통해 알고자 하는 변수의 효과를 측정하는 방법을 동류집단설계라 한다. 예를 들어, 외국인 영어 강사에 의한 회화 수업이 중학생의 영어 성적에 미치는 영향을 알아보고자 한다고 하자. 이때 그 회화 수업이 실시되기 이전 학생들의 영어 성적(O_0)이 나와 있다고 한다면, 이제 그 회화 수업(X)이 실시되고 난 후 이를 수강한 학생들의 영어 성적(O_1)을 측정함으로써 회화 수업의 효과를 파악할 수 있을 것이다. 이를 그림으로 나타내면 다음과 같으며, 실험 모형에서 ~~~~는 동류집단을 구분하는 것이다.

O_0		
~~	~~~~~~~~~~	~~~~~~~~~~
	X	O_1

이 실험설계의 장점은 다음과 같다. 첫째, 어느 한 동류집단은 이와 유사한 다른 동류집단과 큰 차이가 없다고 가정할 수 있다. 둘째, 특정 동류집단에는 독립변수를 노출

하고 다른 동류집단에는 독립변수를 노출하지 않는 등의 조작이 가능하다. 셋째, 측정 전후 독립변수에 노출되거나 또는 노출될 동류집단과 그렇지 않은 동류집단을 비교하기 위해 공식적인 기록을 이용할 수 있다.

그러나 이 설계는 표본편중에 의한 오차와 우발적 사건에 취약한 단점을 지닌다. 이러한 문제를 해결하기 위해 수정된 동류집단설계를 할 수 있으며, 독립변수의 노출 정도를 다양하게 변화시킬 수 있느냐 없느냐에 따라 다음과 같이 나눌 수 있다.

1) 동류집단 분리설계(the cohort design in which treatment partitioning is possible)

독립변수의 노출 정도를 변화시킬 수 있다는 것은 각 동류집단에 독립변수를 차이가 나게 줄 수 있다는 것으로, 결국 독립변수에 의해서 집단을 분리할 수 있다는 것을 말한다.

예를 들어, 외국인에 의한 회화 수업이 중학생의 영어 성적에 미치는 영향을 알아보고자 할 때, 한 집단 내에서 이 수업을 수강한 학생과 그렇지 않은 학생을 구분할 수 있거나 장기간 수강한 학생 집단과 단기간 수강한 학생 집단으로 구분할 수 있다면, 집단 내 적응 능력의 차이보다는 집단 간 적응 능력의 차이가 훨씬 큰 것으로 기대할 수 있을 것이다. 즉 이렇게 독립변수의 경험 정도에 따라 대상을 나누는 것은 동류집단설계의 내적 타당성을 크게 강화하는 방법이 될 것이다. 이와 같은 설계는 특히 나이나 경험 등이 실험 결과에 영향을 미칠 때 많이 사용된다. 이를 그림으로 나타내면 다음과 같으며, X_1과 X_2는 각각 상이한 독립변수의 노출 정도를 나타낸다.

O_0		
	X_1	O_1
O_2		
	X_2	O_3

2) 동류집단 비분리설계(the cohort design in which treatment partitioning is impossible)

실제로는 독립변수의 노출 정도를 기준으로 대상을 분리할 수 없는 경우가 많다. 이런 경우 내적 타당성을 유지하기 위해 사용할 수 있는 실험설계가 있는데, 다음과 같이 나타낼 수 있다.

O_0	O_1		
~~	~~~~~~~~	~~~~~~~~	~~~~~~~~
	O_2	X	O_3

이때 O_0과 O_1은 독립변수가 주어지지 않은 동류집단(사전 동류집단)에 대한 측정 결과이고, O_2와 O_3은 독립변수가 주어진 동류집단(사후 동류집단)에 대한 측정 결과다. 앞의 예에서 외국인 회화 수업이 도입되기 이전에 중학교 1학년 학생들의 영어 성적(O_0)과 그들이 2학년이 되었을 때의 영어 성적(O_1)이 있다고 하자. 이제 작년 중학교 1학년 학생들이 회화 수업을 받지 않았을 때의 영어 성적(O_2)과 이들이 회화 수업을 수강하고 난 후 2학년이 되었을 때의 영어 성적(O_3)이 있을 때, $(O_3-O_2)-(O_1-O_0)$을 독립변수인 회화 수업의 효과로 간주하게 된다.

(3) 단일집단 반복실험설계(equivalent time-series design)

이 설계는 조사 대상을 실험집단과 통제집단으로 나눌 수 없고 독립변수의 효과가 일시적이거나 변화될 가능성이 있을 때 사용하는 방법이다. 이 방법은 다음과 같이 나눌 수 있다. 첫째, 동일한 대상에 대해 일정한 기간을 두고 독립변수를 반복적으로 노출한 후 사전·사후 측정을 되풀이하는 방법으로, 독립변수제거설계와 독립변수반복설계가 있다. 둘째, 독립변수를 노출하기 전후로 종속변수에 대한 측정을 반복하는 방법이다. 이를 구체적으로 살펴보면 다음과 같다.

1) 독립변수제거설계(removed-treatment design)

이 방법은 실험집단과 통제집단을 구분할 수 없고 독립변수의 효과가 일시적이거나 통제집단에 대해 따로 측정하는 것과 같은 효과를 얻을 수 있을 때 사용하는 방법이다. 이를 그림으로 나타내면 다음과 같다.

O_0	X	O_1	O_2	(X)	O_3

우선 단일집단에 대한 사전사후측정설계($O_0\ X\ O_1$)로 측정을 한 후, 독립변수를 노출

하지 않은 경우의 사전·사후 측정(O_2 (X) O_3)을 실시한다. 여기서 (O_1-O_0)은 독립변수의 효과이고, (O_3-O_2)는 독립변수가 노출되지 않았을 경우의 효과라고 볼 수 있다. 여기서 (X)는 독립변수의 효과를 제거하는 것을 의미한다.

2) 독립변수반복설계(repeated-treatment design)

이 방법은 독립변수를 제거한 후 재부여하는 방법으로, 표본집단의 수가 적으면서 독립변수의 효과가 일시적으로만 지속되고 독립변수를 반복적으로 노출하더라도 독립변수의 효과를 방해할 만한 요인이 없다고 생각될 때 사용할 수 있는 방법이다. 이 설계는 사전·사후 측정을 수행한 후, 독립변수의 효과가 소멸한 뒤에 다시 독립변수를 노출하는 실험설계로서 다음과 같이 나타낼 수 있다.

O_0	X	O_1	(X)	O_2	X	O_3

이 설계에서 기대하는 가장 바람직한 결과는 O_1과 O_0이 다르고, O_3과 O_2가 다르면서, (O_1-O_0)와 (O_3-O_2)가 같은 방향으로 진행되고 두 차이 역시 유사한 경우라고 할 수 있다. 이 설계를 효과적으로 실행하기 위해서는 측정 시점 간의 시간 간격과 독립변수의 노출을 일정하게 하지 말고 무작위로 함으로써 실험 대상자가 측정·관찰되고 있다는 사실을 알지 못하게 하는 것이 무엇보다 중요하다. 또한 가급적 많은 표본을 이용해 통계적인 검증을 하는 것이 바람직하다.

3) 시계열설계(time-series experiment)

이 방법은 독립변수를 노출하기 전후에 일정한 기간을 두고 정기적으로 몇 차례 종속변수를 측정하는 방법이다. 예를 들어, 상여금 지급이 직원들의 업무 성과에 미치는 영향을 알아보고자 하는 경우 직원들에게 상여금을 지급하고 지급 전과 지급 후의 업무 성과를 수차례에 걸쳐 측정해 그 변화를 계속 추적하는 것이 이에 해당한다. 이를 그림으로 나타내면 다음과 같다.

O_0	O_1	O_2	X	O_3	O_4	O_5	O_6
t_0	t_1	t_2	t_3	t_4	t_5	t_6	t_7

【그림 4-1】

상여금 지급이 판매 실적에 미치는 영향의 시계열설계 실험 결과

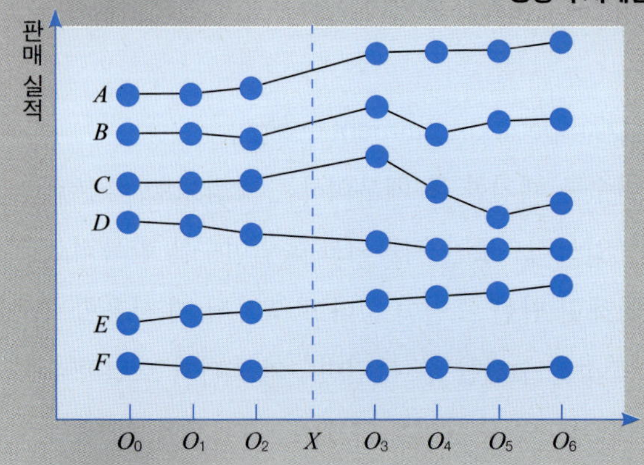

이상과 같이 일정한 기간을 두고 결과변수를 측정했을 때 나올 수 있는 결과는 [그림 4-1]과 같다.

그림에서 판매원 *A*의 경우 상여금이 판매 실적에 영향을 미쳤으며, 판매원 *B*의 경우 일시적인 효과만 나타났을 뿐 지속성이 없음을 보여준다. 판매원 *C*의 경우 다음 기에 나타날 결과를 앞당기는 효과를 보여주었으나 장기적으로는 아무런 효과가 없음을 보여준다. 판매원 *D*는 상여금으로 인해 판매 실적 감소가 방지된 경우이므로 효과가 있다고 보겠으나, 판매원 *E*와 *F*는 아무런 효과가 없는 경우다.

여기서 독립변수의 효과가 있는지 없는지를 판단하는 방법은 일정 기간 동안의 추세선상에서 독립변수가 도입된 시점을 중심으로 나타난 변화를 관찰하는 것이다. 이 방법은 사전실험설계인 단일집단 사전사후측정설계가 확장된 것으로, 내적 타당도를 해치는 몇 가지 외생변수를 통제할 수 있다. 즉 시간에 따른 성숙효과, 학습효과, 회귀효과 등의 통제가 가능하다. 만약 O_2와 O_3 사이에 차이가 있고, 이것이 순수하게 독립변수 *X*에 의한 것인지 또는 성숙효과가 개입된 결과인지 알고자 하는 경우 독립변수 노출 전후 모든 간격의 변화를 측정해 성숙효과가 있는지 판단할 수 있다. 만약 O_2와 O_3 사이에서만 차이가 나타난다면 성숙효과가 없다고 판단할 수 있다. 그러나 이 방법은 우발적 사건, 측정 수단의 변화, 실험 대상의 소멸 등과 같은 외생변수의 영향을 받을 가능성이 높다는 문제점이 있다.

4. 사후실험설계

담배가 건강에 미치는 영향에 대한 연구를 진행한다고 생각해보자. 인위적으로 실험집단은 담배를 피우게 하고 통제집단은 담배를 피우지 못하게 하여 그 결과를 비교, 분석한다는 것은 불가능하다. 할 수 있는 방법이라고는 단지 담배를 피우는 사람과 피우지 않는 사람의 현재 건강 상태를 비교해보는 정도일 것이다. 이처럼 담배라는 독립변수의 조작이 불가능할 뿐만 아니라 건강이라는 종속변수에 영향을 미칠 수 있는 음주량이나 스트레스 양 등과 같은 외생변수 통제도 불가능할 때 사용할 수 있는 실험설계 방법이 사후실험설계(ex-post facto research design)다.

사후실험설계란 독립변수를 조작할 수 없는 상태 또는 이미 노출된 상태에서 변수들 간의 관계를 검증하는 방법이다. 이 설계에서는 독립변수의 조작이 불가능하고 외생변수의 개입 가능성도 매우 크기 때문에 직접 인과관계를 밝힐 수는 없으며, 단순히 변수들 간의 상관관계 검증만이 가능하다. 따라서 이 방법은 중요한 변수의 발견이나 변수들 간의 관계를 밝히기 위한 가설 검증이나 탐색적 연구 목적으로 주로 사용된다.

사후실험설계가 필요한 상황은 다음과 같다. 첫째, 결혼·성별·나이 등과 같이 변수의 특성상 연구자가 통제를 할 수 없는 경우다. 둘째, 독립변수에 대한 통제가 윤리적·도덕적으로 바람직하지 않은 경우다. 특히 의학과 약학 분야의 연구 주제는 실험 자체가 갖는 윤리적 문제 때문에 가능하면 사후실험설계를 이용한다. 셋째, 독립변수를 통제하는 데 많은 비용과 시간이 소요되거나, 기술적으로 곤란한 경우다.

(1) 사후실험설계의 유형

사후실험설계의 장점은 다음과 같다. 첫째, 기존의 문헌 연구나 이론 고찰을 통해 얻은 가설을 인위적 상황이 아닌 자연적인 실제 상황에서 검증함으로써 가설의 실제적 가치와 현실성을 높일 수 있다. 둘째, 일반적으로 광범위한 대상으로부터 자료를 수집하므로 분석과 해석에 편파적이거나 근시안적 관점에서 벗어날 수 있다. 셋째, 다른 실험설계와 달리 한꺼번에 다양한 변수를 고려해 연구할 수 있으므로 관련 변수들 간의 종합적인 관계를 파악할 수 있다. 넷째, 인위적인 실험 상황을 고려하지 않으므로 조사의 과정과 결과가 매우 객관적이며, 조사에 투입되는 시간과 비용을 줄일 수 있다.

반면 다음과 같은 단점을 가진다. 첫째, 직접적인 독립변수의 조작이 불가능하기 때문에 순수실험설계에 비해 변수들 간의 인과관계를 명확히 밝히기 어렵다. 둘째, 무작위적 표본추출은 가능하지만 집단 분류나 독립변수의 노출은 무작위로 이루어질 수 없기 때문에 외생변수의 통제가 어렵다. 셋째, 사후실험설계에서는 현상을 야기하는 원인을 추적해 찾아내는 과정을 거치기 때문에 원인과 결과를 뒤집어 해석할 가능성이 있다.

1) 현장연구(field study)

현장연구는 연구자가 관심을 가지고 있는 변수들 간의 관계를 인위적이 아닌 현실 상황에서 체계적으로 관찰하는 연구조사 방법이다. 이는 독립변수를 조작하는 현장실험(field experimentation)과는 근본적으로 다르며, 단지 자연 상태에서 연구 대상을 관찰해 그들의 관계를 규명하는 것으로서, 연구자는 상황에 대한 통제를 전혀 할 수 없게 된다.

현장연구는 탐색적 현장연구와 가설 검증을 위한 현장연구로 나눌 수 있다. 탐색적 현장연구는 관련 변수를 찾아내거나 변수가 서로 어떠한 관계에 놓여 있는지를 이해하기 위한 연구이며, 가설 검증을 위한 현장연구는 연구자가 구체적으로 세운 연구가설을 현장 상황을 관찰함으로써 그 가설의 채택 혹은 기각 여부에 대한 결론을 내기 위한 연구다.

2) 회고연구(retrospective study)

회고연구란 지금의 특정 현상이 과거 어떤 요소의 영향으로 인해 발생했는지를 찾아내려는 연구다. 특정 태도의 형성 이유, 특정 상품의 구매 이유, 특정 질병의 발생 원인 등을 알아내려는 연구는 모두 회고연구에 속한다고 할 수 있다. 회고연구는 현재 일어난 사건이나 현상에 대한 원인을 과거에서 찾아내기 위해 거꾸로 추적하는 특성을 가지기 때문에 원인변수를 실험 대상에 가한 후 그 결과를 분석하는 실험설계와는 근본적인 차이가 있다.

3) 전망연구(prospective study)

전망연구는 회고연구의 반대 개념이라고 할 수 있다. 즉 어떤 결과의 원인이라고 생각될 만한 변수를 파악하고, 일정 시간이 경과한 후에 과연 예상했던 결과가 발생하는지를 조사하는 연구다. 예를 들어, 건강 상태를 보여주는 여러 지표, 즉 몸무게, 키, 폐활량, 혈압, 콜레스테롤 등에 대해 여러 사람을 대상으로 미리 그 수치를 측정하고, 일정 기간 후에 특정 질병이 어떤 사람에게 발생했는지를 관찰해 발병 원인을 찾아내는 것이다.

4) 기술연구(descriptive study)

앞에서 설명한 다른 사후실험설계는 변수의 인과관계를 이끌어내기 위한 연구인 반면, 기술연구는 있는 그대로의 현상을 기술하는 데 그 목적이 있다. 예를 들어, 남자가 여자보다 공포영화를 좋아하는가에 대한 연구는 기술연구적 성격의 연구가 될 것이다. 왜냐하면 여기서 성별 그 자체가 공포영화의 선호 원인은 아니기 때문이다. 만약 어떠한 심리적 기제가 공포영화 선호에 영향을 미치는가를 파악하려 한다면 이는 인과관계를 규명하는 연구가 될 것이다.

(2) 사후실험설계의 보완 방법

사후실험설계로 인과관계의 존재에 대한 확실한 결론을 내리기에는 많은 무리가 따른다. 이러한 약점을 보완하기 위한 최선의 방법은 여러 개의 가설을 검증해보는 것이다. 즉 사후실험설계에서 Y와 X_1의 인과관계를 알아보기 위해서는 Y와 X_1의 관련성뿐 아니라, Y와 $X_2, X_3, \cdots\cdots, X_n$과의 관련성 여부도 확인해야 한다.

예를 들어, 지능 수준이 소득에 어떠한 영향을 미치는지 알아보기 위해서는 소득의 차이에 영향을 미칠 수 있을 만한 다른 변수도 고려해야 한다. 여러 가설을 검증하고 비교해봄으로써 처음의 한 가지 가설 검증으로 결론을 도출할 때 발생할 수 있는 약한 설득력을 보완해 나갈 수 있다. 따라서 사후실험설계에 따라 조사를 수행할 경우에는 조사의 설계 단계에서 충분히 문헌 고찰을 하여 종속변수에 영향을 미칠 만한 독립변수들의 조합이나 독립변수에 의해 영향을 받는 종속변수들의 조합을 파악한 다음 독립변수와 종속변수를 교차 결합시킨 대체적 가설을 검토하면 외생변수의 개입을 어느 정도 통제할 수 있다.

이 장의 요약

실험설계란 사회현상을 정확하게 이해하고 예측하기 위해 연구의 핵심이 되는 현상과 관련이 있는 것만을 집중적으로 관찰하고 분석하는 방법이다. 실험설계는 크게 순수실험설계와 유사실험설계로 나뉜다.

순수실험설계는 실험변수와 결과변수를 마음대로 조작할 수 있어야 하며, 실험 결과에 영향을 미칠 수 있는 외생변수를 통제할 수 있어야 한다. 그리고 실험 결과를 일반화하기 위해 실험 대상을 무작위로 추출할 수 있어야 한다. 이러한 실험설계를 통해 변수들 간의 정확한 인과관계를 파악하기 위해서는 세 가지 조건이 충족되어야 한다. 첫 번째, 연구자는 관찰하고자 하는 현상이 일어나는 조건을 인위적으로 조작함으로써 연구에 보다 적합한 내용을 선별하여 관찰할 수 있어야 한다. 즉 독립변수의 조작이 가능해야 한다. 두 번째, 외생변수를 통제할 수 있어야 한다. 외생변수란 독립변수 이외에 종속변수에 영향을 미치는 변수로, 외생변수의 영향을 제거하지 못하면 독립변수와 종속변수 사이의 관계를 정확히 파악하는 데 문제가 생긴다. 마지막으로, 실험 대상은 무작위로 추출해야 한다. 실험 대상의 무작위화가 이뤄져야만 일반화가 가능하기 때문이다.

또한 실험설계를 할 때는 내적 타당성과 외적 타당성이 검증되어야 한다. 내적 타당성이란 측정된 결과가 실험변수의 변화 때문에 일어난 것인가에 관한 문제이며, 외적 타당성이란 결과의 일반화와 관련된 문제로, 결과의 적용 대상 및 시간적·공간적 확장과 관련이 있다.

외생변수로서 대표적인 것으로는 우발적 사건, 성숙효과, 시험효과, 측정 수단의 변화, 통계적 회귀, 표본의 편중, 실험 대상의 소멸, 인과 방향의 모호성, 실험변수의 확산 또는 모방, 실험변수의 효과를 상쇄하는 보상, 실험 목적에 대한 예상, 보상적인 대항 혹은 사기 저하 등이 있다. 이러한 외생변수를 통제하기 위한 방법으로는 제거, 균형화, 상쇄 그리고 무작위화가 있다.

실험설계의 종류는 크게 사전실험설계, 순수실험설계, 유사실험설계 사후실험설계로 나눌 수 있다. 사전실험설계는 독립변수를 조작하기 어렵고 실험 대상을 무작위화할 수 없는 등 실험적 통제가 거의 불가능하기 때문에 인과관계를 규명하기보다는 순수실험설계를 하기 전에 시험적으로 실시하는 탐색조사의 성격을 지닐 때가 많다. 사전실험설계에는 단일집단 사후측정설계, 단일집단 사전사후측정설계, 집단비교설계가 있다.

순수실험설계는 실험 대상을 무작위로 선정하며 독립변수의 조작, 측정 시기 및 측정 대상에 대한 통제 등이 연구자의 의도에 따라 가능한 실험설계로서 외생변수의 영향을 효율적으로 제거할 수 있는 방법이다. 순수실험설계에는 통제집단 사전사후측정설계, 통제집단 사후측정설계, 솔로몬 4집단설계가 있다.

유사실험설계는 실험실 상황이 아닌 실제 상황에서 독립변수를 조작하여 연구하는 설계로 현장실험설계라고도 한다. 유사실험설계에는 실험 대상을 실험집단과 통제집단으로 나눌 수는 있으나 무작위화를 통한 동질화가 이루어지지 않는 비동질 통제집단설계와 동류집단설계 그리고 단일집단 반복실험설계가 있다. 비동질 통제집단설계에는 비동질 통제집단 사전사후측정설계, 비동질 통제집단 유사사전측정설계, 비동질 통제집단 사전사후분리설계, 비동질 통제집단 반복사전측정설계, 비동질 통제집단 역실험 사전사후측정설계가 있다. 다음으로 동류집단설계는 시간이 경과해도 비슷한 특성을 보이는 실험 대상 집단들 간에 경험한 사건이 상이하여 차이가 나타날 경우 이 차이를 통해 알고자 하는 변수의 효과를 측정하는 방법이다. 동류집단설계의 종류에는 동류집단 분리설계, 동류집단 비분리설계가 있다. 마지막으로 조사 대상을 실험집단과 통제집단으로 나눌 수 없고 독립변수의 효과가 일시적이거나 변화될 가능성이 있을 때 사용하는 단일집단 반복실험설계가 있다. 여기에는 독립변수 제거설계, 독립변수 반복설계, 시계열설계가 있다.

사후실험설계는 독립변수를 조작할 수 없는 상태 또는 이미 노출된 상태에서 변수들 간의 관계를 검증하는 방법이다. 이러한 사후실험설계는 독립변수의 조작이 불가능하고 외생변수의 개입 가능성 또한 매우 크기 때문에 직접 인과관계를 밝힐 수는 없으며, 단순히 변수들 간의 상관관계 검증만이 가능하다. 여기에는 현장연구, 회고연구, 전망연구, 기술연구가 있다.

주요용어

실험변수의 조작, 실험 대상의 무작위화, 독립변수, 종속변수, 외생변수, 내적 타당성, 외적 타당성, 결과의 일반화, 실험 상황, 우발적 사건, 성숙효과, 시험효과, 주시험효과, 상호작용시험효과, 측정 수단의 변화, 통계적 회귀, 표본의 편중, 실험 대상의 소멸, 실험변수의 확산, 보상적인 대항, 중복된 실험변수, 제거, 균형화, 상쇄, 노출 시기, 측정 시기, 사전실험설계, 순수실험설계, 유사실험설계, 사후실험설계

참고문헌

Ackoff, R. L. (1978), *The Art of Problem Solving*, Wiley, N. Y.

Babbie, E. (1983), *The Practice of Social Research*, 3rd ed., Wadsworth Inc., California.

Babbie, E. (1983), *The Practice of Social Research*, 4th ed., Wadsworth Inc., California.

Barnes, M. L. and R. Rosenthal (1985), "Interpersonal Effect of Experimental Attractiveness, Attire and Gender," *Journal of Personality and Social Psychology*.

Black, Thomas R. (1999), *Doing Quantitative Research in the Social Science*, Sage Publications.

Blaikie, Norman (2000), *Designing Social Research*, Polity Press.

Boyd, H. W., R. Westfall and S. F. Stasch (1981), *Marketing Research: Text and Cases*, 5th ed., Irwin, Ill.

Campbell, D. T. and J. C. Stanley (1963), *Experimental and Quasi-Experimental Designs for Research*, Rand McNally.

Campbell, D. T. (1957), "Factors Relevant to the Validity of Experiments in Social Settings," *Psychological Bulletin*, Vol. 54, pp.297~312.

Campbell, D. T. (1969), "Reforms as Experiments," *American Psychologist*, Vol. 24, pp.409~26.

Christensen, Larry B. (1980), *Experimental Methodology*, 2nd ed., Allyn & Bacon, Boston.

Churchill, G. A. Jr. (1983), *Marketing Research: Methodological Foundation*, 3rd ed., The Dryden Press.

Cook, T. D. and D. T. Campbell (1979), *Quasi-Experimentation*, Rand McNally.

Cox III, E. P. (1979), *Marketing Research: Information for Decision Making,* Harper and Row, New York.

Cox, W. E. (1966), "Response Pattern to Mail Surveys," *Journal of Marketing Research*, vol. 3.

Edwards, A. L. (1963), *Experimental Design in Psychological Research*, Holt, Rinehart, New York.

Glenn, N. (1977), *Cohort Analysis*, Sage Publication, Beverly Hills, California.

Green, P. E., D. S. Tull and G. Albaum (1988), *Research for Marketing Decisions*, 5th ed., Prentice-Hall, New Jersey.

Howard, George S. et al. (1979), "Internal Validity in Pretest-Posttest Self-Report Evaluation and Re-evaluation of Retrospective Pretest," *Applied Psychological Measurement*.

Kalton, G. (1983), "Introduction to Survey Sampling," *Sage Series*, Vol. 35, Sage Publications, California.

Orne, M.T. and C. C. Holland (1968), "On the Ecological Validity of Laboratory Deceptions," *International Journal of Psychiatry*, pp.282~93.

Paul, E. S. (1981), "Research Design," *Sage Series*, Vol. 23, Sage Publication.

Rosenberg, M. (1968), *The Logic of Survey Analysis*, Basic Books Inc., N. Y.

Rosenthal, Robert and Ralph L. Rosnow (1984), *Essentials of Behavioral Research : Method and Data Analysis*, McGraw-Hill, New York.

Winch, R. F. and D. T. Campbell (1969), "Proof? No. Evidence? Yes. The Significance of Tests of Significance," *American Sociologist*, pp.140~43.

연습문제

1. 실험설계의 기본 조건에 대해서 설명하시오.
2. 내적 타당성과 외적 타당성에 대해서 설명하시오.
3. 외생변수의 종류에 대해 설명하시오.
4. 외생변수의 통제 방법을 설명하시오.
5. 사전실험설계의 단점에 대해 설명하시오.
6. 순수실험설계의 장점과 단점에 대해 설명하시오.
7. 유사실험설계의 장점과 단점에 대해 설명하시오.
8. 사후실험설계의 종류에 대해 설명하시오.

제 5 장

측정

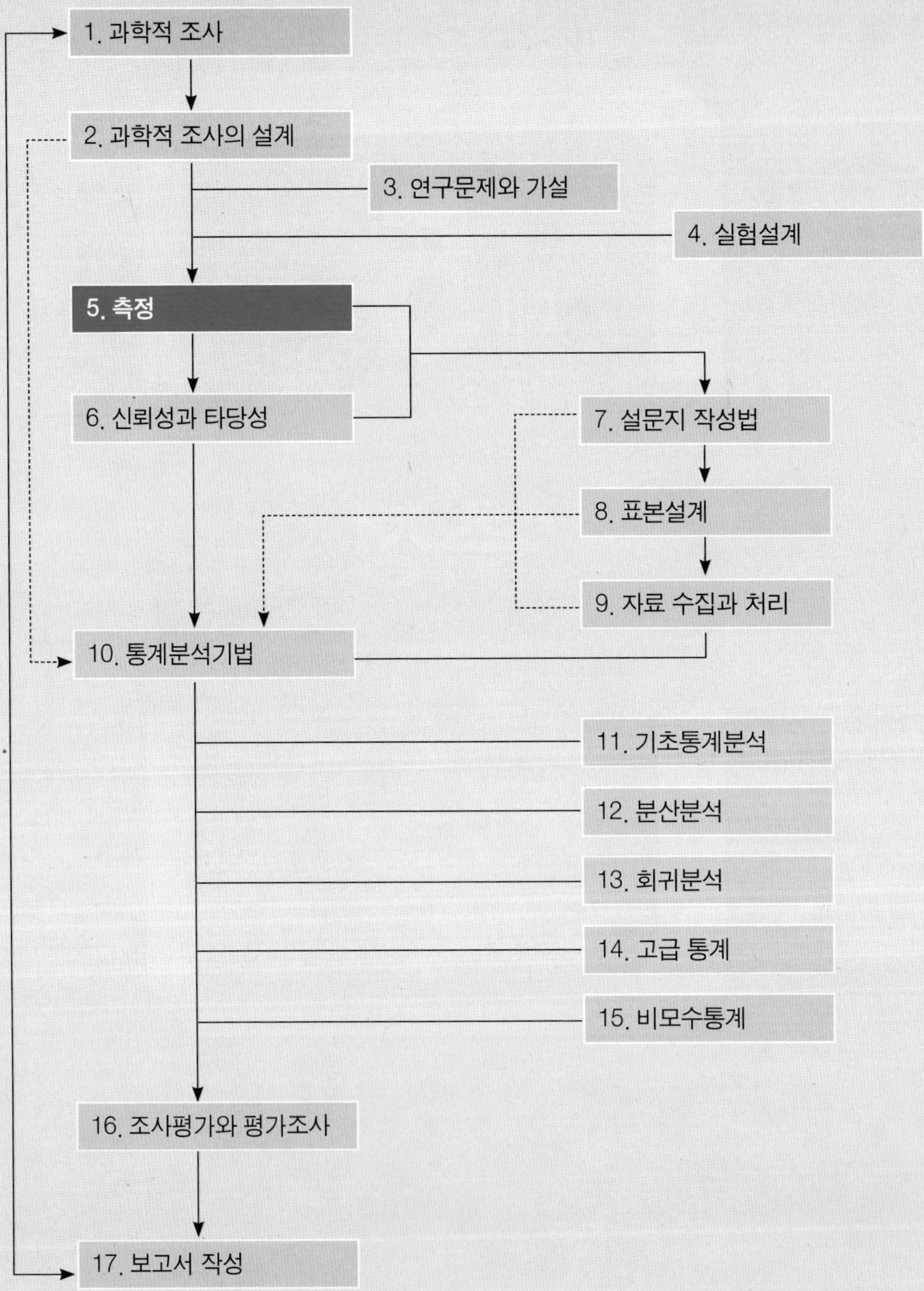
1. 과학적 조사
2. 과학적 조사의 설계
3. 연구문제와 가설
4. 실험설계
5. 측정
6. 신뢰성과 타당성
7. 설문지 작성법
8. 표본설계
9. 자료 수집과 처리
10. 통계분석기법
11. 기초통계분석
12. 분산분석
13. 회귀분석
14. 고급 통계
15. 비모수통계
16. 조사평가와 평가조사
17. 보고서 작성

01 측정

1. 측정의 기본 개념

일반적으로 측정이라고 하면 전문가가 어떤 물건의 크기나 무게 등을 재는 것을 생각한다. 그러나 측정은 우리가 일상생활에서 항상 하고 있는 행위다. 남녀가 미팅을 할 때는 파트너의 키가 몇인지 눈으로 측정하며, 또한 잘생겼는지도 측정한다. 사실 우리는 평생을 측정하면서 산다고 할 수 있다. 그러나 이러한 측정은 이론에 대한 검증이 이루어진 것이 아니므로 과학적인 측정이라고 할 수 없다. 즉 미팅 파트너의 키를 눈으로만 측정하면 정확하게 잴 수 없으며, 신발의 굽 높이나 머리 모양에 따라서도 실제 키와는 차이가 난다. 그러나 도구만 정확하면 키는 정확하게 측정할 수 있다. 반면에 얼마나 잘생겼는지를 측정하는 것은 측정하는 사람이 가진 잘생겼다는 개념이 무엇이며, 이를 어떻게 조작화했고 얼마나 객관적으로 측정했느냐에 따라 그 결과가 달라진다. 여기서 키를 재는 것은 자연과학적 측정이라고 할 수 있으며, 잘생겼는지 아닌지를 보는 것은 사회과학적 측정이라고 할 수 있다. 예에서도 쉽게 알 수 있듯이 사회과학적 측정이 자연과학적 측정보다 주관성이 크기 때문에 비과학적 측정이 될 가능성이 훨씬 높다.

측정은 [그림 5-1]에서 보여주듯이 경험의 세계와 개념적·추상적 세계를 연결하는 수단이라고 할 수 있다. 여기서 경험의 세계는 숫자를 통해 객관적으로 표현되는 것을 의미하며, 관념의 세계는 개념의 정의 및 개념을 측정 가능하게 만들어주는 조작적 정의라고 할 수 있다. 따라서 측정이란 이론을 구성하는 개념들을 현실 세계에서 관찰이 가능한 자료와 연결해주는 과정이라고 할 수 있다.

【그림 5-1】

측정의 개념

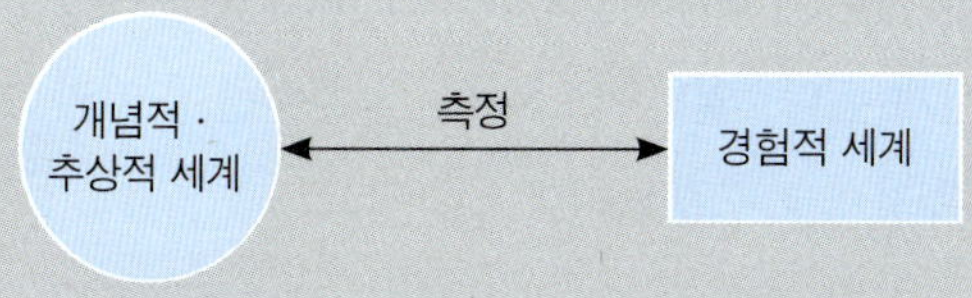

그러나 학자에 따라서 측정은 조금씩 다르게 정의된다. 러셀은 "크기의 측정이란 어떤 종류의 모든 혹은 일정 부분의 크기와 특정 숫자의 일부 혹은 전부 간에 일반적으로 독특하고 반복적인 관련성이 성립되는 방법이다"라고 말한다. 또한 캠벨은 "사물의 속성을 나타낼 수 있도록 사물의 속성을 지배하는 법칙에 따라서 숫자를 배분하는 것"이라고 얘기하며, 스탠리(Julian C. Stanley)는 "특정 법칙에 따라서 사건이나 사물에 숫자를 배분하는 것"이라고 정의한다. 이상의 정의를 종합해보면 "사물이나 사건 등에 숫자를 부여하는 것"이 측정이라고 할 수 있다. 그러나 학자에 따라서는 "사물이나 사건 등 그 자체에 숫자를 부여하는 것이 아니라, 그 사물이나 사건의 속성에 숫자를 부여하는 것"이라고 하며, 일반적으로 후자의 견해가 더 인정을 받는다.

앞의 미팅의 예를 통해 측정의 정의가 무엇인지 알아보자. 만약 단지 키가 꽤 '큰' 편이다 혹은 '작은' 편이다 등과 같이 형용사로 집단을 구분한다면 동일한 키라도 보는 사람에 따라 구분이 달라질 것이다. 키가 170cm인 사람을 놓고 A라는 사람은 크다고 정의하고, B라는 사람은 작다고 정의할 수 있다. 이는 과학적인 이론의 검증을 위해 요구되는 정확도가 낮기 때문이다. 그러나 키를 숫자로 표현한다면 보다 객관적이고 정확하게 측정을 할 수 있다. 다시 말해 미팅한 사람의 키가 170cm라고 표현하므로 정확하게 설명할 수 있다. 즉 어떠한 개념이 숫자로 표시되면 속성의 특성을 더 객관적으로 자세히 설명할 수 있다. 그리고 각 사건이나 사물의 속성에 따라서 상대적인 위치를 정할 수 있으며, 사건 혹은 사물의 속성에 관련된 일반적인 법칙을 도출하거나 이에 따라서 각 사건 혹은 사물 간의 관계를 더욱 자세히 설명할 수 있게 된다.

2. 측정의 수준

사물 혹은 사건의 속성이 어떠한 특성을 지니는가에 따라서 측정할 수 있는 수준이 달라진다. 즉 성별과 같이 부여된 숫자가 단순히 속성을 분류하는 수준에서만 측정이 가능한 것이 있는가 하면, 무게나 길이처럼 속성에 부여된 숫자가 차이나 비율을 의미할 수도 있다. 이러한 측정의 수준(level of measurement)은 이후 연구자가 자료 분석을 실시할 때 영향을 미치게 된다. 일반적으로 측정의 수준에 따라 명목측정, 서열측정, 등간측정 그리고 비율측정으로 구분된다.[1)]

(1) 명목측정

명목측정(nominal measurement)은 측정 대상의 특성을 분류하거나 확인할 목적으로 숫자를 부여하는 것이다. 가장 간단한 예로는 운동선수의 등번호를 들 수 있다. 등번호가 갖는 의미는 단지 그 선수가 누구인지 구분하게 해주는 것이지, 등번호가 더 크다고 운동을 더 잘하는 것은 아니다. 또 다른 예로 남자와 여자에 각각 1과 2의 숫자를 부여했다고 하면, 이때 1은 남자 집단에 속함을 의미하고 2는 여자 집단에 속함을 의미하는 것이지, 여자가 남자의 두 배라는 것은 아니다.

이러한 명목측정은 측정 대상을 상호 배타적인 집단으로 구분하는 데 이용된다. 상호 배타적인 분류란 모든 개개의 측정 대상을 어느 한 집단에 속하도록 분류할 수 있어야 하며, 동일한 집단에 속하는 대상은 동일한 값을 가져야 하고, 하나의 대상이 두 개의 값을 가질 수 없다는 것을 의미한다. 명목측정은 네 가지 측정의 수준 중에서 가장 적은 양의 정보를 제공한다. 상표의 구분, 상점의 형태 구분, 판매 지역의 구분, 상표의 인지 여부, 소비자의 성별 구분, 직업의 구분 등을 예로 들 수 있다. 이 경우 사용 가능한 분석 방법은 최빈값, 이항분포 검증, 교차분석 등으로 제한된다.

어떤 학자는 명목측정이 숫자의 특성 중에서 아무것도 가지고 있지 못하며 단순히 형용사나 다른 분류 표시 방법 대신 숫자를 사용한 것이기 때문에 측정의 항목에 포함하지 않기도 한다. 그러나 많은 사회과학 분야의 연구나 조사에는 명목측정으로 구성된 개념이 많아 자주 사용되고 있다.

(2) 서열측정

서열측정(ordinal measurement)은 측정 대상 간의 순서 관계를 밝혀주는 것으로, 측정 대상을 측정하고자 하는 속성으로 판단해 측정 대상 간에 크고 작음이나 높고 낮음 등의 순위를 부여한다. 그러나 측정 대상의 해당 속성 간 양적인 비교를 할 수 있는 정보는 제공하지 못한다. 예를 들어, 세 개의 라면에 가장 선호하는 순서대로 1, 2, 3의 숫자를 부여했다고 하자. 이때 1이 2보다 그리고 2가 3보다 더 선호함을 의미하고 또한 1이 3보다 더 선호하는 것을 의미하지만, 얼마나 더 선호하는지는 알 수 없고 단지 순위만

1) 사회과학조사방법론 2판에서는 이를 척도의 형태(type of scale)라고 표현했다. 그러나 측정의 도구를 의미하는 단어인 척도(scale)와 혼돈을 주므로 여기서는 측정의 수준(level of measurement)이라고 고친다. 그리고 기존의 명목척도, 서열척도, 등간척도, 비율척도 역시 명목측정, 서열측정, 등간측정, 비율측정으로 바꿔 표현한다.

을 나타낼 뿐이다. 서열측정은 주로 정확하게 정량화하기 어려운 응답자의 태도, 선호도, 사회계층 등의 측정에 이용된다. 서열측정은 중앙값, 서열 상관관계, 서열 간의 차이 분석 등을 행할 수 있으나, 산술평균이나 표준편차 등과 같은 산술 계산이 포함되는 분석은 실행할 수 없다.

(3) 등간측정

등간측정(interval measurement)은 측정 대상의 속성에 숫자를 부여하되, 숫자 사이의 간격을 동일하게 측정하는 것을 말한다. 즉 등간측정은 측정 대상이 갖는 속성의 양적인 정도의 차이를 나타내주며, 해당 속성이 전혀 없는 상태인 '절대영점'은 존재하지 않지만 임의적인 영점은 존재한다. 그러나 임의적인 영점만으로는 측정치 간의 비율 계산은 무의미하다.

예를 들어, 섭씨 100°와 50°의 차이는 섭씨 50°와 0°의 차이와 동일하지만 섭씨 100°가 50°보다 두 배만큼 더 뜨겁다는 의미를 갖지는 못한다. 왜냐하면 섭씨를 화씨로 전환하면 섭씨 100°는 화씨 212°이며, 섭씨 50°는 화씨 122°이기 때문이다. 즉 동일한 온도일지라도 화씨로 변환할 경우 측정값이 두 배가 아니며, 섭씨에서 0°는 측정하고자 하는 속성인 온도(열)가 존재하지 않는 상태(절대영점)가 아니다. 측정하고자 하는 속성이 전혀 없는 절대영점이 존재하지 않는 경우는 등간측정을 하게 된다. 등간측정은 온도계의 수치가 대표적이며, 주로 물가지수나 생산성지수, 주가지수와 같은 지수의 측정에 많이 이용되고, 이로부터 얻은 자료로는 범위의 계산, 평균값, 표준편차, 상관계수 등을 구할 수 있다.

【표 5-1】 측정수준에 내포되어 있는 가정

측정 \ 특성	분류 (category)	순위 (order)	동일 간격 (equal interval)	절대영점 (absolute zaro)
명목측정	○	×	×	×
서열측정	○	○	×	×
등간측정	○	○	○	×
비율측정	○	○	○	○

(4) 비율측정

비율측정(ratio measurement)은 등간측정이 갖는 특성에 추가로 측정값 사이의 비율 계산이 가능한 것이다. 비율계산이 가능한 이유는 측정하고자 하는 속성이 전혀 없는 상태인 절대영점이 존재하기 때문이다. 예를 들어, 열이 전혀 존재하지 않는 상태는 섭씨 −273.15°로 섭씨 0°는 측정하고자 하는 열이 존재하는 상태다. 따라서 이 경우 0의 의미는 열이 존재하지 않는 절대영점이 아니다.

그러나 앞의 온도의 예와 달리, 무게는 전혀 없는 상태에 0을 부여하므로 이는 절대영점이 된다. 따라서 무게는 비율계산이 가능해진다. 즉 10kg은 5kg보다 두 배 무겁다는 해석이 가능한 것이다. 비율측정의 예로는 TV 시청률, 투표율, 신문 구독률, 가격, 저축금액, 생산원가 등을 들 수 있다. 비율측정으로 얻은 자료는 모든 형태의 통계분석에 사용할 수 있다.

(5) 측정 수준 간의 비교

명목측정, 서열측정, 등간측정, 비율측정의 순으로 얻은 자료가 담고 있는 정보의 양이 많아지며, 보다 정밀한 분석 방법이 적용될 수 있다. 비율측정으로 얻은 자료로는 거의 모든 분석 방법을 사용할 수 있어 비율측정을 사용하는 것이 자료 분석상 유리하지만 측정하고자 하는 속성에 따라 사용 가능한 수준이 제한되는 경우가 있다. 예를 들어, 성별과 같은 속성은 명목측정만이 가능하며, 국회의원 후보자에 대한 선호도 측정은 사실상 서열측정만이 가능할 것이다. 서열측정보다 등간측정이, 등간측정보다는 비율측정이 보다 정교한 분석 방법을 적용할 수 있으며, 특히 서열측정과 등간측정 사이에는 적용 가능한 분석 방법에 상당히 큰 차이가 있다. 따라서 명목측정이나 서열측정으로 수집된 자료로는 비모수통계분석 방법을 사용할 수밖에 없기 때문에 되도록 등간측정 이상의 자료를 얻고자 노력하게 된다. 측정 수준별 요약은 [표 5-2]와 같다.

그러나 실제로 사회과학에서 등간측정이나 비율측정의 값을 얻어내기란 매우 어렵다. 이는 동일한 간격을 정확하게 나타내는 설명을 찾아내기가 힘들기 때문이다. 또한 그러한 측정 방법을 만들었다고 할지라도 응답자 개개인의 특성에 따라 설명을 주관적으로 해석하게 되므로 모든 응답자에게 동일하게 받아들여질 수 있는 등간측정 방법을 만든다는 것은 불가능에 가깝다. 그러나 앞에서 설명한 바와 같이 서열측정에 비해 등간측정을 통해 수집된 자료가 훨씬 많은 양의 정보를 제공할 수 있고 사용 가능한 통계

【표 5-2】 측정수준의 비교

측정	비교 방법 (숫자 부여 방법)	평균의 측정	적용 가능 분석 방법	예
명목측정	확인, 분류	최빈값	빈도분석, 비모수통계 교차분석	성별, 분류, 운동선수 배번, 종류 존재 유무
서열측정	순위 비교	중앙값	서열상관관계 비모수통계	후보자 선호 순위 학교 성적 석차 사회계층, 상표 선호도
등간측정	상대적 크기 비교	산술 평균	모수통계	온도, 광고 인지도, 주가지수
비율측정	절대적 크기 비교	기하 평균 조화 평균	모수통계	방송 청취율, 구매확률 투표율, 무게, 신문 구독률, 소득, 나이, 가격, 생산원가

기법이 다양하므로 많은 사회과학자들이 엄밀한 의미에서는 서열측정으로 수집한 자료를 등간측정으로 취급해 분석 방법을 사용하는 경우가 많다.

3. 측정의 종류

측정의 종류는 측정 방법과 측정값의 차이가 나는 원인에 따라 구분할 수 있다. 측정 방법이란 특정 사건이나 사물을 어떻게 측정하는가를 의미하며, 이에 따라 추론측정·임의측정·본질측정으로 나눌 수 있다. 측정값의 차이가 나는 원인이란 특정 자극에 대한 측정값의 차이가 나는 원인이 응답자 개개인의 특성 차이에서 오는지 아니면 자극의 특성 차이에서 오는지를 의미하며, 이에 따라 응답자 중심 접근법, 자극 중심 접근법, 반응 중심 접근법으로 나눌 수 있다.

(1) 측정 방법에 따른 구분

1) 추론측정

추론측정(derived measurement)은 B급 측정(measurement of B magnitude)이라고도 하는데, 어떤 사물이나 사건의 속성을 측정하기 위해 관련된 다른 사물이나 사건의 속성을 측정하는 것이다. 대표적인 예로 밀도(density)를 들 수 있다. 밀도란 어떤 사물의 부피와 질량의 비율로 정의하며, 곧 부피와 질량의 관계를 결정지어주는 법칙이라고 할 수 있다. 이 경우 밀도는 부피와 질량 사이의 비율을 통해 간접적으로 측정하게 된다. 그러므로 추론측정은 법칙에 따라 속성들 간의 관계가 결정된 후에 이것을 바탕으로 측정한다. 자연과학에서는 이러한 관계가 이미 정립된 것이 많아 추론측정이 흔히 이루어지나, 사회과학에서는 법칙이라기보다는 가설 혹은 검증되고 있는 이론에 불과한 관계가 많기 때문에 추론측정이 자연과학에 비해 적은 편이다. 추론측정은 기본적으로 확고한 이론적 배경이 있어야 하며, 조작화된 개념도 다른 속성들의 개념을 통해 간접적으로 가지고 있어야 한다.

2) 임의측정

임의측정(measurement by fiat)이란 일시적으로 어떤 사물의 속성과 측정값 간에 관계가 있다고 가정하고 측정하는 것을 말한다. 즉 연구자가 생각하는 특정 개념이 자신이 생각하는 조작적 정의에 의한 척도로서 측정된다고 가정하고 측정하는 것을 말한다. 예를 들면, 사회과학에서 흔히 사용되는 선호도 조사, 지적능력 조사 등이 있다. 즉 지적능력을 연구자들이 만든 IQ 테스트로 측정하는 것에는 모든 연구자가 동의하는 확고한 법칙이 없는 것이므로 임의측정이라고 할 수 있다. 이들은 조작적인 개념만을 가지고 있으며, 이러한 조작적 개념은 사실(fact)에 근거하기보다는 논리적 근거, 논리적 가정에 의존할 뿐이다. 사회과학의 많은 측정이 임의측정이라 할 수 있으며, 이는 하나의 개념에 대해 어떻게 조작적인 정의를 내리느냐에 따라서 여러 측정값이 나올 수 있으므로 측정 오류가 발생할 여지도 크다. 과학이 발전하고 이론이 검증된다는 것은 어떤 의미로 보면 임의측정이 추론측정으로 바뀌어가는 것이라고도 할 수 있다.

3) 본질측정

본질측정(fundamental measurement)은 A급 측정(measurement of A magnitude)이라고도 하는데, 어떤 사물의 속성을 표현하는 본질적인 법칙에 따라 숫자를 부여하는 것을 말한다. 즉 다른 사물이나 다른 속성을 개입시키지 않고 해당 속성만을 고려하는 것으로서 가장 기본적인 측정이라고 할 수 있다. 예를 들면, 키를 재거나, 한 회사의 매출액을 계산하는 것을 말한다. 물론 이 측정은 후에 다른 변수들과 함께 분석할 수도 있으며, 법칙에 의해 다른 변수와 관련을 짓게 되면 관련된 다른 변수를 측정하는 것도 가능하다. 즉 물의 무게를 측정하고자 할 때 직접 무게를 잴 수도 있고 부피와 무게의 법칙이 있으므로 부피를 재서 무게를 측정할 수도 있다. 본질측정은 조작적인 개념도 가지고 있으며 또한 확고한 이론적 배경도 가지고 있어야 한다.

(2) 측정값의 차이가 나는 원인

1) 응답자 중심 접근법

특정 자극에 대해 응답자 간의 측정값 차이를 조사해 응답자의 개인적인 차이를 알아보는 것이다. 무작위로 자극을 추출해 측정함으로써 응답치의 차이에 자극 자체가 아무런 영향을 주지 못하도록 함으로써 응답자 간의 특성 차이만을 보고자 하는 것이다. 예를 들어, 동일한 강아지 사진을 보여주고 얼마나 좋아하는지를 측정하면, 그 사진 자체에 대한 개개인의 차이를 알 수 있다.

2) 자극 중심 접근법

특정 응답자에 대해 자극이 가진 특성에 대한 응답치의 차이를 조사해 자극의 특성 차이를 알아보는 것이다. 응답자를 무작위로 추출해 측정함으로써 응답자 개개인의 차이를 제거한 후 단지 자극 특성의 차이만을 보고자 하는 것으로, 응답자 개개인의 주관은 배제한 상태에서 객관적인 응답만을 요구한다.

예를 들어, '1'과 '10'이라는 숫자 가운데 더 큰 숫자는 무엇인가를 물었을 경우 응답자는 '10'이라고 응답할 것이다. 이 경우 응답자로부터 얻은 '10'이라는 응답은 응답자 개개인의 주관적인 특성은 없는 객관적인 사실이며, 이때 응답자는 '1'과 '10' 가운데 어느 것이 더 큰지를 판단하게 되고, 이는 응답자 개개인의 특성과는 상관없이 '1'과 '10'이라는 두 자극 사이의 차이점만을 판단하게 되는 것이다. 그래서 이 방법을 판단접근법(judgment process)이라고도 한다.

3) 반응 중심 접근법

반응 중심 접근법은 응답자 중심 접근법과 자극 중심 접근법을 통합한 방법으로, 자극에 대한 응답치를 조사해 응답자 개개인의 특성 차이와 자극 특성 차이를 동시에 알아보려는 것이다. 즉 자극에 대해 개개인의 주관적인 느낌을 측정함으로써 응답자 개개인의 차이와 자극의 차이 모두를 측정하게 된다.

예를 들어, '1'과 '10'이라는 숫자 가운데 더 좋아하는 숫자가 무엇인가를 물었을 경우 응답자는 개개인의 특성에 따라 일부는 '1'이라고 응답할 것이고, 일부는 '10'이라고 응답할 것이다. 여기서 응답자 개개인의 응답을 보면, '1'이라는 숫자를 더 좋아하는지 혹은 '10'이라는 숫자를 더 좋아하는지를 알 수 있기 때문에 응답자 개개인의 차이를 알 수 있게 된다. 또한 '1'이라는 숫자를 좋아한다고 응답한 사람 수와 '10'이라는 숫자를 좋아한다고 응답한 사람 수를 비교해봄으로써 '1'이라는 자극과 '10'이라는 자극 중 어느 자극을 더 선호하는지, 자극 자체에 대한 차이도 알 수 있게 된다.

02 척도

1. 척도의 기본 개념

척도는 측정하고자 하는 대상에 숫자를 부여하기 위해 사용하는 도구를 말한다. 이러한 척도는 숫자로 이루어지므로 척도는 숫자가 가진 기본 특성을 그대로 가진다. 따라서 척도의 특성은 숫자의 기본 특성을 얼마만큼 가지는가에 따라서 결정된다. 그러므로 척도를 정할 때는 숫자의 이러한 특성과 측정하고자 하는 사물이나 사건의 특성이 잘 맞도록 구성해야 한다.

2. 척도의 평가

척도의 평가는 궁극적으로 척도의 특성이 사물 혹은 사건의 특성을 측정하기에 얼마나 적합한지를 알아보는 것이다. 즉 척도로 측정한 값이 사물 혹은 사건의 특성을 얼마나 잘 설명해주며, 다른 사건의 측정치와의 관련성을 얼마나 명확하게 표시해주느냐에 따라 척도에 대한 평가가 내려진다. 이를 사전에 판단할 수 있는 기준으로는 세 가지가 있다. 첫째는 연구자의 직관에 의한 방법이다. 척도는 흔히 연구자의 직관에 따라 만들어지며, 측정 과정이 정확하다면 직관에 의해 적절하다고 판단된 척도로 유용한 측정치를 얻을 수 있을 것이다. 둘째는 척도가 가진 특성을 적절히 이용했느냐에 관한 것이다. 즉 앞에서 설명한 척도의 특성과 측정 대상이 가진 특성이 적절한지를 판단해야 한다. 마지막으로 척도의 유용성을 판단해보아야 한다. 척도가 자료 수집 과정에서 발생할 수 있는 여러 가지 오류 등에 대해 너무 민감하다면 유용성이 떨어지는 것이다. 또한 척도의 특성상 발생할 수 있는 오류의 양이 얼마나 큰지도 판단해보아야 한다.

3. 척도의 구분

척도를 구분하는 방법은 무척 다양하고 복잡하다. 이러한 이유 중의 하나는 척도는 필요한 사람이 자의적으로 만들기도 하고 다른 사람이 만든 척도를 원래의 목적과는 다르게 사용하기도 하기 때문이라고 할 수 있다. 그러나 여기서는 척도를 구분하는 방법을 크게 두 가지로 분류하고자 한다. 첫 번째는 자료 수집적인 측면으로, 수집된 자료를 사용하는 방법에 따른 분류다. 두 번째는 분석적인 측면으로, 수집된 자료를 이용해 측정값을 찾아내는 데 따른 분류다. 이 분류는 척도 하나하나의 특성을 독립적으로 구분하기보다는 특정 척도의 성격이 두 개의 차원으로 구성된다는 것을 나타낸다고도 할 수 있다. 또한 어떤 척도는 두 개의 분류에 모두 해당하지만, 어떤 척도는 하나의 척도 분류에만 해당할 수도 있다. 많은 사회과학 관련 문헌에서 볼 수 있는 쌍대비교법 같은 척도는 주로 자료 수집적 측면에만 해당하며, 합계등급법(summated rating) 등은 자료 수집과 분석적 측면의 구분에 모두 해당할 수 있다.

(1) 자료 수집적 측면의 구분

자료 수집적 측면의 구분은 연구자가 앞에서 설명한 여러 이론적인 측면에서 척도의 특성을 조합한 후 이 특성을 모두 포함하면서 효과적으로 자료를 수집할 수 있는 방법으로 나눈 것이다. 즉 연구자가 사용하고자 하는 척도가 어떤 접근법을 사용하든지 간에 실제로 응답자의 반응을 측정하기 위해서는 차이발생법, 등급법, 양적 판단법 등을 사용하게 된다.

1) 차이발생법

차이발생법(variability method)은 기본적으로 서열측정에 의한 방법으로서, 뒤에서 설명할 양적 판단 방법과 구별된다. 차이발생법에는 쌍대비교법, 순위법, 항목순위법 등이 있다.

① 쌍대비교법

쌍대비교법(paired comparison)이란 두 개의 자극(stimulus)을 한 쌍으로 만들어 그 두 개의 자극 중에서 어느 한쪽이 다른 것보다 더 좋다든가, 어떤 특성을 더 많이 가지고 있다든가를 비교해 판단하게 하는 것이다. n개의 자극이 있다면 $[n(n-1)/2]$개의 쌍이 나오게 된다. 예를 들어, 연필이 잘 써지는 정도에 대해 네 개 상표의 연필을 조사하기로 했다고 하자.

【표 5-3】 측정 자료

상표	1	2	3	4
1	×	○	1	1
2	1	×	1	1
3	○	○	×	○
4	○	○	1	×

【표 5-4】 수정 자료

상표	2	1	4	3	합
2	×	1	1	1	3
1	○	×	1	1	2
4	○	○	×	1	1
3	○	○	○	×	○

[표 5-3]에서 '1'이란 수는 열에 있는 상표가 행에 있는 상표보다 뛰어난 경우를 뜻한다. 측정 자료에서 '1'이 모두 위쪽에 삼각형 모양으로 위치하도록 상표의 위치를 바꾸면 [표 5-4]의 수정 자료가 된다. 이 수정 자료에서 각 상표 간의 순위를 알아볼 수 있다.

이러한 쌍대비교법에서 문제가 되는 경우는 쌍을 비교한 측정치 간에 모순성(intransitivity)이 있을 때다. 즉 상표 1이 2보다 뛰어나고 상표 2가 3보다, 그리고 3이 4보다 뛰어나다고 평가하고, 다시 상표 4가 1보다 뛰어나다고 평가하는 경우다(circular triad). 이렇게 응답에 일관성이 없을 때는 그 모순성의 정도가 얼마나 심각한지를 고려해 전체 상표의 순위를 결정해야 한다. 이 방법은 각 쌍에서 어느 자극이 얼마만큼 강한지 표시하게 하거나 두 자극이 차이가 없다는 응답을 할 수 있게 척도를 만들 수도 있다.

② 순위법

순위법(ranking)은 여러 개의 측정 대상이 가진 특정 속성의 정도에 따라 측정 대상의 순위를 정하는 방법이다. 즉 네 개의 다른 상표의 연필을 응답자에게 제시하고 연필이 잘 써지는 정도에 따라 그 순위를 정하게 하는 것이다. 순위법은 일반적으로 일상생활에서 자주 경험해 익숙하며, 비교적 응답이 쉽고 시간이 적게 드는 장점이 있다. 그러나 비교해야 할 대상의 수가 많아지면 순위를 정하는 데 필요한 시간과 노력이 급격히 증가하며, 중간에 해당하는 대상들의 순위를 정하는 데 어려움이 따른다. 보통 대상이 다섯 개 이상 되면 비교상의 어려움이 따르는 것으로 알려져 있다. 순위법의 변형으로는 전체 자극 중에서 상위 몇 개만 선택하게 하거나, 상위에 선택된 것을 가지고 쌍대비교법으로 재측정하는 방법이 있다.

③ 항목순위법

항목순위법(ordered category sorting)은 여러 개의 측정 대상을 특정 속성을 가지고 있는 정도에 따라 순서대로 몇 개의 집단으로 나누는 것을 말한다. 예를 들면, 스무 개의 세탁비누를 잘 닦이는 정도에 따라 '아주 잘 닦임', '보통으로 닦임', '잘 안 닦임'의 세 항목으로 표시되는 집단으로 분류하는 것이다. 이 방법은 자극의 수가 열다섯 개 이상으로 많을 때 매우 유용하며, 특히 응답자가 자극에 대해 순위를 매길 정도로 정확히 알지 못할 때 많이 쓰인다.

이 방법은 연구 상황에 따라 각 항목 집단에 해당될 자극의 수를 미리 지정하는 방법과 그렇지 않은 방법이 있고, 각 항목을 서열 수준에서 측정하는 방법과 등간 수준에서 측정하는 방법이 있다. 원래 차이발생법에서는 서열측정을 원칙으로 하지만, 각 항목을 등간 수준에서 측정할 경우에는 다음에 나올 등급법이나 양적 판단법과 구분이 모호해진다.

2) 등급법

등급법(rating method)은 가장 흔히 사용되고 또한 사용하기 쉬운 척도법의 하나다. 등급법의 표현 방법에는 숫자를 이용한 방법(numeric method), 그래프를 이용한 방법(graphical method), 언어를 이용한 방법(verbal method) 등이 있는데, 보통은 숫자와 언어를 이용한 방법이 많이 쓰인다.

[표 5-5]는 흔히 쓰이는 등급법의 예를 보여준다. (a)는 좌측에 숫자(1~5)를 각 항목의 설명 옆에 붙여두어 그 항목의 차이를 숫자로도 표시해주는 것이며, (b)는 숫자로는 표시하지 않은 채 언어로만 표시를 한 것이다. (c)는 모든 항목을 글로 설명해주지 않고 중간중간만 설명한 경우로, 중간 항목을 설명할 글이 적당하지 않을 때 이용한다. 그리고 (d)는 기준점을 제시한 예다.

등급법은 앞에서 설명한 항목순위법이나 다음에 설명할 양적 판단법과 매우 유사한 기법이며, 등급법으로 측정한 항목을 서열측정으로 간주하느냐, 등간측정으로 간주하느냐에 따라 어느 척도와 비슷한지 결정된다고 할 수 있다. [표 5-5]에 있는 모든 예에서 척도의 종류는 엄격한 의미에서는 각 항목 간의 차이가 동일하다(exactly same)고 할 수 없으므로 서열측정이라 할 수 있으나, 항목 간에 거의 비슷한 정도의 차이가 있다고 가정한다면 등간측정으로 볼 수도 있다. 일반적으로 서열측정의 경우에는 적용할 수 있

【표 5-5】 등급법의 예

(a)	(b)
(5) 매우 잘 닦임	- 전적으로 동의함
(4) 잘 닦임	- 동의함
(3) 보통 수준임	- 그저 그럼
(2) 잘 안 닦임	- 동의 안 함
(1) 아주 안 닦임	- 절대 동의 안 함
(c)	**(d)**
5 ☐ 꼭 투표한다	☐ 보통 수준보다 상당히 좋다
4 ☐	☐ 보통 수준보다 좋다
3 ☐ 투표할지 안 할지 모르겠다	☐ 보통 수준이다
2 ☐	☐ 보통 수준보다 나쁘다
1 ☐ 절대 투표하지 않는다	☐ 보통 수준보다 상당히 나쁘다

는 분석기법이 비모수통계기법으로 제한되고, 등간측정으로 간주할 경우는 적용 가능한 통계기법이 많으므로 분석의 편의상 등간측정으로 간주해 사용한다. 등급법을 등간측정으로 간주할 경우에는 양적 판단법과 유사하며, 등급법을 서열측정으로 간주할 경우에는 항목순위법과 유사하게 사용된다. 이러한 특성으로 인해 등급법은 항목순위법과 양적 평가법을 모두 포함하는 일반적 기법의 개념으로 사용하기도 한다. 일반적으로 유목척도(itemed category scale)나 비교등급척도(comparative rating scale), 리커트 평가척도(Likert rating scale)가 등급법에 속하는 방법이다.

3) 양적 판단법

양적 판단법(quantitative judgment method)은 조사자가 등간 수준에서 측정을 원할 경우에 사용하는 방법으로, 직접판단법, 비율분할법, 고정총합척도법 등이 있다.

① 직접판단법

이 측정법은 앞의 등급법과 거의 동일한 방법이며, 단지 그 측정치를 등간측정이나 비율측정으로 간주하는 것에서 차이가 난다.

직접판단법(direct judgment method)은 [그림 5-2]와 같이 가능한 반응을 항목으로 규정하는 반응제한방법(limited response category)과 자유로이 반응할 수 있는 반응자유방법(unlimited response category)으로 크게 나눌 수 있다.

(b)와 같은 경우는 특정 숫자 이외에는 선택할 수가 없으나 (a)는 자유롭게 일직선상에 자신의 반응을 표시할 수 있다. 반응자유방법은 정확하게 자신의 의견을 표시할 수는 있으나 표기 시에 오차가 발생할 여지가 있으며, 이 자료를 후에 집계할 때 어려움

【그림 5-2】

반응 방법의 분류

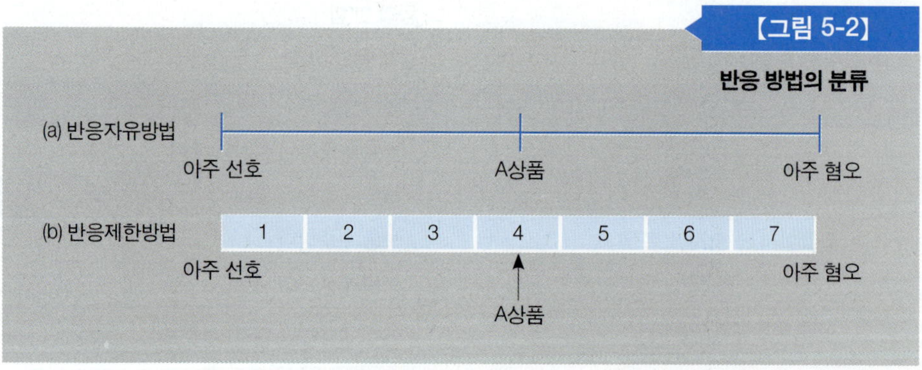

이 많아진다. 반면에 반응제한방법은 정확히 자신의 의견과 척도가 일치하지 않을 경우 오차가 발생할 수 있으나 집계와 분석이 용이하기 때문에 응답자가 (a) 방법이 요구하는 정도로 확실한 의견을 갖고 있지 못할 때는 (b) 방법이 더 타당한 방법이라고 볼 수 있다.

② 비율분할법

비율분할법(fractionation method)이란 응답자에게 기준이 되는 자극과 조사하고자 하는 자극 두 개를 주고, 특정 속성에 대해 그것들 간의 비율을 숫자로 표시하게 하는 방법이다. 예를 들어, 설탕과 그린스위트(효소감미제)를 주고 설탕의 단맛을 1로 했을 때 그린스위트의 단맛을 숫자로 표시하게 하는 것이다. 그린스위트가 설탕보다 다섯 배 정도 더 단맛이 난다고 하면 '5'로 평가하는 방법이다. 이러한 방법은 응답자가 자극에 대해 정확한 평가를 할 수 있는 경우에는 많은 정보를 가지고 있어 바람직하나, 응답자가 자극에 대해 모호한 개념을 가지고 있을 때는 사용하지 않는 것이 좋다.

③ 고정총합척도법

고정총합척도법(constant sum method)은 응답자에게 일정한 수를 주고 이를 평가 대상에 대해 할당하도록 하는 방법이다. 보통 10이나 100을 상대적인 중요도나 선호도에 따라 할당하는 방식을 취하는데, 그 예는 [표 5-6]과 같다.

이 척도법은 측정 결과가 비율측정인 자료를 얻을 수 있다는 점에서 분석상 유리한 장점이 있으나, 평가 대상이 많아지면 점수를 할당하는 데 상당한 어려움이 따르는 단점이 있다. 그러나 평가 대상의 수를 조절하면 간편하게 사용할 수 있어 자주 이용된다.

지금까지 양적 판단법의 기법에 대해 알아보았다. 이 기법들로 측정한 자료는 등간측정이나 비율측정으로 간주되나, 다음과 같은 문제점이 있다. 응답자 자신이 생각하는 척도항목(scale unit), 즉 기준점을 설명하는 언어 수에 대한 인식이 개인별 또는 시간별로 다를 수가 있다. 또한 척도의 가장 끝에 위치하는 기준점에 대한 인식이 다를 수 있으며, 심한 경우에는 동일 시기에 동일인에게 측정할 때도 질문 문항에 따른 차이가 나타날 수 있다. 이와 같은 문제점이 있으나 많은 연구자가 이러한 척도를 등간측정이나 비율측정으로 간주하고 분석하는 것을 관행으로 받아들인다.

【표 5-6】 고정총합척도법을 이용한 문항의 예

[예] 귀하께서 컴퓨터 구입 시 다음의 속성들을 고려한다고 할 때, 중요시하는 정도에 따라 100점을 분할하여 할당하시오.

기 종	( )
디 자 인	( )
가 격	( )
호 환 성	( )
애프터서비스	( )
합 계	100

(2) 자료 분석적 측면의 구분

자료 분석적 측면의 구분은 자료를 평균, 최소제곱법, 그래픽 방법을 통해 최종 측정값을 구하는 방법을 말한다. 즉 이들 측정치를 분석에 사용하기 위해서는 서열측정으로 가정하고 있는 차이발생법은 물론이고 등간측정, 비율측정으로 가정하고 있는 양적 판단법도 척도 모형에 의한 변환을 필요로 한다. 양적 판단법의 경우에는 간단한 처리를 하면 되지만, 차이발생법은 서열측정을 등간측정으로 바꾸는 변환이 필요하다. 이 척도 모형은 자극을 분석하는 기법과 응답자를 분석하는 기법으로 나눌 수 있다.

1) 자극을 분석하는 기법

자극을 분석하는 기법으로는 서스톤 V 척도 모델과 어의 차이 척도법이 있다. 서스톤 V 척도 모델은 주로 차이발생법에서 얻은 서열측정을 등간측정으로 바꾸어주는 모델이며, 어의 차이 척도법은 양적 판단법에서 측정치를 분석하는 방법이다.

① 서스톤 V 척도 모델

서스톤 V 척도 모델은 쌍대비교법과 같은 차이발생법에 의해 수집된 서열측정을 등간측정으로 바꾸어주는 모델로서 서스톤 완전 모델(complete model)의 단순한 형태다.

서스톤 척도 모델은 크게 다섯 가지 단계의 모델로 나눌 수 있다. 이 모델의 가정은 인간이 측정 자극을 평가할 때는 그 자극의 속성 등에 대해 주관적으로 속성이 어느 정도라고 판단하는 것이 아니라, 그 속성을 표현하는 여러 다른 속성의 수준과 비교하는 과정(discriminal process)을 거친다는 것이다. 이와 같은 가정하에서 서스톤 척도 모델은 자극의 쌍대비교를 통해 평가한 집단의 비율 차이로부터 등간측정의 자료를 찾아내

【그림 5-3】

서스톤 척도 모델을 이용한 두 자극의 비교

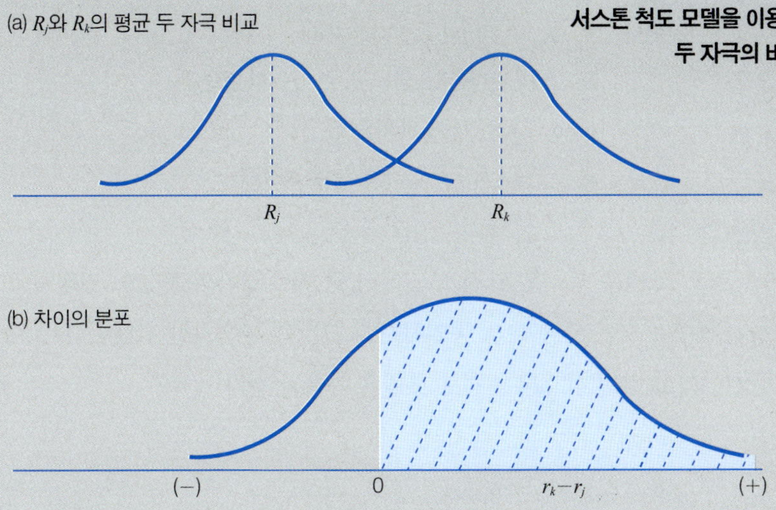

는 방법이다.

예를 들면, 제품 A와 B와 C의 선호도를 측정하고자 할 때 A를 B보다 더 선호하는 집단이 전체의 80%이고, B를 C보다 선호하는 집단이 55%라면 A, B의 척도값의 차이가 B, C의 척도값의 차이보다 더 크다는 것을 쉽게 알 수 있다. 정확한 척도값의 계산 방법은 모델의 기본 원리를 설명한 후에 예시하기로 한다.

서스톤 척도 모델의 기본 원리는 [그림 5-3]과 같다. 사람들에게 어떤 자극 j와 k를 주었을 때, 사람들은 이 자극 j와 k가 가진 특성으로 이 자극들을 판단하는데, 시간에 따라 각각의 자극이 가진 특성의 수준을 다르게 판단한다.

이렇게 각각의 자극 j와 k가 가진 특성의 수준을 판단하는 데 차이가 나는 것을 분포로 표시하면 [그림 5-3]의 (a)와 같다. 이 그림은 각 개인의 주관적인 분포를 나타내준다. 이 분포에 따라 사람들이 각 자극을 평가할 때(자극 j와 k를 비교했을 때) 그 차이($r_k - r_j$)가 이루는 분포는 (b)와 같다. 즉 자극 k가 자극 j보다 특정 속성의 수준이 높다고 생각하는 확률이 빗금 친 부분이 되는 것이다. 조사자의 임무는 응답자가 특정 자극 두 개를 비교해 응답한 것 중 한 자극을 다른 자극에 비해 얼마나 더 선호하느냐의 비율을 측정해 각 자극의 등간측정 값을 구해내는 것이다.

서스톤 완전 모델은 다음과 같다.

$$R_j - R_k = Z_{jk}\sqrt{\sigma_j^2 + \sigma_k^2 - 2\rho_{jk}\sigma_j\sigma_k}$$

여기에서 $R_j - R_k$: 자극 j와 k의 직선거리
Z_{jk} : j가 k보다 선호되는 경우 비율의 표준값
σ_j^2, σ_k^2 : 자극 j, k평가의 분산
ρ_{jk} : 자극 j, k의 특성 수준들의 상관계수

서스톤 V 척도 모델은 서스톤 완전 모델에서 각 자극평가의 분산이 일정하고 각 자극 간의 상관계수가 모든 쌍에 대해 동일하다고 가정해 단순화한 모델이다. 즉 $\sigma_j^2 = \sigma_k^2$이며 $\sigma_{jk} = \sigma(V_{jk})$라고 하면 서스톤 V 척도 모델은 다음과 같다.

$$R_j - R_k = Z_{jk}\sqrt{2\sigma^2(1-\sigma)}$$

이 수식에서 $\sqrt{2\sigma^2(1-\sigma)}$는 상수가 되므로 이를 '1'로 보아도 등간측정을 구하는 데는 큰 문제점이 없다. 그러므로 앞의 수식은 $R_j - R_k = Z_{jk}$가 된다.

100명의 가정주부를 대상으로 다섯 개 상표의 커피 맛을 비교하는 예를 통해 서스톤 V 척도 모델로 등간측정을 구하는 과정을 알아보자. [표 5-7]은 다섯 개 커피 상표의 선호를 쌍대비교법으로 조사해 계산해낸 각 상표의 선호 비율을 보여준다.

여기서는 서스톤 척도 모델 중 가장 간단한 형태인 서스톤 V 척도 모델만을 소개하기로 한다. 여기서 보면 82%의 주부가 A상표보다 B상표를 좋아하는 것을 알 수 있다. 이 표의 자료를 가지고 각 비율의 정규 분포에서의 표준값(Z)을 계산해 [표 5-8]에 정리했다. 이 Z값은 부록의 통계표에서 찾을 수 있다.

【표 5-7】 관찰된 선호 비율

상표	선호 상표				
	A	B	C	D	E
A	0.05	0.82	0.69	0.25	0.35
B	0.18	0.50	0.27	0.07	0.15
C	0.31	0.73	0.50	0.16	0.25
D	0.75	0.93	0.84	0.50	0.59
E	0.65	0.85	0.75	0.41	0.50

【표 5-8】 선호 비율에 따른 Z값

상표	선호 상표				
	A	B	C	D	E
A	0	0.92	0.50	−0.67	−0.39
B	−0.92	0	−0.61	−1.48	−1.04
C	−0.50	0.01	0	−0.99	−0.67
D	0.67	1.48	0.99	0	0.23
E	0.39	1.04	0.67	−0.23	0
합계	−0.36	3.45	1.55	−3.37	−1.87
평균(Z)	−0.072	0.690	0.310	−0.674	−0.374
R^*	0.602	1.484	0.984	0	0.300

서스톤 V 척도 모델로 등간측정의 값을 구하려면 [표 5-8]에서 각 상표의 열의 Z값을 더한 값을 상표 수로 나누어주면 되는데, A상표의 등간측정의 값은 $Z=-\frac{0.36}{5}=-0.072$가된다. 이 값은 모든 상표값의 평균에서 벗어난 정도를 표시한다. 이 값들을 간편하게 이용하기 위해서는 다섯 개의 상표 중 특정 상표의 값을 기준으로 하여 그 값을 0으로 하고 다른 값들을 조정하면 된다. 예를 들어, D상표를 기준으로 하면 다른 모든 상표 측정치에 0.674를 더해주면 된다.

이 모델로 전환한 등간측정의 값이 얼마나 정확한지 간단히 평가해보려면 등간측정의 값을 이용해 쌍대비교 했을 때의 선호 비율을 역으로 계산해보면 된다.

A와 B의 등간측정의 차이는 (0.602−1.484=−0.882)가 되며, −0.882에 대응하는 Z값에 의한 확률은 (1−0.81=0.19)가 된다. 즉 19% 정도가 A를 B보다 선호한다고 예상할 수 있다. [표 5-7]에서 나타난 A를 B보다 더 선호하는 비율이 18%이므로 상당히 정확하다고 할 수 있다. 이런 검증 방법 외에 다른 방법 등을 통한 검증에 의해서도 서스톤 V 척도 모델은 상당히 타당한 방법임이 밝혀졌다.

지금까지 알아본 서스톤 V 척도 모델을 정리하면 다음과 같다.

㉠ 개인이나 비슷한 특성을 지닌 집단은 자극 j와 k의 쌍대비교에서 시간이나 사람에 따라 평가에 차이를 보인다.

㉡ 각 자극이 주어지면 개인은 자극평가의 차이에 따른 분포를 이루게 되고, 각 자극평가의 분산은 동일하며 자극평가 간의 상관관계는 일정하다.

㉢ 척도값은 각 자극의 모든 Z값을 더해 그 평균을 구하여 얻을 수 있다.

㉣ 등간측정의 값은 각각의 자극 중 일정 값을 기준으로 하여 정할 수 있다.

이 모델의 평가는 등간 수준에서 측정된 값으로 선호 비율을 계산하고 이를 실제값과 비교해 평가한다.

② 어의 차이 척도법

어의 차이 척도법(semantic differential scale)은 양적 판단법으로 자료를 수집할 때 자료 분석 과정에서 요인 분석 등과 같은 다변량 분석에 적용이 용이하도록 자료를 얻을 수 있게 해주는 방법이다.

어의 차이 척도법의 일반적인 형태는 척도의 양극단에 서로 상반되는 형용사나 표현을 붙인 5~7점 척도다. 이에는 다시 '가볍다, 무겁다'와 같이 서로 대립되는 두 개의 설명을 이용해 척도를 구성하는 방식과 '달다, 달지 않다'와 같이 어느 한쪽의 설명만을 이용해 척도를 구성하는 방식이 있다. 양극단을 이용하는 경우 척도의 중앙점은 어느 한쪽에도 속하지 않는 중립점(neutral point)이 되나, 한 극단만을 이용한 척도는 중앙점이 중립점을 의미하지 않는다. 여성 의류 상표 이미지를 이용한 어의 차이 척도법의 예는 [그림 5-4]와 같다. 이를 이용해 A, B 두 여성 의류 상표의 프로파일 분석(profile analysis)을 하기 위해서는 많은 응답자의 응답을 종합해야 한다. 이 방법은 등간측정을 가정하고 있으므로 각 척도점에 (+3, +2, +1, 0, −1, −2, −3) 등의 수를 부여해 항목

【그림 5-4】

어의 차이 척도법

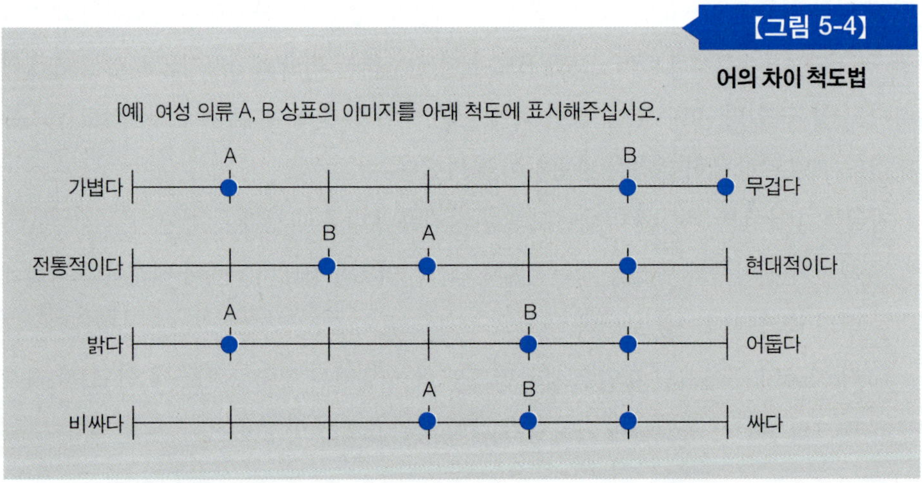

【그림 5-5】

A, B 상표의 대조 프로파일

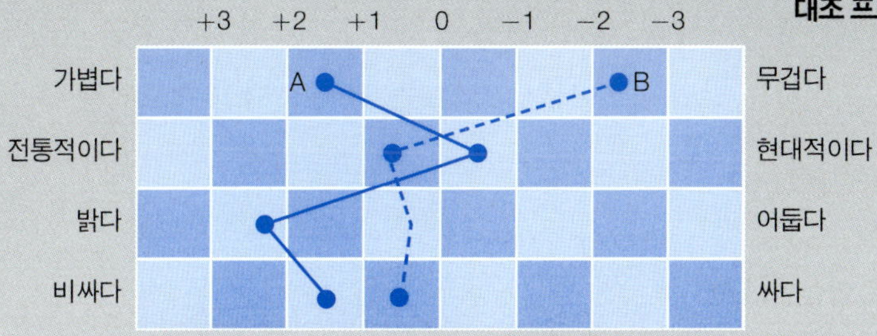

별로 각 소비자의 응답에 대한 평균값과 분산값으로 A, B 상표에 대한 이미지 차이를 비교할 수 있다. 이러한 조사의 결과가 [그림 5-5]에 예시되어 있다.

이 프로파일 분석 결과, A는 현대적이면서 밝은 옷이고 B는 고전적이면서 어두운 옷이라고 인식되는 것으로 나타났다. 이 방법을 간단히 한 것이 스타펠 척도(stapel scale)다. 이는 대개 하나만의 설명을 이용하며 앞의 프로파일 분석에서와 같이 각 척도점을 수로 제시해줌으로써 평가와 분석이 보다 용이한 방법이다.

이보다 조금 확장된 어의 차이 척도법의 목적은 어떤 자극의 속성에 대해 그 속성에 대한 찬반 정도와 그 속성을 얼마나 선호하는지를 모두 조사해 그 속성에 대한 태도를 알아보려는 데 있다. 이와 같은 척도의 예가 리커트 형태 척도법(Likert type scale)이다. 이 경우에는 각 문항이 개별적으로 분석되며, 척도의 합을 통한 분석은 불가능하다. 이에 대한 예는 [표 5-9]와 같다.

【표 5-9】 리커트 형태 척도법을 이용한 문항의 예

[예] 다음 문장들에 대하여 적당한 항목에 표시하시오.

	반대	약간 반대	어느 쪽도 아님	약간 동의	동의
1. 영화나 연극 감상을 자주하는 편이다	1	2	3	4	5
2. 신문을 읽는 것보다 TV 보는 것을 좋아한다	1	2	3	4	5
3. 야당보다는 여당을 더 지지하는 편이다	1	2	3	4	5
4. 남이 알려준 상표에 더 신뢰감이 간다	1	2	3	4	5

2) 응답자를 분석하는 기법

앞에서 알아본 서스톤 V 척도 모델과 어의 차이 척도법은 주로 자극 접근법에 의한 척도 방법이다. 응답자를 분석하는 기법은 응답자가 가진 태도 등을 측정해 응답자에게 점수를 부여하는 방법이다. 이런 기법에는 리커트 합산 척도법과 Q-소트 기법이 있다.

① 리커트 합산 척도법

리커트 합산 척도법(Likert summated scale)은 여러 개의 항목으로 응답자의 태도를 측정하고, 해당 항목에 대한 응답을 종합(합산)해 평가 대상 응답자에 대한 전체적인 태도를 측정하는 방법이다. 이와 비슷한 것으로 리커트 형태 척도법(Likert type scale)과 서스톤 동일 의미 등간 척도법(Thurstone equal-appeal interval scale)이 있다.

【표 5-10】 리커트 합산 척도법을 이용한 문항의 예

	강한 찬성 (1)	찬성 (2)	중립 (3)	반대 (4)	강한 반대 (5)
A 냉장고는 전기료가 많이 든다					

리커트 합산 척도법은 평가 속성에 관련된 여러 개의 문항으로 구성된 평가 항목에 대해 찬성과 반대의 정도를 나타내도록 한 척도로서, 각 항목에 대한 평가를 평균해 측정값을 얻게 된다. 이때 전제되는 조건은 각 항목이 동일한 개념을 측정하기 위한 항목으로 구성되어야 한다는 것이다. 만약 각 항목이 상이한 개념을 측정하게 된다면 측정값을 종합할 수 없기 때문이다.

리커트 합산 척도법을 개발하는 단계는 다섯 단계로 나눌 수 있다.

㉠ 조사자는 특정 자극이나 관심사에 대한 태도를 표시하는 문항을 만든다. 이 문항들은 확실하게 동의적이거나 비동의적인 표현을 포함해야 한다. 또한 각 문항은 거의 동등한 중요도를 가진 태도로 표시되어야 한다.

㉡ 각 문항에는 3~10개 정도의 척도 항목 구분이 있어야 하며, 각 척도 항목에 수치를 부여한다. 가장 많이 쓰이는 것이 5점 또는 7점 척도다.

㉢ 조사자는 이 문항들로 조사하려는 집단의 일부 사람에게 사전조사를 해야 한다.
㉣ 표본으로 뽑힌 사람들은 각 문항에 응답을 하고 이 응답 점수를 개인별로 합해 총점을 계산한다.
㉤ 항목들 중에서 개인별 총점과 각 항목 점수 간에 상관계수가 높은 문항을 선택한다.

실제로 조사할 경우에는 이렇게 선택된 문항들(보통 20~25개)로 네 번째 단계를 수행하게 된다. 사전조사나 본 조사를 위한 리커트 합산 척도법의 예는 [표 5-10]과 같다.

리커트 합산 척도법은 각 항목과 총점의 상관계수가 일정하게 높으면 큰 문제가 없고 사용하는 데 신뢰도와 편의성을 얻을 수 있다. 그러나 잘못 구성된 리커트 합산 척도법을 사용하면 서로 다른 태도를 가진 사람들의 응답 총점이 동일한 경우가 발생할 수도 있는데, 이 척도의 분석으로는 동일한 점수를 갖는 응답자들이 동일한 태도를 가진 것으로 결론지을 수 있는 단점이 있다. 그러나 일반적으로 이런 단점이 있기는 하지만 이 방법은 여러 조사 분야에서 많이 쓰이는 척도법의 하나다.

② Q-소트 기법

Q-소트 기법(Q-sort technique)은 주로 특정 자극에 대해 비슷한 태도를 가진 사람들을 분류하거나, 특정 집단 사람들이 비슷한 태도를 지니고 있는 자극이나 대상을 분류하는 기법으로 활용된다.

Q-소트 기법은 응답자로 하여금 특정 기준에 따라 문항들을 분류해 측정 대상을 나누게 한다. 이 기법의 개발 과정은 리커트 합산 척도법과 유사한 점이 많다.

㉠ 조사자는 문항들을 분류할 기준을 찾아야 한다. 잘 쓰이는 기준으로는 '가장 좋아하는, 가장 싫어하는' 혹은 '가장 만족한, 가장 불만족한' 등이 있다. 이런 기준을 정하는 것은 특정 문항을 분류할 기준이 한 개 이상일 때 혼돈을 피할 수 있기 때문이다.
㉡ 분류할 문항을 선택해야 한다. 일례로 광고에 대한 문항으로는 '재미있다, 멋있다, 내용이 있다……' 등이 있다. 이 문항을 선택하는 것은 그리 쉬운 작업이 아니며, 보통 6~120개의 문항을 선택한다.
㉢ 응답자들로 하여금 각 문항들을 1단계에서 정한 기준에 따라 나열한 소집단에 지

정된 수만큼 나누게 한다. 예를 들어, 100개의 문항을 11개의 소집단에 나누는 경우는 [표 5-11]과 같다. 이렇게 정규 분포에 따라 지정된 수로 나누게 되면 정규 분포를 이용한 통계기법을 사용할 수 있게 된다.

㉣ 각 문항에 소집단의 순서대로 점수를 부여한다. 즉 소집단 5에 속한 문항들에는 5점을 부여하는 것이다.

【표 5-11】 Q-소트 기법의 문항 구분의 예

가장 싫어함 (1) — 가장 좋아함 (11)

소집단	1	2	3	4	5	6	7	8	9	10	11
적정 문항 수	2	4	8	12	14	20	14	12	8	4	2

이렇게 각 개인들로부터 조사를 한 후에는 각 문항의 점수를 개인별로 비교해 상관분석, Q-타입 요인분석, 군집분석 등을 통해 개인 간의 유사성을 찾아서 응답자를 분류하게 된다. 이 분석이 리커트 합산 척도법과 다른 점은 측정치의 총점이 아닌 응답자들 간 측정치의 유사성에 주안점을 둔다는 것이다.

이 척도는 시간이 적게 들고 여러 분석 방법에 이용할 수 있다는 장점이 있으나, 문항 수와 응답자 수가 늘어나면 처리하기가 힘들며, 그에 따른 비용도 과다하다는 단점이 있다. 또한 강제로 각 소집단에 적정 수를 지정했다는 것과, 이 응답 항목들로 측정하고자 하는 자극이나 태도가 대표될 수 있는지에 대한 의문이 남게 되는 것도 사실이다.

4. 척도 선택 시 고려 사항

연구자가 앞에서 설명한 자료 수집 척도법을 선택할 때 고려해야 할 사항은 다음과 같다.

연구 목적을 달성하기 위해 적용해야 할 분석기법과 자료 획득의 용이성 정도를 고려해, 측정 결과 얻은 자료가 이산형(nonmetric-명목·순위 측정)이어야 할 것인지 아니면 연속형(metric-등간·비율 측정)이어야 할 것인지를 판단해야 한다. 앞에서 설명한 척도는 얻게 되는 자료에 의한 분류나 일관성 있는 기준에 의한 분류가 아니라, 단지 각 척도가 가진 독특한 형식에 따라 분류한 것이므로 해당 척도에 의해 어떠한 자료를 얻게 될 것인지를 고려해 선정해야 할 것이다.

척도의 형태를 선택한 다음에는 척도 구성을 해야 한다. 이때 고려해야 할 사항은 척도점의 수와 척도점의 기준점(anchoring)이다. 기준점은 각 척도점에 해당하는 평가 속성에 대한 수준을 말로 기술해놓은 것으로, 이 기준에 따라 응답 결과에 상당한 영향을 미칠 수 있다.

척도점의 수가 너무 적으면(4점 척도 이하) 분석 시 응답자의 태도 정도(수준)를 정확히 밝힐 수 없으며, 분석에 어려움이 따른다. 한편 척도점의 수가 너무 많으면(7점 척도 이상) 조사자가 각 척도에 적합한 설명을 붙이기가 어려워지고, 이를 이용한 응답자들의 평가에도 어려움이 있다. 그러나 측정하고자 하는 속성의 수준을 보다 정확히 반영할 수 있고 분석이 용이해진다는 장점은 있다. 이러한 연속형 자료를 이용한 대부분의 통계적 분석기법은 측정값의 분산을 기본으로 하므로 척도점의 수가 많을수록 측정값의 분산도가 커지며, 분산도의 차이가 크게 나타나야만 분석 결과가 명확해지기 때문이다.

척도점의 수를 정하고 나면 각 척도점에 응답의 편의를 위해 설명을 붙이게 되는데, 이때 기준점을 정하는 방식에 따라 응답에 영향을 미칠 수 있다. 중립점을 두는 경우와 중립점을 두지 않는 경우가 가장 좋은 예인데, 중립점을 두면 별다른 생각 없이 중립점에 표시해버리는 중립화 경향의 영향을 많이 받을 수 있으며, 중립점을 두지 않는 경우에는 실제로 중립적인 태도를 가지는 응답자도 강제로 어느 한쪽으로 평가해야 된다는 문제점이 있다. 그러나 중립점의 영향은 질문 항목의 특성에 따라 달라진다. 특히 그 질문 항목에 대해 잘 모르거나 응답자의 견해가 명백히 있더라도 그 견해를 밝히지 않으려는 경우에는 문제가 된다. 중립점을 둘 때는 중립점의 좌우에 해당하는 척도점의 수가 동일해야 하며, 각 척도점의 수준이 좌우 균형을 이루도록 해야 한다.

또한 측정 척도점에 설명을 붙일 경우 척도점의 양극단에만 설명을 붙이는 경우와 중간중간 건너서 붙이는 경우에 따라 응답에 영향을 미칠 수 있다. 양극단에만 붙이는 경우에는 응답자마다 척도점의 간격에 대한 인식이 달라서 서로 상이한 속성의 수준일 경우에도 동일한 척도점에 표시를 할 수 있으므로 측정값이 일관성 있는 속성의 수준을 나타내주지 못할 수도 있다. 한편 중간중간 건너서 설명을 붙일 경우에는 응답이 설명이 붙어 있는 척도점에 상대적으로 몰리는 경향이 있어서 측정에 오류가 생길 가능성도 있다.

이상과 같은 점을 고려해 척도의 종류와 척도점을 결정해 정확한 측정값을 구할 수 있도록 해야 하며, 본 조사 전에 세심한 사전 테스트를 거쳐 수정, 보완하는 것이 바람직하다.

이 장의 요약

일반적으로 측정이라고 하면 전문가가 어떤 물건의 크기나 무게 등을 도구를 이용하여재는 것을 생각하지만, 측정은 사실 우리가 일상생활에서 항상 하고 있는 행위다. 미팅을 할 때 파트너의 키가 몇인지 눈으로 측정하며 생김새도 측정한다. 그러나 이러한 측정은 이론에 대한 검증이 이루어지지 않아 과학적인 측정이라고는 할 수 없다. 과학적 측정을 위해서는 정확한 도구가 있어야 한다. 그리고 측정하고자 하는 개념이 무엇이며, 이를 어떻게 조작화했으며, 얼마나 객관적으로 측정했는가에 따라서도 측정의 결과는 달라지게 된다.

측정은 경험의 세계와 추상적인 관념의 세계를 연결하는 수단이라고 할 수 있다. 여기서 경험의 세계는 숫자를 통하여 객관적으로 표현된 것을 의미하며, 관념의 세계는 이론 및 조작적 정의라고 할 수 있다. 따라서 측정이란 이론을 구성하는 개념을 현실 세계에서 관찰이 가능한 자료와 연결해주는 과정이라고 할 수 있다.

측정은 그 수준에 따라 명목측정, 서열측정, 등간측정, 비율측정으로 나눌 수 있다. 명목측정은 측정 대상의 특성을 분류하거나 확인할 목적으로 숫자를 부여하는 것이다. 서열측정은 측정 대상 간의 순서 관계를 밝혀주는 것으로 측정 대상의 특정한 속성으로 판단하여 측정 대상 간에 대소나 고저 등의 순위를 부여하는 것이다. 등간측정은 속성에 대한 순위를 부여하되 순위 사이의 간격을 동일하게 측정하는 것을 말한다. 비율측정은 등간측정이 갖는 특성에 추가로 측정값들 사이의 비율 계산이 가능한 방법이다. 자료가 담고 있는 정보의 양은 명목측정, 서열측정, 등간측정, 비율측정 순으로 많아지며, 자료의 양이 많으면 많을수록 보다 정밀한 분석 방법의 사용이 가능하다.

측정의 종류는 측정 방법과 측정값의 차이가 나는 원인에 따라 구분할 수 있다. 측정 방법이란 측정한 어떤 사물 혹은 사건의 측정값이 가지고 있는 의미로 추론측정, 임의측정, 본질측정으로 나눌 수 있다. 추론측정이란 어떤 사물이나 사건의 속성을 측정하기 위해, 관련된 다른 사물이나 사건의 속성을 측정하는 것이다. 임의측정이란 일시적으로 어떤 사물의 속성과 측정값 간에 관계가 있다고 가정하고 측정하는 것을 말한다. 즉 연구자가 생각하는 특정 개념이 자신이 생각하는 조작적 정의에 의한 척도로서 측정된다고 가정하고 측정하는 것을 말한다. 본질측정은 어떤 사물의 속성을 표현하는 본질적인 법칙에 따라 숫자를 부여하는 것을 말한다. 즉 다른 사물이나 다른 속성을 개입시키지 않고 해당 속성만을 고려하는 것으로서 가장 기본적인 측정이라고 할 수 있다.

측정값의 차이가 나는 원인에 따른 구분은 측정이 무엇을 대상으로 이루어지는가에 관한 것으로 응답자 중심 접근법, 자극 중심 접근법, 반응 중심 접근법으로 나눌 수 있다. 응답자 중심 접근법이란 특정 자극에 대하여 응답자들 간의 응답치 차이를 조사하여 응답자들의 개인적인 차이를 알아보려는 것이다. 자극 중심 접근법이란 특정 응답자에 대하여 자극이 가지고 있는 특성에 대한 응답치의 차이를 조사하여 자극들의 특성 차이를 알아보려는 것이다. 반응 중심 접근법이란 자극들에 대한 응답치를 조사하여 응답자의 개인 특성의 차이와 자극 특성의 차이를 동시에 알아보려는 것으로, 이는 응답자의 차이와 자극의 차이에 모두 관심이 있는 것이다.

척도란 측정하고자 하는 대상에 부여하는 숫자들의 체계를 말한다. 척도를 자료 수집의 측면으로 분류하면 차이발생법, 등급법, 양적 판단법을 사용하게 되는데, 차이발생법에는 두 개의 자극을 비교하는 쌍대비교법, 자극을 속성의 정도에 따라 순위를 정하는 순위법, 자극을 특정 속성을 가진 정도에 따라 순서대로 몇 개의 집단으로 나누는 항목순위법이 있다. 등급법에는 숫자나 그래프 또는 언어를 이용하여 등급을 표시할 수 있다. 양적 판단법에는 등급법과 같이 직접 속성에 값을 부여하는 직접판단법, 기준이 되는 자극과 조사하고자 하는 자극의 비율을 표시하게 하는 비율분할법, 응답자에게 일정한 수를 주고 이를 평가 대상에 대해 할당하도록 하는 고정총합척도법, 여러 문장 중에서 가장 많이 동의하는 문장을 이용하여 대상을 평가하게 하는 서스톤 등간척도가 있다.

자료 분석의 측면에 따라 분류를 하면, 자극을 분석하는 기법과 응답자를 분석하는 기법으로 나눌 수 있다. 자극을 분석하는 기법에는 차이발생법에서 얻은 서열측정을 등간측정 형태로 바꾸어 주는 서스톤 V 척도 모델과 어의 차이 척도법이 있다. 응답자를 분석하는 기법에는 여러 개의 항목으로 태도를 측정하고 해당 항목에 대한 응답을 종합하여 평가 대상에 대한 전체적인 태도를 측정하는 리커트 합산 척도법과 특정 자극에 대해 비슷한 태도를 가진 사람들을 분류하기 위한 Q-소트 기법이 있다.

척도의 선택 시에는 연구 목적을 근거로 하여 사용할 분석 기법과 자료 획득의 용이성 정도를 고려하여 척도점의 수를 적절하게 정하여 가장 효율적이 될 수 있는 방법을 선택해야 한다.

주요용어

측정, 속성, 개념적 정의, 조작적 정의, 명목측정, 서열측정, 등간측정, 비율측정, 절대영점, 추론측정, 임의측정, 본질측정, 자극, 반응, 응답자 중심 접근법, 자극 중심 접근법, 반응 중심 접근법, 차이발생법, 등급법, 양적 판단법, 척도의 기준점, 쌍대비교법, 순위법, 항목순위법, 유목척도, 비교등급척도, 리커트 평가척도, 직접판단법, 비율분할법, 고정총합척도법, 서스톤 V 척도 모델, 어의 차이 척도법, 선호, 선호 비율, 중립점, 프로파일 분석, 리커트 합산 척도법, Q-소트 기법, 사전조사

참고문헌

Blalock, H. M. (1982), "Conceptualization and Measurement," *Social Sciences*, Sage Publications, Inc., California.

Bohrnstedt, G. W. and E. F. Borgatta (1981), *Social Measurement*, Sage Publications Inc., California.

Dooley, David (2001), *Social Research Methods*, Fourth edition, Prentice Hall.

Green, P. E. and D. S. Tull (1988), *Research for Marketing Decision*, 4th ed., Prentice-Hall, N. J.

Henkel, R. E. (1976), "Tests of Significance," *Sage Sercies*, Vol. 4, Sage Publications, California.

Kalton, G. (1983), "Introduction to Survey Sampling," *Sage Series*, Vol. 35, Sage Publications, California.

Mackay, D. B. and S. Chaiy (1982), "Parameter Estimation for the Thurstone Case III Model," *Psychometrika*, Vol. 47, pp.353~359.

Milton, L. (1981), "Magnitude Scaling, Quantitative Measurement of Opinions," *Sage Series*, Vol. 25, Sage Publications.

Singleton, Royce A. (1999), *Approaches, to Social Research*, Third Edition, Oxford University Press.

Torgerson, W. S. (1958), *Theory and Methods of Scaling*, John Wiley and Sons, N. Y.

연습문제

1. 측정의 역할에 대해 논하시오.
2. 명목측정, 서열측정, 등간측정, 비율측정의 각 기준을 들고, 척도별로 이용 가능한 분석 방법과 그 실례를 들어보시오.
3. 조사자가 자료 수집 척도법을 선택할 때 고려해야 할 사항들을 설명해보시오.
4. 차이발생법, 등급법, 양적 판단법의 종류를 들고 각 척도들의 장점과 단점에 대해 설명하시오.

제6장

신뢰성과 타당성

01 서론
02 오차
03 신뢰성
04 타당성

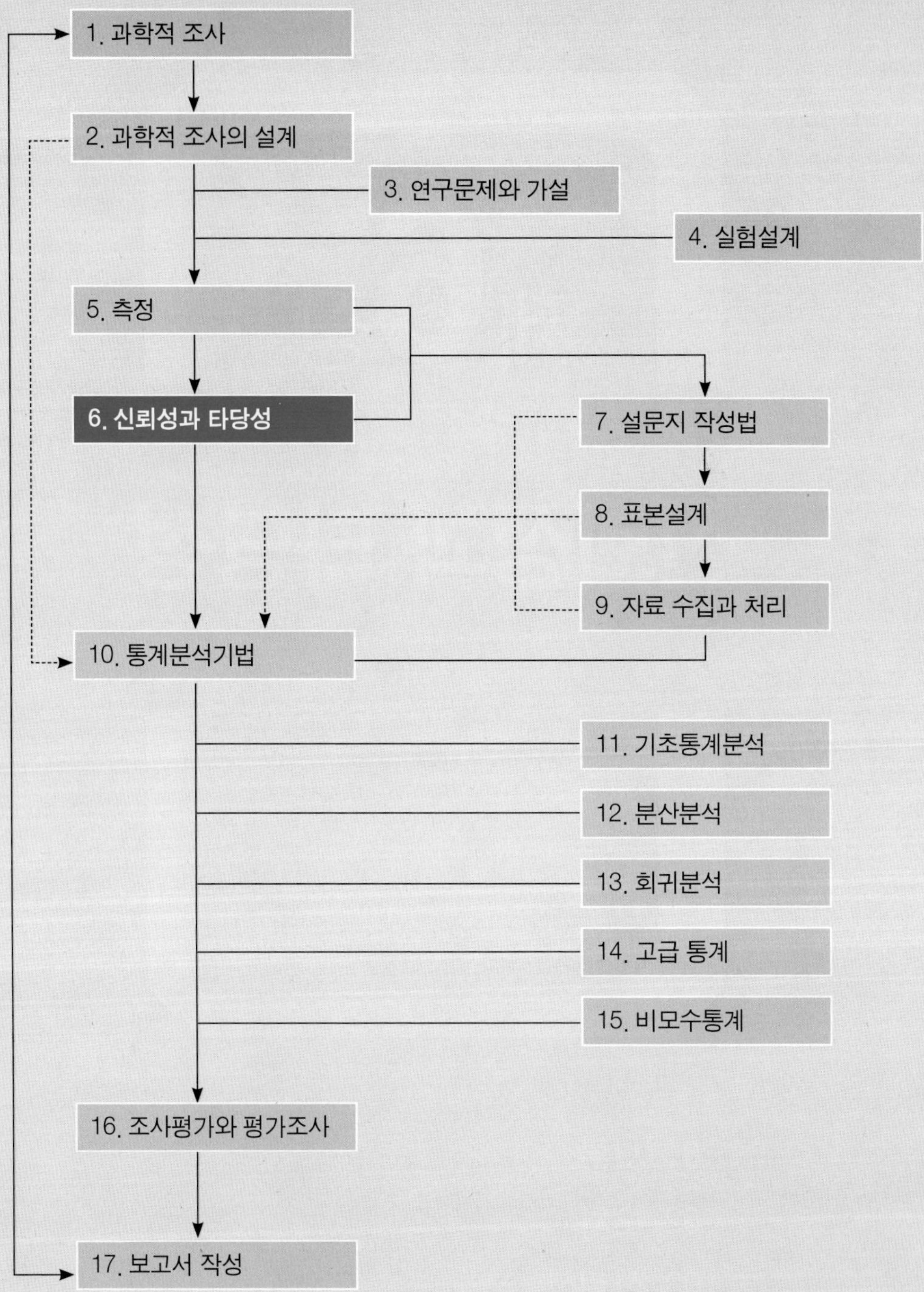
1. 과학적 조사
2. 과학적 조사의 설계
3. 연구문제와 가설
4. 실험설계
5. 측정
6. 신뢰성과 타당성
7. 설문지 작성법
8. 표본설계
9. 자료 수집과 처리
10. 통계분석기법
11. 기초통계분석
12. 분산분석
13. 회귀분석
14. 고급 통계
15. 비모수통계
16. 조사평가와 평가조사
17. 보고서 작성

01 서론

어떠한 현상을 설명하거나 가설을 검증하기 위해서는 개념을 측정해 사용해야 한다. 개념을 측정할 때는 우선 측정 결과가 정확하고 믿을 만한 것인지를 알아보아야 한다. 즉 신뢰성과 타당성을 알아보아야 하는 것이다. 신뢰성이란 유사한 측정도구 혹은 동일한 측정도구를 사용해 동일한 개념을 반복해 측정했을 때 일관성 있는 결과를 얻는 것을 말한다.

예를 들어, 몸무게를 측정한다고 가정해보자. 저울을 사용해 동일한 사람의 몸무게를 측정했는데 처음 측정할 때는 65kg이 나왔다가, 두 번째는 60kg, 세 번째는 69kg이 나왔다면, 측정 시기마다 다른 측정값을 갖기 때문에 측정 결과의 신뢰성은 낮다고 할 수 있다. 타당성은 측정하고자 하는 개념을 정확히 측정했느냐를 의미한다. 즉 몸무게를 측정하기 위해서는 저울을 사용해야 하는데 줄자를 사용했다면 측정 결과의 타당성이 낮다고 할 수 있다. 이러한 신뢰성과 타당성의 개념을 통계적으로 설명하는 것이 오차다.

02 오차

측정하고자 하는 사회현상과 측정의 숫자 체계가 직접적으로 연결 가능한 경우라면 측정상의 오차는 거의 발생하지 않을 것이다. 그리고 측정하고자 하는 속성을 정확히 반영할 수 있는 측정도구가 있다면 측정은 정확하고도 쉽게 이루어질 것이다. 그러나 이는 이상일 뿐 실제로는 그렇지 못한 경우가 더 많다. 앞장에서도 언급했듯이 사회과학에서 흔히 사용되는 변수의 속성을 측정하는 경우는 그 속성을 규명하는 것도 어려울 뿐만 아니라, 측정도구를 완벽하게 개발하기 어렵기 때문에 측정상의 오차가 거의 모든 경우에 발생한다. 측정 시 발생하는 오차의 원인에는 여러 가지가 있으나 대표적인 것으로 다음의 몇 가지를 들 수 있다.

첫째, 측정 시점에 따라 측정 대상자의 상태가 변화해 측정의 결과를 왜곡하는 것으로, 측정 대상자의 기분, 피로도, 건강 상태 등이 측정에 영향을 미칠 수 있다. 예를 들면, 측정 대상자가 같은 사람이라도 감기에 걸린 상태에서 시험을 보는 것과 그렇지 않은 상태에서 보는 것과는 결과가 다를 가능성이 높다.

둘째, 측정이 이루어지는 환경 요인의 변화에 영향을 받는 것으로, 시험을 보는 경우 같은 사람이라도 일반적으로는 시끄럽고 산만한 환경보다 조용해 집중이 용이한 환경에서 보다 시험 성적이 좋을 가능성이 높다.

셋째, 측정 방법 자체가 가진 문제로서, 자료 수집 방법이나 설문지 내용 등 측정도구가 불완전해 조사자의 의도가 명확히 전달되지 않고 측정 대상자마다 다르게 해석해 결과가 왜곡되는 경우를 들 수 있다. 예를 들면, 소득을 물어볼 경우 응답자는 월 소득인지 연 소득인지 다르게 해석할 수 있으며, 월평균 소득이라 정하더라도 보너스와 기타 부수입을 포함하는지 또는 포함하지 않는지 다르게 해석할 수 있다.

넷째, 측정도구와 측정 대상자의 상호작용으로서, 측정도구에 대한 익숙한 정도, 반응 형태 등이 여기에 해당한다. 예를 들면, 미국 등에 유학을 가기 위한 영어 시험인 토플을 두 번 보는 경우 측정도구에 대한 익숙함 효과가 포함되어 첫 번째 시험보다 두 번째 시험을 더 잘 치를 수 있다.

다섯째, 측정자와 측정 대상자 간의 상호작용으로, 측정하는 사람의 신분이나 태도 등에 따라 측정 대상자가 영향을 받는 것이다. 예를 들면, 측정자가 친절할수록 보다 호의적인 답변을 얻어낼 가능성이 있다.

그 외에도 측정된 자료의 분류와 처리 과정에서 오차가 발생해 왜곡된 결과를 낳거나 틀린 해석을 할 가능성 등이 있다.

이상의 원인으로 발생하는 오차는 체계적 오차(systematic error)와 비체계적 오차(random error)로 나눌 수 있는데, 체계적 오차란 측정 대상에 어떠한 영향이 체계적으로 미침으로써 그 오차가 항상 일정한 방향으로 일어나 측정 결과가 모두 높아지거나 또는 모두 낮아지는 경향을 보이는 것이다. 즉 체계적 오차는 오차가 일정하게 또는 한쪽으로 치우쳐(biased) 있다. 반면 비체계적 오차는 측정자의 피로나 기억 또는 감정의 변동 등과 같이 측정 대상, 측정 과정, 측정 수단, 측정자 등에 일관성 없이 영향을 미침으로써 발생하는 오차로, 이것은 인위적인 것도 아니고 체계적인 것도 아니므로 오차의 값이 다양하게 분산되며, 상호상쇄(self-compensation)되는 경향도 있다. 즉 비체계적 오차는 무작위(random)로 발생하는 것이고, 체계적인 오차는 항상 일정한 방향으로 작용하는 편향(bias)이라고 할 수 있다.

이상의 설명을 간단한 식으로 나타내면 다음과 같다.

$$Q_m(\text{측정값}) = T_s(\text{실제값}) + S_e(\text{체계적 오차}) + R_e(\text{비체계적 오차})$$

신뢰성과 타당성을 측정의 오차와 관련지어보면, 타당성은 체계적 오차와 관련된 개념이고 신뢰성은 비체계적 오차와 관련된 개념이다. 신뢰성과 타당성에서 주의해야 할 점은 이 두 개념이 존재 개념이 아니라, 정도의 개념(matter of degree)이라는 것이다. 그러므로 신뢰성이나 타당성이 '있다, 없다'라는 표현보다는 신뢰성과 타당성이 '높다, 낮다'라고 표현하는 것이 정확할 것이다. 이를 측정값의 확률 분포도를 이용해 나타내보면 [그림 6-1]과 같다.

(1)은 측정값이 참값으로부터 일정한 방향으로 치우쳐 있어 체계적 오차가 크며, 측정값의 분산이 커서 비체계적 오차도 큰 경우다. 따라서 타당성과 신뢰성이 모두 낮다.

【그림 6-1】

측정값의 확률 분포도로 본 신뢰성과 타당성

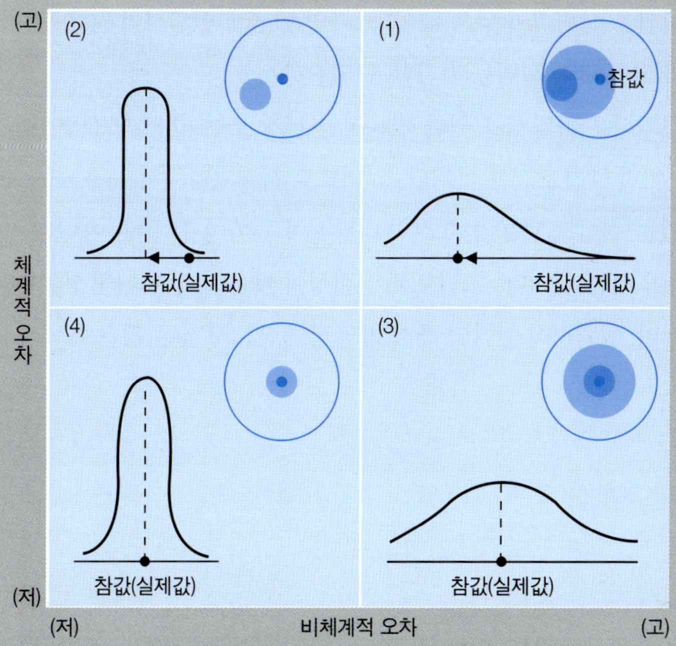

(2)는 측정값의 분산은 매우 적으나 측정값이 참값으로부터 일정한 방향으로 여전히 치우쳐 있어서 비체계적 오차는 작지만 체계적 오차가 큰 상태다. 따라서 신뢰성은 높으나 타당성은 낮다.

(3)은 측정값이 참값을 중심으로 분포되고는 있으나 측정값의 분산이 매우 커서 체계적 오차는 작지만 비체계적 오차는 크다. 따라서 타당성은 높으나 신뢰성은 낮다.

(4)는 측정값이 참값의 주변에 밀집되어 있고 분산도 적어서 타당성과 신뢰성이 모두 높은 측정이 이루어진 상태다. 따라서 측정상의 오차가 가장 적으므로 가장 이상적인 측정이 이루어졌다고 할 수 있다.

신뢰성과 타당성의 관계는 다음과 같다.

첫째, 신뢰도가 높다고 해서 반드시 타당성이 높다는 것을 의미하지는 않는다. 예를 들어, 야구공을 멀리 던지는 능력으로 건강을 측정하는 경우 야구공을 열 번 던져 그 던진 거리가 일정하다면 이 측정 방법은 신뢰도가 높다고 할 수 있다. 그렇다고 해서 이 방법이 건강을 측정하는 데 타당성이 높다고 이야기할 수는 없다.

둘째, 신뢰성이 낮으면 타당성을 말할 수가 없다. 예를 들어, A에서 Z까지의 알파벳 중에서 무작위로 추출하여 단어시험을 보는 경우 타당성은 비교적 높다고 할 수 있다. 그러나 A로 시작하는 단어시험과 B로 시작하는 단어시험 간의 결과가 판이하게 다르다면 이 단어시험은 신뢰성이 낮은 것이다. 과연 이렇게 신뢰성이 낮은 단어시험을 가지고 그 사람의 영어 단어 실력을 평가할 수 있을까?

이와 같이 신뢰성은 타당성을 위한 기본적인 전제 조건이다. 즉 신뢰성은 타당성을 위한 필요조건이지 충분조건은 아니다. 그러므로 사회과학에서 사용되는 측정도구를 이용해 의미 있는 실험 결과를 얻으려면 타당성이 높아야 할 뿐만 아니라 측정도구의 신뢰성도 높아야 하는 것이다. 그러므로 신뢰성이 낮은 측정의 타당성을 따진다는 것은 의미가 없으며, 신뢰성이 높다고 해서 타당성이 반드시 높은 것은 아니다.

03 신뢰성

1. 신뢰성의 개념

신뢰성(Reliability)이란 유사한 측정도구 혹은 동일한 측정도구를 사용해 동일한 개념을 반복 측정했을 때 일관성 있는 결과를 얻는 것을 말한다. 신뢰성은 안정성(stability), 일관성(consistency), 예측 가능성(predictability), 정확성(accuracy), 의존 가능성(dependability) 등으로 표현될 수 있는 개념이다. 예를 들어, 고무줄은 동일한 대상을 재더라도 측정할 때마다 다른 측정값을 갖기 때문에 고무줄이라는 측정도구의 신뢰성은 낮다고 할 수 있다.

신뢰성의 의의는 어떤 조사 결과가 부정확한 측정 자료에서 우연히 발견된 것이 아니라는 결과에 대한 확신을 줄 수 있다는 것이지만, 연구 결과와 그 해석을 위한 필요조건일 뿐 충분조건은 아니다.

측정값의 분산을 이용해 신뢰성을 보다 이론적으로 설명해보자. 측정을 통해 얻은 측정값은 참 성분(true component)과 오차 성분(error component)으로 이루어지며, 통계의 원리에 따라 측정값의 분산은 다음과 같이 표현할 수 있다.

$$V(X)=V(t)+V(e)$$

$V(X)$=측정값의 분산
$V(t)$=참 성분의 분산
$V(e)$=오차 성분의 분산

즉 측정값의 분산은 참 성분과 오차 성분의 분산의 합으로 표현할 수 있다. 여기서 신뢰성은 측정값의 분산에서 참 성분이 차지하는 비율로 정의할 수 있으므로 오차 분산이 크면 신뢰성은 낮아지고, 오차 분산이 작으면 신뢰성은 높아지게 된다. 따라서 신뢰도의 계수 $R(T)$는 다음의 식을 이용해 계산할 수 있다.

$$R(T)=\frac{V(e)}{V(t)}$$

$$R(T)=1-\frac{V(e)}{V(t)}=\frac{V(t)-V(e)}{V(t)}$$

2. 신뢰성 측정 방법

(1) 재검사법

재검사법(test-retest method)은 동일한 상황에서 동일한 측정도구를 사용해 동일한 대상을 일정한 간격을 두고 두 번 측정해 그 결과를 비교하는 것이다. 이때 두 측정값의 상관관계를 계산해 도출한 상관계수(correlation coefficient)로 신뢰성의 정도를 측정할 수 있다. 즉 상관계수가 높다는 것은 신뢰도가 높다는 것을 의미하고, 상관계수가 낮다는 것은 신뢰도가 낮다는 것을 의미한다. 그러나 이 방법을 사용하는 데는 다음과 같은 문제점이 있다.

첫째, 동일한 측정도구를 두 번 사용함으로써 처음에 이루어진 측정이 두 번째 측정에 영향을 미쳐 신뢰도가 실제보다 높게 측정될 가능성이 있다. 예를 들면, 처음 질문의 대답을 기억하는 응답자는 두 번째 질문에서 처음 질문과 똑같이 응답할 가능성이 많다. 따라서 측정의 시간 간격에 유의해야 하는데 보통 2주에서 4주 정도 시간 간격을 두는 것이 적당하다고 본다.

둘째, 시간이 지남에 따라 실제값이 변화하는 것을 통제할 수 없다는 점이다. 예를 들어, 대한민국의 이미지를 조사할 경우 G20회담을 개최하기 전과 후의 이미지는 다를 것이다. 여기서 측정 결과의 차이인 한국의 이미지는 조사자가 통제 불가능한 외생변수(G20회담 개최)에 의해 실제값이 변화하는데, 이 경우 조사자는 측정도구의 신뢰도가 낮다는 판단을 하게 될 것이다.

이러한 이유로 재검사에 의한 신뢰성 측정 방법은 실제 신뢰성을 과소 측정하거나 과대 측정할 가능성이 있다는 단점은 있지만, 측정도구 자체를 직접 비교할 수 있고 적용이 간편하다는 장점도 가지고 있다.

(2) 복수양식법

복수양식법(parallel-forms technique)은 대등한 두 가지 형태의 측정도구를 이용해 동일한 측정 대상을 동시에 측정한 뒤, 두 측정값의 상관관계를 분석해 신뢰도를 측정하는 방법이다. 이 측정 방법은 동일한 현상을 측정하는 데 사용될 유사한 측정도구를 개발하는 것이 어렵고, 개발한다 해도 대등한지 아닌지를 평가할 객관적 방법이 없다는 단점 때문에 잘 사용하지 않는다.

(3) 반분법

반분법(split-half method)은 측정도구를 임의로 반으로 나누어 각각 독립된 두 개의 척도로 사용함으로써 신뢰도를 측정하는 방법이다. 다시 말해서 조사 항목의 반을 가지고 조사 결과를 획득한 다음, 항목의 다른 반을 동일한 대상에 적용해 얻은 결과와 비교하는 방법이다. 예를 들어, 환경 친화성 정도를 측정하기 위해 30개의 설문 문항을 만들고, 이것을 15문항씩 나누어 측정을 해도 두 측정값에는 차이가 없어야 한다는 것이다.

반분법을 이용하기 위해서는 측정도구가 같은 개념을 측정한다는 것이 증명되어야 하며, 양분된 각 측정도구의 항목 수는 그 자체가 완전한 척도를 이룰 수 있도록 적어도 여덟 개 이상은 되어야 한다는 전제 조건을 충족해야 한다.

반분하는 방법은 보통 짝수 항목과 홀수 항목으로 나누는 방법을 쓰거나, 무작위로 항목을 반으로 추출해 나머지를 또 하나의 척도로 만드는 방법을 일반적으로 사용한다. 그러나 실제로는 두 부분을 따로 떼어 적용하는 것이 아니라, 내용적으로만 반으로 갈라 본래의 측정도구를 그대로 사용해 두 측정값의 상관관계를 계산한 후 신뢰도를 측정하는 것이다. 이때 보통 스피어맨-브라운 신뢰도 계수(Spearman-Brown Reliability Coefficient)를 이용하는데, 그 공식은 다음과 같다.

$$r_{xx'} = \{2r_{oe}/(1+r_{oe})\}$$

$r_{xx'}$: 본래의 신뢰도 계수

r_{oe} : 반분법으로 얻은 신뢰도 계수

(4) 내적 일관성

내적 일관성은 동일한 개념을 측정하기 위해 여러 개의 항목을 이용할 경우 크론바흐 알파(Cronbach's alpha) 계수를 이용해 신뢰도를 저해하는 항목을 측정도구에서 제외함으로써 각 항목의 내적 일관성을 높이는 방법이다. 이 신뢰도 계수의 계산 공식은 다음과 같다.

$$\alpha = \frac{k}{k-1}\left(1 - \frac{\sum_{i=1}^{n}\sigma_i^2}{\sigma_y^2}\right)$$

k=항목수

σ_y^2=총분산

σ_i^2=각 항목의 분산

앞의 공식에서 항목 내의 분산이 커서 신뢰도를 떨어뜨리는 항목은 제외함으로써 신뢰도가 높은 측정 항목만을 선별하게 된다. 즉 각 항목이 전체 신뢰도에 공헌하는 정도를 평가해 신뢰도를 떨어뜨리는 항목을 삭제함으로써 측정도구의 신뢰도를 향상시키는 것이다. 이 방법은 사전조사를 하여 신뢰도가 낮은 항목을 삭제한 뒤에 본 조사를 위한 측정도구를 개발할 때 이용하기도 하며, 조사가 끝난 뒤 신뢰도가 낮은 항목을 분석에서 제외할 때도 이용할 수 있다. 일반적으로 알파 계수가 0.6 이상이면 비교적 신뢰도가 높다고 본다.

3. 신뢰성을 높이는 방법

신뢰성은 비체계적 오차와 관련된 것이므로 최대한 비체계적 오차가 발생할 가능성을 줄이는 것이 신뢰도를 높이는 방법이 될 것이다. 비체계적 오차는 측정도구, 측정대상, 측정 상황 세 가지 측면에서 모두 발생할 수 있으므로 이러한 오차가 발생하지 않도록 예방을 하는 것이 가장 중요하다. 사회과학에서 신뢰도를 향상시키는 방안을 정리하면 다음과 같다.

① 측정 항목의 모호성을 제거한다. 설문지의 모호한 문구는 응답자마다 다른 해석을 가져올 수 있으므로 모든 응답자가 동일한 의미로 해석할 수 있도록 내용을 명확히 해야 한다.

② 측정 항목 수를 늘린다. 보통 동일한 개념이나 속성을 측정하는 항목의 수를 늘리면 늘릴수록 신뢰도는 높아진다. 이는 표본 수를 늘리면 측정된 값이 평균을 중심

으로 정규 분포를 이루게 되는 것과 같은 원리라고 할 수 있다. 즉 측정 항목이 많으면 측정값의 평균치는 측정하고자 하는 속성의 실제값에 가까워지게 되어 오차가 줄어들기 때문이다.

③ 중요한 질문의 경우 동일하거나 유사한 질문을 2회 이상 하는 방법이 있다. 두 가지 동일한 질문에 대한 응답을 조사해 응답의 신뢰도를 간단히 알아볼 수 있으며, 응답자로 하여금 보다 일관성 있는 응답을 하도록 유도할 수 있다.

④ 조사 대상자가 잘 모르거나 전혀 관심이 없는 내용은 측정하지 않는 것이 좋다. 모르거나 관심이 없는 경우에는 무성의한 대답을 하게 되므로 실제와는 전혀 다른 결과를 나타낼 가능성이 높다.

⑤ 조사자(면접자)의 면접 방식과 태도에 일관성이 있어야 한다. 일관성 없는 면접 방식이나 태도는 동일한 질문에 대한 응답자의 반응을 다르게 할 수 있기 때문이다.

⑥ 이전의 조사에서 이미 신뢰성이 있다고 인정된 측정도구를 이용하도록 한다.

04 타당성

1. 타당성의 개념

사회과학에서는 측정 대상을 간접적으로 측정해야 하는 경우가 대부분이기 때문에 타당성의 문제가 중요시된다. 여기서 타당성은 조사자가 알고자 하는 개념이나 속성을 측정하기 위해 개발된 측정도구가 실제로 그 개념과 속성을 얼마나 정확히 측정하느냐를 말한다. 아무리 측정값의 신뢰도가 높게 나타났다 하더라도 측정된 값 자체가 다른 속성이나 다른 개념을 측정한 것이라면 아무런 쓸모가 없는 것이다.

제4장에서는 타당성을 내적 타당성과 외적 타당성으로 분류했으나, 여기서는 측정과 관계된 타당성만을 다루기로 한다.

타당성(validity)은 측정하려고 하는 개념을 어떻게 정의했으며, 이 개념적 정의를 어떻게 조작적으로 정의를 내렸는가에 상당한 영향을 받는다. 어떠한 개념이나 정의를 하나의 조작적 정의로 표현하고 이것에 의해 측정을 할 수 있는 경우도 있겠으나, 하나

【그림 6-2】

타당성의 개념

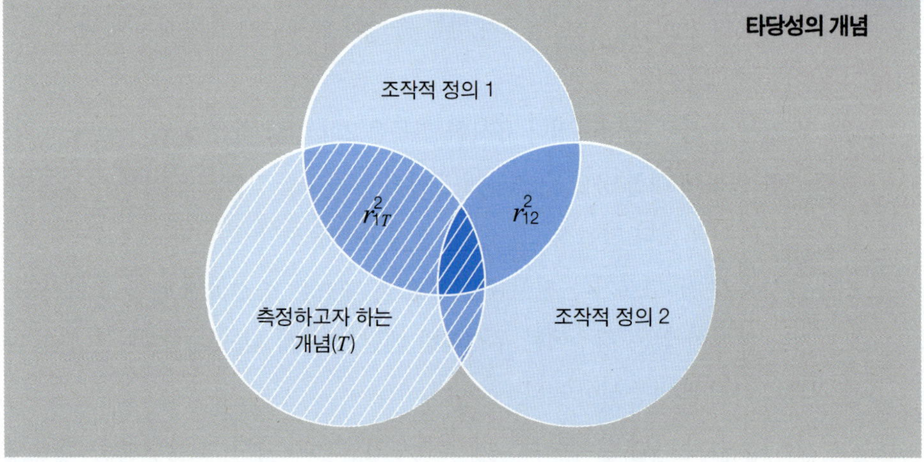

의 조작적 정의에 의한 측정 결과로 해당 개념을 정확히 측정했는지는 판단하기 어렵다. 따라서 여러 가지 조작적 정의를 이용해 측정을 하고 각 측정값 사이의 상관관계를 조사해 측정의 타당성을 평가하는 방법을 취해야 한다.

[그림 6-2]를 보면 측정하고자 하는 하나의 개념이 빗금을 친 원으로 나타나 있고, 조작적 정의 1과 2가 다른 원으로 나타나 있다. 보통 하나의 개념을 측정하고자 할 때 측정하고자 하는 개념의 실제값을 모르기 때문에 서로 상이한 여러 개의 조작적 정의를 사용하게 된다. 여기서 조작적 정의와 측정하고자 하는 개념이 완전히 일치하게 된다면 바로 그 조작적 정의가 측정하고자 하는 개념을 완벽하게 측정했다고 할 수 있으며, 타당도는 1.0이 된다. 또한 중복되는 범위가 작아질수록 타당성은 낮아진다고 할 수 있다.

따라서 타당성을 평가하기 위해서는 서로 다른 여러 개의 조작적 정의(항목)를 이용해 동일한 개념을 측정해야 하는데, 이때 각 측정값의 상관계수가 높을수록 타당성은 높다. 즉 서로 다른 조작적 정의 간의 공통 변량(중복되는 정도)이 클수록 동일한 개념을 측정했다고 볼 수 있으므로 타당성이 높다고 할 수 있다.

2. 타당성의 종류

타당성은 그 평가 방법에 따라 [그림 6-3]과 같이 내용타당성, 기준에 의한 타당성, 개

【그림 6-3】

타당성의 분류

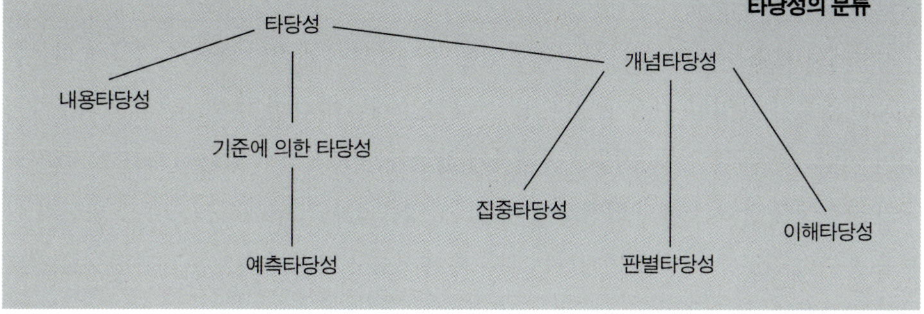

념타당성으로 나눌 수 있다.

일반적으로 내용타당성은 측정도구의 대표성(representative)에 관한 개념이며, 기준에 의한 타당성은 특정 변수 간의 통계적인 관계에 관한 개념이다. 그리고 개념타당성은 심리학적 특성의 측정과 관련된 개념으로, 측정 자체의 정확성과 관련이 있다.

(1) 내용타당성

내용타당성(content validity)은 측정도구 자체가 측정하고자 하는 속성이나 개념을 얼마나 대표할 수 있는지를 평가하는 것이다. 즉 측정도구가 측정 대상이 가진 많은 속성 중 일부를 대표성 있게 포함한다면 그 측정도구는 내용타당성이 높다고 할 수 있다. 예를 들어, 수리 능력을 평가하는 시험에서 계산 문제만 출제된다면 이것은 극히 지엽적인 문제만 출제된 경우이므로 내용타당성이 매우 낮다고 할 수 있다.

측정도구(항목)가 얼마나 대표성 있게 측정 대상의 개념을 측정하느냐는 조사자의 주관적 평가에 의해 달라지기 쉽다. 따라서 내용타당성을 높이기 위해서는 측정도구를 계획하는 과정에서 미리 내용타당성을 확보할 수 있도록 계획하는 것이 바람직하다. 내용타당성을 확보하는 방법은 다음과 같다.

첫째, 측정도구의 모든 방법을 나열해 그것들로부터 무작위 표본추출(random sampling)을 한다.

둘째, 측정도구의 내용을 정확히 한다. 사지선다형 시험을 본다면 반드시 정답이 그 안에 포함되어야 한다는 것이다.

셋째, 측정도구가 순서대로 이루어지는 경우에는 순서를 일정하게 해야 한다.

다시 말해 내용타당성을 확보하는 방법은 측정에 참여하는 대상자 대부분이 측정에 불만이 없도록 하는 것이다.

이상에서 살펴본 바와 같이 내용타당성은 조사자의 주관적인 해석과 판단에 의존함으로써 착오가 개입될 여지가 많다. 또 추상적인 개념에 대한 내용타당성을 검토하는 것이 어렵고 통계적 검증 방법이 존재하지 않는다는 문제점이 있다. 그러므로 측정도구가 갖추어야 할 최소한의 타당성인 내용타당성을 높이기 위해서는 기존의 문헌과 이론을 충분히 검토해 개념을 구성하는 내용과 측정도구 사이의 관계를 객관적으로 검토하고 접근할 수 있어야 한다.

(2) 기준에 의한 타당성

기준에 의한 타당성(criterion-related validity)은 통계적인 유의성을 평가하는 것으로, 어떤 측정도구가 타당성이 높다고 한다면 측정도구에 의해 얻은 결과와 관련된 기준 또는 변수 간에 높은 상관관계가 존재해야 한다는 것이다. 즉 속성을 측정해줄 것으로 알려진 기준과 측정도구의 측정 결과인 점수 간의 관계를 비교해 타당성을 파악하는 방법이다. 특정한 기준에 대한 측정도구의 예측이 얼마나 정확한지를 평가하므로 예측타당성(predictive validity)이라고도 한다.

기준에 의한 타당성의 과정을 그림으로 나타내면 [그림 6-4]와 같다. 즉 어떤 측정도구로 대상의 속성을 측정해 얻은 측정값과 기준 사이의 상관관계가 기준에 의한 타당성 정도를 결정하게 된다. 예를 들어, 신입사원을 선발할 때 입사 성적이 높은 사람을 뽑았다면, 그 이유는 입사 성적이 입사 후 업무능력을 평가할 수 있는 기준이라고 생각하기 때문일 것이다. 만약 입사 성적이 높은 사람이 실제 입사 후 업무능력이 뛰어나다면 측정도구인 입사 성적과 입사 후 업무능력 간에 상관관계가 높다는 것을 알 수 있으므로 기준에 의한 타당성이 높다고 할 수 있다.

【그림 6-4】

기준에 의한 타당성

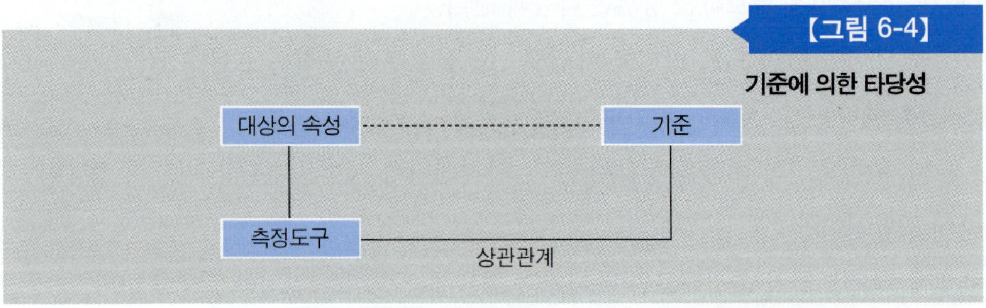

기준에 의한 타당성에서 주의해야 할 점은 측정도구에 의한 예측치와 기준을 혼돈해서는 안 된다는 것이다. 즉 앞의 예에서 입사 성적은 측정도구에 의한 예측치지만, 기준은 입사 후 업무능력을 말한다.

기준에 의한 타당성은 다음과 같은 몇 가지 문제점을 가지고 있다.

첫째, 예측과 기준 사이의 관계를 이야기하는 것은 쉬운 일이지만, 실제로 좋은 측정도구를 얻는 것보다 좋은 기준을 얻는 것이 더 어렵다.

둘째, 어떠한 기준은 기술적으로 사용하기가 곤란하고 지나치게 비용이 많이 들기도 한다. 또 어떤 경우에는 기준으로 사용하기 이전에 그 속성을 측정해야 할 때도 있다.

셋째, 기준의 모호성에 관한 문제를 갖고 있다. 현재 사용되는 기준이 쓸모없는 것인데도 새로운 측정을 평가하는 데 그 기준을 사용한다면 지식의 발전을 기대하기가 어려워질 것이다.

이러한 기준에 의한 타당성은 직접적으로 한 변수의 점수를 가지고 다른 변수의 점수로 일반화하려는 정도와 관련이 된다. 그러므로 측정도구와 기준 간의 상관관계는 일반화 가능성의 정도를 결정한다.

(3) 개념타당성

개념타당성(construct validity)이란 측정도구가 실제로 무엇을 측정했는가 또는 조사자가 측정하고자 하는 추상적인 개념이 실제로 측정도구에 의해서 적절하게 측정되었는가에 관한 문제로서, 이론적 연구를 하는 데 가장 중요한 타당성이다. '의도', '느낌'과 같이 측정하고자 하는 개념이 추상적일수록 측정이 개념타당성을 갖기는 더욱 어려워진다. 예를 들어, 개인의 환경 친화성 정도나 직원들의 업무 불만족과 같은 개념을 측정하는 경우 개념타당성의 문제가 발생할 수 있다.

개념타당성은 측정으로 얻는 측정값 자체보다는 측정하고자 하는 속성에 초점을 맞춘 타당성이라고 할 수 있다. 따라서 개념타당성은 논리적인 분석과 이론적인 체계 아래 개념 간의 관계를 밝히는 데 중점을 두고 평가되며, 이론의 구축에서 매우 중요하게 고려되어야 한다. 개념타당성은 크게 다음의 세 가지로 나뉜다.

1) 이해타당성

이해타당성(nomological validity)이란 특정 개념을 어떻게 이해하는지에 관한 것이다.

즉 이해타당성을 높이기 위해서 조사자는 관심이 있는 특정 개념과 관련 있는 모든 개념을 체계적으로 연결하는 이론적 구성도를 작성해 관련된 개념들로 구성된 모델에 측정 방법을 연결하려는 노력을 해야 된다. 또한 그 모델을 통해 계속적으로 모델을 평가하고 해석하며 관련된 다른 모델을 추론해 나가야 한다. 예를 들어, A라는 개념이 B라는 개념과 높은 상관관계를 가진다고 할 때 개념 A만을 측정하기보다는 B와 함께 측정하는 것이 높은 타당성을 갖게 되는 것이다.

2) 집중타당성

집중타당성(convergent validity)은 동일한 개념을 측정하기 위해 최대한 상이한 두 가지 측정 방식을 개발하고, 이에 따라 얻은 측정값들 간에 높은 상관관계가 존재해야 한다는 것이다.

3) 판별타당성

서로 다른 개념을 측정했을 때 얻은 측정값들 간에는 상관관계가 낮아야만 한다는 것이다. 즉 서로 다른 두 개의 개념을 측정한 측정값의 상관계수가 낮게 나왔다면 그 측정 방법은 판별타당성(discriminant validity)이 높다고 할 수 있다.

각각의 차이를 강조하기 위해 세 가지 타당성을 나누어 설명했지만, 세 가지 타당성은 서로 독립된 것이 아니라 상호 보완적인 것임을 알아야 한다.

이 장의 요약

사회과학에서는 사용되는 변수들의 속성을 측정할 때 그 속성을 규명하기도 어렵고, 완벽한 측정도구의 개발도 어렵기 때문에 측정상의 오차가 발생하기 쉽다. 이러한 오차는 여러 가지 원인으로 발생하는데, 측정 대상에 대하여 일정한 방향으로 영향을 미치는 체계적 오차와 일정한 방향이 없는 비체계적 오차로 나누어진다. 체계적 오차와 관련된 개념이 타당성이며, 비체계적 오차와 관련된 개념이 신뢰성이라고 할 수 있다.

신뢰성이란 동일한 개념에 대해 측정을 반복했을 때 동일한 측정값을 얻을 가능성을 말하는 것으로, 측정의 안정성, 일관성, 정확성 등과 관련된 개념이다. 신뢰성은 이론적으로 전체 분산에 대한 참 분산의 비율로 표시할 수 있는 것으로, 신뢰성의 측정 방법에는 측정 후 일정 기간이 지난 다음 다시 측정하는 재검사법, 최대한 비슷한 측정도구를 사용하여 비교하는 복수양식법, 측정도구를 반으로 나누어 비교하는 반분법, 항목 간의 평균적인 관계에 근거한 내적 일관성에 의한 방법이 있다. 신뢰성을 높이기 위해서는 측정도구, 측정 대상, 측정 상황에서 발생할 수 있는 비체계적 오차가 발생할 가능성을 줄이기 위해 노력해야 한다.

타당성이란 측정하고자 하는 개념을 얼마나 정확히 측정했느냐 하는 문제로, 평가 방법에 따라 내용타당성, 기준에 의한 타당성, 개념타당성으로 나누어볼 수 있다. 내용타당성은 특정한 측정도구의 대표성에 관한 개념으로, 대상자 대부분이 측정에 불만이 없어야 하는, 측정도구가 갖춰야 할 최소한의 타당성이다. 기준에 의한 타당성은 특정한 변수 사이의 통계적인 관계를 규명하는 것으로, 측정도구에 의해 얻은 측정치와 기준의 상관관계가 그 정도를 결정하게 된다. 개념타당성은 측정도구가 실제로 무엇을 측정했으며, 측정하고자 하는 추상적인 개념이 실제로 측정도구에 의해 적절하게 측정이 되었는지에 관한 문제로, 특정 개념의 이해와 관계된 이해타당성, 측정 방식과 관계 없어야 한다는 집중타당성, 다른 개념과는 상관관계가 판이하게 낮아야 한다는 판별타당성을 모두 갖추어야 한다. 이러한 타당성들은 서로 독립된 것이 아니라 서로 보완적인 관계라는 것을 이해해야 한다.

주요용어

측정도구, 측정상의 오차, 측정 시점, 체계적 오차, 비체계적 오차, 신뢰성, 안정성, 일관성, 예측 가능성, 정확성, 참 성분, 오차 성분, 신뢰도 계수, 오차 분산, 재검사법, 복수양식법, 반분법, 내적 일관성, 크론바흐 알파, 타당성, 내용타당성, 기준에 의한 타당성, 개념타당성, 예측타당성, 집중타당성, 판별타당성, 이해타당성, 측정도구의 대표성

참고문헌

Bechtoldt, H. P. (1959), "Construct Validity: A Critique," *American Psychologist*.

Campbell, D. T. (1957), "Factors Relevant to the Validity of Experiments in Social Settings," *Psychological Bulletin*, Vol. 54.

Campbell, D. T. (1960), "Recommendations for APA test Standards Reading Construct, Trait, or Discriminant Validity," *American Psychologist*.

Campbell, D. T. and D. W. Fisker (1959), "Convergent and Discriminant Validity by the Multitrait\f1 Multimethod Matrix," *Psychological Bulletin*.

Cook, T. D. and D. T. Campbell (1979), *Quasi,* Rand Mcnally.

Kerlinger, F. N. (1986), *Foundations of Behavioral Research*, 3rd ed.

Nunnally, J. C. (1978), *Psychological Theory*, 2nd ed., McGraw.

Zikmund, William G. (1997). *Business Research Methods*, fifth edition, Dryden Press.

연습문제

1. 사회과학 연구에서 신뢰성과 타당성의 중요성에 대해 논하시오.

2. 측정값의 확률분포로 본 신뢰성과 타당성의 각 경우를 그림으로 나타내고, 이에 대해 설명하시오.

3. 신뢰성에 대해 설명하고, 측정 방법에 대해 논하시오.

4. 신뢰성을 높이는 방법에 대해서 논하시오.

5. 타당성에 대해 설명하고, 집중타당성과 판별타당성을 구분하여 설명하시오.

제 7 장

설문지 작성법

01 설문지의 의의와 구성요소

02 설문지 작성의 일반적인 과정

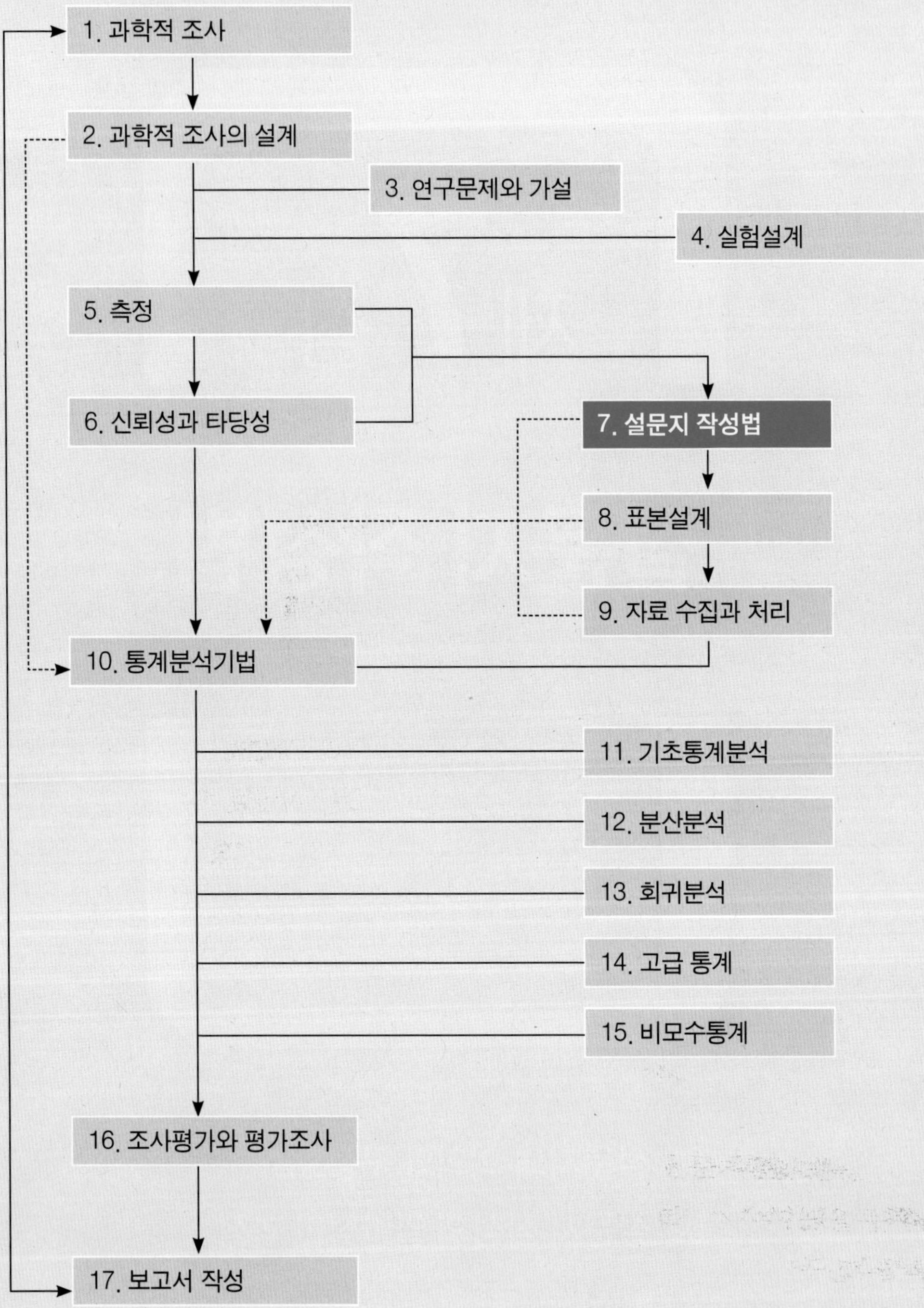
1. 과학적 조사
2. 과학적 조사의 설계
3. 연구문제와 가설
4. 실험설계
5. 측정
6. 신뢰성과 타당성
7. 설문지 작성법
8. 표본설계
9. 자료 수집과 처리
10. 통계분석기법
11. 기초통계분석
12. 분산분석
13. 회귀분석
14. 고급 통계
15. 비모수통계
16. 조사평가와 평가조사
17. 보고서 작성

01 설문지의 의의와 구성요소

1. 설문지의 의의

연구조사 과정에서 설문지는 조사 목적에 필요하고 유용한 자료를 수집하는 수단이며, 이를 통해 얻은 자료를 분석해 조사의 결론에 도달하는 데 없어서는 안 될 중요한 부분이다. 그러나 많은 연구가 설문지 작성의 오류로 인해 조사 목적을 달성하지 못한다. 즉 실사와 분석이 끝난 단계에서 의미 있는 결론을 이끌어내기 위한 자료가 불충분하다고 하여 모든 응답자를 다시 추적해 재조사하기는 불가능하기 때문에 이러한 잘못을 사전에 예방하고 연구 목적에 보다 적합한 자료를 얻어낼 수 있는 설문지를 작성하기 위해서는 치밀한 사전 준비 과정을 거쳐야 한다.

설문지 작성 시에는 필요한 정보의 종류와 측정 방법, 분석의 내용과 분석 방법까지 모두 고려해야 한다. 따라서 설문지의 완성 시점에는 이미 조사설계와 분석 방법이 결정된 상태여야 하며, 조사 결과에 대한 개괄적인 방향도 추정되어 있어야 한다. 일단 설문지가 작성되어 실사가 시작된 후에는 잘못된 부분을 발견했다 하더라도 그 부분의 교정이 어려우며, 만약에 그 잘못이 조사 결과에 치명적인 영향을 미친다고 판단되어 교정을 해야 할 경우에는 조사를 처음부터 다시 시작할 수밖에 없다. 이처럼 설문지는 1차 자료를 이용한 실증조사의 핵심이 되는 만큼 많은 시간과 노력이 설문지 작성에 투입되어야 한다. 그러므로 일단 설문지가 완성되면 조사의 절반 이상이 완료된 상태라고 봐도 무방하다.

설문지는 측정도구의 최종적인 형태로서 사회과학에서 특히 태도 등과 같은 심리적인 속성의 측정에 매우 중요하다. 사회과학 분야에서 일반적으로 다루는 연구변수는 추상적인 개념이 주를 이루기 때문에 측정하고자 하는 속성의 명확한 개념적 정의와 이를 측정 가능한 형태로 바꾸는 조작적 정의를 적합하게 내려야 하며, 가설 검증에 필요한 분석기법을 고려해 적합한 형태의 척도를 이용해야 한다. 또한 이러한 척도는 신뢰성과 타당성이 높도록 해야 한다.

이와 같이 설문은 연구조사 전반에 걸쳐 핵심 사항과 직결되는 것이므로 상당한 시간과 노력을 기울여 작성해야 한다. 그러나 숙련되지 않은 조사자는 설문지부터 성급히 만드는 경향이 있는데, 잘못된 설문을 사용하면 조사를 완전히 그르칠 뿐만 아니라 잘못된 연구 결과를 얻게 된다는 사실을 명심하고 신중하게 작성해야 할 것이다.

끝으로 한 가지 염두에 두어야 할 사항은 설문지의 구성은 경험적·기술적 차원의 문제와 관련된 사항이 많아서 일정한 원리나 이론을 적용하는 과학(science)이라기보다는 기술(art)의 성격을 띤다는 점이다. 특히 다른 언어로 작성된 설문을 번역해 사용할 경우에는 언어의 문화적 차이점을 신중히 고려해야 한다.

2. 설문지를 이용하는 이유

표준화된 설문지를 이용해 결과의 비교 가능성을 높일 수 있다는 것이 설문지 이용의 가장 중요한 이유다. 즉 모든 응답자에게 동일한 내용을 동일한 방식으로 질문하게 되므로 측정도구의 변화에 따른 측정의 오류를 최소화할 수 있기 때문에 결과의 신뢰성이 높아져 비교 가능성도 높아지게 되는 것이다. 또한 적합하게 작성된 표준화된 설문지를 이용하면 빠른 시간에 핵심 정보만을 선별해 비교적 객관적이고 솔직하며 정확한 정보를 입수할 수 있기 때문이다. 불필요한 내용은 설문지에서 삭제할 수 있고, 응답자가 무기명으로 직접 응답을 기록하는 경우에는 매우 솔직한 응답이 가능하며, 응답의 용이성과 정확성을 높일 수 있도록 응답 형태를 사전에 제시할 수 있다는 점이 설문을 이용하게 되는 주된 이유라고 할 수 있다.

3. 설문지의 구성요소

설문지를 작성할 때는 앞에서 설명한 이유들 때문에 가능한 한 표준화된 설문지 작성을 원칙으로 한다. 따라서 설문지는 응답의 오류를 방지하고 필요한 정보를 포괄적으로 획득하기 위해서 일반적으로 다음과 같은 다섯 가지 요소로 구성된다.

(1) 응답자에 대한 협조 요청

이는 조사자나 조사기관의 소개, 조사의 취지 설명과 개인적인 응답 항목에 대한 비밀 보장을 확신시켜주는 부분으로, 그럼으로써 조사의 응답률을 높이고 응답을 보다 쉽게 얻어낼 수 있다. 조사자가 직접 면담을 실시할 경우에는 이 내용을 직접 구두로 전달하기도 하며, 우편으로 조사를 실시할 경우에는 문장으로 조사의 취지와 협조를 부탁하게 된다.

(2) 식별 자료

식별 자료(identification data)란 각 설문지를 구분하기 위한 일련번호와 추후의 확인 조사를 위한 응답자의 이름이나 조사 또는 조사를 실시한 면접자의 이름과 면접 일시를 기록하는 부분으로, 대개의 경우 설문지의 첫 장에 나온다. 또한 검증원이 설문의 이용 가능성을 위해 응답의 완전성과 신뢰성을 평가하는 등급 표시란을 두기도 한다.

(3) 지시 사항

지시 사항도 조사자가 직접 조사를 실시할 경우에는 설명을 해줄 수 있지만, 우편으로 조사할 경우에는 응답자 혼자서 전체 설문지를 완성할 수 있도록 상세한 작성법을 기록해야 한다. 즉 항목마다 응답 방법이나 응답 순서 등 응답자가 설문지의 모든 항목을 어려움 없이 완성하고 이를 조사기관이 회수하기까지 모든 과정에 대한 상세한 지시 사항이 수록되어야 한다. 이러한 지시 사항은 다음의 세 가지 세부적인 지시문에 의해 설문에 삽입하게 된다.

1) 전반적 지시문(general instruction)

응답에 관련된 일반적 사항으로서 설문 전반에 걸쳐 준수해야 한다. 설문의 맨 앞에 기술하며 다지선다형일 경우에는 선택 표시 기호와 방법, 자유응답형일 때는 단어 수 등을 제한하는 것과 같은 응답 요령과 주의사항에 대해 간단히 설명한다.

2) 구체적 지시문(specific instruction)

문항별로 응답 요령을 제시한 지시문이다. 다수 응답, 최적 응답, 순위 응답, 매트릭스식 응답 등에 대한 구체적인 지시 사항을 간단히 설명한다.

3) 면접자 지시 사항(interviewer instruction)

면접 방식을 이용하는 경우에 면접자들 간의 행위와 태도의 표준화(일관성)를 위해서 각 설문 문항에 구체적인 행동 지시 사항을 설명한다.

(4) 필요한 정보 수집을 위한 문항

이는 설문지 작성의 가장 중요한 부분으로, 연구 목적에 필요한 대부분의 자료가 수집되는 부분이다.

(5) 응답자 분류를 위한 자료

이는 응답자의 특성을 파악하기 위한 자료로, 우편에 의한 조사일 경우에는 응답자가 직접 작성해야 하는 부분이다. 주로 응답자의 인구통계학적 변수를 조사하게 되는데, 응답자의 인격이나 사생활이 침해되지 않도록 주의해 꼭 필요한 항목만을 골라 조심스럽게 질문해야 한다. 이러한 이유로 대개는 설문지의 가장 뒷부분에서 조사하게 되나, 할당표본법과 같이 사전에 응답자의 특성을 파악해 응답 자격을 선별하는 설문의 경우는 할당 표본에 사용되는 문항들을 조사의 첫 부분에서 질문한다.

02 설문지 작성의 일반적인 과정

[그림 7-1]을 보면 설문지를 작성하는 일반적인 과정이 제시되어 있으며, 이러한 과정을 거쳐 설문지를 작성할 때 다음의 사항을 유의해야 한다. 즉 설문지의 작성 과정은 정확한 공식에 따라 한 번의 과정을 거침으로써 습득되는 것이 아니며, 반복적인 경험의 축적과 시행착오를 통해 완성되어가는 것임을 알아야 한다.

설문지 작성 과정은 한 번 작성된 설문지 초안만으로 연구자가 의도한 자료를 정확하게 획득하기는 어렵기 때문에 [그림 7-1]의 각 단계를 지날 때마다 수시로 문제점을 파악하고 수정해 점차적으로 설문지를 완성해 나가야 한다. 따라서 다음에 구체적으로 설명할 단계별 설문지 작성 과정과 이때 고려해야 할 점들을 숙지해 설문지 작성 시 빈번히 발생하는 오류를 사전에 인식하고 예방함으로써 전체적인 설문지 작성의 오류를 극소화해야 할 것이다.

【그림 7-1】

설문지 작성 절차

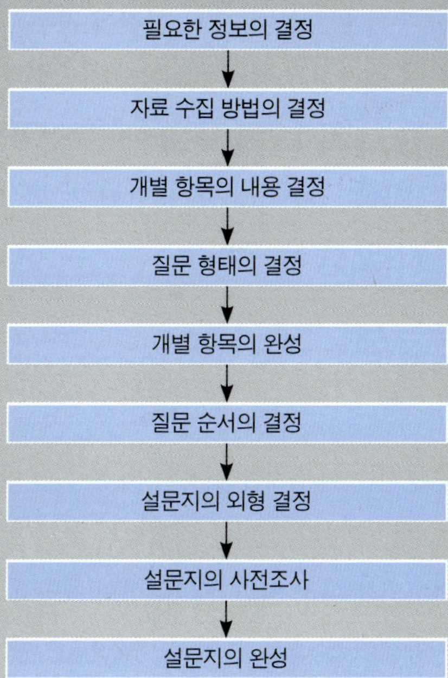

1. 필요로 하는 정보의 결정

설문지 작성 시 가장 먼저 조사자가 결정해야 할 사항은 설문조사로 얻어야 할 정보의 종류를 결정하는 것이다. 연구자는 연구를 통해 여러 개념들(constructs) 간의 상호관계를 파악하려 한다. 이러한 개념들은 조작적 정의(operational definition)를 통해 실제 현장(field)에서 측정 가능한 형태로 전환되며, 응답자가 설문지를 작성함으로써 측정된다.

따라서 설문지를 작성하기 위해서는 우선 설문조사를 실시해 측정하려는 개념의 결정과 이해가 우선되어야 한다. 즉 연구 목적을 달성하기 위해 필요한 개념은 어떠한 것인지, 또 이러한 개념은 어떻게 조작화되고 측정되는지에 대한 이해가 설문지의 작성과 조사에 앞서 이루어져야 하는 것이다. 이때 필요한 정보는 조사설계 시 조사를 하는 이유인 가설(hypothesis)에서 추출된다. 조사자가 유의할 점은 정보의 종류를 결정할 때 아주 세부적인 정보까지 분류해야 한다는 점이다.

예를 들어, 소비자 조사를 할 때는 소비자의 인구통계학 변수들에 대한 정보를 얻는다는 정도로만 알고 설문지를 작성하려 하면 안 된다는 것이다. 즉 인구통계학 변수라 하더라도 나이·성별·학력 등이 필요한지, 또한 학력의 경우 교육받은 정도를 초등학교·중학교·고등학교·대학교·대학원 이상의 5단계로 표시하면 족한지, 아니면 교육받은 기간(예 : 대학교 3년 중퇴면 14년)까지 자세히 알아야 하는지 등을 결정해야 한다. 즉 필요한 정보를 정하고, 그 정보를 어느 정도까지 자세하게 측정해야 조사 목적을 달성할 수 있는지도 파악해 결정해야 한다는 것이다.

2. 자료 수집 방법의 결정

설문지 작성의 두 번째 단계는 설문지를 이용한 자료 수집 방법의 결정이다. 우편에 의한 조사, 전화에 의한 조사, 조사자에 의한 직접면접 조사 또는 인터넷을 이용한 조사 중 어떤 방법을 선택하느냐에 따라 시간과 비용상의 제약으로 인해 조사를 할 수 있는 정보의 내용, 양, 질문 방식이 달라질 수 있기 때문이다. 예를 들면, 전화에 의한 조사를 실시할 경우에는 조사 시간의 제약 때문에 설문지를 너무 길게 만들면 응답자의 협조를 얻기가 매우 힘들고, 우편에 의한 조사를 실시할 경우 응답자가 설문지에 기재된 작성 요령을 보며 혼자서 설문에 응답해야 하기 때문에 가능한 한 설문의 형태가 단순해야 하며 상세한 지시 사항이 첨부되어야 한다.

이와 같이 자료 수집 방법이 설문지의 형태, 양과 표현 방식에 큰 영향을 미칠 수 있기 때문에 설문지를 작성하기에 앞서 이용할 구체적인 자료 수집 방법을 미리 결정하고, 그에 알맞은 설문지를 작성해야 하는 것이다.

(1) 대인면접법

대인면접법을 사용하면 네다섯 시간까지도 면접이 가능하나, 일반적으로 한 시간이 초과되면 응답자의 호응도가 낮아지며 응답 거부 비율이 높아진다. 이 방법을 사용하면 자유응답형(open-ended question)의 사용이 용이하며 심층면접(depth interview)이 가능하다는 장점이 있으나, 면담자에 따라 응답이 달라질 수 있으므로 면접 방법의 표준화에 대한 노력이 필요하다. 따라서 표준화된 설문지를 이용해 개인 면접을 실시하면 비교적 긴 내용을 깊이 있게 조사할 수 있다.

(2) 전화에 의한 조사

전화에 의한 조사 방법은 조사 속도가 빠르고 일반적으로 경비가 적게 드는 장점이 있으나, 설문의 내용이 10분 정도를 초과하면 응답률이 떨어지는 단점이 있다. 따라서 설문 내용을 가능한 한 줄이고 질문 형식은 간결한 구어체로 하되 질문과 응답이 용이한 형태로 구성해야 한다.

(3) 우편에 의한 조사

우편에 의한 조사 방법은 우리나라에서는 응답률이 낮아 아직 일반적으로 사용되지 않는다. 이 방법을 사용할 때는 설문의 내용이 30분 이내에 응답할 수 있는 정도면 무리가 없으나, 응답자가 쉽게 응답할 수 있도록 응답 요령을 자세히 설명해야 한다. 그러나 우편에 의한 조사의 경우 응답자가 자기 신분을 밝히지 않아도 되기 때문에 비교적 사적인 내용의 질문을 할 수 있다는 장점이 있다.

(4) 인터넷을 이용한 조사

인터넷을 이용한 조사는 말 그대로 자료 수집 방법으로 인터넷을 이용하는 것이다. 인터넷을 이용할 경우 기존 조사 방법에 비해 조사비용 절감, 조사 기간 단축, 응답자 접근 용이성 등과 같은 장점뿐만 아니라 기술의 발달로 인해 상호작용이 가능한 설문이나 음악 혹은 동영상을 활용해 실시간 통계분석이 가능하다는 장점이 있다.

이러한 조사 방법의 장단점은 제9장에서 자세히 다루기로 한다.

3. 개별 항목의 내용 결정

설문조사로 조사하고자 하는 개념이 무엇인지 확정한 후에는 이 자료를 얻기 위한 개별적인 질문을 구성해야 한다. 이를 위해 각 질문을 설문지에 포함할 것인지, 또 이러한 질문을 했을 때 과연 응답자로부터 자료를 얻을 수 있는지를 살펴보아야 한다. 즉 설문지에 필요 없는 질문이 들어가는 것을 막는 과정으로, 이를 위해 다음의 요소를 고려해야 한다.

(1) 꼭 필요한 질문인가?

불필요한 내용은 시간과 경비의 낭비를 가져오고 응답자에게 부담을 주어 중요한 내용에 대한 응답상의 신뢰도를 떨어뜨릴 수 있다. 따라서 가능한 한 필요한 내용만 선별함으로써 설문 문항을 줄여야 한다. 그러나 많은 경우 연구가설의 검증이나 연구 목적에 전혀 관련이 없는 내용을 습관적으로 설문 내용에 넣는다. 따라서 문항별로 조사 내용에 포함해야 할 이유를 명확히 따져보고 별다른 이유가 없는 항목은 과감히 삭제해야 할 것이다. 예를 들어, 식생활 패턴을 조사하는 설문에 가장의 종교를 묻는 경우가 있는데, 이때 종교에 따른 차이 분석을 반드시 해야 하면 문제가 없으나 그러한 이유가 뚜렷하지 않다면 가장의 종교에 대한 질문은 삭제하는 것이 바람직하다.

(2) 응답자가 필요한 정보를 알고 있는가?

설문지에 등장하는 많은 질문 중에는 응답자가 그 대답을 갖고 있지 않거나 정확한 정보를 지니지 못한 경우가 많다. 예를 들어, "당신의 집에서 300m 이내에 편의점이 몇 개 있는지 아십니까?"라는 질문에 정확한 대답을 할 수 있는 사람이 얼마나 있겠는가? 또 상당수의 사람들은 자기 지역 지방자치단체장의 이름이나 자기 지역구 국회의원의 이름 혹은 출신 정당을 정확히 알지 못한다. 그런데도 그와 관련된 질문을 한다면? 즉 연구자가 이론적으로는 쉽게 얻어낼 수 있다고 가정하는 많은 정보가 실은 응답자로부터 얻어내기 어려운 경우가 흔히 있다. 응답자가 응답할 수 있는 정보를 갖지 못한 경우 또는 정보나 경험이 있어도 기억이 잘 나지 않는 경우 모두 포함되는데, 이때 이러한 정보를 요구하는 질문을 접한 응답자는 무응답 또는 불명확한 응답을 하거나 엉뚱한 응답을 할 우려가 있으므로 사전에 응답자의 입장에서 정보의 소지 여부와 기억 가능 여부를 평가해보아야 한다.

(3) 응답자가 그 정보를 제공해줄 수 있는가?

응답자가 비록 질문에 대한 정보를 갖고 있어도 이를 모두 설문지에 기록할 수 있는 것은 아니다. 응답을 즉시 할 수 없는 경우나 정보를 가지고 있으면서도 대답을 할 수 없는 경우 그리고 정확히 표현하기 어려운 경우가 이에 해당한다. 즉 어느 회사원에게 "당신이 지난 1년 동안 신용카드로 구매한 상품의 총 가격은 얼마나 됩니까?"라는 질문을 했을 때 집에 가면 영수증을 찾아 그 금액을 확인할 수는 있지만 사무실에서 조사하는 경우 즉시 대답할 수는 없을 것이다. 또 "당신이 가장 좋아하는 티셔츠는 어떤 것입니까?"라는 질문에도 대부분 좋아하는 티셔츠가 어떤 건지 알고는 있어도 이를 한마디로 표현할 수 있는 사람은 적다.

어떤 질문은 응답자가 정확한 답을 알고 있어도 대답을 회피하는 경우가 있는데, 개인적인 인구통계학적 변수들을 물어볼 때 많이 발생한다. 예를 들어, 대부분의 사람들은 소득에 대한 질문에 정확한 응답을 회피한다. 또 많은 여성이 나이를 물어보았을 때 응답을 거부한다. 따라서 응답에 필요한 시간과 노력, 개인의 사생활 보호 그리고 응답자의 표현 능력도 설문 문항 선정 시 고려해야 할 필요가 있다.

(4) 한 문항으로 충분한가?

하나의 질문에 두 개 이상의 개념이 포함된 응답이 가능한 경우나, 하나의 질문으로 하나의 개념을 측정하지 못할 때는 문항 수를 늘려야 한다. 즉 동일한 질문에 가능한 응답의 내용이 전혀 다른 측면과 관련되거나, 하나의 질문으로는 얻고자 하는 정보가 불충분할 때 복수의 문항으로 질문해야 하는 것이다.

예를 들어, "당신은 왜 A 화장품을 사용하십니까?"라고 질문했을 때

① 예뻐지기 위해서

② 친구가 권해서

라는 응답이 나올 수 있다. 이때 첫 번째 응답은 사용하는 이유를 말하며, 두 번째 응답은 이 화장품을 처음으로 사용하게 된 동기를 말하는 것이다. 따라서 이 질문은 다음 두 개의 질문으로 나누어 하는 것이 옳다.

① A 화장품을 사용하는 이유는 무엇입니까?

② A 화장품을 처음으로 사용하게 된 계기는 무엇입니까?

또한 추상적인 개념을 측정하고자 할 때는 하나의 항목에 측정하고자 하는 개념을 전부 포함하지 못하는 경우가 많으므로 복수의 문항을 이용하는 것이 일반적이다.

4. 질문 형태의 결정

필요한 질문의 내용을 확정한 다음에는 항목별로 응답 형태를 결정해야 한다. 즉 자유응답형과 같이 응답자에게 자유롭게 응답을 할 수 있도록 허락할 것인지, 아니면 다

지선다형으로 여러 개의 가능한 응답을 제시하고 그중 하나를 선택하게 할 것인지를 결정해야 하는 것이다. 이러한 응답의 형태는 얻게 되는 자료의 내용과, 특히 나중에 사용할 통계분석 방법 선택의 범위에 큰 영향을 미칠 수 있기 때문에 신중하게 결정해야 한다.

일반적으로 응답의 형태로는 크게 자유응답형, 다지선다형 그리고 양자택일형의 세 가지가 있으며, 각각의 내용과 장단점은 다음과 같다.

(1) 자유응답형(open-ended questions)

이는 응답자가 할 수 있는 응답의 형태에 전혀 제약을 가하지 않는 형태로, 다음과 같이 응답자가 질문에 자신의 의견을 자유롭게 표현할 수 있도록 하는 방법이다.

[예 1] 당신이 본인의 휴대전화 브랜드를 구입한 이유는 무엇입니까?
( )
[예 2] 향후 10년간 유망 직종은 어떠한 것이 될 것이라고 생각합니까?
( )

이러한 자유응답형 질문이 갖고 있는 장·단점과 가장 효과적으로 이용될 수 있는 상황을 살펴보면 다음과 같다.

자유응답형은 다른 형태의 응답에 비해 응답자에게 자유롭게 응답을 하도록 해줌으로써 응답자의 의견을 존중하는 느낌을 주게 된다. 보통 설문지의 첫 번째 질문은 주로 자유응답형 질문을 이용함으로써 응답자의 관심과 협조를 유도하는 것이 좋다.

자유응답형 질문은 응답자에게 가능한 한 응답의 폭을 제한하지 않음으로써 응답자의 모든 가능한 의견을 얻어낼 수가 있으며, 이를 통해 연구자가 알지 못했던 정보나 문제점을 발견할 수 있다. 따라서 연구자가 탐색조사를 하려는 경우 특히 유용하게 이용할 수 있는 방법이기도 하다.

그러나 자유응답형 질문은 다양한 응답을 함으로써 자료 처리를 위한 코딩이 어려운 문제점이 있다. 즉 코딩을 하기 위해 설문지마다 모든 항목의 응답을 검토하고 그에 맞는 수치를 각 설문지의 항목별로 일일이 부여해야 하기 때문에 다른 형태에 비해 코딩을 위한 시간과 인력이 많이 들게 된다. 또한 응답 내용이 정확히 몇 개의 항목으로 구분되지 않는 경우에는 정확한 분류가 어려워 자료의 많은 부분이 분석에서 제외되는 경우도 발생하게 된다.

(2) 다지선다형(multiple choice questions)

이는 자유응답형과 달리 응답자가 응답할 수 있는 응답 내용을 몇 가지로 제약하는 방법이다. 다음의 예와 같이 연구자가 사전조사 등을 통해 가능한 대답을 모두 고려해 이 대답들을 대표할 수 있는 몇 가지 대답을 응답자에게 제시하고 그중 하나 또는 그 이상을 선택하게 하는 방법이다.

[예 1] 귀하께서 가장 선호하는 TV 프로그램은 무엇입니까? (　　　)
①뉴스 ②쇼 프로 ③퀴즈 게임
④드라마 ⑤스포츠 관련 프로 ⑥다큐멘터리

[예 2] 당신의 학력은 다음 중 어디에 해당합니까? (　　　)
①무학 ②초졸 ③중졸 ④고졸
⑤대졸 ⑥대학원 이상

[예 3] 승용차 구입 시 가장 많이 이용한 정보매체는 무엇이었습니까? (　　　)
①TV ②라디오 ③신문 ④상점의 진열
⑤판매원 ⑥친지/친구 ⑦옥외광고 ⑧자동차 전문 잡지

질문을 다지선다형으로 만드는 경우에 특히 주의를 기울여야 하는 요소로 응답의 항목들은 상호 배타적이고 모든 응답을 포괄할 수 있어야 한다는(mutually exclusive & collectively exhaustive) 조건이 있다. 즉 응답자의 한 가지 생각에 대해 두 가지 응답이 있어도 안 되며, 반드시 어느 한 가지 항목에는 해당해야 한다. 따라서 이를 위해 각 항목 간에 중복되는 내용이 있는지를 확인해야 하며, 또한 기타 항을 만들어서 연구자가 제시하지 못한 답변도 응답자가 응답할 수 있도록 해야 한다.

다지선다형 질문에서 발생할 수 있는 또 하나의 중요한 문제점은 응답의 순서다. 즉 응답 항목이 많을 경우 응답자는 처음 몇 개의 응답만을 읽고 나머지 응답을 무시하기도 하고, 처음 나온 응답을 더 중요시하는 경향이 있으며, 응답자가 응답을 정확히 할 수 없는 경우에는 대개 중간에 해당하는 항목이나 숫자를 선택하는 경향이 있다.

다지선다형 응답의 가장 큰 장점은 집계와 분석을 할 때 매우 편리하다는 것이다. 설문지의 작성과 함께 항목별 코딩의 준비 작업이 동시에 모두 끝나게 되므로 분석 시간을 줄여줄 수 있는 것이다.

다지선다형 질문의 또 다른 장점으로는 응답자에게 가능한 응답을 알려줌으로써 응답의 오류를 최소화할 수 있다는 점과 응답자에게 응답이 어렵지 않다는 사실을 보여줌으로써 쉽게 협조를 구할 수 있다는 점이다.

반면에 다지선다형 질문을 만들기 위해서는 많은 비용과 시간이 필요하다는 단점이 있다. 즉 적절한 응답을 만들어내기 위해서는 대개 자유응답형 질문을 이용한 탐색조사가 필요하며, 실제 설문지를 만들기까지는 많은 수정 과정도 필요하다. 또한 응답 항목들이 제시되는 순서가 결과에 영향을 미칠 수 있으며, 연구자가 모든 가능한 응답의 경우를 파악하기란 매우 힘들기 때문에 응답자의 의도를 충분히 반영하지 못하는 경우도 발생하는 단점이 있다.

(3) 양자택일형(dichotomy questions)

이는 다지선다형 질문 중 가장 극단적인 형태로, 단 두 가지 선택안만을 제시하고 그 중 하나를 선택하게 하는 방법이다. 즉 '예, 아니오' 또는 '동의한다, 동의하지 않는다'와 같은 서로 상반되는 두 가지 대체안을 제시하고 그중 하나를 선택하게 하는 방법이다. 대개의 경우 이러한 대체안에 '모르겠다'라는 항목을 추가해 응답자에게 선택의 여지를 조금 넓혀주기도 한다. 양자택일형은 다지선다형이 갖는 장점을 보다 강하게 갖는다. 즉 코딩과 분석이 용이하고, 응답하기가 쉬우며, 협조를 쉽게 얻어낼 수 있고, 조사자에 의한 영향을 배제할 수 있다는 것이다.

반면에 양자택일형의 응답은 다지선다형의 경우보다 훨씬 많은 문제점을 갖는데, 특히 분석 결과가 실제 응답자의 의견보다 훨씬 강하게 반영되는 문제가 심각하게 나타난다. 두 개의 극단적인 대체안만을 제시하고 그중 하나만을 선택하게 함으로써 중간 정도의 의견을 갖는 사람도 극단적인 의견을 표시해야 하므로 보다 극단적인 결론이 얻어지게 된다. 따라서 사람들의 의견이 반드시 극단적이라고 생각되지 않는 경우에는 중간적인 항목이나 '모르겠다'라는 항목을 제시해주어야 이러한 문제점을 줄일 수 있다.

또한 앞의 다지선다형 질문과 같이 항목이 제시되는 순서에 따라 많은 편견을 유도할 수도 있다. 즉 응답자에게 확실한 견해가 형성되어 있지 않은 경우에는 먼저 제시한 항목을 더 중요하게 생각하는 경향으로 인해 오차가 발생할 수 있다.

역시 양자택일형의 응답 항목들도 상호 배타적이고 모든 응답을 포함해야 한다는 조건을 만족시켜야 하는데, 실제로는 단지 두 개의 항목으로 이 조건을 만족시킬 수 있는 경우가 적기 때문에 이를 이용하는 데는 한계가 있다.

5. 개별적 항목의 완성

필요한 질문과 항목별 응답 형태를 결정한 후에는 보다 구체적으로 각 질문 항목을 완성해야 한다. 같은 내용의 정보를 얻기 위한 질문에도 단어의 선정이나 사소한 의미의 변화에 의해서 응답이나 분석 결과에 많은 차이를 가져올 수 있기 때문에 연구에 필요한 올바른 자료를 제대로 얻기 위해서는 이에 맞는 적절한 질문을 완성해야 한다.

여기서는 설문지의 개별 항목을 작성할 때 가장 빈번히 발생하는 오류를 살펴보고자 하는데, 연구자는 이러한 내용을 숙지해 시행착오를 줄임으로써 연구 과정에서 발생하는 오류 및 시간과 경비의 낭비를 막도록 해야 한다.

(1) 가능한 한 쉽고 의미가 명확하게 구분되는 단어를 이용한다.

연구자가 설문지를 작성하는 과정에서 가장 빈번히 범하는 실수 중의 하나는 모든 응답자가 특정 부분에서 연구자와 비슷한 수준의 지식을 갖고 있다고 가정하는 것이다. 즉 학교나 연구기관에 종사하는 사람들은 오랫동안 비슷한 부류의 사람들로 구성된 집단 속에서 생활함으로써 그 집단에서 평이하게 사용하는 용어를 모든 사람이 이해하고 사용할 수 있다는 생각을 무의식중에 갖게 된다. 따라서 설문지에도 그러한 용어를 그대로 사용하는 일이 있는데, 일반 응답자는 그러한 특정 용어를 이해하지 못하는 경우가 대부분이다.

간단한 예로 현혹효과(halo effect)라는 단어가 있다. 이 단어는 학교나 연구소 같은 학문기관에서는 널리 사용되지만, 이 단어를 설문지에 넣어 일반인을 상대로 조사를 실시할 때 제대로 이해하고 응답할 수 있는 응답자는 그리 많지 않을 것이다. 또 다른 예로 다음의 질문을 고려해보자.

[예] 당신은 컴퓨터에 대해 얼마나 알고 계십니까? (　　　)

①전혀 모른다　②거의 모른다　③잘 모른다　④보통
⑤조금 안다　⑥상당히　⑦매우 많이

앞의 응답에 쓰인 '매우', '상당히', '거의', '잘'이라는 형용사 간에는 명확한 개념의 구분이 없기 때문에 컴퓨터에 대해 똑같은 정도로 알고 있는 응답자라도 당시 각자의 느낌 정도에 따라 선택 항목이 달라질 수 있다.

따라서 연구자는 이러한 오류를 막기 위해 가능한 한 평이한 단어를 이용해야 하며, 사전조사를 통해 모든 응답자에게 익숙하지 않은 단어는 제거해야 한다.

(2) 다지선다형 응답에서는 가능한 응답을 모두 제시해야 한다.

이는 응답이 포괄적(collectively exhaustive)이어야 한다는 조건으로, 응답자가 생각할 수 있는 응답을 모두 제시해줌으로써 응답자가 가진 의견이 응답에 반영될 수 있도록 해야 한다.

다음과 같은 예를 들어보자.

[예] 환경오염에 대한 1차적 책임은 개인, 기업, 정부 중 어디에 있다고 생각하십니까?

이 질문에 어떤 응답자는 어느 한 기관이 아니라 여러 기관이 공동으로 경비를 부담해야 된다고 생각할 수도 있으며, 또 어떤 응답자는 이러한 문제에 전혀 관심을 갖지 않았을 수도 있다. 따라서 이러한 모든 응답자의 의견을 응답 항목으로 나타내기 위해서는 다음과 같이 응답 항목을 제시해주어야 한다.

①개인　②기업　③정부
④개인+기업　⑤개인+정부　⑥기업+정부
⑦개인+기업+정부　⑧모르겠다

(3) 응답 항목들 간의 내용이 중복되어서는 안 된다.

이는 각 항목이 상호 배타적(mutually exclusive)이어야 한다는 조건으로, 한 응답자가 반드시 하나의 항목만을 선택하도록 해야 한다는 것이다. 한 가지 생각을 가진 응답자가 두 가지 응답을 같은 내용으로 이해해 이들 모두를 선택하도록 해서는 안 된다는 것이다. 즉 응답 항목들 간에 내용이나 범위가 중복되어서는 안 된다.

예를 들어, 다음과 같은 문항을 생각해보자.

> [예] 귀하께서는 현금서비스 받으신 돈을 주로 어느 용도에 쓰고 계십니까? ( )
> ① 생활비 ② 교육비 ③ 의료비
> ④ 신용카드 대금 결제 ⑤ 부채 청산 ⑥ 기타

이 경우 교육비와 의료비는 크게 생각하면 생활비에 포함될 수 있으며, 신용카드 대금 결제도 넓은 의미에서는 부채 청산이라고 볼 수 있으므로 항목 간에 상호 배타적이라는 조건이 위배될 수 있다.

(4) 하나의 항목으로 두 가지 내용의 질문을 해서는 안 된다.

다음과 같은 경우를 생각해보자.

> [예] 귀하께서는 현재 근무하는 회사의 임금 수준과 작업 조건에 대해 만족하고 계십니까?

이러한 질문에 대해 임금 수준과 작업 조건 모두에 만족 또는 불만족하는 응답자에게는 문제가 없으나, 어느 한 조건에만 만족하고 나머지 조건에는 불만족한 응답자에게는 문제가 생긴다. 따라서 이러한 문제점을 예방하기 위해서 앞과 같은 질문은 다음의 두 가지 질문으로 분할해야 한다.

> [예 1] 귀하는 현재 근무하는 회사의 작업 조건에 대해 만족하십니까?
> [예 2] 귀하 회사의 임금 수준에 대해 만족하십니까?

(5) 연구자가 임의로 응답자에 대한 가정을 해서는 안 된다.

이는 연구자가 질문을 제시할 때 질문 내용 중에 무의식적인 가정을 두어 응답자를 임의로 분류하거나 그들의 의견을 유도하는 경우다.

> [예] 서울에 있는 백화점 중에서 귀하께서 특정 백화점만을 고집하여 간다고 한다면 그 주된 이유는 어디에 있습니까?

이 질문은 모든 응답자가 백화점에서 물건을 구입한다는 것을 가정한 경우라고 볼 수 있는데, 백화점에서 물건을 구입하지 않는 사람은 이 설문 문항을 제시한 주된 목적인 특정 백화점 선택 요인과 관련해서는 의미가 없을 것이다. 따라서 내포된 가정에 대한 질문은 사전에 분리해 물어보아야 한다.

(6) 단어의 뜻을 명확히 설명해야 한다.

이는 하나의 단어가 여러 의미로 해석될 수 있는 경우 응답자가 혼란을 일으킬 수 있으므로 단어의 구체적인 뜻을 설명해주어야 하는 것을 의미한다. 즉 다음과 같이 어떤 기업의 이익에 대해 질문할 경우 이익의 종류에는 영업이익, 법인세 납부 전 이익, 순이익 등 많은 종류가 있기 때문에 응답자별로 이익에 대한 해석을 달리해 응답이 달라질 수 있다.

> [예] 귀하의 기업에서 1년간 발생한 이익은 모두 얼마나 됩니까? (   )원

따라서 이러한 혼동을 막기 위해서는 이익의 종류를 순이익, 영업이익, 세전이익, 세후이익 등으로 명확히 지정해주어야 한다. 이때 주의해야 할 점은 일반적으로 알기 쉬운 단어의 뜻을 지나치게 상세히 설명하면 응답자를 무시하는 느낌을 줄 수 있다는 것이다.

(7) 응답자에게 지나치게 자세한 응답을 요구해서는 안 된다.

물론 설문조사를 통해 응답자로부터 정확한 자료를 얻을 수 있으면 바람직하지만, 응답자로부터 얻어낼 수 있는 자료의 정확도에는 한계가 있기 때문에 지나치게 정확한

답변을 요구해서는 안 된다.

다음과 같은 질문에 정확한 답변을 제시할 수 있는 응답자는 거의 없기 때문에 실제로 그렇게 상세한 질문은 아무런 의미가 없다.

[예] 지난 1년 동안 귀댁의 비목별 가계지출 중 식생활비와 문화오락비는 각각 얼마였습니까?

〈식생활비〉		〈문화오락비〉	
주식비	(　　　)원	신문·잡지비	(　　　)원
부식비	(　　　)원	전문 서적비	(　　　)원
외식비	(　　　)원	영화·연극비	(　　　)원
		스포츠 오락비	(　　　)원

(8) 응답자가 대답하기 곤란해할 직접적인 질문은 피한다.

응답 자체가 사회적인 규범에 의해 특정한 대답을 선택해야 하는(socially desirable) 질문일 경우 응답자에게 직접적으로 질문하면 대부분 응답을 거부하거나 자신의 의견을 정확히 나타내지 않는다. 즉 다음과 같은 질문을 하면 실제로 그러한 행동을 하는 사람도 '예'라는 대답 대신 '아니오'라고 대답하게 된다.

[예] 당신은 아직도 부인을 때리십니까? (　　　)

① 예　　② 아니오

따라서 이러한 질문에 보다 솔직한 응답을 얻기 위해서는 다음과 같이 응답자 자신의 직접적인 문제가 아닌 일반적인 문제로 바꾸어 질문하는 것이 좋다.

[예] 당신은 아직도 자신의 부인을 때리는 남편이 있다고 생각하십니까? (　　　)

① 예　　② 아니오

(9) 대답을 유도하는 질문을 해서는 안 된다.

다음과 같은 질문을 고려해보자.

> [예] 환경부에 따르면 탄소세를 도입하면 대기환경 개선에 상당한 도움을 줄 수 있습니다. 이러한 상황을 고려할 때 귀하는 탄소세 도입에 찬성하십니까?
> ① 예　　② 아니오　　③ 잘 모르겠다

이 질문은 정부의 공식 기관인 환경부의 탄소세 도입 유용성에 대한 발표를 인용한 것으로, 평소에 탄소세를 좋지 않게 생각해 반대하던 사람조차 이 영향으로 탄소세 도입에 찬성하는 의견을 나타내게 될 가능성이 높아 사실상 탄소세 도입을 찬성하는 방향으로 결론을 유도할 수 있다.

(10) 응답자가 정확한 대답을 모르는 경우에는 중간값을 선택하는 경향이 있음을 알아야 한다.

특히 대답이 수치로 나타난 경우 응답자가 정확한 답을 모르면 대개 중간값이나 보다 상세한 설명이 된 답을 고르는 경향이 있다.

> [예] 2015년 현재 국내에 유선전화가 몇 대나 보급되어 있다고 생각하십니까?
> ① 500만 대　　② 1,000만 대　　③ 1,500만 대　　④ 2,000만 대

이 질문에서 전국의 유선전화 대수를 알고 있는 사람은 정답을 선택하겠지만, 정확한 대수를 모르는 사람은 특히 대답이 앞의 예시와 같이 일련의 수치로 제시될 경우에는 ①이나 ④의 극단치보다 ②나 ③의 중간값을 선택하는 경향이 있다는 것이다.

(11) '그리고', '와(과)'의 사용에 주의한다.

이들 단어를 잘못 사용하면 문항의 의미가 완전히 달라지는 경우가 많으므로 주의해야 한다. 그 예로 다음의 문항을 살펴보자.

> [예] 정장과 캐주얼 의상을 파는 상점들 간에는 경쟁이 치열합니까?

여기서 정장과 캐주얼 의상을 동시에 파는 상점들 간의 경쟁인지, 정장을 파는 상점과 캐주얼 의상을 파는 상점 간의 경쟁인지 구분이 모호한 상태가 될 수 있다.

이상으로 개별적인 질문을 작성할 때 고려해야 하는 사항들에 대해서 살펴보았다. 그러나 앞에 제시한 고려 사항들은 전체 문제점 중에서 가장 빈번히 발생하는 일부만을 지적한 것이며, 이외에도 더 많은 문제점이 있을 수 있다. 따라서 설문지의 각 항목을 만드는 연구자는 이러한 오류를 가능한 한 줄이기 위해 응답자의 입장에서 해당 항목을 구성해야 하며, 응답자에 대한 사전조사를 통해 각 항목을 완성해야 한다.

6. 질문의 순서 결정

이상의 과정으로 개별적인 질문 항목이 결정된 후에는 이를 응답자에게 제시하는 순서를 결정해야 한다. 이 과정에서 고려해야 할 사항으로는 우선 가능한 한 응답자로부터 쉽게 협조를 얻을 수 있도록 하는 것과 정확한 자료를 얻도록 해야 한다는 것이다.

이를 위해 이 단계에서는 다음의 요소들을 고려해야 한다.

① 첫 번째 질문은 가능한 한 쉽게 응답할 수 있고 흥미를 유발할 수 있는 것이어야 한다. 왜냐하면 처음부터 지루함을 느끼거나 어렵다고 생각되면 응답을 거부할 가능성이 높아지기 때문이다. 즉 응답자가 자연스럽고 쉽게 응답할 수 있고, 또한 응답자에게 관심거리가 될 만한 질문을 제시함으로써 쉽게 협조를 구할 수 있어야 한다. 특히 첫 번째 질문은 응답자의 사고를 연구의 주제 쪽으로 유도할 수 있는 문항일수록 좋다고 할 수 있다. 이러한 질문을 오리엔테이션 질문이라고 하며, 보통 자유응답형으로 하는 것이 일반적이다.

② 응답자의 인적 사항에 대한 질문은 가능한 한 나중에 해야 한다. 즉 응답자를 분류하기 위한 인구통계학적 변수(예 : 연령)나 사회경제학적 변수(예 : 소득)를 앞부분에서 질문할 경우 협조를 얻기가 어려워지므로 이러한 질문은 설문지의 제일 뒷부분에서 하도록 하고, 연구의 주제와 관련된 기본적인 질문을 우선적으로 해야 한다.

③ 질문 항목 간의 관계를 고려해야 한다. 앞의 질문이 다음 질문에 연상작용을 일으켜 응답에 영향을 미칠 수 있는 경우에는 이러한 질문들 사이의 간격을 멀리 떨어

뜨려놓아야 한다. 또한 설문지가 여러 부분으로 구성된 경우에는 새로운 내용의 항목들이 시작될 때 이러한 사실을 설문지에서 그때마다 알려주어야 한다.

④ 응답자가 심각하게 고려해 응답해야 하는 성질의 질문은 위치 선정에 주의해야 한다. 예를 들어, 사회적인 문제점에 대한 질문은 응답자의 응답 거부를 방지하기 위해 평범한 질문 속에 삽입하거나 맨 뒤에 배치하는 것이 좋다.

⑤ 문항이 담고 있는 내용의 범위가 넓은 것에서부터 점차 좁아지도록 문항을 배열하는 것이 좋다. 예를 들어, 산업 전체에 관련된 문항을 묻고 특정 품목에 대한 문항은 다음에 배열하는 것이 응답자의 생각을 정리해 나가는 데 보다 효과적이기 때문이다.

7. 설문지의 외형 결정

설문지의 내용과 순서가 결정된 후에는 응답자에게 배부할 완전한 설문지를 완성해야 한다. 실제 조사에서는 똑같은 질문 내용인데도 설문지의 외관이 주는 인상에 따라 응답자의 협조나 조사의 진행에 많은 차이가 발생하므로 설문지의 물리적인 외형에도 많은 주의를 기울여야 한다.

① 응답자가 설문지를 중요한 것으로 인지해 자발적으로 협조할 수 있도록 설문지의 형태를 결정해야 한다. 이를 위해 연구를 실시하는 기관의 이름과 연구의 취지는 첫 장에서 밝히는 것이 좋으며, 설문지의 종이 질과 인쇄도 응답자가 중요성을 느낄 수 있도록 신경을 써야 한다.

② 설문지 관리를 쉽게 할 수 있도록 외형을 결정해야 한다. 이를 위해 우선 설문지의 크기를 결정해야 하는데, 대개 설문지의 크기가 작을수록 응답자에게 설문 작성이 쉬울 것이라는 인상을 주게 된다. 그러나 설문지가 너무 작으면 질문이 빽빽하게 놓이게 되어 외관상 보기가 좋지 않으므로 적당한 크기의 설문지를 선정해야 한다. 일반적으로 16절지(B5) 크기가 사람들에게 익숙하고 관리에도 용이하다.

③ 응답의 기록이 조사자에 의해 이루어지는지, 응답자가 직접 기록하는지에 따라서도 설문지의 형태는 차이가 나게 된다. 즉 훈련된 조사원이 응답을 기록할 경우보다 응답자에게 직접 응답을 작성하게 할 경우에는 응답하기 쉽도록 문항을 배치하고 시각적인 효과를 고려해 여백을 많이 두는 것이 좋다.

8. 설문지의 사전조사

이상의 과정을 거쳐 설문지 초안이 완성되면 일단의 가상 응답자를 대상으로 사전조사를 실시해야 한다. 즉 연구실 내에서 작성한 설문 내용은 아무리 만전을 기했다 하더라도 연구자의 사고나 행동과 일반인의 그것과는 많은 차이가 있기 때문에 일반인에게는 연구자의 의도와 다르게 받아들여질 수 있으므로 이런 오류를 없애기 위해서 사전조사를 하는 것이다.

사전조사를 할 때는 우선 설문조사를 실시할 모든 계층의 사람들을 상대로 해야 한다. 즉 표본추출에서 고려하게 되는 모집단(population) 속의 양극단에 있는 응답자들까지를 골고루 포함해 사전조사를 실시해야 하는 것이다. 동시에 연구 주제에 대해 전문적인 지식을 가진 전문가 집단에게도 사전조사를 실시해 일반인이 파악하지 못하는 문제점까지 해결하도록 해야 한다.

이렇게 하여 문제점이 나타나면 앞의 단계들로 돌아가서 그 문제점을 수정한 후에 다시 사전조사를 실시하는 과정을 반복해 설문지를 확정한다.

9. 설문지의 완성

이러한 모든 단계를 거친 후 완전한 형태를 갖춘 설문지가 완성된다. 이후에는 설문지를 인쇄 또는 복사함으로써 설문지 작성 과정이 끝나게 된다.

이 장의 요약

사회과학조사에서 조사자가 원하는 정보를 획득하는 과정은 체계적이어야 한다. 정보를 입수할 때 설문지를 이용해 이러한 과정을 체계적으로 진행하는 것은 매우 중요하다.

설문지는 많은 정보를 체계적으로 정리할 수 있게 해주며, 정보 획득 과정에서 연구자의 의도를 최대한 반영하는 방향으로 작성되어야 유용한 설문지가 될 수 있다. 설문지를 작성할 때에는 조사 후에 얻어진 자료를 분석할 수 있는 기법이 같이 고려되어야 한다. 설문지는 다섯 가지의 중요한 부분으로 구분된다. 응답자에 대한 협조 요청, 응답자가 누구인지 알 수 있는 식별 자료, 설문 작성을 도와주는 보조자나 응답자가 알 수 있도록 설문 내용을 지시하는 지시 사항, 필요한 정보의 획득 부분, 응답자를 사후에 분류할 수 있는 부분 등이다.

설문지 작성의 절차는 ① 필요한 정보의 결정, ② 자료 수집 방법의 결정, ③ 개별 항목의 내용 결정, ④ 질문 형태의 결정, ⑤ 개별 항목의 완성, ⑥ 질문 순서의 결정, ⑦ 설문지의 외형 결정, ⑧ 설문지의 사전조사, ⑨ 설문지 완성이다. 필요한 정보의 결정은 연구자가 조작적 정의를 통해서 측정 가능한 형태로 전환된 정보를 획득하는 것이다. 여기서 얻어진 정보가 가설의 검증을 통해서 연구 결과를 도출할 수 있는 중요한 부분이다.

자료 수집의 방법으로는 대인면접법, 전화에 의한 조사, 우편에 의한 조사 등이 있다. 개별 항목의 결정으로는 응답자가 연구에 필요한 정보를 알고 있는가, 응답자가 그 정보를 제공해줄 수 있는가, 이 질문이 꼭 필요한 것인가, 한 항목의 질문으로 충분한가를 기준으로 결정해야 한다.

질문 형태의 결정은 설문지의 질문 형태를 의미하는데, 자유응답형, 다지선다형, 양자택일형 등이 있다. 질문 순서의 결정은 응답자가 지루하지 않도록 순서를 정하여 질문해야 하며, 항목 간의 관계를 잘 고려해야 한다. 응답자가 응답하기 어렵거나 응답을 회피할 수 있는 질문은 그 위치를 잘 고려해야 하며, 인구통계학적 변수는 가능한 한 뒷부분에 위치하도록 해야 한다.

설문지의 외형은 응답자가 응답에 호응할 수 있도록 연구자나 연구기관을 명시해야 하며, 설문지 관리를 위한 고려도 중요하다. 이렇게 완성된 설문지는 사전조사를 실시하여 문제점을 수정, 보완하도록 한다.

주요용어

식별 자료, 대인면접법, 자유응답형, 다지선다형, 양자택일형, 사전조사

참고문헌

손영석·채서일 (2002), 체계적 설문 디자인, 학현사.

Blunch, N. J. (1984), "Position Bias in Multiple-Choice Questions," *Journal of Marketing*, Vol. 21.

Churchill, G. A. (1983), *Marketing Research: Methodological Foundation*, 3rd ed., The Dryden Press.

Kinnear, T. C. and J. R. Taylor (1983), *Marketing Research: An Applied Approach*, 2nd ed., McGraw, New York.

Oppenheim, A. N. (1966), *Questionnaire Design & Attitude Measurement*, Basic Books Inc., New York.

Payne, S. L. (1951), *The Art of Asking Questions*, Princeton, New Jersey.

연습문제

1. 자료 수집 방법인 우편에 의한 조사, 전화에 의한 조사, 개인면접, 인터넷 조사에 대해서 설명하시오.

2. 응답의 형태를 제시하고 각 방법의 내용과 장·단점을 비교하시오.

3. 질문의 순서 결정 시 고려해야 할 요소들에 대해서 설명하시오.

제 8 장

표본설계

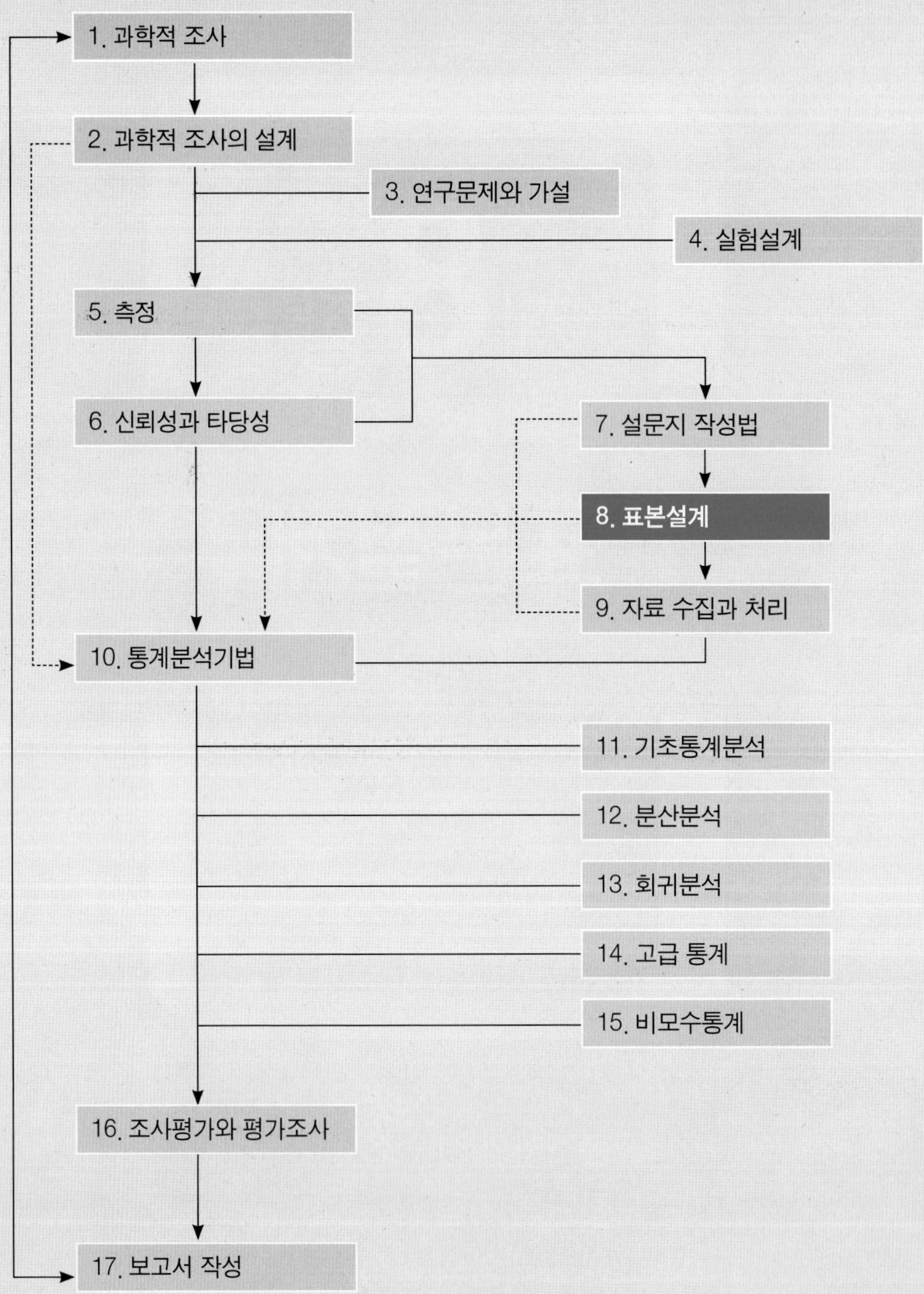
1. 과학적 조사
2. 과학적 조사의 설계
3. 연구문제와 가설
4. 실험설계
5. 측정
6. 신뢰성과 타당성
7. 설문지 작성법
8. 표본설계
9. 자료 수집과 처리
10. 통계분석기법
11. 기초통계분석
12. 분산분석
13. 회귀분석
14. 고급 통계
15. 비모수통계
16. 조사평가와 평가조사
17. 보고서 작성

01 표본조사와 전수조사

1. 전수조사

전수조사는 모집단에 속하는 구성원 전체를 대상으로 직접 조사해 정보를 입수하는 방법이다. 전수조사는 센서스(census)라고도 하는데, 정부에서 5년마다 정기적으로 실시하는 인구주택총조사가 이에 해당한다. 전수조사는 이와 같이 조사 대상에 대한 개별적인 정보가 필요한 때나 통계량으로부터 올바른 모수(모집단의 특성을 나타내는 값) 추정이 어려운 경우 또는 모집단의 크기가 비교적 작아서 전수조사 비용이 부담되지 않을 때 적합한 방법이다.

하지만 전수조사는 조사 대상자와 자료의 양이 많아서 조사 과정과 집계 과정에서 발생하는 비표본오차가 클 뿐만 아니라, 조사 기간이 오래 걸리기 때문에 조사 기간 동안에 생기는 변화를 반영하지 못한다는 단점이 있다. 예를 들어, 서울시 지하철 이용 승객을 대상으로 서비스 만족도 조사를 실시한다고 하자. 이 경우 하루 이용 승객 800만 명 전체를 대상으로 하기에는 너무 많은 시간과 비용이 든다. 따라서 전체 지하철 이용 승객을 대표할 수 있는 소비자를 일부 추출해 설문조사를 실시하는 것이 시간, 비용, 인력 측면에서 훨씬 효율적이다.

또한 전수조사를 해서는 안 되는 경우로는 조사 과정에서 조사 대상이 파괴되는 경우와 동일한 모집단에 대해서 시차를 두고 같은 조사를 연속으로 실시하는 경우(조사 대상의 오염)가 있다. 조사 대상의 파괴(destruction of object)란 예를 들어, 삼성전자에서 새로운 휴대전화를 출시하기 전에 내구성을 조사하기 위해 초고온과 초저온에서 시험을 한다고 할 때 대상 제품이 사용 불가능한 상태가 되는 것을 말한다. 이 경우 제품이 파괴되므로 전수조사가 불가능한 것이다. 조사 대상의 오염(contamination of subject)은 예를 들어, 교황 방문 이후 기아자동차에서 브랜드 로열티에 대한 1차 조사로 전수조사를 실시하고 일정 기간 후 순수한 로열티를 측정하기 위해 2차 조사를 할 경우 이미 기아자동차라는 브랜드에 대해 모든 조사 대상자가 민감해져 있으므로 2차 조사의 측정 결과가 왜곡되는 것을 말한다.

2. 표본조사

표본조사는 표본의 특성을 기반으로 모집단의 특성을 추정해내는 방법이다. 표본조사를 실시하기 위해서는 특정 표본이 모집단을 대표할 수 있어야 하고, 이러한 표본으로부터 얻은 자료를 이용해 정확히 모수를 추정할 수 있어야 한다.

일반적으로 전수조사보다는 표본조사가 훨씬 많이 사용된다. 그 이유는 우선, 표본조사가 모집단의 일부를 표본으로 선정하고 그 표본에 대해서만 조사를 실시하기 때문에 시간과 비용 그리고 인력을 절약할 수 있기 때문이다. 예를 들어, 쌍용자동차에서 특정 기간에 생산된 티볼리 차량 중 일부를 검사해 결함을 찾아낸다면 전수조사를 했을 때보다 리콜 조치를 신속하게 할 수 있어 이익의 감소를 줄여주거나 손실을 줄일 수 있고, 나아가서는 영원히 놓칠 수도 있었던 시장 기회를 다시 잡을 수도 있을 것이다.

또한 표본조사는 전수조사에 비해 오류의 정도가 오히려 적을 수 있기 때문이다. 사회과학 조사에서 오류는 크게 표본오류(sample error)와 비표본오류(non-sample error)로 나뉜다. 표본조사는 상대적으로 비표본오류가 적어서, 즉 조사 대상자가 적기 때문에 조사 과정을 보다 잘 통제할 수 있어서 훨씬 정확한 자료를 얻을 수 있다. 전수조사의 경우 조사 대상자와 자료의 양이 많기 때문에 조사 과정과 집계 과정에서 발생하는 비표본오류가 큰 반면, 표본조사의 경우 표본오류는 필연적으로 발생하지만 소수의 숙련된 조사자와 자료의 양이 상대적으로 적기 때문에 양질의 자료 수집과 통제가 가능해 비표본오류를 상대적으로 더 많이 줄일 수 있기 때문에 정확도를 높일 수 있다. 또한 전수조사의 경우 조사 기간이 상대적으로 길기 때문에 그 기간 동안 조사 대상에게 영향을 미치는 사회현상에 변화가 일어날 수 있으므로 정확도가 떨어질 수 있다.

이 밖에도 보다 세밀한 조사가 가능하다는 점, 모집단의 수가 무한히 많거나 모집단

【그림 8-1】 전수조사와 표본조사의 관계

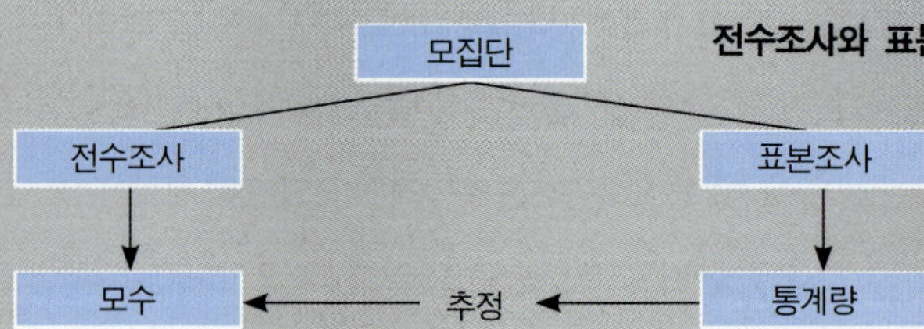

의 정확한 파악이 불가능한 경우에는 전수조사가 불가능하기 때문에 전수조사보다는 표본조사를 실시하는 것이 보다 바람직하다.

표본조사를 실시할 때 유의해야 할 사항은 다음과 같다.

① 의사 결정자와 조사자 간의 대화로 규명된 모집단을 잘 대표할 수 있는 자료를 획득해야 한다.

② 신뢰성 있는 결과를 얻을 수 있도록 표본의 정확성을 확보해야 한다.

③ 주어진 비용과 시간을 효율적으로 사용해야 한다.

【그림 8-2】

표본추출 과정

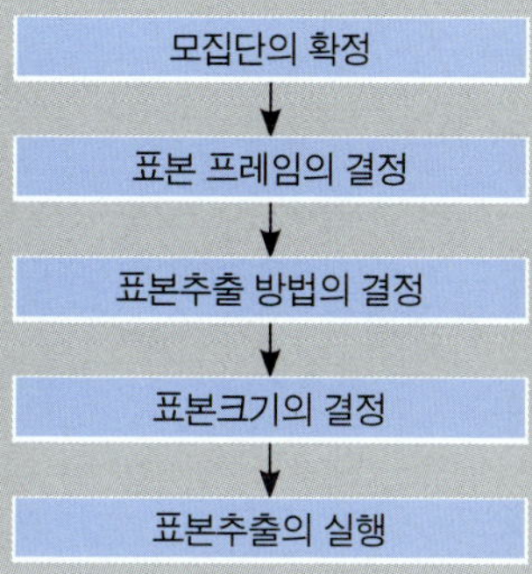

02 모집단의 확정

전수조사보다 표본조사가 적합한 것으로 판단된 연구 문제에 대해서는 문제의 규명(problem definition)에서부터 자료 분석(data analysis) 및 해석(interpretation)에 이르기까지 전체 조사 프로젝트와 관련지어 표본추출 과정을 설계해야 한다. 여기서는 모집단의 확정에 대해서 살펴보기로 한다.

모집단이란 조사자가 조사 목적을 달성하기 위해서 관심을 갖는 대상이 되는 사람·사물·조직·지역 등의 전체 집합으로, 조사자가 직접적인 방법이나 통계적 추정에 의해 정보를 얻으려 하는 대상 집단을 의미한다. 예를 들어, SK텔레콤이 국내 휴대전화 사용자의 통화 품질에 대한 의견과 욕구, 사용 실태 그리고 라이프스타일 등을 파악해 이를 토대로 40대를 위한 새로운 서브 브랜드를 개발하려 한다고 하자. 이때 SK텔레콤은 휴대전화 사용자 중에서 40대를 대상으로 조사를 실시하게 되는데, 이때 조사 대상이 되는 40대에 속한 사람들의 집단이 모집단이 되는 것이다.

모집단을 정확히 규정하기 위해서는 다음과 같은 네 가지 요소를 명확하게 확정해야 한다.

① 연구 대상(study object)

정보를 얻는 단위로서 분석의 기초가 된다. 연구 대상은 연구 목적에 따라 결정되며, 사회과학의 표본조사에서 가장 일반적인 연구 대상은 개인과 개개인이 모인 집단이나 조직이다.

② 표본단위(sampling unit)

표본추출 단계에서 표본으로 추출될 수 있는 요소들을 말한다.

③ 범위(extent)

모집단의 규정이 연구 결과의 타당성과 신뢰성 평가에 매우 중요한 기준이 되므로 모집단을 너무 작지도 크지도 않은 적정한 수준에서 결정해야 한다는 중범위 정의(middle range definition)를 준수해야 할 필요가 있다.

④ 시간과 공간(time and place)

시간적·공간적인 경계선도 모집단의 규정에 포함되어야 한다. 예를 들어, 모집단을 현재 강남에 거주하는 청소년이라고 규정했을 경우 강남이 행정구역상의 강남구를 의미하는지, 아니면 서울의 강남 지역인 서초구와 송파구를 포함하는지 그 의미가 명확하지 않아 문제가 된다. 또한 현재라는 단어도 시간상으로는 매우 모호하기 때문에 적절하지 않다.

이처럼 모집단의 규정은 조사 목적과 상황에 따라 달라질 수 있기 때문에 모집단을 보다 정확하게 규정하기 위해 조사 담당자는 조사 대상 집단, 조사 의뢰 조직 그리고 직접 조사를 시행할 조사원과 면접을 하여 모집단을 정의하고 재구성(reproduction)해야 한다.

03 표본 프레임의 결정

모집단이 확정되고 나면 연구 목적과 모집단을 대표할 수 있는 적당한 표본 프레임(sample frame)을 선정해야 한다. 표본 프레임의 결정은 자료 수집 방법과 관련된다. 예를 들어, 농심에서 신라면 구매자를 대상으로 전화 인터뷰를 하기 위해 전화번호부를 사용한다면 전화번호부가 표본 프레임이 되는 것이다. 즉 표본 프레임이란 연구 대상이나 표본단위가 수록된 목록을 말하며, 여기서 최종적인 표본이 추출된다.

표본 프레임은 모집단 구성요소를 모두 포함하며, 어떠한 요소도 이중으로 포함하지 않아서 모집단과 일치하는 것이 이상적이다. 또한 연구 대상에 대해 정확하고 완전한 정보를 포함할수록 좋은 표본 프레임이 된다. 즉 표본 프레임은 여러 분야에서 얻을 수 있으나, 어떤 원천(source)에서 얻은 자료든지 모집단을 얼마나 잘 대표할 수 있는지가 가장 중요한 요소다.

모집단과 일치하지 않는 표본 프레임이 많은데, 이것은 표본추출설계를 잘못해서 발생하는 것으로, 표본 프레임 오류라고 한다. 그리고 실제로는 표본추출에 이용될 표본 프레임이 존재하지 않는 경우도 많다. 따라서 표본 프레임과 모집단 간의 불일치를 발견해 오류를 줄이도록 노력해야 한다. 표본 프레임 오류에는 다음과 같은 것이 있다.

1. 표본 프레임이 모집단 내에 포함되는 경우

규정된 모집단이 표본 프레임을 완전히 포함하고, 동시에 더 넓은 범위를 가지는 경우다. 여기서는 모집단 내에 속한 구성요소 중에서 표본 프레임에 속하지 않는 부분이 있기 때문에 표본으로 추출될 기회를 상실하게 된다. [그림 8-3]은 이에 대한 개념을 나

【그림 8-3】

표본 프레임이 모집단 내에 포함되는 경우

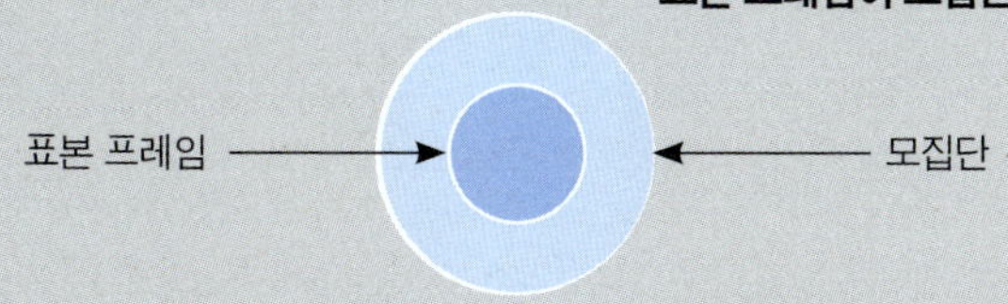

타내준다. 예를 들어, 모집단이 대한민국에 거주하는 모든 국민이고 표본 프레임으로 대한민국 내 모든 전화국의 전화번호부를 사용하는 경우가 이에 해당하는데, 이때는 표본 프레임에 포함되지 않는 대한민국 국민이 많을수록 표본의 모집단에 대한 대표성은 떨어지게 된다.

2. 모집단이 표본 프레임 내에 포함되는 경우

표본 프레임이 모집단을 다 포함하고도 남는 경우다. 여기서는 표본 프레임 내에 속한 구성요소 중에서 모집단에 속하지 않는 부분이 표본으로 선정될 수 있기 때문에 오차가 발생하게 된다. [그림 8-4]는 이에 대한 개념을 나타내준다.

예를 들어, 국민카드사에서 자사의 신용카드 사용자 가운데 최근 1년 동안 100만 원 이상 구매한 사람들을 모집단으로 하면서 자사 카드 소지자 명단을 표본 프레임으로 사용해 전체에서 표본추출을 한다면 표본추출 프레임은 모집단보다 커지게 된다.

【그림 8-4】

모집단이 표본 프레임 내에 포함되는 경우

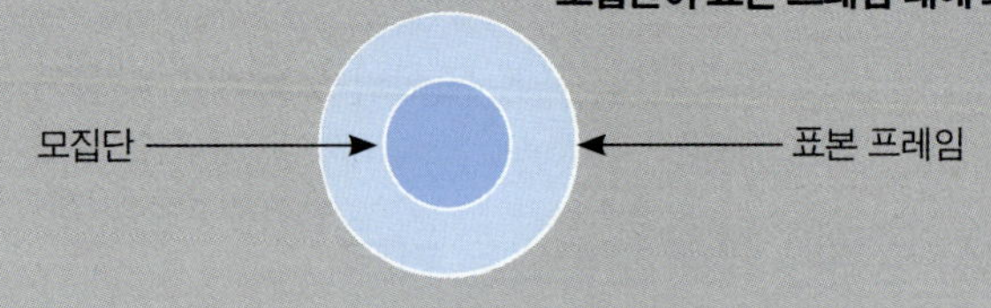

【그림 8-5】

모집단과 표본 프레임의 일부분만이 일치하는 경우

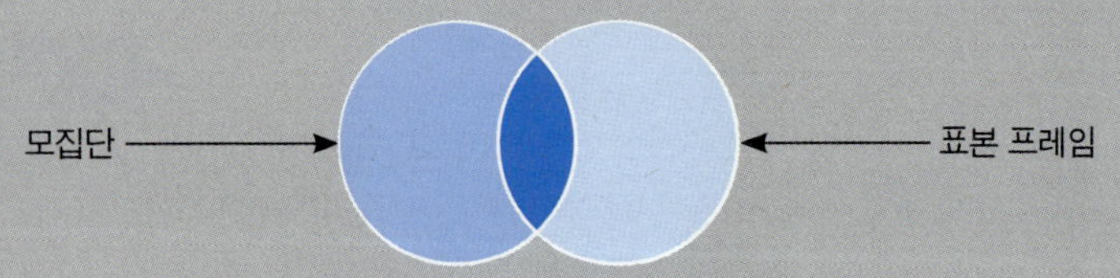

3. 모집단과 표본 프레임의 일부분만 일치하는 경우

예를 들어, 르노삼성자동차에서 연구 대상을 가구로 한정해 새로 출시할 준중형 자동차인 SM3에 대한 선호도를 조사하기 위해 전화번호부를 표본 프레임으로 사용한다고 가정하자. 이때 어떤 가구는 전화번호부에 실려 있지 않은 반면, 모집단에 포함되어서는 안 되는 기업체의 전화번호는 등록되어 있을 것이다. 따라서 모집단의 일부분만이 표본 프레임에 포함되는 것이며, 모집단에 속하지 않은 것들이 표본 프레임에 포함되게 된다. 이 경우에는 표본의 대표성이 앞의 두 경우보다 떨어지고 자료의 검토나 편집 과정도 어려워서 세 가지 경우 중에서 가장 심각한 모집단과 표본 프레임의 오차가 발생하게 된다. [그림 8-5]는 이에 대한 개념을 나타내준다.

표본 프레임 오류가 있는 경우 그 표본으로 조사를 시행하면 잘못된 결론을 도출하게 된다. 이러한 오차를 줄이기 위해서는 표본 프레임에 맞게 모집단을 재구성(reproduction)해야 하는데, 이것은 주로 표본 프레임이 모집단에 포함되어 오차가 나타나는 경우에 적합하다. 보다 정밀하게 오차를 줄이기 위해서는 자료 수집 과정에서 선별 질문(qualifier question)을 만들어야 한다. 이를 통해서 조사를 시작하기 전에 부적절한 연구 대상을 제거하거나 자료 수집 과정에서 수집된 자료에 일종의 가중치를 적용해 자료를 조정하는 방법을 사용해야 한다.

그러나 어떠한 조정 방법을 사용한다 하더라도 오차를 완벽하게 없애는 것은 불가능하다. 따라서 비용, 시간, 인력 등의 현실적인 이유로 표본 프레임을 모집단보다 작게 구성하는 경우가 많다. 이러한 경우에 조사자는 부적절한 통계적 추정을 하지 않도록 모집단과 표본 프레임 사이의 오차를 분명히 알고 있어야 하며, 추정 결과를 일반화하는 과정에 주의해야 한다.

04 표본추출 방법의 결정

표본추출 방법에는 여러 가지가 있으나 크게 확률표본추출법(probability sampling)과 비확률표본추출법(non-probability sampling)으로 나눌 수 있다. 확률표본추출법은 모든 연구 대상이 표본으로 추출될 확률이 알려져 있고, 표본 구성요소를 추출하기 위해 무작위적인 방법을 사용한다. 모집단에 대한 정보를 보유하지 못한 경우에는 비확률표본추출법을 사용할 수밖에 없는데, 이것은 표본으로 추출될 확률이 일정하지 않고 조사자가 독단적으로 또는 의도적으로 연구 대상을 표본에 포함하거나 제외할 수 있는 매우 주관적인 방법이다. 단 모집단에 대한 정보를 가지고 있다 해도 상황에 따라 비확률표본추출법을 선택하기도 한다.

이 두 가지 표본추출 방법 중에서 어떤 방법을 어떤 시기에 사용할지는 크게 통계적 관점과 시행적 관점을 고려해서 결정한다. 통계적 관점에서 보면 확률표본추출법이 표본오차, 즉 표본에서 얻어낸 통계량의 정확도(precision)에 대한 통계적인 평가를 할 수 있기 때문에 바람직하며, 무작위추출법을 사용하기 때문에 조사자의 주관성을 배제할 수 있어서 객관적인 표본추출이 이루어진다는 장점이 있다. 또한 확률표본추출법은 여러 가지 통계적인 기법을 적용해 모집단에 대한 일반화(generalization)를 할 수 있다는 장점이 있다. 그러나 시행상의 문제점들로 인해 확률표본추출법은 비확률표본추출법에 비해 더 많은 시간과 비용이 든다. 따라서 확률표본추출을 하는 것이 모집단의 특성을 측정하는 데 보다 바람직하지만, 이러한 시행상의 어려움 때문에 현실적으로 비확률표본추출법을 선택하는 경우가 많다. 따라서 표본추출 방법을 선택할 때는 연구에서 요구되는 제반 사항과 이용 가능한 자원을 고려해야 한다.

[표 8-1]은 확률표본추출법과 비확률표본추출법을 요약해 나타내준다.

【표 8-1】 확률표본추출법과 비확률표본추출법의 비교

확률표본추출법	비확률표본추출법
연구 대상이 표본으로 추출될 확률이 알려져 있음	연구 대상이 표본으로 추출될 확률이 알려져 있지 않음
무작위적 표본추출	인위적 표본추출
시간과 비용이 많이 듦	시간과 비용이 적게 듦
표본오차 추정 가능	표본오차 추정 불가능
표본분석 결과의 일반화가 가능	표본분석 결과의 일반화에 제약

【그림 8-6】
표본추출 방법의 종류

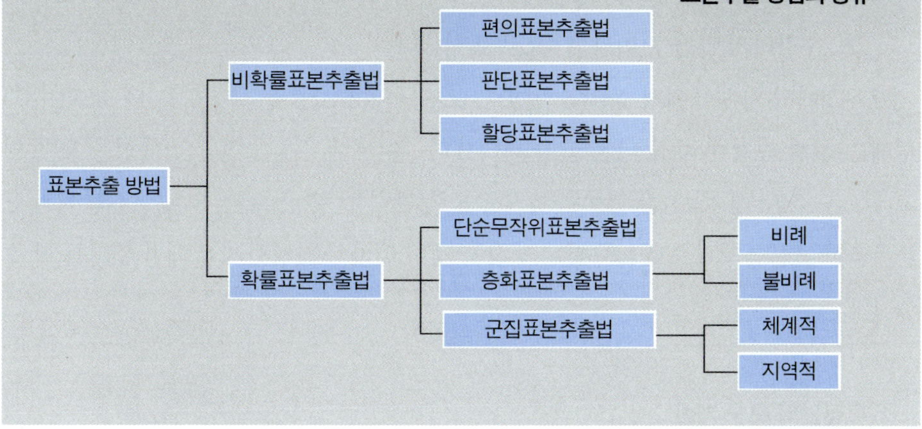

1. 확률표본추출법의 종류

(1) 단순무작위표본추출법

단순무작위표본추출법(simple random sampling)은 초보 조사자가 흔히 이용하는 방법으로, 크기가 N인 모집단으로부터 모집단의 모든 표본단위가 선택될 확률이 모두 같도록 n개의 표본단위를 선택하는 방법이다. 이 방법의 특징은 모집단의 구성요소들이 표본으로 선택될 확률이 알려져 있고 동일하다는 점이다. 이 기법은 이론상으로는 절차가 가장 단순하지만 사회과학에서 실제로 진정한 의미의 단순무작위표본추출법이 사용되는 경우는 거의 없다. 단순무작위표본추출법은 앞으로 나올 확률표본추출법의 기초가 되는 방법이므로 기본적인 확률 개념과 같이 설명하기로 한다.

1) 모집단 및 모수의 계산

① 측정할 모집단(population to measure)

여기서는 사회학 개론을 수강하는 학생들을 모집단으로 규정하고, 그들의 나이와 졸업 전까지 여성학 수강 여부에 대한 의도를 조사한 예를 이용해 설명하고자 한다. 다음 페이지의 [표 8-2]에는 다음과 같은 정보가 표시돼 있다.

(1) 각 학생들의 번호

(2) 각 학생들의 나이

(3) 졸업 전까지 여성학의 수강 여부. 만약 졸업 전까지 수강할 것이라면 1로 표시하고, 수강하지 않을 것이라면 0으로 표시했다.

[표 8-2]에서 학생들에게 붙여진 번호는 모집단의 요소들을 구별하는 데 쓰이며, 그 외에는 실제 측정에 따라 나온 값을 나타낸다. 본 예에서는 모집단의 특성을 모두 알고 있으므로(즉 전수조사를 했으므로) 모수를 정확히 알 수 있으며, 또한 모집단에서 표본추출한 표본통계량으로 모수를 추정하는 것이 얼마나 타당한지에 대한 평가를 할 수 있다.

② 모집단의 모수 계산

모집단의 평균값을 μ라 하고 분산도를 σ^2이라 하면, μ는 나이의 중앙집중도를 측정하고 σ^2은 나이의 분산 정도를 측정하려는 모수다.

[표 8-2]로부터 평균값과 분산, 표준편차를 계산하면 다음과 같다.

$$\text{평균: } \mu = \frac{\sum_{i=1}^{N} X_i}{N} = \frac{27+24+\cdots+21}{50} = \frac{1,208}{50} = 24.2$$

$$\text{분산: } \sigma^2 = \frac{\sum_{i=1}^{N} (X_i - \mu)^2}{N} = \frac{968.72}{50} = 19.3744$$

$$\text{표준편차: } \sigma = \sqrt{19.3744} = 4.401636$$

모집단의 분산은 각 측정값과 평균값 차이의 제곱들의 합을 모집단의 총요소들로 나눈 값이다. 그러므로 사회학 개론 수강생의 평균 연령은 24.2세이며, 분산은 19.4세, 표준편차는 4.40세다.

【표 8-2】 모집단의 특성

학생 번호	연령(X_1)	여성학 수강 여부(X_2)	$X=X_1-\mu$	$X^2=(X_1-\mu)^2$
1	27	1	2.840	8.07
2	24	0	−0.160	0.03
3	28	1	3.840	14.75
4	33	1	8.840	78.15
5	27	0	2.840	8.07
6	28	0	3.840	14.75
7	29	0	4.840	23.43
8	26	0	1.840	3.39
9	30	1	5.840	34.11
10	27	1	2.840	8.07
11	29	0	4.840	23.43
12	32	1	7.840	61.47
13	24	0	−0.160	0.03
14	27	0	2.840	8.07
15	29	1	4.840	23.43
16	30	0	5.840	34.11
17	28	1	3.840	14.75
18	31	1	6.840	46.79
19	36	0	11.840	140.19
20	29	0	4.840	23.43
21	20	0	−4.160	17.31
22	22	0	−2.160	4.67
23	21	0	−3.160	9.99
24	19	0	−5.160	26.63
25	19	1	−5.160	26.63
26	23	0	−1.160	1.35
27	21	1	−3.160	9.99
28	20	0	−4.160	17.31
29	22	0	−2.160	4.67
30	24	0	−0.160	0.03
31	21	0	−3.160	9.99
32	20	1	−4.160	17.31
33	19	0	−5.160	26.63
34	22	1	−2.160	4.67
35	23	0	−1.160	1.35
36	25	1	0.840	0.71
37	26	0	1.840	3.39

학생 번호	연령(X_1)	여성학 수강 여부(X_2)	$X = X_1 - \mu$	$X^2 = (X_1 - \mu)^2$
38	20	0	−4.160	17.31
39	19	0	−5.160	26.63
40	23	1	−1.160	1.35
41	18	0	−6.160	37.95
42	21	0	−3.160	9.99
43	20	1	−4.160	17.31
44	24	0	−0.160	0.03
45	21	0	−3.160	9.99
46	22	0	−2.160	4.67
47	19	0	−5.160	26.63
48	22	1	−2.160	4.67
49	17	0	−7.160	51.27
50	21	0	−3.160	9.99
합계	1,208	17	0.0	968.72
평균	분산	표준편차		
24.2	19.3744	4.401636		

이외에 여성학 수강 여부에 관한 이항변수(dichotomous variable)의 모수 추정의 기본 개념은 동일하나 계산 과정이 상이하며, 이 방법은 이 장의 부록 I에 설명되어 있다. 모집단의 크기가 무한히 큰 경우에도 계산 방식은 약간 차이가 있는데, 이는 기초통계학 책을 참조하기 바란다.

2) 표본추출

거의 모든 사회집단에 관한 조사에서는 모집단의 특성인 모수를 모르기 때문에 표본을 추출해 모수를 추정하게 된다. 예로 [표 8-2]에 있는 50명의 모집단에서 표본을 추출하기로 한다.

① 표본추출 방법

앞에서 단순무작위표본추출의 두 가지 특성은 첫째, 각 요소들은 선택될 확률이 알려져 있고, 둘째, n개의 일정한 수의 표본을 선정한다면 어떠한 조합이라도 선정될 확률은 동일하다고 했다.

모든 확률표본의 추출에서 첫 번째 가정은 반드시 성립해야 하지만, 두 번째 가정은 확률표본 기법에 따라 달라진다. 단순무작위표본추출 과정은 다음과 같다.

㉠ 모집단을 확정하고 표본 프레임을 작성한다.

㉡ 각각의 표본에 고유번호를 부여한다.

㉢ 표본의 크기를 정하고, 이에 따라 부록 [표 9]에 있는 난수표를 이용해 추출된 표본의 번호를 확정한다. 모집단 수가 적을 때는 난수표를 이용하는 대신 각각의 번호를 적은 종이를 잘 섞은 후 표본 수만큼 뽑아도 동일한 효과를 낼 수 있다. 모집단 수가 아주 큰 경우에는 컴퓨터를 이용해 난수를 추출하게 된다.

㉣ 위의 번호에 해당하는 표본을 추출한다.

앞의 예에서 모집단의 크기가 50명인 학생들의 집합을 [표 8-2]와 같이 1에서 50까지의 번호로 나타내고 $n=5$인 표본을 원할 때 난수표를 사용해 1부터 50 사이에서 번호를 추출한다. 난수표에서 32, 16, 4, 39, 45로 구성되는 표본을 선택했을 때 이 결과에 따른 표본의 값은 [표 8-3]과 같다.

【표 8-3】 다섯 개의 표본추출을 했을 경우

학생 번호	나이	수강 여부
32	20	1
16	30	0
4	33	0
39	19	0
45	21	0
평균	**분산**	**표준편차**
24.6	41.3	6.426508

그러나 실제로는 완전한 모집단의 목록을 입수한 경우가 극히 드물며, 또한 모집단 수가 많아지면 입수가 가능해도 실제로 이 방법을 사용해 표본추출을 하는 것은 시간과 노력의 낭비인 경우가 많아 사용되는 경우가 드물다. 예를 들어, 서울특별시 전 인구를 모집단으로 할 경우 주민등록을 조사하면 이론적으로는 모집단의 목록이 작성될 수 있으나 실제로는 이에 소요되는 시간과 노력 때문에 불가능하다 할 수 있다.

② **표본통계량의 계산**

표본평균은 표본에서의 측정값의 합계를 표본크기로 나눈 값이다. 그러므로 계산을 해보면 다음과 같다.

$$\overline{X}=\frac{\Sigma_{i=1}^{n}X_i}{n}=\frac{20+30+33+19+21}{5}=\frac{123}{5}=24.6$$

나이에 대한 표본평균통계량은 24.6세로 모집단 평균인 24.2세보다는 조금 높은 수치다.

실제 문제에서는 정확한 평균 나이를 모르므로 진실치(true value)의 가장 정확한 추정치로서 표본평균을 이용하는 것이다. 표본의 분산은 실제 관찰치에서 평균값을 뺀 것의 제곱을 자유도(degree of freedom)인 $(n-1)$로 나눈 값이다.

$$S^2=\frac{\Sigma_{i=1}^{n}(X_i-\overline{X})^2}{n-1}$$

모수 추정과 크게 다른 점은 표본 수가 아닌 자유도로 나눈다는 점이다. 자유도는 일반적으로 측정 대상의 독점적인 관찰치(표본크기)에서 계산에 필요한 통계값을 뺀 수치로 계산한다. 그 기본 개념은 통계학 책을 참조하기 바란다. 표본분산의 계산에서 자유도는 $n-1$이며, 이렇게 표본분산을 계산해내는 것이 더 정확한 모분산 추정치로 인정된다.

$$S^2=\frac{\Sigma_{i=1}^{n}(X_i-\overline{X})^2}{n-1}=\frac{165.20}{4}=41.30$$

앞에서 모집단의 분산은 19.4였으므로 표본분산은 다소 크게 평가되었다고 볼 수 있다. 한편 표준편차는 $\sqrt{41.3}=6.43$이 된다. 위의 과정은 다음과 같은 간단한 계산식(computational formula)을 이용할 수 있다.

$$S^2=\frac{\Sigma X_i^2-\{(\Sigma X_i)^2/n\}}{n-1}$$

$$S=\sqrt{\frac{\Sigma X_i^2-\{(\Sigma X_i)^2/n\}}{n-1}}$$

$$S=\sqrt{41.3}=6.43$$

표본의 크기가 $n=5$인 앞의 예에서 보면

$$\Sigma X_i^2=(20)^2+(30)^2+(33)^2+(19)^2+(21)^2=3{,}191$$

$(\Sigma X_i)^2=(20+30+33+19+21)^2=(123)^2=15{,}129$가 된다.

$$\frac{(\Sigma X_i)^2}{n}=\frac{15{,}129}{5}=3{,}025.8$$

그러므로

$$S^2=\frac{3{,}191-3025.8}{4}=\frac{165.2}{4}=41.3$$

$S=\sqrt{41.3}=6.43$이 되어 위의 결과와 같게 나옴을 알 수 있다.

여성학에 대한 표본통계량 측정은 이 장의 부록 8-I을 참조하기 바란다.

3) 표본통계값에 의한 모집단의 모수 추정

표본의 통계값으로부터 추정해야 할 모집단의 모수는 평균값과 분산값이다.

모집단의 평균 μ는 표본평균 $\overline{X}$를 이용해 추정하며, 모집단의 분산 σ^2은 표본분산 S^2을 이용해 추정한다.

즉 $\mu=\frac{\Sigma_{i=1}^{n}(\overline{X})}{n}$, $\sigma^2=\frac{S^2}{n}=S_X^2$이 된다. 이와 같은 통계적인 추정에 관한 기본 개념들은 이 장의 부록 8-I에 수록되어 있다.

위의 예에서 μ의 추정치는 $\overline{X}=24.6$이 되며, σ^2의 추정치는 $S_X^2=\frac{41.3}{5}=8.26$이므로 표준편차 σ의 추정치는 $S_X=2.87$이다. 이 추정치와 모집단의 모수와의 일치 여부는 정확도에 따른 신뢰구간의 추정으로 알 수 있다.

신뢰구간을 구하는 공식은 다음과 같다.

$$\overline{X}-ZS_{X}\leq\mu\leq\overline{X}+ZS_{X}$$

이때 Z값은 정확도를 표시해주며 Z값이 1이면 실제 모수가 신뢰구간에 포함될 확률이 68.26%, Z값이 2이면 95.45%, Z값이 3이면 99.73%가 된다.

즉 $Z=1$일 때 $24.6-1\times2.86\leq\mu\leq24.6+1\times2.86 \rightarrow 21.74\leq\mu\leq27.46$

$Z=2$일 때 $24.6-2\times2.86\leq\mu\leq24.6+2\times2.86 \rightarrow 18.88\leq\mu\leq30.32$

$Z=3$일 때 $24.6-3\times2.86\leq\mu\leq24.6+3\times2.86 \rightarrow 16.02\leq\mu\leq33.18$

그러므로 우리가 알고 있는 실제 모수 μ의 값 24.2는 위의 세 가지 경우의 신뢰구간에 모두 포함된다. 이때 Z값이 커질수록 그 신뢰구간 안에 실제값이 포함될 가능성이 높아진다. 이외에도 모집단의 분산값 신뢰구간도 구할 수 있는데, 이에 대한 것은 기초통계학 책을 참조하기 바란다. 또한 여성학 수강 여부에 대한 통계적 추정은 이 장의 부록 I에 있다.

(2) 층화표본추출법

층화표본추출법(stratified random sampling)은 추정값의 표본오차를 감소시켜 표본의 대표성을 높이기 위해 사용되는 방법이다. 즉 이 방법은 모집단이 동질적(homogeneous)이면 이질적(heterogeneous)인 모집단보다 표본오차가 더 적은 표본을 산출할 수 있다는 논리에 기초를 두고 한 모집단을 동질적인 소집단들(strata)로 층화하고, 그 집단의 크기에 따라 단순무작위표본추출법을 사용해 표본을 추출하는 방법이다.

1) 표본추출 방법

층화표본추출법은 다음과 같은 절차에 의해 수행된다.

① 조사 대상 모집단을 상호 독립적이고 포괄적인(mutually independent and collectively exhaustive) 소집단으로 나눈다.

② 각 소집단에서 얻을 표본의 비율을 정해 소집단별 표본 수를 결정한다. 이때 각 소집단에서 뽑는 표본 수에 따라 비례층화추출법(proportionate stratified sampling)과 불비례층화추출법(disproportionate stratified sampling)으로 나뉜다. 비례층화추

출법은 이차집단에서 표본크기를 각 소집단의 크기에 따라 비례적으로 정하는 것으로, 예를 들어, 남자가 60명이고 여자가 40명이면 남자 소집단과 여자 소집단의 표본 수의 비는 3:2가 되게 표본을 뽑는다. 불비례층화추출법은 소집단의 크기와 분산도를 모두 고려해 표본을 추출하는 방법이다. 즉 분산도를 고려해 많은 분산을 가진 소집단에서 더 많은 표본을 추출하는 방법이다. 이는 뒤에서 자세히 설명하기로 한다.

③ 소집단별로 단순무작위표본추출법을 사용해 표본을 추출한다.

2) 비례층화추출법

① 표본추출

모집단은 단순무작위표본추출에서 사용한 모집단을 이용하는데, [표 8-4]의 예에서 학생들의 번호 중 1부터 20까지는 대학원생, 21부터 50까지는 대학생으로 구성되었다고 하자. 표에서 보면 대학원생 집단은 대학생 집단보다 대체로 나이가 많은 사람으로 구성되어 있으므로 전체 학생 집단에 비해 보다 동질적인 특성(profile)을 가진다. 그러므로 층화변수(대학원생 대 대학생)를 이용해 모집단을 보다 동질적인 두 개의 소집단으로 층화하면 [표 8-5]와 같이 나타낼 수 있다.

표본은 각 소집단의 크기 비율에 따라 대학생 중에서 세 명, 대학원생 중에서 두 명을 뽑기로 했다.

계산의 편의를 위해 다음과 같이 정의하기로 한다.

$N_{st.1}$=소집단 1의 크기(populatation size of stratum 1)
$N_{st.2}$=소집단 2의 크기(populatation size of stratum 2)
$n_{st.1}$=소집단 1의 표본크기(sample size of stratum 1)
$n_{st.2}$=소집단 2의 표본크기(sample size of stratum 2)
$\overline{X}_{st.1}$=소집단 1의 표본평균(sample mean of stratum 1)
$\overline{X}_{st.2}$=소집단 2의 표본평균(sample mean of stratum 2)
$S^2_{st.1}$=소집단 1의 표본분산(sample variance of stratum 1)
$S^2_{st.2}$=소집단 2의 표본분산(sample variance of stratum 2)
대학원생 집단=소집단 1, 대학생 집단=소집단 2

【표 8-4】 층화표본추출을 위한 모집단의 재분류

	(1) 학생 번호	(2) 연령(X_i)		(1) 학생 번호	(2) 연령(X_i)
대학원생	1	27	대학생	26	23
	2	24		27	21
	3	28		28	20
	4	33		29	22
	5	27		30	24
	6	28		31	21
	7	29		32	20
	8	26		33	19
	9	30		34	22
	10	27		35	23
	11	29		36	25
	12	32		37	26
	13	24		38	20
	14	27		39	19
	15	29		40	23
	16	30		41	18
	17	28		42	21
	18	31		43	20
	19	36		44	24
	20	29		45	21
대학생	21	20		46	22
	22	22		47	19
	23	21		48	22
	24	19		49	17
	25	19		50	21

【표 8-5】 비례층화추출법에 의한 표본

	학생 번호	나이
소집단 1	4	33
	16	30
소집단 2	32	20
	39	19
	45	21

【표 8-6】 층화표본추출된 대학원생 소집단

평균	분산	표준편차
31.5	4.5	2.12132

【표 8-7】 층화표본추출된 대학생 소집단

평균	분산	표준편차
20	1	1

【표 8-8】 전체 표본

평균	분산	표준편차
24.6	41.3	6.43

이에 난수표를 이용해 [표 8-5]와 같은 단순무작위표본을 얻었다.

② 통계량 추정

㉠ 각 소집단의 통계량

$N=50$, $n=5$인 단순무작위표본추출법에 의한 표본의 총표본평균(total mean), 분산, 표준편차는 $\overline{X}=24.6$, $S^2=41.3$, $S=6.43$이었다.

이제 층화표본추출된 대학원생 소집단의 평균, 분산, 표준편차를 계산하면 다음과 같다.

$$\overline{X}_{st.1}=\frac{\sum_{i=1}^{n_{st.1}}X_i}{n_{st.1}}=\frac{33+30}{2}=31.5$$

$S^2_{st.1}$을 계산식을 이용해 구하면 다음과 같다.

$$\sum X^2_{st.1}=(33)^2+(30)^2=1,989$$

$$\frac{(\sum X_{st.1})^2}{n}=\frac{(63)^2}{2}=1,984.5$$

그러므로

$$S^2_{st.1}=\frac{1,989-1,984.5}{1}=4.5 \quad S_{st.1}=2.12\text{다.}$$

한편 대학생 소집단에서는

$$\overline{X}_{st.2}=\frac{\sum_{i=1}^{n_{st.2}}X_i}{n_{st.2}}=\frac{20+19+21}{3}=20$$

$$\Sigma X^2_{st.2}=(20)^2+(19)^2+(21)^2=1,202$$

$$\frac{(\Sigma X_{st.2})^2}{n}=\frac{(60)^2}{3}=1,200$$

$$S^2_{st.2}=\frac{1,202-1,200}{2}=1$$

$\therefore S_{st.2}=1$의 값을 얻을 수 있다.

다음의 [표 8-9]는 앞의 결과를 정리한 것이다.

앞에서 보면 각 소집단의 분산, 표준편차는 총표본($n=5$)에서의 값보다 작다는 것을 알 수 있다. 그러므로 신뢰구간도 총표본의 표준오차에 의해 나온 값보다 작아진다는 것을 알 수 있다.

【표 8-9】 총표본과 소집단의 평균, 분산, 표준편차

	평균	분산	표준편차
전체표본	24.6	41.3	6.43
대학원생 소집단	31.5	4.5	2.12
대학생 소집단	20.0	1.00	1.00

㉡ 전체표본의 통계량

다음으로 소집단에서 얻은 결과를 가지고 총표본의 평균과 표준편차를 어떻게 구할 수 있는지 알아보자.

전체표본평균 $\overline{X}_{st.}$는 소집단 평균들의 가중평균치이며, 소집단의 가중치는 소집단과 총모집단 크기와의 비율이다.

$$\frac{N_{st,j}}{N}$$

그러므로

$$\overline{X_{st.}}=\sum_{j=1}^{A}\left(\frac{N_{st,j}}{N}\right)X_{st,j}$$

여기에서 A(소집단의 수)=2이므로

$$\overline{X_{st.}}=\sum_{j=1}^{2}\left(\frac{N_{st,j}}{N}\right)X_{st,j}=\left(\frac{N_{st,1}}{N}\right)X_{st,1}+\left(\frac{N_{st,2}}{N}\right)X_{st,2}$$
$$=\left(\frac{20}{50}\right)31.5+\left(\frac{30}{50}\right)20=24.6$$

위의 값은 층화하지 않고 계산한 전체표본평균값과 같음을 알 수 있다.

표준편차를 계산하기 위해 비율 $\frac{N_{st,j}}{N}$는 각 소집단의 모집단에 대한 상대적인 비율로서 W_j라 하자. 그러면 $W_1=0.4$, $W_2=0.6$이 된다.

소집단 평균의 표준편차(S_X)의 계산은 좀 복잡한데, 이것은 각 소집단 평균의 표준편차 제곱과 가중치와의 곱의 제곱근 값이다. 이 경우 가중치는 모집단에 대한 각 소집단의 비율을 제곱한 값이다. 이를 공식으로 나타내면 다음과 같다.

$$S_X=\sqrt{S_X^2}$$

여기에서 $S_X^2=\sum_{j=1}^{A}\left(\frac{N_{st,j}}{N}\right)^2 S^2_{X_{st,j}}=\sum_{j=1}^{A}W_j^2 S^2_{X_{st,j}}$

이 공식을 각 소집단에 적용하면

$$S_{X_{st,1}}=\frac{2.12}{\sqrt{2}}=\frac{2.12}{1.414}=1.50$$

$S_{X_{st,2}}=\frac{1}{\sqrt{3}}=\frac{1}{1.732}=0.58$이고,

그러므로 $S_X^2=(0.4)^2(2.25)+(0.6)^2(0.34)=0.4824$

$S_X=\sqrt{0.4824}=0.69$다.

한편 각 소집단의 표준편차를 계산하지 않더라도 바로 S^2_X를 계산할 수도 있는데, 그 공식은 다음과 같다.

$$S_X^2=\sum_{j=1}^{A}\frac{\left(\frac{N_{st,j}}{N}\right)^2 S_{st,j}^2}{n_{st.1}}=\sum_{j=1}^{A}\frac{(W_j)^2 S_{st,j}^2}{n_{st,j}}$$

이를 예에 적용하면 ($A=2$) 다음과 같다.

$$S_X^2=\frac{(W_1)^2 S^2{}_{st.1}}{n_{st.1}}+\frac{(W_2)^2 S^2{}_{st.2}}{n_{st.2}}=\frac{(0.4)^2(4.5)}{2}+\frac{(0.6)^2(1)}{3}=0.48$$

$$S_X=\sqrt{0.48}=0.69$$

앞의 결과를 보면 층화추출로 계산한 평균의 표준편차 0.69는 층화하지 않고 계산한 평균의 표준편차 2.87$\left(=\frac{6.43}{\sqrt{5}}\right)$에 비해 많이 줄어들었음을 알 수 있다.

③ 신뢰구간 추정

층화표본평균에 대한 95% 신뢰구간은 24.6±2(0.69), 즉 23.2~25.9다. 그리고 층화되지 않은 95% 신뢰구간은 18.88~30.32다. 여기서 보면 신뢰구간의 크기는 11.4에서 2.7로 감소되었으며, 모집단 평균은 층화표본의 신뢰구간 23.2~25.9 사이에 포함됨을 알 수 있다. 그리고 층화표본의 99.7% 신뢰구간 24.6±3(0.69)도 층화되지 않은 99.7% 신뢰구간보다 더 작음을 알 수 있다.

층화표본추출의 효율성(efficiency)은 똑같은 표본크기로 비층화표본추출보다 정확한 추정량을 얻을 수 있다는 것이다. 더 작은 표본과 비용으로 비층화표본추출과 같은 정확성을 얻을 수 있는 것으로, 이를 도식화한 것이 [그림 8-7]이다.

3) 불비례층화추출법

이 표본추출은 소집단의 크기와 분산도의 두 가지 요소를 고려해 표본을 선정하는 것으로, 만약 표본크기가 일정하다면 분산도가 큰 소집단에서 그 크기에 비해 상대적으로 더 많은 표본이 추출되며, 이와는 달리 구성요소들의 동질성이 높은 소집단은 상

【그림 8-7】

층화·비층화 표본의 신뢰구간 비교

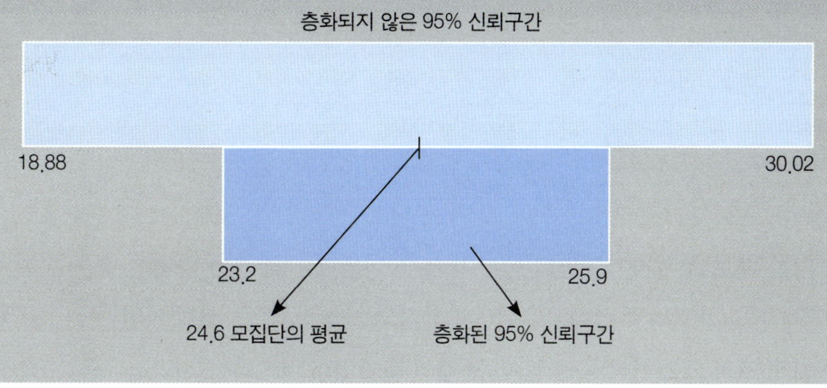

대적으로 적은 수의 표본을 추출하는 방법이다.

각 소집단의 표본크기 결정 과정은 매우 복잡해 본서의 범위를 벗어나므로 여기서는 생략하고 이 추출법의 유용성에 대해서만 살펴보기로 한다. 어떤 소집단의 분산도가 0인 경우에는 소집단을 구성하는 요소들의 값이 모두 동일하므로 단 한 개의 표본만을 추출해도 이 집단의 평균치를 알 수 있다. 이와는 반대로 소집단의 분산도가 매우 크면 이 집단의 평균치를 추정하기 위해서는 다수의 표본을 선정할 필요가 있다. 그러므로 모집단에 대한 소집단의 크기보다는 상대적인 분산도에 비례해 표본을 선정하면 추정치의 정확도를 높일 수 있다.

불비례층화추출법을 이용하려면 조사 대상의 모집단에 대해 많은 지식 내지 정보를 갖고 있어야 하는데, 이를테면 각 소집단의 분산도를 고려해 표본을 선정하기 위해서는 상대적인 분산도를 알고 있어야 한다. 이러한 표본추출 방법을 쓰면 비례층화추출법보다 효율적인 추정치를 구할 수 있으나, 소집단 내의 상대적인 분산도의 추정치를 알아야 한다는 부담이 있다. 조사자는 경우에 따라 과거의 조사 자료나 경험에 의해 소집단의 구성요소가 어느 정도 동질적인지를 예상할 수 있으며, 또한 직관에 의존해 각 소집단의 표본크기를 설정하는 경우도 있을 것이다. 예컨대 대규모 소매상이 소규모 소매상보다도 특정 제품의 판매량에서 변동 폭이 더 클 것이라고 예상되는 경우에는 이 표본추출법을 이용해 대규모 소매상에서 표본을 보다 많이 추출하는 것이 더 합리적인 표본추출 방법이 될 것이다.

【표 8-10】 A산업의 특성

	개수	시장점유율
대기업	5개	80%
중소기업	95개	20%
계	100개	100%

또 다른 예로 조사자가 기업집중도가 높은 산업에 대해 연구하려는 경우를 들 수 있다. 만약 어느 산업의 특성이 [표 8-10]과 같다고 가정하자. 즉 전체 기업 수는 100개인데 그중 다섯 개가 대기업이며, 이들 다섯 개의 대기업이 차지하는 시장점유율은 80%다.

이 경우 조사자가 단순무작위표본추출법을 사용해 10개의 표본을 추출하면, 그 표본에 다섯 개의 대기업 중 하나도 포함되지 않을 확률이 높다. 이렇게 되면 연구 결과는 전체 산업을 대표하는 일반성을 결여하게 될 것이다. 또한 기업 수에 의한 비례층화추출법을 사용한다면 문제점이 약간은 줄어드나 이 경우도 대기업 중 하나만이 표본에 포함된다. 이때 불비례층화추출법을 사용하면(예를 들어, 세 개의 대기업과 일곱 개의 중소기업) 대기업 중 세 개가 꼭 표본으로 추출되어 연구의 일반성을 보다 더 갖게 할 수 있다.

(3) 군집표본추출법

지금까지의 확률표본추출법에서는 각 표본들을 개별적으로 추출했으나, 군집표본추출(cluster sampling)은 표본들을 군집(cluster or group)으로 묶어 이들 집단을 선택하고, 다시 선택된 집단 안에서 표본을 추출하는 방법이다.

1) 군집표본추출의 절차

군집표본추출의 절차는 다음과 같다.

① 모집단을 상호 배타적인 소집단으로 분류한다.

② 분류된 소집단 중에서 무작위로 표본을 선택한다. 이때 표본을 선정하기 위해 세분된 소집단에 있는 모든 모집단 구성요소를 이용하는 경우를 1단계 군집표본추출(one cluster sampling)이라 하고, 이와는 달리 표본으로 선정된 소집단에서 표

본 구성요소를 확률적으로 다시 선정하는 방법을 2단계 군집표본추출(two cluster sampling)이라 한다. 자세한 방법은 각각의 방법을 설명할 때 부연하기로 한다.

2) 군집표본추출법의 특성

단순무작위표본추출법에 비해 층화표본추출법과 군집표본추출법은 모두 소집단을 이용해 표본을 추출한다. 여기서 군집표본추출법과 층화표본추출법의 유사점과 상이점을 알아둘 필요가 있다. 양자가 모두 모집단을 소집단으로 세분한다는 점에서는 유사하지만, 차이점은 층화표본추출법에서는 소집단을 모두 이용하여 표본을 선정하는 데 비해 군집표본추출법에서는 소집단을 선택한 후 그 집단 자체를 모두 표본으로 하거나 그중 일부를 표본으로 선정한다는 것이다.

군집표본추출에서는 이와 같이 소집단 자체를 표본 대상으로 하기 때문에 각 소집단이 가능한 한 모집단을 대표할 수 있는 소규모의 집단이 되어야만 가장 이상적이라고 할 수 있다. 극단적으로 말해 각 소집단이 지닌 특성의 분포가 모집단이 지닌 특성의 분포와 정확히 일치한다면 한 개의 소집단만 표본으로 선정해도 모든 것을 알 수 있게 된다. 이런 경우에는 단순무작위표본추출법과 동일하다.

그러므로 군집표본추출법에서는 각 소집단의 집단 내에서의 분포가 모집단만큼 많은 차이를 이루도록 형성되는 것이 바람직하다. 즉 흰색의 소형차를 타는 집단과 파란색의 소형차를 타는 집단으로 소집단을 나눌 수 있다면 소형차를 타고 다니는 사람들의 소득을 추정하기 위해서는 어느 집단을 선택해도 큰 문제는 없을 것이다. 그러나 이 소집단들이 집단 내의 분포가 동질적이고 집단 간에 차이가 클 경우는 층화표본추출법과 혼동하기 쉽다. 이런 경우에는 군집표본추출법의 통계적 효율성(statistical efficiency)이 떨어지게 된다.

통계적 효율성이란 표본추출 방법을 서로 비교할 때 이용되는 상대적인 개념이다. 표본크기가 일정할 때 추정치의 표준오차가 적은 표본추출 방법이 다른 방법보다 통계적으로 더 효율적이라고 말한다. 이를테면 조사자가 조사하려는 특성이 평균치라면 표본크기가 일정한 경우에 가장 적은 표준오차 값을 구할 수 있는 표본추출 방법이 통계적으로 가장 효율적인 것이다.

군집표본추출법은 층화표본추출법이나 단순무작위표본추출법보다도 통계적으로 효율적이지 못한 경우가 많은데, 그 이유는 군집표본추출법에서는 표본 규모가 일정하다고 할 때 오류의 폭이 클 가능성이 가장 크기 때문이다.

군집표본추출법이 통계적인 효율성이 낮은데도 대규모 표본조사에서 흔히 사용되는 이유는 단일 표본당 드는 비용이 적어서 경제적으로 효율적(economically efficient)이기 때문이다. 표본당 추출비용이 적으므로 대규모의 표본을 선정할 수 있다. 그러므로 비용이 일정하다면 군집표본추출법을 이용해 다수의 표본을 선택하는 것이 동일한 비용으로 소수의 표본을 선정하는 층화표본추출법보다 추정치의 오차 폭이 대체로 적은 경향이 있기 때문에, 이 경우에는 군집표본추출법을 이용하는 것이 유리할 것이다.

3) 체계적 표본추출법

① 표본추출법

이 표본추출법은 모집단에서 다수의 표본을 추출하는 가장 손쉬운 방법 중의 하나로, 일단 최초의 표본집단을 무작위로 선정한 다음에는 k번째마다 표본을 추출하는 것을 말한다.

전술한 $N=50$에서 체계적 표본추출법을 사용해 $n=5$를 선정한다고 하자. 먼저 k값을 구해야 하는데, k는 표본비율(sample fraction)의 역수로 표본간격(sampling interval)이라 한다. 즉 k는 모집단을 표본수로 나눈 값인 N/n이다. 이 경우 k의 값은 10(=50/5)이다. 먼저 1에서 10 사이에서 무작위 수를 하나 뽑고 이 무작위 수에 10씩을 더해 다섯 개를 추출한다. 만약 여기서 5라는 무작위 수를 선정했다면, 표본은 5, 15, 25, 35, 45가 될 것이다. 일반적으로 군집표본추출법에서 가능한 군집의 수는 표본간격 k와 일치하며 $N=50$, $n=5$의 경우는 열 개다.

앞에서 단순무작위표본추출법의 가능한 표본의 조합은 200만 개가 넘었으나, 체계적 표본추출법에서는 단 열 개로 감소되었음을 알 수 있다. 그리고 체계적 표본을 반복적으로 뽑아서 나온 평균들의 표본분포의 평균은 모집단 평균과 일치하는데, 어떤 하나의 체계적 표본에서의 평균은 모집단 평균의 불편추정량(unbiased estimator)이라고 할 수 있다.

표본을 선택하는 프레임이 정말로 무작위적(truly random)이라면 체계적 표본은 단순무작위표본법과 같은 것으로 생각할 수 있다.

② **통계량 추정**

앞의 학생 모집단에서 선정한 체계적 표본의 평균, 분산, 표준오차, 신뢰구간을 계산하면 다음과 같다.

$$\overline{X}=\frac{27+29+19+23+21}{5}=23.8$$

그리고 $\Sigma X_i^2=(27)^2+(29)^2+(19)^2+(23)^2+(21)^2=2{,}901$

$$\frac{(\Sigma X_i)^2}{n}=\frac{(119)^2}{5}=2{,}832.2$$

그러므로 $S^2=\dfrac{\Sigma X_i^2-\{(\Sigma X_i)^2/n\}}{n-1}=17.2$

$$S=\sqrt{\frac{\Sigma X_i^2-\{(\Sigma X_i)^2/n\}}{n-1}}$$

$$S=\sqrt{17.2}=4.147$$

표준오차는 $\dfrac{4.15}{\sqrt{5}}=1.86$이다.

③ **신뢰구간 추정**

체계적 표본추출법을 이용한 위의 예에서 95%의 신뢰구간은

$$23.8-2(1.86)\leq\mu\leq23.8+2(1.86)$$
$$20.08\leq\mu\leq27.52$$

이므로 위의 경우의 모수는 이 신뢰구간에 포함된다. 소집단의 표준편차와 신뢰구간은 단순무작위표본추출법에서의 값보다도 작다는 것을 알 수 있다.

체계적 표본추출법은 단순무작위표본추출법보다 실제로 많이 쓰이는데, 그 이유는 체계적 표본은 선정하기가 쉽고 비용이 적게 들기 때문이다. 그리고 또 다른 이유는 체계적 표본추출법에서는 표본 프레임을 완전히 작성할 필요가 없는 경우도 있기 때문이다. 예를 들어, 면담자가 20번째 고객마다 면담을 할 것이라고 하면, 고객의 완전한 목록이 없는 경우에도 체계적으로 고객과 면담을 할 수 있다.

그러나 체계적 표본추출법을 이용하는 데는 다음과 같은 문제점이 있을 수 있다. 즉

표본으로 선정될 일련의 구성요소들이 주기적 행태(cyclical pattern)로 순서가 결정되어 있을 때는 중대한 오류를 범할 추정치가 나올 위험이 있다.

예를 들어, 항공여행사에서 비행기표 판매를 여행자의 여행 기간별로 분석하기로 했다고 가정하자. 365일 동안의 판매 기록을 모두 조사한다는 것은 비용과 시간 면에서 불리하므로 이를 고려해 52일간의 판매 기록을 조사하기로 했다. 그런데 만일 7일간의 표본추출 간격을(365÷52) 두어 판매 날짜의 표본을 일관되게 추출한다면 결론을 잘못 내릴 가능성이 많다. 왜냐하면 표본으로 선정된 날짜가 모두 화요일이라든지 또는 모두 일요일이 될 가능성도 있기 때문에 판매 추정에 큰 오류를 범할 가능성이 있기 때문이다. 그러므로 표본으로 선정될 일련의 구성요소들의 순서가 주기적 형태로 되어 있을 때는 표본추출 간격을 적절히 조정할 필요가 있다.

4) 지역표본추출법

① 기본 개념

앞에서 설명한 단순무작위표본추출법, 층화표본추출법은 모두 표본추출의 모집단 요소의 목록 또는 명단을 필요로 했다. 층화표본추출법이나 체계적 표본추출법에서는 한 걸음 더 나아가 모집단이 지닌 특성을 알아야만 모집단을 세분해 표본을 선정할 수 있었다. 그러나 많은 사회조사에서는 조사하려는 모집단의 최근 목록을 얻기 힘든 경우가 많을 뿐 아니라, 또한 목록 작성에 비용이 많이 드는 경우도 있다.

예를 들어, 우리나라에 있는 성인의 목록을 작성하거나 어떤 도시의 모든 거주자, 특정 제품을 사용하는 모든 사람의 목록을 작성하려고 한다면 가능할 수는 있으나 비용이 매우 많이 들 뿐만 아니라, 목록의 정확성에 확신을 가질 수 없는 경우도 있다. 이러한 경우에는 지역표본추출법(area sampling)을 이용하는 것이 편리한데, 그 이유는 선정될 지역에 있는 구성요소들의 목록만 알면 되기 때문이다. 이것을 1단계 지역표본추출법으로 설명해보자. 만약 새로운 신문에 대해 각 가구의 구독률을 조사해보기 위해 서울 지역을 대상으로 했다면, 서울에 있는 모든 가구의 목록을 작성할 것 없이 서울시내를 지역별로 구분해 선정된 지역에서만 목록을 작성하면 된다. 지역표본선정은 다음과 같은 방법에 따라 수행된다.

㉠ 서울에 있는 모든 동 목록을 작성한다(N).

㉡ 여기서 단순무작위표본추출법이나 체계적 표본추출법에 의해 n개의 동을 선정한다(n).

㉢ 선정된 n개 동의 모든 가구에 신문을 배부한다.

이와 같은 표본추출은 각 가구가 선정될 확률이 표본비율(n/N)과 일치하기 때문에 확률표본추출 방법이 된다. 만약 서울에 250개 정도의 동이 있는데, 이 가운데 10개의 동을 선정하려고 할 때 각 세대가 선정될 확률은 10/250=0.04다. 이 확률이 동의 표본비율과 일치하는 것은 표본으로 선정될 동에 있는 모든 가구를 선택하기 때문이다. 이와 같이 표본으로 선정된 각 동에 있는 모든 가구만을 조사 대상으로 삼기 때문에 자료를 수집하는 데 드는 비용은 상당히 절감될 수 있다.

② 다단계지역표본추출법

다단계지역표본추출법(multi-area sampling)은 조사자가 원하는 바에 따라 여러 단계로 나누어 표본추출을 할 수 있으며, 대부분의 다단계지역표본추출법은 1단계보다는 많은 단계를 필요로 한다. 앞에서 사용했던 1단계 지역표본추출법 대신 2단계 지역표본추출법으로 한다면 다음과 같은 방법으로 할 수 있다.

㉠ 서울에 있는 모든 동의 목록을 작성한다(N).

㉡ 여기서 n개의 동을 단순무작위표본추출법이나 체계적 표본추출법에 의해 선정한다(n).

㉢ 앞에서 선정된 n동에 있는 모든 가구의 목록을 작성한다(N').

㉣ n개의 동에서 작성된 N개의 가구 목록 중에서 다시 단순무작위표본추출법이나 체계적 표본추출법에 따라 n개의 가구를 선정한다(n').

위에서 보면 2단계 지역표본추출법의 처음 2단계는 1단계 지역표본추출법과 같다. 그러나 2단계 지역표본추출법에서는 선택 지역들의 목록을 작성하고 확률표본추출 절차를 사용한다. 이와 같이 2단계 지역표본추출법에서는 표본을 선정한 모집단의 목록을 작성하고 그다음에 표본을 선택하는 연속된 2단계 과정을 두 번 반복했다. 그러므로 k단계 지역표본추출법에서는 이러한 단계를 k번 연속으로 하면 되는 것이다. 다단계표본추출법은 단순무작위표본추출법에 비해 통계적 효율성(statistical efficiency)이 적다. 왜냐하면 단순무작위표본추출법에서는 하나의 표본오차(sampling error)가 있지만, 다단계표본추출법에서는 한 군집에서의 표본통계값은 단지 그 군집의 추정치만 되기 때문에 k단계 지역표본추출법에서는 k번의 표본오차가 있는 것이다.

다단계표본추출법에서의 표본오차는 ㉠ 표본크기를 증가시키고, ㉡ 표본으로 선택된 요소들의 동질성이 확보되면 감소시킬 수 있다. 그러나 이미 표본크기가 주어졌다면 각 군집에 있는 요소들의 수를 줄이지 않고는 군집을 증가시킬 수 없으므로 이때는 동질적인 요소들로 구성된 군집을 선정해(구성요소들이 동질적이라면 적은 수의 표본만 선택해도 추정값은 정확하다) 적은 수의 요소들과 많은 군집수를 선택함으로써 통계적 효율성을 높일 수 있다.

③ 기타 지역표본추출법

지역표본추출법은 각 표본이 뽑힐 확률을 어떻게 주느냐에 따라 크게 두 가지로 나눌 수 있다.

㉠ 동일확률지역표본추출법(equal probability area sampling)

이는 각 표본이 뽑힐 확률이 동일한 것으로, 각 군집 크기에 관계없이 각 군집이 뽑힐 확률을 일정하게 주고 각 군집 내에서 일정한 수의 표본을 가지는 단순 2단계 지역표본추출법, 군집의 크기에 따라 각 군집이 선정될 확률을 달리 주고 각 군집에서 뽑는 표본 수를 군집의 크기에 따라 결정하는 규모비례 지역별 확률표본추출법(probability proportionate to size: PPS)이 있다.

㉡ 비동일확률지역표본추출법(non-equal probability area sampling)

이는 각 표본들이 뽑힐 확률이 일정하지 않은 것으로, 다음과 같은 경우에 많이 이용된다.

첫째, 조사자가 특정 소집단에 대해 자세한 조사를 하려 할 때 그 소집단에서 많은 표본을 뽑는 경우.

둘째, 조사자가 전체적인 오류를 줄이고 연구의 일반화를 위해 특정 소집단에서 많은 표본을 뽑은 경우.

이러한 비동일확률지역표본추출은 각 소집단 자체의 조사에서는 의미가 있을 수 있으며, 소집단의 특성을 비교할 때는 타당하다. 그러나 소집단의 특성을 이용해 전체 모집단의 특성을 파악하기 위해서는 수정 작업이 필요하다.

2. 비확률표본추출법의 종류

(1) 편의표본추출법

편의표본추출법(convenience sampling)은 조사자가 편리한 장소와 시간에 접근하기 쉬운 조사 대상을 표본으로 추출하는 것이다. 이 방법은 하나의 아이디어나 가설을 탐색하기 위한 연구 절차상 탐색 단계나 질문지의 사전조사에 사용되는데, 주로 모집단의 특성이 비교적 동질적이라고 판단될 때 사용된다. 예를 들어, 코카콜라에서 새로 출시할 탄산음료에 대한 사전조사를 실시하기 위해 롯데월드 입구에 조사자를 배치한다고 하자. 이때 조사자는 단지 그 시간에 그 장소를 지나가는 사람만을 표본으로 선정하게 되는 것이다.

즉 조사 대상에 대해 정확한 자료를 수집하기보다는 저렴하고 신속하게 정보를 얻고자 할 때 사용되는데, 측정도구(measure)의 개발, 설문지 개발 후 사전조사 등에 주로 사용된다. 예를 들어, 코웨이에서 정수기 소유자들이 중요시하는 속성은 어떤 것인지를 알기 위해 정수기 소유자들 중 임의로 표본을 선정해 조사를 실시할 수 있다. 이 경우 표본으로부터 완벽한 분석 결과를 얻기는 힘들지만 조사 대상의 특성에 대한 개괄적인 정보는 수집이 가능하다.

그러나 이 방법은 대부분의 경우 표본의 모집단 대표성이 낮기 때문에 기술조사나 인과조사를 위한 표본추출 방법으로는 부적당하다.

(2) 판단표본추출법

판단표본추출법(judgment sampling)은 조사자가 조사 목적에 적합하다고 판단하는 대상을 선택하거나, 표본의 선택 기준을 정해놓고 선택된 표본에 대한 자료를 검토해 가장 적합한 대상을 선별하는 방법을 말한다. 예를 들어, KT에서 자사 광고에 대한 반응을 신속하게 측정해야 하는 경우 기존의 조사원 중에서 신속성에서 우위를 보이는 조사원을 선정해 표본으로 추출하고 그렇지 못한 조사원은 제외할 수 있을 것이다. 또 다른 예로 서울시민의 TV 시청률 조사를 실시하다가 이에 응답하던 가구가 다른 지역으로 이사를 간 경우 비슷한 인구통계학적 특성을 가진 다른 가구를 선별할 수 있을 것이다.

판단표본추출법은 조사자가 표본의 구성에 대해 잘 알거나 무작위로 표본을 추출했을 때 선정된 표본이 모집단을 적절히 대표하지 못할 경우에 매우 효과적인 방법이다. 하지만 모집단이 커질수록 조사자가 표본에 대한 정확한 정보를 얻기 힘들어진다는 단점이 있다.

결론적으로 이 방법은 결과의 직접적인 일반화에는 어려움이 있으나, 적은 수의 표본으로 모집단의 특성을 알아낼 수 있고, 조사 결과를 확대해 적용하지 않는다면 많은 경우에 유용한 정보를 얻게 된다. 따라서 이 방법의 유용성은 조사자의 판단에 크게 좌우된다고 할 수 있다.

(3) 할당표본추출법

할당표본추출법(quota sampling)은 인구통계학적 요인, 경제적 요인, 사회·문화·자연·환경적 요인, 기술·환경 요인, 정치적 요인, 법률적 요인 등의 분류 기준에 따라 전체 표본을 여러 집단으로 구분하고 집단별로 필요한 대상을 사전에 정해진 비율(pre-specified quota)로 추출하는 방법이다.

할당표본추출법은 모집단에 대해 어느 정도 사전지식을 가지고 있고, 저렴한 비용으로 일정한 특성을 지닌 표본요소의 구성 비율이 모집단과 일치하도록 표본을 추출함으로써 모집단을 대표하도록 하기 위해서 사용된다. 또한 표본을 추출하기 전에 개별적인 연구 대상에 대한 정보를 필요로 하지 않기 때문에 명확한 표본 프레임이 없어도 이 방법을 사용할 수 있다.

할당표본추출법을 실시하는 순서는 다음과 같다.

① 자료를 수집할 연구 대상의 범주(category)와 할당량(quota) 정하기: 여기서 규정된 범주들은 조사자가 사전에 가지고 있던 지식에 기초를 두고 조사 목적에 따라 정해지며, 이러한 범주들을 이용해 할당표(quota matrix)를 작성한다.

② 표본이 모집단과 같은 특성을 갖도록 표본추출하기: 임의표본추출법이나 판단표본추출법을 이용해 각 범주에 배당될 표본 구성요소를 추출한다. 일단 할당량이 설정되면 표본 구성요소의 추출은 조사자의 자유재량에 의해서 이루어진다.

예를 들어, 고려대학교에서 2015년도 신입생을 대상으로 대학 생활에 대한 만족도 조사를 실시하기 위해 100명의 학생을 표본으로 추출한다고 하자. 이때 편의표본추출을 하면 우연히 특정 단과대학이나 특정 학과의 학생이 매우 많거나 적을 수 있으므로 표본의 대표성이 떨어지게 된다. 따라서 이 경우에는 각 단과대학이나 학과의 인원수 등을 고려해 소집단을 구성하고 그 소집단에서 표본을 추출해야 한다.

할당표본추출을 할 때 유의할 사항은 다음과 같다.

① 각 범주에 할당된 응답자의 비율이 정확해야 하고, 모집단의 구성 비율은 가장 최근에 얻은 것이어야 한다.

② 적절한 수준의 통제 특성(control characteristics)을 고려해야 한다. 즉 가능하다면 연구의 초점이 되는 특성을 모두 포함하도록 해야 한다. 예를 들어, 성형수술에 대한 사람들의 태도를 조사하고자 하는 경우 연령이나 성별에 따라 이에 대한 태도가 달라질 수 있으므로 연령이나 성별을 통제요소로 고려해야 정확한 결과를 얻을 수 있다. 그러나 너무 과다한 통제변수를 도입하면 분류에 어려움이 따르므로 적절한 수준을 선택하도록 한다.

③ 표본 구성요소 선정 시 조사원의 편견이 개입되어서는 안 된다. 예를 들어, 각 범주에 맞는 특성을 갖춘 응답자지만 조사원이 특별히 싫어하는 지역 출신이거나 혐오스러운 외모를 가지고 있다고 해서 조사 대상에서 제외한다면 편견이 개입될 수도 있는 것이다.

④ 표본이 가진 특성의 분포가 모집단의 분포와 일치하더라도 항상 표본이 모집단을 잘 대표하는 것은 아니다. 특성상의 분포로 볼 때는 유사하더라도 조사자가 고려하지 못했던 특성으로 인해 큰 차이가 나타날 수도 있기 때문이다.

05 표본크기 결정

표본추출 과정에서 표본크기(sample size)는 조사비용이나 조사의 정확도 등과 밀접하게 관련이 있기 때문에 조사자는 표본추출 방법과 함께 표본크기를 결정해야 한다. 표본크기의 결정은 표본의 추출 방법, 필요한 통계량 수준, 모집단의 동질성 정도 등과 관련이 있을 뿐만 아니라, 연구 목적 및 조사의 유형, 조사 예산, 시간의 제약, 실제 표본추출 가능성과도 밀접한 관련이 있다.

1. 신뢰구간접근법

이 방법은 앞에서 언급한 신뢰구간의 크기가 표본크기와 분산의 정도에 따라 결정된다는 것을 역으로 이용하는 것이다. 즉 모집단의 분산을 알고 있다고 가정하면 우리가 원하는 정확도의 정도를 결정해 그에 따라 적정 표본의 크기를 산정한다는 논리다. 그 절차는 다음과 같으며, 단순무작위추출법의 경우에 사용된다.

(1) 허용할 수 있는 오차의 양을 결정한다. 이 수치는 최대한으로 허용할 수 있는 표본 평균과 모집단 평균의 차이다.

(2) 신뢰도의 수준을 정한다. 본 예에서는 95%로 정하도록 하자.

(3) 신뢰 수준에 따른 *Z*값(standard error)을 정한다. 95% 신뢰 수준에서의 *Z*값은 1.96이 된다.

(4) 모집단의 표본오차를 추정한다(σ). 또는 이 표본오차는 실제 조사를 하기 전이므로 사전조사를 하여 추정하거나 직관에 의해 추정하든지 한다. 이때 표본의 최댓값과 최솟값의 차이를 6으로 나누어 추정하는 방법이 흔히 사용된다. 이는 $\pm 3\sigma$의 구간에 전 표본의 99.7%가 들어간다는 가정에서 추론한 것이다.

(5) 표본크기를 결정한다.

최대 허용 오차는 *Z*값과 표본오차의 곱으로 표시된다.

$$E = Z \cdot \sigma_X$$

$$= Z \cdot \frac{\sigma}{\sqrt{n}} \left(\therefore \sigma_X = \frac{\sigma}{\sqrt{n}} \right)$$

$$\therefore \; n = \frac{Z^2}{E^2} \sigma^2$$

신입사원들의 나이를 예로 들어 설명해보자. 임의로 기획부에 신입사원 다섯 명을 간단한 표본으로 삼아 조사해보니 가장 나이 많은 사람이 32세이고 가장 나이 어린 사람이 20세였다. 그러므로 최댓값과 최솟값의 차이는 12이며 이를 6으로 나누어보면 σ는 2가 된다. 또한 허용 가능한 표본 평균과 모집단 평균 차이(E)를 1.0이라고 하자.

따라서 신뢰 수준을 95%로 하면 Z값은 1.96이다.

$$n=\frac{Z^2}{E^2}\sigma^2=\frac{(1.96)^2}{(1)^2}\cdot(2)^2=15.4$$

그러므로 필요한 표본 수는 16개가 된다.

2. 가설검증접근법

기본적인 논리는 신뢰구간접근법과 동일하나, 이 접근법은 Type I 오차와 Type II 오차의 최대 허용치를 정하고, 이를 통해 표본 수를 결정하는 기법이다. 그 절차는 다음과 같다.

(1) 귀무가설(null hypothesis)과 대체가설(대립가설, alternative hypothesis)의 수치를 정한다. 앞의 예의 경우를 들어보자. 50명의 나이를 추정한 것은 입사제도를 바꾼 뒤의 측정이었다고 하고, 이전까지 신입사원들의 나이는 평균 25세였다고 하자. 그러나 입사제도 변경으로 입사시험이 어려워져서 두 번 또는 세 번 응시하는 사람이 많아지고 경력사원이 늘어남에 따라 평균 29세가 되면 입사제도의 변경이 효과가 있는 것으로 간주하기로 했다. 그러므로 귀무가설(H_0)은 '신입사원들의 나이가 25세다'이고, 대체가설(H_1)은 '신입사원들의 나이가 29세다'가 된다.

(2) 타입 I(Type I) 오차와 타입 II(Type II) 오차가 일어날 확률을 정한다. α위험(type I)이 일어날 확률은 귀무가설이 맞으나 이를 틀린다고 할 확률이고, β위험(type II)은 귀무가설이 틀리나 맞는다고 할 확률이다.

본 예에서는 α위험을 0.05, β위험을 0.01로 하자.

(3) α위험과 β위험에 따른 값(standard error)을 정한다.

α위험이 0.05일 때 Z_α값은 1.64,

β위험이 0.01일 때 Z_β값은 2.33이 된다.

(4) 모집단의 표본오차(α)를 추정한다. 앞의 신뢰구간접근법과 동일하다. 본 예에서는 3세로 추정했다.

(5) 표본크기의 결정[그림 8-8 참조]

[그림 8-8]에서 보면 평균이 μ_0, μ_1인 정규분포를 이루는 두 표본분포에서 각각 허용된 α위험, β위험의 수준을 모두 만족시키는 점은 동일해야 한다.

그림에서 평균이 μ_0인 정규분포는 귀무가설이 맞는다고 가정할 때의 분포이며, 평균

【그림 8-8】

표본크기의 결정

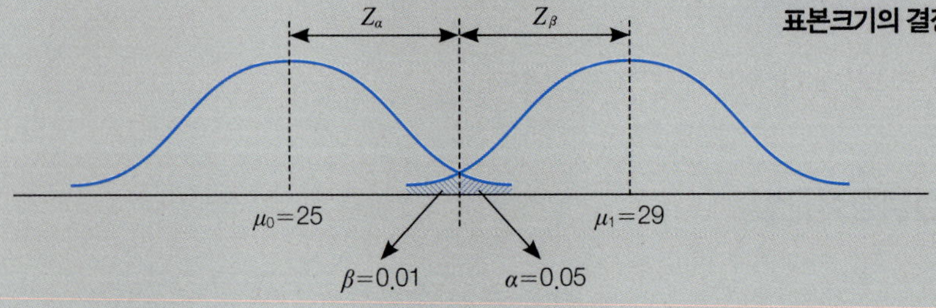

이 μ_1인 정규분포는 대체가설이 맞는다고 가정할 때의 분포다. 그러므로 이를 표시하는 식은 다음과 같다.

$$\mu_0 \text{ 분포에서 } \mu_0+Z_\alpha\frac{\sigma}{\sqrt{n}}$$

$$\mu_1 \text{ 분포에서 } \mu_1+Z_\beta\frac{\sigma}{\sqrt{n}}$$

$$\therefore n=\frac{(Z_\alpha+Z_\beta)^2\sigma^2}{(\mu_1-\mu_0)^2}$$

$$=\frac{(1.64+2.33)^2(3)^2}{(29-25)^2}=8.87$$

그러므로 필요 표본 수는 아홉 개가 된다.

3. 연구 목적

연구 목적은 아주 정확한 모수의 추정을 요구할 수도 있고 그렇지 않을 수도 있다. 물론 앞에서도 보았듯이 신뢰 수준 등을 결정하지만, 이를 결정하기 전이나 통계적으로 표본 수가 산출된 후에도 연구자는 이를 수정할 수 있다.

예를 들어, 조사 목적이 대통령 후보 지지율 조사라면 전국의 대도시를 중심으로 약 1,200~1,500명을 표본으로 삼아 서베이(survey) 조사를 실시하고, 새로 출시될 음료에 대한 중심지역조사(CLT: Central Location Test)라면 조사 지역에 대한 제약과 1회 조사 가능 인원을 감안해 일반적으로 150~300명 정도를 표본으로 하여 대도시 중심으로 실시하게 된다.

4. 시간 제약

경우에 따라서는 적정 수준의 표본을 추출할 시간이 없는 경우도 있다. 시간(timing)이 매우 중요한 연구인 경우에는 표본 수를 정할 때 통계적 계산에서 나온 표본 수보다 적게 표본을 추출할 수도 있다. 결과의 정확도는 떨어지지만 시간을 맞추는 것이 더 중요한 경우 사용할 수 있다.

예를 들어, 현대자동차가 신차 발표회장에서 소비자 반응을 보기 위해 대인면접법(personal interview)을 실시하기로 했다고 하자. 하루에 조사할 수 있는 응답자 수가 200명 정도라면, 조사 가능한 표본 수는 200명 정도가 상한선이 된다.

5. 비용 제약

표본 수는 조사비용과 직접적으로 관련이 있기 때문에 전체 비용의 책정은 표본 수 결정에 큰 영향을 미친다. 예를 들어, 전체 조사 예산이 1,000만 원이고 두 번의 사전 소비자면접과 한 번의 일반 소비자에 대한 서베이가 필요하다고 가정하자. 일반적으로 사전 소비자면접에 면접당 200만 원, 일반 소비자 대상 조사에는 표본당 2만 원이 필요하다고 가정하면, 이 경우 사전 소비자면접에 400만 원이 소요되고 나머지 600만 원의 예산으로 서베이를 실시해야 하므로 표본 수는 300명 정도로 제한될 것이다.

6. 자료 분석기법에 따른 제약

표본 수는 자료 분석기법에 따라 달라질 수 있다. 특히 다변량분석이나 기타 통계기법을 이용해 분석할 때는 필요한 표본 수를 충족해주어야 한다. 예를 들어, 표본 수가 30개가 넘으면 정규분포를 가정할 수 있으므로 많은 경우에 이를 기준으로 한다.

7. 표본추출기법 및 추정 절차의 종류에 따른 제약

표본 수는 어떤 표본추출 방법을 사용할 것인가 또는 어떤 추정 절차를 이용할 것인가에 따라서도 달라져야 한다.

8. 기타

연구 결과를 이용해 순수한 연구 목적 이외에 대중을 선도하거나 계몽을 목적으로 할 경우에는 의도적으로 많은 표본 수를 조사하기도 한다. 즉 표본 수가 많다는 것을 이용해 연구 결과를 일반화하거나 타당하다고 대중이 믿게 하는 방법이다.

06 표본추출의 실행

표본추출 과정의 마지막 단계에서는 선정된 조사 대상 표본에 대해서 직접 조사를 실시하는 것이다. 주어진 할당표에 적합한 조사 대상을 선별해 이러한 조건을 만족시키는지를 확인하고, 조건이 충족되면 실제 조사에 들어간다.

구체적으로 조사원을 선발해 교육을 하고, 표본계획에 맞는 응답자를 상대로 설문지를 이용해 자료를 수집하고, 수집된 자료를 검토, 편집, 코딩 그리고 자료의 컴퓨터 파일화 과정의 순서를 거치게 된다. 이에 대한 보다 자세한 설명은 제9장 자료 수집과 처리를 참고하기 바란다.

이 장의 요약

모집단의 특성에 관한 정보를 얻기 위해서는 전수조사나 표본조사를 시행해야 한다. 전수조사는 전체 모집단으로부터 직접적으로 정보를 입수하는 방법이며, 표본조사는 표본의 특성을 기반으로 모집단의 특성을 추정하는 방법이다. 표본조사는 전수조사에 비해 시간과 비용이 절약되며, 어떤 상황에서는 조사 과정을 보다 엄격히 통제할 수 있어 정확도가 높은 자료를 얻을 수 있는 장점이 있다.

표본추출을 위해서는 우선 모집단을 결정하고 자료수집 방법을 결정해야 한다. 다음에는 표본추출 방법을 결정하고 여기에 적합한 표본크기를 결정한 후 표본추출을 시행하는 순서를 거치게 된다.

표본추출 방법에는 크게 확률표본추출법과 비확률표본추출법이 있다. 확률표본추출법은 다시 단순무작위표본추출법, 층화표본추출법, 군집표본추출법으로 나뉘고, 비확률표본추출법은 편의표본추출법, 판단표본추출법, 할당표본추출법으로 나뉜다.

확률표본추출법은 시간과 비용이 많이 들고 수행 과정도 복잡하다는 단점이 있지만 모든 연구 대상이 표본으로 추출될 확률이 알려져 있고 표본 구성요소들을 추출하기 위해 무작위적인 방법을 적용하므로 비확률표본추출법보다 객관적이라고 할 수 있다. 또한 표본으로부터 얻어낸 통계량으로 표본오차와 그 정도를 계산해낼 수 있다. 확률표본추출법과 비확률표본추출법은 각각 그 나름대로 장단점을 가지고 있으므로 연구 상황에 따라 적합한 방법을 선택해야 한다.

주요용어

표본조사, 전수조사, 표본 프레임, 확률표본추출법, 비확률표본추출법, 단순무작위표본추출법, 층화표본추출법, 군집표본추출법, 편의표본추출법, 판단표본추출법, 할당표본추출법

참고문헌

Babbie, E. (2001), *The Practice of Social Research*, 9th ed., Wadsworth.

Chava, F.N. and N. David (2000), *Research Method in the Social Sciences*, 6th ed., Worth Publishers.

Hanson, W. (2001), *Internet Marketing*, Thomson Learning.

McDaniel, C. and R. Gates (2001), *Marketing Research Essentials*, 3rd ed., South Western.

McDaniel, C. and R. Gates (2002), *Marketing Research: The Impact of the Internet*, 5th ed., South Western.

Zikmund, W.G. (2000), *Exploring Marketing Research*, 7th ed., The Dryden Press.

연습문제

1. 전수조사와 비교하여 표본조사의 장점은 무엇인지 설명하시오.
2. 표본설계 과정에 대해서 설명하시오.
3. 모집단의 결정 시 고려해야 할 사항에 대하여 설명하시오.
4. 확률표본추출법과 비확률표본추출법을 비교 설명하시오.
5. 확률표본추출법의 종류와 특징에 대하여 설명하시오.
6. 비확률표본추출법의 종류와 특징에 대하여 설명하시오.
7. 표본크기 결정 시 고려해야 할 사항에 대하여 설명하시오.

부록 I

이항변수의 측정

연속변수와 이항변수의 추정은 그 용어에 조금씩 차이가 있다.

	개념	모수	표본
A. 연속변수	평균 분산	μ σ^2	$\overline{X}$ S^2
B. 이항변수	'Yes의 비율' 'No의 비율' 비율의 분산	π $(1-\pi)$ σ^2	p $(1-p)$ or q S^2

앞에서 여성학을 수강할 것이라면 Yes=1로 표시하고, 안 할 것이라면 No=0으로 표시했다. 모집단에서 여성학을 수강하려는 학생들의 비율을 π라 하고, 분산도를 σ^2이라 하면 평균값과 분산, 표준편차를 다음과 같이 구할 수 있다.

$$\pi=\frac{\sum_{i=1}^{N}X_i}{N}=\frac{(1+0+\cdots+0)}{50}=\frac{17}{50}=0.34$$

그러므로 $(1-\pi)=0.66$

여성학을 수강하려는 학생들의 모집단에서의 비율은 0.34이며, 그 분산은 다음과 같다.

$$\sigma^2=\frac{\sum_{i=1}^{N}(X_i-\pi)^2}{N}=\frac{(1-0.34)^2+(0-0.34)^2+\cdots+(0-0.34)^2}{50}=0.224$$

여기에서 보면 $(1-0.34)^2$은 $X_1=1$일 때 값이며, 학생당 0.34의 평균비율을 가지고 있다. 그리고 $(0-0.34)^2$은 $X_2=0$일 때이며, 0.66의 평균비율을 가지고 있다. 따라서 분산을 다음과 같이 계산할 수도 있다.

$$\begin{aligned}\sigma^2&=(1-0.34)^2\cdot(0.34)+(0-0.34)^2\cdot(0.66)\\&=(0.66)^2\cdot(0.34)+(-0.34)^2\cdot(0.66)\\&=0.2244\end{aligned}$$

그러면 $\sigma=\sqrt{0.2244}$

$=0.474$다.

한편 분산에 대한 일반 공식은 다음과 같다.

$$\sigma_2=\pi(1-\pi)$$
$$=(0.34)(0.66)$$
$$=0.2244$$
$$\sigma=\sqrt{\pi(1-\pi)}=\sqrt{(0.34)(0.66)}=0.474$$

(1) 이항변수의 표본통계값 계산(calculation of sample statistics for dichotomous variable)

사회학개론 다음에 여성학 수강 여부를 나타내는 이항변수에 대한 표본을 다섯 개 뽑았을 때 평균과 분산, 표준편차를 계산하면 다음과 같다.

$$p=\frac{\sum_{i=1}^{n}X_i}{n}=\frac{1+0+0+0+0}{5}=0.2$$
$$q=(1-p)=(1-0.2)=0.8$$

분산은

$$S^2=\frac{\sum_{i=1}^{n}(X_i-p)^2}{df}=\frac{(1-0.2)^2+(0-0.2)^2+(0-0.2)^2+(0-0.2)^2+(0-0.2)^2}{5-1}=0.2\text{이고,}$$

표준편차는 $S=\sqrt{0.2}=0.447$이다.

일반 공식을 사용하면 다음과 같다.

$$S^2=p\cdot q\left(\frac{n}{n-1}\right)$$
$$=(0.2)\cdot(0.8)\cdot\left(\frac{5}{4}\right)=0.2$$

위에서 계산한 이항변수의 통계값은 모집단 모수의 측정값이 된다.

(2) 이항변수의 통계적 추정

연속변수에 적용되었던 계산 공식들은 이항변수에도 적용된다. 앞의 여성학 수강 여부를 나타내는 학생들의 모집단에서 $n=5$인 표본의 표본평균은 0.2였다. 평균의 표본분포의 평균을 π, 표본분포의 표준편차는 $\sqrt{\pi(1-\pi)/n}$, 여기서는 모집단값을 모르므로 다음과 같이 추정한다.

$$\text{평균}=p$$
$$\text{표준편차}=S_p=\sqrt{\frac{p\cdot(1-p)}{n}}=\sqrt{\frac{p\cdot q}{n}}$$

여기서 $n=5$인 표본으로부터 95% 신뢰구간을 계산할 때 공식은 다음과 같다.

$$p \pm 2\sqrt{\frac{p \cdot q}{n}}$$

앞의 예에서는 $p=0.2$, $n=5$일 때 95% 신뢰구간은 다음과 같다.

$$0.2+2\sqrt{\frac{(0.2)\cdot(0.8)}{5}}=0.2\pm 2(0.17)$$
$$=0.14\text{~}0.54$$

이 값은 표본크기가 작고 $p \cdot q$의 값이 크기 때문에 매우 넓은 신뢰구간을 얻었다. 만약 $n=2{,}000$일 때의 신뢰구간은 다음과 같다.

$$0.2\pm 2\sqrt{\frac{(0.2)\cdot(0.8)}{2{,}000}}=0.2\pm 2(0.01)$$
$$=0.18\text{~}0.22$$

여기서 보면 n이 커짐에 따라 표본평균은 모집단평균에 가까워진다. 즉 p는 π의 일관성 있는 추정치(consistent estimator)다. $p \cdot q=0.25$ 이외의 값들은 0.25보다 커질 수 없기 때문이다. 이것은 p가 0.5에 가까워질수록 표본오차가 커진다는 것을 의미한다.

부록 II

통계적 추정의 기본 개념

모집단의 전수조사를 하지 않고도 표본을 조사하여 모집단을 추정할 수 있는 근거의 하나는 표본평균의 분포(distribution of sample mean)가 갖는 특성 때문이다. 이에 관련된 기본 개념으로는 중심극한정리와 신뢰구간의 개념이 있다.

(1) 중심극한정리

모수(parameter)는 모집단의 특성을 수적으로 나타내주는 것이며, 통계량(statistic) 또한 표본의 특성을 수적으로 나타내는 것으로, 통계량을 통하여 모수를 추정하게 된다. 이러한 모수와 통계량을 가지고 모집단과 표본 내에 포함된 변수들의 분포에 대한 치우침(tendency)과 분산(dispersion)을 고찰해볼 수 있다.

모수는 고정된 상수값을 가지며 통계량은 표본마다 달라질 수 있다. 만일 25개의 연구 대상을 모집단으로 하는 경우 5개의 요소로 구성된 표본은 ${}_{25}C_5$=53,130개가 나올 수 있으며, 모든 표본이 동일한 통계량을 갖지는 않는다. 통계량 중 이들 각 표본의 구성요소들의 평균값을 계산해내 가장 낮은 값부터 가장 높은 값까지의 분포를 살펴보면 각 표본들이 단순무작위표본추출에 의해서 선정될 경우 정규분포를 이루게 되며, 특히 모집단이 정규분포를 이루는 경우에는 그 분포가 완전한 정규분포를 이루게 된다.

앞의 N=50, n=5인 예에서 표본평균은 24.6세였다. 그런데 n=5인 다른 표본을 선택하여 평균을 계산해 보니 23.8세였으며, 또 다른 표본을 선택하여 25.1세의 평균 나이를 얻었다고 하자. 이렇게 모집단 모수의 추정값으로 세 가지의 각각 다른 결과를 얻었는데, 여기서 그치지 않고 계속해서 표본을 뽑아 평균값을 계산해 보자. 이러한 과정을 반복하다 보면 어떤 평균값이 계속 반복적으로 나오는 것을 알 수 있을 것이다. 다시 말해 모집단의 평균값에 근사한 표본평균값은 모집단 평균과 차이가 많은 값들보다 반복해서 나올 가능성이 더 높은 것이다. 이것으로부터 추론하여 계산된 표본평균값들의 분포를 그려보면, 이 값들은 종 모양(bell or normal shaped)의 곡선을 그릴 것이다. 이러한 표본평균들의 분포를 표본평균의 분포(sampling distribution of the mean) 또는 단순히 표본분포라고 한다. 이를 그림을 통하여 알아보면 [부록 그림 8-1]과 같다.

표본분포는 다음의 두 가지 점에서 중요하다.

① 표본분포상에서 표본평균은 모집단의 평균값 근처에서 정규분포를 이룬다.

② 이 분포를 이용하면, 표본통계값이 어느 정도로 모집단의 모수주의에 분포되었는지를 알 수 있다.

이 표본분포의 특성을 중심극한정리(central limit theorem)라 하며 다음과 같다.

① 측정 대상의 모집단분포가 정규분포이면 평균의 표본분포 또한 정규분포를 이룬다.

② 모집단이 정규분포가 아니더라도 평균의 표본분포는 표본크기가 증가함에 따라 정규분포를 이룬다.

③ 평균의 표본분포의 평균은 모집단평균이다. 표본분포의 평균의 통계값이 모집단 모수값이 될 때, 이 값은 불편(unbiased)되었다고 할 수 있다.

④ 평균의 표본분포의 표준편차는 모집단의 표준편차를 표본크기의 제곱근으로 나눈 값이다.

$$\sigma_X = \frac{\sigma}{\sqrt{n}}$$

【부록 그림 8-1】

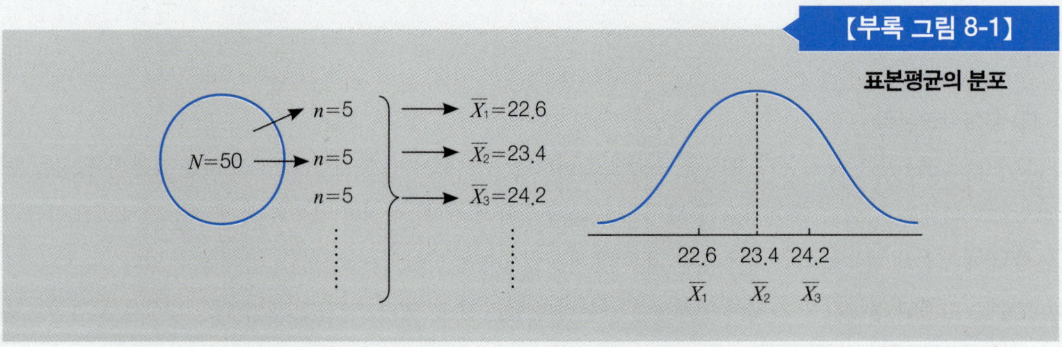

【부록 그림 8-2】

중심극한정리의 예

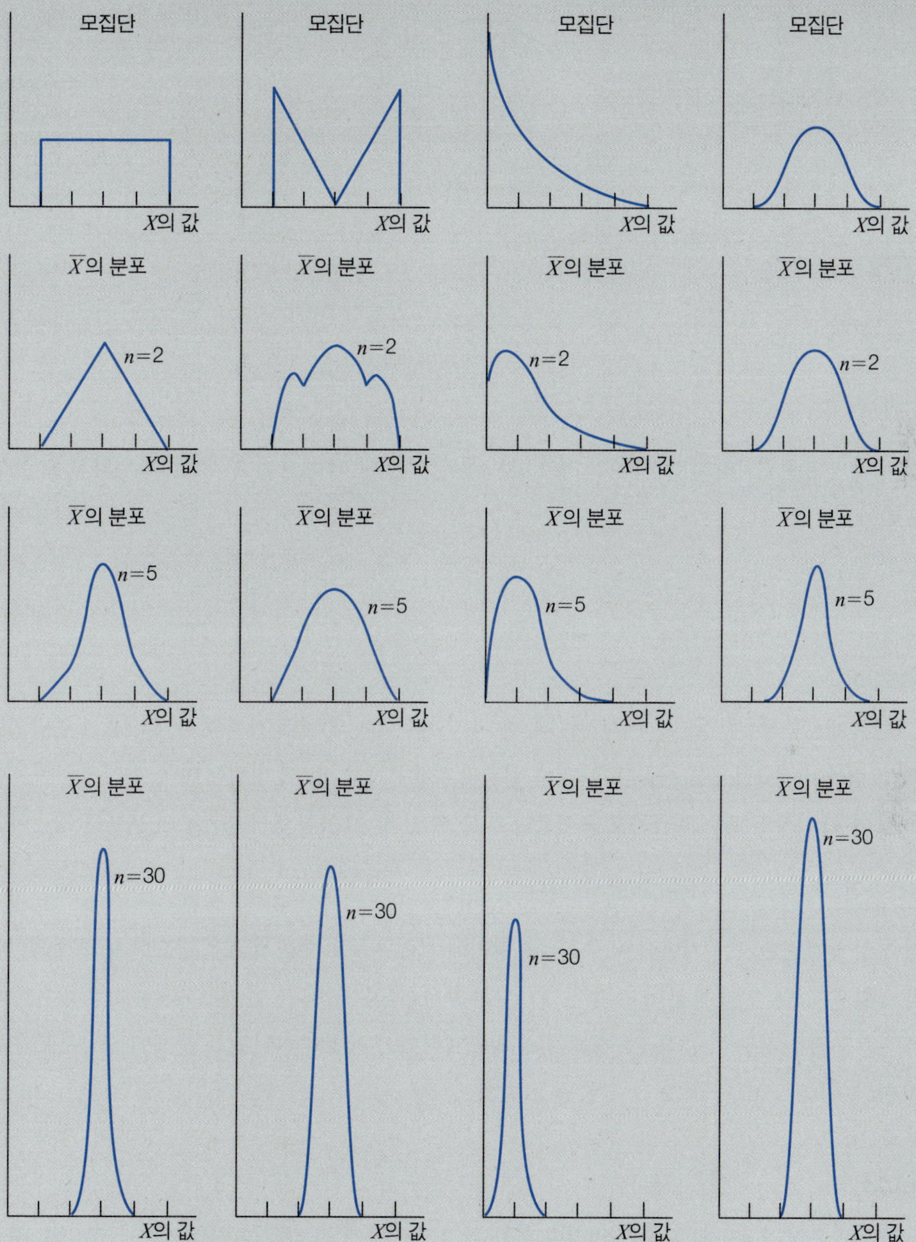

자료: Ernest Kurnow, Gerald J. Glasser and Frederick R. Ottman, *Statistics for Business Decision*, Homewood, III, Irwin, © pp.162~183.

【부록 그림 8-3】

표본평균의 신뢰구간

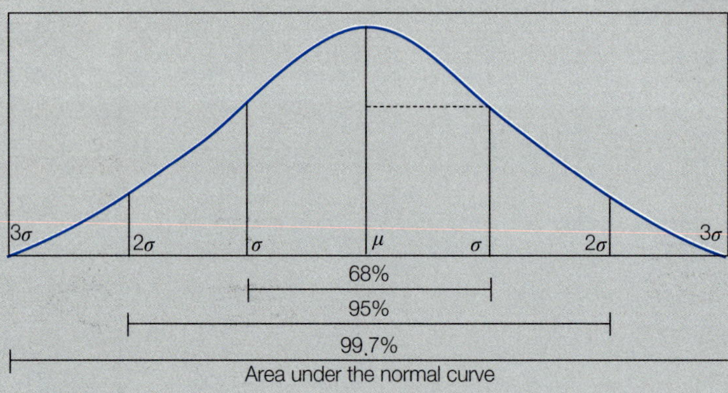

이 값을 평균의 표준편차라고도 한다. 그리고 μ와 σ를 알지 못할 때 계산된 $\overline{X}$와 S로서 S_X의 값을 추정한다. 그러므로

$$S_X = \frac{S}{\sqrt{n}}$$

라고 할 수 있다.

[부록 그림 8-2]는 중심극한정리를 예시하는데, 한 가지 변수 X에 대해 네 가지의 각기 다른 모집단이 있는데 맨 오른쪽 그림들이 정규분포를 이룬다. 그러나 평균의 표본분포는 n값이 커짐에 따라 거의 정규분포를 이루며, 대개 n값이 30 이상일 때는 정규분포를 이룬다고 볼 수 있다. 이 표본에서 평균값의 분포는 평균이 μ, 표준편차가 $\frac{\sigma}{\sqrt{n}}$인 정규분포를 이룬다고 할 수 있다.

통계적 추정에 관련된 모든 기법이 이 중심극한정리에 기초를 두고 있어서 매우 중요한 통계적 의미를 갖는 개념이라고 할 수 있다. 만약 표본의 크기가 크고(표본 구성요소가 30개 이상인 경우 평균에 관한 대수의 법칙) 무작위표본추출을 했을 경우 이 중심극한정리에 의해 통계적인 추정에 관련된 모든 문제에 정규분포가 갖는 특성을 적용할 수 있다.

(2) 신뢰구간

신뢰구간이란 특정 모집단의 모수가 일정한 확률을 가지고 갖게 될 값의 범위를 말하는 것으로, 추정된 모수가 이 범위 안에 들어가지 않을 가능성도 있다. 여기서 일정한 확률이란 표본추출과 신뢰구간의 추정 절차를 수회 반복했을 때 추정된 모수가 각 신뢰구간 안에 있게 될 비율을 말하는 것이다.

구체적으로 표시하면 68.26%의 표본평균은 모수 μ의 $\pm 1\sigma_X$ 안에 있으며, 95.45%의 표본평균은 μ의 $\pm 2\sigma_X$

안에 있고, 99.73%의 표본평균은 μ의 $\pm 3\sigma_X$ 안에 있다는 것이다. 이는 모두 중심극한정리에 의해 평균의 표본분포가 정규분포의 성질을 갖고 있다는 것에 의해 나오는 것이다.

일반적인 수학 공식은 다음과 같다.

$$\mu - Z\sigma_X \le \overline{X} \le \mu + Z\sigma_X$$

이를 조금 변형하면 이른바 신뢰구간(confidence interval)의 공식이 된다.

$$\overline{X} - Z\sigma_X \le \mu \le \overline{X} + Z\sigma_X$$

이 신뢰구간은 우리가 한 표본평균을 구했을 때 그 표본평균의 $\overline{X} + Z\sigma_X$ 안에 모수 μ가 있게 될 확률을 알려준다. 즉 $Z=3$일 때는 μ가 표본평균 $\overline{X}$에 의해 설정된 신뢰구간에 있을 확률이 99.37%가 된다는 말이다. 이상의 경우는 모집단의 분산 σ를 알고 있다는 가정에서 도출된 공식이나 모집단의 분산을 모를 때는 그 추정치 표본분산 S를 사용한다. 이외의 자세한 사항은 기초통계학 책을 참조하기 바란다.

제 9 장

자료 수집과 처리

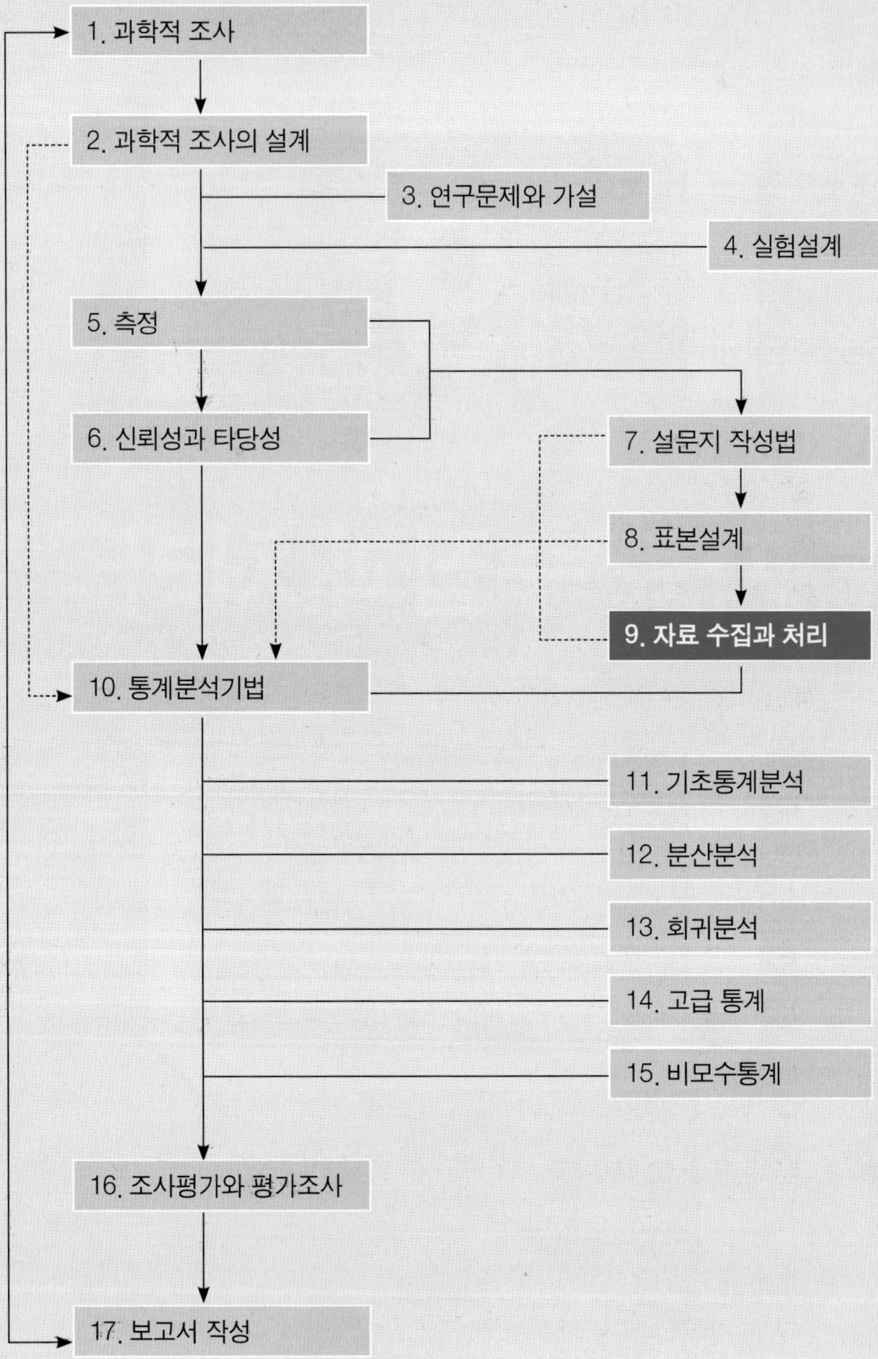
1. 과학적 조사
2. 과학적 조사의 설계
3. 연구문제와 가설
4. 실험설계
5. 측정
6. 신뢰성과 타당성
7. 설문지 작성법
8. 표본설계
9. 자료 수집과 처리
10. 통계분석기법
11. 기초통계분석
12. 분산분석
13. 회귀분석
14. 고급 통계
15. 비모수통계
16. 조사평가와 평가조사
17. 보고서 작성

01 1차 자료

1. 1차 자료의 개요

조사자는 실제 조사를 통해 수집된 자료를 근거로 향후의 의사 결정을 내리게 되기 때문에 객관적이고 정확한 자료 수집이 중요하다. 조사자가 필요로 하는 자료는 그 성격에 따라 크게 1차 자료(primary data)와 2차 자료(secondary data)로 나눌 수 있다.

1차 자료란 조사자가 현재 수행 중인 의사 결정 문제를 해결하기 위해 직접 수집한 자료를 말한다. 1차 자료는 조사 목적을 달성하기 위해 사전에 작성된 적절한 조사설계를 통해 수집된 자료이기 때문에 조사 목적에 대한 정확도·신뢰도·타당성을 평가할 수 있으며, 수집된 자료를 의사 결정이 필요한 시기에 적절히 이용할 수 있다. 소비자를 대상으로 한 서베이, 고객 행동에 대한 관찰, 실험실 조사에서의 소비자 반응 측정 등을 통해 얻은 자료가 이에 포함된다.

1차 자료는 조사 목적에 적합한 정보를 필요한 시기에 제공하는 장점이 있지만, 설문지 작성, 실제 조사, 자료 처리 등 자료 수집 과정이 필요하기 때문에 2차 자료 수집에 비해 인력과 시간, 비용이 많이 소요된다는 단점이 있다. 그러므로 1차 자료를 얻기 전에 조사 목적과 일치하는 2차 자료의 존재 및 사용 가능성을 확인하고, 없을 경우에 한해 1차 자료를 수집하는 것이 더 경제적이다.

예를 들어, 전국의 블루레이 플레이어 보급률에 대한 자료를 수집할 때는 먼저 기존에 출시되어 있는 블루레이 플레이어의 판매량과 가구별·소득별 보유 대수 등의 2차 자료가 어느 정도 있는지 확인해야 한다. 적절한 2차 자료가 없을 경우 필요한 1차 자료를 선정해 블루레이 플레이어를 보유하거나 사려고 하는 사람의 연령, 직업, 생활수준, 구매 동기 등을 조사해야 인력, 시간, 비용 면에서 효율적으로 집행할 수 있다.

1차 자료를 수집하는 방법은 크게 의사소통방법(communication method)과 관찰법(observation method) 두 가지가 있다.

2. 1차 자료의 종류

(1) 의사소통을 통한 자료 수집 방법

의사소통 방법(communication method)은 설문지를 이용하거나 직접 응답자에게 질문해 자료를 얻는 방법으로, 자료를 얻는 방법이 얼마나 체계적(the degree of structure)인가, 자료 수집의 목적을 응답자에게 알게 하는가(the degree of disguise), 실제로 어떤 방법으로 자료를 수집하는가에 따라 몇 가지로 나눌 수 있다.

1) 체계적 의사소통 방법 : 서베이 조사

서베이 조사는 다수의 응답자를 대상으로 설문조사를 실시하여 자료를 수집하는 방법으로, 사회과학 조사에서 가장 널리 사용된다. 또한 서베이 조사는 표준화된 설문지를 이용해 모든 응답자에게 동일한 방식으로 질문하는 체계적인 자료 수집 방법이다. 서베이 조사는 공개적·비공개적 방법 모두 가능하다.

서베이 조사가 널리 쓰이는 이유는 큰 규모의 표본과 일반화 가능성이 높고, 다양한 분석이 가능하며, 자료 수집이 용이하고, 객관적 해석이 가능하며, 직접 관찰할 수 없는 요인이나 개념의 추정 가능성이 높기 때문이다. 그러나 설문지 개발이 어렵고, 설문 방식이라는 한계 때문에 깊이 있는 질문이 어렵다는 단점이 있다. 또한 시간이 오래 걸리고 응답률이 낮다는 점과 응답의 정확성 그리고 부적절한 통계기법을 사용했을 때는 현실을 제대로 반영하지 못할 수도 있다는 단점도 있다.

【그림 9-1】

의사소통을 통한 자료 수집 방법의 분류

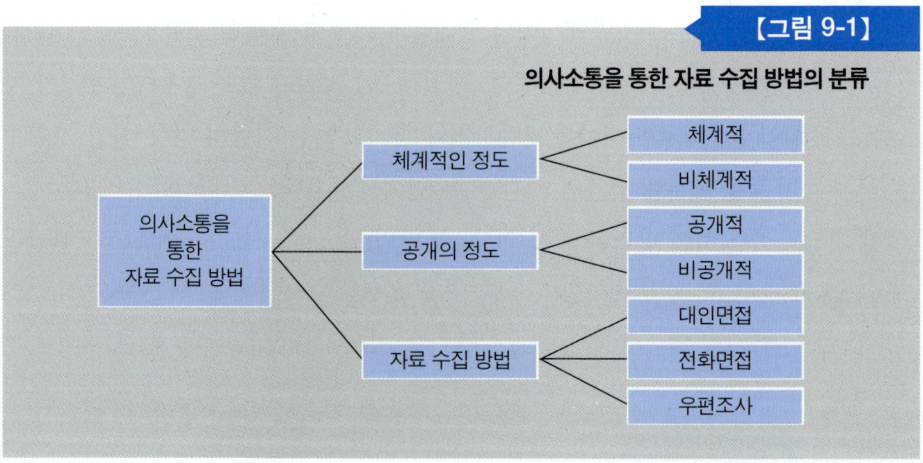

체계적 의사소통 방법에는 다음과 같은 종류가 있다.

① 대인면접법(personal interview)

훈련을 철저히 받은 조사원이 직접 응답자와 대면 접촉을 통해 자료를 수집하는 방법으로, 면접원은 우선 주제나 문제를 설명하고 면접을 통해 주제에 대한 질문을 이끌어가며 응답자의 반응을 기록하는 방식으로 진행된다.

대인면접법에는 가정에서의 면접, 쇼핑몰이나 거리를 지나가는 소비자를 상대로 한 면접, 그리고 컴퓨터 앞에 앉아 스크린에 나타난 질문에 키보드나 마우스를 이용해 응답하는 면접(CAPI : computer assisted personal interview) 등이 있다. CAPI는 노트북이나 PDA를 보유한 조사자가 조사 대상자의 집을 직접 방문하거나 컴퓨터가 있는 곳으로 응답자를 오게 하여 컴퓨터를 통해 일대일 면접을 진행하는 것이다.

이 방법은 응답자가 질문 내용을 이해하지 못하는 경우에도 자세한 설명이 가능하기 때문에 우편조사법이나 전화면접법보다 상세하고 다양한 내용을 질문할 수 있어 양질의 정보를 얻어낼 수 있을 뿐만 아니라, 연구에 필요한 기타 관련된 정보도 취득할 수 있다는 장점이 있다. 또한 사례품 증정 등의 동기 부여를 제공함으로써 응답률을 높이고 성실한 답변을 얻을 수도 있다.

그러나 비용과 시간이 많이 들며, 조사원과 응답자의 상호 이해 부족이나 조사 외적인 요인들로부터 오류가 개입될 가능성이 높고, 질문 과정에서 조사원이 응답자의 응답에 영향을 미칠 수도 있다는 단점이 있다.

② 전화면접법(telephone interview)

조사원이 응답자를 직접 만나는 대신에 전화를 이용해 응답자로부터 정보를 수집하는 방법이다. 응답 대상자는 전화번호부를 이용해 비교적 쉽고 정확하게 모집단에서 표본을 추출할 수 있고 빠른 시간에 저렴한 비용으로 조사를 실시할 수 있다는 장점이 있다.

하지만 질문 내용이 어렵고 면접시간이 길어지면 응답자의 협조를 얻어내기가 힘들고, 대인면접법과 달리 보조물을 사용할 수 없는 제한이 있다. 또한 조사할 수 있는 양이 제한되어 있으며 응답자를 통제할 수 있는 방법이 한정되어 있기 때문에 양질의 많은 정보를 얻기는 힘들다.

여기에는 컴퓨터 이용 전화 인터뷰(CATI : computer assisted telephone interview) 등이 있는데, 이것은 조사자가 컴퓨터를 사용해 자동으로 전화를 걸고 응답자는 전화기에 번호를 입력하는 방식이다.

③ 우편조사법(mail survey)

우편을 이용해 설문지를 보내고 응답자가 편리한 시간이나 장소에서 응답한 후 이를 반송용 봉투에 넣어 다시 보냄으로써 자료를 수집하는 방법이다.

이 방법은 설문지의 인쇄비와 발송 및 회수를 위한 우편료 정도의 비용 외에는 큰 비용이 들지 않기 때문에 자료 수집을 위한 비용이 가장 저렴하다. 그리고 대인면접법이나 전화면접법으로 질문하기 힘든 내용도 조사할 수 있으며, 응답자가 조사 문제에 관심이 있는 경우에는 설문지의 양이 길어도 대답을 해줄 가능성이 높다는 장점이 있다.

그러나 우편조사법의 경우 대인면접법이나 전화면접법에 비해 상대적으로 응답률이 낮은데, 실제로 우편조사의 응답률은 10~40% 정도밖에 되지 않는다. 또한 응답자와 비응답자 간에 인구통계적 특성에서 큰 차이가 있어 응답자의 대표성에 문제가 있다면 신뢰성 있는 자료를 얻기가 힘들고, 응답자가 질문 내용을 이해하지 못할 경우 보충 설명이 불가능하기 때문에 응답률이 낮아질 수 있다. 그리고 우편조사법은 대인면접법이나 전화면접법에 비해 상대적으로 자료 수집 기간이 길어진다는 단점을 가지고 있다. 그러므로 계획된 표본 수만큼 설문지를 회수하기 위해서는 평균 응답률을 고려해 많은 수의 설문지를 발송해야 한다.

④ 인터넷 조사법(internet survey)

인터넷상에서 설문조사를 실시해 정보를 수집하는 방법을 말한다. 이것은 인터넷 서베이법이라고도 하는데, 온라인 기업이 인터넷 사업을 위해 혹은 오프라인 기업이 인터넷과 직접적인 관련성이 있는 사업을 하기 위해서 인터넷을 통해 관련 정보를 수집하는 것을 의미한다. 여기에는 이메일을 사용하는 방법, 홈페이지를 활용하는 방법, 전문 조사 사이트에 의뢰하는 방법 등이 있다.

홈페이지나 전문 조사 사이트를 이용하는 방법 중 가장 대표적인 경우가 컴퓨터 이용 자기 인터뷰(CASI : computer assisted self interview)인데, 이 방법은 인터넷상에 있는 질문을 응답자가 스스로 읽고 응답을 입력하는 것이다. 이 방법은 조사자 없이 진행되므로 자료의 신뢰성에 문제가 있을 수 있기 때문에 최근에는 자료 수집 과정에 조사자가 일정한 도움을 주는 CASIIP(computer assisted self interview with interviewer present) 나 디지털 음성 또는 테이프로 질문을 읽어주는 audio-CASI 등이 개발되고 있다.

인터넷 조사는 앞에서 살펴본 대인면접법, 전화면접법, 우편조사법과 달리 인터넷이라는 수단을 사용하며, 수거나 코딩 등의 과정이 생략되기 때문에 상대적으로 인력, 시간, 비용을 절약할 수 있을 뿐만 아니라 응답자에 대한 접근이 용이하다는 장점이 있다. 또한 응답자에 따라 질문의 난이도나 구조를 변형하는 등의 상호작용적인 설문을 만들거나, 음악 또는 동영상 등의 멀티미디어의 활용도 쉬우며, 실시간 분석과 연속적인 조사도 가능하다. 단 실시간 분석이 가능하기 위해서는 데이터베이스와의 원활한 연결은 물론이고, OLAP(on-line analytical process)를 반드시 갖추어야 한다.

그러나 인터넷 조사에서는 누가 응답을 했는지가 항상 기록에 남을 수 있기 때문에 응답자의 익명성이 보장되기 어렵고, 확보된 이메일 목록이나 자신의 사이트에 들어온 응답자 외에는 조사를 할 수 없기 때문에 조사 대상 표본집단의 대표성을 보장하기가 어렵다는 단점이 있다.

따라서 인터넷 조사를 실시할 때는 응답자의 응답 시간과 반응을 미리 예상해야 하며, 그들의 개인 정보가 노출되지 않도록 해야 한다. 그리고 응답자가 많아지도록 동기 유발을 불러일으키는 캠페인 등을 실시해야 한다.

2) 비체계적-공개적 의사소통 방법

① 심층면접법(depth interview)

어떤 주제에 대한 응답자의 동기, 신념, 태도 등을 알아내기 위해 응답자가 자신의 느낌이나 믿음을 자세히 표현하거나 자유롭게 이야기하도록 유도하는 방법이다. 이 방법은 보통 한 시간 이상 걸리며 질문의 순서와 내용을 면접자가 조정할 수 있어 좀 더 자유롭고 심도 깊은 질문을 할 수 있다는 장점이 있다. 하지만 비용과 시간이 많이 소요되고, 조사원의 면접 능력과 분석 능력에 따라 조사 결과의 신뢰도와 타당성이 크게 변하며, 편견 등의 오류가 개입될 여지가 많다는 단점이 있다. 따라서 철저히 숙련된 조사원을 확보해 조사를 진행해야 한다.

② **표적집단면접법(FGI : focus group interview)**

심층면접법을 응용한 방법으로, 진행자(moderator)가 소수의 응답자를 한 장소에 모이게 한 후 자연스러운 분위기 속에서 조사 목적과 관련된 주제에 대하여 대화나 토론을 유도해 그 과정에서 필요한 정보를 수집하는 방법이다. 이때 녹음기나 비디오카메라로 기록해 추후 분석에 이용할 필요가 있다. 표적집단면접법에서는 대개 조사를 의뢰한 사람 혹은 조직이 옆방에서 일방투시거울(one-way mirror)을 통해 면접 과정을 관찰하게 된다.

응답자는 대화나 토론 과정에서 다른 응답자의 생각에 자극을 받아 새로운 생각을 떠올릴 수 있기 때문에 조사자는 조사 목적과 관련된 정보뿐만 아니라 공식적인 설문조사에서는 기대할 수 없었던 결과를 발견할 수도 있다. 또한 응답자는 응답을 강요당하지 않기 때문에 솔직하고 정확히 자신의 의견을 표명할 수 있다는 장점이 있다.

진행자는 응답자의 내면 깊숙이 있는 생각을 계속해서 끌어내기 위한 적절한 질문을 던져야 한다. 따라서 진행자는 진행 기술, 경험뿐만 아니라 조사 주제에 대한 지식도 풍부해야 한다.

하지만 이처럼 진행자의 능력과 자질에 의해 조사 결과가 많은 영향을 받게 되므로 편견이 발생할 가능성도 많다. 또한 조사 절차가 비체계적이기 때문에 결과의 분석과 해석에 주의가 요구되고, 표본 역시 특정 집단이기 때문에 조사 결과의 일반화가 어려운 단점이 있다.

3) 비체계적-비공개적 의사소통 방법

① **단어연상법(word association)**

조사자가 어떤 주제에 대해 그것과 관련된 단어들을 나열하면 응답자는 그 단어들을 보고 가장 먼저 연상되는 단어를 표현하는 것이다. 이때 조사자는 응답에 나타난 특정 단어의 빈도수, 머뭇거린 횟수, 무응답 횟수 등으로 응답자의 편견이나 태도 등을 파악할 수 있으며, 감정이 개입된 정도를 알 수 있다.

예를 들어, 인터넷 사용자가 느끼는 광고성 이메일의 심각성과 그에 따른 사생활 침해에 대한 반응을 조사하기 위해 일반적인 설문조사를 이용할 경우 응답자는 사회적으로 바람직한 방향으로 응답을 하게 될 가능성이 높다. 따라서 조사자는 실제로 인터

[그림 9-2]

단어연상법의 예

다음의 각 단어를 보고 가장 먼저 연상되는 내용은 무엇입니까?

〈광고〉, (홍보), [광고], 〈홍·보〉, (광*고), [홍_보]

대답 :

넷 사용자의 광고성 이메일을 통해서 느끼는 사생활 침해의 상관관계를 파악하기 위해 [그림 9-2]와 같은 단어들을 제시하고 이들의 응답을 조사하게 된다.

② 문장완성법(sentence completion)

단어연상법과 비슷한 기법으로, 조사자가 미완성 상태의 문장을 제시하면 응답자가 이 문장을 완성하는 것이다. 예를 들어, "LTE 속도가 가장 빠른 이동통신 업체는 (　)이다"와 같은 문장을 제시하여 괄호 안을 채워 넣게 하는 것이다.

③ 그림묘사법(picture response technique)

심리학의 통각시험법(thematic apperception test)에서 비롯된 것으로, 응답자에게 어떤 주제나 제품에 대해 그림의 일부는 명확하게 묘사된 것을, 나머지는 모호하게 묘사된 것을 보여주고 이를 해석하게 하는 것이다. 그림을 보고 응답자는 자신의 개성이나 느낌을 반영해 해석하기 때문에 간접적으로 응답자의 심리 상태 등을 파악할 수 있다.

④ 만화완성법(cartoon completion)

어떤 상황을 나타내는 만화 컷들을 보여주고 그 만화가 의미 있는 현상을 표현할 수 있도록 그것들을 연결하게 한다거나, 만화 속 인물들의 대화를 빈 칸으로 두어서 응답자가 기입하게 한다거나, 또는 그 인물의 행동 등을 설명하게 하는 것이다. 이때 응답자의 반응은 그 상황에 대한 자신의 느낌, 개성, 태도 등을 반영해 나타나게 된다.

⑤ 역할행동법(role play)

응답자에게 어떠한 상황을 제시하고 자기 자신이 아닌 다른 사람이 그 상황에 처했을 경우에 대한 느낌이나 믿음 등을 말하게 해서 응답자의 개인적인 느낌을 나타내게 하는 것이다.

(2) 관찰을 통한 자료 수집 방법

관찰법(observation method)은 관심 있는 어떤 상황이나 응답자의 특정 행동 또는 사건 등을 관찰해 기록하는 방법이다. 자료를 얻는 과정이 얼마나 체계적인지, 자신이 측정되고 있다는 사실을 응답자가 아는지, 측정할 때의 상황이 인위적인지, 언제 발생한 상황을 측정하는지, 어떤 도구를 이용해 측정하는지 등에 따라 세부적으로 나눌 수 있다.

【표 9-1】 관찰 방법의 분류 기준

관찰 방법	결정 내용
자연적/인위적	상황이 인공적인지 여부
공개적/비공개적	응답자가 관찰 사실을 아는지 여부
체계적/비체계적	의사결정 문제의 확정 여부
직접/간접	관찰 시기가 행동 발생과 일치하는지 여부
인간/기계	관찰을 인간이 하는지, 기계가 하는지의 여부

【그림 9-3】

관찰 방법의 분류

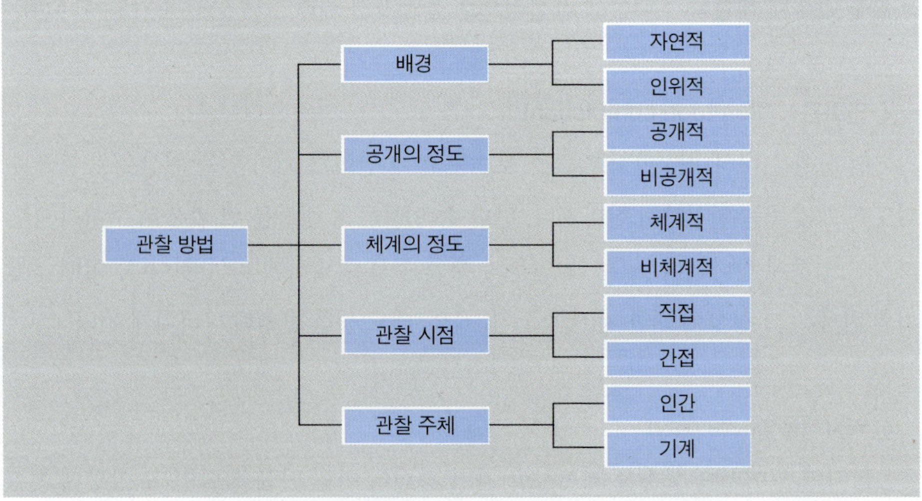

관찰법은 행동 측정이 매우 정확해야 하는 경우와 짧은 시간 내에 이루어지는 행동을 측정해야 하는 경우에 적합하다. 또한 응답자의 심리 상태에 따라 조사 결과가 좌우되지 않을 뿐만 아니라, 응답자가 자신의 느낌이나 태도를 정확히 모르는 경우에도 조사가 가능하다는 장점이 있다.

그러나 이 방법으로 개인의 내면을 측정하거나 매우 사적인 행동을 직접 관찰하는 것은 불가능하다. 그리고 직접 관찰을 했다고 하더라도 태도나 신념에 비해 행동양식은 변하기 쉽고, 이를 정확하게 기록하고 분석하는 것도 쉬운 일은 아니다. 따라서 이러한 한계점을 고려해 의사소통 방법을 이용한 자료 수집과 보완적으로 활용될 때 보다 효율적으로 활용될 수 있다.

1) 자연적 관찰과 인위적 관찰

자연적 관찰과 인위적 관찰은 관찰이 일어나는 상황이 실제 상황인지, 아니면 연구자가 만들어놓은 인위적인 상황인지를 기준으로 나누는 것이다. 인위적 관찰(contrived setting observation)이란 실험 상황을 설정하고 이 상황에서 피관찰자의 행동을 관찰하는 것이다. 자연적 관찰(natural setting observation)이란 인위적인 조작을 하지 않은 상태에서 피관찰자의 행동을 관찰하는 것이다.

예를 들어, 노트북에 대한 선호도 조사를 할 때 일반 컴퓨터 매장에서 불특정 소비자를 관찰하는 것이 자연적 관찰이며, 컴퓨터 매장과 비슷한 상황을 만들어서 표본으로 선발된 소비자로 하여금 마음에 드는 제품을 선택하게 하여 행동을 관찰한다면 인위적 관찰이다.

자연적 관찰은 행동이 일어나는 시점까지 기다려야 하지만 조사 결과를 일반화하기 쉽다는 장점이 있다. 인위적 관찰은 결과 해석 과정에 주의를 해야 하지만, 관찰이 정확해질 수도 있고 기계 등을 이용한 관찰도 가능하며 실험효과 등도 측정할 수 있고 시간도 절약할 수 있다는 장점이 있다. 또한 다양한 외생변수 효과를 통제할 수도 있다.

2) 공개적 관찰과 비공개적 관찰

공개적 관찰과 비공개적 관찰은 피관찰자가 자신의 행동이 관찰된다는 사실을 알고 있는지 모르고 있는지를 기준으로 나누는 것이다. 공개적 관찰(undisguised observation)이란 피관찰자가 자신이 관찰되고 있다는 사실을 의식함으로써 평상시와 다른 인위적인 행동을 할 수 있다는 문제가 있다. 반면 비공개적 관찰(disguised observation)은 숨겨진 카메라나 일방투시거울 또는 변장한 조사원을 통해 실시되기 때문에 공개적 관찰에서처럼 피관찰자가 인위적인 행동을 하지는 않지만 역시 완전히 모르게 하기는 힘들며, 조사자로서 윤리적인 문제에 부딪힐 수도 있다.

예를 들어, 시청에서 일반 시민으로 가장한 조사원을 투입해 직원의 친절도, 업무 지식, 기타 고객 대응 행동 등에 관한 정보를 얻을 수 있고, 이러한 정보를 이용해 직원 관리에 유용하게 이용할 수 있다. 하지만 직원 입장에서는 자신도 모르는 사이에 평가를 받았다는 불쾌감을 가질 수도 있기 때문에 주의를 해야 한다.

3) 체계적 관찰과 비체계적 관찰

체계적 관찰(structured observation)이란 사전에 준비한 표준 양식에 관찰 사실을 기록하는 방법으로, 관찰할 내용이 미리 명확히 결정된 경우에 사용하기 때문에 구체적으로 정해진 행동 부분만 관찰 및 기록하게 되어 효율적 관찰이 가능하다는 장점이 있다.

하지만 사전에 결정된 행동 부분만 관찰하고 기록하기 때문에 실제로 중요한 행동 부분이 기록되지 않기도 하여 타당성이 결여될 수도 있다. 예를 들어, 소비자가 책을 구입하기 위해 몇 개의 사이트를 방문하는지, 한 번에 몇 권의 책을 구입하는지를 관찰표를 이용해 조사한다면 이는 체계적으로 관찰하는 것이다.

비체계적 관찰(unstructured observation)이란 사전에 무엇을 관찰하고 기록할 것인지 구체적으로 결정하지 않은 상태에서 관찰하고 기록하는 방법으로, 이 방법을 사용하기 위해서 관찰자는 사전에 조사 목적과 필요한 정보 등을 숙지한 상태에서 자신의 판단에 따라 관찰하고 기록한다. 예를 들어, 구청별 친절 정도를 평가하기 위해 각 구청을 방문해 친절 정도에 대한 다양한 자료를 수집하는 것을 들 수 있다.

4) 직접관찰과 간접관찰

직접관찰(direct observation)은 행동이 일어나는 시점과 상황에서 조사자가 직접 관찰하는 것이며, 간접관찰(indirect observation)은 행동이 일어난 후의 흔적을 관찰하는 것이다.

예를 들어, 청소년의 인터넷 이용 실태를 조사하기 위해서 피시방을 방문해 인터넷을 하고 있는 청소년의 이용 상황을 옆에서 직접 지켜보는 것이 직접관찰이고, 조사 대상 사이트에 들어온 방문자들이 인터넷을 서핑 하는 행태 등을 접속경로(Click stream)나 쿠키(Cookie)를 이용한 방법으로 조사하는 것이 간접관찰이다.

접속경로를 이용한 방법이란 소비자가 자사 사이트를 방문해 어떤 활동을 했는지 서버에 있는 로그파일(Log file)을 이용해 분석하는 것이다. 이것은 인터넷 사용자가 해당 사이트에 방문해 어떤 활동을 했는지를 기록한 것으로, 서버에 로그파일을 보관할 수 있으며 이 로그파일에 접속경로 정보가 보관된다. 쿠키를 이용한 방법이란 소비자가 방문했던 사이트의 이름 등이 담긴 사용자의 컴퓨터 내 폴더를 조사하는 것이다.

인터넷상에서 이렇게 접속경로나 쿠키 등을 조사하는 이유는 인구통계적 요인만을 이용하면 인터넷 이용자의 행동에 대해서 20% 정도만을 설명하게 될 뿐이지만, 이 두 가지 방법을 추가로 사용하면 50~60% 정도의 설명력을 얻을 수 있기 때문이다.

5) 인간의 직접적 관찰과 기계를 이용한 관찰

관찰도구가 무엇이냐에 따라 조사자가 직접 피관찰자의 행동을 관찰하는 인간의 직접적 관찰(human observation)과 기계를 이용한 관찰(mechanical observation)로 나눌 수 있다. 어느 방법을 쓸 것인지는 조사가 요구하는 자료의 특성에 따라 결정된다.

즉 관찰이 고도의 정확도를 요구하거나 인간이 하기 힘든 관찰이거나 인간이 관찰하는 것보다 비용이 덜 드는 경우에는 기계로 관찰을 하는 것이 보다 적절하다. 기계를 통한 관찰도구는 다음과 같은 것이 있다.

① 모션 픽처 카메라(motion picture camera)

예를 들어, 편의점이나 할인점 등에서 구매자의 구매행동을 촬영하는 경우에 조사자는 카메라를 가지고 소비자의 행동을 기록할 수 있으므로 자연스럽게 정확한 측정이 가능하며, 반복해서 볼 수 있다는 장점이 있다.

② 오디미터(audimeter)

정보 분석 기업 닐슨에서 개발한 것으로, 라디오나 TV 등의 전원을 켰을 때 작동해 시청자가 보는 프로그램이나 시청 시간 등이 자동으로 기록되는 기계다.

③ **사이코갈바노미터(psychogalvanometer)**

어떤 사람에게 특정 제품이나 단어, 그림 등과 같은 자극이 주어졌을 때 그 사람의 감정 상태를 측정하기 위해 땀 흘리는 정도를 측정하는 기계다. 좋아하는 상표나 인물이 나왔을 때 손바닥 등에서 미세하게 증가하는 수분 양을 측정해 응답자의 감정 상태를 측정하게 된다.

④ **동공 카메라(eye camera)**

눈동자의 움직임을 측정하는 기계로, 신문이나 TV 등을 볼 때 어느 순서로 보고 얼마 동안 보는지를 관측해 그 사람에게 관심 있는 것이 무엇인지를 측정하게 된다.

⑤ **피플미터(people meter)**

가족 구성원 중에서 누가 실제로 TV를 시청하고 있었는지를 파악하기 위해 TV를 시청하는 가족 구성원 각각에게 고유번호를 입력토록 하는 기능이 첨부된 기계. 오디미터의 단점을 보완한 텔레비전 시청률 측정도구다.

⑥ **퓨필로미터(pupilometer)**

어떠한 자극을 보여주고 피관찰자의 눈동자 크기를 측정하는 것으로, 동공의 크기 변화에 따라 응답자의 반응을 측정한다.

(3) 오류

조사자가 여러 가지 자료 수집 방법 중에서 하나를 선택하기 위해서는 자료의 특성과 조사 목적에 부합하는 적합한 방법이 무엇인지를 명확히 알고 있어야 한다. 이때 조사 과정에서 생길 수 있는 오류를 어느 방법이 가장 효과적으로 줄일 수 있는지도 판단해야 한다.

조사 과정에서 생기는 오류는 크게 표본오류(sample error)와 비표본오류(non-sample error)로 나눌 수 있는데, 표본오류는 표본의 선정 과정에서 생기는 오류이고, 비표본오류는 표본 선정 이외에서 발생하는 오류를 의미한다. 비표본오류는 크게 관찰오류와 비관찰오류로 나눌 수 있으며, 다시 관찰오류에는 조사 현장에서의 오류와 자료 기록 및 처리상에서의 오류로 나눌 수 있고, 비관찰오류는 불포함오류와 무응답오류로 나눌 수 있다.

1) 불포함오류

표본조사를 할 때 표본체계가 완전하지 않아서 발생하는 오류다. 불포함오류는 표본추출 방법이 모호하든지 실제 사용하기에 너무 정교할 경우에 발생한다. 이 오류는 발견하기가 어렵기 때문에 통제하기도 힘들다. 따라서 이 경우에는 뚜렷하게 불포함오류가 발생했다는 확증을 얻기가 어렵기 때문에 오류를 줄이려면 다른 조사 결과와 비교하거나 전문가의 경험에 의존해야 하며, 오류가 발견됐을 때는 사후 수정이 필요하다.

이러한 오류는 주로 적합하지 않은 표본추출 방법을 사용하거나, 표본의 프레임이 불완전해서 모집단에는 속하지만 실제로는 조사 대상이 될 가능성이 거의 없는 경우에 생긴다. 예를 들어, 전화번호나 주소록을 이용할 경우 응답자에게 전화가 없거나 전화번호 누락 또는 오기도 있을 수 있고, 전화를 두 대 이상 가지고 있는 사람도 있으며, 거주지와 현주소가 다른 사람도 많으므로 완전한 목록을 얻기는 힘들다. 그러므로 전화번호부를 이용한 전화면접법이나 주소록을 이용한 우편조사법을 사용해 조사를 시행할 때는 주의를 기울여야 한다.

2) 무응답오류

표본추출 과정에서 선정된 표본 중 일부가 연결이 되지 않거나 응답을 거부했을 때 생기는 오류다. 이 오류가 조사 결과의 타당성에 중요한 영향을 미치는 경우는 무응답자와 응답자 사이의 특성 차이가 클 때이기 때문에 이러한 경우에는 응답자와 무응답

【그림 9-4】

오류의 분류

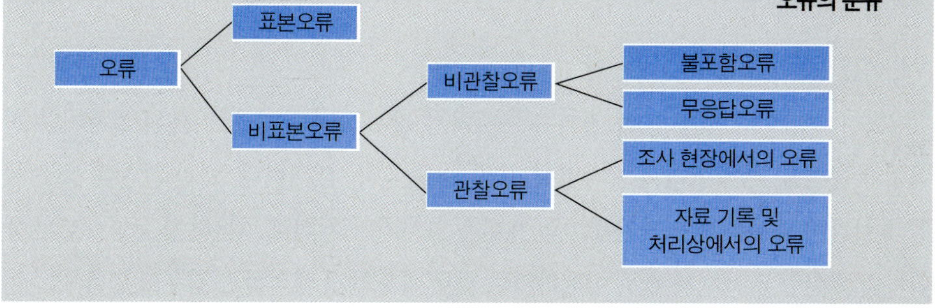

자의 특성을 고려해 조사 결과의 해석에 주의해야 한다.

무응답오류를 줄이는 방법은 자료 수집을 체계적으로 하는 방법과 조사 결과를 수정하는 방법이 있다. 자료 수집을 체계화하는 방법은 예를 들어, 안내문을 먼저 발송하거나 미리 기념품을 준 뒤에 설문지를 발송하고 비공개적인 방법으로 조사를 한 후 다시 감사문을 발송하여 무응답을 줄이는 것이다. 조사 결과를 수정하는 방법은 기존 조사의 결과와 현재 조사의 결과를 비교하거나, 무응답자 중에서 특별히 표본을 다시 추출해 응답자의 결과와 비교해 큰 차이가 발견되면 재조사를 하거나 무응답자의 특성을 추정해 이에 가중치를 두어 결과를 수정하는 것이다.

3) 조사 현장에서의 오류

면접이나 관찰 과정에서 응답자나 조사자 자체의 특성에서 생기는 오류와 양자 간의 상호 관계에서 생기는 오류를 의미한다. 예를 들어, 의사소통법의 경우 조사자와 응답자의 학력 수준이 크게 차이가 나는 경우, 인종이 다른 경우, 소득수준의 차이가 큰 경우에는 원활한 조사를 수행하기가 힘들다. 따라서 조사자를 선발할 때는 사전 지식과 경험이 많은 면접 능력이 뛰어난 사람을 선발해야 하고 가능하면 응답자와 비슷한 특성을 지닌 사람을 선발하는 것이 바람직하다.

반대로 조사자와 응답자가 서로를 아주 잘 알고 있다면 조사자의 의도대로 응답자가 응답함으로써 사실이 왜곡되어 오류가 발생할 수도 있으므로 주의해야 한다. 예를 들어, 응답자와 조사자가 모두 마케팅 관련 분야 종사자라면 응답자는 사실을 왜곡하는 결과를 가져올 가능성이 크다.

관찰 방법에서는 응답자가 관찰 사실을 알 경우 평상시와 다른 행동을 할 수 있기 때문에 오류가 발생할 수 있다. 이러한 오류를 정확하게 측정한다는 것은 불가능하므로 조사자의 경험과 통제 능력에 의해 오류를 줄이는 수밖에 없다.

4) 자료 기록 및 처리에서의 오류

정확한 응답이나 행동을 한 결과를 조사자가 잘못 기록하거나, 기록된 설문지나 면접지가 분석을 위해 처리되는 과정에서 달라지는 것을 의미한다. 또한 관찰을 잘못 했거나 시간이 충분하지 못해 응답자의 표현을 조사자가 제대로 기록하지 못함으로써 응답자의 표현을 조사자가 잘못 이해하거나 너무 과도하게 해석하는 경우도 있다.

이러한 오류는 비체계적인 방법이나 인간에 의한 관찰을 하는 경우에 많이 발생한다. 종종 자료를 컴퓨터 분석, 기타 자료 분석 및 해석을 위해 정리하는 코딩 과정에서 오류가 생기기도 한다.

그러나 이러한 오류는 조사원이나 면접원의 교육과 사전 설계를 철저히 함으로써 크게 줄일 수 있으므로 주의를 기울여야 한다.

02 2차 자료

1. 2차 자료의 개요

(1) 2차 자료의 유용성

2차 자료(secondary data)는 당면한 조사 목적이 아닌 다른 목적을 위해 수집되고 정리된 자료로서 직·간접적으로 조사 목적에 도움을 줄 수 있는 기존의 모든 자료를 말한다. 즉 기존의 정부 자료나 각종 통계자료 또는 조사기관의 정기·비정기 간행물이나 기업에서 수집한 자료, 학술지에 발표된 논문 및 다른 조사를 목적으로 수집된 모든 자료를 포함한다.

예를 들어, SKT에서 50대 이후를 목표시장으로 하는 새로운 브랜드를 출시하기 위해 연령에 따른 인구통계적 자료가 필요하다고 가정할 때, 이를 위해 소비자를 대상으로 설문조사 등을 하여 정보를 수집할 경우 이것은 1차 자료지만, 기존의 자료를 이용한다면 이는 2차 자료가 되는 것이다.

따라서 2차 자료가 충분할 경우 1차 자료는 수집하지 않아도 된다. 특히 인터넷을 통해 수많은 2차 자료를 수집할 수 있으며, 그중 많은 자료는 수행 중인 조사의 의사 결정 문제 해결에 직접적인 관련이 있거나 유용한 정보를 포함하고 있기 때문에 유능한 조사자라면 적절한 2차 자료를 수집해 활용하는 것이 시간과 경비 면에서 경제적이므로 바람직하다.

2차 자료는 일반적으로 수집하기 쉽고 수집비용이 1차 자료에 비해 상대적으로 저렴하며 정기적인 업그레이드가 이루어지고 신뢰성이 높은 공공기관에서 발간되는 경우가 많아지면서 그 효용성이 점차 커지고 있다.

그러나 2차 자료는 다른 조사 목적을 수행하기 위해 수집된 자료이기 때문에 자료 수집 목적, 측정단위, 조작적 정의 등이 현재 행하는 조사와 일치하지 않는 경우가 많으므로 사용에 주의를 요한다. 또한 관련된 정보라 하더라도 시간이 상당히 경과해 효용이 없는 경우나 자료의 신뢰도와 타당성 여부를 알 수 없는 경우에는 사용이 불가능하다.

하지만 이러한 단점에도 자료의 원천과 적절성에 대한 평가를 통해 조사자는 의사결정 문제에 도움이 되는 2차 자료를 수집해 기초 조사 단계에서 적절히 사용하면 자료 수집에 드는 시간과 노력을 절감할 수 있다.

(2) 2차 자료 수집 시 고려 사항

2차 자료를 수집하기 위해서는 자료의 원천을 찾고, 조사 목적에 적합한 자료를 추출해 기록하는 과정을 거치게 된다. 여기서 2차 자료를 사용하기 위해서는 여러 측면에서 자료를 평가해야 한다. 다음에서는 2차 자료 수집 시 고려할 사항에 대해서 살펴보도록 하겠다.

【표 9-2】 1차 자료와 2차 자료의 비교

	1차 자료	2차 자료
수집 목적	당면한 조사문제 해결	다른 조사문제 해결
수집 과정	고관여	저관여
수집 비용	고비용	저비용
수집 기간	장기	단기

1) 조사 목적의 적합성(fitness)

2차 자료는 당면한 조사 목적을 위해 직접 수집한 자료가 아니기 때문에 진행 중인 조사 목적에 부합하지 않을 수도 있다. 예를 들어, 삼성전자에서 새로 개발한 5,000만 원 상당의 100인치 스마트 TV 판매를 위해 가구의 소득, 가장의 나이와 직업, 주택의 넓이 등에 대한 정보가 필요할 경우 만약 기존의 통계자료가 1년 가구소득 2,500만 원 미만, 2,500만 원 이상~5,000만 원 미만, 5,000만 원 이상으로 분류되어 있다면 이 자료는 조사 목적에 부합하지 않는다. 왜냐하면 삼성전자 마케팅 부서에서는 5,000만 원 상당의 고가품을 살 수 있는 잠재고객은 연간 소득이 1억 원은 되어야 한다고 생각하기 때문이다.

2) 자료의 정확성(accuracy)

자료 수집, 코딩, 분석, 결론 제시 등의 과정을 거치는 동안 담당자의 능력이나 실수에 의해 오류가 발생할 수도 있기 때문에 2차 자료를 이용하는 조사자는 그 자료의 정확성을 반드시 확인해야 한다. 자료의 정확성은 신뢰성, 조사 방법, 편견 등의 항목으로 나누어 살펴볼 수 있다.

① 신뢰성(credibility)

해당 자료를 발간한 기관의 능력, 전문성 등을 의미하는 것으로, 누구나 인정하는 공신력 있는 전문 기관에서 발간한 자료를 사용하는 것이 신뢰성을 높이는 방법이다.

② 조사 방법(methods)

표본추출 방법, 표본크기, 자료 수집 방법, 분석 방법 등의 적절성에 대해서 평가하는 것이다. 예를 들어, 모집단 구성원은 다양한 직업을 가지며 소득 또한 큰 범위에 걸쳐 분포하는데, 특정 직업만을 판단표본추출할 경우에는 조사 결과의 일반화 가능성이 매우 낮아지기 때문에 자료로 사용하기 힘들다.

③ 편견(bias)

조사 목적이나 조사기관 또는 조사원에 따라 자료에 편견이 개입될 가능성이 있다. 예를 들어, 국내 자동차시장에서 수입 자동차의 점유율을 수입자동차협회보다 한국자동차협회에서 상당히 높게 발표했다면 둘 중 하나는 편견에 치우친 것이 아닌지 의심해봐야 한다.

3) 자료의 일관성(consistency)

두 개 이상의 자료원에서 동일한 자료를 수집해 두 개 이상의 자료가 거의 일치한다면 신뢰성이 높다고 할 수 있다. 예를 들어, 홈시어터 시스템의 시장 규모를 알고자 할 때 한국전자정보통신산업진흥회에서 발행한 자료와 산업연구원에서 발행한 자료를 비교해볼 수 있을 것이다.

2. 2차 자료의 종류

2차 자료를 분류하는 방법에는 여러 가지가 있으나, 일반적으로 자료의 원천에 따라 조사자가 종사하는 조직 내부에서 자체적으로 수집·보관하는 내부 자료와 타 기관에서 작성된 모든 자료를 의미하는 외부 자료로 나눌 수 있다. 다음에서 내부 자료와 외부 자료에 대해서 보다 자세히 살펴보도록 하겠다.

(1) 내부 자료(internal data)

조사자가 종사하는 조직 내부의 필요에 의해서 지속적으로 수집·축적된 자료를 의미하며, 한 기업의 예를 들면 그 회사의 고객 및 영업 관련 자료, 판매원 관련 자료, 재무 자료, 회계 관련 자료, 기존의 시장조사 자료 등을 의미한다.

대부분의 조직은 내부 정보를 축적하고 있으며 언제든지 그 정보를 이용할 수 있기 때문에 내부 자료는 2차 자료 탐색을 실시할 때 가장 먼저 확인해봐야 한다. 또한 내부 자료는 어떠한 조사 정보보다 쉽게 이용 가능하고 비용이 거의 들지 않는다는 장점이 있다.

하지만 내부 자료는 조직원 간의 공유 문제나 전임자와 후임자 간의 정보 전달 체계가 원활하지 못할 경우 제대로 활용되기 힘들다. 따라서 내부 자료를 효율적으로 이용하기 위해서는 조직의 과거 및 현재의 내부 자료뿐만 아니라 외부의 가치 있는 정보를 체계적으로 수집·분석·정리·활용할 수 있는 정보 시스템을 구축해 의사 결정 담당자에게 시의적절한 자료를 제공해야 한다.

(2) 외부 자료(external data)

타 기관에서 발행한 자료 중 입수 가능한 자료로서 외부 발행물, 인터넷 자료, 상업용 자료 등으로 분류할 수 있다.

1) 외부 발행물

외부 발행물에는 정부기관, 국책 연구소, 민간 연구소, 대학 연구소, 경제신문사, 상공회의소, 산업별 협회, 기타 기업 외부의 기관으로부터 간행된 자료가 이에 해당한다.

2) 인터넷 자료

인터넷은 서베이를 통한 1차 자료 수집에도 이용할 수 있지만, 엄청나게 많은 인터넷 상의 정보를 2차 자료로 유용하게 이용할 수 있다. 예를 들어, 인터넷 사이트를 돌아다니면서 문서의 내용 중에서 적절한 자료만을 조사하는 서치(search) 방법 등이 대표적인 인터넷 자료 수집 방법이다. 인터넷이라는 매체의 특성상 노하우(know-how) 문제가 아니라 노웨어(know-where)의 문제가 발생하게 된다.

3) 상업용 자료(commercial data)

기업 고객에게 판매하기 위해 조사기관이 주기적으로 수집하는 자료로서, 기업 고객의 입장에서는 저렴한 비용과 빠른 시간 내에 필요한 자료를 입수할 수 있다는 점 때문에 수요가 늘어나고 있다. 또한 대부분의 상업용 자료는 패널에 의해서 수집되며, 소비자의 구매의도가 아닌 실제 구매에 관한 정보를 담고 있다는 점에서 유용하다.

패널 조사는 크게 소비자 패널 조사와 점포조사로 나눌 수 있다. 소비자 패널 조사는 특정 기간 동안 특정 자료를 제공하기로 계약을 체결한 비교적 큰 규모의 가구 표본을 말한다. 점포조사는 소매점을 대상으로 POS 시스템을 이용해서 정확하고 적시에 조사가 가능하다는 장점을 가지고 있다.

03 자료의 처리

표본추출과 실제 조사 과정을 거쳐 얻은 미가공 자료는 구체적인 분석을 실시하기 전에 분석에 이용 가능한 형태로 변환해야 한다. 즉 조사를 통해 자료를 얻었다 하더라도 조사 자체가 불완전하거나 자료의 일부 또는 전부를 쓸 수 없는 경우도 있으므로 분석에 사용될 수 있도록 자료를 정리해야 한다. 또한 조사가 완료된 자료는 컴퓨터를 이용해 분석을 실시해야 하므로 분석에 적합한 형태로 변환해야 한다.

자료의 처리 과정은 자료에 대한 사전 정리 작업에 대한 것으로, 전체적인 연구의 관점에서 보면 비중이 작고 당연한 과정으로 여겨지기 때문에 자칫 소홀하기 쉬우나, 이 부분에서 오류가 발생할 경우 전체 분석 결과를 왜곡할 수 있기 때문에 조사자는 특히 신중해야 한다.

1. 자료의 검토

조사원에 의해 조사된 설문지는 검증(data validation) 및 편집(editing) 과정을 거쳐 분석에 이용이 가능한지의 여부를 결정해야 한다. 물론 이를 위한 기준은 연구 내용별로 많은 차이가 있을 수 있지만 일반적으로 다음과 같은 자료는 분석에 이용할 수 없기 때문에 제외한다.

① 설문지의 많은 부분에 응답이 없는 경우나 중요한 항목에 응답이 없는 경우
② 응답자가 설문을 이해하지 못한 상태에서 응답을 한 경우
③ 응답자가 전체 자료에 대해 한 번호로 거의 비슷한 응답을 한 경우
④ 설문지의 일부가 분실된 경우
⑤ 설문지가 예정일보다 너무 늦게 수집된 경우
⑥ 실제 조사를 하지 않고 조사원 임의로 답을 한 경우
⑦ 응답자가 성의 없이 응답해 내적 일관성이 부족한 경우
⑧ 응답자가 표본으로 적합하지 않은 경우
⑨ 미리 정해진 인터뷰 절차를 제대로 따르지 않은 경우
⑩ 조사원이 예의 바르게 행동하고 미리 준비한 답례품을 제공하지 않은 경우

2. 자료의 편집

조사원에 의해 조사된 설문지는 각각의 항목에 대한 응답을 일정한 기준에 의해 분류하는 편집 과정을 거침으로써 보다 정확한 자료를 얻는 데 이용될 수 있다. 편집 과정에서 주의를 기울여야 할 부분은 다음과 같다.

① **일관성**

자료의 편집 과정은 전체 자료에 대해 일관성을 유지하면서 수행돼야 하며, 특히 여러 명의 편집인이 편집 기능을 수행할 경우 일관성을 유지하기 위해 연구자가 사전에 기본 편집 지침을 마련해주거나 편집된 자료에 대한 표본추출을 통해 이를 검증해볼 필요가 있다.

② **완결성**

다지선다형 항목에서 응답되지 않은 항목은 가능하면 편집 과정에서 해결해야 하는데, 이를 위해서는 응답자와 다시 접촉해 자료를 얻어내거나 설문지 내의 다른 항목으로부터 추론해내는 방법이 흔히 사용된다. 이러한 과정을 거쳐서도 자료가 얻어지지 않으면 이를 미취득 자료로 처리하며, 이러한 응답자가 많을 경우에는 그 항목을 조사에서 삭제하는 것이 좋다.

③ **자유응답형의 처리**

자유응답형 항목에서의 응답 등을 처리할 때 응답의 형태가 다양할 경우에도 다음의 코딩 과정에서 모든 항목이 분류 가능하도록 처리해야 하고, 응답이 명확하지 않은 경우에는 응답자에게 추가 조사를 하거나 미취득 자료로 처리하는 것이 좋다.

④ **정확성**

조사자의 편견이나 소삭된 자료를 찾아내는 것으로, 응답이 일관적이어야 할 항목을 비교하거나 응답의 정확성과 무관한 응답 패턴을 찾아냄으로써 보다 정확한 자료를 얻을 수 있다.

3. 자료의 코딩

코딩(coding)은 효율적인 전산처리를 위해 편집 과정을 거친 모든 응답 내용을 수치화하거나 기호화해 기록하는 과정으로, 가능하면 각 항목에 대한 응답을 숫자로 표시하는 것이 분석을 위해서 편리하다.

자료를 코딩할 때 가장 중요한 것은 분석 방법을 생각하면서 진행해야 한다는 점이

【표 9-3】 SPSS를 이용한 코딩의 예

	ID	나이	지역	브랜드 1	브랜드 2	브랜드 3	a1	a2	a3	a4	a5	a6	a7
1	1	5	1	1	2	3	4	1	5	6	5	1	3
2	2	4	4	5		6	5	5	2	3	4	4	5
3	3	3	1	4	7	8	5	5	4	5	4	4	4
4	4	3	1	4	9	10	5	6	6	5	5	2	5
5	5	5	1	11	4		4	5	3	1	4	4	4
6	6	6	1	5	1	2	2	6	2	7	2	2	4
7	7	4	1	5	12	6	4	5	4	6	3	2	4
8	8	3	1	11	1	13	3	2	2	5	5	4	5
9	9	3	1	4	10	2	2	6	2	6	2	2	2
10	10	3	1	14	10	1	3	5	2	6	4	2	6
11	11	3	1	12	15	14	4	2	3	4	3	6	8
12	12	5	1	5	4	16	2	1	3	2	3	5	2
13	13	3	1	5	12	6	2	3	3	6	2	2	5
14	14	4	1	4	17	14	4	5	3	5	4	5	4
15	15	3	1	18	11	10	3	2	4	5	3	5	2
16	16	3	4	11	4	7	5	2	5	7	5	4	6
17	17	4	4	19	6	11	4	5	2	3	6	5	6
18	18	4	4	4	10	5	4	6	7	7	5	3	6
19	19	3	4	20	6	11	2	1	2	5	6	5	4
20	20	4	4	6	21	8	3	1	3	5	6	2	2
21	21	4	4	4	18	5	5	7	1	7	1	1	6
22	22	4	4	22	4	9	3	1	4	7	5	1	5
23	23	3	4	4	12	23	6	3	4	6	5	3	5
24	24	4	4	12	4	10	4	1	5	5	3	1	6
25	25	3	4	11	4	21	4	7	5	5	6	5	6
26	26	4	4	4	21	12	4	6	5	6	6	6	5
27	27	4	4				2	6	2	6	3	3	3
28	28	3	4	21	19	24	1	4	3	5	6	4	5
29	29	3	4	4	1	5	2	2	3	5	4	2	3
30	30	3	4	4	10	11	4	6	4	7	5	5	6

다. 분석 방법을 고려하지 않고 코딩 절차를 진행할 경우 분석 시 어려움에 부딪히거나 오류에 빠질 수 있기 때문에 주의해야 한다. 그러므로 설문지와 코딩 그리고 분석은 서로 긴밀한 연결성을 갖도록 유기적인 연결이 필요하다.

이를 위해서는 미리 설문지를 작성할 단계부터 각 항목에 적절한 분류를 실시해 숫자를 부여하고, 이 숫자를 바로 코딩에 이용한다. 특히 자유응답형으로 된 항목이나 여러 개의 답을 선택하는 경우에는 사전에 명확한 분류를 할 수 없는 상태이기 때문에 자료 수집 후에 편집해 코딩을 하게 된다. 기호화를 위한 분류의 기준을 살펴보면 다음과 같다.

① 각 응답 항목은 서로 중복되어서는 안 된다.
② 전체적으로 볼 때 모든 질문에 응답을 해야만 한다.
③ 응답에 대한 분류가 명확하지 않은 경우에는 세분화한다.
④ 코딩 시에는 분석이 가능하도록 숫자로만 입력해야 한다.

자료의 코딩 과정이 완료되면 조사자는 전산처리 단계로 들어간다. 이러한 통계 처리 과정에는 여러 가지 통계 패키지가 사용될 수 있지만, 이 책에서는 SPSS를 이용하도록 하겠다.

조사자는 SPSS를 이용해 우선 코딩된 자료를 처리할 수 있는 프로그램 파일을 작성하는 작업을 먼저 실시해야 한다. 이에 대한 자세한 설명은 통계 패키지 전문 서적을 참고하기 바란다.

프로그램 파일을 작성하고 나면 조사자는 변수별 빈도표를 출력해 빈도표에서 코딩상의 실수로 인한 오류가 있는지를 검토해, 오류가 있을 경우 정정한 후 본격적인 통계처리 단계로 들어가게 된다. [표 9-3]은 SPSS를 이용해 전산처리하기 위한 코딩 과정을 보여준다.

이 장의 요약

조사자는 조사 목적을 달성하기 위해 분석에 필요한 자료를 수집하게 되는데, 이들 자료는 1차 자료와 2차 자료로 분류할 수 있다. 1차 자료는 조사자가 현재 진행 중인 조사 목적을 위하여 직접 수집한 자료를 말하며, 2차 자료는 이미 존재하는 자료다. 2차 자료를 활용함으로써 시간, 비용, 인력을 절약할 수 있기 때문에 조사 목적에 적합한 2차 자료가 있는지 없는지 확인한 후 부족한 것에 한해 1차 자료를 수집하는 것이 효율적이다. 하지만 2차 자료는 직접 수집한 자료가 아니므로 사용 전에 평가를 해야만 한다.

1차 자료를 수집하는 방법은 크게 의사소통 방법과 관찰 방법으로 나누어지는데, 인터넷을 통한 자료 수집이 급격히 증가하면서 인터넷을 통한 방법이 확대되어 추가되었다. 2차 자료는 내부 자료와 외부 자료로 나누어지는데, 내부 자료는 조직 내부에 축적된 자료를 의미하고 외부 자료는 조직 외부에서 발행한 것으로서 크게 외부 발행물, 인터넷 자료, 상업용 자료 등으로 분류할 수 있다.

또한 조사 과정에서 발생하는 오류에는 불포함오류, 무응답오류, 조사 현장에서의 오류, 자료 기록 및 처리에서의 오류 등이 있으며, 이러한 오류를 어느 방법이 가장 잘 줄일 수 있는지를 고려하여 자료 수집 방법을 결정해야 한다.

자료를 분석에 사용할 수 있는 형태로 정리하는 과정으로는 첫째, 수집된 각각의 설문지들이 분석에 이용될 수 있을 정도로 완전한 응답을 얻어냈는지 검토하고, 둘째, 채택된 설문지에 대해 각각의 항목에 대한 응답을 일정한 기준에 의해 처리함으로써 보다 정확한 자료를 얻으려는 편집 과정을 거친다. 셋째, 항목별로 각 응답에 해당하는 숫자나 기호를 부여하는 코딩을 실시한 후 본격적으로 전산처리로 들어간다. 또한 변수별로 빈도표를 출력하여 코딩상의 실수가 없는지 확인한다. 이러한 과정을 거쳐 오류가 고쳐지고 나면 통계처리를 실행한다.

주요용어

심층면접법, 표적집단면접법, 불포함오류, 무응답오류, 1차 자료, 2차 자료, 의사소통 방법, 관찰 방법, 적합성, 정확성, 일관성, 신뢰성, 편견, 내부 자료, 외부 자료, 편집, 미취득 자료, 코딩, SPSS, 상업용 자료

참고문헌

Brandt, R. (1972), *Studying Behavior in Natural Settings*, New York: Holt, Rinehart and Winston.

Cannel, C. and R. Kahn (1976), *Interviewer's Mannual, Survey Research Center*, rev. ed., Ann Arbor: Institute for Social Research, University of Michigan.

Cassell, J. (1978), "Risk and Benefit to Subjects of Field Work," *American Sociologist* 13.

Churchill, G. A. (1983), *Marketing Research: Methodological Foundation*, 3rd ed., The Dryden Press.

Glaser, M. (1972), *The Research Adventure: Promise and Problems in Field Work*, New York: Random House.

Green, P. E. and D. S. Tull (1988), *Research for Marketing Decisions*, 5th ed., Prentice-Hall, N.J.

Heynes, R. W. and R. Lippitt (1954), "Systematic Observational Techniques," In *Handbook of Social Psychology*, ed. by Gardner Lindzey, Cambridge, Mass.: Addison-Wesley.

Kinnear, T. C. and J. R. Taylor (1983), *Marketing Research: An Applied Approach*, 2nd ed., McGraw-Hill, New York.

Rowly, G. (1976), "The Reliability of Observation Measures," *American Educational Research Journal* 13.

연습문제

1. 1차 자료와 2차 자료에 대해서 실례를 들어 비교 설명하시오.
2. 자료 수집 방법을 선택할 때의 기준에 대해서 설명하시오.
3. 오류에 대해서 설명하시오.
4. 자료 처리의 순서에 대해서 설명하시오.
5. 설문지를 통해 얻은 자료 중 이용해서는 안 되는 것에는 어떠한 것이 있는지 설명하시오.
6. 자료의 편집 과정에서 주의할 사항에 대해서 설명하시오.
7. 코딩을 할 때 주의해야 할 사항에 대해서 설명하시오.

제3부

자료의 분석

제 10 장

통계분석기법

01 변수의 수에 의한 분류
02 분석의 성격에 의한 분류
03 측정의 종류에 의한 분류
04 모집단의 수에 의한 분류
05 표본의 독립성에 의한 분류

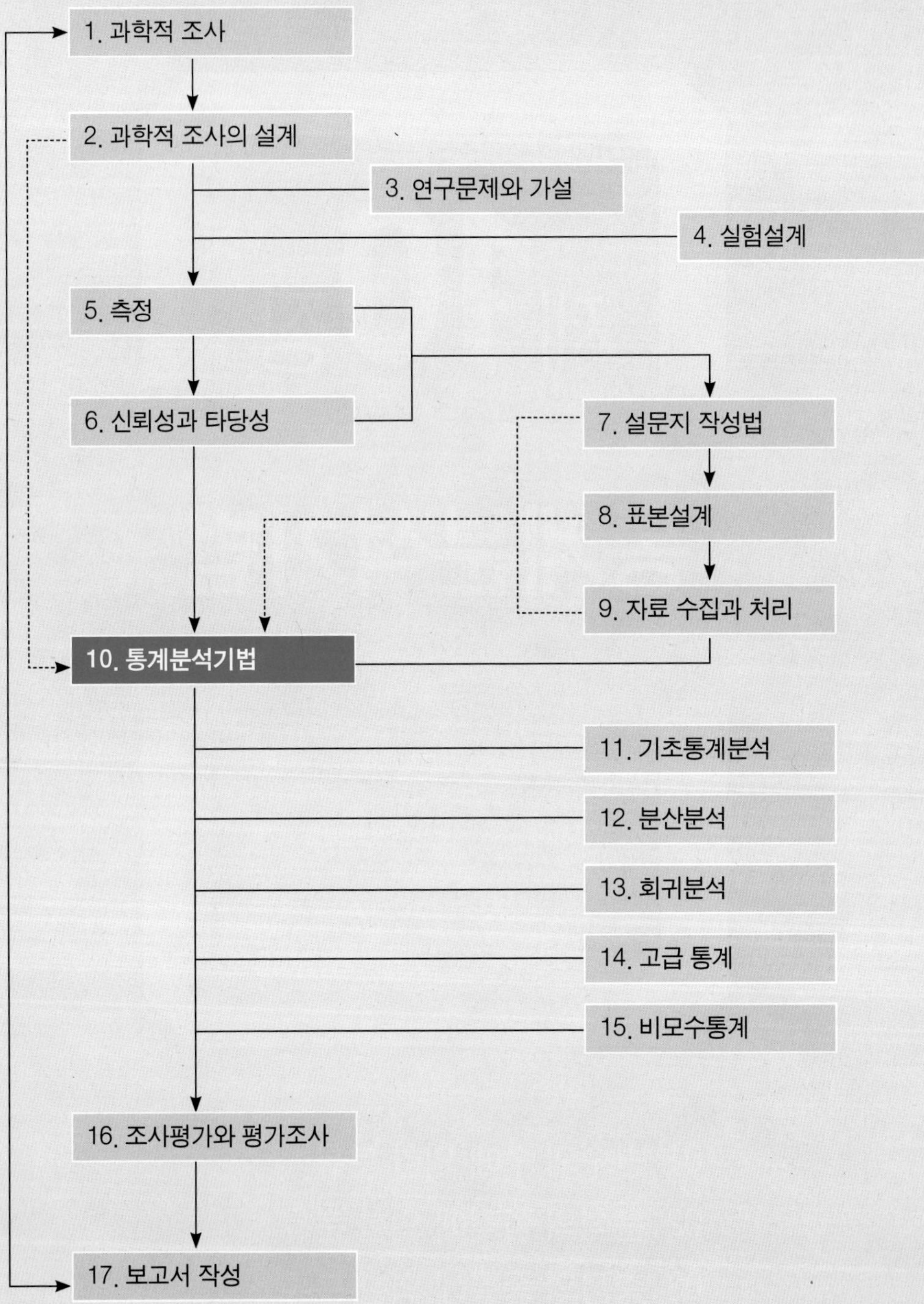
1. 과학적 조사
2. 과학적 조사의 설계
3. 연구문제와 가설
4. 실험설계
5. 측정
6. 신뢰성과 타당성
7. 설문지 작성법
8. 표본설계
9. 자료 수집과 처리
10. 통계분석기법
11. 기초통계분석
12. 분산분석
13. 회귀분석
14. 고급 통계
15. 비모수통계
16. 조사평가와 평가조사
17. 보고서 작성

자료 처리를 거쳐 분석이 가능한 형태로 전환된 자료는 연구 목적에 따라 적합한 분석기법으로 분석되어야 한다. 자료의 종류와 특성에 따라 적용할 수 있는 분석기법의 종류에는 제약이 있기 때문에 연구 목적을 효과적으로 달성하고 의미 있는 분석 결과를 얻기 위해서는 연구의 초기 단계인 조사설계와 설문지 작성 단계 때부터 분석에 이용할 분석기법 등에 대한 구상이 이루어져야 한다. 이를 위해서는 각 기법에 대한 용도와 한계 등에 대한 정확한 이해가 필요하다.

유용한 자료를 수집하고도 어떠한 분석기법을 사용해야 하는지 몰라 적합하지 않은 분석기법을 사용해 부적절한 결론을 도출하는 경우가 많기 때문에 사회과학 조사에서 통계기법의 선택이 차지하는 비중은 매우 크다고 할 수 있다. 최근에는 통계학의 컴퓨터 패키지가 발달해 많은 조사자가 통계기법의 기본에 대해 모르는 상태에서 남용하는 경우도 종종 있다.

이번 장에서는 사회과학 조사에서 흔히 쓰이는 분석기법에 대해 다섯 가지 기준을 적용해 체계적으로 분류하고, 이것들의 상호 관계에 대해 알아본 후 각각의 분석기법을 설명하기로 한다.

01 변수의 수에 의한 분류

1. 단일변량통계분석

단일변량통계분석(univariate statistical analysis)은 한 개의 변수가 존재할 경우의 분석으로서 Z-테스트(test)나 t-테스트의 검정과 같이 표본에서 추출한 하나의 변수에 대한 분석을 말하며, 기초통계학의 중심을 이루는 부분이다.

다시 말해서 단일변량통계분석이란 어떤 한 변수의 분포상의 특징을 파악하기 위한 분석 방법으로서 빈도, 백분율, 대푯값, 분산의 정도 등과 같은 기술통계량이 단일변량분석에 주로 사용된다. 따라서 단일변량통계분석을 하기 위해서는 하나의 변수만이 사용되며, 통계분포와 관련된 기법과 기타의 기법으로 이루어진다. 즉 정규분포

[그림 10-1] 단일변량분석의 체계

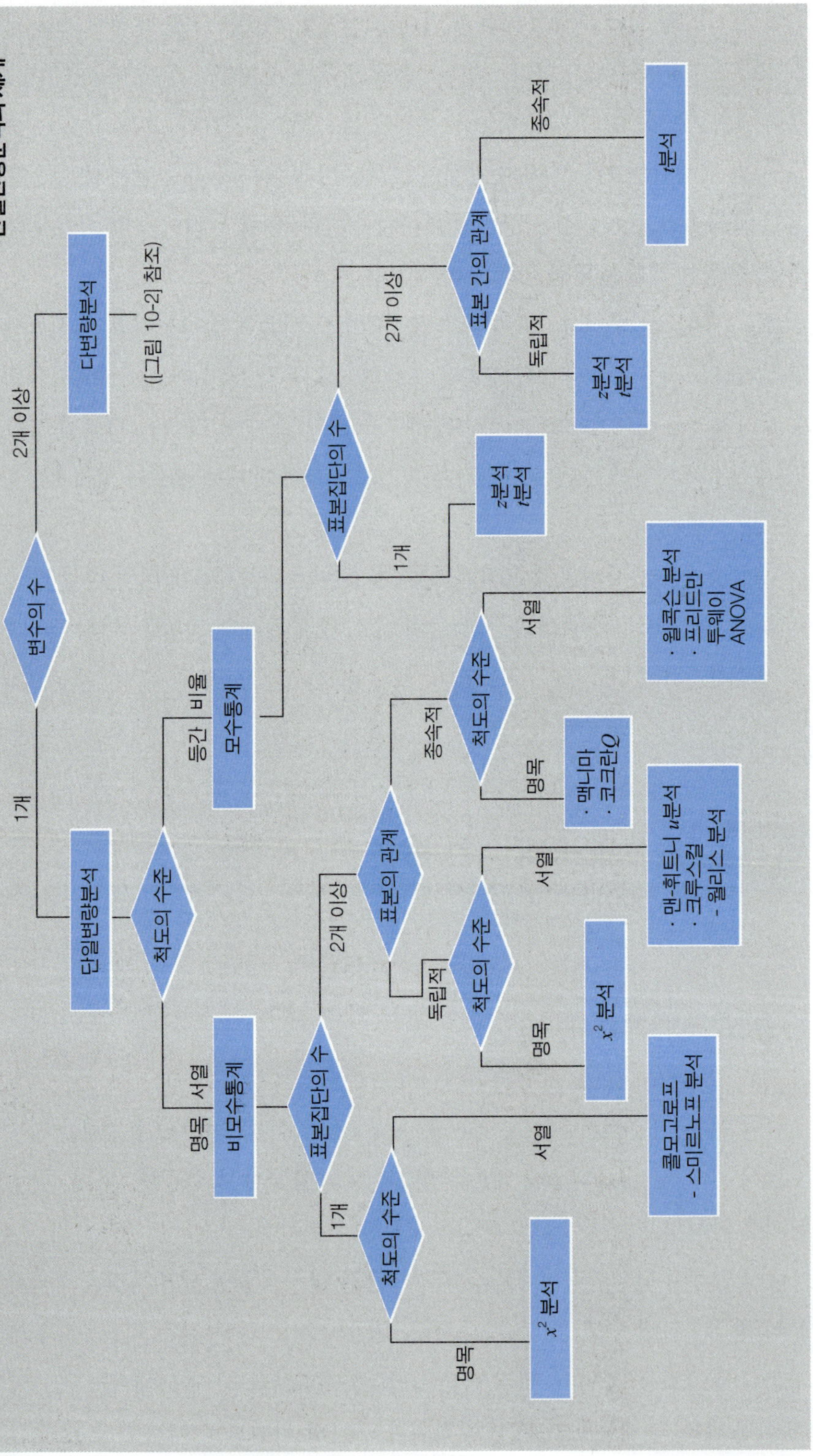

[그림 10-2] 다변량분석의 체계

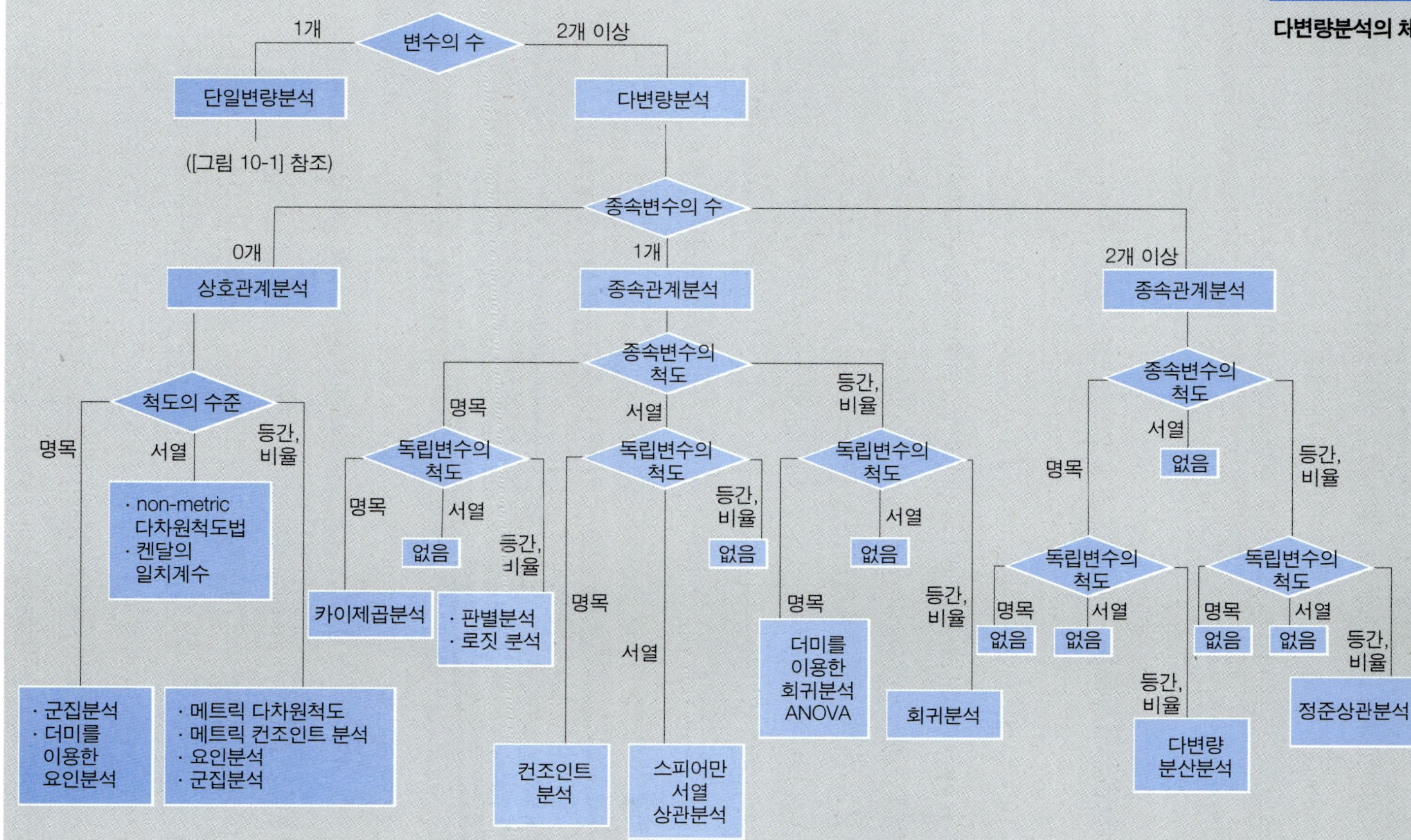

나 t분포 또는 카이 제곱(chi-square) 분포와 같은 특정한 분포의 파악을 통해서 표본집단을 분석하는 통계기법과 비모수통계기법으로 분류된다.

사회과학에서 대부분의 자료 분석은 복잡한 통계분석을 사용하기보다는 빈도, 백분율, 대푯값과 같은 기본적 통계량을 사용해 해결할 수 있다. 따라서 자료 분석에서 단일변량분석은 큰 비중을 차지한다. 단일변량분석의 분류는 [그림 10-1]을 참고하면 되고, 자세한 설명은 이후 분석별로 살펴보도록 하겠다.

2. 다변량통계분석

다변량통계분석(multivariate statistical analysis)은 변수가 두 개 이상인 기법들의 총칭이며, 변수의 수가 두 개인 경우를 이원변량통계분석으로, 세 개 이상인 경우를 다변량통계분석으로 분류하기도 한다. 다변량통계분석은 사회과학 조사에서 이용하는 중요한 분석기법의 대부분을 차지한다.

다시 말해 다변량통계분석은 두 개 이상 변수들 간의 관계를 파악하기 위한 통계기법이다. 변수들 간의 종속관계를 분석할 때 사용되는 다변량통계기법에는 독립변수가 명목측정이고 종속변수가 범주별 응답자 수인 경우에 이용하는 카이 제곱 분석, 독립변수가 명목측정이고 종속변수는 등간측정 또는 비율측정인 경우에 이용하는 분산분석(ANOVA : analysis of variance), 독립변수가 등간측정 또는 비율측정이고 종속변수가 명목측정인 경우에 이용하는 판별분석(discriminant analysis) 또는 로짓 분석(logit analysis), 독립변수와 종속변수가 모두 등간측정 또는 비율측정인 경우에 이용하는 회귀분석(regression analysis)이 있다. 또한 변수들 간의 상호 의존 관계의 분석에 사용되는 다변량통계기법에는 유사한 변수들을 하나의 요인으로 묶음으로써 변수의 수를 줄이는 데 이용하는 요인분석(factor analysis), 유사한 특성을 가진 응답자를 집단으로 묶는 데 이용하는 군집분석(cluster analysis) 등이 있다.

다변량통계분석에서 적절한 기법 선정을 위해 고려해야 할 사항은 다음과 같다. 첫째, 자료 분석을 통해 얻어내려는 결과가 어떠한 것인지 파악해야 한다. 즉 분석을 통해 변수들 간의 종속관계를 파악할 것인지, 변수들 간의 상호 관계를 파악할 것인지를 결정해야 하며, 이에 따라 적절한 기법을 찾아야 한다. 둘째, 각 변수들의 척도의 종류를 고려해야 하며, 다변량종속관계분석의 경우에는 독립변수와 종속변수의 척도를 따로 고려해야 한다.

이러한 요소들을 고려한 다변량분석기법의 분류는 [그림 10-2]를 참고하면 되고, 자세한 설명은 분석별로 이후에 살펴보도록 하겠다.

02 분석의 성격에 의한 분류

1. 종속관계에 관한 분석기법

변수들 간의 관계가 종속적일 경우 변수를 독립변수와 종속변수로 나누어 독립변수의 변화가 어떻게 종속변수의 변화에 영향을 미치는지를 분석해야 한다. 여기에 해당하는 대표적인 분석으로는 분산분석, 회귀분석, 판별분석 등이 있다.

2. 상호 관계에 관한 분석기법

변수들 간의 관계가 어떤 상호작용을 하는지를 파악하는 데 목적이 있는 분석으로, 변수 전체를 이용해 변수들의 상호 관계를 파악하거나 변수를 이용해 대상 집단을 동질성을 가진 집단으로 분류할 때 사용한다. 여기에 해당하는 대표적인 분석으로는 요인분석과 군집분석이 있다.

03 측정의 종류에 의한 분류

1. 모수통계분석

변수가 등간측정이나 비율측정인 경우에 적용되는 분석기법을 모수통계분석(parametric statistical analysis)이라고 한다. 측정에 대한 자세한 설명은 제5장 측정의 수준 편을 참조하기 바란다.

2. 비모수통계분석

변수가 명목측정이나 서열측정인 경우에 적용되는 분석기법을 비모수통계분석(non-parametric statistical analysis)이라고 한다. 모수통계분석과 마찬가지로 측정에 대한 자세한 설명은 제5장 측정의 수준 편을 참조하기 바란다.

04 모집단의 수에 의한 분류

표본추출을 위한 모집단의 수가 몇 개인지에 따라 분석기법은 달라진다. 예를 들어, 실험 집단을 크게 둘로 나누어 통제집단과 실험집단으로 분류하고, 이 두 집단 간의 차이 검정을 위해서는 t-테스트를 실시하게 된다. 그리고 만일 하나의 통제집단과 두 개의 실험집단의 차이 검정을 위해서는 F검정을 이용하게 된다. 이처럼 표본을 추출하는 모집단의 수에 따라 적용되는 분석기법에 차이가 있으므로 분석기법을 선정할 때는 이런 특성을 반드시 고려해야 한다.

05 표본의 독립성에 의한 분류

표본집단이 두 개 이상인 경우에는 분석기법을 선택할 때 이들 표본 간의 관계를 고려해야 한다. 다시 말해서 하나의 표본이 다른 표본으로부터 추출되거나, 두 집단이 일정한 규칙에 의해 상호 관련을 갖는 경우에는 표본 간의 독립성이 결여되어 적용할 수 있는 기법이 달라진다.

이 장의 요약

조사자는 연구의 목적을 효과적으로 달성하고 의미 있는 분석 결과를 얻기 위해서 수집된 자료에 대해 적절한 통계분석기법을 사용해야 한다. 적절하지 못한 통계기법을 사용한 자료 분석은 의사 결정자로 하여금 잘못된 의사 결정을 내리게 할 수도 있다.

통계분석기법들은 분류의 기준에 따라 세분화되는데, 가장 기본적인 기준으로 분석상 고려되는 변수의 수가 한 개냐 두 개 이상이냐에 따라 단일변량통계분석과 다변량통계분석으로 나눌 수 있다. 또한 변수들 상호간의 관계에 따라 종속관계에 관한 기법과 상호관계에 따른 기법으로 나눌 수 있고, 변수들의 측정 종류가 어떤 것인지에 따라 모수통계분석과 비모수통계분석으로 나눌 수 있다. 마지막으로 표본을 추출하는 집단의 수가 몇 개냐에 따라서도 분석기법상에 차이가 있으며, 표본이 두 개 이상인 경우에는 표본 간의 독립성 유지 여부에 따라서도 사용될 분석기법이 달라지게 된다.

따라서 조사 담당자는 연구 목적과 수집된 자료에 대해 어떤 통계기법이 적절한지, 각 통계기법의 한계점은 무엇인지에 대한 정확한 지식을 습득한 후 분석을 실시해야 한다.

주요용어

단일변량분석, 다변량분석, 이원변량분석, 모수통계, 비모수통계, 독립변수, 종속변수

참고문헌

Babbie, E. (2001), *The Practice of Social Research*, 9th ed., Wadsworth.

Chava, F. N. and N. David (2000), *Research Method in the Social Sciences*, 6th ed., Worth Publishers.

Singleton, R. A., Jr. and B. C. Straits (1999), *Approaches to Social Research*, 3rd ed., Oxford University Press.

Zikmund, W. G. (2000), *Exploring Marketing Research*, 7th ed., The Dryden Press.

연습문제

1. 통계분석기법의 분류 기준에 대해서 설명하시오.
2. 단일변량통계분석과 다변량통계분석의 차이점에 대해서 설명하시오.
3. 종속관계분석기법과 상호관계분석기법의 차이점에 대해서 설명하시오.

제 11 장

기초통계분석

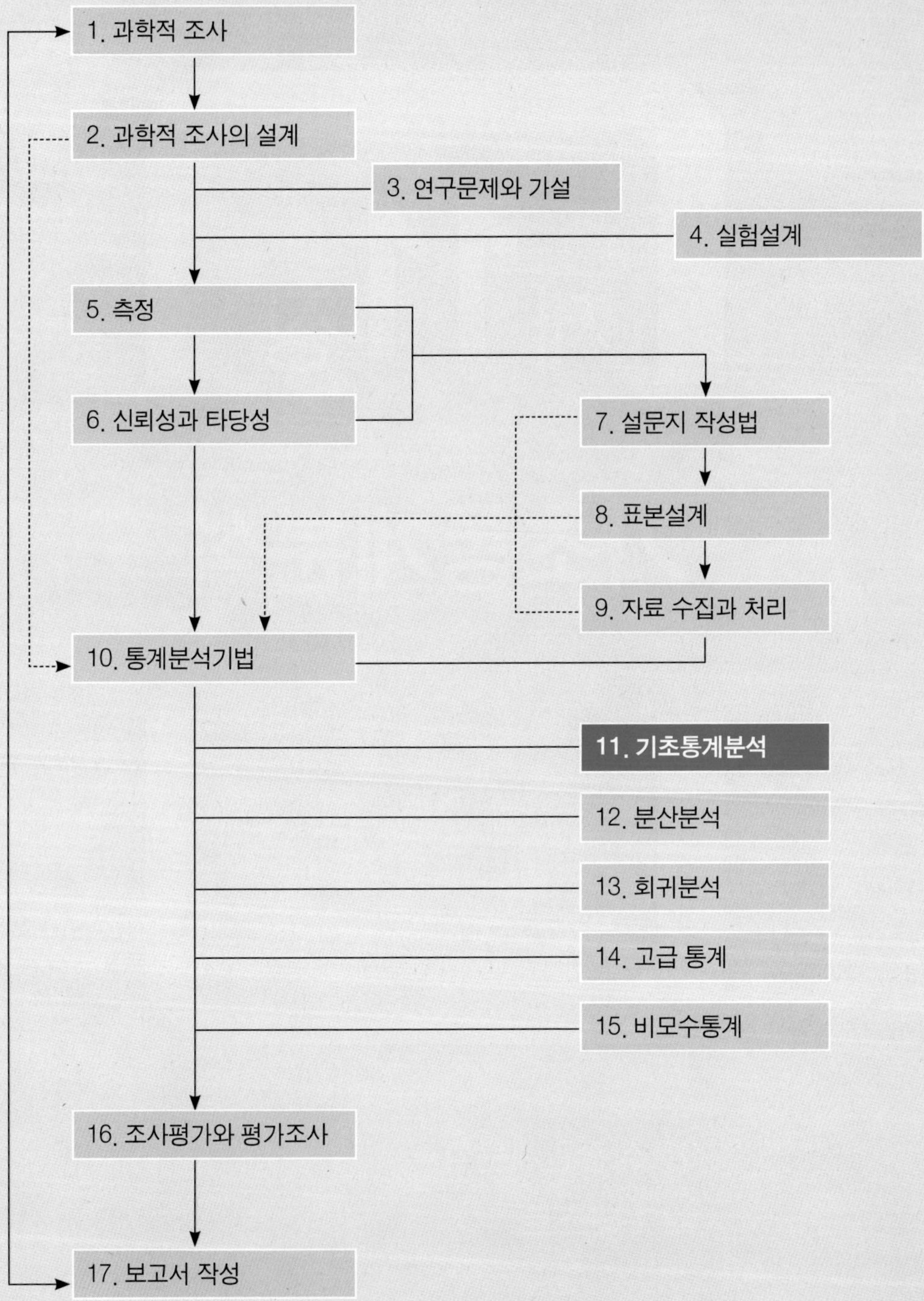

1. 과학적 조사
2. 과학적 조사의 설계
3. 연구문제와 가설
4. 실험설계
5. 측정
6. 신뢰성과 타당성
7. 설문지 작성법
8. 표본설계
9. 자료 수집과 처리
10. 통계분석기법
11. 기초통계분석
12. 분산분석
13. 회귀분석
14. 고급 통계
15. 비모수통계
16. 조사평가와 평가조사
17. 보고서 작성

01 상관관계분석

1. 상관관계분석의 의의

(1) 사용 목적

상관관계분석(correlation analysis)은 연구하고자 하는 변수들 간의 관련성을 분석하기 위해서 사용된다. 즉 하나의 변수가 다른 변수와 관련성이 있는지 없는지와, 관련성이 있다면 어느 정도의 관련성이 있는지를 알아보고자 할 때 사용하는 분석 방법이다. 예를 들어, 소득액과 지출액 사이에 관련성이 있는지 없는지와 관련성이 있다면 어느 정도 강한지를 분석하고자 할 때 사용할 수 있다.

(2) 기본 원리

변수들 간 관련성의 정도는 특정 변수(소득액)의 분산 중에서 다른 변수(지출액)와 같이 변화하는 분산(공분산)이 어느 정도 되는지에 따라 좌우된다.

[그림 11-1]에서 보듯이 X와 Y의 분산을 각각 원으로 표시하면 X와 Y가 공유하는 부분, 즉 원이 중복되는 부분이 공분산이 된다. 따라서 공통으로 변하는 부분이 적으면 두 변수의 관계가 약하고 상관관계가 낮다고 할 수 있다.

반대로 공통 부분이 크면 같은 논리로 상관관계가 높나고 할 수 있다. 따라서 공통 부분이 하나도 없으면 상관관계는 0이고, 두 원이 완전히 일치하면 상관관계는 1이 된다. 상관관계의 강도를 나타내는 것이 상관계수이고, 상관계수의 제곱을 결정계수라고 하며, 이 결정계수는 설명력을 의미한다. (B)의 경우는 상관계수가 0.6이며 결정계수, 즉 X(소득액)가 Y(지출액)의 변화(분산)를 설명해주는 정도는 0.36($0.6 \times 0.6 = 0.36$)이 된다.

두 변수의 관계를 산포도로 설명하면 [그림 11-2]와 같다. 그림에서 볼 수 있듯이 (A)의 경우에는 두 변수가 완전한 상관관계를 보여준다. 이때 두 변수 간의 상관계수는 +1이다. (B)의 경우도 완전한 상관관계를 보이지만 변화하는 방향이 반대로 되어 있어 상관계수는 -1이 된다. (C)와 (D)는 완전한 상관관계를 보이지는 않지만 X가 변화함에

【그림 11-1】

공분산과 상관계수의 관계

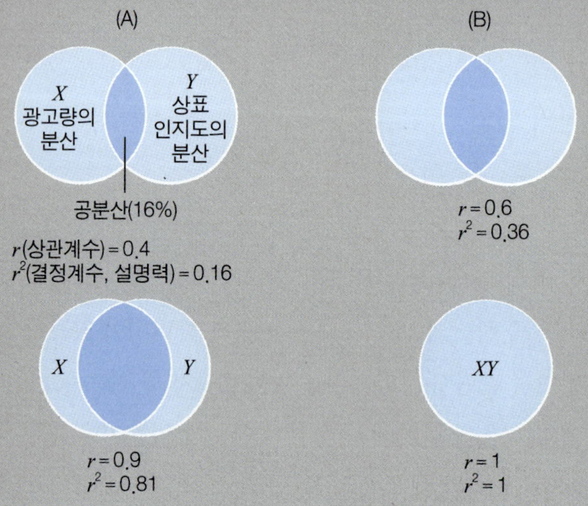

【그림 11-2】

상관관계의 종류

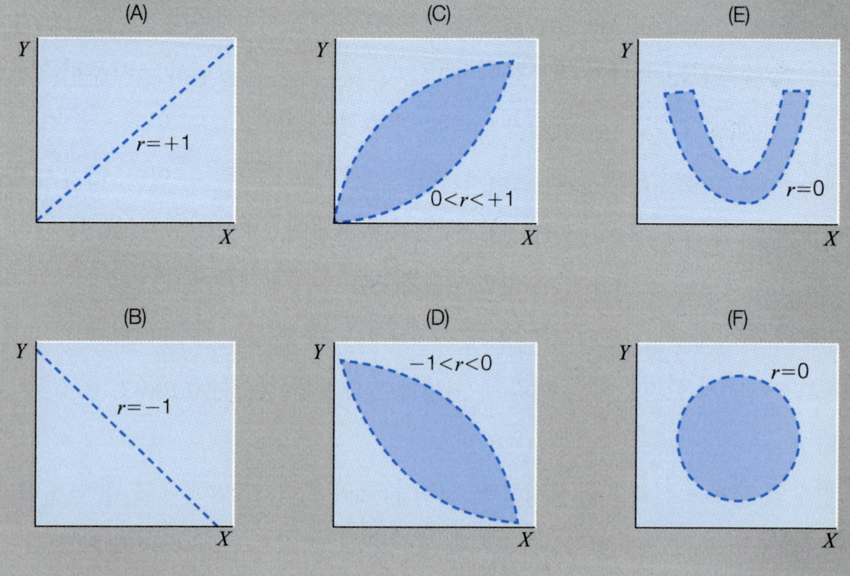

따라 Y가 어느 정도 관련성을 갖고 변화함을 보이고 있다. (E)와 (F)의 경우 상관계수가 0으로, X와 Y 간에는 상관관계가 없다고 할 수 있다. 하지만 (E)의 경우 상관계수는 0이지만, X가 일정 값에 도달할 때까지는 Y가 감소하다가 일정 값을 넘어서면 Y가 증가하는 형태로 X와 Y 간에 상관관계가 전혀 없다고 하기에는 무리가 있다. 상관계수의 절댓값이 0.2 이하이면 상관관계가 없거나 무시해도 좋은 수준이며, 0.4 정도면 약한 상관관계, 0.6 이상이면 강한 상관관계라고 볼 수 있다.

(3) 상관관계의 종류

상관계수는 두 변수 간의 상관관계를 나타내는 단순상관계수(simple correlation coefficient)와 두 변수 이상의 변수 간 상관관계를 나타내는 다중상관계수(multiple correlation coefficient), 다른 변수들의 상관관계를 통제하고(다른 변수들과 같이 변화하는 부분은 제외하고) 순수하게 두 변수 간의 상관관계를 나타내는 부분상관계수(partial correlation coefficient)가 있다. 이들의 관계는 [그림 11-3]에 나타나 있다.

단순상관관계는 X와 Y 간의 상관관계이며, 이는 SPSS WIN의 상관관계분석에 의해 산출될 수 있고, 다중상관계수와 부분상관계수는 회귀분석에 의해 산출된다.

【그림 11-3】

상관계수의 종류

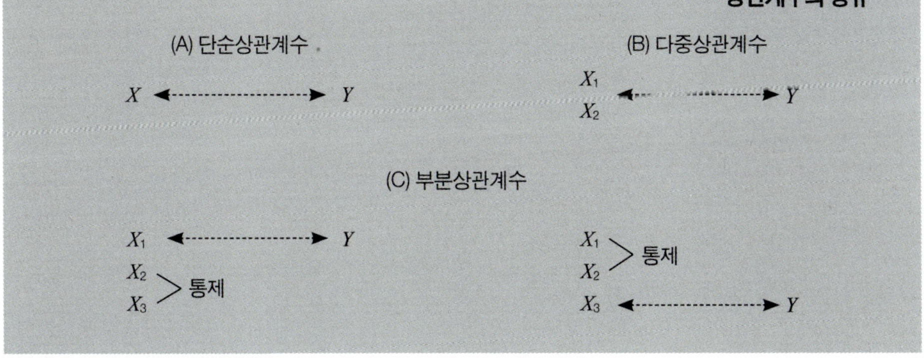

2. 기본 모형

두 개의 확률변수 사이의 상호 관계를 나타내는 측정치 중의 하나로 공분산을 들 수 있다. 공분산이란 확률변수 X의 증감에 따른 확률변수 Y의 증감에 대한 척도로서 ($X-$

$\overline{X}$) $(Y-\overline{Y})$의 기댓값을 X와 Y의 공분산(covariance)이라 하고, 기호로는 $Cov(X, Y)$로 나타낸다. 그러나 공분산의 값은 X와 Y의 단위가 커지면 같이 커지는 경향이 있으므로 단순히 공분산의 값으로만 두 변수 사이의 관계성을 알기는 어렵다.

따라서 측정단위나 대상에 관계없이 두 변수 사이의 선형관계의 강도를 나타내줄 수 있는 지표를 구하기 위해 두 변수 사이의 공분산을 표준화하는 것이 필요하다. 표준화를 하려면 공분산을 각 확률변수의 표준편차의 곱으로 나누어주면 되는데, 이를 변수 X와 Y의 모집단상관계수(population correlation coefficient)라 하고 기호로는 ρ(rho)라고 표시한다.

$$\rho=\frac{Cov(X, Y)}{\sigma_X\sigma_Y}$$

$Cov(X, Y)$: 변수 X와 Y의 모집단 공분산

σ_X : 변수 X의 모집단 표준편차

σ_Y : 변수 Y의 모집단 표준편차

모든 추정 문제와 동일하게 모집단의 상관계수 ρ 역시 표본을 통해 추정한다. 이 경우에 표본통계량을 표본상관계수라 하고 r(sample correlation coefficient)로 표시한다. 우리가 사용하는 상관계수는 일반적으로 표본상관계수인 r이다. 상관계수의 계산 방법을 보면 다음과 같다.

$$r=\frac{S_{XY}}{S_XS_Y}$$

S_{XY} : 변수 X와 Y의 표본공분산

S_X : 변수 X의 표본 표준편차

S_Y : 변수 Y의 표본 표준편차

이때 상관계수 r는 변수 X와 Y 사이의 선형관계를 나타내는 지표로서, 상관계수는 $-1<r<1$ 사이의 값을 갖게 되고 (−) 값은 역의 상관관계를, (+) 값은 양의 상관관계를 의미하며, r값이 0에 가까울수록 상관관계가 약한 것을 의미하고 (±)에 가까울수록 강한 상관관계를 의미한다.

결정계수인 r^2은 상관계수를 제곱한 값으로서 두 변수의 분산을 설명해주는 정도를 나타낸다. 따라서 두 개의 변수를 독립변수와 종속변수로 처리(treat)하게 되면 회귀분석에서의 결정계수인 r^2과 동일하다.

3. 계산 절차

상관관계분석의 원리를 파악하기 위해 소비자의 연령에 따른 청량음료 소비량에 관한 예를 들어보자.

예 청량음료 생산 업체인 성북음료는 신제품을 개발하고 효과적인 마케팅 전략을 세우기 위해 소비자의 연령에 따른 청량음료 소비량을 조사해 다음과 같은 결과를 얻었다. 성북음료의 마케팅 조사자는 연령과 청량음료 소비량 사이에 관계가 있는지, 또 있다면 얼마나 강한 관계를 형성하고 있는지를 파악하고자 한다.

(단위: 온스)

소비자	연령 (X)	청량음료 주간 소비량 (Y)	$X-\overline{X}$	$(X-\overline{X})^2$	$Y-\overline{Y}$	$(Y-\overline{Y})^2$	$(X-\overline{X})(Y-\overline{Y})$
1	40	84	2	4	18	324	36
2	20	120	−18	324	54	2,916	−972
3	60	24	22	484	−42	1,764	−924
4	50	36	12	144	−30	900	−360
5	45	72	7	49	6	36	42
6	30	84	−8	64	18	324	−144
7	25	96	−13	169	30	900	−390
8	35	48	−3	9	−18	324	54
9	30	60	−8	64	−6	36	48
10	45	36	7	49	−30	900	−210
합계	380	660	0	1,360	0	8,424	−2,820

상관계수를 구하기 위해서는 다음과 같은 계산 절차가 필요하다. 두 변수의 상관계수를 구하는 공식에 소비자의 연령과 청량음료 소비량을 대입하면 다음과 같은 결과를 얻는다.

$$r=\frac{S_{XY}}{S_X S_Y}$$

$$r=\frac{\Sigma(X-\overline{X})(Y-\overline{Y})}{\Sigma(X-\overline{X})^2\Sigma(Y-\overline{Y})^2}$$

$$r=\frac{-2,820}{(1,360)(8,424)}$$

$$r=-0.833$$

계산 결과 두 변수 사이의 상관계수는 −0.833으로 나왔다. 이 상관계수의 의미는 소비자의 연령과 청량음료 소비량과는 강한 역의 상관관계가 있다는 것을 의미한다. 즉 소비자의 연령이 높을수록 청량음료 소비량이 적고, 연령이 낮을수록 청량음료 소비량이 많다는 사실을 말해준다.

성북음료는 이러한 상관관계분석을 바탕으로 하여 청량음료의 주 소비 대상이 청소년층임을 확인하고 청소년을 주요 대상으로 한 효과적인 마케팅 전략을 세울 수 있을 것이다.

4. 상관관계분석의 사례

예를 들어, 오성 카드 회사는 카드 수와 외식 빈도 사이에 관계가 있는지, 있다면 어느 정도의 관련성이 있는지 알아보고자 다음의 자료를 이용해 상관관계분석을 실시했다.

	외식 빈도	소유한 카드 수
1	4	2
2	6	2
3	6	4
4	7	4
5	8	5
6	7	5
7	8	6
8	10	6
9	4	2
10	6	2

[표 11-1]의 결과를 살펴보면 외식 빈도와 소유한 카드 수 사이의 상관계수는 0.867로 나타났고, 유의도는 0.001로서 통계적으로 유의함을 알 수 있다. 따라서 외식 빈도와 카드 수 사이에는 강한 양의 상관관계가 존재한다고 결론을 내릴 수 있다. 그러나 상관관계분석만으로는 외식을 많이 하기 때문에 카드 수가 많아지는 것인지, 카드 수가 많기 때문에 외식을 많이 하게 되는 것인지의 인과관계를 추론하는 것은 불가능하다.

【표 11-1】 상관관계분석 결과

		외식 빈도	카드 수
외식 빈도	Pearson Correlation	1	0.867**
	Sig. (2-tailed)		0.001
	N	10	10
카드 수	Pearson Correlation	0.867**	1
	Sig. (2-tailed)	0.001	
	N	10	10

**Correlation is significant at the 0.01 level(2-tailed).

02 t-테스트

1. t-테스트의 의의

통계학에서 사용되는 두 집단의 평균을 비교하는 분석 방법에는 Z-테스트와 t-테스트가 있다. 이 두 분석 방법은 표본크기와 모집단의 분산을 알 수 있는지 없는지에 따라 [표 11-2]와 같이 각각 사용된다. [표 11-2]에는 표본크기와 모집단의 분산을 알 수 있는지 없는지에 따라 적용할 수 있는 분석 방법과 사용되는 공식이 요약되어 있다.

Z-테스트의 경우는 모집단의 분산을 알고 있는 경우에 사용한다. 그러나 모집단의 분산을 알고 있는 경우는 극히 적고 보통은 알 수 없는 경우가 일반적이다. 모집단의 분산을 알 수 없는 경우에는 t-테스트를 사용해야 한다. 그러나 표본의 크기가 30개를 초과하면 중심극한정리에 따라 정규분포를 가정할 수 있으므로 Z-테스트를 사용할 수도 있고, 이 경우 Z-테스트로는 t-테스트와 거의 동일한 결과가 나온다. 표본의 크기가 30개 이하일 경우에는 정규분포를 가정할 수 없으므로 t-테스트를 사용해야만 한다.

【표 11-2】 두 집단 비교분석방법

모집단 표준편차	표본크기(n)	
	$n \leq 30$	$n > 30$
알 수 있을 때	Z-테스트 $Z=\dfrac{(\bar{x}_1-\bar{x}_2)-(\mu_1-\mu_2)}{\sqrt{\dfrac{\sigma_1^2}{n_1}+\dfrac{\sigma_2^2}{n_2}}}$	Z-테스트 $Z=\dfrac{(\bar{x}_1-\bar{x}_2)-(\mu_1-\mu_2)}{\sqrt{\dfrac{\sigma_1^2}{n_1}+\dfrac{\sigma_2^2}{n_2}}}$
알 수 없을 때	t-테스트 $t=\dfrac{(\bar{x}_1-\bar{x}_2)-(\mu_1-\mu_2)}{\sqrt{S^2\left(\dfrac{1}{n_1}+\dfrac{1}{n_2}\right)}}$ where $S^2=\dfrac{\Sigma_{i=1}^{n_1}(x_1-\bar{x}_1)^2+\Sigma_{i=1}^{n_2}(x_2-\bar{x}_2)^2}{n_1+n_2-2}$	Z-테스트 $Z=\dfrac{(\bar{x}_1-\bar{x}_2)-(\mu_1-\mu_2)}{\sqrt{S^2\left(\dfrac{1}{n_1}+\dfrac{1}{n_2}\right)}}$ where $S^2=\dfrac{\Sigma_{i=1}^{n_1}(x_1-\bar{x}_1)^2+\Sigma_{i=1}^{n_2}(x_2-\bar{x}_2)^2}{n_1+n_2-2}$

사회조사에서는 t-테스트를 사용하는 것이 일반적인데, 이는 모집단의 분산을 알고 있는 경우가 거의 없고 표본의 크기에 관계없이 t-테스트를 사용할 수 있기 때문이다. 따라서 여기서는 두 집단의 평균을 비교하는 분석 방법을 t-테스트로 한정해 설명하려고 한다.

t-테스트는 독립된 두 개의 표본평균 간의 차이를 검증하는 분석 방법이다. 즉 두 집단 간의 평균이 통계적으로 유의한 차이를 보이는지 아닌지를 검정할 때 사용하는 분석 방법이다. 예를 들어, 남학생과 여학생 간의 수학 성적 차이를 알아보거나, 도시와 농촌 지역 학생들의 대학수학능력평가 성적 차이를 알아보기 위해 사용할 수 있다. 또한 기업이 신제품 A를 개발했을 때 도시와 농촌 간의 신제품 인지도 차이를 알아보고자 할 때도 사용할 수 있다.

t-테스트는 동일한 표본에서 두 변수의 평균값을 비교할 때도 사용할 수 있는데, 이때 사용되는 방법이 대응표본 t-테스트(Paired t-test)다. 예를 들면, 도시 지역 소비자들의 A브랜드와 B브랜드의 선호도 차이를 알아볼 때 사용할 수 있다. 그러나 비교집단이 세 개 이상이 되면 t-테스트를 사용할 수 없고 분산분석을 사용해야 한다.

2. 독립표본 t-테스트

(1) 독립된 두 집단의 t-테스트 계산

t-테스트의 기본 원리는 각 표본의 분산과 두 표본을 합산한 전체 집단의 분산을 이용해 두 집단 간의 평균이 통계적으로 유의한 차이가 있는지를 검정하는 것이다.

두 집단의 분산이 동일할 때와 동일하지 않을 때의 공식은 각각 다음과 같다.

* 공식-1(두 모집단의 분산이 다를 때) :

$$t=\frac{\overline{X}_1-\overline{X}_2}{\sqrt{\dfrac{S_1^2}{n_1}+\dfrac{S_2^2}{n_2}}} \qquad S_i^2=\frac{\Sigma(X_i-\overline{X}_i)^2}{n_i-1}$$

* 공식-2(두 모집단의 분산이 동일할 때) :

$$t=\frac{\overline{X}_1-\overline{X}_2}{\sqrt{\frac{S_p^2}{n_1}+\frac{S_p^2}{n_2}}} \qquad S_p^2=\frac{(n_1-1)S_1^2+(n_2-1)S_2^2}{n_1+n_2-1}$$

n_1 : 집단 1의 표본수 S_1^2 : 집단 1의 표본분산

n_2 : 집단 2의 표본수 S_2^2 : 집단 2의 표본분산

여기서는 두 집단의 분산이 동일하다는 가정하에 다음의 예를 계산하기로 한다.

예 K회사는 신제품을 출시하면서 대대적인 광고 캠페인을 벌였다. 어느 정도 시간이 경과한 후 성별에 따른 차별적인 광고 전략을 세우기 위해 성별에 따라 매출액에 차이가 있는지 없는지를 알아보고자 한다.

(단위: 만 원)

	남성	여성
1	75	51
2	87	70
3	83	37
4	45	62
5	95	90
6	89	72
7	74	45
8	110	78
9	75	45
10	84	76
평균	81.7	62.6

광고 캠페인 후 성별에 따른 매출액의 차이를 검정하기 위해 다음과 같은 가설을 세운다.

H_0 : 광고 캠페인 후 남성과 여성의 매출액은 동일하다.

H_a : 광고 캠페인 후 남성과 여성의 매출액은 동일하지 않다.

두 집단의 모분산이 동일할 때 앞의 공식-2를 사용하게 된다.

공식-2를 이용해 계산하면 다음과 같다.

$$S_1^2 = 284.6779$$

$$S_2^2 = 302.2660$$

$$S_p^2 = \frac{(10-1)\times 284.6779 + (10-1)\times 302.266}{10+10-2} = 293.4720$$

$$t = \frac{81.7-62.6}{\sqrt{\frac{293.4720}{10} + \frac{293.4720}{10}}}$$

$$= 2.49$$

이때 자유도 18인 t-분포에서 유의수준 5%의 양측 검정 기각역은 $t>2.101$ 혹은 $t<-2.101$이다. 따라서 $t=2.49$는 임계치인 2.11보다 크므로 귀무가설은 기각되고 광고 캠페인 후 여성과 남성의 매출액에 차이가 있다는 결론을 얻을 수 있다.

(2) SPSS WIN을 이용한 독립된 두 집단의 t-테스트

t-테스트는 직접 계산할 수 있지만 통계 패키지를 이용하면 보다 쉽게 결과를 얻을 수 있다. 앞에서 제시한 예를 SPSS WIN을 사용해 t-테스트를 실시하기로 해보자.

t-테스트는 두 집단의 분산이 동일하다는 가정을 검정해야 하는데, 분산의 동질성 여부는 F값을 이용한다. [표 11-4]를 보면 F값이 0.458, $p(=0.507)>0.05$이므로 두 분산이 동일하다는 것을 알 수 있다.

본 예에서는 두 분산이 동일하므로 등분산 가정(Equal variances assumed) 값을 사용하지만 만약 $p<0.05$이어서 등분산이 가정되지 않은 상황이라면 등분산이 가정되지

【표 11-3】 독립된 두 집단의 t-테스트 분석 결과

(단위: 만 원)

	성별	N	Mean	Std. Deviation	Std. Error Mean
매출액	남자	10	81.7000	16.87240	5.33552
	여자	10	62.6000	17.38582	5.49788

【표 11-4】 독립표본 테스트

		Levene's Test for Equality of Variance		t-test for Equality of Means						
		F	Sig.	t	df	sig. (2-tailed)	Mean (Difference)	Std. Error (Difference)	95% Confidence interval of the Difference	
									Lower	Upper
매출액	등분산 가정 값	0.458	0.507	2.493	18	0.023	19.10000	7.66123	3.00435	35.19565
	등분산이 가정되지 않은 값			2.493	17.984	0.023	19.10000	7.66123	3.00332	35.19668

않은(Equal variances not assumed) 값을 사용하게 된다. [표 11-3]을 보면 남성과 여성의 평균 매출액은 각각 81.7만 원과 62.6만 원으로 나타났고 p-value(0.023)<0.05이므로 광고 캠페인 후 남녀의 매출액에 차이가 있다는 결론을 얻을 수 있다. 그리고 매출액이 더 높은 남성을 대상으로 광고 캠페인을 실시하는 것이 효과적이라고 할 수 있다.

3. 동일표본 t-테스트

(1) 동일표본 t-테스트의 계산

동일한 표본에서의 t-테스트는 두 집단의 평균을 비교하는 것보다 동일한 집단에서 두 변수 간의 평균을 구하는 데 관심을 둔다. 다음의 예를 이용해 동일한 표본집단들의 평균 차이에 대한 가설 검정을 설명하기로 한다.

동일표본의 평균 차이 검정에는 다음의 공식이 사용된다.

$$t = \frac{\bar{d} - d_0}{S_d / \sqrt{n}}$$

$\bar{d}$: 각 표본요소 값들의 차이의 평균값

d_0 : 귀무가설로 설정된 차이의 평균값

S_d : 표본요소들의 차이값들의 표준편차

예 한 입시학원에서 새로운 교육 프로그램을 개발했다. 학원 관계자는 새로운 교육 프로그램이 학생들의 학업 성적을 향상시키는 데 성과를 거둘 수 있을 것인지 알아보기 위해 이 교육 프로그램을 실시하기 전과 실시한 후의 학생들의 학업 성적을 비교해보았다.

	실시 전 점수	실시 후 점수	실시 후 점수와 실시 전 점수의 차이	
1	68	70	2	
2	62	62	0	
3	50	54	4	
4	75	82	7	
5	76	75	−1	
6	57	64	7	
7	60	58	−2	
8	53	57	4	
9	74	80	6	
10	60	63	3	
			평균:	3
			표준편차:	3.231786572

새로운 교육 프로그램의 효과를 알아보기 위해 다음과 같은 가설을 세운다.

H_0 : 새로운 교육 프로그램의 실시 전과 후의 학생들의 점수는 동일하다.
H_a : 새로운 교육 프로그램의 실시 전과 후의 학생들의 점수는 동일하지 않다.

따라서 앞의 공식을 이용해 계산해보면 다음과 같다.

$$t=\frac{\bar{d}-d_0}{S_d/\sqrt{n}}=\frac{3-0}{3.23/\sqrt{10}}=2.94$$

(2) SPSS WIN을 이용한 동일표본 t-테스트

앞의 자료를 이용해 동일표본 t-테스트를 실시한 결과는 [표 11-5]와 같다.

【표 11-5】 동일표본 t-테스트 분석 결과

Paired Samples Statistics

		Mean	N	Std. Deviation	Std. Error Mean
Pair 1	실시 전	63.5000	10	9.31248	2.94486
	실시 후	66.5000	10	9.80079	3.09928

Paired Samples Test

	Paired Differences					t	df	sig. (2-tailed)
	Mean	Std. Deviation	Std. Error Mean	95% Confidence Interval of the Difference				
				Lower	Upper			
Pair 1 실시 전-실시 후	−3.00000	3.23179	1.02198	−5.31188	−0.68812	−2.935	9	0.017

새로 개발된 교육 프로그램을 실시하기 전과 후의 학생들의 학업 성적 표준편차는 3.23179이며, $p(0.017) < 0.05$로 통계적으로 유의하다는 것을 알 수 있다. 따라서 새로운 교육 프로그램의 실시 전과 실시 후의 학업 성적은 차이가 있다는 결론을 얻을 수 있다. 그리고 그 평균값이 실시 전(63.5)보다 실시 후(66.5)가 더 높아졌으므로 새로운 교육 프로그램이 학업 성적을 향상시킨다고 할 수 있다.

이 장의 요약

상관관계분석은 변수들 간의 관련성을 분석하기 위해서 사용된다. 즉 하나의 변수가 다른 변수와 어느 정도 밀접한 관련성을 갖고 변화하는지를 알아보기 위해 사용된다. 변수들 간 관련성의 정도는 특정 변수의 분산 중에서 다른 변수와 같이 변화하는 분산(공분산)이 어느 정도 되는지에 따라 좌우된다.

두 집단의 평균을 비교하는 분석 방법은 Z-테스트와 t-테스트가 있다. 이 두 분석 방법은 표본크기와 모집단 분산을 알 수 있는지에 따라 다르게 사용되는데, 모집단의 분산을 알 수 없을 때는 t-테스트를 사용한다. 모집단의 분산을 알 수 없는 경우에도 표본크기가 30개를 초과하면 Z-테스트를 사용할 수 있다. 그러나 비교집단이 세 개 이상 되면 t-테스트를 사용할 수 없고 분산분석(ANOVA)을 사용해야 한다.

주요용어

상관계수, 공분산, 결정계수, 다중상관계수, 부분상관계수, t-테스트, Z-테스트

참고문헌

Cooper, Donald R. and Pamela S. Schindler (2001), *Business Research Methods*, McGraw-Hill, Inc.

Dodge, H. R., Fullerton, S., Rink D. (1982), *Marketing Research*, Prentice-Hall, Inc., 1982.

Harper, W. Boyd, Ralph Westfall and Stanley F. Stasch (1981), *Marketing Research*, Irwin, Inc.

Kinner, T. C., and J. R. Taylor, (1991), *Marketing Research*, McGraw-Hill, Inc.

Mason, R. D. (1998), *Statistical Techniques in Business and Economics*, Irwin, Inc.

Peterson, R. A. (1992), *Marketing Research*, Business Publications, Inc.

Pfaffenberger, R. C. and Patterson, J. H. (1997), *Statistical Methods*, Irwin, Inc.

연습문제

1. 상관관계와 결정계수의 관계를 비교 설명하시오.
2. 상관관계분석과 회귀분석의 공통점과 차이점을 간략히 설명하시오.
3. t-테스트와 Z-테스트가 각각 어느 경우에 사용되는지 설명하시오.
4. t-테스트와 분산분석의 공통점과 차이점을 설명하시오.
5. 고려자동차의 마케팅 관리자는 영업사원의 근무 연수와 영업사원의 판매량 사이에 어떠한 관계가 있는지를 검증하려고 조사를 실시하여 다음과 같은 결과를 얻었다. 다음의 자료를 분석하고 그 의미를 해석하시오.

(단위: 100만 원)

	근무 연수	연간 판매량		근무 연수	연간 판매량
1	15	78	6	10	120
2	6	54	7	9	91
3	8	88	8	6	77
4	3	34	9	4	48
5	7	21	10	1	87

6. H신문사는 자사의 신문에 대한 선호도가 남성과 여성 사이에 차이가 있는지를 알아보려고 신문의 선호도를 조사한 결과 다음과 같은 결과를 얻었다. 성별에 따른 선호도 차이가 있는지를 검증하고 의미를 해석하시오(선호도는 9점 척도로 측정되었다).

소비자	남성	여성	소비자	남성	여성
1	7	4	6	8	7
2	3	2	7	7	5
3	9	1	8	6	4
4	5	6	9	4	1
5	6	2	10	1	8

제 12 장

분산분석

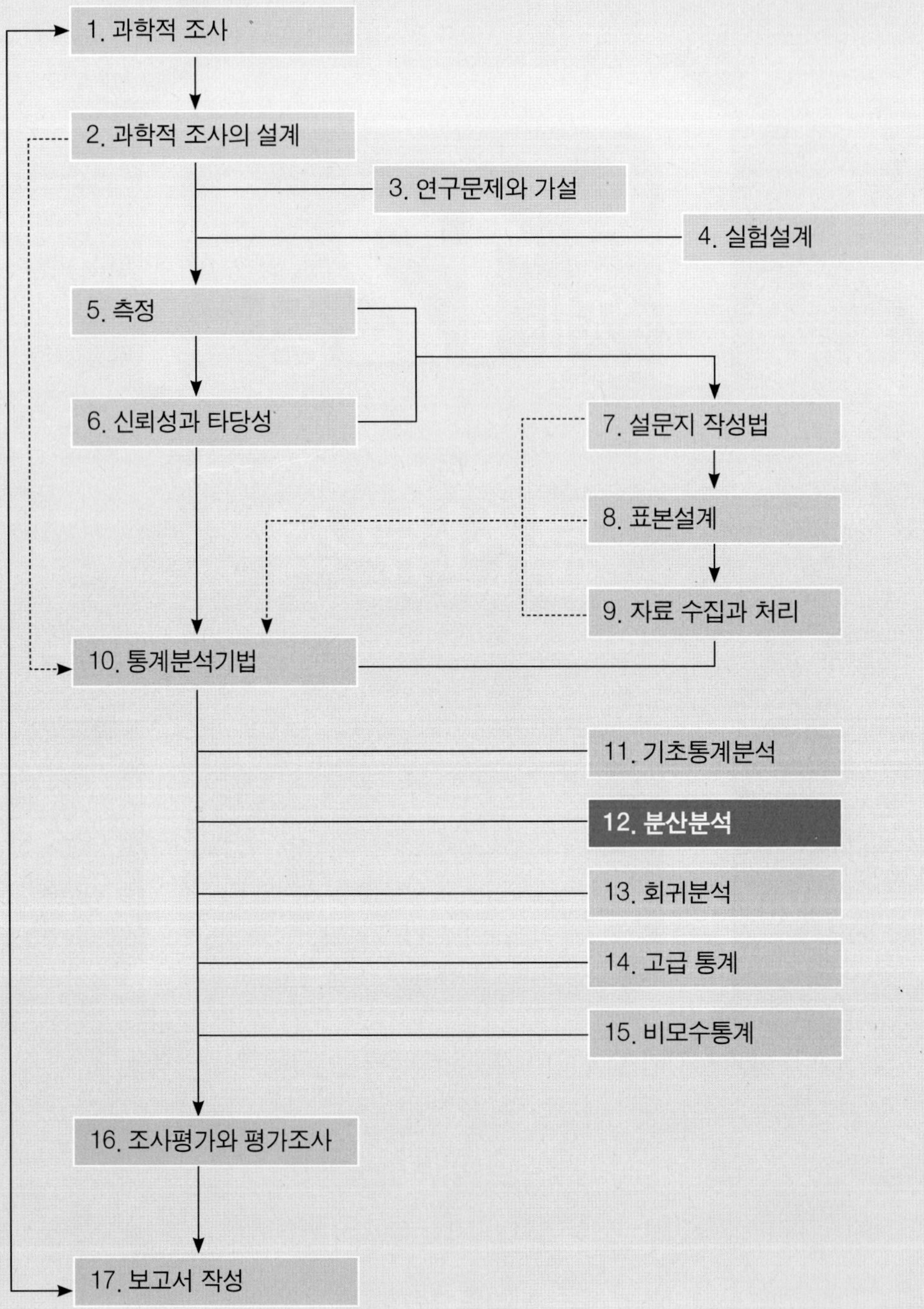
1. 과학적 조사
2. 과학적 조사의 설계
3. 연구문제와 가설
4. 실험설계
5. 측정
6. 신뢰성과 타당성
7. 설문지 작성법
8. 표본설계
9. 자료 수집과 처리
10. 통계분석기법
11. 기초통계분석
12. 분산분석
13. 회귀분석
14. 고급 통계
15. 비모수통계
16. 조사평가와 평가조사
17. 보고서 작성

01 분산분석의 개념

광고에 대한 소비자 반응을 조사하면 소비자마다 선호하는 광고 유형이 다양하게 나타난다. 재미있고 웃음을 주는 광고를 좋아하는 사람이 있는 반면, 감동을 주는 광고를 좋아하는 사람이 있다. 설사 같은 광고라 하더라도 사람들은 서로 다른 반응을 보이는 것이 일반적인 현상이다.

어떤 사람은 TV 광고가 효과적이라고 하는 반면, 어떤 사람은 인터넷 광고의 효과가 크다고 말하고, 또 어떤 사람은 신문 광고의 효과가 더 크다고 말한다. 사회과학 연구자는 이런 여러 현상에 깊은 관심을 갖는데, 분산분석은 여러 사회현상에 대한 집단 간의 반응 차이와 같은 연구에 도움이 되는 정보를 제공해주는 기법이다.

분산분석은 종속변수가 등간측정·비율측정으로, 독립변수가 명목측정으로 측정된 상황에서 독립변수 값에 따른 종속변수 값의 차이 유무를 확인함으로써 독립변수의 종속변수에 대한 영향을 분석하는 방법이라고 할 수 있다. 따라서 분산분석은 소비자 집단의 반응 차이 등을 알아보는 데 유용한 통계적 기법이다.

【그림 12-1】
분산분석의 절차

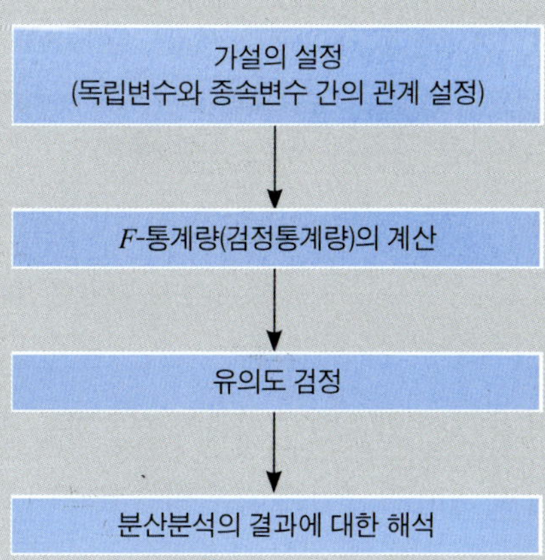

02 분산분석의 기본 원리

분산분석의 기본 원리를 쉽게 이해하는 데 도움을 주기 위해 다음의 예를 들어 설명하기로 한다.

서울 소재 모 영어학원 영어 강사인 하동구는 최근 시중에서 크게 유행하는 세 가지 영어 학습법에 대한 학습효과를 알아보고자 조사를 했다. 하동구가 학생들을 테스트하기 위해 사용한 첫 번째 영어 학습법은 중국의 유명한 영어 강사인 리양이 창안해 중국과 한국에서 선풍적인 인기와 많은 회원을 거느린 '미친 영어'라는 영어 학습법(A)이었고, 두 번째는 귀화한 미국 출신 국제변호사인 로버트 할리가 한국인을 대상으로 보급하는 '세스' 영어 학습법(B)이며, 세 번째는 독일 유학 경험을 바탕으로 독창적인 영어 학습법을 개발해 한국인의 영어 수준 향상에 힘을 쏟고 있는 정찬용 박사의 '영어공부를 하지 마라' 학습법(C)이다.

하동구는 이 세 가지 영어 학습법에 따른 학생들의 영어 학습효과가 어떠한지를 파악하기 위해 영어 학습에 취미를 잃은 30명의 고등학생을 무작위로 열 명씩 세 집단으로 나누어 집단별로 상이한 세 가지 영어 학습법으로 영어를 배우게 하고, 한 달 후 이들의 영어 성적을 비교해 [표 12-1]과 같은 결과를 얻었다. 여기서 무작위로 추출했다는 것은 영어 학습법을 사용하기 전 성적이 동일했다는 조건을 만들기 위한 것을 의미한다.

이 경우 분산분석을 사용하는 목적은 서로 다른 세 가지 영어 학습법의 영어 학습효과를 검정하려는 데 있다. 여기서 영어 학습법은 독립변수가 되고 성적은 종속변수가 된다. 즉 통계적인 방법으로 귀무가설과 대립가설은 다음과 같이 나타낼 수 있다.

H_0 : 세 가지 영어 학습법에 의한 학습효과는 같다.

H_1 : 세 가지 영어 학습법에 따른 학습효과는 같지 않다.

통계학적인 개념으로 이 같은 상황을 살펴보면 귀무가설은 각 집단요소가 하나의 모집단에서 나왔다는 것이고, 대립가설은 각 집단의 요소가 서로 독립적인 모집단에서

【표 12-1】 세 가지 영어 학습법에 의한 성적 비교

집단	A	B	C	합계
1	60	44	43	147
2	56	50	48	154
3	50	34	46	130
4	48	38	30	116
5	54	46	27	127
6	42	32	28	102
7	46	42	36	124
8	64	48	37	149
9	45	30	44	119
10	65	46	41	152
평균	53	41	38	44

집단	(A-A의 평균)^2	(B-B의 평균)^2	(C-C의 평균)^2
1	49	9	25
2	9	81	100
3	9	49	64
4	25	9	64
5	1	25	121
6	121	81	100
7	49	1	4
8	121	49	1
9	64	121	36
10	144	25	9
합계	592	450	524

A집단 내 분산	집단 내 분산
592	
B집단 내 분산	
450	1566
C집단 내 분산	
524	

집단 간 분산
1260

전체 분산
2826

집단	A	B	C	
1	256	0	1	
2	144	36	16	
3	36	100	4	
4	16	36	196	
5	100	4	289	
6	4	144	256	
7	4	4	64	
8	400	16	49	
9	1	196	0	
10	441	4	9	
합계	1402	540	884	2826

나왔다는 것이다. 이러한 가설을 검증하기 위해 각 분산의 특성에 근거해 다음과 같은 전제 조건을 만족시키는지 검토해야 한다.

① 각 집단의 모집단 분포는 서로 독립적이어야 한다.
② 각 모집단은 정규분포를 이루어야 한다.
③ 각 모집단의 표준편차는 동일해야 한다.

통계학에서는 이론적으로 이런 가정이 만족되어야만 분산분석의 수행이 가능하나, 실제로는 F검정에서 두 번째와 세 번째 가정이 위배되어도 의미 있는 결과를 가져오는 것으로 알려져 있다.

1. 분산의 구성

분산분석에서 이용되는 분산에 대한 개념은 다음과 같이 크게 세 가지로 나눠볼 수 있다.

(1) 집단 내 분산

집단 내 분산(within group variation)은 각 집단의 평균치를 중심으로 집단 요소들의 측정치가 얼마나 퍼져 있는지를 나타내는 것이다. 집단 내 분산은 주요 원인이 우연적인 오차에 있기 때문에 SS_E(sum of squares error)라고도 한다.

$$즉\ SS_E=\sum_{i=1}^{m}\sum_{j=1}^{n}(X_{ij}-\overline{X}_{\cdot j})^2$$

여기서

SS_E : 집단 내 분산
X_{ij} : 각 요소 측정치
$\overline{X}_{\cdot j}$: j집단의 평균치

를 의미한다. 앞의 예에서 집단 내 분산은 다음과 같다.

A집단의 집단 내 분산($j=1$)

$\sum_{i=1}^{10}(X_{i1}-\overline{X}_{.1})^2$

$(60-53)^2+(56-53)^2+(50-53)^2+(48-53)^2+(54-53)^2+(42-53)^2+(46-53)^2+$

$(64-53)^2+(45-53)^2+(65-53)^2=592$

B집단의 집단 내 분산($j=2$)

$\sum_{i=1}^{10}(X_{i2}-\overline{X}_{.2})^2$

$(44-41)^2+(50-41)^2+(34-41)^2+(38-41)^2+(46-41)^2+(32-41)^2+(42-41)^2+$

$(48-41)^2+(30-41)^2+(46-41)^2=450$

C집단의 집단 내 분산($j=3$)

$\sum_{i=1}^{10}(X_{i3}-\overline{X}_{.3})^2$

$(43-38)^2+(48-38)^2+(46-38)^2+(30-38)^2+(27-38)^2+(28-38)^2+(36-38)^2+$

$(37-38)^2+(44-38)^2+(41-38)^2=524$

전체 집단 내 분산

$592+450+524=1,566$

(2) 집단 간 분산

집단 간 분산(among group variation)은 각 집단의 평균이 전체 평균에서 얼마나 떨어져 있는지를 나타내는 것이다. 이 분산의 주요 원인은 집단별 실험처리(treatment, 학습 방법이라는 요소)에 있기 때문에 SS_{TR}(sum of squares due to treatment)라고 한다.

$$SS_{TR}=\sum_j n_j(\overline{X}_{.j}-\overline{X})^2$$

여기서

SS_{TR} : 집단 간 분산

n_j : j집단의 요소

$\overline{X}$: 전체 평균

앞의 예에서 집단 간 분산은

$$SS_{TR}=10\{(53-44)^2+(41-44)^2+(38-44)^2\}=1,260\text{이 된다.}$$

(3) 전체분산

전체분산(total variation)은 각 요소의 측정치가 전체 평균에서 얼마나 떨어져 있는지를 나타내는 것이다. 이를 SS_T(total sum of squares)라고 한다.

$$\text{즉 } SS_T=\sum_i \sum_j (X_{ij}-\overline{X})^2$$

여기서 SS_T는 전체분산을 말한다.

앞의 예에서 전체분산은

$$SS_T=(60-44)^2+(56-44)^2+\cdots\cdots+(41-44)^2=2,826\text{이 된다.}$$

전체분산은 집단 내 분산값과 집단 간 분산값을 더해 구할 수도 있다.

즉 $SS_T=SS_{TR}+SS_E=1,260+1,566=2,826$이므로 앞에서 계산한 값과 동일한 결과를 가져온다.

【그림 12-2】

분산의 차이 분석

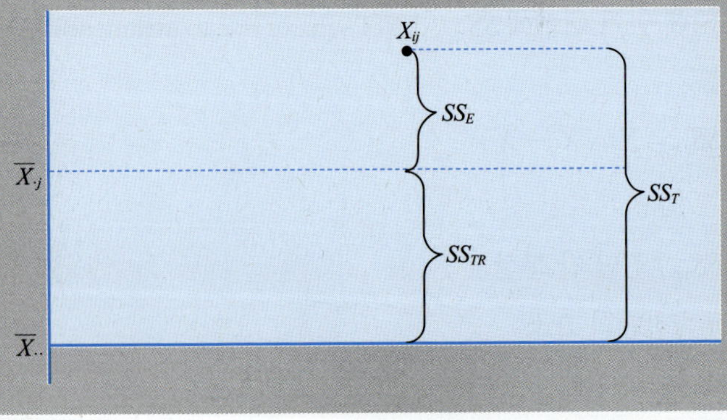

2. F-검정통계량의 계산

분산분석은 전체분산을 이루는 집단 간 분산과 집단 내 분산 중에서 집단 간 분산이 집단 내 분산보다 얼마나 큰지를 판단해 집단 간의 차이를 검정하게 된다. 이를 그림으로 나타내면 [그림 12-2]와 같다.

여기서 집단 내 분산은 무작위오차(random error)에 의한 것으로 볼 수 있으며, 집단 간 분산은 실험처리에 의한 효과로 볼 수 있다. 집단 간의 차이를 분석하기 위해서는 집단 내 분석과 집단 간 분석을 자유도로 나누어서 평균분산(mean square)을 구해야 한다. 자유도는 각 분산을 구하기 위해 사용되는 통계량에 필요한 측정 수를 전체 측정 수에서 뺀 것이 된다.

이 세 가지 분산의 평균분산을 구하기 위한 자유도는 다음과 같다.

SS_T : (집단의 수 × 집단 내 측정치의 수) − 1

SS_{TR} : (집단의 수 − 1)

SS_E : (집단의 수 × 집단 내 측정치의 수) − 집단의 수

따라서 본 예의 경우 전체분산의 자유도는 (3×10)−1=29이고, 집단 간 분산의 자유도는 (3−1)=2이며, 집단 내 분산의 자유도는 (3×10)−3=27이 된다. 각 분산의 평균분산을 자유도로 나누면 다음과 같다.

$$MS_T = \frac{SS_T}{df_T} = \frac{2,826}{29} = 97.44828$$

$$MS_{TR} = \frac{SS_{TR}}{df_{TR}} = \frac{1,260}{2} = 630$$

$$MS_E = \frac{SS_E}{df_E} = \frac{1,566}{27} = 58$$ 이 된다.

$$F = \frac{MS_{TR}}{MS_E} = \frac{630}{58} = 10.86$$

지금까지의 결과를 이용해 분산분석표를 작성하면 [표 12-2]와 같다.

【표 12-2】 F-검정 통계량

분산의 원천	분산	자유도	평균 분산	F비율
집단 간 분산	$SS_{TR}=1,260$	$df_1=2$	$MS_{TR}=\frac{SS_{TR}}{df_1}=630$	$F=\frac{MS_{TR}}{MS_E}=\frac{630}{58}=10.86207$
집단 내 분산	$SS_E=1,566$	$df_2=27$	$MS_E=\frac{SS_E}{df_2}=58$	
전체 분산	$SS_T=2,826$	$df_3=29$	$MS_T=\frac{SS_T}{df_3}=97.44828$	

마지막으로 집단 간에 차이가 있다는 것을 검정하기 위해 집단 간 분산이 집단 내 분산보다 얼마나 큰지를 판단해야 한다.

이때 F검정을 하게 되는데, 이는 집단 간 평균분산을 집단 내 평균분산으로 나눈 값이다. 이 F비율통계량과 부록에 나온 특정 유의수준의 F값을 비교해 F비율통계량이 더 크면 귀무가설이 기각되므로 집단 간에 차이가 있다고 판단하게 되는 것이다.

이때의 F값의 의미는 다음과 같다.

$$F=\frac{\text{집단 간 평균분산}}{\text{집단 내 평균분산}}=\frac{\text{실험처리에 의한 평균분산}}{\text{오차에 의한 평균분산}}$$

지금까지 분석한 결과를 가설 검증의 체계에 따라 정리하면 다음과 같다.

① 가설 설정

H_0 : 세 가지 영어 학습법에 의한 학습효과는 같다.
H_1 : 세 가지 영어 학습법에 따른 학습효과는 같지 않다.

② 유의수준 선택 : 0.01

③ 검정통계량과 그 표본분포

$$F=\frac{MS_{TR}}{MS_E}\sim F(df_1, df_2)$$

④ 기각역의 설정과 검정통계치의 계산

$$F = \frac{630}{58} = 10.86 > 5.49 = F_{0.01}(2, 27)$$

⑤ F비율(10.86)이 임계치(5.49)보다 훨씬 크므로 H_0을 기각한다. 따라서 세 가지 영어 학습법에 따른 학습효과가 모두 같다고 말할 수 없으며, '학습 방법'의 결과로 인해 성적에 차이가 있다고 볼 수 있다.

03 분산분석의 종류

분산분석은 독립변수 및 종속변수 그리고 고려하고 있는 외생변수의 수에 따라 [표 12-3]과 같이 세분화된 디자인으로 나눌 수 있다. 여기서 독립변수는 실험처리변수이며 외생변수는 통제된 변수를 의미한다. 종속변수가 하나이고 독립변수가 하나인 것을 일원분산분석(one-way ANOVA)이라 하고, 독립변수가 두 개인 것을 이원분산분석(two-way ANOVA)이라고 하며, 세 개 이상인 것을 다원분산분석(multi-way ANOVA)이라고 한다. 종속변수가 두 개 이상인 경우는 다변량분산분석(MANOVA : multivariate

【표 12-3】 분산분석의 종류

변수 / 디자인	실험처리변수(독립변수)의 개수	외생변수의 개수	종속변수의 개수
CRD(completely randomized design)	1	0	1
RBD(randomized block design)	1	1	1
LSD(Latin square design)	1	2	1
FD(factorial design)	2개 이상	0	1
ANCOVA(analysis of covariance)	n	1	1
MANOVA(multivariate analysis of variance)	n	m	2 이상

N = 1, 2, ……, m=0, 1, 2, ……

analysis of variance)이라 하고, 그 외 종속변수와 밀접하게 관련 있는 공변량(covariate)을 추가해 독립변수의 효과를 보다 밀접하게 살펴보는 것을 공분산분석이라 한다.

1. 일원분산분석

일원분산분석(one-way ANOVA)이란 하나의 독립변수를 이용해 집단 간의 차이를 파악할 때 쓰는 분산분석으로, CRD(completely randomized design)라고도 한다.

일원분산분석을 쉽게 설명하기 위해 앞의 영어학원의 예를 이용하기로 해보자.

(1) 기본 모형

일원분산분석의 기본 모형 및 가정은 다음과 같다.

$X_{ij}=\mu+\beta_i+e_{ij}$ $\sum_{j=1}^{t}\beta_i=0$ $e_{ij}\sim N(0,\sigma^2)$

μ : 전체 평균

β_i : $\bar{x}_j-\mu$: 실험처리(독립변수)의 효과

e_{ij} : 무작위오차

i : 각 집단 내 측정치 번호

j : 실험처리 번호

(2) 가설의 설정

일원분산분석에서 실험처리효과가 없다는 주장을 검증하기 위해 다음과 같은 가설을 설정한다.

귀무가설 : $H_0 : \beta_j=0\ (\beta_1=\cdots=\beta_n=0)$

대립가설 : $H_1 : \beta_j\neq 0$ (β_j 중 어느 하나는 0이 아니어야 한다.)

(3) SPSS WIN을 이용한 입력 및 출력

분산분석을 위한 컴퓨터 패키지는 많이 있으나 본서에서는 SPSS WIN의 예를 들어 설명하기로 한다. [표 12-1]을 이용해 분산분석을 실행하기로 한다.

(4) SPSS WIN 프로그램 수행 후의 출력 결과

SPSS WIN을 이용한 분산분석 출력 결과 각 집단의 평균값 및 기타 통계량과 분산분석표를 제시해준다. 출력 결과는 [표 12-4]와 같다.

[표 12-4]에서 볼 수 있듯 집단 간(between) 자유도는 2이고, 평균제곱(mean square)은 630.000이며, *F*값은 10.862이고, 유의도는 0.000이다. 그러므로 학습법에 따라 학습효과에 차이가 있다고 할 수 있다.

【표 12-4】 일원분산분석 결과

분산분석

영어 성적

	제곱합	자유도	평균제곱	*F*	유의확률
집단 간	1,260.000	2	630.000	10.862	0.000
집단 내	1,566.000	27	58.000		
합계	2,826.000	29			

2. 다변량분산분석

(1) 다변량분산분석이란

사회과학 연구에서는 하나의 원인이 되는 사건이 여러 현상을 야기하는 경우가 많다. 예를 들어, 앞에서 소개한 영어 학습법은 영어 성적에 영향을 미칠 뿐 아니라 학업에 대한 자신감을 높여서 국어나 수학 성적에도 영향을 줄 수 있다. 이처럼 종속변수가 여러 개일 때 실행하는 분산분석을 다변량분산분석(MANOVA : multivariate analysis of variance)이라고 한다. 앞에서 다룬 분산분석(ANOVA)은 한 개의 계량적 종속변수의 집단 간 차이를 평가하는 단일변량기법(univariate method)이지만, 다변량분산분석은 복수의 관련성 있는 종속변수들의 집단 간 차이를 동시에 평가하는 다변량기법(multivariate method)이다.

다변량분산분석은 종속변수가 여러 개일 경우 특정 유의수준(a)에서 집단 간의 차이를 한꺼번에 검정하는 방법이다. 다변량분산분석도 요인 수에 따라 단일변량분산분석과 마찬가지로 일원다변량분산분석(one-way MANOVA), 이원다변량분산분석(two-way MANOVA) 등으로 나눈다.

다변량분산분석의 절차도 단일변량분산분석의 절차와 동일한데, 다변량분산분석에서 자주 이용되는 가설 검증 방법은 윌크스의 람다(Wilks' lambda)를 이용하는 것으로, 윌크스의 람다가 작은 값을 가지면 집단 간 차이의 유의수준은 높아진다. 다변량분산분석을 사용할 때 윌크스의 람다의 분포가 복잡하므로 이를 F-값으로 변환하고 비교 가능한 통계량을 구해 수행한다.

종속변수가 여러 개일 때 다변량분산분석에서 검정하고자 하는 가설은 다음과 같다.

$$H_0: \begin{Bmatrix} \mu_{11} \\ \mu_{21} \\ \vdots \\ \mu_{p1} \end{Bmatrix} = \begin{Bmatrix} \mu_{12} \\ \mu_{22} \\ \vdots \\ \mu_{p2} \end{Bmatrix} = \cdots = \begin{Bmatrix} \mu_{1k} \\ \mu_{2k} \\ \vdots \\ \mu_{pk} \end{Bmatrix}$$

(여기서, k는 집단 개수이고 p는 변수의 개수임)

H_1 : 종속변수의 평균벡터가 모든 집단에서 동일하지 않다.

(2) SPSS WIN을 이용한 자료 입력

[예] 하동구는 두 가지 영어 학습법 CD의 전국적인 판촉을 계획하고 있는데 가격(price)과 판매 장소(chain)에 따른 영어 학습법 CD의 판매량 차이를 측정하고자 한다. 판매 장소마다 가격이 서로 다르며 2주 동안 판매량을 조사했다(α=0.05에서 검정).

조사 결과인 [표 12-5]를 이용해 다변량분산분석을 설명하기로 한다.

【표 12-5】 상이한 판매 장소와 가격에 따른 판매량

판매 장소	1	1	1	1	1	1	2	2	2	2
가격	1	1	2	2	3	3	1	1	2	2
판매량 1	20	24	26	24	29	29	30	30	36	38
판매량 2	24	21	27	24	26	30	30	35	34	37

* 판매 장소1=수도권, 판매 장소 2=비수도권
* 가격1=10% 할인, 가격 2=15% 할인, 가격 3=20% 할인
* 판매량 1=영어학습 방법 A, 판매량 2=영어학습 방법 B

(3) 다변량분산분석의 검정 결과

다음의 [표 12-6]은 필라이의 트레이스(Pillai's trace), 윌크스의 람다, 호텔링의 트레이스(Hotelling' trace), 로이의 최대근(Roy's greatest root)에 의한 검정 방법을 제시해준다. 다변량분산분석에서 연구자의 목적에 따라 필라이의 트레이스, 윌크스의 람다, 호텔링의 트레이스, 로이의 최대근을 사용한다. 필라이의 트레이스, 윌크스의 람다 값이 작을수록, 호텔링의 트레이스, 로이의 최대근 값이 클수록 F-통계량은 커진다. 그러나 호텔링의 트레이스는 두 집단 간 차이 분석에서 주로 쓰이고 세 집단 간 차이 분석에는 쓰이지 않는다.

여기서 인터셉트(intercept)는 상수를 의미하며, 종속변수를 독립변수를 통한 함수관계로 나타낼 때 필요하다. 여기서는 윌크스의 람다값을 사용한다. 각 판별함수 변량들로 설명되지 않는 분산의 적(績)으로 윌크스의 람다는 다음과 같이 계산된다.

【표 12-6】 다변량분산분석 검정 결과

다변량검정[c]

효과		값	F	가설 자유도	오차 자유도	유의 확률
인터셉트	필라이의 트레이스	.999	1858.217[a]	2.000	4.000	.000
	윌크스의 람다	.001	1858.217[a]	2.000	4.000	.000
	호텔링의 트레이스	929.108	1858.217[a]	2.000	4.000	.000
	로이의 최대 근	929.108	1858.217[a]	2.000	4.000	.000
판매 장소	필라이의 트레이스	.958	45.098[a]	2.000	4.000	.002
	윌크스의 람다	.042	45.098[a]	2.000	4.000	.002
	호텔링의 트레이스	22.549	45.098[a]	2.000	4.000	.002
	로이의 최대 근	22.549	45.098[a]	2.000	4.000	.002
가격	필라이의 트레이스	.906	2.070	4.000	10.000	.160
	윌크스의 람다	.102	4.250[a]	4.000	8.000	.039
	호텔링의 트레이스	8.685	6.513	4.000	6.000	.023
	로이의 최대 근	8.675	21.689[b]	2.000	5.000	.003
판매 장소 ×가격	필라이의 트레이스	.400	1.333[a]	2.000	4.000	.360
	윌크스의 람다	.600	1.333[a]	2.000	4.000	.360
	호텔링의 트레이스	.667	1.333[a]	2.000	4.000	.360
	로이의 최대 근	.667	1.333[a]	2.000	4.000	.360

a. 정확한 통계량
b. 해당 유의수준에서 하한값을 발생하는 통계량은 F에서 상한값이다.
c. 계획 : 인터셉트+판매 장소+가격+판매 장소×가격

$$A = \frac{\text{집단 내 분산}}{\text{총분산}}$$

만일 윌크스의 람다값이 작으면 귀무가설을 기각하고 대립가설을 채택한다. [표 12-6]에서 판매 장소의 윌크스의 람다값은 0.042이며, 이것을 F값으로 환산하면 45.098이 된다. 이때 유의확률이 0.002이므로 판매 장소에 따라 판매량의 차이가 있으며, 가격에 따라서도 차이가 있음을 알 수 있다(p-value(0.039) < 0.05). 그러나 판매장소와 가격의 상호작용효과를 알아보기 위해 윌크스의 람다의 유의확률을 살펴보면, 유의확률(0.360) > 0.05이므로 판매 장소와 가격의 상호작용효과는 없다고 말할 수 있다.

04 분산분석 시 주의점

1. 실험집단의 선정 방법

실험집단의 선정 방법은 독립변수에 의한 실험요소의 수 선정과 관련된 문제를 말하는 것으로, 분석 결과의 일반화 가능성에 의해 고정효과모형(fixed effect model)과 무작위효과모형(random effect model)으로 나눌 수 있다.

(1) 고정효과모형

실험집단을 선정할 때 연구자가 관심 있는 실험집단만을 대상으로 하는 경우다. 그렇기 때문에 분석 결과를 다른 실험집단으로 확대 적용하기에는 부적절하다. 예를 들어, 하동구는 A지역에서 판매 중인 영어 학습법 CD 가격을 40% 할인해 그 대상 지역에서 세 가지 영어 학습법 CD의 매출액이 급증했다. 그러나 이들 매출액에 대한 분산분석을 통해 실행한 유의 차이 검증 결과를 다른 지역에 적용해서는 안 된다.

(2) 무작위효과모형

무작위효과모형은 연구자가 관심 있는 실험집단을 선정하는 고정효과모형과 달리 연구자가 실험집단 선정을 무작위로 하는 것이다. 즉 연구자가 모집단으로부터 실험집단을 임의로 표본추출 했다면 무작위효과모형이 된다. 연구 대상이 되는 실험집단이 대규모 모집단으로부터 무작위로 추출되었기 때문에 고정효과모형과 달리 실험 결과를 일반화할 수 있다. 영어 학습법 판촉의 예를 들면, 전국 각 지역의 매출액이 지역마다 차이가 있는지를 알아보기 위해 각 지역 모두를 대상으로 분산분석을 할 수도 있으나 시간과 비용이 많이 들기 때문에 각 지역 중 무작위로 세 곳을 선정해 분산분석을 실시한 결과 이들 간에 차이가 있다면 나머지 지역에서도 매출액 차이가 있다고 할 수 있다.

2. 분산분석 실행 시 주의점

(1) F검정의 특성

분산분석에서는 집단 간의 차이 유무를 최종적으로 F값을 통해 판단한다. 그러나 F값은 표본 수가 증가할수록 유의하게 나타나는 경향이 있다. 따라서 상당히 많은 표본을 사용한 분산분석을 통해 유의한 결과를 얻었을 경우 조사자는 그것이 실제 집단 간의 차이에 의한 것인지, 표본의 크기에 따른 영향 때문인지를 검토해야 한다. 이런 F값의 단점을 극복하기 위해 사회과학이나 통계학 분야에서는 몇 가지 대안이 연구되고 있다.

(2) 외생변수의 제거 문제

분산분석을 사용할 때 조사자가 생각하지 못했던 외생변수가 개입할 수도 있으므로 실험이나 분산 결과가 왜곡될 소지는 다분하다. 따라서 조사자는 분석 자체에서 이들 외생변수의 효과를 제거하고 실험변수의 효과를 보다 명확히 해줄 필요가 있다. 여기서는 그 대안으로 공분산분석의 개념을 소개한다.

(3) 공분산분석

분산분석과 공분산분석(ANCOVA : analysis of covariance)의 차이점은 분산분석은 실험처리가 종속변수에 미치는 영향에 역점을 두는 데 반해, 공분산분석은 종속변수에 중요한 영향을 미치는 외생변수에 관심을 두며, 이러한 외생변수들이 종속변수에 미치는 영향을 제거하는 데 목적이 있다. 이는 외생변수의 영향을 통제하지 않으면 종속변수에 대한 외생변수의 영향이 오차 항을 크게 하고 검정의 민감성을 감소시키기 때문이다. 따라서 공분산분석이 적용되는 경우는 계량적 종속변수가 하나 있고 계량적 독립변수(외생변수)와 비계량적 종속변수가 함께 있을 때다. 여기서 계량적 독립변수를 공변량이라고 하는데, 이는 통제할 수 없는 변수다.

공분산분석을 통해 외생적 변동 원천의 영향을 제거함으로써 무작위설계의 정확성을 높여주며, 실험단위를 무작위로 할당하지 못할 때 발생하는 편차를 제거할 수 있다. 공분산분석의 특징은 각각의 집단이 종속변수에 대한 공변량의 집단 내 회귀를 나타내는 기울기계수 β가 있다는 것이다. 즉 각 집단에서 회귀분석을 실시해 공변량의 영향을 제거하고, 여기서 얻은 회귀잔차에 대해 분산분석을 실행한다. 이것을 보면 공분산분석은 회귀분석과 분산분석을 결합해 수행하는 것임을 알 수 있다. 공분산분석과 공변량 간의 상관관계가 낮으면 실험의 민감도를 별로 증가시킬 수 없으며, 공변량이 처리변수와 상관관계에 있을 때 공변량의 효과를 제거하는 것은 처리변수와 공유하는 분산의 일부를 제거하는 것이 된다. 그렇기 때문에 공분산분석은 공변량이 종속변수와 상관관계가 높을 때, 그리고 처리 수준과 상관관계가 없을 때 사용해야 한다.

이 장의 요약

분산분석은 기본적으로 독립변수에 의해 구분된 집단들이 동일한 집단인지 아닌지를 분산 개념으로 구분하는 것으로, 통제집단 사후측정설계와 유사한 디자인이다. 분산분석은 전체분산을 집단 내 분산(무작위 오차에 의한 차이)과 집단 간 분산(실험처리에 의한 차이)으로 나누어 분산을 각각의 자유도로 나눈 평균분산의 비율(집단 간 평균분산/집단 내 평균분산) 수치를 이용하여 F검정을 한다. 분산분석은 고려하는 실험처리변수와 외생변수의 수에 따라 여러 개로 나뉘는데, 독립변수가 하나인 경우를 일원분산분석이라 하고, 두 개인 경우를 이원분산분석이라 하며, 독립변수가 두 개 이상인 것을 다원분산분석이라 한다. 또한 종속변수가 두 개 이상인 경우에는 다변량분산분석이라고 한다. 그 외에도 종속변수와 밀접하게 관련되어 있는 공변량을 추가하여 독립변수의 효과를 보다 효율적으로 측정할 수 있는 공분산분석이 있다.

주요용어

전체분산, 집단 내 분산, 집단 간 분산, 평균분산, 실험처리(treatment), F비율, 일원분산분석, 이원분산분석, 다원분산분석, 공분산분석, 다변량분산분석

참고문헌

Cochran, W. G. and G. W. Cox (1951), *Experimental Designs*, John Wiley & Sons, Inc., N. Y.

Dooley, David (2001), *Social Research Methods*, fifth edition, Dryden Press.

Frankfort-Nachmias, Chava and David Nachmias (2000), *Research Methods in the Social Science*, sixth edition, Worth Publishers.

Guenther, W. C. (1964), *Analysis of Variance*, Prentice-Hall, Inc., Englewood Cliffs, N. J.

Iversen, G. R. and G. Norpoth (1976), "Analysis of Variance," *Sage Series 1*, Sage Publication.

Li, C. C. (1964), *Introduction to Experimental Statistics*, McGraw-Hill, N. Y.

Lindman, M. R. (1974), *Analysis of Variance in Complex Experimental Designs,* W. H. Freeman and Company, San Francisco.

Roger, E. K. (1968), *Experimental Design: Procedures for the Behavioral Science*, Belmont, California.

Wildt, A. R. and O. T. Ahtola (1978), "Analysis of Covariance," *Sage Series* 12, Sage Publication.

연습문제

1. 분산분석을 이용할 수 있는 사회과학 조사의 예를 들어보시오.

2. 분산의 구성에 대해 설명하시오.

3. F-검정통계량 계산 방법에 대해 설명하시오.

4. 한강대학교에서는 각 학년의 가족수를 조사하고 있다. 학년별 가족수의 조사 결과는 다음과 같다. 학년별 가족수에 유의한 차이가 존재하는지 검증해보시오.

	1학년	2학년	3학년	4학년
독신	11	29	18	19
2인 가족	32	15	19	22
3인 가족	26	24	17	19
4인 가족	28	17	23	26
5인 가족	35	32	22	24

제 13 장

회귀분석

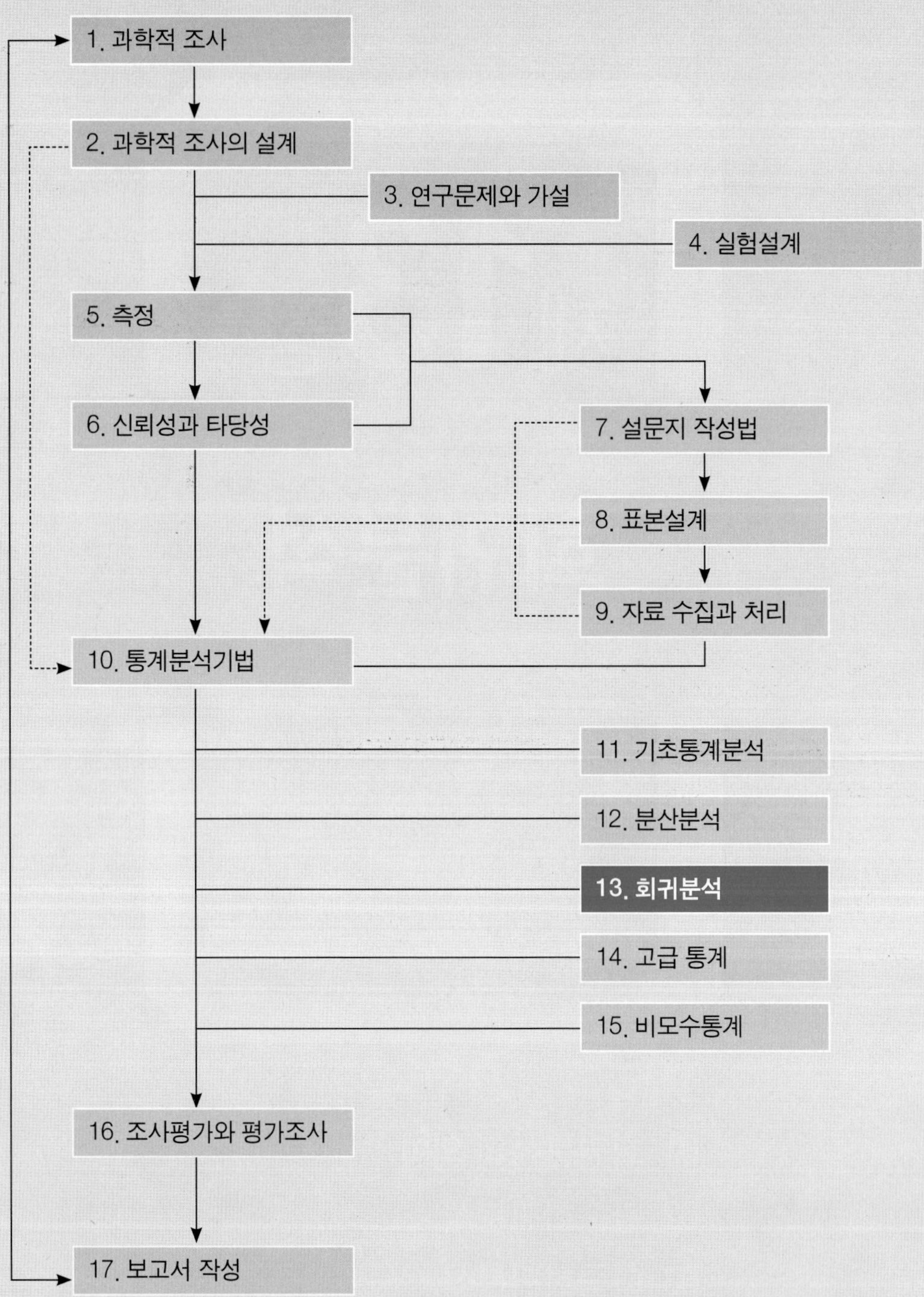

1. 과학적 조사
2. 과학적 조사의 설계
3. 연구문제와 가설
4. 실험설계
5. 측정
6. 신뢰성과 타당성
7. 설문지 작성법
8. 표본설계
9. 자료 수집과 처리
10. 통계분석기법
11. 기초통계분석
12. 분산분석
13. 회귀분석
14. 고급 통계
15. 비모수통계
16. 조사평가와 평가조사
17. 보고서 작성

사회과학의 공통 관심사는 현상의 설명과 예측이다. 이러한 목적을 달성하기 위해 수많은 통계기법이 개발되었고, 그중에 가장 강력하고도 빈번히 사용되는 통계기법 중의 하나가 회귀분석(regression analysis)이다. 회귀분석은 변수들 간의 함수적인 관련성을 규명하기 위해 어떤 수학적 모형을 가정하고 측정된 자료를 이용해 통계적 추정을 행하는 분석 방법을 말하며, 자료에서 얻은 관계식을 이용해 종속변수의 움직임을 예측하고 모형 전체와 독립변수의 영향력에 관한 통계적 검정과 추정을 행하는 데 사용된다. 사회과학자는 항상 현상에 내재하는 특정 변수들 간의 관계에 관심을 갖고 이를 밝혀내기 위해 끊임없이 노력하는데, 구체적으로 회귀분석이 적용되는 예를 제시해보면 [표 13-1]과 같다.

【표 13-1】 회귀분석 적용의 예

[예 1] 교육학자는 아이들의 학업 성적에 영향을 미치는 여러 가지 특성을 파악하기 위해 아이들의 인구통계학적 · 사회경제적 특성 및 교육 상황적 특성을 조사하여 이들과 학업 성적 간의 관계를 살펴보는 수가 많다.

[예 2] 기업의 매출액은 제품 가격과 광고의 양 또는 제품 취급 점포의 수 등에 의해 영향을 받는다. 이러한 각각의 변수가 매출액에 어떠한 영향을 미치는지, 또 얼마나 강한 영향을 미치는지를 파악하는 것은 기업 전략 수립의 기본이 되는 것이다.

[예 3] 각국 주요 수출산업의 성공지수는 산업 특성, 수출 대상 지역의 기업 특성 등 여러 가지 변수에 의해 예측될 수 있으며, 기업 경영자에게 실제로 사용할 수 있는 수출 성공 여부에 관한 예측 지표를 제시하는 것은 정부의 경제정책 담당자의 입장에서 볼 때 상당히 의미 있는 일일 수 있다.

[예 4] 기업은 어떠한 특성을 가진 소비자가 자사 제품을 구매하는지를 파악하기 위해 소비자의 여러 인구통계학적 · 사회경제적 특성을 조사하여 이들과 구매성향 간의 관계가 어떠한지를 파악하려 한다.

[예 5] 매스컴의 프로그램 실무 담당자는 항시 자사가 내보내는 각종 프로그램의 시청률에 관심을 갖고 있으며, 시청률의 정확한 예측을 위해서는 시청률과 이에 관련된 방영 계절, 프로그램 투자액, 방영시간 등 독립변수 간의 제관계를 명확히 규명할 필요가 있다.

01 회귀분석의 의미

회귀분석은 한 개 또는 그 이상의 독립변수와 한 개의 종속변수 간의 관계를 파악하기 위한 기법이다. 즉 종속변수의 변화에 영향을 미치는 여러 개의 독립변수를 이용해 종속변수의 변화를 예측하는 방법으로서, 가장 대표적인 종속관계(dependence)에 관한 분석인 것이다.

회귀분석을 이용하기 위해서는 종속변수와 독립변수라는 두 종류의 변수가 필요하며, 이들은 원칙적으로 모두 등간측정이나 비율측정으로 측정된 변수여야 하나, 독립변수가 명목측정인 변수일 경우라도 더미변수(Dummy Variable)를 이용한 회귀분석이 가능하다.

1. 타 기법과의 관계

이러한 특성을 갖는 회귀분석과 다른 분석기법 간의 차이점을 살펴보자.

① 단순회귀분석은 두 변수의 상관관계분석과 동일한 결과를 가져온다.

② 판별분석도 현상의 설명과 예측 목적을 위해 이용되는 기법으로, 분석의 목적이나 독립변수의 성격은 같으나 종속변수가 명목측정이라는 점에서 차이가 있다. 즉 회귀분석에서는 종속변수가 연속적인(continuous) 상태로 나타나는 데 반해, 판별분석에서는 종속변수가 집단을 나타내는 명목측정이라는 점에서 차이가 난다.

③ 분산분석은 이와는 반대로 독립변수가 명목측정이라는 점에서 회귀분석과 차이가 난다. 분산분석은 더미변수를 독립변수로 이용한 회귀분석과 동일한 관계다.

④ 요인분석(factor analysis)이나 군집분석(cluster analysis)은 변수들 간의 종속관계보다는 이들의 상호 관계를 파악하는 데 중점을 두는 기법이다.

2. 회귀분석의 목적

회귀분석이란 독립변수와 종속변수의 선형 결합 관계를 유도해냄으로써 다음과 같은 정보를 제공하는 기법이다.

① 독립변수와 종속변수 간의 상관관계, 즉 상호관련성 여부를 알려준다.

② 상관관계가 있다면 그 관계가 어느 정도나 되는지를 알려준다. 즉 관계의 크기와 유의도를 알려준다.

③ 독립변수와 종속변수 간 관계의 성격을 알려준다. 즉 두 변수가 양의 방향으로 관련되어 있는지 또는 음의 방향으로 관련되어 있는지를 알려준다.

3. 회귀분석의 기본 모형 및 가정

회귀분석은 모든 다변량통계분석의 기초를 이루는 기법으로서, 이미 많은 연구를 통해 다양한 기법이 개발되어 있다. 본서에서는 가장 기본적인 방법인 OLS(Ordinary Least Squares) 분석을 중심으로 설명하기로 한다. OLS 분석은 많은 가정에 의해 모형을 단순화한 기본 모형이며, 이 가정을 하나씩 제거해 나가는 방법에 따라 좀 더 복잡한 회귀분석모형이 된다.

OLS의 기본 가정은 다음과 같다.

$Y_i = \alpha + \beta X_i + \varepsilon_i$에서

① X와 Y는 선형종속관계다.

② 설명변수 X는 비확률변수다.

③ i) 오차항 ε_i의 기댓값은 0이다. 즉 $E(\varepsilon_i) = 0$,

ii) 오차항 ε_i는 모두 동일한 분산을 갖는다. 즉 $\text{Var}(\varepsilon_i) = \sigma^2$,

iii) 오차항 ε_i는 정규분포를 이루며 서로 독립적이다. 즉 $\text{Cov}(\varepsilon_i, \varepsilon_j) = 0 (i \neq j)$

이러한 기본 가정을 통해 어떻게 식이 유도되며, 이들에 대한 해석은 어떻게 하는지 [표 13-2] A 기업의 예를 사용해서 다음 절에서 살펴보기로 하자.

【표 13-2】 A 기업의 예

A기업이 매출액에 영향을 미치는 주요 변수들을 파악하여 전략을 세우기 위해 광고 시간과 판매원 수의 변화에 따른 매출액의 변화에 대한 자료를 얻은 결과는 다음과 같다. 매출액이 광고의 양이나 판매원 수에 의해 많은 영향을 받을 것이라는 가정하에 이들의 관계가 정말로 의미 있는 것인가, 또 어느 정도의 관계가 있고 어느 변수가 더 중요한가를 파악해보기로 했다.

매출액(억 원) (Y)	광고 시간(분) (X_1)	판매원 수 (X_2)
97	45	130
95	47	128
94	40	135
92	36	119
90	35	124
85	37	120
83	32	117
76	30	112
73	25	115
71	27	108

02 단순회귀분석

단순회귀분석은 가장 간단한 형태의 회귀분석으로, 한 개의 종속변수와 한 개의 독립변수 간의 관계를 파악하려는 방법이다. 따라서 이는 두 변수의 상관관계분석과 동일한 결과를 가져온다. 앞의 예는 광고 시간이라는 한 개의 독립변수와 매출액이라는 한 개의 종속변수 간의 관계를 예측하는 경우이며, 이를 통해 다음과 같은 변수들 간의 선형관계식을 얻어내려는 것이다.

$$\hat{Y}_i = \hat{\alpha} + \hat{\beta} X_i$$

$\hat{Y}_i$: 매출액 예측치

X_i : 광고의 양

$\hat{\alpha}, \hat{\beta}$: 계수

【그림 13-1】

잔차

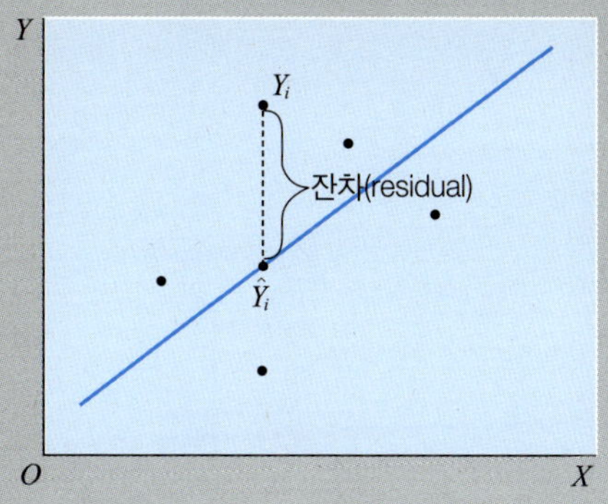

여기서 측정치를 가장 잘 나타낼 수 있는 가상의 선을 긋고 실제 관측치와 모형에 의한 예측치 간 거리인 잔차(residual)를 극소화하는 방법을 이용해 α, β의 계수를 구하는 방법이다. 즉 [그림 13-1]과 같이 실제 관측치 Y_i와 모형에 의한 예측치 $\hat{Y}_i$ 간 거리인 잔차를 극소화해주는 모형을 찾는 방법이다.

$$\min(Y_i - \hat{Y}_i) = \min\{Y_i - (\hat{\alpha} + \hat{\beta}X_i)\}$$

그러나 $\min(Y_i - \hat{Y}_i)$을 이용할 경우에는 부호를 고려하지 못한다는 단점이 있다. 이는 [그림 13-2]에서 (b)가 (a)보다 더 잘 평가되는 오류가 발생한다는 것을 말해준다.

【그림 13-2】

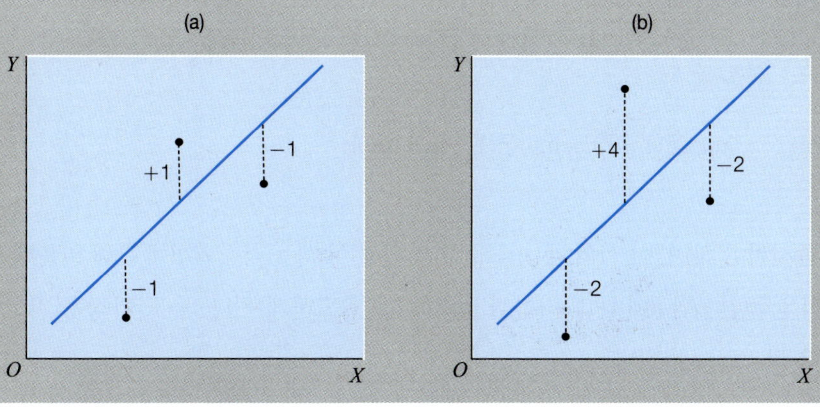

이를 해결하기 위한 다른 방법으로 잔차들의 절댓값인 MAD(minimum absolute deviation)를 극소화하는 방법을 이용할 수 있다.

【그림 13-3】

MAD의 예

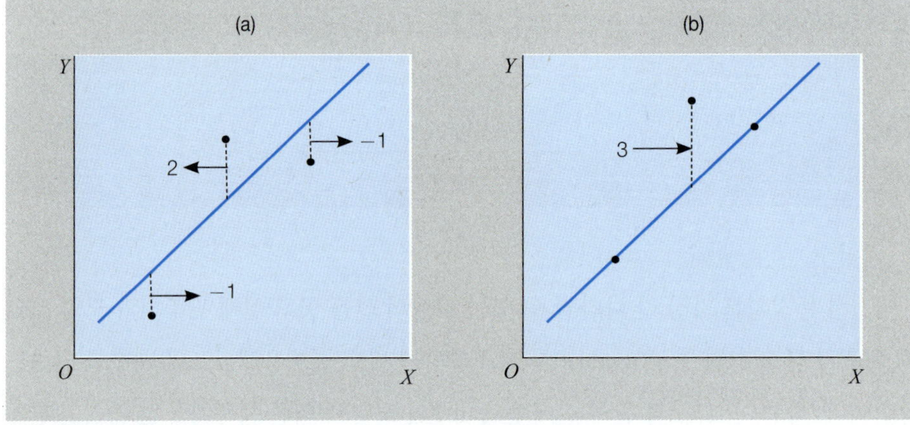

$$\min|Y_i - \hat{Y}_i| = \min|Y_i - (\hat{\alpha} + \hat{\beta}X_i)|$$

하지만 이 경우에도 [그림 13-3]처럼 (b)가 (a)보다 더 정확하게 예측된 것처럼 보일 수 있기 때문에 이 방법도 문제를 가지고 있음을 알 수 있다.

따라서 이러한 모든 문제점을 해결할 수 있는 방법으로 잔차의 제곱의 합계를 최소화하는 최소제곱법(Ordinary Least Squares: OLS)을 사용한다. 이는 실제 관측치인 Y_i와 모형에 의한 예측치인 $\hat{Y}_i$ 간 차이의 제곱인 $(Y_i - \hat{Y}_i)^2$을 극소화하는 계수를 찾아내는 방법을 이용하는 것이다.

앞의 예에서 α, β의 계수를 찾아내기 위해서는

$$\min\Sigma(Y_i - \hat{Y}_i)^2 = \min\Sigma\{Y_i - (\hat{\alpha} + \hat{\beta}X_i)\}^2$$

을 만족시켜야 하며, 이 식의 계수를 구하기 위해 이 식을 각각 α, β에 관해 미분해 연립방정식을 풀면 $\hat{\alpha}$와 $\hat{\beta}$에 대해 다음과 같은 식을 유도하게 된다. 유도 과정은 기초통계학 책을 참조하기 바란다.

【표 13-3】 단순회귀분석에 의한 α와 β의 계산 과정

	(1) X_i	(2) Y_i	(3) $X_i-\overline{X}$ x_i	(4) (3)×(2) x_iY_i	(5) $(3)^2$ x_i^2	(6) $\hat{Y}_i$	(7) $Y_i-\hat{Y}_i$
	45	97	9.6	931.2	92.16	97.28571429	−0.285714286
	47	95	11.6	1102.0	134.56	99.7202381	−4.720238095
	40	94	4.6	432.4	21.16	91.19940476	2.800595238
	36	92	0.6	55.2	0.36	86.33035714	5.669642857
	35	90	−0.4	−36.0	0.16	85.11309524	4.886904762
	37	85	1.6	136.0	2.56	87.54761905	−2.547619048
	32	83	−3.4	−282.2	11.56	81.46130952	1.538690476
	30	76	−5.4	−410.4	29.16	79.02678571	−3.026785714
	25	73	−10.4	−759.2	108.16	72.94047619	0.05952381
	27	71	−8.4	−596.4	70.56	75.375	−4.375
합계	354	856	0	572.6	470.4		
평균	35.4	85.6					
α추정치			42.50893				
β추정치			1.217262				

$$\hat{\alpha} = \overline{Y}_i - \beta\overline{X}_i$$

$$\hat{\beta} = \frac{\Sigma x_i Y_i}{\Sigma x_i^2} = \frac{\Sigma(X_i - \overline{X})Y_i}{\Sigma(X_i - \overline{X})^2}$$

$$(x_i = X_i - \overline{X})$$

이러한 과정을 [표 13-2]의 예를 이용해 적용해보면 [표 13-3]과 같다.

이 방법은 앞에서 설명한 방법의 단점을 보완함과 더불어 잔차의 제곱을 극소화하기 때문에 Y_i와 $\hat{Y}_i$의 차이가 큰 경우 제곱으로 페널티(penalty)를 주는 것이 되어 평균치로의 수렴을 더 잘하게 된다.

회귀분석의 다음 단계는 앞에서 구한 각각의 계수가 과연 의미가 있는지를 검정해야 한다. 즉 앞에서 구한 회귀선 $Y_i = \hat{\alpha} + \hat{\beta}X_i$가 과연 변수들의 관계를 의미 있게 설명해주는지 검증해야 할 필요가 있는 것이다.

이를 위해 우선 각 변수들의 기댓값과 분산을 구해야 하는데, 이들에 대한 계산은 기초통계학 책을 참고하기 바라며, 계산 결과만을 보이면 다음과 같다.

$$E(\hat{\alpha})=\alpha$$

$$\text{Var}(\hat{\alpha})=\sigma^2\frac{\Sigma X_i^2}{n\Sigma x_i^2}=\sigma^2\frac{\Sigma X_i^2}{n\Sigma(X_i-\overline{X})^2}$$

$$E(\hat{\beta})=\beta$$

$$\text{Var}(\hat{\beta})=\frac{\sigma^2}{\Sigma x_i^2}=\frac{\sigma^2}{\Sigma(X_i-\overline{X})^2}$$

$$\therefore \hat{\alpha}=\overline{Y}_i-\beta\overline{X}_i$$

$$\hat{\beta}=\frac{\Sigma x_iY_i}{\Sigma x_i^2}=\frac{\Sigma(X_i-\overline{X})Y_i}{\Sigma(X_i-\overline{X})^2}=\frac{572.6}{470.4}=1.22$$

$$\therefore \hat{\alpha}=\overline{Y}_i-\beta\overline{X}_i=85.6-1.217262\times35.4=42.509$$

$$\therefore \hat{Y}_i=\hat{\alpha}+\hat{\beta}X_i=42.509+1.22X_i$$

$$(x_i=X_i-\overline{X})$$

그러므로 최소제곱법을 이용한 회귀선은 다음과 같다.

매출액$=42.509+1.22$(광고 시간)

이를 이용해 변수들을 검정할 때는 t분포를 이용해야 하는데, 이는 앞의 관측치들이 모집단 전체가 아니라 일부인 표본이며, 모집단의 분산인 σ^2을 모르기 때문이다. 이를 위한 가설과 t분포를 이용한 각 변수들의 유의도에 대한 검정은 다음과 같다.

α에 대한 가설	$H_0 : \alpha=0$
	$H_1 : \alpha\neq0$
β에 대한 가설	$H_0 : \beta=0$
	$H_1 : \beta\neq0$

가설 검정의 절차는 다음과 같다.

첫째, α, β 각각의 계수에 대한 표준오차(standard error)를 구한다.

$$S_{\hat{\alpha}} = S\sqrt{\frac{\Sigma X_i^2}{n\Sigma x_i^2}}$$

$$S_{\hat{\beta}} = \frac{S}{\sqrt{\Sigma x_i^2}}$$

$$S = \sqrt{\frac{\Sigma(Y_i - \hat{Y}_i)^2}{n-2}}$$

둘째, α, β 각각의 통계치를 구해야 하며, 이 값을 t분포를 이용해 검정한다.

$$\alpha\text{의 통계치} : \frac{\hat{\alpha}-\alpha}{S\cdot\sqrt{\Sigma X_i^2/(n\Sigma x_i^2)}} = \frac{\hat{\alpha}-\alpha}{S\cdot\sqrt{\Sigma X_i^2/(n\Sigma(X_i-\overline{X})^2)}}$$

$$\beta\text{의 통계치} : \frac{\hat{\beta}-\beta}{S/\sqrt{\Sigma x_i^2}} = \frac{\hat{\beta}-\beta}{S/\sqrt{\Sigma(X_i-\overline{X})^2}}$$

이를 이용해 각 변수들의 값을 다음과 같이 구하게 되며, 이 값을 자유도 $n-2$의 분포에 따라 검정하면 되는 것이다. 각 변수들에 대한 유의도 검정은 다음과 같다.

$$\frac{\hat{\alpha}-\alpha}{S\cdot\sqrt{\Sigma X_i^2/(n\Sigma x_i^2)}} = \frac{42.509}{6.522} = 6.52(df : 10-2=8)$$

$$\frac{\hat{\beta}-\beta}{S/\sqrt{\Sigma x_i^2}} = \frac{1.22}{3.92/21.69} = 6.74(df=8)$$

$$t_{0.05,8} = 3.355$$

α, β 각각의 값이 t값 5%의 임계치보다 크므로 α, β가 각각 0이라는 H_0는 기각되고 각각의 계수는 의미 있는 것으로 판정한다.

셋째, α, β 각 계수의 신뢰구간을 구해야 한다. 물론 회귀분석의 모형이 하나의 관계식을 제시해주기는 하지만 이는 결정적인(deterministic) 관계를 보여주는 것은 아니며, 다음의 [그림 13-4]와 같이 확률적(probabilistic)인 관계를 제시해주는 것이다. 따라서 모형이 나타내주는 대로 실제 관측치가 정확히 나타나는 경우는 드물고, 보통 각 관측치

【그림 13-4】

모회귀선과의 분산 정도

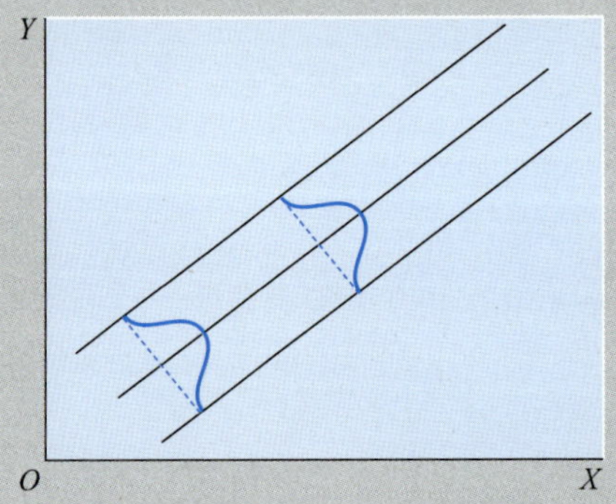

가 회귀선을 중심으로 분포되어 있다. 이에 따라 이 회귀선을 보다 의미 있게 이용하기 위해서는 이들 분포에 대한 추가 정보를 필요로 하게 되며, 이러한 개념이 바로 신뢰구간이다. 즉 95%의 신뢰구간이란 바로 전체 관측치의 95%가 이 범위 안에 존재함을 의미하는 것이다.

신뢰구간을 구하기 위한 공식은 다음과 같다.

$$\alpha\text{의 95\% 신뢰구간}: \alpha = \hat{\alpha} \pm t_{0.025,8} S\sqrt{\frac{\Sigma X_i^2}{n\Sigma x_i^2}}$$
$$= 42.509 \pm 2.306 \times 6.522 = 42.509 \pm 15.039$$
$$\beta\text{의 95\% 신뢰구간}: \beta = \hat{\beta} \pm t_{0.025,8} \frac{S}{\sqrt{\Sigma x_i^2}}$$
$$= 1.22 \pm 2.306 \times 0.1809 = 1.22 \pm 0.4171$$

($\hat{\alpha}, \hat{\beta}$: OLS에 의한 추정치)

이는 위의 식을 이용해 앞의 각 변수에 대한 신뢰구간을 구했을 때 참값이 이 범위 안에 포함될 확률이 95%임을 의미하는 것이다.

일단 식이 의미 있는 것으로 평가되었을 경우에는 이를 이용해 추후의 예측을 할 수 있다. 즉 위의 식들을 얻은 후 새로운 기간의 광고 시간 수만을 알 수 있다면 이를 식에 대입해 이 기업의 매출액을 예측할 수 있는 것이다. 만일 광고 시간이 월간 35시간이라면 이를 식에 대입한 값 $42.509 + 1.22 \times 35 = 85.21$이 이 기업의 예상 매출액이 되는 것이다.

또 이 매출액에 대해서도 95%의 신뢰구간을 구할 수가 있는데, 이를 위한 식과 앞의 예를 이용한 계산은 다음과 같다.

$$Y_0 = \hat{\mu}_0 \pm t_{0.025,\, n-2} \cdot S = 85.21 \pm 2.306 \times 3.92 = 85.21 \pm 9.039$$

(μ_0, x_0, Y_0 : 현재 고려하는 변수의 값)

단순회귀분석에서 고려해야 하는 또 하나의 중요한 요소는 r^2(결정계수)이라는 개념이다. 이는 전체분산 중에서 회귀선에 의해 설명되는 부분의 비율을 나타내는 것으로 [그림 13-5]에서 쉽게 파악할 수 있다.

【그림 13-5】

r^2의 개념

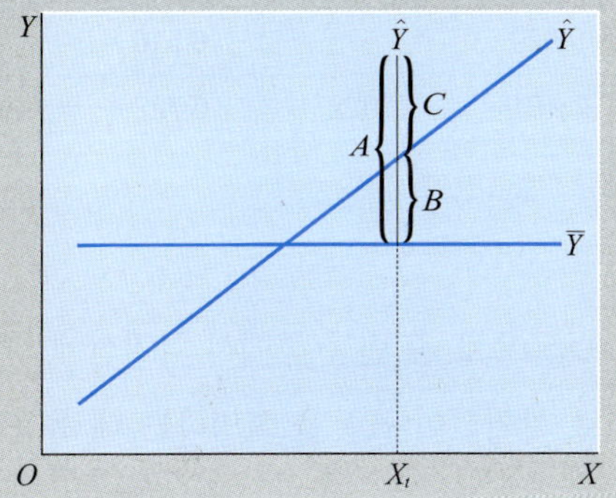

A : 전체분산
B : 회귀선에 의해 설명되는 분산
C : 회귀선에 의해 설명되지 않는 분산
$A = B + C$
$r^2 = \dfrac{B}{A}$

이때 r이란 바로 X와 Y의 상관계수가 되며, 이를 제곱한 값이 바로 r^2으로서 다음 식을 이용해서도 구할 수 있다.

$$r^2 = \frac{\sum(\hat{Y}_i - \bar{Y})^2}{\sum(Y_i - \bar{Y})^2}$$

다음 [표 13-4]는 앞에서 예를 든 영어학원의 광고 시간에 따른 영어 학습법 책의 매출액이다.

【표 13-4】 단순회귀분석의 출력 결과

모형 요약

모형	r	r^2	수정된 r^2	추정값의 표준오차
1	.922[a]	.850	.831	3.92740

a. 예측값 : (상수), 광고 시간

분산분석[b]

모형		제곱합	자유도	평균제곱	F	유의확률
1	선형회귀분석	697.004	1	697.004	45.188	.000[a]
	잔차	123.396	8	15.424		
	합계	820.400	9			

a. 예측값 : (상수), 광고 시간
b. 종속변수 : 매출액

계수[a]

모형		비표준화계수		표준화계수		
		B	표준오차	베타	t	유의확률
1	(상수)	42.509	6.529		6.510	.000
	광고 시간	1.217	.181	.922	6.722	.000

a. 종속변수 : 매출액

① 모형 요약 그림에서 결정계수 r^2은 0.850으로 총 변동 중에서 회귀선에 의해 설명되는 비율이 85%라는 것을 말하므로 회귀선이 표본을 설명하는 데 유용함을 알 수 있다.

② 분산분석 그림에서 F 통계량에 대한 유의도가 0.000으로서 회귀식은 매우 유의하다고 할 수 있다.

③ 회귀계수 그림에서 상수와 광고 시간의 유의 확률 모두가 0.000이므로 상수와 회귀계수 모두 통계적으로 매우 유의하다고 할 수 있다.

④ 그러므로 광고 시간이 매출액에 영향을 미친다고 결론 내릴 수 있다.

03 다중회귀분석

다중회귀분석(multiple regression)이란 앞에서 설명한 단순회귀분석에서 독립변수의 수가 두 개 이상으로 증가된 경우로, 일반적인 형태는 다음과 같다.

$$Y_i = \beta_0 + \beta_1 X_{1i} + \beta_2 X_{2i} + \beta_3 X_{3i} + \cdots\cdots + \beta_k X_{ki} + \varepsilon_i$$

앞의 모형에서는 고전적인 단순회귀모형에 적용되는 기본 가정이 그대로 적용되며, 한 가지 더 부가해야 할 것은 조금 뒤에 서술될 독립변수들 간의 다중공선성(multicollinearity) 배제의 가정이다. 다중회귀분석모형 중 가장 간단한 형태는 두 개의 독립변수를 가진 형태로, 설명상의 복잡함을 피하기 위해 이 모형을 바탕으로 설명해보면 다음과 같다.

$$Y_i = \beta_0 + \beta_1 X_{1i} + \beta_2 X_{2i} + \varepsilon_i$$

잔차의 제곱 합을 최소화하는 방법(OLS)으로 모수의 추정치를 구하는 것은 단순회귀모형의 경우와 과정이 같으므로 계산 절차를 생략하고 결과를 제시해보면 다음과 같다.

$$\hat{\beta}_0 = \overline{Y} - \hat{\beta}_1 \overline{X}_1 - \hat{\beta}_2 \overline{X}_2$$

$$\hat{\beta}_1 = \frac{(\Sigma x_{1i} y_i)(\Sigma x_{2i}{}^2) - (\Sigma x_{2i} y_i)(\Sigma x_{1i} x_{2i})}{(\Sigma x_{1i}{}^2)(\Sigma x_{2i}{}^2) - (\Sigma x_{1i} x_{2i})^2}$$

$$\hat{\beta}_2 = \frac{(\Sigma x_{2i} y_i)(\Sigma x_{1i}{}^2) - (\Sigma x_{1i} y_i)(\Sigma x_{1i} x_{2i})}{(\Sigma x_{1i}{}^2)(\Sigma x_{2i}{}^2) - (\Sigma x_{1i} x_{2i})^2}$$

(여기에서 $\overline{X}_1 = \Sigma X_{1i}/\mathrm{N}$ $\quad \overline{X}_2 = \Sigma X_{2i}/\mathrm{N}$)

위의 모형에서는 독립변수가 둘이므로 각 독립변수의 계수(coefficient)를 어떻게 해석(interpretation)할 것인가 하는 문제가 발생하는데, 여기서 $\hat{\beta}_1$은 X_2가 변하지 않고 고정된 상황에서 X_1의 단위 변화량에 대한 Y의 변화량을 나타내는 부분계수(partial coefficient)를 나타낸다. 이러한 부분계수의 유의성을 검정하는 데는 가우스-마르코프 정리(Gauss-Markov theorem)[1]가 다중회귀분석의 경우에도 적용될 수 있는지와 회귀모수(regression parameter)의 불편추정치(unbiased estimator)를 얻을 수 있는가 하는 문제가 있는데, 이에 대한 답은 복잡한 행렬대수(matrix algebra)에 의해 입증될 수 있으므로 여기서는 생략하고 그 결과만을 제시해보면 다음과 같다.

첫째, 고전적인 회귀분석의 가정이 지켜지는 가운데 다중회귀분석에도 가우스-마르코프 정리가 적용되며, 즉 각 계수의 OLS 추정치는 BLUE(Best Linear Unbiased Estimator)가 된다.

둘째, σ_2의 불편추정량은 다음과 같다.

$$s^2 = \frac{\sum \hat{\varepsilon}_i^2}{N-k}$$

셋째, 잔차(ε)가 정규적으로 분포할 때, $\frac{\hat{\beta}_j - \beta_j}{S_{\hat{\beta}_j}}$가 t분포를 따르므로 t검정이 가능하다.

$$\frac{\hat{\beta}_j - \beta_j}{S_{\hat{\beta}_j}} \sim t_{N-k}, \quad \text{for } j = 1, 2, 3, \cdots\cdots, k$$

여기에서, $\mathrm{Var}(\hat{\beta}_1) = \frac{s^2}{\sum x_{1i}^2 (1-r^2)}$

$$\mathrm{Var}(\hat{\beta}_2) = \frac{s^2}{\sum x_{2i}^2 (1-r^2)}$$

$$r = \sum x_{1i} x_{2i} / \sqrt{\sum x_{1i}^2 x_{2i}^2}$$

다중회귀분석모형의 적합도는 단순회귀분석에서와 같이 r^2으로 판단하지만, 여기서 한 가지 문제가 되는 것은 다중회귀분석에서는 독립변수의 개수가 늘어날수록 r^2이 높아지기 때문에 여러 모델을 비교할 때 단지 r^2에만 의존한다는 것은 위험이 따른다는 점이다. 이러한 문제를 해결할 수 있는 방안으로 r^2 대신 $\bar{r}^2$을 사용할 수 있는데, $\bar{r}^2$은

1) 고전적인 가정을 만족시키는 회귀분석모형에서 OLS에 의해 얻어지는 추정치는 모든 선형의 불편추정치 중에서 가장 적은 분산을 가지므로 가장 효율적인 추정치라는 것이다.

분산을 자유도로 나누어줌으로써 독립변수의 개수에 영향을 받지 않게 만든 것이다. 이러한 $\bar{r}^2$의 도출 과정을 살펴보면 다음과 같다.

$$\bar{r}^2 = 1 - \frac{\mathrm{Var}(\hat{\varepsilon})}{\mathrm{Var}(Y)}$$

여기에서, $\mathrm{Var}(\hat{\varepsilon}) = S^2 = \frac{\Sigma \hat{\varepsilon}_i^2}{N-k}$, $\mathrm{Var}(Y) = \frac{\Sigma (Y_i - \bar{Y})^2}{N-1}$

$$r^2 = 1 - \frac{S^2}{\mathrm{Var}(Y)} \cdot \frac{N-k}{N-1} \text{이므로}$$

$$\bar{r}^2 = 1 - (1 - r^2) \cdot \frac{N-1}{N-k} \text{이므로}$$

위에서 알 수 있듯이 $\bar{r}^2$은 다음과 같은 성질을 띠고 있다.

첫째, 단순회귀분석의 경우는 $r^2 = \bar{r}^2$이다.
둘째, 독립변수의 수가 2 이상이면 $r^2 \geq \bar{r}^2$이다.
셋째, $\bar{r}^2$은 양수다.

앞의 자료에 의해 SPSS WIN을 이용한 컴퓨터 분석 입력 자료와 출력 결과를 살펴보면 [표 13-5]와 같다.

매출액 = 2.7 + 0.46(판매원 수) + 0.76(광고 시간)

이 결과에서 r^2은 0.899로 전체분산 중 89.9%가 설명되었음을 나타내고, 전체 모형에 대한 F검정 결과는 F값이 31.04로서 유의수준을 0.05로 할 때 유의한 것으로 판명됐다. $\bar{r}^2$ 값은 공식에 r^2 값을 대입해 구해보면 0.784로서 전체분산의 78.4%가 설명되므로 설명력이 비교적 높다고 볼 수 있다.

각 독립변수에 대한 검정은 광고 시간의 t값이 2.602로 유의수준 0.05에서 유의하며, 판매원 수는 같은 유의수준에서 귀무가설이 채택됨을 보여준다.

【표 13-5】 다중회귀분석의 결과

모형 요약

모형	r	r^2	수정된 r^2	추정값의 표준오차
1	.948[a]	.899	.870	3.44599

a. 예측값 : (상수), 판매원 수, 광고 시간

분산분석[b]

모형		제곱합	자유도	평균제곱	F	유의확률
1	선형회귀분석	737.276	2	368.638	31.044	.000[a]
	잔차	83.124	7	11.875		
	합계	820.400	9			

a. 예측값 : (상수), 판매원 수, 광고 시간
b. 종속변수 : 매출액

계수[a]

모형		비표준화계수		표준화계수		
		B	표준오차	베타	t	유의확률
1	(상수)	2.709	22.358		.121	.907
	광고 시간	.763	.293	.578	2.602	.035
	판매원 수	.463	.251	.409	1.842	.108

a. 종속변수 : 매출액

앞의 모형을 이용해 40시간 광고를 하고 120명의 판매원을 고용했을 경우의 매출액을 예측하면 다음과 같다.

$$매출액 = 2.7 + 0.76(광고\ 시간) + 0.46(판매원\ 수)$$

$$매출액 = 2.7 + 0.76(40) + 0.46(120$$

$$= 88.3$$

즉 88.3억 원의 매출을 얻을 수 있음을 예측할 수 있다.

04 회귀분석 사용 시 고려 사항

1. 이분산

이분산(heteroscedasticity)이란 고전적 회귀모형의 기본 가정 중 잔차(error term)의 분산이 일정하다는 가정이 깨진 경우로, 독립변수에 따라서 잔차 분포의 분산이 변하는 것을 말한다. 예를 들면, 한 산업에 속한 여러 기업의 횡단자료(cross-sectional data)를 조사할 때 대기업의 판매액 분산이 소기업의 판매액 분산보다 클 수가 있다. 이 경우에 일반적인 OLS 기법을 사용해 통계치를 구하면 분산이 큰 자료에 보다 가중치를 두게 되므로 회귀계수를 효율적으로 추정할 수 없게 된다. 이러한 문제를 해결할 수 있는 방법으로 GLS(Generalized Least Square)가 있는데, 이것은 문제가 되는 분산을 알고 있는 경우와 그렇지 못한 경우로 나누어 살펴볼 수 있다.

첫째, 각 잔차의 분산을 이미 알고 있는 경우 잔차를 그 분산으로 나누어주면 된다.

$$\mathrm{Var}(\varepsilon_i)=\mathrm{Var}\left(\frac{\varepsilon_i}{\sigma_i}\right)=\frac{1}{\sigma_i^2}\cdot\mathrm{Var}(\varepsilon_i)=\frac{\sigma_i^2}{\sigma_i^2}=1$$

둘째, 각 잔차의 분산을 알 수 없는 경우 자료 중에서 표본을 추출해 그 추출된 표본을 면밀히 조사함으로써 특정의 변화 패턴을 발견해 조정해야 한다. 예를 들어, 표본조사 결과에서 다음과 같은 패턴을 발견했다고 하자.

$$\mathrm{Var}(\varepsilon_i)=CX_i^2$$

$$\mathrm{Var}(\varepsilon_i)=\mathrm{Var}\left(\frac{\varepsilon_i}{X_i}\right)=\frac{1}{X_i^2}\cdot\mathrm{Var}(\varepsilon_i)=C$$

이 경우 조정 후 분산이 일정한 상수(C)가 되므로 이분산의 문제를 해결할 수 있다.

2. 연속상관

고전적 회귀모형의 기본 가정 중에 각 관찰치의 잔차가 독립적이라는 가정이 깨져서 각 잔차 간에 상관관계가 있을 경우 이를 연속상관(serial correlation)이 존재한다고 한다. 예를 들면, 시계열분석에서 미래 주식 배당금의 성장률을 예측하고자 할 때 한 기간에 과대평가하게 되면 자동으로 그 기간 이후에도 계속 과대평가하게 되는 경우다. 일반적으로 자료에 연속상관이 존재하는 경우 OLS 기법을 사용해 추정을 행하면 추정치의 불편성(unbiasedness)과 일관성(consistency)에는 별문제가 없으나 효율성(efficiency)에는 문제가 따르므로 적절한 조정을 해야 한다. 조정 방법으로는 일반화된 차분 방법(generalized differencing procedure)를 들 수 있는데, 잔차 간의 상관 정도를 나타내는 상관계수 e를 알고 있는 경우에는 별로 힘들지 않으나 e를 모를 경우에는 코크란-어컷 방법(The Cochran-Orcutt procedure), 힐드레스-루 방법(The Hildreth-Lu procedure), 더빈 방법(The Durbin procedure) 등을 사용해 e를 추정한 후 조정해야 한다. 조정 과정을 수식으로 간단히 살펴보면 다음과 같다.

$$\varepsilon_t = e_{t-1} + v_t \quad 0 \le e \le 1$$

$$Y_t = \beta_0 + \beta_1 X_{1t} + \beta_2 X_{2t} + \cdots\cdots + \beta_k X_{kt} + \varepsilon_t \quad \cdots\cdots\cdots\cdots\cdots\cdots\cdots ①$$

$$Y_{t-1} = \beta_0 + \beta_1 X_{1t-1} + \cdots\cdots + \beta_k X_{kt-1} + \varepsilon_{t-1} \quad \cdots\cdots\cdots\cdots\cdots\cdots ②$$

①$-e$②를 하면

$$Y_t^* = \beta_0(1-e) + \beta_1 X_{1t}^* + \cdots\cdots + \beta_k X_{kt}^* + v_t$$

여기에서 $Y_t^* = Y_t - eY_{t-1}$ $\quad X_{1t}^* = X_{1t} - eX_{1t-1}$

$X_{kt}^* = X_{kt} - eX_{kt-1}$ $\quad v_t = \varepsilon_t - e\varepsilon_{t-1}$

일반적으로 연속상관의 정도는 더빈-왓슨 통계량(Durbin-Watson statistic)을 체크해봄으로써 검정하는데, SPSS WIN이나 TSP, SAS 패키지의 회귀분석 프로그램에서 옵션을 주면 결과에 나타나게 되어 있다. 더빈-왓슨(DW) 통계량 값은 0에서 4 사이에 존재하며, 각 값에 대한 해석은 다음의 도표를 참조하면 된다.

DW값	결과 해석
4−dl<DW<4	음의 연속상관
4−du<DW<4−dl	해석하기 힘듦
2<DW<4−du	연속상관 없음
du<DW<2	연속상관 없음
dl<DW<du	해석하기 힘듦
0<DW<dl	양의 연속상관

여기에서 dl, du는 임계치로 통계표에서 주어짐.

3. 다중공선성

다중공선성(multicollinearity)이란 고전적 회귀모형의 기본 가정 중 독립변수들 간에는 상관관계가 없다는 가정이 깨진 경우로서, 독립변수들 간에 완전히 또는 상당히 강한 상관관계가 있을 경우 발생한다. 회귀분석 시 사용하는 자료에 다중공선성이 존재할 경우 회귀계수의 분산이 엄청나게 커져서 각 회귀계수를 검증하거나 해석하는 것이 무의미하게 되어버리므로 적절한 조치를 취할 필요가 있다. 사용할 자료에 다중공선성이 있는지 체크하려면 그 자료를 사용한 회귀분석 결과표를 봐서 특별히 회귀계수의 분산이 큰 변수가 있는지 조사해보고, 큰 변수가 몇 개 있다면 그것들 중 한 변수를 빼고 다시 분석을 행했을 때 나머지 변수들이 분산이 유의하게 작아지는지를 살펴보면 된다. 근본적으로 다중공선성은 얻어진 자료에 기인하는 문제이므로 가장 좋은 해결책은 자료를 새로 얻는 방법이지만, 이는 비용이 많이 들기 때문에 모형에 무리가 가지 않는 한 상관된 변수들 중 하나를 제거하든지 아니면 자료 수를 늘려 현재 자료의 다중공선성을 희석하는 방법을 사용할 수 있다.

05 특수한 형태의 회귀분석

1. 더미변수를 이용한 회귀분석

독립변수가 명목측정인 경우에도 회귀분석은 가능하다. 그 예로 남녀와 같은 성별이나 계절에 따른 효과를 독립변수로 이용하는 경우로, 회사의 매출액이 계절에 따라 얼마나 차이가 나는지를 알고 싶을 때 약간의 변환을 거쳐 회귀분석을 이용할 수 있다. 이 경우에는 명목측정으로 측정된 한 개의 독립변수를 독립변수가 취할 수 있는 값의 수보다 한 개가 적은 수의 더미변수로 변환해 사용한다. 즉 성별이라는 한 개의 독립변수는 성별이 취할 수 있는 값이 남자와 여자의 두 가지이므로 (2−1)개의 더미변수로 나타내며, 계절이라는 변수는 사계절이 있으므로 (4−1)개의 더미변수로 표현한다. 계절별 변수를 더미변수로 치환한 경우는 [표 13-6]과 같다.

【표 13-6】 더미변수의 변환

계절	더미 1	더미 2	더미 3
봄	0	0	0
여름	1	0	0
가을	0	1	0
겨울	0	0	1

이같이 더미변수를 이용해 명목측정인 계절의 효과를 일반적인 OLS 회귀분석으로 그 효과를 측정한다. 더미변수를 이용한 결과는 계절을 독립변수로 사용해 분산분석을 실시한 것과 같은 결과를 가져온다.

2. 변수의 변형을 통한 회귀분석

회귀분석은 모형 자체가 1차식으로 표시되어야만 한다. 그러나 원래의 관계식은 그렇지 않은 경우도 많다. 즉 원래의 함수가 지수함수의 형태로 이루어질 수도 있으며, 2차함수 이상의 식으로 나타날 수도 있다.

우선 지수함수를 회귀분석으로 해결하기 위해 다음과 같은 모형을 생각해보자.

$$Y = X^{\alpha} Z^{\beta}$$

이러한 경우에는 양변에 로그를 취해주면 1차식으로 나타낼 수 있고, 로그로 표현된 각각의 변수를 새로운 변수로 치환해 회귀분석을 행할 수 있다.

$$\log Y = \alpha \log X + \beta \log Z$$

변형식은 다음과 같다.

$$Y^* = \alpha X^* + \beta Z^*$$

$$(Y^* = \log Y,\ X^* = \log X,\ Z^* = \log Z)$$

또한 다음 식과 같이 2차 이상의 항을 포함하는 경우에는 이들 항을 각각 다른 변수로 치환해 이들의 관계를 알아낼 수 있다.

$$\begin{aligned} Y &= \alpha + \beta X + r\frac{X^2}{L_z} \\ &= \alpha + \beta X + rZ \end{aligned}$$

$$(Z = \frac{X^2}{L_z})$$

이상으로 회귀분석에 대한 중요한 개념을 살펴보았다. 회귀분석은 앞에서도 말한 것과 같이 모든 통계분석의 기초를 이루는 부분이다. 따라서 이 부분에 대해서는 완전한 이해가 이루어져야 하며, 이를 위해서 앞의 단순회귀분석에 나온 계산 과정과 각종 통계치가 의미하는 것이 무엇인지 정확히 알아야 할 것이다.

이 장의 요약

회귀분석은 한 개 또는 그 이상의 독립변수와 한 개의 종속변수 간의 관계를 파악하기 위한 기법이다.

과거의 자료를 사용해 독립변수와 종속변수 간의 관계를 설명하고 미래의 이 두 변수의 관계를 예측하는 데 그 목적이 있다.

그러므로 이러한 목적을 달성하기 위해서는 자료의 형태가 등간측정이나 비율측정으로 되어야 하지만 경우에 따라서는 명목측정으로 된 자료도 이용할 수 있다.

이 방법은 두 변수 간의 관계를 선형관계로 가정한다는 것이 중요한 점이다. 변수의 성격상 비선형관계이면 변수를 치환한 이후에 사용해야 한다. 이렇게 해서 얻은 독립변수와 종속변수의 계수는 유의도에 따라서 검정되어 완전한 식을 도출하게 된다.

사회과학에서는 항상 특정 변수 사이에 내재하는 관계의 파악에 연구의 중점을 두기 때문에 연구의 목적을 위해 가장 빈번하게 사용하면서도 검정력이 있는 통계기법이 바로 회귀분석이다.

회귀분석에는 하나의 독립변수와 종속변수만의 관계를 예측하려는 단순회귀분석과 하나의 종속변수와 여러 개의 독립변수와의 관계를 예측, 조사하려는 다중회귀분석이 있다.

단순회귀분석과 다중회귀분석의 설명력 또는 적합도를 나타내는 것으로 r^2이 이용되는데, 이는 전체의 분산 중에서 회귀선에 의해 설명되는 부분의 비율을 나타내는 것이다.

회귀분석 시에 고려해야 하는 여러 가지 사항이 있다. 첫째로는 횡단자료의 조사 시에 발생하는 것으로, 독립변수에 따라 잔차분포의 분산이 변하는 이분산을 고려해야 한다. 둘째로는 각 잔차 간의 상관관계를 나타내주는 연속상관을 고려해야 하고, 셋째로는 각 독립변수들 간에 완전하거나 강한 상관관계가 있을 경우에 발생하는 다중공선성의 문제를 고려해 회귀분석을 사용하고 결과를 해석해야 한다.

주요용어

단순회귀분석, 다중회귀분석, OLS, MAD, $\hat{Y}$, 기대치, 잔차, 최소제곱법, 신뢰구간, 유의도 검정, 결정적인(deterministic) 관계, 확률적인(probabilistic) 관계, 다중회귀분석, 부분계수, 회귀모수, 불편추정치, BLUE, 이분산, GLS, 연속상관, 더미변수, r^2

참고문헌

Cooper, Donald R. and Pamela S. Schindler (2001), *Business Research Methods*, McGraw-Hill Inc.

Johnston, J., *Econometric Methods*, 2nd ed. (1960), McGraw-Hill Kogakusha, Ltd., Tokyo.

Kim, J. O. and C. W. Mueller (1978), *Factor Analysis: Statistical Methods and Practical Issues*, Sage Publications.

Lewis-Beck, W. S. (1980), *Applied Regression: An Introduction*, Sage Publications, London.

Mosteller, F. and J. W. Turkey (1977), *Data Analysis and Regression*, Addison-Wesley, Canada.

Neter, J., W. Wasserman, and M. H. Kutner (1985), *Applied Linear Statistical Models*, 2nd ed., Irwin, Illinois.

Ostrom, Jr., C. W. (1978), *Time Series Analysis: Regression Techniques*, Sage Publications, London.

Theil, H. (1971), *Principles of Econometrics*, John Wiley and Sons, N. Y.

Wonnacott, R. J. and Wonnacott, T. H. (1978), *Econometrics*, 2nd ed., N, Y.

Zikmund, William G. (1997), *Business Research Methods*, fifth edition, Prentice Hall.

연습문제

1. 회귀분석의 의미 및 목적을 설명하시오.
2. 회귀분석과 판별분석, 분산분석, 요인분석, 군집분석을 비교해 논하시오.
3. OLS(Ordinary Least Squares)의 기본 가정을 들어보시오.
4. 단순회귀분석에 의한 계수(α, β)의 계산식 유도 과정을 기초통계학 책을 참조해 이끌어내 보시오.
5. r^2의 개념을 설명하시오.
6. 단순회귀분석이 갖는 한계성을 생각해보시오.
7. 월별 매출은 월별 광고비와 1차 함수관계에 있다고 보고 다음의 문제를 고려하시오.

(단위 : 100만 원)

매출	광고비
170	0
240	4
265	5
395	6

① 두 변수 간의 함수관계를 추정하시오.

② 적합도를 R^2값을 통해 평가하시오.

③ $H_0 : \beta=0$을 $\alpha=1\%$ 수준에서 검정하시오.

④ 광고비가 600만 원일 때 매출은 어느 정도가 되리라고 보는가?

⑤ 절편(α)에 대한 95% 신뢰구간을 설정하시오.

8. 다중공선성이란 무엇이며, 회귀분석 결과의 해석과 이용에 어떤 영향을 미치는가?

9. 회귀분석의 독립변수가 명목측정일 때, 독립변수와 종속변수 간의 관계가 선형이 아니라고 판단될 때는 어떤 모형을 사용할 수 있는가?

10. 이분산은 어떠한 자료를 조사할 때 나타나며, 분산을 알고 있는 경우와 알고 있지 못한 경우 어떻게 조정하는가?

11. 더미변수를 이용한 회귀분석은 어떤 경우에 사용되는가?

제 14 장

고급 통계

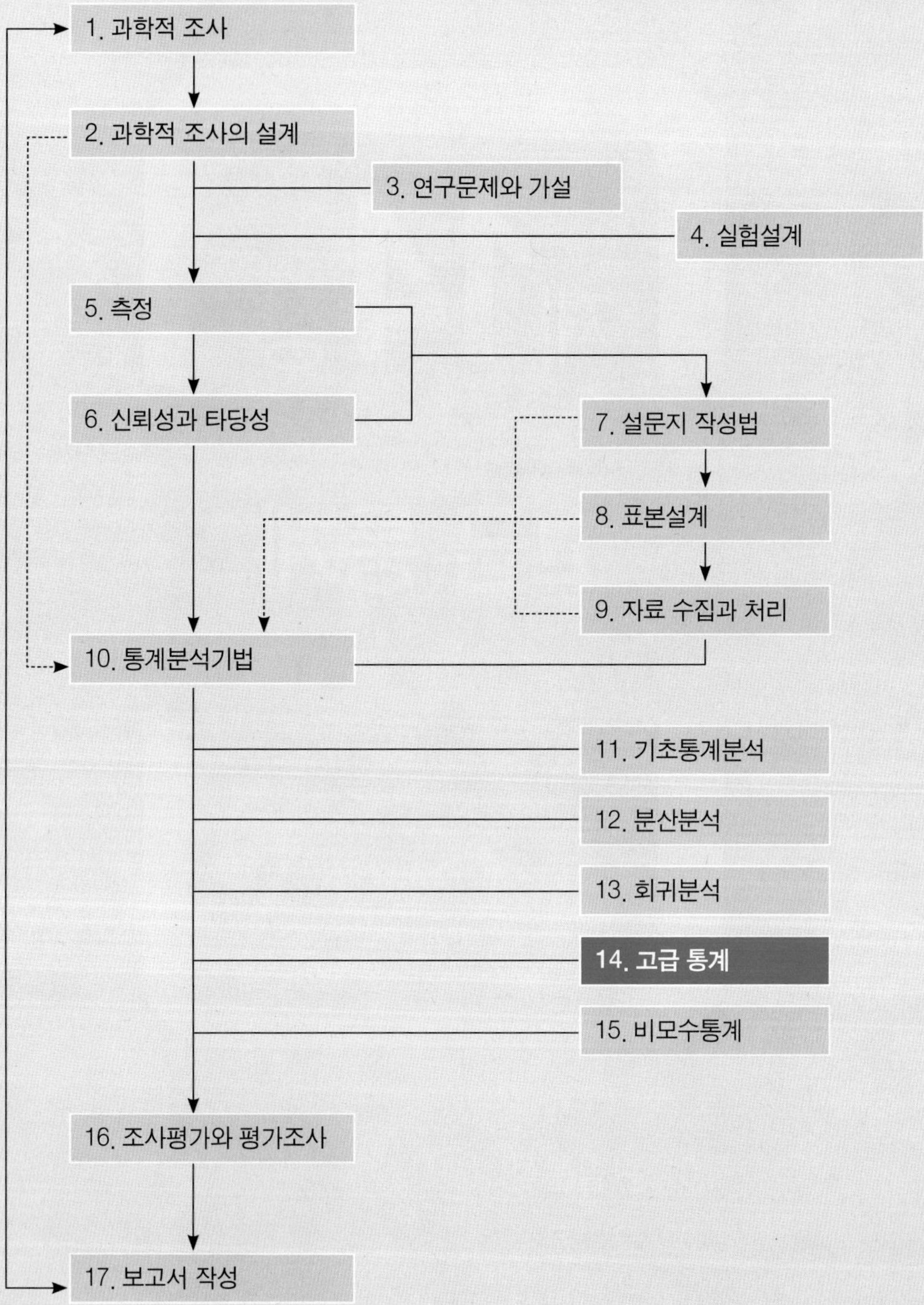
1. 과학적 조사
2. 과학적 조사의 설계
3. 연구문제와 가설
4. 실험설계
5. 측정
6. 신뢰성과 타당성
7. 설문지 작성법
8. 표본설계
9. 자료 수집과 처리
10. 통계분석기법
11. 기초통계분석
12. 분산분석
13. 회귀분석
14. 고급 통계
15. 비모수통계
16. 조사평가와 평가조사
17. 보고서 작성

01 판별분석

1. 판별분석의 의의

어떠한 사회조직이든 조직의 이해관계를 따지거나 의사 결정을 내릴 때는 대상자를 동질적인 집단으로 분류한 정보를 필요로 하는 경우가 많다. 예를 들어, 정당의 공천자 심사 담당자가 어떤 사람에게 공천을 해야 하고 어떤 사람에게 하지 말아야 할 것인지를 고민한다고 해보자. 이 경우 심사 담당자에게 공천 신청자들의 인적 사항이 담긴 자료가 있다면 그걸 활용하면 된다. 어떤 특성을 가진 사람이 지역구 활동을 잘했는지, 또는 어떠한 인적 사항을 가진 사람이 성공적인 정당 활동을 통해 당의 이미지를 높였는지에 대한 자료를 이용한다면 앞으로 어떤 사람에게 공천을 할 것인지 쉽게 결정할 수 있을 것이다.

다른 예로 은행에서 대출심사를 담당하는 직원이 대출 신청자들 가운데 과연 어떤 고객에게 대출 승인을 할 것인지를 고민한다고 해보자. 이때 담당 직원은 과거에 얻은 자료를 활용할 수 있다. 즉 어떤 특성을 가진 사람이 대출금의 원리금 상환을 잘했는지, 어떤 사람이 상환을 하지 않았는지에 대한 자료를 이용해 어떤 고객에게 대출을 할 것인지 결정할 수 있을 것이다.

판별분석은 이처럼 조사자가 기존의 자료를 이용해 집단을 분류할 경우 유용한 분석 기법이다.

피셔(Ronald Fisher)에 의해 개발된 판별분석은 이러한 문제를 해결하는 데 유용한 방법 중 하나로서, 계량적으로 측정된(등간측정이나 비율측정) 독립변수를 이용해 명목측정으로 측정된 종속변수(즉 집단의 분류)를 분류하는 방법이다. 회귀분석이나 분산분석과 같은 기법도 비슷한 목적을 위해 사용할 수 있으나, 회귀분석에서는 독립변수와 종속변수가 등간측정이나 비율측정이며, 분산분석은 독립변수가 명목측정이고 종속변수가 등간측정이나 비율측정이라는 차이점이 있다.

판별분석은 분류된 집단 간의 차이를 의미 있게 설명할 수 있는 독립변수를 찾아내고 이들의 선형결합(linear combination)으로 다음과 같은 판별식을 만들어 분류하고자 하는 각 대상의 특성을 대입해서 각 대상이 속하는 집단을 찾아내는 것을 목적으로 한다.

$$Z = W_1X_1 + W_2X_2 + W_3X_3 + \cdots\cdots + W_nX_n$$

여기에서 Z : 판별점수

W_i : i번째 독립변수의 가중치

X_i : i번째 독립변수

이러한 판별분석은 개별적인 변수만을 이용해 집단을 분류할 때보다 여러 개의 의미 있는 변수를 동시에 고려해 집단 간의 차이를 나타내주는 장점을 가지므로 보다 의미 있는 결과를 나타내는 경우가 많다. 판별분석에서의 귀무가설은 두 개의 집단 또는 그 이상의 집단 평균이 같다는 것이며, 이를 통계적으로 검정하는 절차를 갖는다. 집단들 간의 차이를 가장 의미 있게 설명하기 위한 기준으로 판별분석에서는 집단 내 분산에 대한 집단 간 분산의 비율을 사용하며, 이를 극대화하는 독립변수들의 선형결합을 판별식이라 한다.

판별분석을 적절히 활용하기 위해서는 몇 가지 기본 가정을 지키는 것이 바람직한데, 그 이유는 SAS, SPSS 등 대부분의 통계 패키지가 다음과 같은 가정하에 프로그래밍되어 있기 때문이다. 우선 분석 대상인 각 집단이 다변량정규분포(multivariate normality)를 이루어야 할 뿐만 아니라, 분포 및 공분산구조(dispersion and covariance structure)가 같아야 한다는 가정이다. 또한 분류(classification)의 정확성을 결정할 때도 모든 대상자에 대해 잘못 분류함으로써 생기는 비용(cost)이 동일하고 각 집단의 분포와 공분산구조도 알아야 한다는 가정이다.

이와 같이 효과적으로 판별분석을 적용하기 위해서는 지켜야 할 가정이 몇 가지 있는데, 지금까지 경험적인 연구 결과에 따르면 판별분석은 다른 몇 가지 분석기법에 비해 이러한 가정의 위배에서 발생하는 문제점이 큰 것으로 나타났다. 그러므로 효과적인 판별분석을 하기 위해서는 기본 가정에 대한 검정이 선행되어야 한다.

2. 판별분석의 개념

판별분석의 개념을 보다 쉽게 이해하기 위해 가장 간단한 두 집단의 경우 두 개의 독립변수를 사용한 예를 들어보자. 즉 두 개의 집단 A와 B가 있고, 각 대상은 X_1과 X_2 두 개의 독립변수로 측정했다고 하자. 이 결과가 [그림 14-1]에 나타나 있다.

【그림 14-1】

두 집단의 판별분석 도해

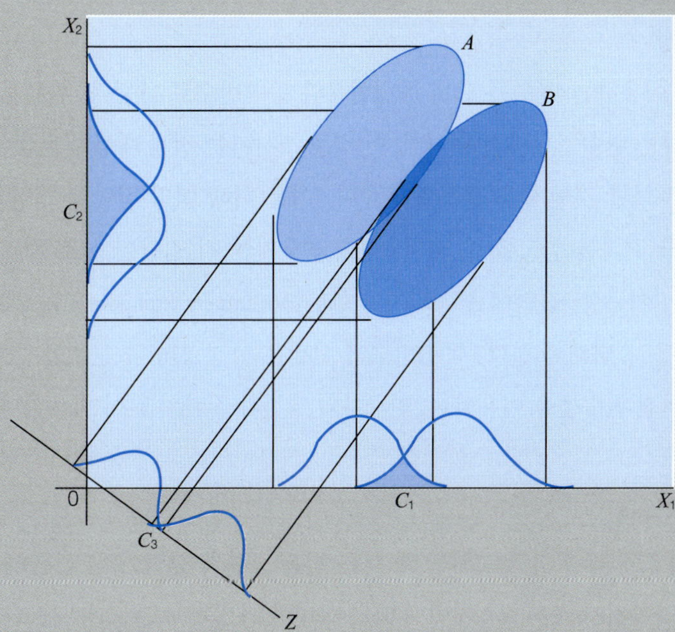

[그림 14-1]에서 보듯이 A, B 두 집단을 X_1 변수 하나만으로 분류할 경우에는 C_1만큼의 중복이 생기며(중복된 부분은 A와 B 중에서 어느 부분에 속하는지 구별되지 않게 된다), X_2 변수만으로 두 집단을 분류할 경우에는 C_2만큼의 중복이 생기나 X_1과 X_2의 선형결합인 Z(판별식)라는 새로운 변수를 이용해 두 집단을 분류하면 C_3만큼의 중복밖에 생기지 않는다. 즉 원래 변수들인 X_1과 X_2의 선형결합으로 만들어진 판별식 Z가 두 집단을 분류하는 데 최적의 식이 되며, 그림으로는 중복되는 부분을 최소화해주는 판별식을 찾는 과정이라 할 수 있다.

판별분석의 목적을 보다 세분해보면 다음과 같다.

① 각 대상의 소속 집단을 파악해주는 판별식을 찾아낸다.

② 대상을 집단으로 분류하는 데 의미 있는 독립변수들이 어떠한 것인지 알려준다.

③ 각 집단 간에 의미 있는(통계적으로 유의한) 차이가 있는지 알려준다.

④ 판별식을 이용해 새로운 한 대상을 어느 집단으로 분류할 것인지 예측한다.

3. 판별분석의 절차

(1) 변수의 선정

판별분석에서 이용하는 변수는 크게 독립변수와 종속변수로 나뉜다. 판별분석에서 우선 고려해야 하는 변수는 종속변수이며, 이 경우 조사자는 전체 대상자를 몇 개의 집단으로 나누어 분석할 것인지를 결정해야 한다. 이를 위해 미리 집단에 대한 연구를 하거나 다른 연구 결과를 참고할 수 있다. 이때 연구자는 각 집단이 상호 배타적이어야 하고 어느 대상이든 한 집단에 소속되어야 한다는(mutually exclusive and collectively exhaustive) 원칙을 유념해야 한다. 독립변수의 선정은 사전 연구나 문헌을 통해 의미 있는 것으로 밝혀진 변수들을 이용하며, 연구자의 경험과 직관이 많이 작용한다.

(2) 표본의 선정

판별분석을 이용할 때 주의해야 하는 또 다른 점은 표본의 선정이다. 표본의 선정이나 추출 과정은 일반적인 표본추출기법에 따라야 하나 판별식의 산정과 판별식의 타당성 검정 시에는 다음과 같은 점을 주의해야 한다. 전체표본을 이용해 판별식을 구하고 얻어진 판별식이 의미 있는지 검정하기 위해 다시 전체표본을 이용하면 이 식은 실제보다 훨씬 의미 있는 것으로 나타나게 된다. 즉 분석표본(analysis sample)과 유보표본(holdout sample)을 분리하지 않고 같은 표본으로 사용할 경우 판별식이 실제로 나타나야 되는 값보다 훨씬 의미 있는 것으로 나타난다. 그렇기 때문에 일반적으로 연구자는 전체표본을 분석표본과 유보표본으로 나눈 뒤 분석표본을 사용해 판별식을 유도하며, 유보표본을 사용해 판별식의 타당성을 검토한다.

(3) 판별식의 수 결정

판별분석에서 하나의 판별식만으로 전체 집단을 정확하게 구분할 수 있다면 이상적이지만, 집단의 수나 독립변수의 수가 많아지면 판별분석으로 얻는 판별식의 수가 많아지게 된다. 판별분석에서 얻게 되는 판별식의 수는 다음과 같다.

$$판별식의\ 수=\min\{g-1, p\}$$

여기에서 g : 집단의 수

p : 독립변수의 수

즉 $g-1$과 p 중에서 작은 수만큼의 판별식이 생기는 것이다. 예를 들어, 세 개의 집단이 있고 다섯 개의 독립변수가 있다면 $\min\{(3-1), 5\}$는 2로서 판별식은 두 개가 생기게 된다. 그러나 첫 번째로 얻은 판별식이 가장 집단을 잘 구별하게 해준다.

4. 판별분석의 사례

(1) 연구문제

A 자동차회사는 30~40대 직장인 남성을 대상으로 레저용 차량에 대한 구매 계획을 가지고 있는 사람과 그렇지 않은 사람의 특성을 파악하기 위해 [표 14-1]과 같은 설문조사를 했다. 종속변수는 레저용 차량 구매 의도 집단과 비구매 의도 집단의 두 그룹으로 나누었으며, 독립변수로는 가족 수, 월급, 여행 빈도 등을 고려했다. 설문조사 결과는 [표 14-2]와 같다.

(2) 판별식의 도출

1) 독립변수의 선택 방법

판별식에 포함될 독립변수를 선택하는 방법에는 동시투입방식과 단계적 투입방식이 있다. 동시투입방식은 독립변수를 한꺼번에 모두 투입해 판별식을 도출하는 방법이며, 단계적 투입방식은 중요한 변수부터 차례로 투입하는 방법이다. 단계적 투입방

【표 14-1】 판별분석을 위한 설문지

[문 1] 귀하는 향후 2년 내 레저용 차량에 대한 구매 계획을 가지고 있습니까?
① 그렇다 ② 아니다

[문 2] 귀하의 가족은 몇 명입니까? ( ) 명

[문 3] 귀하는 월평균 몇 번 정도 여행을 가십니까? ( ) 번

[문 4] 귀하의 월평균 임금은 얼마입니까? ( ) 만 원

【표 14-2】 설문의 결과

ID	집단	가족 수	여행 빈도	월급	ID	집단	가족 수	여행 빈도	월급
1	1	3	4	230	16	2	3	2	220
2	1	5	4	300	17	2	5	4	230
3	1	4	3	210	18	2	3	4	140
4	1	4	3	240	19	2	3	4	250
5	1	4	5	230	20	2	3	2	150
6	1	5	4	250	21	2	3	4	130
7	1	4	4	240	22	2	2	1	180
8	1	3	4	200	23	2	3	1	130
9	1	5	5	260	24	2	4	1	230
10	1	3	2	190	25	2	2	3	260
11	1	2	5	250	26	2	3	2	150
12	1	5	3	300	27	2	4	1	190
13	1	4	4	240	28	2	3	1	160
14	1	5	4	230	29	2	2	4	170
15	1	4	3	210	30	2	3	3	180

식을 이용해 변수를 평가하는 기준으로는 일반적으로 윌크스의 람다(λ)값을 사용한다. 람다값은 집단 내 분산을 총분산으로 나눈 값으로, 집단 간 분산이 집단 내 분산에 비해 상대적으로 커질수록 람다값이 작아진다. 따라서 변수를 선택할 때 람다값이 가장 작은 변수, 즉 집단 간 판별력이 가장 큰 변수부터 투입하며, 남아 있는 변수들의 F값이 정해진 기준값 이하가 될 때까지 계속한다.

[표 14-3]은 단계적 투입방식에 의한 변수 선택 결과를 보여준다. 1단계에서 월급이 투입되었고, 2단계에서 여행 빈도가 추가되었으며, 판별식도 유의함을 알 수 있다. 그러나 가족 수는 정해진 기준에 미치지 못해 분석에서 제외됐다.

【표 14-3】 변수 투입/제거

단계	투입	윌크스의 람다							
		통계량	자유도 1	자유도 2	자유도 3	F값			
						통계량	자유도 1	자유도 2	유의확률
1	월급	.650	1	1	28.000	15.103	1	28.000	.001
2	여행 빈도	.559	2	1	28.000	10.658	2	27.000	.000

2) 판별식의 수

판별식에서 최대로 도출할 수 있는 판별식의 수는 집단의 수보다 하나 작은 값과 독립변수의 수 중 작은 수만큼 생기게 된다. 본 사례의 경우에는 집단이 두 개, 독립변수가 세 개이므로 하나의 판별식이 도출된다.

3) 판별식의 유의성 검증

도출된 판별식이 모두 유의한 것은 아니므로 판별식이 집단 간 차이를 잘 판별하는지, 통계적으로 유의한 차이가 있는지에 대한 검정을 해야 한다. 사례에서는 하나의 판별식이 도출되었으며, 이 판별식이 유의한지는 정준상관계수(canonical correlation coefficient)와 윌크스의 람다값을 통해 검정할 수 있다. 정준상관계수는 판별점수와 집단 간의 상관관계를 나타내는 것으로, 그 값이 클수록(1에 가까울수록) 판별식의 설명력이 높음을 의미한다. 여기서 정준상관계수를 제곱하면 $(0.664)^2=0.441$로서, 이 판별함수에 의해 종속변수의 44.1%가 설명될 수 있다는 것을 의미한다. [표 14-4]에는 윌크스의 람다를 자유도를 고려해 χ^2분포상의 값으로 변환한 값과 그 유의수준이 제시되어 있는데, 이를 통해서도 판별식이 유의한 것을 알 수 있다.

(3) 판별식의 해석

1) 분류함수(피셔의 판별식)

분류함수(classification function)는 집단별로 집단의 수만큼 도출된다. 표본마다 집단별로 함수 값이 계산되고, 그중에서 가장 큰 값을 가지는 집단으로 분류된다.

[표 14-5]는 피셔의 판별함수를 보여준다. 이를 통해 집단별 분류함수는 다음과 같이

【표 14-4】 고유값과 윌크스의 람다

고유값

함수	고유값	분산의 %	누적 %	정준상관
1	.789[a]	100.0	100.0	.664

a. 첫번째 1 정준판별함수가 분석에 사용되었습니다.

윌크스의 람다

함수의 검정	윌크스의 람다	카이제곱	자유도	유의확률
1	.559	15.712	2	.000

【표 14-5】 분류함수 계수

	레저카 구매 의도	
	구매 의도	비구매 의도
여행 빈도	2.158	1.268
월급	.153	.121
(상수)	−23.106	−13.416

피셔의 선형판별함수

도출할 수 있다.

구매 의도 집단의 분류함수: 2.158×여행 빈도+0.153×월급−23.106

비구매 의도 집단의 분류함수: 1.268×여행 빈도+0.121×월급−13.416

응답자 1(여행 빈도=4, 월급=230)의 예를 사용해 집단별 분류값을 구하면, 구매 의도 집단의 분류값은 20.716이며, 비구매 의도 집단의 분류값은 19.486이다. 따라서 응답자 1은 보다 큰 값을 가지는 구매 의도 집단으로 분류된다.

2) 비표준화된 정준판별함수

비표준화된 정준판별함수(unstandardized canonical discriminant function)를 이용해 집단을 분류하는 방법은 다음과 같다. 첫째, 판별함수에 표본들의 독립변수 값을 대입해 집단별 평균판별점수를 구한다. 둘째, 평균판별점수를 이용해 집단을 가르는 경계점을 구한다. 셋째, 개별 표본의 판별점수와 경계점을 비교해 집단을 분류한다.

【표 14-6】 비표준화된 정준판별함수

	함수
	1
여행 빈도	.518
월급	.019
(상수)	−5.645

【표 14-7】 표준화된 정준판별함수

	함수
	1
여행 빈도	.572
월급	.723

[표 14-6]을 통해 다음과 같은 판별식을 구할 수 있다.

$$판별점수=0.518\times 여행\ 빈도+0.019\times 월급-5.645$$

앞에서 이용한 응답자 1의 판별점수를 구하면 다음과 같다.

$$응답자\ 1의\ 판별점수=0.518\times 4+0.019\times 230-5.645=0.797$$

이렇게 각 집단의 중심점을 구하면, 구매 의도 집단이 0.858, 비구매 의도 집단이 −0.858이며, 경계점은 0이 된다. 따라서 응답자 1의 판별점수는 0보다 크므로 구매 의도 집단에 속하게 된다.

3) 표준화된 정준판별함수

표준화된 정준판별함수(standardized canonical discriminant function)의 계수를 통해서는 각 독립변수들이 집단을 판별하는 데 얼마나 기여하는지 알 수 있다. 즉 표준화된 판별계수는 독립변수의 상대적 중요성을 나타낸다. 본 사례에서는 월급의 설명력이 가장 크다고 할 수 있다.

(4) 판별식의 타당성 평가

【표 14-8】 Box's Test를 이용한 공분산의 동질성 검정

Log Determinants

집단	Rank	Log Determinant
그렇다	2	6.511
아니다	2	8.061
Pooled within-groups	2	7.443

The ranks and natural logarithms of determinants printed are those of the group covariance matrics.

Test Results

Box's M		4.376
F	Approx.	1.346
	df1	3
	df2	141120.000
	Sig.	.257

Test null hypothesis of equal population covariance matrices.

판별분석은 다변량정규분포를 가정하며, 각 집단의 공분산(covariance)이 같다는 가정하에서만 성립한다. 공분산이 같다는 가정을 검정하기 위해 박스 테스트(Box's Test)를 실시한 결과는 [표 14-8]에 나타나 있다.

박스 테스트는 공분산 행렬의 값(determinant)을 이용하며, 다변량정규분포의 가정에 매우 민감하다. 예에서는 유의수준이 0.257로 집단 간 차이가 없어 집단들의 분산이 동질적임을 알 수 있다.

집단들의 분산이 동질적임을 확인한 후 연구자는 판별식이 실제의 집단을 얼마나 정확히 분류해주는지 평가해야 한다. 즉 응답자가 실제로 속한 집단과 판별식에 의해 분류된 집단의 일치 정도를 통해 판별식의 타당성을 평가한다. 이를 위해 분류표를 이용해 적중률(hit ratio)을 계산한다.

이때 판별식의 타당성 검정을 위해 표본 선정에 유의해야 한다. 일반적으로 전체표본을 분석표본과 유보표본으로 나눈 뒤, 분석표본을 사용해 판별식을 유도하고 유보표본을 통해서는 판별식의 타당성을 검토하게 된다.

【표 14-9】 판별식의 타당성 검정을 위한 집단 분류

ID	실제 선택	예상 선택	판별 점수	집단 1로 분류될 확률	집단 2로 분류될 확률
1	1	1	0.797	0.797	0.203
2	1	1	2.127	0.975	0.025
3	1	2	−0.101	0.457	0.543
4	1	1	0.469	0.691	0.309
5	1	1	1.316	0.905	0.095
6	1	1	1.177	0.883	0.117
7	1	1	0.987	0.845	0.155
8	1	1	0.228	0.596	0.404
9	1	1	1.886	0.962	0.038
10	1	2	−0.999	0.153	0.847
11	1	1	1.696	0.948	0.052
12	1	1	1.609	0.941	0.059
13	1	1	0.987	0.845	0.155
14	1	1	0.797	0.797	0.203
15	1	2	−0.101	0.457	0.543
16	2	2	−0.429	0.324	0.676
17	2	1	0.797	0.797	0.203
18	2	2	−0.912	0.173	0.827
19	2	1	1.177	0.883	0.117
20	2	2	−1.759	0.047	0.953
21	2	2	−1.102	0.131	0.869
22	2	2	−1.707	0.051	0.949
23	2	2	−2.657	0.010	0.990
24	2	2	−0.758	0.214	0.786
25	2	1	0.849	0.811	0.189
26	2	2	−1.759	0.047	0.953
27	2	2	−1.517	0.069	0.931
28	2	2	−2.087	0.027	0.973
29	2	2	−0.342	0.357	0.643
30	2	2	−0.671	0.240	0.760

판별식의 타당성 검정을 위해 각 응답자의 실제 선택과 예상 선택을 비교해보면 [표 14-9]와 같다. 실제 선택과 판별식을 이용한 예산 선택 사이의 정확도를 보면 전체 응답자 30명 가운데 실제 선택과 예상 선택이 다른 응답자는 여섯 명이다. 그러므로 판별식의 정확도는 $\frac{24}{30} \times 100 = 80\%$다. 이러한 결과는 분류표(classification table)에서도 동일하게 알 수 있다. [표 14-10]의 분류 결과를 볼 때, 본 판별함수는 구매 의도 집단 15명 중 12명을 판별할 수 있으며(80%), 비구매 의도 집단 15명 중 역시 12명을 판별할 수 있다(80%). 따라서 총 80%의 적중률을 보인다.

일반적으로 적중률만 보고 분석이 잘되었는지 아닌지는 알 수 없으며, 이를 파악하기 위해 C_{max}와 C_{pro}라는 두 가지 기준을 사용한다. C_{max}는 전체집단을 표본 수가 가장 많은 하나의 집단으로 분류했을 경우의 적중률을 말하며, 바보의 분류(dummy's classification)에 의한 기준이라 하기도 한다. C_{pro}는 각 대상을 무작위로 집단의 크기에 의한 사전 확률에 따라 분류했을 경우의 적중률을 말한다. C_{max}, C_{pro}를 구하는 식은 다음과 같다.

$$C_{mas} = \frac{\text{최대빈도 집단의 표본 수}}{\text{전체표본 수}}$$

$$C_{pro} = \sum_{i=1}^{n} \left(\frac{\text{집단 } i \text{의 빈도 수}}{\text{전체표본 수}} \right)^2$$

가상적인 예에서 적중률, C_{max}, C_{pro}는 [표 14-11]과 같다.

일반적으로 $(1-C_{pro})$나 $(1-C_{max})$를 판별식에 의해 증가시킬 수 있는 적중률이라 할

【표 14-10】 분류 결과[a]

레저카 구매 의도			예측 소속 집단		전체
			구매 의도	비구매 의도	
원래 값	빈도	구매 의도	12	3	15
		비구매 의도	3	12	15
	%	구매 의도	80.0	20.0	100.0
		비구매 의도	20.0	80.0	100.0

a : 원래의 집단 케이스 중 80.0%가 올바로 분류되었습니다.

때 판별식에 의해 적중률이 얼마나 더 분류를 잘했는지는 이들을 기준으로 판단한다. (A)의 경우 C_{max}에 의하면 (0.8−0.5)/(1−0.5), 즉 60% 정도가 판별식에 의해 증가된 부분이며, 이때 C_{pro}에 의한 기준 역시 동일하다. (B)의 경우 C_{max}에 의하면 (0.95−0.95)/(1−0.95)인 0%의 증가이고, C_{pro}에 의한 기준은 (0.95−0.905)/(1−0.905)인 47.4% 정도의 증가를 보이므로, 어떤 기준을 사용하더라도 (A)의 판별분석이 (B)보다 더 잘되었다고 할 수 있다.

앞의 분석의 예(A)에서 C_{max}나 C_{pro}가 모두 0.5이고, 적중률은 유보표본의 경우가 0.8이므로 판별분석이 의미 있다 할 수 있다. 적중률이 C_{pro}나 C_{max}보다 어느 정도 커야 의미 있는 것으로 볼 수 있는지에 대해서는 조사자의 조사학문 영역, 조사의 정확성이 필요한 정도, 조사 상황 등에 따라 조금씩 차이가 있으나 일반적으로 사회과학 분야에서는 적중률이 C_{pro}나 C_{max}보다 20~30% 정도 커야 의미 있는 것으로 받아들인다.

마지막으로, 판별분석에서 유의할 점은 각 집단 간의 표본 수다. 어느 통계기법에서도 표본 수가 많을수록 그 결과의 신뢰도가 증가하나 판별분석의 경우에는 가장 작은 집단의 표본 수가 판별분석의 유효표본 수의 역할을 한다. 따라서 같은 표본 수를 이용해 판별분석의 판별력을 증가시키기 위해서 각 집단의 표본 수가 같도록 표본설계를 하는 것이 바람직하다.

【표 14-11】 분류표의 가상 예

(A)

		예측 집단 1	예측 집단 2	
실제 집단	1	80	20	100
	2	20	80	100
		100	100	

(B)

		예측 집단 1	예측 집단 2	
실제 집단	1	925	25	950
	2	25	25	50
		950	50	

	(A)	(B)
적중률	(80+80)/(100+100)=0.8	(925+25)/(950+50)=0.95
C_{max}	100/200=0.5	950/1,000=0.95
C_{pro}	$(0.5)^2+(1-0.5)^2=0.5$	$(0.95)^2+(1-0.95)^2=0.905$

02 요인분석

사회과학자는 여러 개념 사이의 관계를 밝혀내기 위해 노력하지만, 구체적으로 관계를 밝히고자 하는 개념들이 어떠한 요인(factor)으로 구성되는지 알지 못하면 개념 간의 관계를 밝혀내는 것이 힘들어진다. 이럴 경우 개념 파악을 위해 많이 사용하는 분석기법이 요인분석이다. 요인분석은 여러 변수들 간의 상관관계를 기초로 하여 많은 변수들 속에 존재하는 체계적인 구조를 찾으려는 기법으로, 이를 통해 연구자에게 변수의 형태로 주어진 많은 정보를 쉽고 간단하게 보다 적은 수의 요인으로 제시해준다. 요인분석이 적용될 수 있는 예를 들어보면 다음과 같다.

◈ 요인분석 적용의 예 ◈

[예 1] 신문사의 편집자는 독자가 기사를 읽는 행태에 많은 관심을 갖는데, 그 이유는 독자의 관심이 높은 칼럼은 유지 또는 늘리고, 그렇지 않은 것은 축소 또는 삭제하기 위해서다. 기존의 독자 조사에서 주로 사용한 방법은 기사 내용을 유형별(정치, 경제, 사회 등)로 나누어 각 항에 대한 관심도를 측정하는 것이었는데, 이 방법은 여러 기사에 함께 관심을 갖는 경우를 고려하지 않으므로 최근에는 요인분석을 이용해 기사가 함께 읽히는 정도를 파악하는 방법을 사용한다.

[예 2] K기업의 마케팅 담당자 J씨는 기업의 이미지가 자사의 제품 선호에 어느 정도의 영향을 미치는지 조사하고자 한다. 그런데 기존 문헌에서 기업 이미지가 어떤 차원으로 구성되는지 분명히 나타나 있지 않아, J씨는 기업 이미지의 구성요소로 판단되는 여러 변수에 대한 자료를 이용해 요인분석을 실시하고 기업 이미지의 주요 구성요인을 추출해내려 한다.

[예 3] 교육학자 M씨는 수업의 환경적 요소와 아이들의 수업 만족도 사이의 관계를 파악하기 위해 설문조사를 실시하여 수업 만족도에 관련된 다수의 문항에 대한 응답을 얻어냈다. 기존 문헌에 따르면 설문조사에서 사용된 문항들은 몇 가지 주요 요인으로 묶이므로, M씨는 조사 자료를 이용한 요인분석을 통해 자료의 측정상 타당성을 검정할 수 있다.

1. 요인분석의 의의

요인분석(factor analysis)은 다변량통계기법 중의 하나로, 다수 변수들 간의 상관관계를 기초로 많은 변수 속에 내재하는 체계적인 구조를 발견하기 위한 기법이다. 이를 통해 연구자에게 변수의 형태로 주어진 많은 정보를 쉽고 간단하게 보다 적은 수의 요인으로 제시해준다. 물론 이러한 과정에서 원래의 변수가 갖고 있는 분산은 가능한 한 그대로 유지해 정보의 손실을 극소화해야 한다. 요인분석은 연구를 할 때 빈번히 발생하는 과다 정보의 문제를 해결해주고 전체적인 자료의 성격을 파악할 수 있게 해줌으로써 널리 이용되는 다변량통계기법 중의 하나라고 할 수 있다.

(1) 요인분석의 목적

요인분석은 변수들 간의 상관관계를 이용해 서로 유사한 변수끼리 묶기 위한 방법이다. 상관관계가 높은 변수끼리 동질적인 몇 개의 집단으로 묶어주기 때문에 다음과 같은 목적이 있을 때 사용한다.

① 일련의 변수 집합들 속에 내재한 몇 개의 공통된 요인을 밝혀내고 변수들 내에 존재하는 상호 독립적 차원을 발견하는 데 이용된다. 예를 들면, 신문 구독자가 정기구독 할 신문을 결정할 때 어떠한 요인을 고려하는지 알아보기 위한 경우를 들 수 있다. 이 경우 우선 응답자에게 신문 정기구독 결정 시 고려할 것으로 예상되는 신문의 가격, 명성, 기사 내용 등 수십 개의 항목을 제시하고 각 항목에 대해 중요도를 평가하게 한다. 평가한 자료를 이용해 요인분석을 실시함으로써 수십 개의 항목을 몇 가지 동질적인 개념(요인)으로 묶어낸다. 이와 같은 방식을 R-타입(type) 요인분석이라고 하며, 이것은 자료의 요약 및 변수의 구조 파악에 주로 이용된다.

② 대상 응답자 내에 있는 상이한 특성을 갖는 개인을 서로 동질적인 몇 개의 집단으로 나누는 데 이용된다. 이는 군집분석과 유사한 방법으로서 Q-타입 요인분석이라고 한다. R-타입 요인분석이 평가 항목을 동질적인 몇 개의 집단으로 나누는 반면에, Q-타입 요인분석은 평가자를 동질적인 집단으로 묶어낸다는 점에서 차이가 있다.

③ 요인분석은 앞의 예 3과 같이 측정도구의 타당성을 평가하는 데도 사용할 수 있

다. 연구자가 어떤 개념을 여러 가지 변수를 사용해 측정했을 때 요인분석 결과에서 하나의 요인으로 묶이는 변수들은 측정의 타당성이 있다고 볼 수 있으며, 그렇지 않은 변수들은 상이한 개념을 측정하는 변수로 간주하고 다음 조사에서 제거할 수 있다.

④ 회귀분석이나 판별분석 등과 같은 추가 분석을 실시할 때, 수많은 변수로 인해 다중공선성과 같은 문제로 분석기법 사용에 어려움이 많을 수 있다. 이러한 추가 분석을 용이하게 하기 위해 여러 개의 변수를 소수의 새로운 요인으로 축소하고 각각의 요인이 독립적이 되게 하기 위해 요인분석을 이용할 수 있다. 예를 들어, 특정 신문의 이미지가 구독자의 신문 선택에 영향을 미치는지 알아보기 위한 조사를 시행한다고 하자. 이때 신문의 이미지를 형성하는 데 관련된 모든 변수를 이용해 회귀분석을 시행하면 변수의 수가 너무 많아 비효율적일 뿐 아니라, 많은 변수 중 몇 가지를 골라낸다는 것이 무의미할 수 있다. 따라서 요인분석 결과 나온 요인점수(factor score)를 새로운 변수의 값으로 간주해 회귀분석을 하면, 분석이 용이해질 뿐 아니라 모든 변수를 사용해 분석을 한 경우보다 의미 있을 수 있다.

(2) 요인분석의 분류

일반적으로 요인분석은 크게 다음의 네 가지 기준에 따라 분류된다.

① 상관관계행렬(correlation matrix)과 분석 대상에 따른 분류

② 회전(rotation) 방법에 따른 분류

③ 요인의 추출 모델에 따른 분류

④ 분석의 목적에 따른 분류

이제 이러한 요인분석의 분류 내용을 보다 상세히 살펴보기로 한다.

1) 분석 대상에 따른 분류

이는 요인분석을 실시해 그 관계를 알려는 대상이 변수인지 혹은 표본인지에 따른 분류다. 즉 변수들 간의 상관관계를 이용해 변수를 요인으로 분류하느냐 아니면 표본을 일정한 기준에 따라 분류하느냐에 따라 나누는데, 전자를 R-타입 요인분석, 후자를 Q-타입 요인분석이라고 한다. Q-타입 요인분석은 상관계수를 입력 자료로 한 군집분석과 성격이 비슷하나 다음과 같은 문제점을 갖고 있어 실제로는 군집분석이 더 선호

된다(Walter, 1979).

일반적으로 분석을 할 때 변수의 수보다 표본 수가 훨씬 많은 경우가 많으며, 요인분석은 분석 대상자 수가 많아짐에 따라 변수들 간의 상관관계 산출 시 훨씬 많은 과정이 필요하기 때문에 많은 표본을 대상으로 요인분석을 할 경우 컴퓨터 프로세스 시간이 과다하게 드는 등의 불편을 겪게 된다. Q-타입 요인분석 시 얻어지는 요인이 표본의 변화에 따라 민감하게 변화함으로써 요인의 일반화에 문제가 발생하게 된다.

2) 회전 방법에 따른 분류

변수를 요인으로 묶어낼 때 요인 간의 독립성을 유지한 상태에서 해를 개선하는 직각회전(orthogonal rotation)과 요인들 간의 상관관계를 어느 정도 가정하거나 요인이 독립적이라고 보기 힘든 경우에 사용하는 비직각회전(oblique rotation)이 있다.

3) 요인의 추출 모델에 따른 분류

요인분석 시 사용되는 모델에 따라 PCA(principal component analysis), CFA(common factor analysis), PFA(principal factor analysis), ML(maximum likelihood), GLS(generalized least square) 등의 방식이 있는데, 이 중 일반적으로 PCA와 CFA가 가장 많이 사용된다. PCA는 정보의 손실을 최대한으로 줄이면서 수많은 변수를 가능한 한 적은 수의 요인으로 줄이는 데 목적이 있고, CFA는 변수들 간에 존재하는 구조를 파악하는 데 목적이 있는데, 자료의 분산 중 어느 부분을 계산에 활용하느냐에 따라 계산 절차상의 차이가 있다. 즉 PCA는 자료의 분산 중 변수 고유분산(variable specific variance), 공통분산(common variance), 오차분산(error variance)을 모두 분석에 사용하지만, CFA는 이들 중 공통분산만을 이용한다. 따라서 공통분산의 비중이 크고 오차분산이나 고유분산이 적을 때는 CFA를 사용하고, 오차분산이나 고유분산이 크거나 또는 이에 대한 지식이 거의 없을 때는 PCA를 이용하는 것이 바람직하다.

4) 분석 목적에 따른 분류

요인분석은 분석의 목적에 따라 크게 탐색적(exploratory) 요인분석과 확인적(confirmatory) 요인분석으로 나뉜다. 우리가 보통 이용하는 요인분석은 대개 탐색적 요인분석인데, 이는 원래의 방대한 자료를 가능한 한 줄여서 중요한 요인을 추출해내는 데 목적이 있다. 확인적 요인분석은 요인을 추출해내기는 하지만, 분석의 초점은 추출해낸 요인이 과연 원래의 모집단을 대표하는가 하는 것이다. 따라서 확인적 요인분석의 경우는 사전에 관련 문헌의 고찰 등을 통해서 모집단의 성격을 파악할 수 있어야 하는데, 앞에서 요인분석의 목적에 언급한 측정도구의 타당성 검정 등의 예가 이 경우에 속한다고 할 수 있다.

2. 요인분석의 절차

요인은 기본적으로 다음과 같은 변수들 간의 선형결합이다.

$$F_i = a_1X_1 + a_2X_2 + a_3X_3 + \cdots\cdots + a_nX_n$$

F_i : i번째 요인 a_n : n번째 계수 X_n : n번째 변수 n : 변수와 계수의 수

요인분석이란 이러한 방법을 통해 수많은 변수를 가능한 한 적은 수의 요인으로 분류하려는 것이다. 예를 들어, 일곱 개의 변수가 몇 가지 요인으로 분류된 경우를 보면 다음과 같다.

	X_1	X_2	X_3	X_4	X_5	X_6	X_7
$F_1=$	a_1X_1			$+a_4X_4$	$+a_5X_5$		
$F_2=$		a_2X_2	$+a_3X_3$			$+a_6X_6$	
$F_3=$							a_7X_7

위에서 보는 바와 같이 변수 1, 4, 5는 요인 1에 의해 설명되고 변수 2, 3, 6은 요인 2에 의해 설명된다. 그리고 요인 1, 2에 의해서 설명되지 않는 변수 7은 따로 하나의 요인 F_3으로 설명되도록 분리되어 있다. 수정 과정을 보다 체계적으로 설명하기 위해 요인분석의 전체적인 흐름을 [그림 14-2]를 이용해 구체적으로 살펴보기로 하자.

1) 연구문제

연구문제와 관련된 변수의 선정은 가능하면 모든 변수를 포함하는 것이 좋지만, 몇

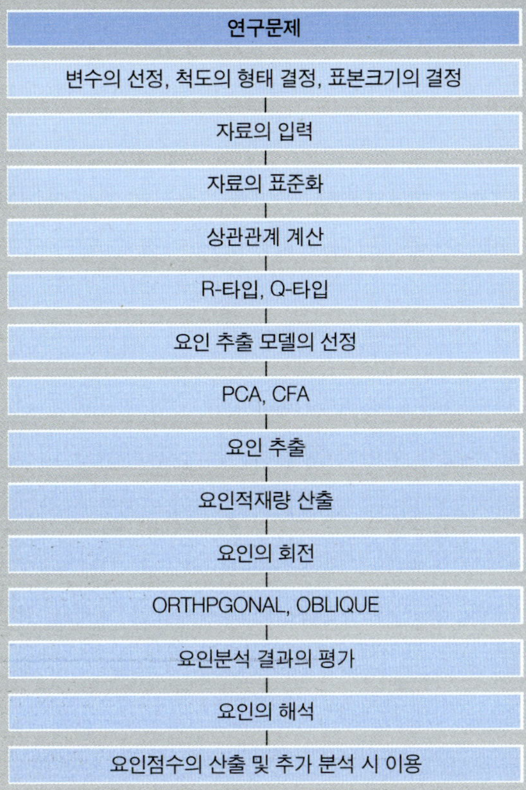

【그림 14-2】 요인분석의 수행 절차

가시 고려해야 할 사항이 있다. 일반적으로 요인분석 시 표본 수는 변수 수의 3~4배 이상이 되어야 추출되는 요인이 안정적이기 때문에 변수의 수가 늘수록 그만큼 더 많은 표본을 확보해야 하는 어려움이 따르고, 컴퓨터를 이용해 통계처리를 할 때도 분석하는 시간이나 비용이 훨씬 많이 소요된다.

요인분석 실행 시 변수의 측정은 메트릭(metric) 자료를 이용해야 하는데, 요인분석이 변수들 간의 상관관계 분석에 기초해 이루어지기 때문이다. 표본 수는 일반적으로 50개 이하면 요인분석을 행하지 않는 것이 좋으며, 최소한 100개 이상 되는 것이 바람직하다. 또한 앞에서 언급했듯 변수 수의 네 배 이상 되는 것이 좋으나, 연구 대상에 따라 이 조건을 충족하기 어려울 수 있으므로 이 경우에는 분석 결과를 해석할 때 주의가 필요하다.

2) 자료의 입력

요인분석 수행 시 자료의 입력은 각 변수의 측정단위가 무엇이든 상관없이 그대로 입력하면 된다.

3) 자료의 표준화

컴퓨터에 입력된 자료는 측정단위가 상이해 산출되는 결과에 영향을 미칠 수 있으므로 표준화한 자료로 바꾸어 측정단위가 최종 해에 미칠 수 있는 영향을 제거한다.

4) 상관관계 계산

변수들 간의 상관관계행렬(correlation matrix)을 구상해 변수들 간의 상호관련성을 파악한다. 변수들 간의 척도가 상이한 경우에는 상관관계행렬 대신 공분산행렬(covariance matrix)을 이용하기도 하는데, 요인분석은 궁극적으로 상관관계가 높은 변수들을 묶어주므로 이러한 행렬이 요인분석의 기초를 이루게 된다. 상관관계행렬의 산출은 자료의 적합성 여부 판단을 위해 중요할 뿐 아니라, 이 자체가 직접 요인분석의 입력자료가 될 수도 있다.

5) 요인 추출 모델의 선정

요인 추출 모델로는 앞에서 언급했듯이 PCA, CFA, ML, GLS 등의 방식이 있으나, 보통 PCA나 CFA 방식을 주로 이용한다. 주요인분석에 대한 수학적 접근은 대칭행렬(symmetric matrix)의 아이겐 구조를 찾아내는 것이며, 회전된 요인이 바로 아이겐벡터(eigenvector, 고유벡터)가 되는 것이다. 상관관계행렬에서 특성방정식(characteristic equation)을 이용해 고유치(eigenvalue)와 아이겐벡터를 구하면 이들이 각각 요인분석의 고유치와 요인이 된다. 공통요인 분석은 분석에 앞서 어느 정도 자료의 특성에 대한 정보를 알고 있는 상태에서 적용할 수 있는 기법인데, 가장 쉽게 이해할 수 있는 방법으로 주축요인분석(principal axis factor analysis)을 들 수 있다. 이는 앞서 설명한 주요인분석보다 일반적인 형태로서, 이미 각 변수의 분산 구성을 알고 있는 상태에서 오류분산을 제외하고 공통분산만을 이용해 분석하는 방법이다.

따라서 수학적 접근 방법은 주요인분석과 동일하나, 상관계수행렬의 대각선에 1이 아니라 각 변수의 공통성(communality)을 이용한다. 공통요인 분석에는 주축요인분석

외에도 최소제곱법과 ML 방법이 대표적으로 이용된다. 두 방법은 모두 원래의 상관관계와 요인분석 후의 상관관계 간의 차이를 극소화하는 기법이다.

6) 요인 추출

요인 수를 결정하는 방식으로 고유치를 기준으로 하는 방법과 총분산 중 요인을 설명하는 비율에 따라 결정하는 방법이 있다. 고유치는 요인이 설명해줄 수 있는 분산의 정도를 의미하는 것으로, 고유치가 1이라는 것은 변수 하나 정도의 분산을 축약하고 있다는 것이다. 일반적으로 고유치가 1 이상인 요인들을 설정하는데, 이것은 적어도 각 요인이 한 변수의 분산보다는 커야 한다고 보기 때문이다. 분산을 기준으로 하는 경우는 연구하는 주제에 따라 요구하는 설명 비율이 다르지만, 사회과학 분야에서는 일반적으로 총분산의 60% 정도를 설명해주는 요인까지 선정한다. 분산을 요인 추출의 기준으로 고려하는 이유는 변수의 축약 과정에서 정보의 손실이 일정 수준 이상으로 커서는 안 되는 경우가 있기 때문이다.

7) 요인적재량 산출

요인적재량(factor loading)은 각 변수와 요인 간의 상관관계 정도를 나타내므로 각 변수는 요인적재량이 가장 높은 요인에 속하게 된다. 요인적재량이 어느 정도가 되어야 유의한 변수로 채택할 수 있는지 결정하는 절대적인 기준은 없으며, 일반적으로 다음과 같은 세 가지 방법이 사용된다.

첫째, 일반적인 관례에 가까운 법으로 요인적재량이 0.4 이상 되면 유의한 변수로 간주하며, 0.5가 넘으면 아주 중요한 변수로 본다.

둘째, 요인적재량은 변수와 요인 간의 상관관계이므로 상관관계 검정을 통해 변수의 유의성을 체크할 수 있다.

셋째, 앞의 두 가지 방법은 고려하는 변수의 수, 요인의 수를 고려하지 않는데, 일반적으로 표본 수, 변수 수, 요인 수가 변함에 따라 다음과 같은 고려를 해야 한다.

① 표본 수가 증가할수록 요인적재량의 고려 수준은 낮추어야 한다.

② 변수 수가 증가할수록 요인적재량의 고려 수준은 낮추어야 한다.

③ 요인 수가 많을수록 나중 요인에 대한 요인적재량의 고려 수준은 높아야 한다.

8) 요인의 회전

최초의 해를 보다 명확히 하기 위해 요인의 회전을 하게 되는데, 이는 변수들이 여러 요인에 비슷하게 요인적재량을 나타낼 경우 변수들을 각 요인에 분류하기가 힘들기 때문에 변수들을 어느 한 요인에 쏠리도록 요인을 회전시키는 것이다. 회전 방식에는 회전축이 직각을 유지하는 직각회전(orthogonal) 방식과 회전축이 직각을 유지하지 않는 비직각회전(oblique) 방식이 있다. 직각회전 방식은 요인들 간의 관계가 독립적이라고 가정하고 분석을 행하는 경우인데, 요인들 간의 관계가 완전히 독립적인 경우가 드물기 때문에 비직각회전 방식을 적용하는 것이 보다 현실적일 수도 있다. 그러나 회귀분석이나 판별분석과 같은 추가 분석을 위해 요인점수를 이용하려면 직각회전 방식을 취해야만 요인들 간의 상관관계로 인해 발생하는 다중공선성을 방지할 수 있다.

직각회전 방식에는 쿼티맥스(QUARTIMAX), 배리맥스(VARIMAX), 이쿼맥스(EQUAMAX) 방식이 있는데, 쿼티맥스 방식은 하나의 변수를 설명하는 요인 수를 최대한 줄여서 변수의 해석에 중점을 두는 방식이며, 배리맥스 방식은 하나의 요인에 높게 적재하는 변수 수를 줄여서 요인의 해석에 중점을 둔 방식이다. 이쿼맥스 방식은 앞의 두 방식의 절충형이다. 요인분석의 핵심이 되는 회전의 개념을 분명히 하기 위해 [그림 14-3]을 보자.

[그림 14-3]에서 여섯 개의 변수는 크게 1, 2, 3과 4, 5, 6의 두 집단으로 구분된다. 집단 내 변수들 간에는 높은 상관관계를 보여 변수들 간에 매우 일정한 관계가 있는 것으로 보이는 반면, 서로 다른 집단에 포함된 변수들 간에는 비교적 상관관계가 낮아 관계가

[그림 14-3]
회전 전의 요인 그래프

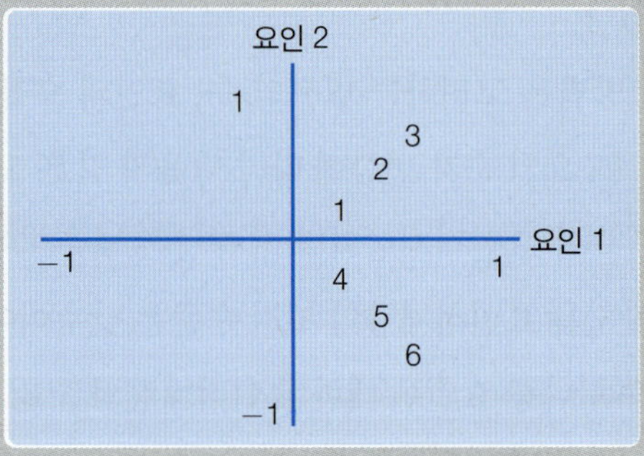

【표 14-12】 회전 전의 요인적재량

변수	요인 1	요인 2	변수	요인 1	요인 2
1	0.3	0.4	4	0.4	−0.2
2	0.5	0.5	5	0.5	−0.3
3	0.6	0.7	6	0.6	−0.4

【그림 14-4】

회전 후의 요인 그래프

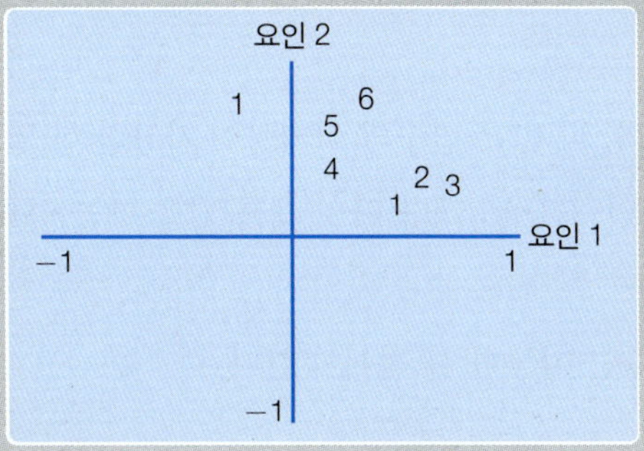

【표 14-13】 회전 후의 요인적재량

변수	요인 1	요인 2	변수	요인 1	요인 2
1	0.4	0.1	4	0.1	0.3
2	0.5	0.2	5	0.0	0.5
3	0.6	0.2	6	0.3	0.6

매우 약한 것을 알 수 있다. 그러나 이 그림에서 축으로 표시되는 요인들과 변수들의 상관관계계수는 하나의 변수가 두 요인에 모두 높은 상관관계를 가지기 때문에 요인에 의한 변수들의 명확한 구분이 어려운 상태다. 따라서 보다 의미 있게 변수들을 분리해 내기 위한 방편으로 [그림 14-3]의 축을 [그림 14-4]와 같이 좌로 90도 회전했다고 생각해보자.

이 경우 회전된 축을 기준으로 요인적재량을 구해보면 [표 14-13]과 같이 1, 2, 3 변수는 요인 1과 상관관계가 높고 4, 5, 6 변수는 요인 2와 상관관계가 높음을 알 수 있다. 반면에 각기 다른 요인에는 그리 높지 않은 상관관계를 보여 두 변수 집단이 요인별로 보다 명확하게 구분되는 것을 알 수 있다.

9) 요인분석 결과의 평가

요인분석의 다음 과정은 요인분석 결과가 변수를 잘 설명해주는지에 대한 평가 과정이다. 서스톤(Louis Leon Thurstone)은 의미 있는 요인분석의 기준으로 다음과 같은 요인적재량행렬에 의한 기준을 제시한다.

- 요인적재량행렬의 각 행에는 적어도 하나의 0이 있어야 한다.
- 요인적재량행렬의 각 열에는 최소한 공통요인(common factor) 수만큼의 0이 있어야 한다.
- 두 개의 열을 비교할 때 많은 변수의 적재량이 가능한 한 열에 집중되어야 한다.
- 위의 경우에서 요인 수가 네 개나 다섯 개를 넘을 때는 양쪽이 모두 0이 되는 경우도 많아야 한다.
- 또한 0이 아닌 변수는 가능한 한 적어야 한다.

따라서 요인분석의 결과는 이러한 기준에 의해 평가해야 하며, 이러한 조건을 충족하지 못할 경우 다른 회전을 실시하거나 자료의 적절성 자체를 검토해야 한다.

10) 요인의 해석

요인이 추출되면 요인에 각기 명칭을 부여해야 하는데, 보통 공통된 특성을 조사해 연구자가 주관적으로 붙이거나 요인점수를 이용해 추가적인 연결분석을 하여 붙일 수 있다. 요인의 해석은 연구자마다 상이하며, 과연 요인이 의미 있게 추출되었는지에 대한 해석도 매우 주관적인 판단에 의존하게 된다. 그러나 해석에 연구자의 주관이 많이 개입된다 하더라도 일반적인 상식과 어느 정도 일치해야 한다.

11) 요인점수의 산출 및 추가 분석 시 사용

연구자가 요인분석 결과를 가지고 다른 분석을 하고자 할 때는 일반적으로 요인점수를 사용하게 되는데, 요인점수를 구하는 방법으로 다음의 세 가지가 있다.

첫째, 개인별로 하나의 요인에 속하는 변수값들의 Z값(변수값에서 산술평균치를 빼서 표준편차로 나눈 값)을 구한 후 이를 합해 요인점수로 정할 수 있다.

둘째, 앞의 Z값을 합하지 않고 평균해 요인점수로 취급할 수 있다.

셋째, 요인점수계수(factor score coefficient)를 이용하는 방법으로, 요인분석 결과 산출되는 요인점수계수를 이용해 변수들의 선형결합 형태로 요인점수를 산출할 수 있다. 이 경우 요인점수를 구하기 위해 원 자료를 대입하는 것이 아니라 표준화된 점수를 대입해야 하는데, 이를 식으로 나타내면 다음과 같다.

$$\text{내용 fm} = \frac{\Sigma(\text{요인 m에 대한 변수의 요인점수})}{X(\text{각 변수에 대한 개인의 표준점})}$$

이러한 과정을 거쳐 산출한 개인별 요인점수를 이용해 판별분석 등의 추가적인 분석을 할 수 있다.

3. 요인분석의 사례

PCA(주성분분석) 모델은 요인분석의 선행 단계로서 비대칭행렬의 아이겐 구조를 찾아내 변수의 수와 같은 수의 주요인(principal component)을 제공하는 기법이다. 이를 통해 각 주요인의 설명력을 알려주고 다음 단계의 요인분석에서 이용할 요인 수를 결정해준다. 다음 단계의 요인분석은 주요인분석에서 얻어낸 수의 요인을 이용해 요인분석을 실시하는 과정으로, 크게 다음의 방법으로 나눌 수 있다.

- 주요인분석(Principal Factor Analysis)
- 최소제곱요인분석(Least square factor analysis)
- ML요인분석(Maximum likelihood factor analysis)

이상과 같은 요인분석의 과정을 설명하기 위해 주부들이 가전제품 선택 시 중요하게 고려하는 속성을 조사해 PCA를 행한 예를 살펴보기로 하자.

(1) 설문지와 입력 자료

서울에 거주하는 50명의 주부를 임의로 추출해 [표 14-14]와 같은 내용의 설문조사를 했다. 설문지에서는 가전제품 선택 시 중요하게 생각하는 여섯 가지 속성에 대해 응답

【표 14-14】 요인분석을 위한 설문지

[문] 귀하는 가전제품을 선택할 때 다음의 속성들을 어느 정도 중요하게 생각하십니까?

	전혀 중요하지 않다						매우 중요하다
	1	2	3	4	5	6	7
1. 품질							
2. 색상							
3. 기능다양성							
4. 사용편리성							
5. 디자인							
6. 가격							

【표 14-15】 설문의 결과

ID	X_1	X_2	X_3	X_4	X_5	X_6	ID	X_1	X_2	X_3	X_4	X_5	X_6
1	6	4	6	5	2	6	26	4	3	4	4	3	4
2	7	1	7	7	2	6	27	4	5	4	4	4	5
3	3	2	3	3	2	3	28	6	2	5	5	2	6
4	3	7	2	2	6	2	29	6	6	6	6	5	6
5	3	4	3	3	3	4	30	6	3	6	6	2	5
6	5	6	4	5	4	4	31	5	5	6	6	4	5
7	3	4	4	4	5	3	32	4	7	6	6	6	5
8	5	1	4	4	1	5	33	5	2	6	6	1	5
9	6	2	5	5	2	4	34	6	5	5	6	3	5
10	5	5	6	6	4	5	35	3	2	3	3	2	3
11	4	7	6	6	6	5	36	3	7	2	2	6	2
12	5	2	6	6	1	5	37	3	4	3	3	3	4
13	6	5	5	6	3	5	38	5	6	5	4	6	5
14	3	2	2	2	3	3	39	4	5	5	5	6	5
15	4	5	4	3	5	4	40	7	4	7	7	3	6
16	3	4	4	4	5	4	41	5	3	5	5	2	3
17	6	3	6	6	2	6	42	4	3	4	4	3	4
18	4	2	4	4	1	3	43	4	5	4	3	5	4
19	4	6	5	5	6	5	44	3	4	4	4	5	4
20	6	4	5	6	2	6	45	6	3	6	6	2	6
21	4	3	3	3	4	4	46	4	2	4	4	1	3
22	5	6	5	4	6	5	47	4	2	4	4	1	3
23	4	5	5	5	6	5	48	4	6	5	5	6	5
24	7	4	7	7	3	6	49	6	4	5	6	2	6
25	5	3	5	5	2	3	50	4	3	3	3	4	4

(X_1=품질, X_2=색상, X_3=기능다양성, X_4=사용편리성, X_5=디자인, X_6=가격)

자의 태도를 측정했다. 각각의 속성은 리커트 7점 척도로 측정되었으며, 매우 중요하게 생각하는 경우는 7점, 전혀 중요하지 않다고 생각하는 경우는 1점에 표시하도록 하여 가전제품 선택 시 고려하는 속성의 중요도를 평가했다. 설문의 결과는 [표 14-15]와 같다.

(2) 출력 결과

1) 상관계수와 요인적재량

요인분석의 기본 단계는 변수들 간의 상관관계행렬을 통해 변수 간 상호관련성을 파악하는 것이다. [표 14-16]을 보면 품질, 기능다양성, 사용편리성, 가격 간에 높은 상관관계가 존재하며, 색상과 디자인의 상관관계도 상당히 높다. 이러한 상관관계를 통해서 이들 변수 간에 공통요인이 존재할 것이라는 기대를 하게 된다.

요인적재량은 각 변수와 요인 간의 상관관계 정도를 나타내는 것으로, 각 변수는 요인적재량이 가장 높은 요인에 속하게 된다.

【표 14-16】 상관관계표

		품질	색상	기능다양성	사용편리성	디자인	가격
상관계수	품질	1.000	-.149	.793	.810	-.373	.748
	색상	-.149	1.000	.022	.003	.850	.065
	기능다양성	.793	.022	1.000	.944	-.130	.788
	사용편리성	.810	.003	.944	1.000	-.209	.770
	디자인	-.373	.850	-.130	-.209	1.000	-.053
	가격	.748	.065	.788	.770	-.053	1.000

【표 14-17】 요인적재량

	성분			성분	
	1	2		1	2
사용편리성	.946	.127	가격	.866	.237
기능다양성	.938	.180	색상	-.135	.951
품질	.921	-.071	디자인	-.330	.912

요인추출 방법 : 주성분분석

[표 14-16]의 상관계수를 이용해 요인추출 모델 중 PCA를 적용한 경우의 요인적재량은 [표 14-17]과 같다.

[표 14-17]을 보면 여섯 개의 변수가 두 개의 요인으로 묶였음을 알 수 있다. 요인 1은 사용편리성, 품질, 기능다양성, 가격의 네 변수로 구성되며, 요인 2는 색상, 디자인의 두 변수로 구성됐다. 사용편리성의 경우 요인 1에 대한 적재량은 0.946이며, 이 값의 제곱은 $(0.946)^2=0.8949$로서, 이것은 사용편리성의 약 89.5%가 요인 1에 의해 설명됨을 나타낸다.

2) 공통성

공통성(communality)은 각 변수의 변량 중 분석에 포함된 요인들에 의해 설명되는 공통분산의 비율로, 변수별로 요인적재량의 제곱을 더해 구한다. 예를 들어, 사용편리성의 공통성은 사용편리성의 요인 1에 대한 적재량의 제곱과 요인 2에 대한 적재량의 제곱의 합으로, $(0.946)^2+(0.127)^2=0.912$다. 이 경우에는 가장 적은 공통성을 가진 가격

【표 14-18】 공통성

	초기	추출		초기	추출
품질	1.000	.852	사용편리성	1.000	.912
색상	1.000	.923	디자인	1.000	.941
기능다양성	1.000	.913	가격	1.000	.807

추출 방법 : 주성분분석

【표 14-19】 아이겐 값과 공통성

성분	초기 고유값			추출 제곱합 적재값			회전제곱합 적재값		
	전체	%분산	%누적	전체	%분산	%누적	전체	%분산	%누적
1	3.501	58.344	58.344	3.501	58.344	58.344	3.441	57.347	57.347
2	1.847	30.781	89.125	1.847	30.781	89.125	1.907	31.778	89.125
3	.276	4.597	93.721						
4	.223	3.719	97.440						
5	.110	1.833	99.273						
6	.044	.727	100.000						

추출 방법 : 주성분분석

의 값이 0.807이므로 여섯 개의 변수가 두 개의 요인에 의해 설명이 잘 되었다고 할 수 있다.

3) 고유치와 설명력

고유치(eigenvalue)는 각 요인이 얼마나 많은 설명력을 갖는지 나타내는 것으로, 요인별로 요인적재량의 제곱을 더해 구한다. 따라서 요인 1의 고유치를 구하면 $(0.946)^2+(0.938)^2+(0.921)^2+(0.866)^2+(0.135)^2+(0.330)^2=3.501$이다.

개별 요인의 설명력은 그 요인이 전체분산 중 몇 %를 설명하는지 나타내는 것으로, 요인 1의 설명력은 3.50/6인 0.58, 즉 전체 변량 중에서 58%의 변량을 설명하는 것이다.

4) 요인의 수 결정

다음으로 연구자는 분석을 용이하게 하면서도 어느 정도의 설명력을 유지하기 위해 적절한 요인의 수를 정해야 하는데, 이를 결정하기 위해 사용하는 방법은 다음과 같다.

① 고유치를 기준으로 하는 방법

보통 고유치가 1보다 큰 요인만을 사용한다. 이는 하나의 요인이 설명하는 양이 최소한 한 변수의 변량인 1 이상을 설명해야 한다는 의미다. 본 사례에서는 고유치가 1 이상인 요인은 두 요인이므로 2차원 축소가 적절하다.

② 스크리 도표(scree test)를 사용하는 방법

[그림 14-5]와 같이 고유치와 요인의 수를 나타내보면, 고유치가 처음에는 큰 폭으로 하락하다가 어느 지점부터는 감소 폭이 완만해진다. 이렇게 곡선이 팔꿈치(elbow) 모양이 되는 곳에서 요인의 수를 결정한다. 여기서는 3에서 비탈이 크게 꺾이므로 요인을 두 개만 고려한다.

③ 요인들의 설명력을 기준으로 하는 방법

연구자가 요인들의 설명력의 합이 얼마 이상이어야 한다고 규정하고, 그 설명력에 상응하는 요인을 추출하는 것이다. 사회과학 분야에서는 보통 총분산의 60% 정도를 설명해주는 요인까지 선정한다.

④ 요인의 수를 사전에 결정하는 방법

이 방법은 연구자가 추출될 요인의 수를 미리 정하는 방법으로, 경험이나 다른 문헌을 통해 변수들이 몇 개의 요인으로 나타날 것인지를 알고 있을 경우에 사용한다.

5) 요인점수

요인분석 후 개인(Case)별로 요인점수를 구해 회귀분석이나 판별분석과 같은 추가 분석에 이용하기도 한다. 이는 원 조사 시 변수의 수가 너무 많거나 변수들의 상관관계가 높아 변수들 간의 다중공선성이 높은 경우에 특히 많이 사용된다. 요인점수는 요인점수계수행렬(factor score coefficient matrix)을 이용해 구하며, 모든 요인분석 컴퓨터 프로그램은 이용자의 사양(option)에 따라 요인점수를 계산한다. 요인점수를 계산하기 위한 계수의 행렬은 [표 14-20]과 같다.

【그림 14-5】

스크리 도표에 의한 요인 수의 결정

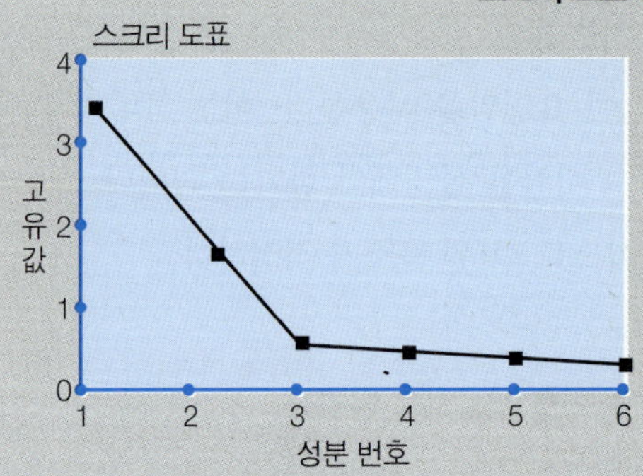

【표 14-20】 요인점수 계산을 위한 계수의 실행

	성분			성분	
	1	2		1	2
품질	.251	−.087	사용편리성	.278	.016
색상	.060	.513	디자인	.001	.503
기능다양성	.282	.045	가격	.267	.079

요인추출 방법 : 주성분분석, 회전 방법 : 카이저(Kaiser) 정규화가 있는 배리맥스

6) 요인의 회전

요인분석이란 변수를 요인의 선형결합으로 치환하는 과정이라고 할 수 있다. 요인을 회전(rotation)하는 목적은 변수들을 설명하는 축이라 할 수 있는 요인들을 회전함으로써 요인의 해석을 돕기 위한 것이다. 회전 방법은 직각회전(orthogonal rotation)과 비직각회전(oblique rotation) 방법으로 나뉜다. 직각회전은 회전 시 요인들 간의 상호독립성을 유지하게 하면서 요인을 회전하는 방법이고, 비직각회전은 요인들 간의 독립성에는 상관없이 요인을 회전하는 방법이다. 일반적으로 변수와 요인의 관계가 파악되지 않은 경우 직각회전을 많이 이용하는데, 이는 요인분석 결과 중의 하나인 요인점수를 이용해 회귀분석이나 판별분석을 수행할 때 요인 간에 독립성이 있어야 요인들의 공선성에 의한 문제점이 발생하지 않기 때문이다.

직각회전 방법에는 여러 가지가 있는데, 이 책에서는 가장 흔히 쓰이는 배리맥스 방법을 사용하기로 한다. 그 결과는 [표 14-21]과 같다.

【표 14-21】 회전 후의 요인적재량행렬[a]

	성분			성분	
	1	2		1	2
기능다양성	.955	.001	품질	.890	−.244
사용편리성	.953	.055	색상	.048	.960
가격	.896	.068	디자인	−.150	.958

요인추출 방법 : 주성분분석, 회전 방법 : 카이저 정규화가 있는 베리맥스
a. 3반복계산에서 요인회전이 수렴되었습니다.

7) 요인의 해석

하나의 변수가 하나의 요인에 의해 대부분 설명되고, 비슷한 의미의 변수들끼리 같은 요소에 적재되어 있을 때 해석하기 좋은 구조라고 할 수 있다. 기능다양성, 사용편리성, 가격, 품질 등은 요인 1과의 상관관계가 크고 요인 2와는 낮으며, 색상과 디자인은 요인 2와 상관관계가 크고 요인 1과는 낮다. 또한 기능다양성, 사용편리성, 가격, 품질 등은 가전제품의 실용적 효용 측면을 나타내는 공통성을 갖고, 색상과 디자인은 가전제품의 심미적 효용 측면을 나타내는 공통점을 갖는다. 따라서 이 경우 요인의 구조는 좋다고 할 수 있다.

요인의 구조 파악 시 요인별로 높은 적재량을 갖는 변수들의 공통된 특성을 토대로 요인에 각기 명칭을 부여해야 하는데, 앞의 경우에는 요인 1을 '실용적 효용'이라 하고, 요인 2는 '심미적 효용'이라 명명할 수 있다. 각 요인의 이름은 연구 목적과 구성하고 있는 변수들의 공통 특성을 바탕으로 연구자가 정해야 한다.

4. 요인분석 이용상의 고려 사항

여기서는 요인분석을 이용할 때 연구자가 빈번히 직면하게 되는 문제점에 대해 살펴보기로 한다. 요인분석을 이용해 분석을 실시하는 과정에서 연구자가 주관적으로 판단해야 하는 사항이 몇 가지 있기 때문에 보다 객관적이고 의미 있는 분석을 실시하기 위해서는 다음과 같은 고려가 있어야 한다.

(1) 자료의 적합성 검정

요인분석은 변수들의 상관관계를 기초로 상관관계가 높은 변수끼리 묶는 것이므로 의미 있는 요인분석을 행하기 위해서는 변수들 간의 상관관계가 일정 수준 이상 되어야 한다. 즉 변수들 간에 상관관계가 거의 없다면 요인분석을 행하더라도 의미 없는 결과를 낳게 되므로 분석 전 상관관계행렬을 검토해 자료의 적합성 여부에 대한 평가를 내려야 한다.

(2) 요인 수의 결정

요인 수를 결정하기 위해서는 일반적으로 고유치를 기준으로 결정하거나 요인이 설명하는 분산의 정도에 따라 결정하는 것이 보통이다. 그러나 변수가 많은 경우 이 기준을 무조건 적용하는 것은 많은 문제를 가져올 수 있는데, 요인 수가 많아지면 의미 있게 나올 수 있는 하나의 요인이 의미 없는 여러 요인으로 분리될 수 있다. 또한 요인 수가 너무 적으면 요인구조(factor structure)에 문제가 생길 수 있기 때문에 기존 연구조사 등을 통해 요인 수에 대한 신중한 사전조사를 행해야 한다.

(3) 상관관계의 문제

요인분석은 기본적으로 변수들 간의 상관계수로부터 시작하므로 상관계수의 문제인 정규성(normality), 범위(range), 분포(distribution) 등의 문제를 원천적으로 포함한다. 정규성의 문제는 표본 수가 증가함에 따라 해결될 수 있지만, 범위나 분포의 문제는 분석에 앞서 설문지 작성 단계와 자료 수집 단계에서부터 많은 주의를 기울여야 한다. 특히 변수 간 척도가 다른 경우 분포상의 상이성으로 인해 낮은 상관계수를 갖게 되어 요인구조에 많은 문제가 발생하므로 세심한 주의가 필요하다.

(4) 회전의 문제

일반적으로 회전 방법에는 직각회전 방법 중의 하나인 배리맥스가 많이 이용된다. 그러나 요인분석은 분산을 모든 요인에 균등하게 배분하기 때문에 많은 변수 중 높은 요인적재량을 갖는 변수가 있는 경우는 배리맥스가 적합하지 않다. 또한 앞에서 언급했듯이 요인들 간에 완전히 독립적이라고 보기 힘든 경우는 비직각회전에 의한 분석이 이루어져야 한다.

(5) 원 자료의 정보 유지

요인분석의 목표는 원 자료의 정보 손실은 최소로 하면서 가능한 한 자료의 양을 줄이는 것이므로 원 자료의 정보는 가능한 한 유지되어야 한다. 이것은 공통성이 높아야 한다는 의미인데, 공통성이 낮을 경우 요인분석은 의미가 없어지며, 더욱이 요인점수를 이용한 추가 분석은 많은 문제점을 일으킬 수 있는 소지가 있다.

(6) 요인분석의 효율성

네다섯 개 정도의 변수를 두 개의 요인으로 묶는 정도의 분석은 의미를 찾기 힘들기 때문에 하지 않는 것이 낫다. 컴퓨터를 이용해 요인분석을 실시할 때는 효율성 측면에서 보다 의미 있는 결과를 얻어내야 한다. 따라서 가능한 한 적은 요인에 의해 많은 변수가 대표될 수 있도록 요인구조를 결정해야 한다.

03 군집분석

1. 군집분석의 의의

소비자의 특성에 따라 동질적인 소비자군을 규정해 시장세분화 전략을 구사하거나 유사한 특성을 가진 제품들의 군집화를 통해 경쟁관계를 파악하고 그에 따른 전략을 세우고자 할 때가 있다. 이러한 경우 성별, 나이 또는 지역에 의한 구분처럼 대상을 분류하기 위한 명확한 기준이 존재한다면 대상을 쉽게 분류할 수 있으나, 명확한 기준이 존재하지 않거나 알 수 없는 상태에서 분류하는 것은 쉽지 않다. 이때 유용하게 사용되는 분석기법이 군집분석(cluster analysis)이다. 군집분석이란 다양한 특성을 지닌 대상을 유사성에 기초해 동질적인 집단으로 분류하는 기법을 말한다.

군집분석은 대상을 분류한다는 점에서 판별분석과 유사하다. 그러나 판별분석의 경우 사전에 이미 집단이 나뉜 상태에서 그 집단의 특성을 연구하거나 중요한 분류 기준을 찾아내는 과정인 데 반해, 군집분석은 전체 대상의 상호 관계를 파악하는 데 초점을 두는 기법으로 분류 기준이 불명확한 경우에 이용한다. 또한 군집분석은 자료의 구조를 파악한다는 점에서 요인분석과 유사하다. 그러나 요인분석이 동질적인 변수들끼리 묶는 기법인 반면, 군집분석은 대상을 동질적인 집단으로 분류하는 방법이다.

(1) 군집분석의 목적

군집분석의 목적은 다음과 같다. 첫째, 대상을 서로 동질적인 집단으로 분류하기 위해 이용한다. 조사 대상이나 지역을 유사한 계층으로 묶거나, 소비자의 공통적인 특성에 기초해 동질적인 집단으로 묶어 시장 세분화 및 세분 시장의 특성을 파악하는 데 유용하다. 둘째, 대상을 동질적인 집단으로 묶어 자료의 구조를 파악할 수 있다. 다양한 제품을 동질적인 제품으로 분류하는 경우 시장 내 경쟁 상황 파악 및 비교가 가능하다. 셋째, 군집분석을 통해 대상에 대한 자료를 보다 간단하게 축약해 이를 이용할 수 있다.

2. 군집분석의 절차

군집분석의 전체적인 분석 과정은 [그림 14-6]과 같으며, 단계별 구체적인 내용은 다음의 분석 사례를 통해 살펴보기로 한다.

【그림 14-6】

군집분석의 절차

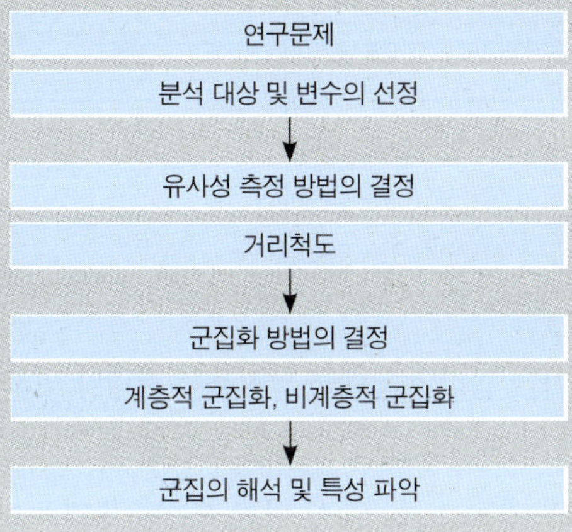

3. 군집분석의 사례

(1) 연구문제

음식점 10곳에 대해 세 가지 주요 특성변수를 이용한 군집분석을 실시하고자 한다. 이를 위한 기준변수로 음식점 위치, 음식 맛, 서비스 수준을 선정했다. 7점 척도로 측정된 각 음식점의 세 가지 변수별 평가 자료는 [표 14-16]과 같으며, 이를 이용해 계층적 군집분석과 비계층적 군집분석을 실시하기로 한다.

(2) 유사성 측정 방법의 결정

대상을 군집화하기 위해 각 대상이 얼마나 비슷한지를 나타내는 유사성 측정 방법을 결정해야 한다. 군집분석을 위해 일반적으로 많이 사용하는 방법은 거리 측정값을 사용해 대상 간의 유사성을 판단하는 것이다. 대상 간의 거리가 가깝다는 것은 유사성이 높다는 의미이며, 이를 측정하는 방법으로 유클리디언 거리가 가장 흔히 사용된다. 이

【표 14-22】 평가 자료

ID	위치	음식 맛	서비스
1	6	4	7
2	4	6	6
3	7	6	6
4	5	5	5
5	4	5	6
6	5	5	4
7	7	6	6
8	5	4	5
9	4	5	6
10	5	6	5

외에도 군집분석에 쓰이는 거리 척도에는 도시블록 거리나 민코스키 거리를 이용하는 방법이 있으며, 연구 목적에 따라 가장 적합한 척도를 사용하면 된다. 이때 변수 간의 측정 척도가 상이할 경우 자료를 표준화해 비교 가능한 형태로 바꾸어야 한다.

1) 유클리디언 거리

유클리디언 거리(Euclidean distance)는 두 지점 간의 거리를 계산할 때 직각삼각형의 원리를 이용하는 것으로, 두 지점 간의 최단거리를 의미한다. 유클리디언 거리를 구하는 공식은 다음과 같다.

$$\text{Distance}(O_1, O_2) = \sqrt{\sum_{i=1}(X_{1i} - X_{2i})^2}$$

(O_i : 대상, X_{ji} : 대상 j의 변수 i의 좌표)

2) 제곱 유클리디언 거리(Squared Euclidean Distance)

유클리디언 거리를 제곱한 것으로 공식은 다음과 같다.

$$\text{Distance}(O_1, O_2) = \sum_{i=1}(X_{1i} - X_{2i})^2$$

3) 도시블록 거리(맨해튼 거리)

도시블록 거리(City-block distance)는 A에서 B로 직선거리가 아닌 평면상에서 정해진 길을 따라 이동했을 때의 거리를 의미하며, 다음과 같이 두 대상 간 거리 차이의 절댓값의 합으로 표현된다.

$$\text{Distance}(O_1, O_2)=\sum_{i=1}|X_{1i}-X_{2i}|$$

4) 민코스키 거리

민코스키 거리(Minkowski distance)는 비유사성을 나타내는 거리의 일반형이라 할 수 있으며, 조사 목적에 따라 함수의 지수(p)를 조정해 다양한 방식의 거리를 구할 수 있다.

$$\text{Distance}(O_1, O_2)=\{(\sum_{i=1}X_{1i}-X_{2i})^{p}\}^{\frac{1}{r}}$$

(3) 군집화 방법의 결정

유사성 측정 방법을 선택한 후에는 이러한 유사성 척도를 이용해 어떻게 대상을 군집화할 것인지 군집화 방법을 결정해야 한다. 군집화 방법은 다양하지만 공통적인 기본 원칙은 군집 내 대상 간의 유사성을 최대화하고, 군집 간의 유사성은 최소화하는 것이다. 군집화 방법은 다음과 같이 크게 계층적 군집화와 비계층적 군집화로 나눌 수 있다.

1) 계층적 군집화

계층적 군집화 방법은 모든 대상이 각각 하나의 군집을 이루는 상태에서 시작해 순차적으로 가장 유사한 대상끼리 군집화함으로써 유사성이 높은 군집을 이루고, 최종적으로 모든 대상을 하나의 군집으로 묶는 방법이다. 이 방법은 마지막에 모든 대상이 하나의 군집으로 묶이므로 연구자가 어느 시점에서 군집화된 것이 가장 의미 있는지 판단해야 한다. 계층적 군집화 방법은 어떤 기준으로 거리를 산정하는지에 따라 다음과 같이 나눌 수 있다.

① **단일결합법**

단일결합법(single linkage method)은 최단거리를 기준으로 한다. 최초의 군집이 형성된 후 그 군집과 다른 대상과의 거리를 구할 때, 한 대상과 군집 내 대상들 중 가장 가까운 거리를 선정해 그 거리를 기준으로 군집화한다.

② **완전결합법**

완전결합법(complete linkage method)은 근본적으로 가장 가까운 거리의 대상을 군집화한다는 점에서 앞의 단일결합법과 동일하나, 형성된 군집과 다른 대상 간의 거리를 계산할 때 최장거리를 기준으로 한다.

③ **평균결합법**

평균결합법(average linkage method)은 가장 가까운 거리에 있는 대상을 우선적으로 군집화한다는 점에서 앞의 두 방법과 동일하나, 형성된 군집과 다른 대상 간의 거리를 구할 때 군집 내의 모든 대상과 다른 대상 간 거리의 평균을 기준으로 한다.

【표 14-23】 근접성 행렬

케이스	제곱 유클리디언 거리									
	1	2	3	4	5	6	7	8	9	10
1	.000	9.000	6.000	6.000	6.000	11.000	6.000	5.000	6.000	9.000
2	9.000	.000	9.000	3.000	1.000	6.000	9.000	6.000	1.000	2.000
3	6.000	9.000	.000	6.000	10.000	9.000	.000	9.000	10.000	5.000
4	6.000	3.000	6.000	.000	2.000	1.000	6.000	1.000	2.000	1.000
5	6.000	1.000	10.000	2.000	.000	5.000	10.000	3.000	.000	3.000
6	11.000	6.000	9.000	1.000	5.000	.000	9.000	2.000	5.000	2.000
7	6.000	9.000	.000	6.000	10.000	9.000	.000	9.000	10.000	5.000
8	5.000	6.000	9.000	1.000	3.000	2.000	9.000	.000	3.000	4.000
9	6.000	1.000	10.000	2.000	.000	5.000	10.000	3.000	.000	3.000
10	9.000	2.000	5.000	1.000	3.000	2.000	5.000	4.000	3.000	.000

이것은 상이성 행렬입니다.

【표 14-24】 근접성 일정표

단계	조합된 군집		계수	최초 출현 군집 단계		다음 단계
	군집 1	군집 2		군집 1	군집 2	
1	5	9	.000	0	0	4
2	3	7	.000	0	0	8
3	4	10	1.000	0	0	5
4	2	5	1.000	0	1	7
5	4	6	1.500	3	0	6
6	4	8	2.333	5	0	7
7	2	4	3.583	4	6	9
8	1	3	6.000	0	2	9
9	1	2	8.000	8	7	0

④ **Ward법(워드법)**

워드(Joe H. Ward, Jr.)의 오차제곱합 방법(Ward's error sum of squares method)은 앞의 방법들에서 사용되었던 단순한 거리 기준이 아닌, 구성 가능한 모든 군집에 대해 그 군집을 구성하는 대상의 측정치 분산을 기준으로 사용하는 방법이다. 예를 들어, 임의로 묶인 군집 AB와 CD를 비교할 때 AB의 측정치 분산이 CD의 분산보다 작다면, 이는 AB군집이 CD군집보다 동질적임을 의미한다. 따라서 워드의 오차제곱합 방법은 구성 가능한 모든 군집에 대해 이러한 분산을 비교해서 가장 작은 값을 나타내는 쌍을 군집화하게 된다.

본 사례의 경우 유사성 측정 방법으로는 제곱 유클리디언 거리를 사용했으며, 계층적 군집화 방법 중 제곱 유클리디언 분석을 실시했다. 분석 결과는 다음과 같다.

㉠ 근접성 행렬 및 군집화 진행 단계

[표 14-24]를 보면, 음식점 5와 9 그리고 음식점 3과 7이 먼저 군집됐다. 이는 [표 14-23]에서 보이는 대로 이들 간의 거리가 가장 가깝기 때문이다. 세 번째 단계에서는 음식점 4와 10이 묶였다. 이러한 과정은 모든 음식점이 군집으로 묶이는 9단계까지 진행된다.

㉡ 수직 고드름 도표와 덴드로그램

【그림 14-7】

수직 고드름 도표

군집 수	케이스																		
	8		6		10		4		9		5		2		7		3		1
1	×	×	×	×	×	×	×	×	×	×	×	×	×	×	×	×	×	×	×
2	×	×	×	×	×	×	×	×	×	×	×	×	×		×	×	×	×	×
3	×	×	×	×	×	×	×		×	×	×	×	×		×	×	×	×	×
4	×	×	×	×	×	×	×		×	×	×	×	×		×	×	×		×
5	×		×	×	×	×	×		×	×	×	×	×		×	×	×		×
6	×		×		×	×	×		×	×	×	×	×		×	×	×		×
7	×		×		×	×	×		×	×	×		×		×	×	×		×
8	×		×		×		×		×	×	×		×		×	×	×		×
9	×		×		×		×		×	×	×		×		×		×		×

[그림 14-7]은 군집의 수에 따라 어떻게 음식점들이 군집화되는지를 보여준다. 군집의 수를 세 개로 할 경우 음식점 {8, 6, 10, 4}와 음식점 {9, 5, 2} 그리고 음식점 {7, 3, 1}이 각각 하나의 군집으로 묶임을 알 수 있다.

【그림 14-8】

덴드로그램

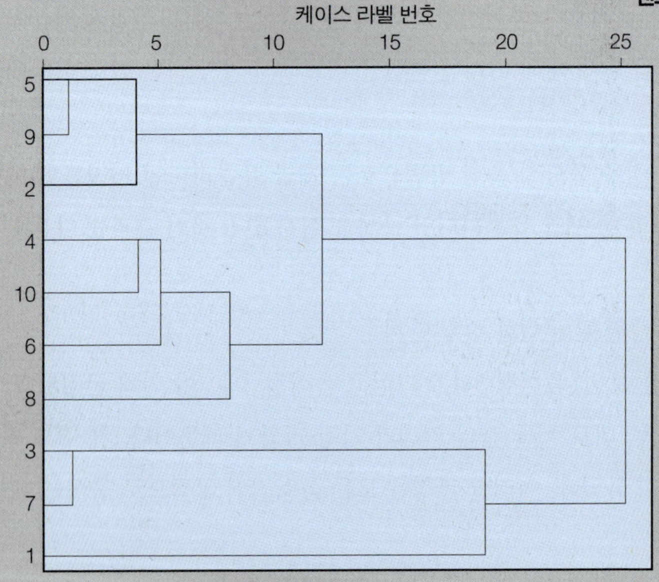

[그림 14-8]은 덴드로그램으로, 군집화 상태를 나타내준다. 음식점들이 병합되는 과정에서 거리가 상대적으로 큰 변화를 보이는 경우의 수를 적절한 군집의 수로 결정한다. 덴드로그램상 적절한 군집의 수는 세 개로 보이며, 음식점 {8, 6, 10, 4}, {9, 5, 2}, {7, 3, 1}로 각각 군집된다.

2) 비계층적 군집화

비계층적 군집화 방법은 계층적 군집화 방법과 달리 군집을 형성하는 과정이 순차적이지 않다. 계층적 군집화 방법이 순차적으로 군집의 수를 형성해 나가는 데 반해, 비계층적 군집화 방법은 최종 군집의 수와 시작점을 미리 정해주어야 한다.

비계층적 군집화 방법 중 가장 널리 이용되는 것은 K-민스(means) 방법이다. 이 방법은 계층적 군집화에 의해 얻어진 최초의 군집 결과, 즉 k개의 군집 수와 k개의 중심점을 입력 자료로 사용한다. 각 대상은 k개의 시작점을 중심으로 근접성에 근거해 가장 가까운 시작점에 묶이게 된다. 그리고 한번 뭉쳐진 집단에 대해 각 집단의 평균이 구해지고 이 값을 중심으로 동일한 절차를 거쳐 다시 군집화를 시행해 k개의 군집이 도출될 때까지 계속한다. 이 과정에서 어떤 대상이 사전에 한 군집에 묶였더라도 새로운 군집 시작점에 더 가까우면 이 대상은 새로운 군집으로 다시 할당되기 때문에 오류를 줄일 수 있다.

본 사례의 경우는 비계층적 군집화 방법 중 가장 일반적인 K-민스 방법으로 군집화를 실시했으며, 군집의 수는 앞의 계층분석의 결과를 참조해 세 개로 지정했다. 결과는 다음과 같다.

[표 14-25]는 초기 군집 시작점을 나타내며, 세 개의 중심점이 선택되었음을 알 수 있다. [표 14-26]은 이러한 세 개의 중심점을 시작으로 세 개의 군집으로 묶일 때까지 K-민

【표 14-25】 초기 군집 중심

	군집		
	1	2	3
위치	6.00	4.00	7.00
음식 맛	4.00	6.00	6.00
서비스	7.00	6.00	6.00

【표 14-26】 소속 군집

케이스	군집	거리	케이스	군집	거리
1	1	1.118	6	2	1.462
2	2	1.067	7	3	.000
3	3	.000	8	1	1.118
4	2	.687	9	2	.898
5	2	.898	10	2	.898

스 방법에 의해 군집화를 실시한 결과를 나타낸다. 이에 따르면 음식점 {1, 8}, {2, 4, 5, 6, 9, 10}, {3, 7}로 군집됐다. 이 결과는 앞의 계층적 군집화의 결과와 다른데, 이렇게 유사성 측정 방법이나 군집화 방법에 따라 그 결과가 다르게 도출될 수 있다.

(4) 군집의 해석 및 특성 파악

대상의 군집화가 끝난 후 연구자는 군집화된 결과가 어떤 의미를 갖는지 해석하고, 그 집단의 특성을 파악해야 한다. 이를 위해 흔히 각 군집의 중심점이나 속성의 평균값을 통해 각 군집의 특성을 찾거나 군집의 의미를 부여하는 방법이 사용된다.

이 장의 요약

◎ **판별분석**

판별분석은 기존의 자료를 통해 집단 간의 차이를 이해하고 각 집단을 분류하며, 이 과정에서 도출된 기준을 토대로 새로운 대상이 어떤 집단에 속하게 될 것인지를 예측하는 분석기법이다.

분석에 사용될 독립변수를 선택하는 방법에는 동시투입방식과 단계적 투입방식이 있으며, 단계적 투입방식에 의할 때 변수를 평가하는 기준으로 일반적으로 윌크스의 람다값을 사용한다. 이렇게 도출된 판별식의 유의성을 검증하기 위한 방법으로는 보통 정준상관계수와 람다값이 이용된다. 판별식이 도출되면, 이를 토대로 대상들을 각 집단으로 분류하며, 적중률을 통해 판별식이 실제의 집단을 얼마나 정확히 분류해주는지 타당성을 평가하게 된다.

◎ **요인분석**

요인분석은 변수들 간의 상관관계를 기초로 여러 변수들로 측정된 자료를 소수의 차원으로 묶어서 새로운 요인으로 제시하는 통계기법이다. 이를 통해 정보를 축약하고 변수들 속에 내재하는 구조를 발견할 수 있다. 요인분석은 분석 대상에 따라 R-타입 요인분석과 Q-타입 요인분석으로 나뉘며, 분석 목적에 따라서는 탐색적 요인분석과 확인적 요인분석으로 나뉜다.

요인을 추출하는 방법에는 총분산을 사용하는 PCA와 공통분산만을 이용하는 CFA가 있다. 이 과정을 통해 요인적재량, 고유치, 공통성 등의 결과가 산출되며, 추출된 요인 중 몇 개의 요인을 분석에 사용할 것인지를 결정하기 위해 고유치, 스크리 도표, 전체 설명력 등을 판단 기준으로 사용한다. 요인과 변수 간의 관계를 명확히 하고 해석을 용이하게 하기 위해서 요인축을 회전하게 되는데, 여기에는 직각회전과 비직각회전이 있으며, 일반적으로 직각회전방식 중 배리맥스 방식이 가장 많이 사용된다. 요인의 해석은 요인별로 높은 적재량을 갖는 변수들의 공통된 특성을 토대로 요인에 명칭을 부여하는 과정을 말한다.

◎ **군집분석**

군집분석은 다양한 특성을 지닌 대상들을 그들의 유사성에 기초하여 동질적인 집단으로 분류하는 데 이용되는 통계기법이다. 대상들을 군집화하기 위해서는 유사성의 척도를 결정해야 하는데, 일반적으로 거리 측정값을 사용하며, 거리척도에는 유클리디언 거리, 도시블록 거리, 민코스키 거리 등이 있다. 다음으로 군집화 방법을 결정하게 되는데, 계층적 군집화와 비계층적 군집화로 나눌 수 있다. 계층적 군집화는 순차적으로 가장 유사한 대상들끼리 군집화해가는 방식으로, 이에는 단일결합법, 완전결합법, 평균결합법, 워드법 등이 있다. 비계층적 군집화는 미리 정해진 군집화의 수에 따라 대상들이 군집에 할당되는 방식으로, K-민스 방식이 가장 많이 쓰인다. 대상들의 군집화가 끝난 후 연구자는 군집화된 결과의 의미를 해석하고, 그 집단의 특성을 파악하게 된다.

주요용어

판별점수, 동시투입방식, 단계적 투입방식, 윌크스의 람다, 피셔의 판별식, 비표준화된 정준판별함수, 표준화된 정준판별함수, 경계점, 정준상관계수, 적중률, 요인, R-타입 요인분석, Q-타입 요인분석, 탐색적 요인분석, 확인적 요인분석, PCA, CFA, 요인적재량, 고유치, 공통성, 스크리 도표, 직각회전, 비직각회전, 배리맥스, 유클리디언 거리, 도시블록 거리, 민코프스키 거리, 계층적 군집화, 비계층적 군집화, 단일결합법, 완전결합법, 평균결합법, 워드법, K-민스 방식, 수직 고드름 도표, 덴드로그램

참고문헌

Armstrong, J. S. (1967), "Derivation of Theory of Means of Factor Analysis of Tom Swift and His Electric Factor Analysis Machine," *American Statistician*, Vol.21, pp.17~21.

Anderson, T. W., *An Introduction to Multivariate Statistical Analysis*, 2nd ed., John Wiley and Sons.

Andrews, D. F., R. Grandesikan and J. L. Warner (1973), "Methods for Assessing Multivariate Normality," *Multivariate Analysis*, 3rd ed., P. R. Krishnaiah, N. Y., Academic Press.

Bock, R. D. (1975), *Multivariate Statistical Methods in Behavioral Research*, McGraw-Hill, New York.

Cooley, W. W. and P. R. Lohness (1971), *Multivariate Data Analysis*, John Wiley and Sons.

Crash, M. R. and M. D. Perreault (1977), "Validation of Discriminant Analysis in Marketing Research," *Journal of Marketing Research*.

Frank, R. E. and W. F. Massy (1965), "Bias in Multiple Discriminant Analysis," *Journal of Marketing Research*.

Frankfort-Nachmias, Chava and David Nachmias (2000), *Research Methods in the Social Sicence*, sixth edition, Worth Publishers.

Green, R. E. (1978), *Analyzing Multivariate Data*, The Dryden Press.

Hair, J. F., R. E. Anderson, R. L. Tafham and B. J. Grablowsky (1979), *Multivariate Data Analysis*, Petroleum.

Johnson, R. A. and D. W. Wichern (1988), *Applied Multivariate Statistical Analysis*, 2nd ed., Prentice-Hall.

Klecka, W. R. (1980), "Discriminant Analysis," *Sage Series,* Vol. 19, Sage Publications, California.

Morrison, D. G. (1969), "On the Interpretation of Discriminant Analysis," *Journal of Marketing Research*.

Morrison, D. F. (1976), *Multivariate Statistical Methods*, McGraw-Hill.

Srivastava, M. S. and C. G. Khatri(1979), *An Introduction to Multivariate Statistics*, North Holland.

Stewart, D. W. (1981), "The Application and Misapplication of Factor Analysis in Marketing Research," *Journal of Marketing Research*, Vol.18, pp.51~62.

Tatsuoka, M. M. (1971), *Multivariate Analysis*, John Wiley and Sons.

Wahl, P. W. and R. A. Kronmal (1977), "Discriminant Functions when Covariances are Unequal and Sample Size are Moderate," *Biometrics*, Vol.33, pp. 479~84.

Zikmund, William G. (1997), *Bussiness Research Methods*, fifth edition, Dryden Press.

연습문제

1. 판별분석의 의의에 대해서 논하시오.

2. 표준화된 판별계수는 무엇을 판단하는 데 사용되며, 판별점수는 표준화되지 않은 판별계수를 사용하여 구하는데 그 공식을 써보시오.

3. 판별식의 타당성은 검정하는 데 사용하는 적중률의 개념을 설명하고 C_{max}, C_{pro}와 비교하시오.

4. 다음에서 적중률과 C_{max}, C_{pro}를 구하시오. 또한 판별분석이 효과가 있었는가?

		예측 집단		
		A	B	
실제 집단	A	75	25	100
	B	25	25	50
		100	50	

5. 요인분석의 의의와 구체적 목적을 설명하시오.

6. 요인분석의 수행 절차를 설명해보시오.

7. 고유치란 무엇인가?

8. 요인의 회전의 목적은 무엇이며, 회전 방법인 직각회전과 비직각회전을 상호 비교 설명하시오.

9. 요인의 이름을 결정하는 방법을 논하시오.

10. 다른 분석을 하기 위한 선행 단계로 요인분석을 하게 되는 이유는?

11. 군집분석의 의의와 목적을 설명하시오.

12. 군집분석의 절차를 설명하시오.

13. 유사성 측정 방법을 비교 설명하시오.

14. 군집화 방법에 대해 설명하시오.

15. 국회의원 후보 A는 지역 주민의 후보자 선호 성향을 파악하기 위해 조사를 실시한 결과 다음의 결과를 얻었다. 다음 국회의원 선택 시 후보자 속성별 중요도를 통해 지역 주민을 구분하시오.

ID	개혁 성향	문제 해결 능력	청렴도
1	6	3	7
2	2	6	5
3	2	5	4
4	7	4	6
5	1	7	4
6	3	5	5
7	4	6	4
8	5	5	7
9	5	6	6
10	4	4	6

제 15 장

비모수통계

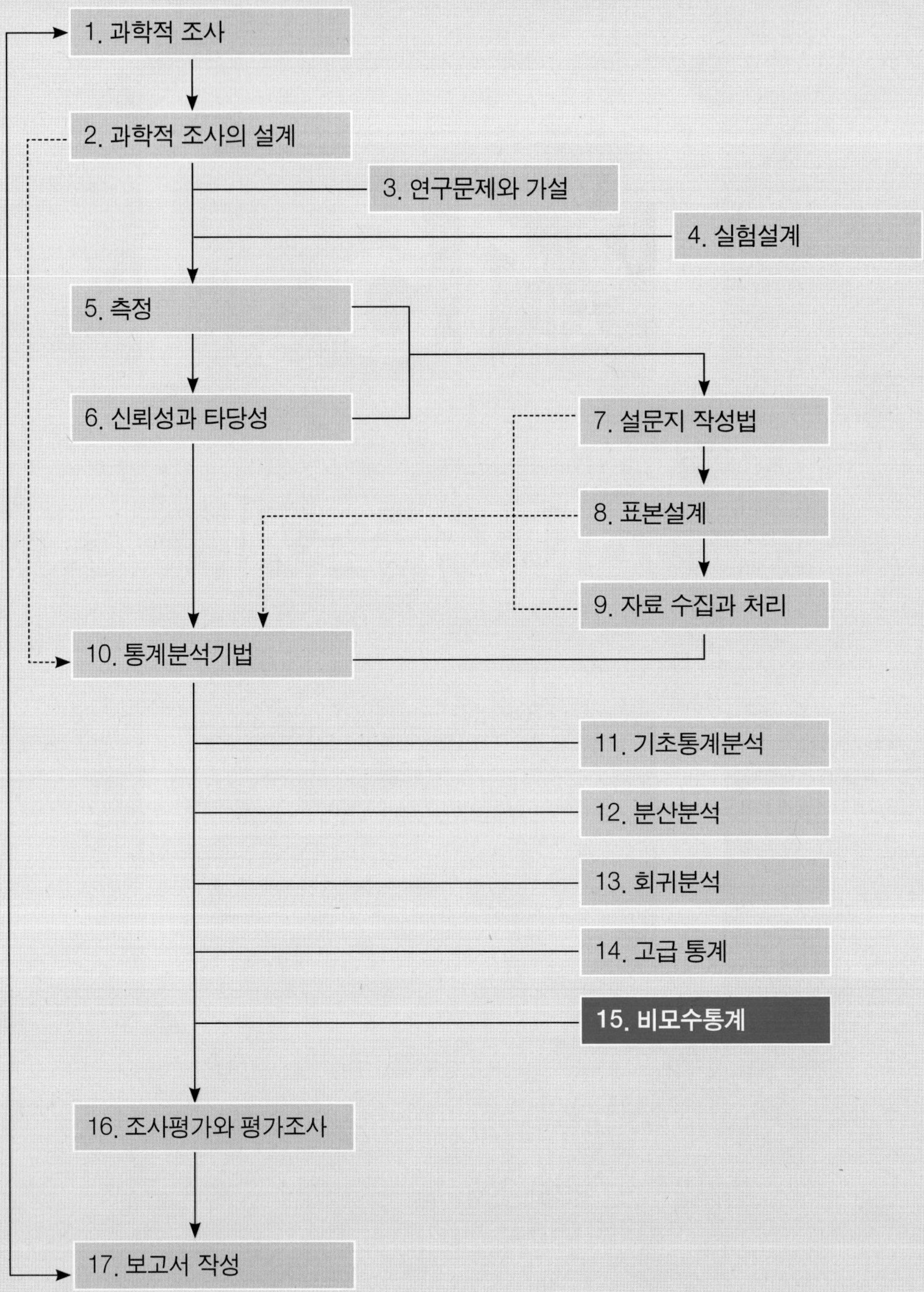
1. 과학적 조사
2. 과학적 조사의 설계
3. 연구문제와 가설
4. 실험설계
5. 측정
6. 신뢰성과 타당성
7. 설문지 작성법
8. 표본설계
9. 자료 수집과 처리
10. 통계분석기법
11. 기초통계분석
12. 분산분석
13. 회귀분석
14. 고급 통계
15. 비모수통계
16. 조사평가와 평가조사
17. 보고서 작성

앞에서 살펴본 바와 같이 사회과학에서 사용되는 분석기법은 무척 많다. 여기에서는 측정이 명목측정이나 서열측정 등일 때 사용하는 비모수통계기법에 대해서 알아보려고 한다. 먼저 비모수통계기법의 중요성을 살펴보고 사회과학에서 많이 사용되는 통계기법을 알아보자.

01 비모수통계기법의 특성

1. 비모수통계의 필요성

흔히들 비모수통계기법은 모수통계기법(parametric statistical test)보다 통계적인 검정력이나 분석수준 등 모든 면에서 떨어지는 것으로 알려져 있다. 따라서 많은 조사연구는 모수통계를 이용하며 비모수통계를 이용한 것은 덜 과학적인 것으로 인식된다. 그러나 사회과학의 특성상 많은 연구는 등간측정으로 된 자료를 사용하기 어렵다. 그래서 연구자들은 서열측정의 특성밖에는 갖고 있지 못한 자료를 이용해 모수통계의 여러 기법을 적용한다. 이런 경우에는 통계적인 검정력이 정확하게 계산되지 않는다. 즉 모수통계에서 요구하는 가정을 위반했기 때문에 통계의 검정력, 위험수준, 기각 정도 등의 의미가 감소하게 된다. 따라서 자료의 특성에 맞추어 적합한 통계기법을 선택하는 것이 바람직하며, 자료의 특성에 제약이 많은 사회과학 분야에서는 비모수통계를 더욱 활발하게 이용할 수 있을 것이다.

2. 비모수통계의 장점과 단점

비모수통계가 사회과학 연구에 적합한데도 연구자들이 이 방법을 꺼리는 이유 중 하나는 통계적 검정력이 낮기 때문이다. 그러나 통계 방법을 선택할 때는 검정력뿐만 아니라 앞에서 언급한 측정의 종류, 모집단의 성격, 표본값 측정 방법 등을 모두 고려해야 한다. 그렇기 때문에 연구 상황에 따라서는 비모수통계가 더 뛰어난 통계기법일 수 있다. 일반적으로 가정이 많으면 검정력이 높아지지만 적용력(applicability)은 낮아진다. 비모수통계는 적용력이 높은 반면에 검정력이 낮은 것이 일반적이다. 그러나 표본 수를 증가시키면 검정력이 높아지므로 비모수통계를 이용하면서도 적용력과 검정력을 균형 있게 할 수 있다. 비모수통계의 장·단점은 다음과 같다.

장점 ① 가정이 적기 때문에 잘못 사용할 가능성이 적다.
② 계산이 무척 간단해 모수통계 계산 대신에 사용할 수 있다.
③ 논리가 간단해 배우기 쉽다.
④ 서열측정 이하의 측정에서도 사용 가능하다.
⑤ 표본 수가 6 이하일 때는 모수통계기법보다 더 효율적이다.
⑥ 정확한 확률을 사용한다.

단점 ① 많은 계산을 할 때 지겹다.
② 검정력 효율도가 낮다.
③ 상호작용효과의 검정이 어렵다.

가정 ① 각 측정이 서로 독립이어야 한다.
② 측정변수가 연속이어야 한다.

02 단일표본분석

1. χ^2단일표본분석

χ^2단일표본분석은 명목측정이나 구분을 위한 어떤 측정에 포함되는 관찰 숫자와 예상되는 숫자 간에 차이가 나는지 검정하는 것으로, 적합도검정(goodness-of-fit)의 대표적인 예다.

먼저 이 분석에서 필요한 가정은 다음과 같다.

① 자료는 n개의 독립적 관찰로 이루어져야 한다.

② 측정수준은 명목측정이다.

③ 측정치는 서로 중복되지 않는 r개의 카테고리에 나누어져야 하며, 카테고리는 상호 배타적(mutually exclusive)이고 포괄적(exhaustive)이어야 한다.

(1) 분석 방법

χ^2단일표본분석은 카테고리의 예상치와 관찰치의 빈도수에 차이가 있는지 검정하는 것이다. 귀무가설은 'H_0: 예상치와 관찰치는 차이가 없다'가 된다.

여기서 χ^2의 통계치는 다음과 같이 계산된다.

$$\chi^2=\sum_{i=1}^{k}\frac{(O_i-E_i)^2}{E_i}$$

O_i : i 카테고리에서 관찰된 수

E_i : i 카테고리의 예상된 수

일반적으로 $E_i=\sum_{i=1}^{k}\frac{O_i}{k}$

k : 카테고리의 수

이때 계산상에서 구한 χ^2은 자유도 $k-1$인 χ^2분포를 따른다고 알려져 있으며, 예상치와 관찰치의 빈도수 차이가 있는지를 검정할 때는 계산에서 구한 χ^2과 부록 [표 3]에서 정해진 유의수준과 자유도에 따라 찾은 값과 비교해 같거나 크면 차이가 있다고 할 수 있다.

(2) 예

설악산의 한 호텔에서는 어느 지방 사람들이 많이 오는지 검정하기 위해 1년 동안 다녀간 사람들의 출신 지방을 조사했다. 1년 동안 방문한 고객의 출신 지방은 다음 [표 15-1]과 같다.

【표 15-1】 1년간 방문한 고객의 출신지

지역	호남	영남	경인	합
고객 수	853	884	963	2,700

고객 방문에 각 지역의 집단별로 차이가 나는지를 χ^2분석을 사용해 알아보기로 하자. 이때의 귀무가설은 지역별로 고객 수에 차이가 없다는 것이고, 대립가설은 지역별로 고객 수에 차이가 난다는 것이다.

그러므로 $E_i = \frac{2,700}{3} = 900$이고

$$\chi^2 = \frac{(853-900)^2}{900} + \frac{(884-900)^2}{900} + \frac{(963-900)^2}{900}$$
$$= 7.14$$
$$= 7.14 > \chi^2_{0.05} = 5.99$$

위의 가설을 유의수준 0.05로 검정하기 위해 χ^2통계표에서 자유도가 $(k-1)=(3-1)=2$일 때의 임계치를 구하면 5.99다. 위에서 계산된 χ^2통계치는 7.14로 임계치인 5.99보다 크므로 지역별로 판매량이 동일하다는 귀무가설을 기각하고 지역별로 고객 수가 다르다는 대립가설을 채택하게 된다.

(3) 기타 고려 사항

이 기법은 기본적으로 표본 수가 많을수록 바람직하다. 예를 들어, 카테고리의 수가 2일 때 예상 빈도수(각 cell 내의 빈도수)는 5 이상 되어야 한다. 또 카테고리의 수가 2 이상일 때 예상 빈도수의 20% 이상이 5보다 적거나 혹은 예상 빈도수의 하나라도 1보다 적으면 이 기법은 가치가 없다.

이를 해결하는 방법은 카테고리의 수를 줄이거나 다른 방법을 찾는 것이다.[1] 또한 자료의 특성이 서열측정일 경우에는 그 순위의 정도까지는 이 방법으로 검증할 수가 없다.

1) 바이노미얼 테스트(binomial test)가 작은 분포일 때 유효하다고 알려져 있다.

2. 콜모고로프-스미르노프 단일표본분석

콜모고로프-스미르노프(Kolmogorov-Smirnov) 기법은 관찰된 분포와 이론적 분포 간의 일치도(degree of agreement)를 검정하는 것으로, 앞의 χ^2단일표본분석과 같이 적합도 검정을 알아보는 것이다. 이 방법은 서열측정을 사용해 단순한 빈도수가 아닌 누적빈도분포(cumulative frequency distribution)를 이용한다. 이 기법은 자료는 분포가 알려져 있지 않은 모집단에서 무작위로 추출된 독립적인 표본으로 구성되어 있다는 가정하에서 사용한다.

(1) 분석 방법

이 기법은 관찰된 누적분포와 이론적인 누적분포의 적합도를 검정하는 것이다. 따라서 귀무가설은 'H_0: 관찰된 빈도수와 이론적 빈도수는 동일하다'다. 여기서 콜모고로프-스미르노프 기법의 통계량 D를 구하는 식은 다음과 같다.

$$D = \text{maximum}\,|F_0(x) - S_N(x)|$$

$F_0(x)$: 이론적인 누적분포, 즉 x값보다 작거나 같으리라고 생각되는 수

$S_N(x)$: 관찰된 누적분포, 즉 $S_N(x) = \dfrac{K}{N}$

K : x보다 작거나 같게 관찰된 수

N : 총 표본 수

여기서 구한 D의 값을 부록 [표 10]에서 정해진 N과 유의수준에 따라 찾은 값을 비교해 크거나 같으면 귀무가설을 기각하며, 관찰된 빈도수와 이론적 빈도수 간에 차이가 있다는 것을 알 수 있게 된다.

(2) 예

의학과에서 실험을 하기 위해 개의 신장 36개의 무게를 쟀다. 이때 이 신장들의 무게가 정규분포를 이루는 모집단에서 추출되었는지 검정하고자 한다. 이때 모집단의 특성은 평균이 85g이고 표준편차가 15g이다.

[표 15-2]는 개들의 신장 무게를 보여준다.

【표 15-2】 개의 신장 무게(g)

68	58	92	104	97	88	84
82	84	68	76	82	84	68

여기서 $S(x)$를 구하기 위해 먼저 각 표본을 순서대로 늘어놓고 그들의 누적빈도분포를 구한다. 또 $F(x)$를 구하기 위해 각 표본의 Z값으로 이들의 누적빈도분포를 구한다. [표 15-3]은 이를 나타내준다.

【표 15-3】 표본의 $S_{14}(x)$와 $F_{14}(x)$

X	빈도수	누적	$S(x)$	Z	$P(0 \leq x \leq \|Z\|)$	$F(x)$	$\|F_0(x)-S_N(x)\|$
58	1	1	0.0714	−1.80	0.4641	0.0359	0.0355
68	3	4	0.2857	−1.13	0.3708	0.1292	0.1565
76	1	5	0.3571	−0.60	0.2257	0.2743	0.0828
82	2	7	0.5000	−0.20	0.0793	0.4207	0.0793
84	3	10	0.7142	−0.06	0.0279	0.4721	0.2421
88	1	11	0.7857	0.20	0.0793	0.5793	0.2064
92	1	12	0.8571	0.46	0.1808	0.6772	0.1763
97	1	13	0.9285	0.80	0.2881	0.7881	0.1404
104	1	14	1.0000	1.26	0.3980	0.8762	0.1020

위 표에서 보면 $D=0.2421$이 되고, 부록 [표 10]에서 유의수준 0.1을 보면 $N=14$일 때 임계치는 0.349다. 따라서 찾는 값보다 구한 임계치가 크므로 귀무가설이 채택되어 개들의 신장 무게는 정규분포를 이루는 모집단에서 추출되었다고 할 수 있다. [표 15-4]는 위의 자료를 SPSS WIN을 이용한 분석 예를 보여준다.

[표 15-4]의 분석 결과를 보면, 콜모고로프-스미르노프의 Z값은 0.645이고 P값은 0.800으로 유의수준 0.1에서 귀무가설을 채택하게 된다.

(3) 기타 고려 사항

표본 수가 35 이상이면 공식을 사용해 임계치를 구하게 된다. 또 이론적 분포와 관찰된 분포 간의 차이에 대한 방향을 미리 알 수 있으면 단측검정을 할 수도 있다. 일반적으로 표본 수가 적을 때는 χ^2단일표본분석보다 검정력이 더 높다고 알려져 있다.

【표 15-4】

기술통계

	N	평균	표준편차	최솟값	최댓값	Percentiles		
						25th	50th(Median)	75th
개의 신장 무게	14	81.0714	12.54202	58.00	104.00	68.0000	83.0000	89.0000

콜모고로프-스미르노프 단일표본분석

		개의 신장 무게
N		14
Normal Parameters[a, b]	평균	81.0714
	표준편차	12.54202
Most Extreme Differences	Absolute	.172
	Positive	.137
	Negative	−.172
콜모고로프-스미르노프 Z값		.645
Asymp. Sig(2-tailed)		.800

a. Test distribution is Normal.

b. Calculated from data.

03 관련된 두 개의 표본분석

1. 맥니마 기법

맥니마 기법(McNemar Test)은 흔히 어떤 실험변수의 효과를 사전·사후 두 번의 측정을 통해 검정하는 기법으로, 자료는 명목측정과 서열측정이면 사용할 수 있다. 예를 들어, 특정 실험 전과 실험 후의 선호 정도 차이라든가 선호하는 것에 대한 빈도의 차이

등이 의미가 있는지 검정하는 것이다.

이 기법의 가정은 다음과 같다.

① 자료는 N개의 표본 혹은 표본의 조합으로 이루어진다.

② 측정수준은 명목측정이나 서열측정이다.

③ 표본은 서로 독립적이며, 짝을 이루었을 경우에도 서로 독립적이다.

(1) 분석 방법

이 분석은 실험 전의 측정치와 실험 후의 측정치 간에 차이가 있는지를 검정하는 것이다. 따라서 귀무가설은 'H_0: 실험 전 측정치가 변할 확률은 어느 방향이나 동일하다'[2)]가 된다.

다음의 실험 단계를 보면서 기본 개념을 살펴보자.

다음의 그림에서 (−)는 부정적 반응, (+)는 긍정적 반응을 보이는 것이고 A, B, C, D는 각 카테고리에 속하는 응답자의 수다.

		실험 후 −	실험 후 +
실험 전	+	A	B
	−	C	D

위의 그림에서 B, C는 실험 전과 실험 후에 측정치가 (++, −−)로 변하지 않는 사람들이다.

반면에 A, D는 측정치가 변한 사람들로, A는 (+→−)로, D는 (−→+)로 바뀌었다. 만약 실험의 효과가 없다면 A 혹은 D가 $(A+D)/2$와 같게 되어야 한다.

따라서 귀무가설은 측정치인 A 혹은 D가 예측치인 $(A+D)/2$와 차이가 없다는 것이고, 이것을 검정하기 위해서는 χ^2분석을 이용한다.[3)]

2) 가설을 연구 목적에 따라 다르게 정할 수도 있다.
예를 들어, 귀무가설 'H_0: 응답자의 태도(측정치)의 빈도는 상황이 바뀌어도(실험을 받든, 안 받든) 동일하다'와 같이 할 수도 있다. 주 3) 참조.

3) 주 2)와 같은 경우에는 공식을 유도하는 방법이 약간 상이하다.
P_1을 실험 전의 상황에서 (±)로 측정된 비율($P_1=\frac{A+B}{N}$)이라 하고, P_2를 실험 후의 상황에서 (±)로 측정된 비율($P_2=$

$$\chi^2=\sum_{i=1}^{k}\frac{(O_i-E_i)^2}{E_i}$$

O_i : i카테고리에 속하는 빈도수(측정치)

E_i : i카테고리에 속하는 빈도수(예측치)

따라서

$$\chi^2=\sum_{A,D}\frac{(O-E)^2}{E}$$

$$=\frac{\left(A-\frac{A+D}{2}\right)^2}{\frac{A+D}{2}}+\frac{\left(D-\frac{A+D}{2}\right)^2}{\frac{A+D}{2}}=\frac{(A-D)^2}{A+D} \quad \text{with } df=1$$

그러나 χ^2분포는 원래 연속적인 것을 가정하기 때문에 이를 위해 약간의 수정을 해야 한다. 연속적 변수를 위해 수정된 공식은 다음과 같다.

$$\chi^2=\frac{(|A-D|-1)^2}{A+D} \quad \text{with } df=1$$

따라서 관측치를 이용해 계산한 χ^2값이 부록 [표 3]에서 주어진 유의수준과 자유도 1일 때의 임계치보다 같거나 크면 귀무가설을 기각하고 실험변수가 영향을 미쳤다고 할 수 있다.

(2) 예

프로그래머들에게 새로운 기능이 있지만 사용법이 조금 다른 컴퓨터를 주고 몇 명이나 그것을 사용하는지 측정한 뒤, 새 컴퓨터 사용법을 교육한 후 다시 몇 명이 사용하

$\frac{B+D}{N}$)이라 하자.

귀무가설은 $P_1=P_2$로 표현할 수 있고, 이들의 차이가 없다는 것을 검증해야 한다.

$P_1-P_2=\frac{A+B}{N}-\frac{B+D}{N}=\frac{A-D}{N}$다. 이를 검정하기 위한 통계량은 본문과 동일하며, 구체적인 유도는 다른 통계학 책을 참조 바란다.

는지 검증하고자 한다. 그 결과는 다음과 같다.

		교육 후	
		새것	옛것
처음	옛것	18	15
	새것	8	7

따라서 총 표본 수는 $N=48$이고 $A=18, D=7$이 된다.

$$\chi^2=\frac{(|A-D|-1)^2}{A+D}=\frac{(|18-7|-1)^2}{18+7}$$

$$=\frac{100}{25}=4 \ \ (\text{with } df=1)$$

$$4>\chi^2(1, 0.05)=3.84$$

부록 [표 3]에서 자유도 1의 유의수준 0.05에서 일치하는 임계치는 3.84이므로 귀무가설은 기각된다.

(3) 기타 고려 사항

표본 수가 너무 작아서 $\frac{A+D}{2}$가 5보다 작으면 다른 통계 방법을 쓰는 것이 바람직하다. 변수의 수가 두 개 이상일 때는 코크란 Q-테스트(Cochran Q test)와 거의 흡사하며 검정 시에 χ^2 대신에 Z값을 사용하기도 한다.

2. 윌콕슨 쌍대비교

윌콕슨 쌍대비교(Wilcoxon Matched-Pairs Signed-Ranks Test)는 두 개의 추정치 값 차이의 방향과 정도를 동시에 고려하는 방법이다. 따라서 윌콕슨 쌍대비교는 쌍을 이루는 두 측정치 중에서 어느 것이 더 크며, 여러 가지 쌍 중에서 어느 것이 더 큰 차이를 보이는지 알아야 한다.

이 기법의 가정은 다음과 같다.

① 자료는 세 개의 쌍의 차이로 이루어진다.

② 차이의 측정변수는 연속적이다.

③ 차이의 측정변수 분포는 좌우대칭이거나 대칭에 가까우면 된다.

④ 차이는 독립적이며 최소한 서열측정 이상이어야 한다.

(1) 분석 방법

윌콕슨 쌍대비교도 역시 쌍대비교를 하는 두 측정치 간에 차이가 있는지를 검정하는 것이며, 그 방법으로 차이의 정도와 그 방향을 사용한다. 따라서 귀무가설은 'H_0: 쌍을 이루는 측정치 간의 차이는 없다' 혹은 '차이의 중간값(Median)은 0이다'라고 할 수 있다.

구체적으로 보면 쌍을 이루는 차이의 절댓값에 따라 순위를 매기고, 그 순위에 차이의 영향을 나타내는 부호(+, −)를 붙이는 것이다. 또한 만약 차이가 없으면 분석에서 제외하며, 차이가 동일하면 동일한 서열의 중간값을 택한다.

(2) 예

고혈압 환자에 대한 특정 처방의 효과를 알고자 한다. 다음 표는 처방 전의 혈압과 처방 후의 혈압을 보여준다.

여기서 $d_i=Y_i-X_i$가 되며 [표 15-5]의 다섯 번째 열의 수치는 d_i 숫자들의 절댓값을 작은 것에서 큰 것까지 1에서 N까지 순위를 매긴 후에 d_i의 부호를 붙인 것이다.

【표 15-5】

쌍	처방 전 혈압(X_i)	처방 후 혈압(Y_i)	$d_i(Y_i-X_i)$	d의 서열	적은 부호 빈도수
1	160	143	−17	−5	
2	158	156	−2	−2	
3	170	173	3	3	3
4	200	175	−25	−8	
5	183	179	−4	−4	
6	179	180	1	1	1
7	180	153	−27	−7	
8	197	177	−20	−6	$T=\tilde{4}$

마지막 열의 수치는 다섯 번째 열의 순위 중 +, − 부호 중에서 작은 빈도를 보이는 순위의 절댓값을 표시한 것이다.

이들의 합 T와 부록 [표 12]에서 주어진 유의수준과 N(쌍의 총수)에서 임계치를 찾아 관찰된 T가 부록 [표 12]의 임계치보다 같거나 작으면 귀무가설을 기각한다. 본 예에서는 총 쌍의 수 $N=8$, $T=4$가 되며, 표에서 유의수준 0.05의 임계치는 4이므로 귀무가설은 기각되어 처방이 효과가 있다고 할 수 있다.

[표 15-6]은 SPSS WIN 분석의 예를 보여준다. [표 15-6]을 보면 두 개의 예가 (+)의 순위를 가진 것을 보여주며, 양측검정 p값이 0.05라고 나타나 있다.

이는 $\tilde{T}=4$가 표에서 유의수준 0.05일 때 찾은 임계치와 같으므로 동일한 유의수준을 보인다.

【표 15-6】 윌콕슨 부호순위 테스트(Wilcoxon Signed Ranks Test)

순위

		N	Mean Rank	Sum of Ranks
처방 후 혈압−처방 전 혈압	Negative Ranks	6[a]	5.33	32.00
	Positive Ranks	2[b]	2.00	4.00
	Ties	0[c]		
	Total	8		

a. 처방 후 혈압<처방 전 혈압
b. 처방 후 혈압>처방 전 혈압
c. 처방 후 혈압=처방 전 혈압

검정통계[b]

	처방 후 혈압−처방 전 혈압
Z	−1.960[a]
Asymp. Sig(2-tailed)	.050

a. Based on positive ranks.
b. Wilcoson Signed Ranks Test.

(3) 기타 고려 사항

만약 표본 수가 커서 25개 이상이면 통계치 T는 정규분포를 이루게 되어 Z-테스트를 이용할 수 있다. 이때 Z는

$$Z=\frac{T-\frac{N(N+1)}{4}}{\sqrt{\frac{N(N+1)(2N+1)}{24}}}$$ 이 된다.

좀 더 자세한 설명은 다른 통계학 책을 찾아보기 바란다.

04 독립된 두 개의 표본분석

1. 맨-휘트니 *U*기법

맨-휘트니 *U*기법(Mann-Whitney U test)은 서열측정의 자료가 있을 때, 두 개의 독립된 집단이 동일한 모집단에서 추출되었는지 검정하는 방법이다. 이 방법은 자료가 *t*-검정의 가정을 만족시키지 못할 때 사용할 수 있는 가장 효율적인 대체안으로 알려져 있다. 이 기법의 가정은 다음과 같다.

① 자료는 하나의 특정 모집단에서 추출한 무작위표본(random sample)의 측정치와 다른 모집단에서 추출한 임의적인 측정치로 구성해야 한다.
② 두 표본집단은 독립적이다.
③ 관찰된 측정치는 연속적이다(continuous random variable).
④ 측정수준은 최소한 서열측정이다.
⑤ 두 집단의 분포는 모양이 같고 위치만 다르다.

(1) 분석 방법

맨-휘트니 *U*기법은 표본으로 뽑은 측정치가 동일한 모집단에서 나왔는지 검증하는 것이므로 귀무가설은 'H_0: 모집단은 동일하다' 혹은 '두 집단의 측정치 a, b에 대해 $P(a>b)=1/2$이다'라고 할 수 있다.

분석 방법은 먼저 두 집단에서 추출한 측정치의 순서대로 순위를 매기고, 특정 집단의 측정치보다 앞서는 다른 집단의 측정치들의 수를 세어 이들을 모두 합해 U값을 구한다. 기본적으로는 이 U값을 부록 [표 3]에서 찾아 그때의 P값과 유의수준을 비교해 P값이 작거나 같으면 귀무가설을 기각한다. U값이 표에 안 나오는 경우가 있는데, 이때는 기준이 되는 특정 집단을 바꾸어서 측정 치수를 계산해 U'를 구하게 된다.

이들 간의 관계는 다음과 같다.

$$U^{*}=n_1n_2-U^{**}$$

n_1 : 많은 수의 측정치를 가진 측정치 수
n_2 : 적은 수의 측정치를 가진 측정치 수
U^{*} : 큰 수, U^{**} : 작은 수

그러나 한 집단의 관측치가 $9 \leq n_2 \leq 20$이 되면 부록 [표 13]의 뒷부분을 참조하고, 이때 U값은 다음과 같이 구한다.

$$U=n_1n_2+\frac{n_1(n_1+1)}{2}-R_1$$

$$U'=n_1n_2+\frac{n_2(n_2+1)}{2}-R_2$$

U와 U' 중에서 작은 값을 취해, 부록 [표 13]에서 주어진 n_1, n_2값과 유의수준에 의한 임계치와 비교해 찾은 값이 구한 U값보다 크거나 같으면 귀무가설을 기각하게 된다.

(2) 예

한 학급에서 남자와 여자의 수학시험 점수를 가지고 과연 남자와 여자 사이에 점수 차이가 나는지를 검증하고자 한다. [표 15-7]은 각각의 점수를 보여준다.

$$n_1=17,\ n_2=10$$
$$R_1=296.5,\ R_2=81.5$$

따라서

$$U = 17 \times 10 + \frac{17(17+1)}{2} - 296.5 = 26.5$$

$$U' = 17 \times 10 + \frac{10(10+1)}{2} - 81.5 = 143.5$$가 된다.

【표 15-7】 성별에 따른 수학시험 점수

남자	여자
27	15
26	13
25	12
24	11
23	9.5
22	8
21	5
19.5	4
19.5	3
18	1
17	$R_2=81.5$
16	
14	
9.5	
7	
6	
2	
$R_1=296.5$	

부록 [표 13]의 값과 비교할 때는 작은 값을 이용한다.

부록 [표 13]에서 보면 유의수준 0.002에서 $n_1=17$, $n_2=10$인 임계치는 25로, 찾는 값이 구한 값보다 작으므로 귀무가설을 채택한다. 즉 남자·여자의 점수 차이가 없다고 할 수 있다.

[표 15-8]은 SPSS WIN의 분석 예를 보여준다.

이 표에서 보면 양측검정 P값이 0.002로서 예의 유의수준보다 크므로 귀무가설을 채택한다. 우측의 고정된 양측검정 P값은 동 순위일 때를 감안한 통계치로 일반적으로 안정된 값을 보여준다.

【표 15-8】 맨-휘트니 기법

순위

	성별	N	Mean Rank	Sum of Ranks
수학시험 점수	남자	17	17.44	296.50
	여자	10	8.15	81.50
	합계	27		

검정통계[b]

	수학시험 점수
맨-휘트니 U기법	26.500
윌콕슨 W	81.500
Z	−2.938
Asymp. Sig.(2-tailed)	.003
Exact Sig.[2*(1-tailde Sig.)]	.002[a]

a. Not corrected for ties.

b. Grouping Variable : 성별

(3) 기타 고려 사항

표본 수가 20개가 넘어가면 통계량 U는 정규분포를 이루게 되어 Z-테스트를 해도 무방하다.

$$Z=\frac{U-\frac{n_1 n_2}{2}}{\sqrt{\frac{(n_1)(n_2)(n_1+n_2+1)}{12}}}$$

로 검정할 수 있다.

이 방법은 상당히 검정력이 뛰어나다고 알려져 있다. 마지막으로 순위에 일치된 것이 많이 있을 경우에는 이를 수정할 필요가 있다. 그러나 수정을 하지 않는 것이 더 안전하다고 알려져 있으며, 자세한 방법은 전문 통계학 책을 참조하기 바란다.

2. 콜모고로프-스미르노프 두 개 표본분석

콜모고로프-스미르노프 두 개 표본분석은 앞의 맨-휘트니 분석과 같이 두 개의 집단에서 뽑은 측정치가 동일한 모집단에서 나온 것인지, 즉 두 집단의 특성이 같은지 검정하는 것으로, 콜모고로프-스미르노프 단일표본분석과 기본 논리는 동일하다고 할 수 있다.

① 자료는 두 개의 독립된 집단에서 임의로 추출해야 한다.

② 자료는 최소한 서열측정이다.

③ 측정수준은 동일한 수준의 자료를 사용해야 한다.

(1) 분석 방법

이 분석 방법은 두 개의 표본집단의 누적분포가 차이가 나는지를 검정해 이들이 동일한 모집단에서 추출되었는지 알아보는 것이다. 따라서 귀무가설은 'H_0: 두 집단의 누적분포는 동일하다' 혹은 '두 집단의 특성은 차이가 없다'와 같이 세울 수가 있다. 이 분석을 위한 통계량은 특정 집단의 누적분포 간 차이 중 가장 큰 것을 이용한다.

$$D = \text{maximum}\,|S_{n1}(x) - S_{n2}(x)|$$

여기에서 $S_{n1}(x)$: 한 표본의 관찰된 누적확률분포, 즉 $S_{n1}(x) = \frac{K}{n_1}$

$S_{n2}(x)$: 또 나른 표본의 관찰된 누적확률분포, 즉 $S_{n2}(x) = \frac{K}{n_2}$

K : x보다 작거나 같은 점수를 가진 측정치 수

n_1, n_2 : 표본집단의 표본 수

만약 n_1, n_2 값이 40보다 작다면 관찰에서 구한 D의 K값 kd와 부록 [표 10-1]에 있는 유의수준과 표본 수에서 찾은 임계치를 비교해 관찰한 kd가 찾는 임계치보다 크거나 같으면 귀무가설을 기각한다.

만약 표본 수가 40 이상이 된다면 n_1과 n_2가 같지 않아도 되며, 이때는 부록 [표 10-1]에 나오는 공식에 따라 임계치를 계산해 이 임계치가 관찰한 kd보다 작거나 같으면 귀무가설을 기각한다.

(2) 예

다음은 6주 교육을 받은 학생과 9주 교육을 받은 학생들의 점수를 비교한 표로, 통계량 D를 구하기 위해 [표 15-9]와 같이 분석했다.

두 집단의 틀린 비율

6주 교육받은 학생	9주 교육받은 학생
39.1	35.2
41.2	39.2
45.2	40.9
46.2	38.1
48.4	34.4
48.7	29.1
55.0	41.8
40.6	24.3
52.1	32.4
47.2	32.6

[표 15-9]에서 보면 $n_1=10$, $n_2=10$, 가장 큰 D는 7/10이며 이때 양측검정(2-tailed test)에서 kd는 7이다. 따라서 부록 [표 10-1]의 유의수준 0.05에서 귀무가설은 기각되어 두 집단이 차이가 있다고 할 수 있다.

【표 15-9】 콜모고로프-스미르노프 분석표

	Percent of total errors in first half of series							
	24~27	28~31	32~35	36~39	40~43	44~47	48~51	52~55
$S_{10_1}(X)$	$\frac{1}{10}$	$\frac{2}{10}$	$\frac{5}{10}$	$\frac{7}{10}$	$\frac{10}{10}$	$\frac{10}{10}$	$\frac{10}{10}$	$\frac{10}{10}$
$S_{10_2}(X)$	$\frac{0}{10}$	$\frac{0}{10}$	$\frac{0}{10}$	$\frac{0}{10}$	$\frac{3}{10}$	$\frac{5}{10}$	$\frac{8}{10}$	$\frac{10}{10}$
$S_{n_1}(X)-S_{n_2}(X)$	$\frac{1}{10}$	$\frac{2}{10}$	$\frac{5}{10}$	$\frac{7}{10}$	$\frac{7}{10}$	$\frac{5}{10}$	$\frac{2}{10}$	0

[표 15-10]은 SPSS WIN의 분석의 예를 보여준다.

【표 15-10】 콜모고로프-스미르노프 두 개 표본분석

Frequencies

교육받은 주		N
점수	6주	10
	9주	10
	합계	20

검정통계[a]

		점수
Most Extreme Differences	Absolute	.700
	Positive	.000
	Negative	−.700
콜모고로프-스미르노프 Z		1.565
Asymp. Sig.(2-tailed)		.015

1. Grouping Variable : 교육받은 주

위의 표에서 보면 가장 큰 차이가 0.7이며, 양측검정 *P*값이 0.015이므로 (예)에서의 유의수준 0.05보다 작으므로 귀무가설은 기각된다.

만약 표본 수가 40보다 클 경우 0.05의 유의수준에서 $1.36\sqrt{\frac{n_1+n_2}{n_1n_2}}$의 공식에서 찾는 값과 관찰한 값을 비교해 관찰한 *D*가 크거나 같으면 귀무가설을 기각하게 된다. 만약 $n_1=55, n_2=60$이면 $1.36\sqrt{\frac{55+60}{(55)(60)}}=0.254$가 되어 이것과 관찰된 *D*를 비교하면 된다.

(3) 기타 고려 사항

표본 수가 40개 이상이면 앞의 공식을 이용한다고 했으나, 어떤 학자들에 따르면 20개 정도일 때도 무방하다. 또한 표본 수가 40개 이하인데 n_1과 n_2의 숫자가 다를 경우에는 부록 [표 10-1]을 참조하기 바란다. 그 외에 표본 수가 큰 경우에 단측검정을 할 경우 D는 χ^2분포를 따른다고 한다. 이때 통계량 χ^2은 다음과 같다.

$$\chi^2=4D^2 \cdot \left(\frac{n_1n_2}{n_1+n_2}\right)$$

이 검정은 오히려 χ^2보다 더 검정력이 있다고 보며, 표본 수가 클 때는 맨-휘트니 U 기법보다 효율적이라고 한다.

05 관련된 k개의 표본분석

1. 코크란 Q분석

코크란 Q분석(Cochran Q)은 맥니마 분석과 기본 원리는 동일하며, 이를 세 개 이상의 변수에도 적용되도록 한 것이다. 서로 다른 조건들하에서 동일한 응답자를 분석해 조건들의 서로 다른 것이 영향이 있는지 분석하거나, 응답자에게 특성이 다른 실험을 하여 그 측정치가 다른지 판단하는 것이다. 이 분석을 위해서는 다음과 같은 가정이 필요하다.

① 자료는 N개의 응답 집단이 k개의 독립적인 실험변수에 대한 응답으로 이루어진다.

② 측정수준은 명목측정(0, 1), 2분 서열측정(Dichotomized ordinal information)이며, 이는 상황표($N \times k$)로 작성된다.

(1) 분석 방법

코크란 Q분석은 N명에게 K개의 다른 상황하에서 측정을 하여 상황이 다르면 응답에 차이가 난다는 것을 보기 위한 것이므로 귀무가설은 'H_0: 실험효과는 동일하다' 혹은 '서로 다른 상황하에서의 응답 수는 동일하다'가 된다. 만약 표본 수 N이 네 개 이상이고 모든 측정치가 24개 이상이 된다면 통계량 Q를 구해 검정을 하게 된다.

$$Q=\frac{k(k-1)\sum_{j=1}^{k}(G_j-\bar{G})^2}{k\sum_{i=1}^{N}L_i-\sum_{i=1}^{N}L_i^2}=\frac{(k-1)\left\{k\sum_{j=1}^{k}G_j^2-(\sum_{j=1}^{k}G_j)^2\right\}}{k\sum_{i=1}^{N}L_i-\sum_{i=1}^{N}L_i^2}$$

여기에서 G_j : j열의 합 $\bar{G}$: G_j의 평균값

L_i : i행의 합 k : 실험변수의 수

N : 표본 수

여기서 계산된 Q는 자유도가 $(k-1)$인 χ^2분포를 따른다. 따라서 계산된 Q가 부록 [표 3]에서 주어진 자유도, 유의수준에서 찾는 임계치보다 크거나 같으면 귀무가설을 기각하게 된다.

【표 15-11】 면접 방법에 따른 응답자의 태도

집단	친근감	형식감	무례함	L_i	L_i^2
1	0	0	0	0	0
2	1	1	0	2	4
3	0	1	0	1	1
4	0	0	0	0	0
5	1	0	0	1	1
6	1	1	0	2	4
7	1	1	0	2	4
8	0	1	0	1	1
9	1	0	0	1	1
10	0	0	0	0	0
11	1	1	1	3	9
12	1	1	1	3	9
13	1	1	0	2	4
14	1	1	0	2	4
15	1	1	0	2	4
16	1	1	1	3	9
17	1	1	0	2	4
18	1	1	0	2	4
합계	13	13	3	29	63

(2) 예

특정 정당에 대한 의견 조사에서 면접자의 태도가 응답자의 정당 평가에 어떤 영향을 끼치는지를 알아보기 위해 면접자의 태도를 ① 친근감, ② 형식감, ③ 무례함 등으로 표현하도록 하고 응답자를 조사했다. 동일한 특성을 가진 세 가지 표본에 대해 한 면접원이 각각 세 개의 태도를 한 번씩 보여주고 측정을 하여 이 세 번의 측정치가 한 개의 행을 형성한다. 그 결과는 [표 15-11]과 같다. 표에 따르면 $N=18$, $k=3$이다. 따라서

$$Q=\frac{(k-1)\{k\sum_{j=1}^{k}G_j^2-(\sum_{j=1}^{k}G_j)^2\}}{k\sum_{i=1}^{N}L_i-\sum_{i=1}^{N}L_i^2}$$

$$=\frac{(3-1)[3\{(13)^2+(13)^2+(3)^2\}-(29)^2]}{(3)(29)-63}$$

=16.7이 된다.

다음에는 SPSS WIN 분석의 예를 보여준다.

【표 15-12】 코크란 Q분석

Frequencies

	Value	
	0	1
친근감	5	13
형식감	5	13
무례함	15	3

검정통계

N	18
코크란 Q	16.667[a]
df	2
Asymp. Sig.	.000

a. 0 is treated as a success

위 표에서 코크란 Q가 16.667이며, 유의수준이 0.000임을 알 수 있다.

부록 [표 3]을 보면 자유도 2, 유의수준 0.01에서 임계치는 9.21이다. 따라서 계산된 Q가 찾은 임계치보다 크므로 귀무가설을 기각하고, 면접 태도에 따라서 응답자의 반응이 다르다고 할 수 있다.

(3) 기타 고려 사항

표본 수가 앞에서 언급한 것보다 적을 때는 책 뒤의 부록 표가 아닌 다른 것을 참조해야 한다. 자세한 것은 전문 통계학 책을 참고하기 바란다. 또한 Q를 계산할 때 동일한 0, 1로만 이루어진 열은 제외해야 한다는 의견도 있다.

2. 프리드만 투웨이 분산분석

프리드만 투웨이(Friedman Two-Way) 분산분석은 서열측정인 서로 관련된 표본들을 측정해 그 측정값이 동일한 모집단에서 나왔는지 검정하는 것이다. 즉 N개의 표본을 대상으로 서로 다른 상황하에서 응답을 측정해 상황에 따라 측정치가 다른지 조사하는 것이다. 이 분석은 다음과 같은 가정을 필요로 한다.

① 자료는 N개의 독립적 표본에서 k번의 측정으로 이루어진다.

② 측정치는 연속적이다.

③ 표본들과 실험변수 간에 관련성은 없다.

④ 표본들의 측정수준은 서열측정이다.

(1) 분석 방법

이 방법은 응답자를 나누어 각 응답자가 서로 다른 상황 혹은 다른 실험변수에 따라 반응이 같은지 다른지를 보는 것으로, 윌콕슨 분석을 다변량분석이 가능하도록 확대한 것과 비슷하다고 할 수 있다. 따라서 귀무가설은 'H_0: 각 응답자의 다른 상황에서의 응답은 차이가 없다' 혹은 '동일한 실험변수에 노출된 응답자들의 순위에는 차이가 없다'와 같이 된다.

기존의 분석에서 측정치들의 순위를 정할 때는 모든 측정치를 한꺼번에 고려했으나, 이 기법에서는 분산분석의 RBD(Randomized Block Design) 개념에서와 같이 한 응답자의 측정치들만 고려해 각각 순위를 매긴다. 이와 같이 순위를 매긴 후에 만약 실험변수의 효과가 없다면 하나의 실험 상황에서 나올 수 있는 순위는 다른 것들과 차이가 없어야 한다.

한 실험 상황에서의 순위의 합 R_j가 차이가 나는지 비교하기 위한 통계량 χ_r^2은 다음과 같다.

$$\chi_r^2 = \frac{12}{Nk(k+1)} \sum_{j=1}^{k} (R_j)^2 - 3N(k+1)$$

여기에서 N: 전체의 표본 수

k: 실험변수의 수

R_j: j번째 실험변수의 순위 합

이는 자유도 $k-1$의 χ^2분포를 따른다고 한다. 따라서 계산하여 구한 χ_r^2이 부록 [표 3]에서 찾은 주어진 자유도, 유의수준에서의 임계치보다 크거나 같으면 귀무가설을 기각해 실험변수의 효과가 있다고 할 수 있다.

【표 15-13】 교육방법

	측정값				서열측정			
	I	II	III	IV	I	II	III	IV
집단 A	9	4	1	7	4	2	1	3
집단 B	6	5	2	8	3	2	1	4
집단 C	9	1	2	6	4	1	2	3
R					11	5	4	10

(2) 예

동일한 것으로 볼 수 있는 학생 네 명의 조합을 하나의 표본으로 하고, 이러한 표본을 세 개 구했다. 각 표본의 네 명의 학생에게 서로 다른 네 가지 교육방법으로 교육을 하고 그 교육방법의 차이를 검정하고자 한다.

먼저 [표 15-13]은 학생들의 점수와 이를 서열측정으로 바꾼 것이다.

여기서 $N=3, R_1=11, R_2=5, R_3=4, R_4=10, k=4$가 된다.

$$\chi_r^2 = \frac{12}{3\times4\times(4+1)} \{(11)^2+(5)^2+(4)^2+(10)^2\} - (3)\times(3)\times(4+1)$$

$$=7.4$$

$$\chi^2_{0.05} = 5.99$$

【표 15-14】 굶긴 시간

쥐	0시간	24시간	72시간
1	3.5	5.9	13.9
2	3.7	8.1	12.6
3	1.6	8.1	8.1
4	1.5	8.6	6.8
5	2.8	8.1	14.3
6	2.0	5.9	4.2
7	5.9	9.5	14.5
8	2.5	7.9	7.9

【표 15-15】 프리드만 분석

순위

	Mean Rank
0시간	1.00
24시간	2.38
72시간	2.63

검정통계[a]

N	8
카이제곱	13.067
df	2
Asymp. Sig.	0.001

a. 프리드만 분석

부록 [표 3]에서 자유도 2, 유의수준 0.05에서의 임계치 5.99보다 χ_r^2이 크므로 귀무가설을 기각한다.

이제 SPSS WIN을 이용해 분석하는 예를 들어보자. 앞의 예처럼 표본 수가 적은 경우에는 SPSS WIN을 이용할 수 없다. 쥐를 하루나 3일간 굶긴 후에 음식을 먹는 양이 차이가 나는지를 검정해보자.

[표 15-14]는 그 자료를 보여준다. [표 15-15]에서 보면 $\chi^2=13.067$이 되며, 이때 유의수준은 0.001이다. 따라서 0.01의 유의수준에서 귀무가설을 기각하고 굶긴 시간에 따라 차이가 난다고 할 수 있다.

(3) 기타 고려 사항

컴퓨터의 도움 없이 분석할 때 표본 수가 적다면, 즉 $K=3$, $N=2\sim9$거나 $K=4$, $N=$

2~4 정도일 때는 부록 [표 14]에서 χ^2분포 대신 추정한 임계치를 찾아서 비교해야 한다.

이 기법은 상당히 검정력이 높다고 알려져 있으며, 오히려 F-검정보다도 더 안정적이라고 한다. 그러나 이 기법은 실험변수의 영향이 전체적으로 있는지 검정하는 것이기 때문에 어느 실험이 차이가 나는지 알려주지는 못한다. 자세한 정보는 전문 통계학 책을 참조하기 바란다.

06 독립된 *k*개의 표본분석

1. 크루스컬-월리스 원웨이 분산분석

크루스컬-월리스 원웨이(Kruskal-Wallis One-Way) 분산분석은 *k*개의 독립된 표본이 서로 다른 모집단에서 나왔는지 추정할 때 사용하는 분석 방법으로, 맨-휘트니 *U*분석을 다변량분석으로 확장한 것이라고도 볼 수 있다.

이 분석의 가정은 다음과 같다.

① 자료는 크기가 각각 $n_1, n_2, n_3 \cdots\cdots n_k$인 *k*개의 표본으로 이루어진다.

② 측정치는 표본 내에서나 표본 간에 독립적이다.

③ 측정치는 연속적이다.

④ 측정수준은 서열측정이다.

⑤ 모집단은 동일하다.

(1) 분석 방법

이 방법은 *k*개의 독립된 표본들의 측정치가 동일한지 검정하는 것으로서, 분산분석과 비슷하다고 할 수 있다. 따라서 귀무가설은 'H_0: *k*개의 표본집단은 동일하다'가 된다.

이 분석을 위해 먼저 모든 측정치를 작은 것에서 큰 것까지 순위를 매긴다. 따라서 각 표본의 측정치가 가진 순위의 합들이 동일한지 비교해 동일 모집단에서 나왔는지 검정하게 된다. 즉 통계량 *H*는 다음과 같다.

$$H = \frac{12}{N(N+1)} \sum_{j=1}^{k} \frac{R_j^2}{n_j} - 3(N+1)$$

k : 표본 수

n_j : j번째 표본의 측정치 수

N : $\sum_{j=1}^{k} n_j$

R_j : j번째 표본의 순위 합

이는 자유도가 $k-1$인 χ^2분포를 따른다. 따라서 계산한 H와 책 뒤의 χ^2분포를 비교해 H가 χ^2의 임계치보다 크거나 같으면 귀무가설을 기각하고, 각 표본은 서로 다르다고 할 수 있다.

【표 15-16】

남성		여성		성전환 여성	
점수	순위	점수	순위	점수	순위
10	3	32	7	6	1
14	4	36	13	8	2
15	5	42	15	21	6
23	8	46	17	29	9
30	10	47	18	35	12
32	11	48	19	37	14
44	16	50	20		
	$R_1=57$		$R_2=109$		$R_3=44$

(2) 예

남성, 여성, 여성으로 성전환수술을 한 남성을 대상으로 전통적인 성역할에 대한 태도를 조사했다. 이 세 집단에 각각 전통적 성역할에 대한 태도를 조사해 동의하는 정도를 얻었으며, [표 15-16]은 이 태도 점수와 서열을 나타낸다.

여기서 $k=3, n_1=7, n_2=7, n_3=6, N=20, R_1=57, R_2=109, R_3=44$가 된다.

$$H=\frac{12}{20(20+1)}\left\{\frac{(57)^2}{7}+\frac{(109)^2}{7}+\frac{(44)^2}{7}\right\}-3(20+1)$$
$$=6.65714$$

【표 15-17】 크루스컬-월리스 원웨이 분산분석

순위

점수		N	Mean Rank
순위	남성	7	7.79
	여성	7	16.07
	성전환 여성	6	7.17
	합계	20	

검정통계[a, b]

	점수
카이제곱	9.594
df	2.000
Asymp. Sig.	.008

a. Kruskal Wallis Test

b. Grouping Variable : 성별

부록 [표 3]에서 자유도가 2이고 유의수준이 0.05일 때 임계치가 5.99이므로 H보다 작다. 따라서 귀무가설은 기각되고, 집단에 따라 성역할에 대한 태도가 다르다고 할 수 있다.

[표 15-17]은 SPSS WIN의 분석 예를 보여준다. [표 15-17]을 보면 $\chi^2=9.594$이며, 이때 P값이 0.008이므로 유의수준 0.05에서 귀무가설이 기각된다.

(3) 기타 고려 사항

표본의 측정치 수가 $n_j>5$이면 χ^2분포를 따르게 되며, $n<5$일 때는 부록 [표 15]를 참조하기 바란다. 즉 $k=3$이고, n_j가 5보다 작은 것이 있을 때는 계산된 H를 가지고 P값을 구해 유의수준과 비교해야 한다. 또한 서열측정으로 전환할 때 동일한 값이 있으면 H를 약간 수정해야 한다. 이를 위해서는 다른 통계학 책을 참조하기 바란다.

07 표본들의 관련성 분석

1. 스피어만의 서열상관계수

스피어만의 서열상관계수(Spearman's rank order correlation coefficient)는 그 명칭이 나타내는 바와 같이 서열측정으로 표시된 변수들 간의 상관관계를 구할 때 사용한다. 변수가 등간측정 이상으로 이루어진 경우에는 변수들 간의 상관계수나 회귀분석을 이용해 그 관계를 파악할 수 있으나, 변수가 서열측정으로 이루어진 경우는 이를 적용할 수 없으며, 다음과 같은 특별한 상관계수를 이용해야 한다. 이를 [표 15-18]의 예를 들어 설명해보자.

> [예] 안암기업의 기획실에서는 영업사원의 영업실적을 향상시키기 위한 프로그램 개발 계획의 일환으로 영업사원에 관련된 특성을 파악했다. 이 중 영업사원의 경험이 판매에 중요한 영향을 미칠 것으로 예상되어 영업사원 열 명의 근무 연수와 판매실적의 서열을 구했다. 조사 결과는 [표 15-18]과 같으며, 이를 이용해 두 변수의 관계를 파악해보기로 하자.

【표 15-18】 영업사원의 근무 연수와 판매실적 결과

사원 번호	근무 연수	판매실적	서열차이(d)	서열차이의 제곱
1	1	2	−1	1
2	2	3	−1	1
3	3	1	2	4
4	4	4	0	0
5	5	6	−1	1
6	6	7	−1	1
7	7	5	2	4
8	8	9	−1	1
9	9	10	−1	1
10	10	8	2	4
				합계 18

예와 같이 서열측정으로 변수가 나타나는 경우에는 각 사원의 근무 연수와 판매실적의 두 변수 간 순위의 차이를 이용해 관계를 검정한다. 만일 두 변수가 일치하는 관계라면 순위의 차이는 0일 것이고, 두 값이 서로 다를수록 그 차이는 커지게 된다.

스피어만의 서열상관계수는 바로 이 원리를 이용하는 것으로, 우선 [표 15-18]의 네 번째와 다섯 번째 열에 나타난 각 사원의 서열 차이를 구한 후 부호로 인한 효과를 제거하기 위해 이 차이를 제곱하는 과정부터 시작한다.

이에 따라 근무 연수 순위에서 판매실적 순위를 빼서 이를 네 번째 열에 기록하고, 다음으로 이들 간의 차이를 제곱해 다섯 번째 열에 기입해서 이들의 합계를 구했다.

스피어만의 서열상관계수는 이 자료를 다음의 공식에 대입해 얻어낼 수 있다.

$$r_s = 1 - \frac{6\sum_{i=1}^{n} d_i^2}{n(n^2-1)} = 1 - \frac{6\times 18}{10\times 99} = 0.89$$

n : 표본 수, d_i : 서열 간의 차이

서열상관계수를 얻은 후에는 이러한 계수가 얼마나 의미가 있는 것인지 검정을 실시해야 한다. 이를 위한 기준으로 다음의 통계치를 구하면 되고, 이는 자유도 $n-2$의 t분포를 따른다.

【표 15-19】 Nonparametric Correlations

			근무 연도	판매실적
Kendall's tau_b	근무 연도	Correlation Coefficient	1.000	.733*
		Sig. (2-tailed)		.003
		N	10.000	10.000
	판매실적	Correlation Coefficient	.733*	1.000
		Sig. (2-tailed)	.003	
		N	10.000	10.000
Spearman's rho	근무 연도	Correlation Coefficient	1.000	.891*
		Sig. (2-tailed)		.001
		N	10.000	10.000
	판매실적	Correlation Coefficient	.891*	1.000
		Sig. (2-tailed)	.001	
		N	10.000	10.000

*. Correlation is significant at the .01 level(2-talied).

$$t=r_s\sqrt{\frac{n-2}{1-r_s^2}}$$

위의 공식을 이용한 통계치는 다음과 같다.

$$t=0.89\sqrt{\frac{10-2}{1-0.89^2}}=5.52$$

이제 근무 연수와 판매실적의 서열상관관계가 없다는 귀무가설을 유의수준 5%로 검정하기 위해 자유도 8일 때의 임계치를 t분포에서 찾으면 2.31이다. 위에서 계산된 t통계치는 5.52로 임계치 2.31보다 크므로 귀무가설을 기각하고, 근무 연수와 판매실적은 상관관계가 유의하다는 대립가설을 채택하게 된다.

[표 15-19]는 SPSS WIN의 분석 예를 보여준다.

2. 켄달의 일치계수

앞에서 설명한 스피어만의 서열상관계수는 두 개의 서열측정으로 나타난 변수들 간의 관계를 파악하게 해주는 것이고, 세 개 이상의 서열측정으로 이루어진 변수들의 관계를 파악하려 할 때는 켄달의 일치계수(Kendall's coefficient of concordance) 기법을 사용해야 한다.

일치계수는 서열측정으로 이루어진 변수가 세 개 이상인 경우에 스피어만 상관계수

【표 15-20】 피아니스트 연주력 평가 결과

피아니스트	교수 1	교수 2	교수 3	합계(R_i)
1	1	2	2	5
2	2	1	3	6
3	3	3	1	7
4	4	4	5	13
5	6	6	7	19
6	7	7	6	20
7	5	5	4	14

와 비슷한 논리를 사용해 변수들 간의 전체적인 관계를 파악하는 데 사용하는 기법이며, 여러 사람에 의한 평가를 이용해 보다 신뢰성 있는 평가를 얻기 위해 사용된다.

이를 위해 피아니스트의 연주력을 평가하는 방법에 대한 예를 이용하기로 하자. 예를 들어, K음대에서는 가장 연주력이 우수한 피아니스트를 파악하려 한다. 이때 한 명의 교수가 이를 평가하는 것보다는 여러 명의 교수가 동시에 평가하면 보다 정확한 연주력을 평가할 수 있을 것이다.

[표 15-20]은 이러한 과정에 따라 얻게 된 일곱 명의 연주자를 세 명의 교수가 평가한 결과를 보여준다.

[표 15-20]의 평가 자료를 이용해서 피아니스트들의 평가 순위가 교수들 간에 일치되는 정도를 평가하기 위해 일치계수를 이용하며, 이 방법은 앞의 서열상관계수와 달리 서열 간의 차이 대신 서열의 합계를 이용한다. [표 15-20]의 다섯 번째 열에 대상별 서열의 합계가 나타나 있다. 만일 교수 세 명의 평가가 일치하면, 이들 서열의 합계는 3의 배수 형태, 즉 3, 6, 9, 12……로 나타나게 되며, 교수들의 평가가 완전히 불일치하면 각 피아니스트의 서열의 합은 거의 동일해질 것이다. 기대가치와 실제로 나타난 값 간의 차이를 비교해 세 서열 간의 일치 여부를 파악할 수 있는 것이다.

$$W=\frac{S}{\frac{1}{12}K^2(n^3-n)}$$

이때 $S=\sum_{i=1}^{n}(R_i-\bar{R})^2$이다.

여기서 K는 평가자의 수이며, R는 서열의 합계, $\bar{R}$는 R의 평균 그리고 n은 평가 대상의 수를 의미한다. 즉 일치계수 W의 분모는 평가자들의 평가가 일치했을 때 서열의 합들 중에서 가능한 한 가장 큰 분산이며, 분자는 실제 서열의 분산이다. 따라서 일치계수 W의 값이 커질수록 평가자 간의 서열 평가가 일치한다는 것을 의미한다.

앞의 경우에는 다음과 같다.

$$\bar{R}=(5+6+7+13+19+20+14)\div 7=12$$

$$S=(5-12)^2+(6-12)^2+\cdots\cdots+(14-12)^2=228$$

그러므로 $W = \dfrac{228}{\frac{1}{12} \cdot 3^2(7^3-7)} = 0.905$다.

다음에는 위에서 얻은 수치를 평가하기 위한 검정을 해야 한다. 이때 n이 6 이하이면 특수한 통계표를 사용하며, n이 7 이상일 경우에는 통계치 $K(n-1)W$는 자유도 $n-1$의 χ^2분포를 이루므로 χ^2표를 사용한다. 각 평가자의 평가가 일치하지 않는다는 귀무가설을 유의수준 0.05에서 검정하기 위해 χ^2통계표에서 임계치를 구하면 12.59다. 여기서 χ^2계산값은 $3 \cdot (7-1)(0.905) = 16.29$로 임계치 12.59보다 크므로 각 평가자의 평가가 일치하지 않는다는 귀무가설을 기각하고, 평가자의 평가가 통계적으로 일치한다는 대립가설을 채택해 결론을 지을 수 있다.

이 분석을 위한 SPSS WIN 프로그램의 입력과 출력의 예는 [표 15-21]과 같다.

【표 15-21】 Kendall's W Test

순위

	Mean Rank
피아니스트 1	1.67
피아니스트 2	2.00
피아니스트 3	2.33
피아니스트 4	4.33
피아니스트 5	6.33
피아니스트 6	6.67
피아니스트 7	4.67

검정통계

N	3.000
켄달의 일치계수	.905
카이제곱	16.286
df	6.000
Asymp. Sig.	.012

이 장의 요약

자료가 명목측정이나 서열측정으로 수집된 경우, 이에 알맞은 통계처리 방법은 비모수통계기법이다. 비록 모수통계에 비해 통계적 검정력이나 분석 수준은 떨어지지만, 자료의 특성에 따라 비모수통계를 사용하는 것이 더욱 바람직한 경우가 있다. 비모수통계기법의 종류는 표본 수와 관련 정도에 따라 몇 가지로 나누어볼 수 있다.

단일표본분석에는 관찰된 수와 예상되는 수 간의 차이를 검정하는 방법인 '단일표본분석'과, 관찰된 수와 이론적 분포 간의 일치도를 검정하는 '콜모고로프-스미르노프 단일표본분석'이 있다.

관련된 두 개의 표본분석에는 실험변수의 효과 여부를 검정하는 '맥나마 기법'과, 두 개의 측정치의 방향과 정도를 고려해 차이를 검정하는 '윌콕슨 쌍대비교'가 있다.

독립된 두 개의 표본분석을 위해 자료를 서열측정으로 측정한 두 개의 독립된 집단이 동일한 모집단에서 추출되었는지 검증하는 '맨-휘트니 기법'과 '콜모고로프-스미르노프 두 개 표본분석'이 있다.

관련된 k개 표본의 분석은 맥나마 분석과 같은 원리지만 세 개 이상의 변수에도 적용이 가능한 '코크란 Q분석'과 서로 관련된 표본에서 측정한 값이 동일한 모집단에서 나왔는지 검정하는 '프리드만 투웨이 분산분석'이 있다.

독립된 k개 표본의 분석에는 k개 표본이 서로 다른 모집단에서 왔는지를 추정하는 '크루스컬-월리스 원웨이 분산분석'이 있다.

표본들의 연관성 분석에는 상황표를 이용해 검정을 하는 방법과, 두 변수의 연관성을 검정하는 상관계수분석이 있다. 또한 서열측정으로 표시된 변수들의 상관관계를 구하기 위한 '스피어만의 서열상관계수' 방법과 세 개 이상의 변수에 적용이 가능한 '켄달의 일치계수' 방법이 있다.

주요용어

비모수통계, 단일표본분석, 콜모고로프-스미르노프 기법, 관련된 두 개의 표본분석, 맥나마 기법, 윌콕슨 쌍대비교, 독립된 두 개의 표본분석, 맨-휘트니 U기법, 코크란 Q, 프리드만 투웨이 분산분석, 크루스컬-월리스 원웨이 분산분석, 상황표, 상황계수, 스피어만의 서열상관계수, 켄달의 일치계수

참고문헌

Daniel, W. W. (1978), *Applied Nonparametric Statistics*, Houghton Mifflin Company.

Dillon, W. R. (1979), "Analyzing Large Multiway Contingency Table: A Simple Method for Selecting Variables," *Journal of Marketing*, Vol. 43, pp.92~102.

Hildebrand, D. K., J. D. Laing and H. Rosenthal(1977), "Analysis of Ordinal Data," *Sage Series*, Vol. 8, Sage Publication.

Kendall, M. G. (1948), *Rank Correlation Methods*, London, Criffin.

Liebetran, A. M. (1983), "Measure of Association," *Sage Series*, Vol. 32, Sage Publication.

McIver, J. P. and E. G. Carmines(1981), "Unidimensional Scaling," *Sage Series*, Vol. 24, Sage Publication.

Reynolds, H. T. (1977), "Analysis of Nominal Data," *Sage Series,* Vol. 7, Sage Publication.

Siegel, S. (1988), *Nonparametric Statistics for the Behavioral Sciences*, 2nd edition, McGraw-Hill, N. Y.

연습문제

1. 사회과학에서 모수통계보다 비모수통계기법이 더 바람직한 경우를 예로 들고, 그 이유를 설명하시오.

2. 스피어만의 서열상관계수는 어떤 때 이용하며, 켄달의 일치계수와의 차이점은 무엇인가?

3. 토마스 아퀴나스 합창단은 체질 개선을 위해 각 단원들의 출석 수준과 가창력 순위와의 관계를 알아보고자 다음과 같이 자료를 수집했다. 출석 순위와 가창력 순위의 관계를 검정하시오.

순위 \ 단원	A	B	C	D	E	F	G	H	I
출석 순위	1	2	4	3	6	7	8	5	6
가창력 순위	1	2	5	6	4	8	6	3	7

4. 다음 자료를 이용해 종업원 수와 판촉방법 간의 매출액 간에 관련이 있는지를 검정하시오. 가설을 세우고 상황표, 상황계수 분석을 하시오.

판촉 방법 \ 종업원 수	100명	200명	300명
A	20	42	60
B	35	40	55
C	25	30	50

제4부

조사의 이용

제 16 장

조사평가와 평가조사

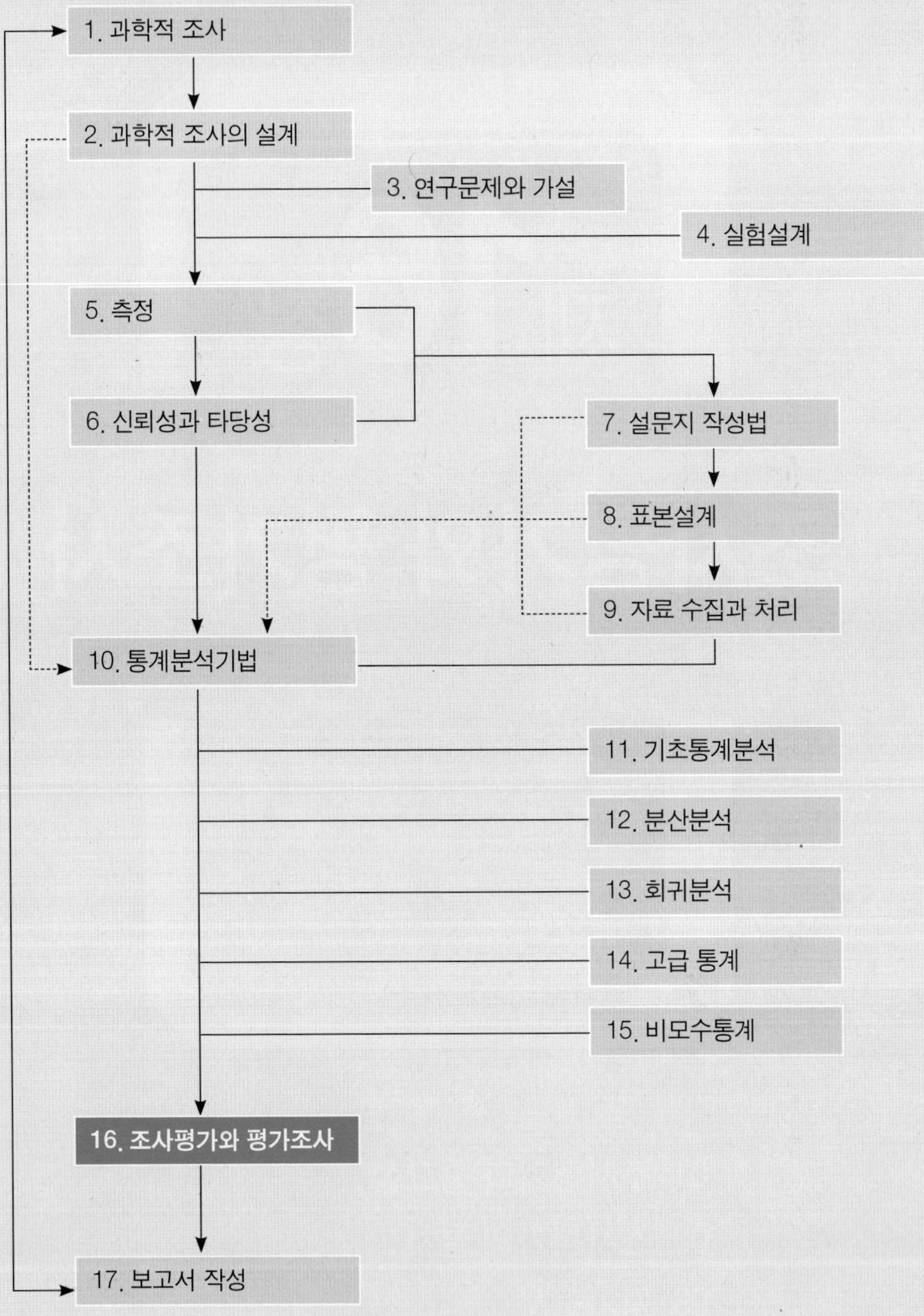
1. 과학적 조사
2. 과학적 조사의 설계
3. 연구문제와 가설
4. 실험설계
5. 측정
6. 신뢰성과 타당성
7. 설문지 작성법
8. 표본설계
9. 자료 수집과 처리
10. 통계분석기법
11. 기초통계분석
12. 분산분석
13. 회귀분석
14. 고급 통계
15. 비모수통계
16. 조사평가와 평가조사
17. 보고서 작성

01 조사평가의 중요성

조사평가란 무엇인가?

최근 각종 매체가 활성화되고 시민들의 사회 참여의식이 높아지면서 각종 선거나 제품 및 서비스에 대한 여론조사가 홍수를 이루고 있다. 그러나 이들 조사 결과는 때때로 상반된 결론을 보여주기도 하고, 어떤 것은 아예 사실이라고 믿기 힘든 것도 있으며, 어떤 것은 거짓이라고 생각했는데 추후에 진실로 판명되는 것도 있다. 조사평가란 어떤 조사가 행해졌을 때, 그 조사 결과를 진실이라고 믿어도 좋은지를 평가하는 것이라고 할 수 있다.

물론 어떤 조사도 완벽하게 수행될 수는 없으며, 각기 그 나름대로 장·단점을 가진다. 조사평가는 이런 조사의 장점과 단점을 모두 밝혀 이를 해석하는 데 도움을 주고자 하는 것이다. 따라서 조사평가란 조사의 타당성과 중요도 등을 고려해 객관적이고 균형 있게 조사의 가치를 평가하는 것이다.

예를 들어, 국가가 경제정책을 입안하기 위한 기초 자료로 국민 전체의 실업률을 조사한다면 이 조사의 가치는 무척 높다고 할 수 있다. 그러나 조사 수행 중 면접자의 실수로 시간이 무척 오래 걸렸다거나 일부 특정 지역의 조사 자료 신뢰도가 떨어졌다면 어떨까? 물론 조사 신뢰도는 낮아지겠지만 조사의 전체적인 목적을 고려했을 때 조사 가치가 떨어지지는 않을 것이다.

조사평가는 단순히 조사보고서나 논문을 통해 조사가 잘되었는지를 판단하는 것뿐만 아니라, 조사가 제대로 수행되고 있는지 자체 점검할 수 있는 방법으로도 사용할 수 있다. 또한 조사 결과를 평가하기도 하고, 조사평가 지침을 통해 조사 수행이 올바르게 진행되고 있는지 점검을 할 수도 있다.

02 조사평가의 절차

조사평가의 절차와 그 방법은 연구자의 연구 영역에 따라 다르다. 따라서 이를 다른 영역에 적용하기 위해서는 조사평가를 변경 또는 첨가, 삭제를 해야 한다. 그리고 조사평가를 할 때는 실행 지침을 한 개만 사용하기보다는 두 개 이상 사용하는 것이 바람직하다.

이제 순서에 따라 조사 수행 과정을 조사설계, 자료 수집, 분석 및 결론, 토론, 기타 등으로 나누어 설명하기로 해보자. 부록에 첨부된 다른 조사평가 지침도 참고하기 바란다.

1. 조사설계

어떤 종류의 조사를 실행하든 간에 사전에 먼저 실행해야 하는 단계다. 조사설계는 조사를 수행하는 첫 단계에서 완벽하게 해야 하며, 조사를 평가할 때도 가장 중요하게 평가해야 하는 부분이다. 이 부분이 잘못되면 아무리 뒷부분이 잘되었다고 해도 전체 조사의 가치는 떨어지고 의미도 없어지게 된다.

【그림 16-1】

조사평가의 절차

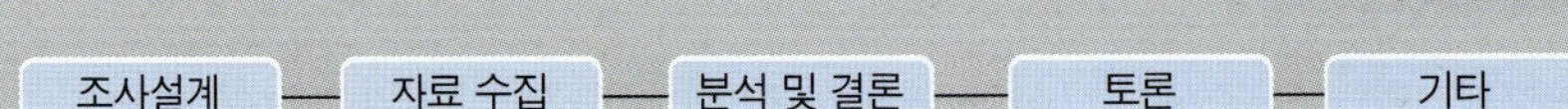

다음과 같은 질문을 통해 각 절차를 점검할 수 있다.

(1) 문제에 대한 인식

- 문제가 명확하고 간결하게 표현되어 있는가?
- 문제가 한 번의 조사로 연구하기에 너무 크거나 복잡하지 않은가?

- 조사문제가 실사를 통해 검증될 수 있는 것인가?
- 조사문제의 영역에 한계점이 있는가?
- 조사문제가 해당하는 학문 영역과 실무 영역에서 얼마나 중요한가?
- 가정이 타당하다고 인정할 수 있는가?

(2) 참고문헌의 고찰

- 참고문헌이 조사문제와 관련이 있는가?
- 1차 자료와 2차 자료의 균형이 맞는가?
- 중요한 참고문헌 중 빠진 것은 없는가?
- 주요 논문(key article)에 너무 의존해 실사를 무시하지는 않았는가?
- 참고자료 및 참고문헌에 대해 정확히 표시했는가?
- 참고문헌의 고찰이 단순한 요약이 아닌가?
- 참고문헌의 고찰이 자신의 결론을 도와주는 것들로만 되어 있지 않은가?
- 최근 문헌이 포함되어 있는가?

(3) 이론적 체계

- 조사문제가 이론적 체계와 연관되어 있는가?
- 이론이 조사자에 의해 왜곡되지 않았는가?
- 더 훌륭한 이론적 체계는 없는가?
- 이론적 체계로부터의 개념 도출이 논리적인가?

(4) 가설

- 가설이 확정되었는가?
- 가설이 논리적으로 도출되었거나 타당한가?
- 가설이 검증 가능한가?
- 가설이 관심을 끌 만한 것인가?

2. 조사 방법

조사 방법은 조사설계를 통해 어떤 실험을 할 것인지 정하고, 조사 대상자와 자료 수집 방법을 확정하며, 그에 따른 세부적인 자료 수집 절차를 결정해 자료를 수집하는 것을 말한다. 이 부분은 가설을 검증하기 위해 필요한 자료를 수집하는 부분으로, 조사 자체의 신뢰성·타당성에 크게 영향을 미치는 부분이기도 하다. 선택된 각 조사 방법에 대해서는 어떤 이유에서 채택했으며, 어떤 과정을 통해 수행되었는지를 명확히 해야 하며, 각 조사 방법이 조사의 목적과 모순이 되어서는 안 된다.

예를 들어, 심리조사를 위해 순수실험설계를 하면서 인터넷 서베이를 선택해 표본추출을 했다고 하자. 이때 심리조사와 순수실험설계 및 인터넷 서베이는 서로 어울리지 않는 조합이다. 따라서 순수실험설계를 사후실험설계로 바꾸든가, 인터넷 서베이를 관찰법 등으로 바꾸어야 할 것이다.

(1) 조사설계

- 조사설계가 적절히 기술되었는가?
- 조사설계가 외생변수를 효과적으로 통제하는가?
- 개인 간의 차이를 통제하기 위해 어떤 절차가 사용되며, 그 절차는 적절한가?
- 횡단조사와 종단조사 중 어느 것을 선택할 것인가?
- 종단면 설계가 사용된다면 대상자들과의 잦은 접촉 방법에 대한 설명이 있는가?
- 모든 조사 가설에 적절한 디자인이 있는가?

① 순수실험설계

- 조사 대상자들을 집단에 무작위로 배정하는 방법이 기술되었는가?
- 무작위화가 가능한 시점마다 사용되었는가?
- 설계가 정확히 설명되었는가?
- 특정 설계를 선택한 기준이 제시되었는가?

② 유사실험설계와 사전실험설계

- 비교집단들을 선택한 방법이 제시되었는가?

- 비교집단들을 동질화하는 과정이 취해졌으며, 그 과정은 적절한가?
- 비교집단이 사용되지 않은 경우 이에 대한 타당한 근거가 제시되었는가?
- 비교집단이 사용되지 않은 경우, 결과의 해석을 용이하게 하는 방법이 있으며, 그 방법은 적절한가?

③ 비실험설계

- 비교집단의 선택 방법이 설명되었는가?
- 동질적인 비교집단을 만들기 위한 단계가 있으며, 적절한가?
- 차별화된 비교집단의 속성과 경험이 명확히 정의되었는가?
- 통제 불가능한 중요한 외생변수에 대해 기술되었는가?

(2) 조사 절차

- 설계의 실행 절차가 다른 연구자에 의해 반복될 수 있도록 자세히 기술되었는가?
- 예비조사가 수행되었으며, 그 실행, 결과, 영향 등이 토론되었는가?
- 조사 상황을 일정하게 하기 위해 어떤 방법이 사용되었는가?
- 실험집단에 대한 외부 영향을 제거하기 위해 어떤 절차가 사용되었는가?
- 실험의 환경(실험실 혹은 현장 실험)이 조사 목적에 적합한가?
- 연구 단계에 불필요한 과정은 없었는가?
- 응답자의 권리는 보장되었는가?

(3) 대상

- 모집단이 정확히 정의되었는가?
- 전수조사를 할 것인가, 표본조사를 할 것인가?
- 가설과 일관성 있게 표본추출이 되었는가?
- 표본추출 단계가 명확히 표시되었는가?
- 표본설계가 확률적이 아닌 경우 발생할 수 있는 오류의 원천이 확인되었는가?
- 표본의 규모 및 특성이 서술되었는가?
- 표본의 규모가 모집단 내의 이질성을 모두 포함할 수 있을 정도인가?
- 응답률 및 회수율에 대한 분석이 되었는가?

(4) 자료 수집

- 자료 수집 도구가 명확하게 기술되었는가?
- 자료 수집 도구의 선택에 대한 타당한 이유가 있는가?
- 특별히 개발된 자료 수집 도구가 사용됐을 때 그 개발 과정이 나타나 있는가?
- 새로운 자료 수집 도구가 사용됐을 때 사전조사를 했는가?
- 자료 수집 도구의 신뢰성 조사가 되었는가?
- 자료 수집 도구의 타당성 조사가 되었는가?
- 타당성 조사의 결과가 본 연구에 적합한가?
- 자료 수집 도구가 중요 변수를 가능한 한 객관적으로 측정했는가?
- 자료 수집 도구로 빠른 시간 내에 효율적으로 응답을 받을 수 있는가?

① 기계 등을 사용할 때

- 사용되는 측정 기계에 관해 상세히 설명되었는가?
- 기계에 의한 측정치의 상한선과 하한선이 표시되었는가?
- 기계 사용에 대한 특수한 훈련의 필요성 여부 및 그에 대한 설명이 되었는가?
- 기계 사용에 대한 안전상 유의점은 없는가?

② 관찰법

- 관찰된 행동이나 상황이 명확하게 기술되었는가?
- 관찰된 현상이 문제 정의에서 나온 현상과 동일한 것인가?
- 행동단위가 조사 목적에 적합한가?
- 피조사자에게 관찰 사실을 숨기는 것이 조사 목적에 부합하는가?
- 피조사자에게 관찰 사실을 숨기는 것이 윤리적으로 문제가 되지는 않는가?
- 관찰을 기록하는 도구가 효과적인가?
- 분류 항목이 적절하게 설명되었는가?
- 관찰자가 개입하는 정도가 적절한가?
- 행동의 표본추출 방법이 토의되었는가?
- 관찰자가 적절한 교육을 받았는가?
- 피관찰자의 응답 및 그 응용이 토의되었는가?

③ 면접법

- 면접 시간 계획이 설명되었는가?
- 질문이 응답자가 가지고 있지 않은 지식 수준을 전제하지 않는가?
- 질문이 간단하고 명확하게 언급되었는가?
- 질문이 응답자를 특정 방향으로 편향시키지는 않는가?
- 면접 시간은 적절한가?
- 면접자의 자질과 훈련 방법은 기술되었는가?
- 자유응답형 질문의 코딩 방법이 마련되었는가?
- 보고서가 추구하는 정보의 양이나 형태는 적절한가?
- 보고서가 면접이 행해지는 장소를 나타내는가?
- 면접자와 응답자 외에 면접 장소에 같이 있는 사람이 있었는가?
- 평균 면접 시간이 언급되었는가?
- 질문의 순서는 적절한가?

④ 설문지

- 설문지가 보고서와 함께 제시되었는가?
- 질문이 응답자가 가지고 있지 않은 지식 수준을 전제하지 않는가?
- 질문이 간단하고 명확하게 언급되었는가?
- 질문이 응답자를 특정 방향으로 편향시키지 않는가?
- 면접 시간은 적절한가?
- 면접자에 대한 지시는 명확한가?
- 표제가 조사의 목적과 중요성 및 응답자의 선택 방법을 설명하고 있는가?
- 응답자에게 친근감이나 적대감을 유발하지는 않는가?
- 사후 절차가 기술되어 있으며, 타당한가?
- 응답률이나 회수율에 대해 설명했는가?

⑤ 측정

- 특정 측정을 택한 것이 타당한가?
- 항목을 선택하는 방법이 경험적인가, 통계적인가?

- 응답을 건너뛰거나 최소화하는 절차가 있는가?
- 긍정적인 항목과 부정적인 항목이 적절히 조화되었는가?
- 측정이 단일 차원인가?
- 응답자에 대한 지시가 명확한가?
- 기존의 측정을 사용하는 경우, 이것이 조사 목적에 적합한가?

3. 분석 및 결론

분석 및 결론은 수집된 자료를 분석하고, 이에 의거해 조사 목적을 이룰 수 있는 결론을 도출하는 부분이다.

(1) 자료 분석 과정

- 자료는 컴퓨터와 수작업 중 어느 것으로 분석되었는가?
- 컴퓨터를 이용했다면 어떤 프로그램과 소프트웨어가 사용되었는가?
- 코딩 과정이 서술되었는가?
- 누락 자료에 대한 분석은 되어 있는가?

(2) 기술적인 통계

- 기술적인 통계분석이 되어 있는가?
- 자료 분석에 기술적인 통계량이 필요한가?
- 기술적인 통계량은 동일한 형태로 표시되어 있는가?
- 기술적인 통계량만 표시되었을 때 연구 목적에 적합한가, 아니면 추정통계가 필요한가?

(3) 추정통계

- 모수통계방법 사용을 위한 가정이 위배되지는 않았는가?
- 보다 강력한 모수통계방법이 있는데도 비모수통계방법을 사용한 것은 아닌가?
- 측정을 단순화해서 정보가 불필요하게 버려지지는 않았는가?
- 연구가설을 검증하기 위한 유의도 수준은 적당한가?

- 조사설계와 유의도는 일관성이 있는가?
- 보고서에는 컴퓨터 통계량과 자유도 및 유의수준이 나타나 있는가?
- 모든 가설은 검증되었는가?

(4) 통계적 결론

- 결과는 명확히 표현되었는가?
- 표와 그림은 결과를 나타내는 데 효과적으로 사용되었는가?
- 표와 그림은 보고서에서 잘 설명되었는가?
- 검증의 근본적인 통계량은 무시한 채 부분적인 것을 지나치게 강조한 것은 아닌가?
- 결과를 보고하는 데 편견을 보이는 증거가 있는가?

4. 토론

토론 부분은 조사를 마친 후에 도출된 결론에 근거해 이를 실제 생활에 적용할 수 있는 방법이나 앞으로의 연구 방향 및 이론적 발전 방향 등을 서술하는 것이다. 그러나 일반적으로 검증되지 않은 사항이기 때문에 조심스럽게 작성해야 한다.

(1) 발견된 사실의 해석

- 해석된 각각의 결과는 최초의 가정과 관련이 있는가?
- 토론은 부정적인 해석이나 모순되는 발견을 포함하고 있는가?
- 언급된 새로운 사실에 대한 다른 이유나 상반된 견해에 대한 논리적 이유가 있는가?
- 조사 결과를 해석할 때 조사 방법의 한계를 고려했는가?
- 결과에 영향을 주는 통제되지 않은 외생변수의 잠재적인 효과에 대해 언급했는가?
- 조사 결과의 해석이 결론과 모순되지 않는가?
- 인과관계에 대해 입증되지 않은 해석이 있는가?
- 해석이 편향되었다는 명백한 증거가 있는가?
- 해석이 모든 결과를 종합하고 있거나 혹은 각각의 발견이 분리되어 토의되고 있는가?
- 해석은 실제적인 중요성과 통계적 유의성 간에 확실한 구분을 하고 있는가?

(2) 조사의 응용

- 연구의 보존, 수정의 측면과 관련된 연구의 의미가 논의되고 있는가?
- 논의된 의미가 적정한가?
- 사용된 표본을 기준으로 근거 없는 일반화가 이루어지지는 않았는가?
- 압축적인 의미에 대한 연구의 한계가 고려되었는가?

(3) 권고, 조언

- 연구 방법이 개선될 수 있는 방법에 대한 조언을 했는가?
- 특정 조사와 관련해 조언을 했는가?
- 미래의 조사연구에 관한 조언을 했는가?
- 조언이 관련 조사 결과나 사실과 일관된 체계를 이루는가?

5. 기타

자신이 조사보고서를 쓸 때나 타인의 보고서를 평가 또는 사용할 때 간단히 이들을 평가할 수 있는 방법이 있다. 그것은 제목과 요약, 참고문헌, 보고서의 전체 양식 등이다. 이것들은 실제 조사평가에서는 큰 중요성을 갖고 있지 않으나, 다른 연구자와의 의사소통 및 첫인상에 의한 평가에는 크게 영향을 미친다.

제목은 물론이고 요약과 참고문헌 목록 등은 조사보고서를 가장 빨리 평가할 수 있는 좋은 기준이 된다.

(1) 제목

- 보고서에 제목을 명확하게 표기했는가?
- 제목의 길이는 적절한가?
- 제목이 연구의 핵심 부분을 정확히 전달하는가?
- 제목에서 중요 변수가 언급되었는가?
- 제목이 조사된 모집단을 나타내는가?

(2) 요약

- 보고서에 요약 부분이 있는가?
- 요약 부분이 너무 길거나 너무 짧지는 않은가?
- 요약 부분이 너무 애매하거나 너무 자세하지는 않은가?

(3) 참고목록 및 부록

- 인용된 참고서적에 관한 자료가 있는가?
- 각각의 문헌에 관한 목록은 완전한가?
- 통용되는 도서 목록 기재 기준에 의해 참고문헌이 작성되었는가?
- 부록이 잘 구성되고 완전한가?

(4) 형식과 문체

- 전반적인 보고서의 형식과 구성이 좋은가?
- 문체가 너무 대화체거나 주관적이지는 않은가?
- 문장이 너무 복잡하지는 않은가?
- 문맥이 부드럽고 논리적인 비약은 없는가?
- 문법적으로 오류가 없는가?
- 맞춤법의 실수나 오타가 없는가?
- 문체가 읽기에 편한가?

지금까지 조사평가를 위한 지침에 대해서 살펴보았다. 이러한 평가 지침을 효과적으로 사용하기 위해 필요한 목록을 그 나름대로 만들어서 평가하려는 조사를 각각의 지침에 따라 점수를 매겨 종합적으로 평가하는 것이 필요하다.

[표 16-1]과 같이 조사설계 40점, 조사 방법 30점, 분석 및 결론 20점, 토론 10점 등의 가중치를 두고, 다시 세부 평가 지침에 가중치 점수를 준다. 그리고 각 평가 지침에 대해 10점을 만점으로 하여 점수를 매긴 후 평가 점수에 가중치를 곱해 전체 평가 점수를 산정한다.

【표 16-1】 조사평가의 예

평가 항목	세부 가중치	점수	가중치	가중치 계산 후 점수
조사 설계			40	
1) 문제의 인식				
명확성, 간결성	15	7		4.2
중요도	20	5		4
내재된 가정	5	8		1.6
2) 참고문헌				
참고문헌의 관련성	5	7		1.4
자료의 균형	5	9		1.8
3) 이론적 체계				
조사 문제와의 연관성	15	9		5.4
이론적 체계의 논리성	15	8		4.8
4) 가설				
가설의 타당성	10	8		3.2
가설 검증 가능성	10	8		3.2
합계	100	69		29.6
조사방법			30	
합계				26.5
분석 및 결론			20	
합계				16.5
토론			10	
합계				7.5
총계			100	80.1

구체적으로 먼저 조사설계 등 큰 평가 항목에 가중치를 배분하고 다시 조사설계 내의 항목들에 100을 기준으로 가중치를 준 다음, 각 항목을 평가해 이것과 가중치를 곱하고 난 후 합해 조사설계 점수를 낸다. 조사방법도 같은 방법으로 평가해 이것들을 더해 총 합계를 낸다.

이와 같은 방법을 사용하면 느낌에 의한 주관적 평가보다는 객관적인 평가를 할 수 있을 것이다.

03 평가조사

1. 평가조사의 개념

평가조사는 지금까지 앞에서 설명한 조사평가와는 성격이 다르다. 조사평가는 조사를 수행하기 전부터 끝날 때까지 훌륭한 조사를 하기 위해 필요한 검토를 하거나, 조사가 완료된 후에 조사자 자신 혹은 다른 사람이 보고서를 보고 이 조사가 과학적인 연구방법을 통해 올바로 수행되었는지 평가하는 데 목적이 있지만, 평가조사는 조사의 목적 자체가 의사 결정이나 정책, 사업 혹은 어떤 조사 등을 평가하기 위한 조사라고 할 수 있다.

평가조사가 아닌 다른 조사는 프로그램이 왜 성공했는가 하는 원인과 이유 등을 규명하는 데 목적이 있지만, 평가조사는 주로 그 결과의 성공 여부를 비교적 단기적인 관점에서 평가하는 것이다. 평가조사가 기초 연구와 다른 근본적인 요인은 '가치' 개념이 내재되어 있다는 것이다. 기초 연구는 기본적으로 가설 검정의 성격을 띠지만, 평가조사는 평가 대상의 가치를 평가하고자 하는 것이다. 평가조사가 평가 대상으로 삼는 프로그램이나 사업은 일반적으로 뚜렷한 목적을 가지고 있으며, 그 목적에는 가치 개념이 있다.

이러한 가치는 크게 내재된 가치, 인식된 가치, 행동적 가치 세 가지로 나눌 수 있다. 내재된 가치란 특정 대상 그 자체에 있는 가치를 말하고, 인식된 가치는 어떤 대상을

【그림 16-2】 평가조사의 과정

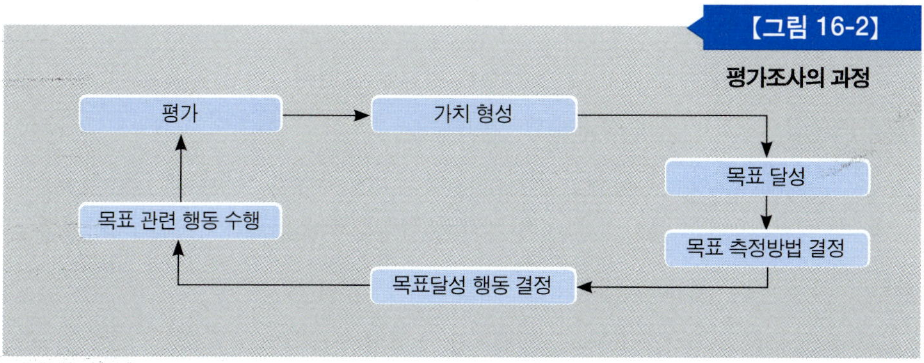

사람들이 인지했을 때 발생하는 것을 말하며, 행동적 가치는 행동을 결정하게 하는 것을 말한다. 예를 들면, 흡연자가 먼저 담배라는 것이 암을 유발한다고 하는 가치를(내재된 가치) 인지해, 담배를 피우면 죽는다는 가치(인식된 가치)를 습득하게 되고, 담배를 끊는 것이 바람직하다는 가치(행동적 가치)를 취하는 것이다.

기초 연구는 문제 제기 및 확정부터 그 연구의 시발점이 되지만, 평가조사는 가치 형성(value formation)에서부터 시작한다고 할 수 있다. 평가조사의 과정을 보면 [그림 16-2]와 같은데, 이 그림을 보면 먼저 가치를 형성해야 한다.

예를 들어, 어떤 병원이 '암의 조기 발견을 통해 암으로 사망하는 것을 방지하여 수명을 연장하자'를 목표로 삼았다고 하자. 그다음에는 암으로 죽는 사람을 어떻게 측정하는지 그 방법을 결정해야 한다. 이는 조작적 정의의 개념과 비슷한 것이다. 병원의 입원 환자 중 암으로 죽은 모든 사람과 다른 원인으로 인한 사망자 간의 상대빈도를 측정 방법으로 정했다고 하자. 그 다음은 목표 달성 행동을 결정해야 하는데, 조기 암 환자를 발견하는 방법의 계몽활동 같은 것이다. 다음으로 이 계몽활동을 홍보 수단으로 이용해 실제로 실시한 후, 마지막으로 이 활동이 효과가 있었는지 평가한다.

이때 중요하게 생각해야 하는 것은 어느 단계의 업적을 평가할 것이냐 이다. 앞의 예에서 가장 큰 목적은 '인간의 수명을 연장하는 것'이며, 그 측정 수단은 병원에서 암으로 죽은 사람의 감소 정도였다. 이 두 가지 간에 관련성이 적으면, 즉 병원에서 암으로 죽은 사람이 감소해도 병원이 아닌 다른 곳에서 다른 이유로 죽은 사람이 증가하면 이 프로그램은 좋은 프로그램이라고 볼 수 없다.

평가조사의 결과로 이런 경우가 발생하면 다른 가치를 새로 형성하거나 목표 등을 바꿔야 한다. 또한 목표 관련 행동을 수행할 때 파생하는 여러 가지 부작용(side effect)이 전체 가치에 영향을 주거나 목표 달성에 저해가 될 수도 있으므로 평가할 때 함께 고려해야 한다. 예를 들어, 계몽활동이 너무 극단적으로 흘러 약간의 증상만 있어도 사람들이 모두 병원에 와서 다른 급한 환자의 치료를 지연시킨다면 이로 인해 사망자가 생길 수도 있으므로 이는 수정돼야 할 것이다.

이와 같은 체계로 볼 때 평가조사는 전체 평가조사 과정의 일부분에 지나지 않는다고 볼 수 있으나, 넓은 의미에서 보면 가치 형성에서부터 평가까지의 모든 과정을 다 포함하는 것이라고 할 수 있다.

2. 평가조사의 필요성

평가조사는 거시적으로 보면 우리 사회가 나아가야 할 방향 및 각각의 학문 영역에서 수행해야 하는 연구의 방향을 설정해준다. 평가조사로 연구의 가치를 인정받게 되면 어떤 연구 혹은 프로그램을 수행하는 데 필요한 자금 지원을 받을 수 있게 된다. 보다 직접적인 평가조사의 필요성은 의사 결정자로 하여금 '현재의 연구 혹은 프로그램을 계속할 것인가', 아니면 '수정이 필요한가' 등을 결정하도록 도와주는 데 있다. 구체적인 평가조사의 목적은 평가하고자 하는 대상이 무엇이냐에 따라 달라진다. 빅맨(Stanley K. Bigman)은 평가조사의 목적을 다음과 같이 열거했다.

① 평가 대상이 되는 연구 또는 프로그램의 목적이 얼마나 잘 이루어졌는지 판단한다.
② 평가 대상이 되는 연구 또는 프로그램의 성공 요인이 무엇인지를 찾는다.
③ 성공적인 프로그램의 공통적인 기본 원리를 발견한다.
④ 프로그램의 효율성을 제고하기 위한 기법을 제공한다.
⑤ 서로 다른 기법의 상대적 성공 요인을 가지고 차후 프로그램의 기초를 제공한다.
⑥ 평가조사 결과로 목표 달성을 위한 수단을 재정립하고, 이에 따라 하위목표를 수정한다.

결국 평가조사란 시간의 경과 후 사회에서 어떤 프로그램의 성과가 드러나게 되는 것을 미리 알아내 보다 좋은 결과(output)를 만들 수 있도록 도와주는 것이라고 할 수 있다.

3. 평가조사의 여러 접근법 평가

조사를 하는 데는 여러 가지 접근법이 있을 수 있으나, 이 책에서는 극단이라고 할 수 있는 전통적 접근법과 목표 비지향 접근법을 알아보고, 기능과 대상에 따른 분류를 설명하고자 한다.

(1) 전통적 접근법

전통적인 평가조사의 과정은 크게 네 단계로 나뉜다. 첫째, 평가할 목표를 결정한다.

둘째, 이 목표의 달성 정도를 측정하는 도구를 개발한다. 셋째, 자료를 수집한다. 넷째, 이 자료와 목표와의 연관성을 분석한다. 각 과정은 단순하게 보이나, 실제로 각 과정을 명확하게 정의하는 것은 쉽지 않다.

첫 번째, 평가할 목표의 결정 과정은 다시 목표의 확정과 목표에 포함해야 할 행동영역의 분석으로 나눌 수 있다. 평가의 목표를 정할 때는 일반적으로 하위목표들 간에 모순이 있어서는 안 된다. 또한 행동영역을 정할 때 목표 대상이 프로그램의 과정을 평가할 것인지, 효과를 평가할 것인지 혹은 노력을 평가할 것인지 등을 명확히 해야 한다.

두 번째, 측정도구의 문제는 다른 조사에서 사용되는 기존의 측정도구와 큰 차이는 없으나, 평가조사의 경우 전반적인 평가 기준을 균형 있게 정하기가 힘들다. 즉 행동영역을 정할 때 명확하게 정하지 않으면 측정도구를 만들기 힘들다.

세 번째, 자료 수집도 연구의 특성에 따라 수집 방법이나 방향이 많이 바뀔 수 있으나 기존의 다른 연구들과 차이는 거의 없다. 이때 평가조사에는 프로그램의 수행자나 평가자의 주관이 많이 개입될 수 있으므로 특히 유의해야 한다.

네 번째, 연관분석은 다시 두 단계로 나눌 수 있다. 연관분석의 첫 단계는 평가 결과가 평가하는 프로그램에 의한 것인지에 대한 평가다. 많은 평가조사의 경우 완벽한 실험설계가 거의 불가능할 때가 많고, 특히 측정 시에 통제가 잘 안 되기 때문에 외생변수효과에 대한 추론이 불가피할 수 있다. 따라서 구체적인 평가 결과에 앞서 신뢰성, 타당성 등에 대한 검토가 필요하다.

마지막으로, 평가 결과의 도출 및 보고를 해야 한다. 평가조사의 보고는 가급적 객관적이고 명확한 결론을 내린 후 하는 것이 바람직하다. 프로그램의 개선을 위한 평가의 경우 프로그램 수행자들과 협의하여 수행 가능한 개선책을 찾는 것도 필요하다.

보고할 때 또 고려해야 하는 것은 처음에 언급한 목표 및 그 안에 내재된 가치에 관한 문제다. 많은 평가조사의 결과는 프로그램의 목표 달성 여부를 명확히 판단해주지 못하며, 때로는 프로그램이 기본적으로 추구하는 가치를 망각하고 세부적인 평가만을 내리기도 한다. 따라서 평가보고서에는 평가의 세부적인 결과와 더불어 전체 목표 및 가치에 세부적인 결과가 어떻게 영향을 미치며 외생변수가 무엇인지도 언급을 해야 한다.

(2) 목표 비지향 접근법

전통적 접근법이 목표를 정해놓고 거의 정해진 순서에 따라 일관되게 평가를 하여 평가 활동의 범위가 제한되는 반면, 목표 비지향 접근법은 아무런 제한을 두지 않고 평가를 수행한다.

전통적인 방법이 평가자의 시야를 좁히고 평가자로 하여금 평가 대상 프로그램의 목적을 알게 하여 여러 가지 편견을 갖게 할 수도 있다는 단점을 가지고 있으나, 이 방법은 평가 대상 프로그램의 목적을 알려주지 않은 상태에서 평가자의 창의성에 따라 평가 대상 프로그램과 관련이 있는 전체 시스템의 각 구성요소들의 반응을 점검하게 한다. 따라서 구체적인 조사의 방향이나 과정 등은 미리 정해질 수가 없으며, 조사자가 조사 전에 가지고 있는 정보에 의한 조작 및 편견이 극소화된다. 앞에서 언급한 암으로 죽는 사람의 감소 정책에 대한 예를 다시 들어보면, 암 환자 혹은 암에 걸릴 가능성이 있는 사람뿐만 아니라 간호사, 의사, 병원의 재정 상태에 이르기까지 폭넓은 조사를 하는 것을 말한다. 따라서 암 예방 효과가 있는 특정 프로그램이 병원의 재정을 최악의 상태로 만들어가면서 효과적으로 목표 달성을 했다면 전통적인 접근법에서는 효과가 있다고 평가할 수 있으나, 목표 비지향 접근법에서는 그 효과와 부정적 효과(negative effect)를 비교해 평가한다.

그러나 이 방법에는 크게 두 가지 단점이 있다. 첫째는 시간, 인력, 자금 등 자원이 많이 소요된다는 것이다. 일반적으로 많은 평가가 이러한 자원에 제약을 받으며, 특히 판단을 빨리 내려야 할 경우에는 전통적 방법이 더 효과적이다. 둘째는 평가 과정이 조사자의 창의성에 주로 의존하기 때문에 조사자의 능력에 따라 평가 결과가 크게 좌우된다는 것이다. 또한 확실한 평가 과정이 없기 때문에 의사 결정자의 압력이나 한정된 평가 자료 수집으로 인한 오류가 발생할 수 있다.

(3) 기능에 의한 구분

기능에 의한 구분은 평가조사의 효용에 의한 구분이라고 할 수 있으며, 계속평가와 종합평가로 구성된다.

1) 계속평가조사

계속평가조사는 평가 대상 프로그램이나 정책 등을 개발하고 수행하는 과정 중에 평가를 하여 수시로 피드백을 할 수 있는 평가조사를 말한다. 예를 들어 조사방법론 강의의 교과 과정을 개발하려고 할 때 계속평가조사를 하면 수업 중에 새로운 교재를 채택해 그 반응을 보면서 적절한 수정을 하게 된다. 계속평가조사의 중요한 목적은 프로그램의 내용, 구조 등을 개선하기 위한 정보를 얻는 것이라고 할 수 있으며, 평가 과정은 일반적으로 짜여 있지 않다. 논리적으로는 가장 합당한 조사지만, 실제 수행을 할 때는 주관적일 수 있으므로 확고한 평가 과정을 도입하는 것이 바람직하다.

2) 종합평가조사

종합평가조사는 평가 대상 프로그램이나 정책이 모두 끝난 뒤 그 성과나 가치를 평가하는 것이다. 종합평가조사의 목적은 프로그램을 개선하고자 하는 것이라기보다는 프로그램을 계속, 수정 혹은 폐기할 것인가를 결정하기 위한 것이다. 예를 들어 새로운 업무 처리 방법을 개발해 시행을 해본 뒤에 이를 평가하기 위해 연구자는 종합평가조사를 도입해 기존의 업무 처리 방식을 적용한 집단과 새로운 처리 방법을 적용한 집단으로 나눈 후 차이를 검증해 새로운 처리 방법이 효과적인지를 판단할 수 있다. 이 방법은 기존의 다른 조사와 거의 차이가 없으나 평가 대상 프로그램이 계속해서 연결이 되고 계속적인 수정과 보완이 가능한 경우에는 적용이 어려울 수도 있다.

(4) 대상에 의한 분류

대상에 의한 분류는 평가하는 대상 및 평가 기준에 따라 나누어진다.

1) 절대평가조사

절대평가조사는 평가 대상 프로그램만을 가지고 평가하는 것을 말한다. 즉 다른 프로그램과 비교하지 않고 그 자체만을 평가하는 것이다. 절대평가조사는 비교할 대상이 없기 때문에 프로그램의 효율성 등을 평가할 수 있는 명확한 기준을 만드는 것이 필요하다. 따라서 앞에서 언급한 목표 측정이 절대평가조사에서는 무척 중요하다. 많은 프로그램의 경우 비교하기에 적절한 다른 프로그램이 없기 때문에 절대평가조사를 많이 사용하게 된다. 또한 계속평가조사를 하거나 종합평가조사를 할 때도 모두 이용할 수 있다.

2) 상대평가조사

상대평가조사는 비슷한 프로그램 중에서 어느 것이 우월한지 결정하는 것이다. 절대평가조사가 특정 프로그램을 수정할 것인지, 그대로 계속 진행할 것인지 결정하는 것이라면, 상대평가조사의 주목적은 여러 가능한 프로그램 중에서 특정 프로그램을 선택하는 데 있다. 상대평가조사의 경우 일반 조사연구에서 흔히 사용되는 실험설계 등 확고한 평가 과정 사용이 편리하다.

이 장의 요약

현실적으로 조사는 완벽하게 수행될 수 없으며, 각기 제 나름대로 장·단점을 갖고 있다. 조사평가는 조사의 타당성과 중요도를 고려하여 객관적이고 균형 있게 조사의 가치를 평가하는 것이다. 단순히 조사보고서나 조사에 의한 논문을 보고 이를 통해 조사가 잘되었는지를 판단하는 것뿐만 아니라, 조사가 제대로 수행되고 있는지 자체 점검할 수 있는 방법으로 사용할 수 있다. 즉 조사 결과를 평가하기도 하고, 조사평가 지침을 통해 조사 수행 중에 자신이 올바른 조사를 하고 있는지 자체 점검을 할 수도 있는 것이다.

조사평가의 절차에 따라 조사설계 단계에서는 문제 인식, 참고문헌, 이론적 체계, 가설 등에 대한 평가가 이루어지며, 조사방법 단계에서는 조사설계, 조사절차, 조사 대상, 자료 수집에 대한 평가가 이루어진다. 분석 및 결론 단계에서는 자료분석 과정, 기술적 통계, 추정 통계, 통계적 결론에 대한 평가가 이루어지며, 토론 단계에서는 발견된 사실의 해석, 조사의 응용, 참고 목록 및 부록, 형식과 문체에 대한 평가를 하게 된다.

한편 평가조사는 조사의 목적 자체가 의사결정이나 정책, 사업 혹은 특정 조사 등을 평가하기 위한 것으로, 프로그램이나 사업 또는 정책 등이 사전에 정해놓은 목적을 얼마나 성공적으로 달성했는지 밝혀내는 것이다. 즉 어떤 프로그램의 성과를 미리 알아내 보다 좋은 결과를 만들 수 있도록 도와주는 것이라 할 수 있다. 전통적 접근법은 목표 설정, 목표 달성 정도를 측정하는 도구 개발, 자료 수집, 자료와 목표와의 연관분석 과정으로 이루어지며, 목표 비지향 접근법은 아무런 제한도 두지 않고 평가를 수행하는 것으로, 프로그램 수행 중 발생하는 많은 것들에 대한 평가를 할 수 있게 한다. 기능에 의한 구분으로는 평가 대상 프로그램이나 정책 등을 개발하고 수행하는 과정 중에 평가를 하여 수시로 피드백해줄 수 있는 계속평가조사와 정책이 모두 끝난 뒤에 이들의 성과나 가치를 평가하는 종합평가조사가 있다.

또한 평가 대상에 따라서는 평가 대상 프로그램만을 가지고 평가하는 절대평가조사와 비슷한 프로그램 중에서 우월 여부를 평가하는 비교평가조사가 있다.

주요용어

조사평가, 자체 점검, 조사설계, 문제 인식, 참고문헌, 이론적 체계, 가설, 조사 방법, 대상, 자료 수집 도구, 관찰법, 면접법, 통계적 결론, 평가조사, 기초 연구, 응용 연구, 전통적 접근법, 목표 비지향 접근법, 계속평가조사, 종합평가조사, 절대평가조사, 상대평가조사

참고문헌

Adler, Emily Stier and Roger Clark (1999), *How it's done-An Invitation to Social Research*, Wadsworth Publishing Company.

Albaum, G. S. (1964), "Horizontal Information Flow: An Exploratory Study," *Journal of the Academy of Management*, March.

Boyd, Jr., H. W., Westfall, R. and Stasch, S. F. (1981), *Marketing Research: Text and Cases*, Richard D. Irwin, Inc., Illinois.

Churchman, C. W. (1968), *The Systems Approach*, Delta, New York.

Higgins, J. C. (1976), *Information Systems for Planning Control: Concepts and Cases*, Arnold, London.

Rosson, P. (1975), "Systems Theory and Marketing Analysis," *Quarterly Review of Marketing*, 1(1).

Stanley K. Bigman (1961), "Evaluating the Effectiveness of Religious Programs," *Review of Religious Research,* Vol. 2(3), pp.97-121.

연습문제

1. 조사평가의 필요성에 대해서 논하시오.
2. 조사평가의 각 단계에서 특히 중요한 점을 설명하시오.
3. 평가조사의 목적을 설명하시오.
4. 평가조사에서 전통적 접근법과 목표 비지향 접근법을 비교하여 설명하시오.
5. 계속평가조사와 종합평가조사를 사용하기에 적당한 경우를 각각 설명하시오.
6. 절대평가조사가 비교평가조사에 비해 사용하기 어려운 점은 무엇인가?

제 17 장

보고서 작성

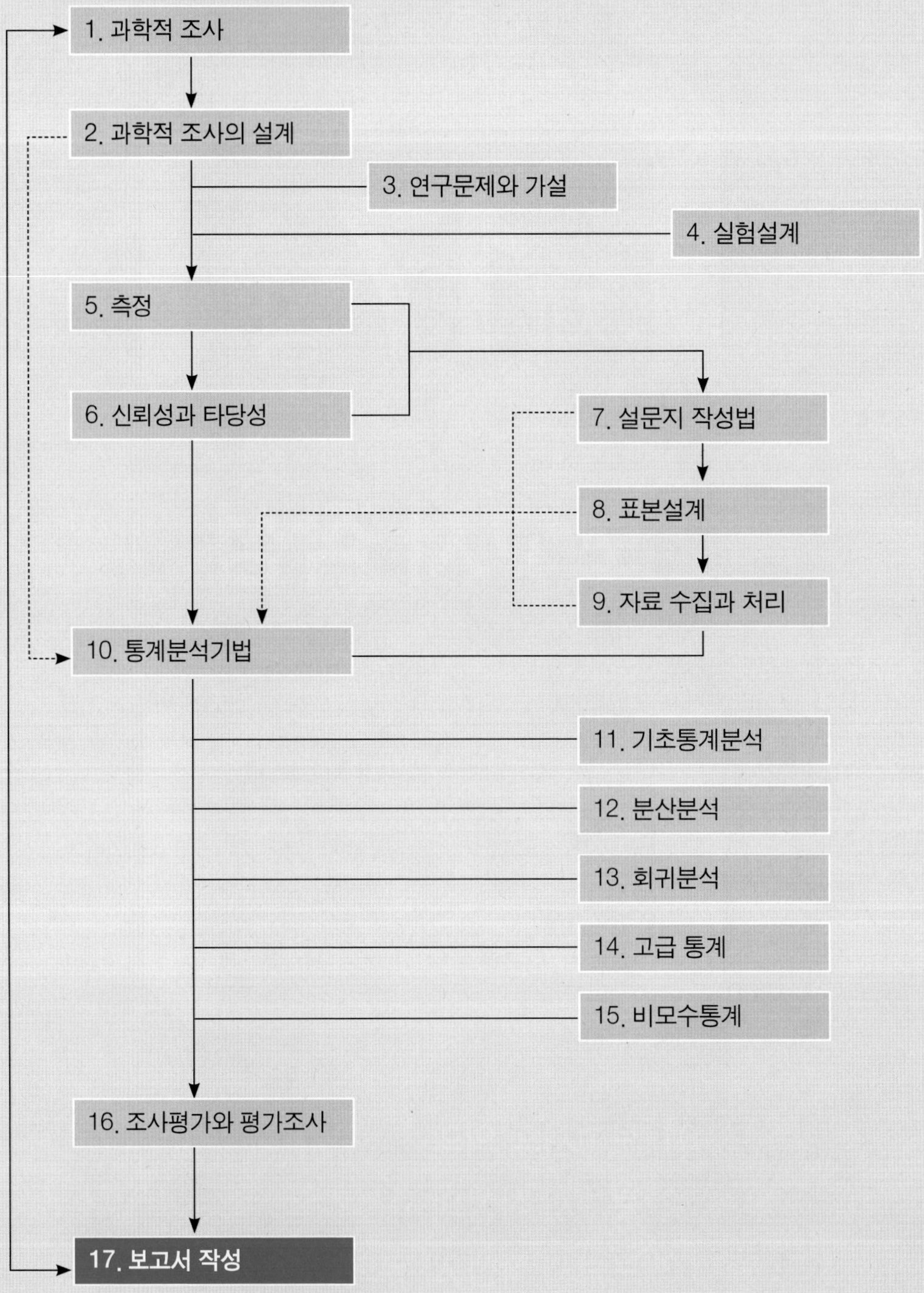
1. 과학적 조사
2. 과학적 조사의 설계
3. 연구문제와 가설
4. 실험설계
5. 측정
6. 신뢰성과 타당성
7. 설문지 작성법
8. 표본설계
9. 자료 수집과 처리
10. 통계분석기법
11. 기초통계분석
12. 분산분석
13. 회귀분석
14. 고급 통계
15. 비모수통계
16. 조사평가와 평가조사
17. 보고서 작성

01 보고서의 의의

사회과학 연구에서는 연구자가 자료를 수집해 분석을 실시하고 연구 결과를 도출했다고 해서 연구가 끝난 것은 아니다. 많은 시간과 노력을 기울여 얻은 정보를 효과적으로 표현해 연구 의뢰자에게 전달해야 하기 때문이다. 따라서 연구자는 보고서 작성과 관련된 유의점을 잘 알아야 하고, 보고서를 작성하기 전에 어떤 유의 사항을 점검하고 어떤 체계로 보고서를 작성할 것인지 미리 생각해야 하며, 또한 연구 목적과 그 목적에 맞게 수집한 정보를 적절하게 정리했는지, 결론과 제안을 적절하게 유도했는지, 보고서를 읽는 사람이 알고자 하는 것이 무엇이며, 어떤 계층의 사람인지 염두에 두고 작성해야 한다.

연구보고서는 연구 결과의 모든 것을 담아서 연구 의뢰자 또는 연구 이용자에게 전달하는 수단이다. 따라서 연구보고서를 접한 연구 의뢰자와 연구 이용자는 연구보고서를 읽음으로써 연구의 모든 것을 알 수 있어야 하며, 의사 결정에 필요한 정보도 얻을 수 있어야 한다. 만약 연구보고서가 이런 역할을 훌륭히 수행하지 못한다면 연구에 투입된 비용이 낭비되는 것은 물론이고 연구 의뢰자와 이용자는 잘못된 의사 결정을 하게 되어 커다란 손실을 입게 될 것이다. 따라서 연구보고서는 연구의 목적, 해결해야 할 문제, 의뢰자의 의도 및 요구에 부응해 이를 최대한 충족할 수 있도록 작성되어야 한다. 그러나 정확하고 객관적인 연구 과정을 통해 훌륭한 연구 결과를 얻었다고 해도 연구보고서가 제대로 작성되지 않거나 제시 방법이 잘못되어 결과적으로 연구 의뢰자와 이용자에게 잘못된 정보가 전달되는 경우가 종종 발생한다.

이런 잘못이 발생하는 원인은 다음과 같은 문제점에서 비롯된다.

① 연구보고서의 강조점 및 지향성 차이에서 비롯된 문제점

연구자가 연구 의뢰자의 목적을 모르거나 연구 배경이나 연구 결과 등 연구 이용자의 요구에 대해서 무관심한 경우 연구 결과가 효과적으로 전달되지 못한다. 이런 경우 연구자는 의사 결정에 필요한 정보보다 연구수단이나 기법에 집착하는 경향이 크며, 연구 결과나 이용에 대한 책임감이 결여되어 있기 쉽다.

② 연구보고서의 내용 및 체계에서 비롯되는 문제점

연구 시작 시점부터 명확한 연구 배경이나 연구 목적이 없는 경우 제시된 연구 결과가 명쾌하지 않을 수 있다. 또 보고서의 내용이 해석보다는 서술 중심이고, 자료만 나열하고 구체적이고 귀납적인 정보가 없는 경우나 결론이나 추천안이 불분명한 경우 등도 보고서가 기능을 제대로 발휘하지 못하게 된다.

③ 보고서에서 사용되는 언어 및 제시 방법에서 비롯되는 문제점

연구보고서의 서술이 너무 장황하고 설명이 과다해 요점을 도출하지 못하거나 내용이 중복되거나 문법, 철자가 틀린 경우도 연구 결과가 제대로 전달되지 않는다. 또한 자료가 비효율적으로 제시된 경우도 연구 결과의 정확한 이해를 방해한다. 따라서 연구보고서 작성자는 이 같은 원인에 유의하면서 연구보고서를 작성해야 한다.

02 보고서 작성의 사전 작업

연구보고서를 작성하기 전에 반드시 확인해야 하는 작업은 다음과 같다.

(1) 연구 배경 및 연구 목적의 명확화

연구를 실시하게 된 배경 상황, 연구가 수행된 직접적인 이유를 명확히 해야 한다. 이는 연구보고서 작성 시 방향성을 잃지 않고 연구 목적에 충실히 몰두할 수 있게 한다.

(2) 자료 분석 및 해석 결과의 재검토

연구 결과 중에서 연구 목적에 관련된 자료나 분석 결과에 초점을 맞춰야 한다. 구체적 사실을 최소화하고, 과다 정보를 요약해 핵심 정보만 강조하며, 가능한 한 정보를 통합해 변수들 간의 관계나 유형을 파악할 수 있도록 해야 한다.

03 보고서 작성 시 유의점

연구자는 보고받는 대상을 고려해 필요한 정보를 제공함으로써 판단의 객관적인 기준이 될 수 있도록 간결하면서도 완벽하게, 보기 쉽고 간단하게, 그리고 정확하고 논리적으로 보고서를 작성해야 한다.

(1) 보고받는 대상을 고려하라.

연구보고서는 보고서를 읽는 사람에게 정보를 제공하는 것이다. 따라서 그들의 요구에 맞게 정보를 체계적으로 수집하고 정리하며 분석해야 한다. 연구자는 항상 연구 목적을 염두에 두고 연구보고서를 작성함으로써 보고서를 읽는 사람에게 필요한 정보와 관계있는 연구 결과를 제시해야 한다.

보고서 작성 시 과다한 전문 용어나 기술 용어를 피하는 것이 바람직하며, 내용을 간단명료하게 작성해야 하고, 내용의 논리적인 수준을 높여야 한다.

(2) 초안을 작성하라.

연구보고서를 읽는 대상, 그들이 기대하는 내용, 형식, 스타일, 문체, 분량 등을 충분히 고려하면서 보고서 초안을 작성하는 것이 좋다. 이는 연구보고서의 내용에 어떤 점이 부족한지, 어떻게 수정해야 하는지, 어떻게 정리해야 하는지를 알 수 있게 해준다.

(3) 간결하면서 완벽하게 하라.

연구보고서 작성 시 연구 목적에 합당한 핵심을 집중적으로 다루어야 한다. 대체로 연구 의뢰자는 보고서 전체를 읽으려 하지 않고 윤곽을 파악한 뒤 필요한 부분, 중요한 부분에서 필요한 정보를 충분히 얻으려 하기 때문이다. 그리고 가능한 한 표나 그래프를 많이 이용하는 것이 좋은데, 이는 글로 서술하는 것보다 그래프나 표를 이용하면 정확한 상황과 추세를 한눈에 파악할 수 있기 때문이다.

(4) 객관적이면서도 효과적이어야 한다.

연구보고서의 서식은 문장 구조가 간결하면서 핵심적이어야 하고, 흥미로워야 하며, 적절한 용어를 사용해 작성돼야 한다. 또한 연구자는 객관적인 태도로 연구 결과를 제시하고 설명할 의무가 있으며, 연구 결과가 매우 유용하다는 사실을 연구 의뢰자에게 인식시켜야 한다.

(5) 최소한의 윤리를 가지고 있어야 한다.

연구보고서를 작성할 때 일반적으로 응답자의 개인적인 응답은 공개하지 않는 것이 연구의 기본적인 윤리라고 볼 수 있다. 많은 경우 응답자는 법적인 규정을 모르는 상태에서 자신의 응답이 보호를 받을 것이라고 인식한다. 따라서 조사자는 인지동의(informed consent)와 익명성(anonymity), 비밀보장(confidentiality)을 충분히 고려해야 한다. 인지동의란 응답자가 자신의 태도나 행동이 알려지는 정도를 알고 있으며, 그 정도를 선택할 수 있게 해주는 것이다. 익명성은 각 개인의 응답을 구분할 수 없게 하여 개인의 응답 내용이 알려지지 않는다는 것이며, 비밀보장은 개개인의 응답은 조사자 몇 명만이 알고 외부에 공개되지 않는다는 것이다. 그러므로 보고서를 작성할 때 연구 방법이나 목적에 따라 적절한 윤리를 선택해 지켜야 한다.

또한 연구자는 연구 의뢰자가 요구한 문제를 연구하는 과정에서 특정 산업의 특허권이나 기밀을 의도적으로 조사해 발표해서는 안 되며, 연구 의뢰자의 내부 자료나 연구 목적에 맞는 연구 결과를 외부에 누출해서도 안 된다. 또한 통계적인 분석을 통해 나온 결과치를 너무 과신해 자료 수치만을 사용해서도 안 된다.

04 보고서의 내용

보고서의 기본적인 요소는 다음과 같다.

1. 제목(title page)
2. 차례(table of contents)
3. 요약(summary)
   ① 주요 발견(objective)
   ② 결과(result)
   ③ 결론(conclusion)
   ④ 제안(recommendation)
4. 본문(body of report)
   ① 서론(introduction)
   ② 연구방법론(methodology)
   ③ 연구 결과(result)
   ④ 한계(limitation)
5. 결론과 제안(conclusion & recommendation)
6. 부록
   ① 표본설계(sampling plan)
   ② 설문지(paper of questions)
   ③ 기타 자료(other supporting data)

(1) 제목(title page)

제목, 날짜, 연구자 또는 기관명 등을 기록한다. 연구 보고 내용이 기밀 사항인 경우에는 보고서 인수자의 이름도 명시해야 한다.

(2) 차례(table of contents)

읽는 사람의 편의를 위한 것으로, 그들의 요구에 맞게 기록해야 하고, 도표를 많이 사용하는 경우에는 차례 말미에 도표 명, 일련번호, 페이지를 함께 기록하는 것이 좋다.

(3) 요약(summary)

훌륭한 요약은 의사 결정권자를 위해 행동 지향적으로 쓰이고, 중요한 연구 결과에 기반을 둔 해석 및 결론과 특정한 행동에 대한 제언이 포함된다. 연구 과정, 주요 개념 정리, 연구 내용 등을 체계적으로 요약해야 한다.

(4) 서론(introduction)

서론의 목적은 보고서 내용을 이해하는 데 필요한 배경 지식을 제공하는 데 있다. 여기서는 의사 결정 문제와 연구 목적을 명백히 설명해야 한다.

(5) 방법론(methodology)

연구설계의 성격을 설명하기 위한 것으로, 기술하기 매우 어려운 부분이지만 읽는 사람이 정보의 질을 평가할 수 있도록 조사의 기술적인 배경을 충분히 설명해야 한다.

(6) 연구 결과(result)

연구의 본체는 연구 결과로 이루어지는데, 이것들은 연구의 목적과 요구되는 정보를 중심으로 조직해야 한다.

(7) 한계(limitation)

여기서는 연구 결과에 대한 연구자의 평가를 기술해야 하며, 솔직한 평가는 보고서를 읽는 사람의 편견을 예방할 수 있다.

(8) 결론과 제안(conclusion & recommendation)

이는 결과로부터 논리적으로 도출되는 것으로, 결과와 요구되는 정보를 연계해 행동과 판단에 대한 의견을 제시하게 된다. 일반적으로 제안의 역할은 연구에 부가가치를 부여함으로써 연구보고서를 수단보다는 결과 지향적으로 만들고, 궁극적으로 보고서를 읽는 사람에게 도움이 되도록 하는 것이다.

구체적으로 첫째는 연구자가 의사 결정 문제에 초점을 두어 판단과 행동을 염두에 두고 사고를 전개하게 하고, 둘째는 연구자가 의사 결정 과정에서 연구의 역할을 폭넓게 할 수 있게 한다.

좋은 제안을 위한 전제 조건은 ① 연구자가 사회과학 연구에 대한 전문가일 것, ② 연구와 그 방법론의 한계를 잘 알고 있을 것, ③ 의사 결정자가 직면한 문제를 인식하고 있을 것, ④ 자료 분석에 능숙하고, 해석 시 의미를 잘 파악할 수 있을 것 등이 있다.

(9) 부록(appendix)

전문적이고 복잡하며 흔히 기술적인 면(technical side)에 관심이 있는 사람을 위한 자료로서 설문지, 자료 수집 형식, 표본계획, 분석 과정을 거친 통계자료 등으로 이루어진다.

05 자료의 제시와 도표화

연구 자료는 대부분 표와 그래프 형식으로 표현되는데, 표는 자료의 수적 표현이고 그래프는 시각적 표현이다.

표와 그래프는 다음과 같은 형식을 갖추어야 한다.

① 표와 그래프의 일련번호
② 내용을 나타내주는 제목
③ 행과 열에 대한 설명
④ 표나 그래프의 특정 부분이나 항목을 설명해주는 주석

자료를 그래프화할 때 검토해야 할 주요 내용은 다음과 같다.

① 어느 정도 범위의 자료를 그래프화할 것인가?
② 무엇을 강조할 것인가?
③ 어느 부분에 도표를 넣을 것인가?
④ 그래프화할 수 있는 능력은 어느 정도인가?
⑤ 그래프화에 드는 비용은 얼마인가?
⑥ 그래프를 보는 사람들은 어떤 사람들인가?

이 장의 요약

보고서는 의뢰자의 비밀 사항 등을 포함할 수 있고, 문서화되기 때문에 윤리적인 측면이 중요하다. 따라서 보고서 작성 시에는 사회적인 측면과 의뢰자에 대한 윤리적 측면 등을 고려해야 한다.

보고서에는 우선 완벽한 정보가 제시되도록 노력해야 하며, 보고하는 정보는 정확성을 갖추어야 한다. 여기서 정확성은 목적에 적합한 자료 선정, 자료 처리 그리고 결과의 표현에서의 정확성을 의미한다. 보고서는 일반적으로 통일된 양식을 이용해 의사 전달이 손쉽게 이루어지도록 해야 하며, 차례는 제목, 서론, 본론, 결론과 제안, 부록 등으로 구분 및 설명해 보고서를 이용하는 사람이 필요한 부분을 이해하기 쉽도록 해야 한다.

정보와 지식은 명확한 구분 없이 혼돈되어 사용되는데, 정보란 응답자에게 어떤 의미를 전달해주지 않은 상태의 것을 말하지만, 지식은 정보가 응답자에게 전달되기 위해 해석되고 처리되어 어떤 의미를 갖추게 된 상태를 말한다.

지식은 모델이나 이론을 검증해 사회현상을 예측할 수 있는 조사지식과, 과거의 경험이나 사건 등에 의해 얻은 경험지식으로 나눌 수 있다.

지식이 효과적으로 사용되기 위해서는 지식의 창출, 확산, 활용이 모두 원활하게 이루어져야 한다. 지식의 창출을 위해 과학적 조사 방법을 이용할 수 있는 사회·경제 환경이 잘 마련되어야 하고, 지식의 확산을 위해서는 확산에 영향을 미치는 정보 창출과 정보 수용자의 특성, 환경요소 등과 같은 지식의 수요량과 공급량의 균형 상태를 알아야 한다. 지식의 활용을 위해서는 개념적 활용과 조작적 활용에 의한 개념적 정의가 명확히 이루어져야 한다.

주요용어

완벽성, 명확성, 간결성, 정보, 지식, 조사지식, 경험지식, 일상지식, 창출, 확산, 활용, 조작적 활용, 개념적 활용, 부문 활용

참고문헌

Bernstein, I. and H. Freeman (1975), *Academic and Entrepreneurial Research*, New York: Russell Sage Foundation.

Capaln, Nathan (1979), "The Two Communities Theory and Knowledge Utilization," *American Behavioral Scientist*, Vol.22.

Dunn, W. N. (1981), "IF Knowledge Utilization is the Solution, What is the Problem?", Pittsburg: University Program for the Study of Knowledge Use, University of Pittsburg.

Holzner, B. and E. Fisher (1979), "Knowledge-in-Use: Considerations in the Sociology of Knowledge Applications," *Knowledge*, Vol.1, 2.

Lakoff, S. A. (1966), *Knowledge and Power,* NY: Free Press.

Larsen, J. K. (1981), "Knowledge Utilization : Current Issues," in Robert F. Rioh(ed.), *The Knowledge Cycle*, Beverly Hills: Sage Publications.

Meehan, P. and G. Beal(1977), *Knowledge Production and Utilization: A General Model*, 3rd Approximation, Iowa Agricultural and Home Economics Experiment Station, Project No. 2218.

Rich, Robert (1981), *Knowledge Cycle*, Beverly Hills: Sage Publications.

Zaltman, G. (1979), "Knowledge Utilization as Planned Social Change," *Knowledge*, Vol.1.

연습문제

1. 보고서 작성 시 윤리적인 문제에 대해서 논하시오.

2. 보고서 작성의 기준을 설명하시오.

3. 보고서를 구성하는 내용에 대해서 설명하시오.

4. 정보와 지식을 구분하여 설명하시오.

5. 지식 창출에 대하여 논하시오.

6. 지식의 활용에 대하여 논하시오.

부록

1. 정규분포표
2. 누적정규분포표
3. χ^2분포표
4. t분포표
5. F분포표(I)
6. F분포표(II)
7. F분포표(III)
8. F분포표(IV)
9. 난수표
10. Kolmogorov-Smirnov One-Sample Test

10-1. Kolmogorov-Smirnov Two-Sample Test(Small Samples)

10-2. Kolmogorov-Smirnov Two-Sample Test(Large Samples)

11. Runs Test의 Critical Value(Table F_1)

11-1. Runs Test의 Critical Value(Table F_2)

12. Wilcoxon Signed-Ranks Test
13. Mann-Whitney Test에서의 U값
14. Friedman Two-Way ANOVA
15. Kruskal-Wallis One-Way ANOVA
16. Spearman Rank Correlation Coefficient
17. Kendall Rank Correlation Coefficient
18. Kendall Coefficient of Concordance

표 1 정규분포표

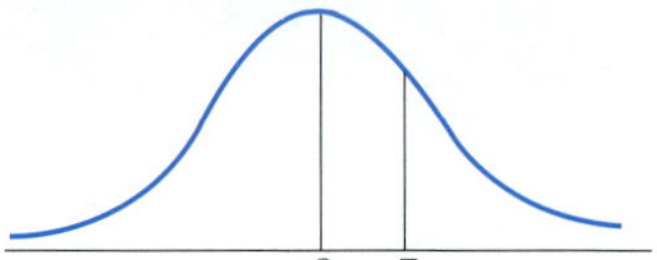

Z	0.00	0.01	0.02	0.03	0.04	0.05	0.06	0.07	0.08	0.09
0.0	.0000	.0040	.0080	.0120	.0160	.0199	.0239	.0279	.0319	.0319
0.1	.0398	.0438	.0478	.0517	.0557	.0596	.0636	.0675	.0714	.0753
0.2	.0793	.0832	.0871	.0910	.0948	.0987	.1026	.1064	.1103	.1141
0.3	.1179	.1217	.1255	.1293	.1331	.1368	.1406	.1443	.1480	.1517
0.4	.1554	.1591	.1628	.1664	.1700	.1736	.1772	.1808	.1844	.1879
0.5	.1915	.1950	.1985	.2019	.2054	.2088	.2123	.2157	.2190	.2224
0.6	.2257	.2291	.2324	.2357	.2389	.2422	.2454	.2486	.2517	.2549
0.7	.2580	.2611	.2642	.2673	.2703	.2734	.2764	.2794	.2823	.2852
0.8	.2881	.2910	.2939	.2967	.2995	.3023	.3051	.3078	.3106	.3133
0.9	.3159	.3186	.3212	.3238	.3264	.3289	.3315	.3340	.3365	.3389
1.0	.3413	.3438	.3461	.3485	.3508	.3531	.3554	.3577	.3599	.3621
1.1	.3643	.3665	.3686	.3708	.3729	.3749	.3770	.3790	.3810	.3830
1.2	.3849	.3869	.3888	.3907	.3925	.3944	.3962	.3980	.3997	.4015
1.3	.4032	.4049	.4066	.4082	.4099	.4115	.4131	.4147	.4162	.4177
1.4	.4192	.4207	.4222	.4236	.4251	.4265	.4279	.4292	.4306	.4319
1.5	.4332	.4345	.4357	.4370	.4382	.4394	.4406	.4418	.4429	.4441
1.6	.4452	.4463	.4474	.4484	.4495	.4505	.4515	.4525	.4535	.4545
1.7	.4554	.4564	.4573	.4582	.4591	.4599	.4608	.4616	.4625	.4633
1.8	.4641	.4649	.4656	.4664	.4671	.4678	.4686	.4693	.4699	.4706
1.9	.4713	.4719	.4726	.4732	.4738	.4744	.4750	.4756	.4761	.4767
2.0	.4772	.4778	.4783	.4788	.4793	.4798	.4803	.4808	.4812	.4817
2.1	.4821	.4826	.4830	.4834	.4838	.4842	.4846	.4850	.4854	.4857
2.2	.4861	.4864	.4868	.4871	.4875	.4878	.4881	.4884	.4887	.4890
2.3	.4893	.4896	.4898	.4901	.4904	.4906	.4909	.4911	.4913	.4916
2.4	.4918	.4920	.4922	.4925	.4927	.4929	.4931	.4932	.4934	.4936
2.5	.4938	.4940	.4941	.4943	.4945	.4946	.4948	.4949	.4951	.4952
2.6	.4953	.4955	.4956	.4957	.4959	.4960	.4961	.4962	.4963	.4964
2.7	.4965	.4966	.4967	.4968	.4969	.4970	.4971	.4972	.4973	.4974
2.8	.4974	.4975	.4976	.4977	.4977	.4978	.4979	.4979	.4980	.4981
2.9	.4981	.4982	.4982	.4983	.4984	.4984	.4985	.4985	.4986	.4986
3.0	.4987	.4987	.4987	.4988	.4988	.4989	.4989	.4989	.4990	.4990

표 2 누적정규분포표

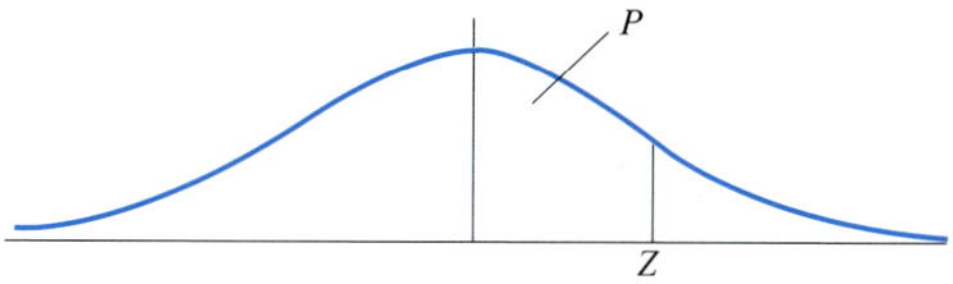

P값은 정규분포곡선에 의하고, Z는 표준정규변수이다. P의 -1.6의 값은 $1-0.9495=0.0505$와 같다.

Z	0.00	0.01	0.02	0.03	0.04	0.05	0.06	0.07	0.08	0.09
0.0	.5000	.5040	.5080	.5120	.5160	.5199	.5239	.5279	.5319	.5359
0.1	.5398	.5438	.5478	.5517	.5557	.5596	.5636	.5675	.5714	.5753
0.2	.5793	.5832	.5871	.5910	.5948	.5987	.6026	.6064	.6103	.6141
0.3	.6179	.6217	.6255	.6293	.6331	.6368	.6406	.6443	.6480	.6517
0.4	.6554	.6591	.6628	.6664	.6700	.6736	.6772	.6808	.6844	.6879
0.5	.6915	.6950	.6985	.7019	.7054	.7088	.7123	.7157	.7190	.7224
0.6	.7257	.7291	.7324	.7357	.7389	.7422	.7454	.7486	.7517	.7549
0.7	.7580	.7611	.7642	.7673	.7704	.7734	.7764	.7794	.7823	.7852
0.8	.7881	.7910	.7939	.7967	.7995	.8023	.8051	.8078	.8106	.8133
0.9	.8159	.8186	.8212	.8238	.8264	.8289	.8315	.8340	.8365	.8389
1.0	.8413	.8438	.8461	.8485	.8508	.8531	.8554	.8577	.8599	.8621
1.1	.8643	.8665	.8686	.8708	.8729	.8749	.8770	.8790	.8810	.8830
1.2	.8849	.8869	.8888	.8907	.8925	.8944	.8962	.8980	.8997	.9015
1.3	.9032	.9049	.9066	.9082	.9099	.9115	.9131	.9147	.9162	.9177
1.4	.9192	.9207	.9222	.9236	.9251	.9265	.9279	.9292	.9306	.9319
1.5	.9332	.9345	.9357	.9370	.9382	.9394	.9406	.9418	.9429	.9441
1.6	.9452	.9463	.9474	.9484	.9495	.9505	.9515	.9525	.9535	.9545
1.7	.9554	.9564	.9573	.9582	.9591	.9599	.9608	.9616	.9625	.9633
1.8	.9641	.9649	.9656	.9664	.9671	.9678	.9686	.9693	.9699	.9706
1.9	.9713	.9719	.9726	.9732	.9738	.9744	.9750	.9756	.9761	.9767
2.0	.9772	.9778	.9783	.9788	.9793	.9798	.9803	.9808	.9812	.9817
2.1	.9821	.9826	.9830	.9834	.9838	.9842	.9846	.9850	.9854	.9857
2.2	.9861	.9864	.9868	.9871	.9875	.9878	.9881	.9884	.9887	.9890
2.3	.9893	.9896	.9898	.9901	.9904	.9906	.9909	.9911	.9913	.9916
2.4	.9918	.9920	.9922	.9925	.9927	.9929	.9931	.9932	.9934	.9936
2.5	.9938	.9940	.9941	.9943	.9945	.9946	.9948	.9949	.9951	.9952
2.6	.9953	.9955	.9956	.9957	.9959	.9960	.9961	.9962	.9963	.9964
2.7	.9965	.9966	.9967	.9968	.9969	.9970	.9971	.9972	.9973	.9974
2.8	.9974	.9975	.9976	.9977	.9977	.9978	.9979	.9979	.9980	.9981
2.9	.9981	.9982	.9982	.9983	.9984	.9984	.9985	.9985	.9986	.9986
3.0	.9987	.9987	.9987	.9988	.9988	.9989	.9989	.9989	.9990	.9990
3.1	.9990	.9991	.9991	.9991	.9992	.9992	.9992	.9992	.9993	.9993
3.2	.9993	.9993	.9994	.9994	.9994	.9994	.9994	.9995	.9995	.9995
3.3	.9995	.9995	.9995	.9996	.9996	.9996	.9996	.9996	.9996	.9997
3.4	.9997	.9997	.9997	.9997	.9997	.9997	.9997	.9997	.9997	.9998

표 3 χ^2분포표

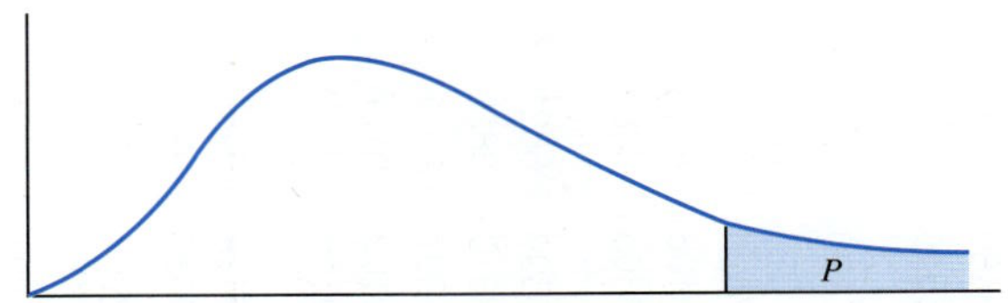

ν	$\chi^2_{0.995}$	$\chi^2_{0.99}$	$\chi^2_{0.975}$	$\chi^2_{0.95}$	$\chi^2_{0.90}$	$\chi^2_{0.10}$	$\chi^2_{0.05}$	$\chi^2_{0.025}$	$\chi^2_{0.01}$	$\chi^2_{0.005}$
1	0.000039	0.00016	0.00098	0.0039	0.0158	2.71	3.84	5.02	6.63	7.88
2	0.0100	0.0201	0.0506	0.1026	0.2107	4.61	5.99	7.38	9.21	10.60
3	0.0717	0.115	0.216	0.352	0.584	6.25	7.81	9.35	11.34	12.84
4	0.207	0.297	0.484	0.711	1.064	7.78	9.49	11.14	13.28	14.86
5	0.412	0.554	0.831	1.15	1.61	9.24	11.07	12.83	15.09	16.75
6	0.676	0.872	1.24	1.64	2.20	10.64	12.59	14.45	16.81	18.55
7	0.989	1.24	1.69	2.17	2.83	12.02	14.07	16.01	18.48	20.28
8	1.34	1.65	2.18	2.73	3.49	13.36	15.51	17.53	20.09	21.96
9	1.73	2.09	2.70	3.33	4.17	14.68	16.92	19.02	21.67	23.59
10	2.16	2.56	3.25	3.94	4.87	15.99	18.31	20.48	23.21	25.19
11	2.60	3.05	3.82	4.57	5.58	17.28	19.68	21.92	24.73	26.76
12	3.07	3.57	4.40	5.23	6.30	18.55	21.03	23.34	26.22	28.30
13	3.57	4.11	5.01	5.89	7.04	19.81	22.36	24.74	27.69	29.82
14	4.07	4.66	5.63	6.57	7.79	21.06	23.68	26.12	29.14	31.32
15	4.60	5.23	6.26	7.26	8.55	22.31	25.00	27.49	30.58	32.80
16	5.14	5.81	6.91	7.96	9.31	23.54	26.30	28.85	32.00	34.27
18	6.26	7.01	8.23	9.39	10.86	25.99	28.87	31.53	34.81	37.16
20	7.43	8.26	9.59	10.85	12.44	28.41	31.41	34.17	37.57	40.00
24	9.89	10.86	12.40	13.85	15.66	33.20	36.42	39.36	42.98	45.56
30	13.79	14.95	16.79	18.49	20.60	40.26	43.77	46.98	50.89	53.67
40	20.71	22.16	24.43	26.51	29.05	51.81	55.76	59.34	63.69	66.77
60	35.53	37.48	40.48	43.19	46.46	74.40	79.08	83.30	88.38	91.95
120	83.85	86.92	91.58	95.70	100.62	140.23	146.57	152.21	158.95	163.64

표 4 t분포표

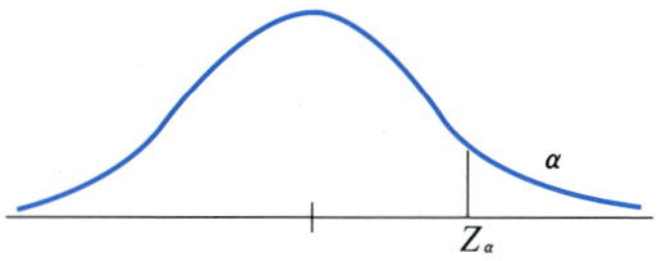

v \ $1-\alpha$	0.75	0.90	0.95	0.975	0.99	0.995	0.9995
1	1.000	3.078	6.314	12.706	31.821	63.657	636.619
2	0.816	1.886	2.920	4.303	6.965	9.925	31.598
3	0.765	1.638	2.353	3.182	4.541	5.841	12.941
4	0.741	1.533	2.132	2.776	3.747	4.604	8.610
5	0.727	1.476	2.015	2.571	3.365	4.032	6.859
6	0.718	1.440	1.943	2.447	3.143	3.707	5.959
7	0.711	1.415	1.895	2.365	2.998	3.499	5.405
8	0.706	1.397	1.860	2.306	2.896	3.355	5.041
9	0.703	1.383	1.833	2.262	2.821	3.250	4.781
10	0.700	1.372	1.812	2.228	2.764	3.169	4.587
11	0.697	1.363	1.796	2.201	2.718	3.106	4.437
12	0.695	1.356	1.782	2.179	2.681	3.055	4.318
13	0.694	1.350	1.771	2.160	2.650	3.012	4.221
14	0.692	1.345	1.761	2.145	2.624	2.977	4.140
15	0.691	1.341	1.753	2.131	2.602	2.947	4.073
16	0.690	1.337	1.746	2.120	2.583	2.921	4.015
17	0.689	1.333	1.740	2.110	2.567	2.898	3.965
18	0.688	1.330	1.734	2.101	2.552	2.878	3.922
19	0.688	1.328	1.729	2.093	2.339	2.861	3.883
20	0.687	1.325	1.725	2.086	2.528	2.845	3.850
21	0.686	1.323	1.721	2.080	2.518	2.831	3.819
22	0.686	1.321	1.717	2.074	2.508	2.819	3.792
23	0.685	1.319	1.714	2.069	2.500	2.807	3.767
24	0.685	1.318	1.711	2.064	2.492	2.797	3.745
25	0.684	1.316	1.708	2.060	2.485	2.787	3.725
26	0.684	1.315	1.706	2.056	2.479	2.779	3.707
27	0.684	1.314	1.703	2.052	2.473	2.771	3.690
28	0.683	1.313	1.701	2.048	2.467	2.763	3.674
29	0.683	1.311	1.699	2.045	2.462	2.756	3.659
30	0.683	1.310	1.697	2.042	2.457	2.750	3.646
40	0.681	1.303	1.684	2.021	2.423	2.704	3.551
60	0.679	1.296	1.671	2.000	2.390	2.660	3.460
120	0.677	1.289	1.658	1.980	2.358	2.617	3.373
∞	0.674	1.282	1.645	1.960	2.326	2.576	3.291

v = 자유도

표 5 *F*분포표(I)

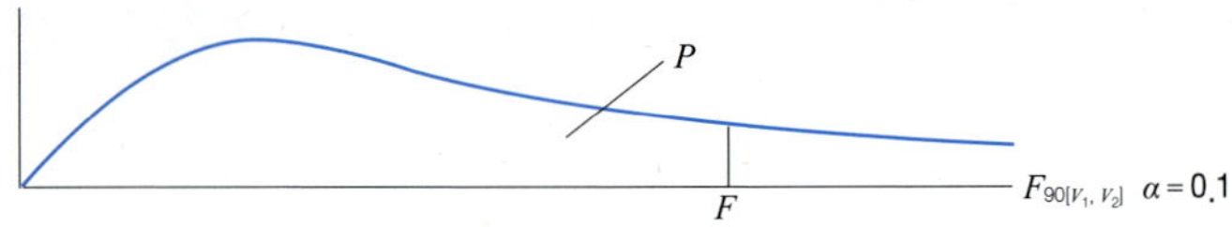

ν_1=분자의 자유도, ν_2=분모의 자유도

ν_2 \ ν_1	1	2	3	4	5	6	7	8	9	10
1	39.86	49.50	53.59	55.83	57.24	58.20	58.91	59.44	59.86	60.19
2	8.53	9.00	9.16	9.24	9.29	9.33	9.35	9.37	9.38	9.39
3	5.54	5.46	5.39	5.34	5.31	5.28	5.27	5.25	5.24	5.23
4	4.54	4.32	4.19	4.11	4.05	4.01	3.98	3.95	3.94	3.92
5	4.06	3.78	3.62	3.52	3.45	3.40	3.37	3.34	3.32	3.30
6	3.78	3.46	3.29	3.18	3.11	3.05	3.01	2.98	2.96	2.94
7	3.59	3.26	3.07	2.96	2.88	2.83	2.78	2.75	2.72	2.70
8	3.46	3.11	2.92	2.81	2.73	2.67	2.62	2.59	2.56	2.50
9	3.36	3.01	2.81	2.69	2.61	2.55	2.51	2.47	2.44	2.42
10	3.29	2.92	2.73	2.61	2.52	2.46	2.41	2.38	2.35	2.32
11	3.23	2.86	2.66	2.54	2.45	2.39	2.34	2.30	2.27	2.25
12	3.18	2.81	2.61	2.48	2.39	2.33	2.28	2.24	2.21	2.19
13	3.14	2.76	2.56	2.43	2.35	2.28	2.23	2.20	2.16	2.14
14	3.10	2.73	2.52	2.39	2.31	2.24	2.19	2.15	2.12	2.10
15	3.07	2.70	2.49	2.36	2.27	2.21	2.16	2.12	2.09	2.06
16	3.05	2.67	2.46	2.33	2.24	2.18	2.13	2.09	2.06	2.03
17	3.03	2.64	2.44	2.31	2.22	2.15	2.10	2.06	2.03	2.00
18	3.01	2.62	2.42	2.29	2.20	2.13	2.08	2.04	2.00	1.98
19	2.99	2.61	2.40	2.27	2.18	2.11	2.06	2.02	1.98	1.96
20	2.97	2.59	2.38	2.25	2.16	2.09	2.04	2.00	1.96	1.94
21	2.96	2.57	2.36	2.23	2.14	2.08	2.02	1.98	1.95	1.92
22	2.95	2.56	2.35	2.22	2.13	2.06	2.01	1.97	1.93	1.90
23	2.94	2.55	2.34	2.21	2.11	2.05	1.99	1.95	1.92	1.89
24	2.93	2.54	2.33	2.19	2.10	2.04	1.98	1.94	1.91	1.88
25	2.92	2.53	2.32	2.18	2.09	2.02	1.97	1.93	1.89	1.87
26	2.91	2.52	2.31	2.17	2.08	2.01	1.96	1.92	1.88	1.86
27	2.90	2.51	2.30	2.17	2.07	2.00	1.95	1.91	1.87	1.85
28	2.89	2.50	2.29	2.16	2.06	2.00	1.94	1.90	1.87	1.84
29	2.89	2.50	2.28	2.15	2.06	1.99	1.93	1.89	1.86	1.83
30	2.88	2.49	2.28	2.14	2.05	1.98	1.93	1.88	1.85	1.82
40	2.84	2.44	2.23	2.09	2.00	1.93	1.87	1.83	1.79	1.76
60	2.79	2.39	2.18	2.04	1.95	1.87	1.82	1.77	1.74	1.71
120	2.75	2.35	2.13	1.99	1.90	1.82	1.77	1.72	1.68	1.65
∞	2.71	2.30	2.08	1.94	1.85	1.77	1.72	1.67	1.63	1.60

12	15	20	24	30	40	60	120	∞
60.71	61.22	61.74	62.00	62.26	62.53	62.79	63.06	63.33
9.41	9.42	9.44	9.45	9.46	9.47	9.47	9.48	9.49
5.22	5.20	5.18	5.18	5.17	5.16	5.15	5.14	5.13
3.90	3.87	3.84	3.83	3.82	3.80	3.79	3.78	3.76
3.27	3.24	3.21	3.19	3.17	3.16	3.14	3.12	3.10
2.90	2.87	2.84	2.82	2.80	2.78	2.76	2.74	2.72
2.67	2.63	2.59	2.58	2.56	2.54	2.51	2.49	2.47
2.50	2.46	2.42	2.40	2.38	2.36	2.34	2.32	2.29
2.38	2.34	2.30	2.28	2.25	2.23	2.21	2.18	2.16
2.28	2.24	2.20	2.18	2.16	2.13	2.11	2.08	2.06
2.21	2.17	2.12	2.10	2.08	2.05	2.03	2.00	1.97
2.15	2.10	2.06	2.04	2.01	1.99	1.96	1.93	1.90
2.10	2.05	2.01	1.98	1.96	1.93	1.90	1.88	1.85
2.05	2.01	1.96	1.94	1.91	1.89	1.86	1.83	1.80
2.02	1.97	1.92	1.90	1.87	1.85	1.82	1.79	1.76
1.99	1.94	1.89	1.87	1.84	1.81	1.78	1.75	1.72
1.96	1.91	1.86	1.84	1.81	1.78	1.75	1.72	1.69
1.93	1.89	1.84	1.81	1.78	1.75	1.72	1.69	1.66
1.91	1.86	1.81	1.79	1.76	1.73	1.70	1.67	1.63
1.89	1.84	1.79	1.77	1.74	1.71	1.68	1.64	1.61
1.87	1.83	1.78	1.75	1.72	1.69	1.66	1.62	1.59
1.86	1.81	1.76	1.73	1.70	1.67	1.64	1.60	1.57
1.84	1.80	1.74	1.72	1.69	1.66	1.62	1.59	1.55
1.83	1.78	1.73	1.70	1.67	1.64	1.61	1.57	1.53
1.82	1.77	1.72	1.69	1.66	1.63	1.59	1.56	1.52
1.81	1.76	1.71	1.68	1.65	1.61	1.58	1.54	1.50
1.80	1.75	1.70	1.67	1.64	1.60	1.57	1.53	1.49
1.79	1.74	1.69	1.66	1.63	1.59	1.56	1.52	1.48
1.78	1.73	1.68	1.65	1.62	1.58	1.55	1.51	1.47
1.77	1.72	1.67	1.64	1.61	1.57	1.54	1.50	1.46
1.71	1.66	1.61	1.57	1.54	1.51	1.47	1.42	1.38
1.66	1.60	1.54	1.51	1.48	1.44	1.40	1.35	1.29
1.60	1.55	1.48	1.45	1.41	1.37	1.32	1.26	1.19
1.55	1.49	1.42	1.38	1.34	1.30	1.24	1.17	1.00

표 6 F분포표(II)

ν_1=분자의 자유도, ν_2=분모의 자유도 $F_{0.95}(\nu_1, \nu_2)$

ν_2 \ ν_1	1	2	3	4	5	6	7	8	9	10
1	161.4	199.5	215.7	224.6	230.2	234.0	236.8	238.9	240.5	241.9
2	18.51	19.00	19.16	19.25	19.30	19.33	19.35	19.37	19.38	19.40
3	10.13	9.55	9.28	9.12	9.01	8.94	8.89	8.85	8.81	8.79
4	7.71	6.94	6.59	6.39	6.26	6.16	6.09	6.04	6.00	5.96
5	6.61	5.79	5.41	5.19	5.05	4.95	4.88	4.82	4.77	4.74
6	5.99	5.14	4.76	4.53	4.39	4.28	4.21	4.15	4.10	4.06
7	5.59	4.74	4.35	4.12	3.97	3.87	3.79	3.73	3.68	3.64
8	5.32	4.46	4.07	3.84	3.69	3.58	3.50	3.44	3.39	3.35
9	5.12	4.26	3.86	3.63	3.48	3.37	3.29	3.23	3.18	3.14
10	4.96	4.10	3.71	3.48	3.33	3.22	3.14	3.07	3.02	2.98
11	4.84	3.98	3.59	3.36	3.20	3.09	3.01	2.95	2.90	2.85
12	4.75	3.89	3.49	3.26	3.11	3.00	2.91	2.85	2.80	2.75
13	4.67	3.81	3.41	3.18	3.03	2.92	2.83	2.77	2.71	2.67
14	4.60	3.74	3.34	3.11	2.96	2.85	2.76	2.70	2.65	2.60
15	4.54	3.68	3.29	3.06	2.90	2.79	2.71	2.64	2.59	2.54
16	4.49	3.63	3.24	3.01	2.85	2.74	2.66	2.59	2.54	2.49
17	4.45	3.59	3.20	2.96	2.81	2.70	2.61	2.55	2.49	2.45
18	4.41	3.55	3.16	2.93	2.77	2.66	2.58	2.51	2.46	2.41
19	4.38	3.52	3.13	2.90	2.74	2.63	2.54	2.48	2.42	2.38
20	4.35	3.49	3.10	2.87	2.71	2.60	2.51	2.45	2.39	2.35
21	4.32	3.47	3.07	2.84	2.68	2.57	2.49	2.42	2.37	2.32
22	4.30	3.44	3.05	2.82	2.66	2.55	2.46	2.40	2.34	2.30
23	4.28	3.42	3.03	2.80	2.64	2.53	2.44	2.37	2.32	2.27
24	4.26	3.40	3.01	2.78	2.62	2.51	2.42	2.36	2.30	2.25
25	4.24	3.39	2.99	2.76	2.60	2.49	2.40	2.34	2.28	2.24
26	4.23	3.37	2.98	2.74	2.59	2.47	2.39	2.32	2.27	2.22
27	4.21	3.35	2.96	2.73	2.57	2.46	2.37	2.31	2.25	2.20
28	4.20	3.34	2.95	2.71	2.56	2.45	2.36	2.29	2.24	2.19
29	4.18	3.33	2.93	2.70	2.55	2.43	2.35	2.28	2.22	2.18
30	4.17	3.32	2.92	2.69	2.53	2.42	2.33	2.27	2.21	2.16
40	4.08	3.23	2.84	2.61	2.45	2.34	2.25	2.18	2.12	2.08
60	4.00	3.15	2.76	2.53	2.37	2.25	2.17	2.10	2.04	1.99
120	3.92	3.07	2.68	2.45	2.29	2.17	2.09	2.02	1.96	1.91
∞	3.84	3.00	2.60	2.37	2.21	2.10	2.01	1.94	1.88	1.83

$\alpha=0.05$

12	15	20	24	30	40	60	120	∞
243.9	245.9	248.0	249.1	250.1	251.1	252.2	253.3	254.3
19.41	19.43	19.45	19.45	19.46	19.47	19.48	19.49	19.50
8.74	8.70	8.66	8.64	8.62	8.59	8.57	8.55	8.53
5.91	5.86	5.80	5.77	5.75	5.72	5.69	5.66	5.63
4.68	4.62	4.56	4.53	4.50	4.46	4.43	4.40	4.36
4.00	3.94	3.87	3.84	3.81	3.77	3.74	3.70	3.67
3.57	3.51	3.44	3.41	3.38	3.34	3.30	3.27	3.23
3.28	3.22	3.15	3.12	3.08	3.04	3.01	2.97	2.93
3.07	3.01	2.94	2.90	2.86	2.83	2.79	2.75	2.71
2.91	2.85	2.77	2.74	2.70	2.66	2.62	2.58	2.54
2.79	2.72	2.65	2.61	2.57	2.53	2.49	2.45	2.40
2.69	2.62	2.54	2.51	2.47	2.43	2.38	2.34	2.30
2.60	2.53	2.46	2.42	2.38	2.34	2.30	2.25	2.21
2.53	2.46	2.39	2.35	2.31	2.27	2.22	2.18	2.13
2.48	2.40	2.33	2.29	2.25	2.20	2.16	2.11	2.07
2.42	2.35	2.28	2.24	2.19	2.15	2.11	2.06	2.01
2.38	2.31	2.23	2.19	2.15	2.10	2.06	2.01	1.96
2.34	2.27	2.19	2.15	2.11	2.06	2.02	1.97	1.92
2.31	2.23	2.16	2.11	2.07	2.03	1.98	1.93	1.88
2.28	2.20	2.12	2.08	2.04	1.99	1.95	1.90	1.84
2.25	2.18	2.10	2.05	2.01	1.96	1.92	1.87	1.81
2.23	2.15	2.07	2.03	1.98	1.94	1.89	1.84	1.78
2.20	2.13	2.05	2.01	1.96	1.91	1.86	1.81	1.76
2.18	2.11	2.03	1.98	1.94	1.89	1.84	1.79	1.73
2.16	2.09	2.01	1.96	1.92	1.87	1.82	1.77	1.71
2.15	2.07	1.99	1.95	1.90	1.85	1.80	1.75	1.69
2.13	2.06	1.97	1.93	1.88	1.84	1.79	1.73	1.67
2.12	2.04	1.96	1.91	1.87	1.82	1.77	1.71	1.65
2.10	2.03	1.94	1.90	1.85	1.81	1.75	1.70	1.64
2.09	2.01	1.93	1.89	1.84	1.79	1.74	1.68	1.62
2.00	1.92	1.84	1.79	1.74	1.69	1.64	1.58	1.51
1.92	1.84	1.75	1.70	1.65	1.59	1.53	1.47	1.39
1.83	1.75	1.66	1.61	1.55	1.50	1.43	1.35	1.25
1.75	1.67	1.57	1.52	1.46	1.39	1.32	1.22	1.00

표 7 F분포표(III)

v_1=분자의 자유도, v_2=분모의 자유도 $F_{0.975}(v_1, v_2)$

v_2 \ v_1	1	2	3	4	5	6	7	8	9	10
1	647.8	799.5	864.2	899.6	921.8	937.1	948.2	956.7	963.3	968.6
2	38.51	39.00	39.17	39.25	39.30	39.33	39.36	39.37	39.39	39.40
3	17.44	16.04	15.44	15.10	14.88	14.73	14.62	14.54	14.47	14.42
4	12.22	10.65	9.98	9.60	9.36	9.20	9.07	8.98	8.90	8.84
5	10.01	8.43	7.76	7.39	7.15	6.98	6.85	6.76	6.68	6.62
6	8.81	7.26	6.60	6.23	5.99	5.82	5.70	5.60	5.52	5.46
7	8.07	6.54	5.89	5.52	5.29	5.12	4.99	4.90	4.82	4.76
8	7.57	6.06	5.42	5.05	4.82	4.65	4.53	4.43	4.36	4.30
9	7.21	5.71	5.08	4.72	4.48	4.32	4.20	4.10	4.03	3.96
10	6.94	5.46	4.83	4.47	4.24	4.07	3.95	3.85	3.78	3.72
11	6.72	5.26	4.63	4.28	4.04	3.88	3.76	3.66	3.59	3.53
12	6.55	5.10	4.47	4.12	3.89	3.73	3.61	3.51	3.44	3.37
13	6.41	4.97	4.35	4.00	3.77	3.60	3.48	3.39	3.31	3.25
14	6.30	4.86	4.24	3.89	3.66	3.50	3.38	3.29	3.21	3.15
15	6.20	4.77	4.15	3.80	3.58	3.41	3.29	3.20	3.12	3.06
16	6.12	4.69	4.08	3.73	3.50	3.34	3.22	3.12	3.05	2.99
17	6.04	4.62	4.01	3.66	3.44	3.28	3.16	3.06	2.98	2.92
18	5.98	4.56	3.95	3.61	3.38	3.22	3.10	3.01	2.93	2.87
19	5.92	4.51	3.90	3.56	3.33	3.17	3.05	2.96	2.88	2.82
20	5.87	4.46	3.86	3.51	3.29	3.13	3.01	2.91	2.84	2.77
21	5.83	4.42	3.82	3.48	3.25	3.09	2.97	2.87	2.80	2.73
22	5.79	4.38	3.78	3.44	3.22	3.05	2.93	2.84	2.76	2.70
23	5.75	4.35	3.75	3.41	3.18	3.02	2.90	2.81	2.73	2.67
24	5.72	4.32	3.72	3.38	3.15	2.99	2.87	2.78	2.70	2.64
25	5.69	4.29	3.69	3.35	3.13	2.97	2.85	2.75	2.68	2.61
26	5.66	4.27	3.67	3.33	3.10	2.94	2.82	2.73	2.65	2.59
27	5.63	4.24	3.65	3.31	3.08	2.92	2.80	2.71	2.63	2.57
28	5.61	4.22	3.63	3.29	3.06	2.90	2.78	2.69	2.61	2.55
29	5.59	4.20	3.61	3.27	3.04	2.88	2.76	2.67	2.59	2.53
30	5.57	4.18	3.59	3.25	3.03	2.87	2.75	2.65	2.57	2.51
40	5.42	4.05	3.46	3.13	2.90	2.74	2.62	2.53	2.45	2.39
60	5.29	3.93	3.34	3.01	2.79	2.63	2.51	2.41	2.33	2.27
120	5.15	3.80	3.23	2.89	2.67	2.52	2.39	2.30	2.22	2.16
∞	5.02	3.69	3.12	2.79	2.57	2.41	2.29	2.19	2.11	2.05

$\alpha=0.025$

12	15	20	24	30	40	60	120	∞
976.7	984.9	993.1	997.2	1001	1006	1010	1014	1018
39.41	39.43	39.45	39.46	39.46	39.47	39.48	39.49	39.50
14.34	14.25	14.17	14.12	14.08	14.04	13.99	13.95	13.90
8.75	8.66	8.56	8.51	8.46	8.41	8.36	8.31	8.26
6.52	6.43	6.33	6.28	6.23	6.18	6.12	6.07	6.02
5.37	5.27	5.17	5.12	5.07	5.01	4.96	4.90	4.85
4.67	4.57	4.47	4.42	4.36	4.31	4.25	4.20	4.14
4.20	4.10	4.00	3.95	3.89	3.84	3.78	3.73	3.67
3.87	3.77	3.67	3.61	3.56	3.51	3.45	3.39	3.33
3.62	3.52	3.42	3.37	3.31	3.26	3.20	3.14	3.08
3.43	3.33	3.23	3.17	3.12	3.06	3.00	2.94	2.88
3.28	3.18	3.07	3.02	2.96	2.91	2.85	2.79	2.72
3.15	3.05	2.95	2.89	2.84	2.78	2.72	2.66	2.60
3.05	2.95	2.84	2.79	2.73	2.67	2.61	2.55	2.49
2.96	2.86	2.76	2.70	2.64	2.59	2.52	2.46	2.40
2.89	2.79	2.68	2.63	2.57	2.51	2.45	2.38	2.32
2.82	2.72	2.62	2.56	2.50	2.44	2.38	2.32	2.25
2.77	2.67	2.56	2.50	2.44	2.38	2.32	2.26	2.19
2.72	2.62	2.51	2.45	2.39	2.33	2.27	2.20	2.13
2.68	2.57	2.46	2.41	2.25	2.29	2.22	2.16	2.09
2.64	2.53	2.42	2.37	2.31	2.25	2.18	2.11	2.04
2.60	2.50	2.39	2.33	2.27	2.21	2.14	2.08	2.00
2.57	2.47	2.36	2.30	2.24	2.18	2.11	2.04	1.07
2.54	2.44	2.33	2.27	2.21	2.15	2.08	2.01	1.94
2.51	2.41	2.30	2.24	2.18	2.12	2.05	1.98	1.91
2.49	2.39	2.28	2.22	2.16	2.09	2.03	1.95	1.88
2.47	2.36	2.25	2.19	2.13	2.07	2.00	1.93	1.85
2.45	2.34	2.23	2.17	2.11	2.05	1.98	1.91	1.83
2.43	2.32	2.21	2.15	2.09	2.03	1.96	1.89	1.81
2.41	2.31	2.20	2.14	2.07	2.01	1.94	1.87	1.79
2.29	2.18	2.07	2.01	1.94	1.88	1.80	1.72	1.64
2.17	2.06	1.94	1.88	1.82	1.74	1.67	1.58	1.48
2.05	1.94	1.82	1.76	1.69	1.61	1.53	1.43	1.31
1.94	1.83	1.71	1.64	1.57	1.48	1.39	1.27	1.00

표 8 F분포표(IV)

v_1=분자의 자유도, v_2=분모의 자유도 $F_{0.99}(v_1, v_2)$

v_2 \ v_1	1	2	3	4	5	6	7	8	9	10
1	4052	4999.5	5403	5625	5764	5859	5928	5982	6022	6056
2	98.50	99.00	99.17	99.25	99.30	99.33	99.36	99.37	99.39	99.40
3	34.12	30.82	29.46	28.71	28.24	27.91	27.67	27.49	27.35	27.23
4	21.20	18.00	16.69	15.98	15.52	15.21	14.98	14.80	14.66	14.55
5	16.26	13.27	12.06	11.39	10.97	10.67	10.46	10.29	10.16	10.05
6	13.75	10.92	9.78	9.15	8.75	8.47	8.26	8.10	7.98	7.87
7	12.25	9.55	8.45	7.85	7.46	7.19	6.99	6.84	6.72	6.62
8	11.26	8.65	7.59	7.01	6.63	6.37	6.18	6.03	5.91	5.81
9	10.56	8.02	6.99	6.42	6.06	5.80	5.61	5.47	5.35	5.26
10	10.04	7.56	6.55	5.99	5.64	5.39	5.20	5.06	4.94	4.85
11	9.65	7.21	6.22	5.67	5.32	5.07	4.89	4.74	4.63	4.54
12	9.33	6.93	5.95	5.41	5.06	4.82	4.64	4.50	4.39	4.30
13	9.07	6.70	5.74	5.21	4.86	4.62	4.44	4.30	4.19	4.10
14	8.86	6.51	5.56	5.04	4.69	4.46	4.28	4.14	4.03	3.94
15	8.68	6.36	5.42	4.89	4.56	4.32	4.14	4.00	3.89	3.80
16	8.53	6.23	5.29	4.77	4.44	4.20	4.03	3.89	3.78	3.69
17	8.40	6.11	5.18	4.67	4.34	4.10	3.93	3.79	3.68	3.59
18	8.29	6.01	5.09	4.58	4.25	4.01	3.84	3.71	3.60	3.51
19	8.18	5.93	5.01	4.50	4.17	3.94	3.77	3.63	3.52	3.43
20	8.10	5.85	4.94	4.43	4.10	3.87	3.70	3.56	3.46	3.37
21	8.02	5.78	4.87	4.37	4.04	3.81	3.64	3.51	3.40	3.31
22	7.95	5.72	4.82	4.31	3.99	3.76	3.59	3.45	3.35	3.26
23	7.88	5.66	4.76	4.26	3.94	3.71	3.54	3.41	3.30	3.21
24	7.82	5.61	4.72	4.22	3.90	3.67	3.50	3.36	3.26	3.17
25	7.77	5.57	4.68	4.18	3.85	3.63	3.46	3.32	3.22	3.13
26	7.72	5.53	4.64	4.14	3.82	3.59	3.42	3.29	3.18	3.09
27	7.68	5.49	4.60	4.11	3.78	3.56	3.39	3.26	3.15	3.06
28	7.64	5.45	4.57	4.07	3.75	3.53	3.36	3.23	3.12	3.03
29	7.60	5.42	4.54	4.04	3.73	3.50	3.33	3.20	3.09	3.00
30	7.56	5.39	4.51	4.02	3.70	3.47	3.30	3.17	3.07	2.98
40	7.31	5.18	4.31	3.83	3.51	3.29	3.12	2.99	2.89	2.80
60	7.08	4.98	4.13	3.65	3.34	3.12	2.95	2.82	2.72	2.63
120	6.85	4.79	3.95	3.48	3.17	2.96	2.79	2.66	2.56	2.47
∞	6.63	4.61	3.78	3.32	3.02	2.80	2.64	2.51	2.41	2.32

$\alpha=0.01$

12	15	20	24	30	40	60	120	∞
6106	6157	6209	6235	6261	6287	6313	6339	6366
99.42	99.43	99.45	99.46	99.47	99.47	99.48	99.49	99.50
27.05	26.87	26.69	26.60	26.50	26.41	26.32	26.22	26.13
14.37	14.20	14.02	13.93	13.84	13.75	13.65	13.56	13.46
9.89	9.72	9.55	9.47	9.38	9.29	9.20	9.11	9.02
7.72	7.56	7.40	7.31	7.23	7.14	7.06	6.97	6.88
6.47	6.31	6.16	6.07	5.99	5.91	5.82	5.74	5.65
5.67	5.52	5.36	5.28	5.20	5.12	5.03	4.95	4.86
5.11	4.96	4.81	4.73	4.65	4.57	4.48	4.40	4.31
4.71	4.56	4.41	4.33	4.25	4.17	4.08	4.00	3.91
4.40	4.25	4.10	4.02	3.94	3.86	3.78	3.69	3.60
4.16	4.01	3.86	3.78	3.70	3.62	3.54	3.45	3.36
3.96	3.82	3.66	3.59	3.51	3.43	3.34	3.25	3.17
3.80	3.66	3.51	3.43	3.35	3.27	3.18	3.09	3.00
3.67	3.52	3.37	3.29	3.21	3.13	3.05	2.96	2.87
3.55	3.41	3.26	3.18	3.10	3.02	2.93	2.84	2.75
3.46	3.31	3.16	3.08	3.00	2.92	2.83	2.75	2.65
3.37	3.23	3.08	3.00	2.92	2.84	2.75	2.66	2.57
3.30	3.15	3.00	2.92	2.84	2.76	2.67	2.58	2.49
3.23	3.09	2.94	2.86	2.78	2.69	2.61	2.52	2.42
3.17	3.03	2.88	2.80	2.72	2.64	2.55	2.46	2.36
3.12	2.98	2.83	2.75	2.67	2.58	2.50	2.40	2.31
3.07	2.93	2.78	2.70	2.62	2.54	2.45	2.35	2.26
3.03	2.89	2.74	2.66	2.58	2.49	2.40	2.31	2.21
2.99	2.85	2.70	2.62	2.54	2.45	2.36	2.27	2.17
2.96	2.81	2.66	2.58	2.50	2.42	2.33	2.23	2.13
2.93	2.78	2.63	2.55	2.47	2.38	2.29	2.20	2.10
2.90	2.75	2.60	2.52	2.44	2.35	2.26	2.17	2.06
2.87	2.73	2.57	2.49	2.41	2.33	2.23	2.14	2.03
2.84	2.70	2.55	2.47	2.39	2.30	2.21	2.11	2.01
2.66	2.52	2.37	2.29	2.20	2.11	2.02	1.92	1.80
2.50	2.35	2.20	2.12	2.03	1.94	1.84	1.73	1.60
2.34	2.19	2.03	1.95	1.86	1.76	1.66	1.53	1.38
2.18	2.04	1.88	1.79	1.70	1.59	1.47	1.32	1.00

표 9 난수표

04433	80674	24520	18222	10610	05794	37515
60298	47829	72648	37414	75755	04717	29899
67884	59651	67533	68123	17730	95862	08034
89512	32155	51906	61662	64130	16688	37275
32653	01895	12506	88535	36553	23757	34209
95913	15405	13772	76638	48423	25018	99041
55864	21694	13122	44115	01601	50541	00147
35334	49810	91601	40617	72876	33967	73830
57729	32196	76487	11622	96297	24160	09903
86648	13697	63677	70119	94739	25875	38829
30574	47609	07967	32422	76791	39725	53711
81307	43694	83580	79974	45929	85113	72268
02410	54905	79007	54939	21410	85980	91772
18969	75274	52233	62319	08598	09066	95288
87863	82384	66860	62297	80198	19347	73234
68397	71708	15438	62311	72844	60203	46412
28529	54447	58729	10854	99058	18260	38765
44285	06372	15867	70418	57012	72122	36634
86299	83430	33571	23309	57040	29285	67870
84842	68668	90894	61658	15001	94055	36308
56970	83609	52098	04184	54967	72938	56834
83125	71257	60490	44369	66130	72936	69848
55503	52423	02464	26141	68779	66388	75242
47019	76273	33203	29608	54553	25971	69573
84828	32592	79526	29554	84580	37859	28504
68921	08141	79227	05748	51276	57143	31926
36458	96045	30424	98420	72925	40729	22337
95752	59445	36847	87729	81679	59126	59437
26768	47323	58454	56958	20575	76746	49878
42613	37056	43636	58085	06766	60227	96414
95457	30566	65482	25596	02678	54592	63607
95276	17894	63564	95958	39750	64379	46059
66954	52324	64776	92345	95110	59448	77249
17457	18481	14113	62462	02798	54977	48349
03704	36872	83214	59337	01695	60666	97410
21538	86497	33210	60337	27976	70661	08250
57178	67619	98310	70348	11317	71623	55510
31048	97558	94953	55866	96283	46620	52087
69799	55380	16498	80733	96422	58078	99643
90595	61867	59231	17772	67831	33317	00520
33570	04981	98939	78784	09977	29398	93896
15340	93460	57477	13898	48431	72936	78160
64079	42483	36512	56186	99098	48850	72527
63491	05546	67118	62063	74958	20946	28147
92003	63868	41034	28260	79708	00770	88643
52360	46658	66511	04172	73085	11795	52594
74622	12142	68355	65635	21828	39539	18988
04157	50079	61343	64315	70836	82857	35335
86003	60070	66241	32836	27573	11479	94114
41268	80187	20351	09636	84668	42486	71303

표 10 Kolmogorov-Smirnov One-Sample Test

Sample size (N)	Level of significance for D=maximum $\mid F_0(X)-S_N(X) \mid$				
	.20	.15	.10	.05	.01
1	.900	.925	.950	.975	.995
2	.684	.726	.776	.842	.929
3	.565	.597	.642	.708	.828
4	.494	.525	.564	.624	.733
5	.446	.474	.510	.565	.669
6	.410	.436	.470	.521	.618
7	.381	.405	.438	.486	.577
8	.358	.381	.411	.457	.543
9	.339	.360	.388	.432	.514
10	.322	.342	.368	.410	.490
11	.307	.326	.352	.391	.468
12	.295	.313	.338	.375	.450
13	.284	.302	.325	.361	.433
14	.274	.292	.314	.349	.418
15	.266	.283	.304	.338	.404
16	.258	.274	.295	.328	.392
17	.250	.266	.286	.318	.381
18	.244	.259	.278	.309	.371
19	.237	.252	.272	.301	.363
20	.231	.246	.264	.294	.356
25	.21	.22	.24	.27	.32
30	.19	.20	.22	.24	.29
35	.18	.19	.21	.23	.27
Over 35	$\frac{1.07}{\sqrt{N}}$	$\frac{1.14}{\sqrt{N}}$	$\frac{1.22}{\sqrt{N}}$	$\frac{1.36}{\sqrt{N}}$	$\frac{1.63}{\sqrt{N}}$

표 10-1 Kolmogorov-Smirnov Two-Sample Test(Small samples)

N	One-tailed test		Two-tailed test	
	α=.05	α=.01	α=.05	α=.01
3	3	–	–	–
4	4	–	4	–
5	4	5	5	5
6	5	6	5	6
7	5	6	6	6
8	5	6	6	7
9	6	7	6	7
10	6	7	7	8
11	6	8	7	8
12	6	8	7	8
13	7	8	7	9
14	7	8	8	9
15	7	9	8	9
16	7	9	8	10
17	8	9	8	10
18	8	10	9	10
19	8	10	9	10
20	8	10	9	11
21	8	10	9	11
22	9	11	9	11
23	9	11	10	11
24	9	11	10	12
25	9	11	10	12
26	9	11	10	12
27	9	12	10	12
28	10	12	11	13
29	10	12	11	13
30	10	12	11	13
35	11	13	12	
40	11	14	13	

표 10-2 Kolmogorov-Smirnov Two-Sample Test(Large samples : two-tailed test)

Level of significance	Value of D so large as to call for rejection of H_0 at the indicated level of significance, where D=maximum $\lvert S_{n_1}(X) - S_{n_2}(X) \rvert$
.10	$1.22\sqrt{\frac{n_1+n_2}{n_1 n_2}}$
.05	$1.36\sqrt{\frac{n_1+n_2}{n_1 n_2}}$
.025	$1.48\sqrt{\frac{n_1+n_2}{n_1 n_2}}$
.01	$1.63\sqrt{\frac{n_1+n_2}{n_1 n_2}}$
.005	$1.73\sqrt{\frac{n_1+n_2}{n_1 n_2}}$
.001	$1.95\sqrt{\frac{n_1+n_2}{n_1 n_2}}$

표 11 Runs Test의 Critical Value(Table F_1)

n_2 \ n_1	2	3	4	5	6	7	8	9	10	11	12	13	14	15	16	17	18	19	20
2											2	2	2	2	2	2	2	2	2
3					2	2	2	2	2	2	2	2	2	3	3	3	3	3	3
4				2	2	2	3	3	3	3	3	3	3	3	4	4	4	4	4
5			2	2	3	3	3	3	3	4	4	4	4	4	4	4	5	5	5
6		2	2	3	3	3	3	4	4	4	4	5	5	5	5	5	5	6	6
7		2	2	3	3	3	4	4	5	5	5	5	5	6	6	6	6	6	6
8		2	3	3	3	4	4	5	5	5	6	6	6	6	6	7	7	7	7
9		2	3	3	4	4	5	5	5	6	6	6	7	7	7	7	8	8	8
10		2	3	3	4	5	5	5	6	6	7	7	7	7	8	8	8	8	9
11		2	3	4	4	5	5	6	6	7	7	7	8	8	8	9	9	9	9
12	2	2	3	4	4	5	6	6	7	7	7	8	8	8	9	9	9	10	10
13	2	2	3	4	5	5	6	6	7	7	8	8	9	9	9	10	10	10	10
14	2	2	3	4	5	5	6	7	7	8	8	9	9	9	10	10	10	11	11
15	2	3	3	4	5	6	6	7	7	8	8	9	9	10	10	11	11	11	12
16	2	3	4	4	5	6	6	7	8	8	9	9	10	10	11	11	11	12	12
17	2	3	4	4	5	6	7	7	8	9	9	10	10	11	11	11	12	12	13
18	2	3	4	5	5	6	7	8	8	9	9	10	10	11	11	12	12	13	13
19	2	3	4	5	6	6	7	8	8	9	10	10	11	11	12	12	13	13	13
20	2	3	4	5	6	6	7	8	9	9	10	10	11	12	12	13	13	13	14

표 11-1 Runs Test의 Critical Value(Table F_2)

n_2 \ n_1	2	3	4	5	6	7	8	9	10	11	12	13	14	15	16	17	18	19	20
2																			
3																			
4				9	9														
5			9	10	10	11	11												
6			9	10	11	12	12	13	13	13	13								
7				11	12	13	13	14	14	14	14	15	15	15					
8				11	12	13	14	14	15	15	16	16	16	16	17	17	17	17	17
9					13	14	14	15	16	16	16	17	17	18	18	18	18	18	18
10					13	14	15	16	16	17	17	18	18	18	19	19	19	20	20
11					13	14	15	16	17	17	18	19	19	19	20	20	20	21	21
12					13	14	16	16	17	18	19	19	20	20	21	21	21	22	22
13						15	16	17	18	19	19	20	20	21	21	22	22	23	23
14						15	16	17	18	19	20	20	21	22	22	23	23	23	24
15						15	16	18	18	19	20	21	22	22	23	23	24	24	25
16							17	18	19	20	21	21	22	23	23	24	25	25	25
17							17	18	19	20	21	22	23	23	24	25	25	26	26
18							17	18	19	20	21	22	23	24	25	25	26	26	27
19							17	18	20	21	22	23	23	24	25	26	26	27	27
20							17	18	20	21	22	23	24	25	25	26	27	27	28

표 12 Wilcoxon Signed-Ranks Test

N	Level of significance for one-tailed test		
	.025	.01	.005
	Level of significance for two-tailed test		
	.05	.02	.01
6	0	–	–
7	2	0	–
8	4	2	0
9	6	3	2
10	8	5	3
11	11	7	5
12	14	10	7
13	17	13	10
14	21	16	13
15	25	20	16
16	30	24	20
17	35	28	23
18	40	33	28
19	46	38	32
20	52	43	38
21	59	49	43
22	66	56	49
23	73	62	55
24	81	69	61
25	89	77	68

표 13 Mann-Whitney Test에서의 U값

$n_2=3$

U \ n_1	1	2	3
0	.250	.100	.050
1	.500	.200	.100
2	.750	.400	.200
3		.600	.350
4			.500
5			.650

$n_2=4$

U \ n_1	1	2	3	4
0	.200	.067	.028	.014
1	.400	.133	.057	.029
2	.600	.267	.114	.057
3		.400	.200	.100
4		.600	.314	.171
5			.429	.243
6			.571	.343
7				.443
8				.557

$n_2=5$

U \ n_1	1	2	3	4	5
0	.167	.047	.018	.008	.004
1	.333	.095	.036	.016	.008
2	.500	.190	.071	.032	.016
3	.667	.286	.125	.056	.028
4		.429	.196	.095	.048
5		.571	.286	.143	.075
6			.393	.206	.111
7			.500	.278	.155
8			.607	.365	.210
9				.452	.274
10				.548	.345
11					.421
12					.500
13					.579

$n_2=6$

U \ n_1	1	2	3	4	5	6
0	.143	.036	.012	.005	.002	.001
1	.286	.071	.024	.010	.004	.002
2	.428	.143	.048	.019	.009	.004
3	.571	.214	.083	.033	.015	.008
4		.321	.131	.057	.026	.013
5		.429	.190	.086	.041	.021
6		.571	.274	.129	.063	.032
7			.357	.176	.089	.047
8			.452	.238	.123	.066
9			.548	.305	.165	.090
10				.381	.214	.120
11				.457	.268	.155
12				.545	.331	.197
13					.396	.242
14					.465	.294
15					.535	.350
16						.409
17						.469
18						.531

$n_2=7$

U \ n_1	1	2	3	4	5	6	7
0	.125	.028	.008	.003	.001	.001	.000
1	.250	.056	.017	.006	.003	.001	.001
2	.375	.111	.033	.012	.005	.002	.001
3	.500	.167	.058	.021	.009	.004	.002
4	.625	.250	.092	.036	.015	.007	.003
5		.333	.133	.055	.024	.011	.006
6		.444	.192	.082	.037	.017	.009
7		.556	.258	.115	.053	.026	.013
8			.333	.158	.074	.037	.019
9			.417	.206	.101	.051	.027
10			.500	.264	.134	.069	.036
11			.583	.324	.172	.090	.049
12				.394	.216	.117	.064
13				.464	.265	.147	.082
14				.538	.319	.183	.104
15					.378	.223	.130
16					.438	.267	.159
17					.500	.314	.191
18					.562	.365	.228
19						.418	.267
20						.473	.310
21						.527	.355
22							.402
23							.451
24							.500
25							.549

$n_2=8$

U \ n_1	1	2	3	4	5	6	7	8	t	Normal
0	.111	.022	.006	.002	.001	.000	.000	.000	3.308	.001
1	.222	.044	.012	.004	.002	.001	.000	.000	3.203	.001
2	.333	.089	.024	.008	.003	.001	.001	.000	3.098	.001
3	.444	.133	.042	.014	.005	.002	.001	.001	2.993	.001
4	.556	.200	.067	.024	.009	.004	.002	.001	2.888	.002
5		.267	.097	.036	.015	.006	.003	.001	2.783	.003
6		.356	.139	.055	.023	.010	.005	.002	2.678	.004
7		.444	.188	.077	.033	.015	.007	.003	2.573	.005
8		.556	.248	.107	.047	.021	.010	.005	2.468	.007
9			.315	.141	.064	.030	.014	.007	2.363	.009
10			.387	.184	.085	.041	.020	.010	2.258	.012
11			.461	.230	.111	.054	.027	.014	2.153	.016
12			.539	.285	.142	.071	.036	.019	2.048	.020
13				.341	.177	.091	.047	.025	1.943	.026
14				.404	.217	.114	.060	.032	1.838	.033
15				.467	.262	.141	.076	.041	1.733	.041
16				.533	.311	.172	.095	.052	1.628	.052
17					.362	.207	.116	.065	1.523	.064
18					.416	.245	.140	.080	1.418	.078
19					.472	.286	.168	.097	1.313	.094
20					.528	.331	.198	.117	1.280	.113
21						.377	.232	.139	1.102	.135
22						.426	.268	.164	.998	.159
23						.475	.306	.191	.893	.185
24						.525	.347	.221	.788	.215
25							.389	.253	.683	.247
26							.433	.287	.578	.282
27							.478	.323	.473	.318
28							.522	.360	.368	.356
29								.399	.263	.396
30								.439	.158	.437
31								.480	.052	.481
32								.520		

Table K_1. Critical Values of U for a One-tailed Test at $\alpha = .001$ or for a Two-tailed Test at $\alpha = .002$

n_2 \ n_1	9	10	11	12	13	14	15	16	17	18	19	20
1												
2												
3									0	0	0	0
4		0	0	0	1	1	1	2	2	3	3	3
5	1	1	2	2	3	3	4	5	5	6	7	7
6	2	3	4	4	5	6	7	8	9	10	11	12
7	3	5	6	7	8	9	10	11	13	14	15	16
8	5	6	8	9	11	12	14	15	17	18	20	21
9	7	8	10	12	14	15	17	19	21	23	25	26
10	8	10	12	14	17	19	21	23	25	27	29	32
11	10	12	15	17	20	22	24	27	29	32	34	37
12	12	14	17	20	23	25	28	31	34	37	40	42
13	14	17	20	23	26	29	32	35	38	42	45	48
14	15	19	22	25	29	32	36	39	43	46	50	54
15	17	21	24	28	32	36	40	43	47	51	55	59
16	19	23	27	31	35	39	43	48	52	56	60	65
17	21	25	29	34	38	43	47	52	57	61	66	70
18	23	27	32	37	42	46	51	56	61	66	71	76
19	25	29	34	40	45	50	55	60	66	71	77	82
20	26	32	37	42	48	54	59	65	70	76	82	88

Table K_{II}. Critical Values of U for a One-tailed Test at $\alpha = .01$ or for a Two-tailed Test at $\alpha = .02$

n_1 \ n_2	9	10	11	12	13	14	15	16	17	18	19	20
1												
2					0	0	0	0	0	0	1	1
3	1	1	1	2	2	2	3	3	4	4	4	5
4	3	3	4	5	5	6	7	7	8	9	9	10
5	5	6	7	8	9	10	11	12	13	14	15	16
6	7	8	9	11	12	13	15	16	18	19	20	22
7	9	11	12	14	16	17	19	21	23	24	26	28
8	11	13	15	17	20	22	24	26	28	30	32	34
9	14	16	18	21	23	26	28	31	33	36	38	40
10	16	19	22	24	27	30	33	36	38	41	44	47
11	18	22	25	28	31	34	37	41	44	47	50	53
12	21	24	28	31	35	38	42	46	49	53	56	60
13	23	27	31	35	39	43	47	51	55	59	63	67
14	26	30	34	38	43	47	51	56	60	65	69	73
15	28	33	37	42	47	51	56	61	66	70	75	80
16	31	36	41	46	51	56	61	66	71	76	82	87
17	33	38	44	49	55	60	66	71	77	82	88	93
18	36	41	47	53	59	65	70	76	82	88	94	100
19	38	44	50	56	63	69	75	82	88	94	101	107
20	40	47	53	60	67	73	80	87	93	100	107	114

Table K_{III}. Critical Values of U for a One-tailed Test at $\alpha = .025$ or for a Two-tailed Test at $\alpha = .05$

n_1 \ n_2	9	10	11	12	13	14	15	16	17	18	19	20
1												
2	0	0	0	1	1	1	1	1	2	2	2	2
3	2	3	3	4	4	5	5	6	6	7	7	8
4	4	5	6	7	8	9	10	11	11	12	13	13
5	7	8	9	11	12	13	14	15	17	18	19	20
6	10	11	13	14	16	17	19	21	22	24	25	27
7	12	14	16	18	20	22	24	26	82	30	32	34
8	15	17	19	22	24	26	29	31	34	36	38	41
9	17	20	23	26	28	31	34	37	39	42	45	48
10	20	23	26	29	33	36	39	42	45	48	52	55
11	23	26	30	33	37	40	44	47	51	55	58	62
12	26	29	33	37	41	45	49	53	57	61	65	69
13	28	33	37	41	45	50	54	59	63	67	72	76
14	31	36	40	45	50	55	59	64	67	74	78	83
15	34	39	44	49	54	59	64	70	75	80	85	90
16	37	42	47	53	59	64	70	75	81	86	92	98
17	39	45	51	57	63	67	75	81	87	93	99	105
18	42	48	55	61	67	74	80	86	93	99	106	112
19	45	52	58	65	72	78	85	92	99	106	113	119
20	48	55	62	69	76	83	90	98	105	112	119	127

Table K_{IV}. Critical Values of U for a One-tailed Test at $\alpha = .05$ or for a Two-tailed Test at $\alpha = .10$

n_2 \ n_1	9	10	11	12	13	14	15	16	17	18	19	20
1											0	0
2	1	1	1	2	2	2	3	3	3	4	4	4
3	3	4	5	5	6	7	7	8	9	9	10	11
4	6	7	8	9	10	11	12	14	15	16	17	18
5	9	11	12	13	15	16	18	19	20	22	23	25
6	12	14	16	17	19	21	23	25	26	28	30	32
7	15	17	19	21	24	26	28	30	33	35	37	39
8	18	20	23	26	28	31	33	36	39	41	44	47
9	21	24	27	30	33	36	39	42	45	48	51	54
10	24	27	31	34	37	41	44	48	51	55	58	62
11	27	31	34	38	42	46	50	54	57	61	65	69
12	30	34	38	42	47	51	55	60	64	68	72	77
13	33	37	42	47	51	56	61	65	70	75	80	84
14	36	41	46	51	56	61	66	71	77	82	87	92
15	39	44	50	55	61	66	72	77	83	88	94	100
16	42	48	54	60	65	71	77	83	89	95	101	107
17	45	51	57	64	70	77	83	89	96	102	109	115
18	48	55	61	68	75	82	88	95	102	109	116	123
19	51	58	65	72	80	87	94	101	109	116	123	130
20	54	62	69	77	84	92	100	107	115	123	130	138

표 14 Friedman Two-Way ANOVA

Table N_{I}. $k=3$

$N=2$		$N=3$		$N=4$		$N=5$	
x_r^2	p	x_r^2	p	x_r^2	p	x_r^2	p
0	1.000	.000	1.000	.0	1.000	.0	1.000
1	.833	.667	.944	.5	.931	.4	.954
3	.500	2.000	.528	1.5	.653	1.2	.691
4	.167	2.667	.361	2.0	.431	1.6	.522
		4.667	.194	3.5	.273	2.8	.367
		6.000	.028	4.5	.125	3.6	.182
				6.0	.069	4.8	.124
				6.5	.042	5.2	.093
				8.0	.0046	6.4	.039
						7.6	.024
						8.4	.0085
						10.0	.00077

$N=6$		$N=7$		$N=8$		$N=9$	
x_r^2	p	x_r^2	p	x_r^2	p	x_r^2	p
.00	1.000	.000	1.000	.00	1.000	.000	1.000
.33	.956	.286	.964	.25	.967	.222	.971
1.00	.740	.857	.768	.75	.794	.667	.814
1.33	.570	1.143	.620	1.00	.654	.889	.865
2.33	.430	2.000	.486	1.75	.531	1.556	.569
3.00	.252	2.571	.305	2.25	.355	2.000	.398
4.00	.184	3.429	.237	3.00	.285	2.667	.328
4.33	.142	3.714	.192	3.25	.236	2.889	.278
5.33	.072	4.571	.112	4.00	.149	3.556	.187
6.33	.052	5.429	.085	4.75	.120	4.222	.154
7.00	.029	6.000	.052	5.25	.079	4.667	.107
8.33	.012	7.143	.027	6.25	.047	5.556	.069
9.00	.0081	7.714	.021	6.75	.038	6.000	.057
9.33	.0055	8.000	.016	7.00	.030	6.222	.048
10.33	.0017	8.857	.0084	7.75	.018	6.889	.031
12.00	.00013	10.286	.0036	9.00	.0099	8.000	.019
		10.571	.0027	9.25	.0080	8.222	.016
		11.143	.0012	9.75	.0048	8.667	.010
		12.286	.00032	10.75	.0024	9.556	.0060
		14.000	.000021	12.00	.0011	10.667	.0035
				12.25	.00086	10.889	.0029
				13.00	.00026	11.556	.0013
				14.25	.000061	12.667	.00066
				16.00	.0000036	13.556	.00035
						14.000	.00020
						14.222	.000097
						14.889	.000054
						16.222	.000011
						18.000	.0000006

Table N_{II}. $k=4$

$N=2$		$N=3$		$N=4$			
x_r^2	p	x_r^2	p	x_r^2	p	x_r^2	p
.0	1.000	.2	1.000	.0	1.000	5.7	.141
.6	.958	.6	.958	.3	.992	6.0	.105
1.2	.834	1.0	.910	.6	.928	6.3	.094
1.8	.792	1.8	.727	.9	.900	6.6	.077
2.4	.625	2.2	.608	1.2	.800	6.9	.068
3.0	.542	2.6	.524	1.5	.754	7.2	.054
3.6	.458	3.4	.446	1.8	.677	7.5	.052
4.2	.375	3.8	.342	2.1	.649	7.8	.036
4.8	.208	4.2	.300	2.4	.524	8.1	.033
5.4	.167	5.0	.207	2.7	.508	8.4	.019
6.0	.042	5.4	.175	3.0	.432	8.7	.014
		5.8	.148	3.3	.389	9.3	.012
		6.6	.075	3.6	.355	9.6	.0069
		7.0	.054	3.9	.324	9.9	.0062
		7.4	.033	4.5	.242	10.2	.0027
		8.2	.017	4.8	.200	10.8	.0016
		9.0	.0017	5.1	.190	11.1	.00094
				5.4	.158	12.0	.000072

표 15 Kruskal-Wallis One-Way ANOVA

Sample sizes n_1	n_2	n_3	H	p
			6.1333	.013
			5.1600	.034
			5.0400	.056
			4.3733	.090
			4.2933	.122
5	3	1	6.4000	.012
			4.9600	.408
			4.8711	.052
			4.0178	.095
			3.8400	.123
5	3	2	6.9091	.009
			6.8218	.010
			5.2509	.049
			5.1055	.052
			4.6509	.091
			4.4945	.101
5	3	3	7.0788	.009
			6.9818	.011
			5.6485	.049
			5.5152	.051
			4.5333	.097
			4.4121	.109
5	4	1	6.9545	.008
			6.8400	.011
			4.9855	.044
			4.8600	.056
			3.9873	.098
			3.9600	.102
5	4	2	7.2045	.009
			7.1182	.010
			5.2727	.049
			5.2682	.050
			4.5409	.098
			4.5182	.101
5	4	3	7.4449	.010
			7.3949	.011
			5.6564	.049
			5.6308	.050
			4.5487	.099

Sample sizes n_1	n_2	n_3	H	p
			4.5231	.103
5	4	4	7.7604	.009
			7.7440	.011
			5.6571	.049
			5.6176	.050
			4.6187	.100
			4.5527	.102
5	5	1	7.3091	.009
			6.8364	.011
			5.1273	.046
			4.9091	.053
			4.1091	.086
			4.0364	.105
5	5	2	7.3385	.010
			7.2692	.010
			5.3385	.047
			5.2462	.051
			4.6231	.097
			4.5077	.100
5	5	3	7.5780	.010
			7.5429	.010
			5.7055	.046
			5.6264	.051
			4.5451	.100
			4.5063	.102
5	5	4	7.8229	.010
			7.7914	.010
			5.6657	.049
			5.6429	.050
			4.5229	.099
			4.5200	.101
5	5	5	8.0000	.009
			7.9800	.010
			5.7800	.049
			5.6600	.051
			4.5600	.100
			4.5000	.102

Sample sizes			H	p
n_1	n_2	n_3		
2	1	1	2.7000	.500
2	2	1	3.6000	.200
2	2	2	4.5714	.067
			3.7143	.200
3	1	1	3.2000	.300
3	2	1	4.2857	.100
			3.8571	.133
3	2	2	5.3572	.029
			4.7143	.048
			4.5000	.067
			4.4643	.105
3	3	1	5.1429	.043
			4.5714	.100
			4.0000	.129
3	3	2	6.2500	.011
			5.3611	.032
			5.1389	.061
			4.5556	.100
			4.2500	.121
3	3	3	7.2000	.004
			6.4889	.011
			5.6889	.029
			5.6000	.050
			5.0667	.086
			4.6222	.100
4	1	1	3.5714	.200
4	2	1	4.8214	.057
			4.5000	.076
			4.0179	.114
4	2	2	6.0000	.014
			5.3333	.033
			5.1250	.052
			4.4583	.100
			4.1667	.105
4	3	1	5.8333	.021
			5.2083	.050
			5.0000	.057
			4.0556	.093
			3.8889	.129
4	3	2	6.4444	.008
			6.3000	.011
			5.4444	.046
			5.4000	.051
			4.5111	.098
			4.4444	.102
4	3	3	6.7455	.010
			6.7091	.013
			5.7909	.046
			5.7273	.050
			4.7091	.092
			4.7000	.101
4	4	1	6.6667	.010
			6.1667	.022
			4.9667	.048
			4.8667	.054
			4.1667	.082
			4.0667	.102
4	4	2	7.0364	.006
			6.8727	.011
			5.4545	.046
			5.2364	.052
			4.5545	.098
			4.4455	.103
4	4	3	7.1439	.010
			7.1364	.011
			5.5985	.049
			5.5758	.051
			4.5455	.099
			4.4773	.102
4	4	4	7.6538	.008
			7.5385	.011
			5.6923	.049
			5.6538	.054
			4.6539	.097
			4.5001	.104
5	1	1	3.8571	.143
5	2	1	5.2500	.036
			5.0000	.048
			4.4500	.071
			4.2000	.095
			4.0500	.119
5	2	2	6.5333	.008

표 16 Spearman Rank Correlation Coefficient

N	Significance level(one-tailed test)	
	.05	.01
4	1.000	
5	.900	1.000
6	.829	.943
7	.714	.893
8	.643	.833
9	.600	.783
10	.564	.746
12	.506	.712
14	.456	.645
16	.425	.601
18	.399	.564
20	.377	.534
22	.359	.508
24	.343	.485
26	.329	.465
28	.317	.448
30	.306	.432

표 17 Kendall Rank Correlation Coefficient

S	Values of N				S	Values of N		
	4	5	8	9		6	7	10
0	.625	.592	.548	.540	1	.500	.500	.500
2	.375	.408	.452	.460	3	.360	.386	.431
4	.167	.242	.360	.381	5	.235	.281	.364
6	.042	.117	.274	.306	7	.136	.191	.300
8		.042	.199	.238	9	.068	.119	.242
10		.0083	.138	.179	11	.028	.068	.190
12			.089	.130	13	.0083	.035	.146
14			.054	.090	15	.0014	.015	.108
16			.031	.060	17		.0054	.078
18			.016	.038	19		.0014	.054
20			.0071	.022	21		.00020	.036
22			.0028	.012	23			.023
24			.00087	.0063	25			.014
26			.00019	.0029	27			.0083
28			.000025	.0012	29			.0046
30				.00043	31			.0023
32				.00012	33			.0011
34				.000025	35			.00047
36				.0000028	37			.00018
					39			.000058
					41			.000015
					43			.0000028
					45			.00000028

표 18 Kendall Coefficient of Concordance

k	N					Additional values for $N=3$	
	3t	4	5	6	7	k	s
Values at the .05 level of significance							
3			64.4	103.9	157.3	9	54.0
4		49.5	88.4	143.3	217.0	12	71.9
5		62.6	112.3	182.4	276.2	14	83.8
6		75.7	136.1	221.4	335.2	16	95.8
8	48.1	101.7	183.7	299.0	453.1	18	107.7
10	60.0	127.8	231.2	376.7	571.0		
15	89.8	192.9	349.8	570.5	864.9		
20	119.7	258.0	468.5	764.4	1,158.7		
Values at the .01 level of significance							
3			75.6	122.8	185.6	9	75.9
4		61.4	109.3	176.2	265.0	12	103.5
5		80.5	142.8	229.4	343.8	14	121.9
6		99.5	176.1	282.4	422.6	16	140.2
8	66.8	137.4	242.7	388.3	579.9	18	158.6
10	85.1	175.3	309.1	494.0	737.0		
15	131.0	269.8	475.2	758.2	1,129.5		
20	177.0	364.2	641.2	1,022.2	1,521.9		

찾아보기

INDEX

찾아보기 INDEX

ㅇ

찾아보기 INDEX

찾아보기 INDEX

E

F

G

H

I

찾아보기 INDEX

찾아보기 INDEX

저자약력

채서일(고려대학교 경영대학 교수)

〈약력〉
서울대학교 상과대학 경영학과 졸업(경영학사)
한국과학원 산업공학과 졸업(산업공학석사)
미국 Indiana University, 경영학석사(M.B.A)
미국 Indiana University, 경영학박사
University of Pittsburgh 경영대학원 교수
Stanford University Graduate School of Business 방문교수
University of Pittsburgh Katz School of Business 객원교수
現)고려대학교 경영대학 교수

〈활동 및 저서〉
한국 소비자학회 회장
한국 마케팅학회 회장
한국 경영학회 회장
신제품 밀레니움(공저), 일송, 1997
HITMASS 마케팅 전략 시뮬레이션 게임(공저), 학현사, 1998
체계적 설문디자인(공저), B&M Books, 2005
SPSS WIN을 이용한 통계분석(공저, 3판), B&M Books, 2005
마케팅조사론(3판), B&M Books, 2006
MARKETING(4판), B&M Books, 2006
고객자산관리와 마케팅프로세스의 변화(공저), B&M Books, 2007
원리이해와 토론을 위한 마케팅 성공 실패이야기(공저), B&M Books, 2007
Doing Business with Koreans, 옥당, 2012

김주영(서강대학교 경영대학 교수)

〈약력〉
고려대학교 경영대학 경영학과 졸업(경영학사)
고려대학교 일반대학원 경영학과 졸업(경영학석사)
미국 University of Michigan, 통계학석사
미국 University of Michigan, 경영학박사(마케팅)
국민대학교 경영대학 교수
미국 University of Michigan, 방문교수
現)서강대 경영대학 교수

〈활동 및 저서〉
한국 유통학회 회장
한국 프랜차이즈학회 부회장
한국 조사연구학회 부회장
서강대학교 경영교육원 원장
現)서강대 경영학부 학장 겸 경영전문대학원 원장
㈜신세계 사외이사
㈜기아자동차 마케팅자문교수
동반성장위원회 동반지수 실무위원
한국편의점협회 자문위원
디지털 융합연구원 비상임 연구위원
메타비경영교육연구원 비상임 연구위원
전사적관점의 마케팅(공저, 4판), 학현사, 2014
유비쿼터스 디자인마케팅조사, 국민대학교 출판부, 2005
인터넷 마케팅원론(공저), 법문사, 2000
HITMASS 마케팅전략 시뮬레이션 게임(공저), 학현사, 1998

사회과학조사방법론(4판)

1990년 8월 15일 초판 인쇄
2002년 8월 20일 2판 발행
2015년 2월 10일 3판 18쇄 발행
2016년 1월 11일 4판 인쇄
2022년 3월 07일 4판 7쇄 발행

저 자 : 채서일 · 김주영
발행인 : 정광식
발행처 : **비앤엠북스**
서울시 금천구 가산디지털1로 70, B1-103(호서대벤처타워)
등 록 2004. 12. 29. / 제313-2004-00298호
전 화 02-2627-5710~13, 팩스 02-2627-5720
홈페이지 www.대학교재.net
이 메 일 bnmbook@daum.net

정가 33,000원 ISBN 978-89-91879-037-2